선문염송 염송설화 회본 1
禪門拈頌拈頌說話會本

동국대학교 불교기록문화유산아카이브사업단(ABC)
본서는 문화체육관광부 지원으로 동국대학교 불교학술원에서 간행하였습니다.

한글본 한국불교전서 고려 12
선문염송 염송설화 회본 1

2021년 1월 10일 초판 1쇄 인쇄
2021년 1월 20일 초판 1쇄 발행

지은이 혜심·각운
옮긴이 김영욱
펴낸이 윤성이
펴낸곳 동국대학교출판부

주소 04620 서울시 중구 필동로 1길 30
전화 02-2260-3483~4
팩스 02-2268-7851
Homepage http://dgpress.dongguk.edu
E-mail book@dongguk.edu
출판등록 제2-163(1973. 6. 28)
편집디자인 동국대학교출판부
인쇄처 네오프린텍(주)

ⓒ 2021, 동국대학교(불교학술원)

ISBN 978-89-7801-993-4 93220

값 33,000원

이 책의 무단 전재나 복제 행위는 저작권법 제98조에 따라 처벌받게 됩니다.

한글본 한국불교전서 고려 12

선문염송 염송설화 회본 1
禪門拈頌拈頌說話會本

혜심慧諶 · 각운覺雲
김영욱 옮김

동국대학교출판부

선문염송 염송설화 회본禪門拈頌拈頌說話會本 해제

김 영 욱
가산불교문화연구원 책임연구원

　이 책은 안팎의 헛된 권력을 산산이 깨부수는 선사들의 철퇴에 열광하도록 이끌 수 있지만, 동시에 많은 불교도들의 안식처를 빼앗을 수도 있다. 특히 현재의 삶에 안주하고 만족하면서 교양 삼아 집어 든 이들에게는 소중한 지적 기반을 흔들 수도 있는 위험한 책이다. 곳곳의 공안마다 그렇게 안주하며 쌓아 올린 그간의 자산을 하나씩 끄집어내 부수는 무기를 기본으로 장착하고 있기 때문이다. 저들 선사는 대부분의 지적 소유를 강탈할 뿐만 아니라 스스로 건네준 물건도 반드시 빼앗는 데 능란하다. 본 해제[1]가 독자들에게 공안이라는 난관과 위험을 잘 돌파할 수 있는 지

---

1 지금까지 이 문헌을 번역하고 붙인 해제로는 모두 네 편이 있다. 첫째는 김월운 역『선문염송』해제(한글대장경, pp.13~19)이다. 편저자에 대한 소개에 이어 이 문헌의 구성과 판각 내력을 서술하고 혜심의「序」등에 근거한 개설적 안내를 하고 있지만, 해제의 핵심이 되어야 할 공안 독법讀法은 전무하다. 둘째는 같은 역자에 의한『선문염송·염송설화』에 김영태가 쓴 해제(동국역경원, pp.13~18)인데, 이것도 개략적인 문헌 소개에 그치고 공안에 접근하는 방법에 대한 풀이는 보이지 않아 앞 해제의 부족한 점을 보완하지 못하였다. 셋째는 민족문화 번역총서 2『선문염송설화』제10권 해제(pp.549~567)이다. 저자 소개는 물론 '간행과 판본'을 다루고 이 문헌의 구성과 역사적 의의 등을 다루었다. 그러나 이 문헌의 심장부에 해당하는 공안을 독파하는 방법이나『염송설화』의 해

침이 되기 바란다.

1. 개요

원전은 『선문염송』(『염송』으로 약칭함)과 그것을 풀이한 『염송설화』(『설화』로 약칭함)를 하나로 합하여 엮은 공안집公案集이다. 경전의 말씀과 조사의 어록 등에 전하는 문답과 법어 그리고 갖가지 기연어구機緣語句 등을 각각 한 공안의 칙則으로 삼았다. 이들 각각의 공안에 철저하게 조사선祖師禪의 안목을 투영하여 송頌·염拈을 선별하여 구성하였다. 즉 각 칙의 공안에 대하여 시 형식의 송과 핵심을 집어내어 풀이하는 형식의 염을 비롯하여 해당 공안을 제기한 상당上堂·보설普說·소참小參·거擧 등을 수록하였다. '염송'이라는 제목은 이렇게 공안을 풀이하는 다양한 형식을 대표적으로 나타낸다. 공안을 배열하는 차례는 선종의 전통적인 전등사서傳燈史書들과 마찬가지로 각 법맥의 연대기적 순서에 따른다.

찬집纂輯한 진각국사眞覺國師 혜심慧諶의 「서序」에 따르면, 1226년에 제자 진훈眞訓 등과 함께 수선사修禪社에서 1,125칙과 그에 관한 여러 조사들의 각종 설을 모아 30권을 완성하였다. 또한 우주옹宇宙翁의 「고염화발古拈話跋」에 따르면, 혜심이 갖가지 어록과 『전등록』에서 집성한 『염송』 30

설법에 들어 있는 특징 등은 마찬가지로 외면하고 있어 이전 해제의 답습에 지나지 않는다. 이들 해제는 모두 공안이나 화두의 본질과 기능 따위에 대한 전문적인 분석과 해제자의 이해 방식이 드러나지 않아 그 가치가 떨어진다. 공안집을 제대로 쪼개어 그 속을 보여 주기 어렵더라도 해제자는 이 시도를 하지 않으면 안 된다. 넷째는 이 문헌에서 총 100칙을 선별하여 역주(김영욱 외)한 『정선 공안집』 해제(대한불교조계종출판부, 2010)이다. 여기서는 공안에 어떻게 접근해야 하는지 그 독법을 제시하고 있다. 본서의 해제는 이전의 그것과는 다른 새로운 시도이다. 문헌과 편저자 정보 등은 부득이하게 겹칠 수밖에 없지만 이 문헌을 해독하는 방법에서 이전 해제에 미진했던 요소를 고안하여 넣었다. 독자들이 두 가지를 함께 참조한다면 상호 보완이 되리라 확신한다.

권을 각운覺雲에게 전했다고 하는데『설화』는 이것을 근본 자료로 삼아 해설을 붙인 결과물이다.

"세존의 일화를 공안으로 구성하여 '大覺世尊釋迦文佛'이라는 小題下에 실은 것이 1~37칙이고, 경전의 문구를 공안으로 한 것이 38~61칙,[2] '西天應化賢聖'下에 속하는 것이 62~78칙, '西天祖師'下에 속하는 것이 79~97칙, '東土祖師'下에 속하는 것이 98~1423칙, '東土應化賢聖'下에 속하는 것이 1424~1463칙이다. 이러한 체재를『東師列傳』에서는 크게 셋으로 구분하여 보아 '佛法僧 三寶의 차례로 엮었다'[3]라고 기술하였다. 세존(佛), 경전(法) 그리고 이하 조사(僧)의 순으로 파악한 것이다."[4]

『염송』의 근본 자료에 해당하는 본칙本則을 풀이함에는 조사선의 선법이 중추를 이룬다. 간화선看話禪을 본격적으로 실행하고 그에 관한 저술도 남긴 혜심의 관점에서 본다면 화두 참구의 맥락도 고려해야 좋은 해법을 끌어낼 수 있다. 조사선과 간화선은 같은 혈맥으로 이어져 있고 이 공안집의 찬집자와 해설자들은 이 두 선법을 근본 수단으로 삼고 있기 때문이다.[5]

『진각국사어록보유眞覺國師語錄補遺』는 보제사 활자본 권말에 붙어 있는데『무의자시집無衣子詩集』과 중복되는 것을 제외한 〈사목四牧〉·〈어부사漁父詞〉·〈낙화洛花〉 등 세 수의 시와, 24개 칙 공안에 붙인 혜심의 게송[6]을

---

2 『華嚴經』38~39칙,『法華經』40칙,『涅槃經』41~44칙,『圓覺經』45~48칙,『楞嚴經』49~53칙,『金剛經』54~59칙,『諸佛要集經』60칙,『文殊菩薩所說般若經』61칙이다.
3 『東師列傳』권1「眞覺國師傳」(韓10, 1004b), "元世祖金宣宗丙戌丁亥間, 與門人眞訓等, 采集諸師禪門語話, 結佛法僧三寶之次, 錄成拈頌集三十卷, 又作禪門綱要一卷."
4 조영미,「『禪門拈頌』의 公案 조직 양상과 언어 활용 연구」(성균관대학교 박사학위 논문, 2015), p.27. 이 논문은『禪門拈頌說話』의 선법禪法과 사유 구조를 조사선 정통의 관점에서 종합적으로 구명한 유일한 논문이다.
5 혜심의「序」를 풀이한『염송설화』의「서」에 조사선과 여래선如來禪의 차이를 갈라서 조사선에 뿌리를 내리고 공안에 접근하겠다는 의지를 분명히 보이고 있다. 이하『설화』라는 표기는『염송설화』를 가리키며, 이 중 특정 대목의 경우는 '설화'로 지칭한다.
6 여기에는 진각국사의 시로 잘못 들어와 있는 것도 몇 수 있다. 조영미, 앞의 논문, p.21.

『설화』에서 발췌하여 수록한 자료이다. 이것은 혜심이 역대의 공안과 그에 대한 여러 선사들의 염·송을 선별하여 이 문헌을 편집하였을 뿐만 아니라 이들 공안에 선사로서의 해설도 붙였다는 점에서 그 선법을 연구하는 데 매우 귀중한 자료이다.[7]

『설화』의 경우 경전 등에서 따온 인용구가 그 전거와 일치하지 않거나 대의에서 어긋나는 곳도 있다. 이러한 불일치와 오류를 하나씩 바로잡는 교정도 역주자의 임무에 속한다. 교학적 맥락에 치중한 풀이로 문답과 송의 압축된 선미禪味가 흐려지는 경우도 보이지만 해설의 형식에 담을 때 나오는 어쩔 수 없는 한계에 속한다.[8]

2. 『염송』 찬집자와 『설화』 저자

『염송』 찬집자 진각국사 혜심(1178~1234)은 완벽하게 정비된 선어록을 남긴 우리나라 조사선의 선구자이다. 조사선과 간화선의 골수를 담은 『진각국사어록』(1526년 간행)에 『염송』과 『설화』의 비밀을 풀어내는 실마리가 있다. 혜심은 조사祖師의 선기禪機와 간화선 수행의 본보기를 이 어록 어디서나 제시하고 있기 때문이다. 혜심은 조사의 안목에서 공안을 바라보는 묘책을 제시하고 화두 참구의 실제적 본보기가 되는 교본을 꾸준히 모색하다가 이 공안집을 통하여 그 의도를 실현하였다. 후대에 같은 길을

주 54 〈표 1〉 '「眞覺國師語錄補遺」와 『拈頌說話』에 실린 無衣子 慧諶의 頌 전거'.
7 김영욱 편, 『慧諶』 해제(중앙승가대학교출판부, 2010), p.11.
8 무용 수연無用秀演은 『설화』에 대해 다음과 같이 평하였다. 본서 「重刊拈頌說話序」, p.76, "(설화가) 송나라 사람이 억지로 싹을 뽑아 올린 것처럼 비록 해롭기는 하지만, 해파리가 새우의 눈에 의지하는 것처럼 매우 요긴하기도 하다. 그것이 후진들의 이해를 돕는 측면은 진실로 미미하지 않기 때문이다.(宋人之揠在苗雖害, 而水母之待於蝦最要. 其爲後進之助也, 固不淺淺矣.)"; 『無用堂集』 권하(韓9, 356a1).

가는 학인들에게 길잡이가 되기를 바랐을 혜심의 이 공안집은 간행·유포 이후에 지금까지도 많은 영향을 미치고 있다.

『설화』를 지은 각운의 행적을 알 수 있는 자료는 현재까지 없다. 스승 혜심이 『염송』을 전하고 그에 대해 풀이하라 하여 수선사에서 『설화』를 저술했다고 알려져 있을 뿐이다. 저자에 관해서 오해로 빚어진 하나의 논란이 있다. 혜심의 제자 각운이 아니라 고려 말 구곡 각운龜谷覺雲이라는 설이 그것이다. 하지만 이것은 각운이라는 동일한 명칭에서 파생된 착각에 불과하다. 이능화李能和는 "『염송설화』에 인용된 내용은 대부분 무의자(혜심)의 말이다. 직접 가르침을 받은 제자가 아니라면 누구도 이와 같이 할 수 없을 것이다. 곧 각운이 진각의 제자라는 사실은 명백하다."[9]라고 주장하였다. 이능화는 『설화』의 해설까지 진각 혜심의 설이라고 주장하지만 이것은 더 궁구해 볼 문제이다. 『설화』에 진각 혜심의 설이 발견되는 부분이 분명히 있고[10] 그로부터 배운 제자라는 점만으로도 그러한 추정은 가능하지만 각운 자신의 견해가 전혀 없다고 단정할 수도 없기 때문이다.[11] 앞서 보았듯이 『설화』에 수록되어 있는 무의자無衣子 혜심의 송은 20수가 넘는다. 이것은 다른 문헌에는 보이지 않고 『설화』에만 나타나기 때문에 『염송』을 각운에게 전할 당시에 혜심이 함께 건네준 송으로 보인다. 각운이 이를 잘 보존해 두었다가 해당하는 부분에 수록했을 가능성이 높다. 혜심은 찬집자에 그치지 않고 스스로 공안을 평석하는 선사로서의 면모도 보여 주었던 것이다. 이런 측면을 고려하지 않더라도 『설화』에 보이는 주된 관점이나 해석의 틀[12]은 당대 이 분야의 대가였던 혜심에 뿌리를 둔

---

9 『朝鮮佛敎通史』 권하 「覺雲書成珠落筆端」, pp.528~530, "拈頌說話中所引者, 多無衣子言. 非親承敎誨者, 莫能如是. 則覺雲之爲眞覺弟子也, 明矣."
10 예를 들면 74칙의 설화에서 '검소와 사치'라는 개념을 해설의 틀로 사용했는데, 이는 혜심에게만 보이는 독특한 용어이며, 여타의 선 문헌에는 보이지 않는다. 김영욱, 『진각국사어록 역해 1』 「상당 18」, p.113 참조. 『정선 공안집』 해제, p.37 참조.
11 『정선 공안집』 해제, pp.24~25.

견해라는 추정에는 무리가 없다.

3. 서지 사항

본 역주서는 『한국불교전서』 편자가 『선문염송』과 『염송설화』를 회편會編하여 한 책으로 만든 『선문염송 염송설화 회본』을 저본으로 하였다. 해당 전서 5책에 수록되어 있는 이 책에서는 고려대장경 보유판補遺板에 실린 『선문염송』과 1684년 안주安州 고묘불당古廟佛堂에서 펴낸 묘향산 선정암본禪定庵本 『염송설화』를 저본으로 하였다.

1) 『염송』

저본은 고려대장경 재조본再雕本 가운데 1245년 무렵 판각된 보유판의 막邈부터 수曲까지의 함函에 해당한다. 혜심의 서문이 붙은 『선문염송집』 초조본初雕本은 전하지 않는다. 『한국불교전서』의 대교본은 1636년에 펴낸 전라도 보성 천봉산 대원사大原寺 개간본이며 동국대학교에 소장되어 있다.

2) 『설화』

저본인 선정암본은 1684년 안주 고묘불당에서 간행한 책이며 서울대학교 규장각에 소장되어 있다. 『한국불교전서』에서 대교본으로 삼은 것

---

12 『설화』 특유의 설에 대해서는 '5. 가치'에서 서술하겠지만, 이런 부류를 혜심 또는 그 영향을 받은 각운과 같은 제자들이 설정한 해석 틀로 보기에 충분하며 『설화』의 풀이 전체에 미치는 영향은 지대하다.

은 보련각寶蓮閣 영인본, 1707년 팔영산 능가사楞伽寺 개간본(동국대학교 소장), 국립중앙도서관 소장『회편선문염송집설화會編禪門拈頌集說話』등이며, 후자 두 판본은 권1에서 권3까지만 남아 있다. 국립중앙도서관 소장본에 대해서는 그동안 '간행 연대 미상'으로 소개해 왔으나 해당 홈페이지에 올라 있는 서지 사항과 권3에 쓰인 간기에 따르면 양주 천마산 봉인사奉印寺 부도암浮圖庵에서 1889년에 간행된 고활자본(坊刻木活字)이다. 두 책을 회편한 이 책은 본칙 및 개개 염과 송 다음에 해당 설화를 바로 이어 붙여 실은 점이 특징이다. 행갈이를 하지 않고 ○표 하여 이어 붙이기도 하고 행갈이를 한 경우도 있다. 이와 같이 회편하였기 때문에 다른『설화』와는 달리 칙의 제목이나 누구의 염과 송인지를 매 설화 앞에 명기하지 않았다.

혜심이 각운에게 전한 1,125칙 이외에 추가된 347칙을 포함하여 1,463칙[13] 전체에 모두 설화가 붙어 있다. 정안鄭晏이 쓴「증보염송발增補拈頌跋」에 따르면, 청진국사清眞國師 몽여夢如(?~1252)가 본래 없던 공안을 나중에 첨가한 것이라 한다. 각운이 지은 애초의『설화』를 제외한 나머지 부분에 대하여 후대에 누가 해설을 붙였는지는 알 수 없다.

4. 내용과 성격

1) 납자라는 주인공과 전략

『염송』이라는 무대의 주인공은 누더기를 걸치고 귀천貴賤의 지위를 자유롭게 넘나드는 납승衲僧 곧 납자衲子들이다. 조사는 납자를 올라타지 않

---

[13] 추가된 347칙이 어떤 것인지 그리고 현전하는 1,463칙과 차이가 나는 9칙이 어떤 것인지에 대해서는 현재까지 알려진 바가 없다.

고는 자신의 이상을 조금도 세상에 옮길 수 없고, 납자는 조사의 이상을 구현하는 인물[14]인 한에서만 의미를 갖는다. 귀천을 가리지 않고 휘두르는 저들 납자의 평등한 방棒이 없으면 조사는 온실의 화초와 같아서 거친 저잣거리에서 자신의 진면목을 드러낼 수 없다.

 모든 공안에 붙이는 어떤 형식의 해설일지라도 확고하게 정해진 설로 수용한다면 납자의 심중을 포착할 수 없다. 이 영역에서는 무엇에 대해서건 결론지어 군림하려는 시도는 옳지 않다. 거듭 뒤집어엎고 새로운 언어와 견해로 열어 놓는 납자들의 기본 전략에 걸려들 뿐이기 때문이다. 공안의 화두 하나하나마다 가장 큰 이해의 장벽은 일정한 견해를 불변의 설로 밀어붙이려는 속셈이다. 대혜 종고大慧宗杲(雲門宗杲)가 "나귀와 말 앞뒤로 따라다니는 놈아! 결코 함부로 받아들이지 말지어다."(729칙)라고 읊은 송의 본뜻도 그 같은 속셈을 들춘 것이다. 마부처럼 남의 시중을 들며 졸졸 따라다니듯이 남의 견해를 그대로 수긍하며 그것에 지배당하는 사람을 조사선에서는 가장 하천하게 여긴다. '더없이 존귀한 분'에 대한 설화의 풀이에 '주인 중의 주인'(824칙)이라 한 말 또한 누구의 지배도 받지 않고 완벽하게 독립한 납자를 상징하고 있다.

 무진거사無盡居士가 "일곱 걸음 걷고서 하늘을 가리켰으니, 납승의 방棒에 목숨 보전하기 어렵겠구나."(2칙)라고 읊은 구절에도 납자의 속뜻이 담겨 있다. 태어나자마자 탁월한 기량을 과시한 세존도 납자의 평등한 방棒 앞에서는 고하의 차별을 가른 죄로 목숨을 내놓아야 한다. 같은 칙에

---

[14] 조영미, 앞의 논문, pp.1~2에서 본서에 나오는 이상적 인격으로서 납자의 면모를 구체적 전거를 가지고 제시하고 있다. "衲子들은 凡·聖 그 어느 편으로도 기울어지지 않고 모두 넘어서 자신의 영역을 확고히 지킨다. 주어진 말만 그대로 받아들여 이해하는 어리석음으로 본래의 뜻을 잃어버리지 않도록 경계하기도 하고, 판단과 분별의 근거 지도 떠나서 궁구하면서 범부의 길과 성인의 길에서 모두 벗어나 공부하도록 유도하는 방법을 취하기도 한다. 이 모두가 납자를 이상적 인격으로 여기는 祖師禪의 전통에 기인한다."

서 늑담 홍영泐潭洪英도 "석가노자는 마치 자신의 주변에 아무도 없는 듯이 오만했다고 할 만하다. 그때 만약 밝은 눈의 납승과 마주쳤다면, 그는 석가노자를 하늘로 올라갈 길도 없고 땅으로 들어갈 문도 없는 지경에 처하게 만들었을 것"이라며 유사한 견지에서 부처님을 궁지로 몰아넣는 납자의 면모를 보였다. 하늘 위와 하늘 아래 어느 길도 없는 궁지는 화두의 진실이 고스란히 실현된 경지와 다르지 않다. 이들 모두 파격의 격외선格外禪을 염두에 두고 있다. 이런 납자의 흔한 면모를 마주하고 있자면, "내가 당시에 그 광경을 보았다면, 한 방에 때려죽이고 개에게 먹이로 주어서 천하의 태평을 도모했을 것이다."라고 했던 운문 문언雲門文偃의 말도 격한 목소리 말고는 평범한 발언에 속한다는 사실을 알 수 있다.

『염송』의 이야기와 그 안에 들어 있는 한마디일지라도 그러한 납자로서의 안목 없이는 감추어진 실태가 바르게 우러나지 않는다. 지문 광조智門光祚가 "참선을 하면서 납자의 안목이 없는 경우는 흔하여, 바다에서 물거품 찾기보다도 쉽다."(284칙)라고 읊은 송에도 이 취지가 나타난다.

조사선의 정신을 온몸으로 실현하고 있는 저들 누더기 옷의 납자가 대중이 희망하고 의지할 인물로 출현하였다고 생각하면 착각이다. 조금 전에 암시한 말들처럼 이들은 사람들이 품고 있는 대부분의 희망이 헛것이라는 소식을 전하면서 그것을 도려내는 언행을 구사한다. "납승의 바른 안목에는 자잘한 그 무엇도 끼어 있지 않다는 사실을 알아야 한다. 만일 헛것이 출입하는 문을 실제라 오인한다면 망상 분별하는 의식 앞에 나타난 귀신에 불과하다."(711칙)라는 장로 종색長蘆宗賾의 말도 납자가 지향하는 그러한 의식과 닿아 있다.

조사와 납자들은 상대의 헛된 관념에 가하는 해체를 자신들의 삶에 구현한 인물이다. 이들은 항상 자유를 가로막는 걸림돌을 때려 부수는 무기를 화두의 중심에 앉혀 놓고 기다리다가 단단히 굳은 갖가지 신념을 마주칠 때마다 써먹는다. 저들은 누구라도 그렇게 굳히는 일을 허용하지 않는다.

납자는 속을 감추고 확고히 자리 잡은 터가 있는 듯이 가장하여 남에게 기대기 좋아하는 무리들을 함정에 빠뜨리는 전략을 즐겨 짠다. 운문이 15일 이후의 소식에 대하여 "날마다 좋은 날"(1009칙)이라고 한 화두를 예로 들어 보자. 하루하루가 모두 진실이 구현되는 날이라는 의미인가? 모든 선어禪語는 이처럼 실實인 듯이 가장하지만 사실은 허虛로 전하는 전략을 구사한다. 허한 그 빈틈으로 반대 자리에 있던 견해가 들어앉지만 그것도 또 하나의 허에 불과하다. "결국 운문이 마지막에 좋은 날(好日)이라고 평등한 듯 던진 말은 호의적인 마음(好心)에서 나온 말로 볼 수 없다."[15]

화두의 한마디는 그때마다 경각시키는 수단으로 부단히 불러들여 활용하고 쓰임새가 다하면 버릴 뿐이다. 공안의 이 본질을 간파하지 못하고 만고의 본보기나 되는 것처럼 경전이나 옛사람의 말씀이라는 권위에 눌려 믿고 받아들이면 위험하다. 그로 인하여 스스로 그 말에 묶일 뿐만 아니라 살아 움직이는 화두를 죽이게 된다. 요소가 되는 낱낱의 말에 생명을 불어넣는 비판적 평석에 의해 하나의 공안은 활구活句로 등장한다.

각운의 해설도 조사선의 선법에 근거하고 있다. 그는 혜심의 직제자로서 스승과 사상적으로 밀접한 관계였을 것이다. 전체적으로『설화』에서『염송』을 해설하는 근거는 혜심 계열의 선사상과 동일하다고 볼 수밖에 없다. 그것은 당시까지 조사선의 사상적 지반에서 화두 참구를 수행하며 쌓아 온 선가의 이론과 실천이 총괄적으로 반영된 관점이라 할 수 있다.

---

15 1009칙 '설두 중현雪竇重顯의 송' 설화 주석 참조.

2) 의문과 관문關門

(1) 확정에서 의문으로

공안의 자료를 잘 살펴보면 어디서나 대립의 요소를 집어낼 수 있다. 밋밋한 일상의 대화처럼 보이는 소재에서도 서로 다른 견지로 맞서는 긴장을 읽을 수 있다. 노련한 안목의 평자들은 이렇게 노출된 대립의 긴장을 일깨워 주고 의문을 붙이고 궁구하도록 유도한다. 누가 들어도 해법이 바로 트이거나 확고한 답이 어딘가에 숨어 있는 식의 문제는 공안에서 찾을 수 없다. 납자는 이러한 거짓 해법에 안주하지 않고 부단히 의문을 놓치지 않도록 이끈다. 해답에 안착하여 공안에 붙이는 의심을 버리는 순간 관문인 화두의 효용은 사라진다.

"단 한 번도 확정된 해답은 주어지지 않으며, 있는 듯하여도 그것은 위장에 불과하다. 그곳에는 의문이라는 복병이 항시 매복하면서 역공으로 뒤집을 준비를 하고 있다. 우리가 되살려 낼 현대적 의의도 어떤 문제와 만나면서 분명하게 박히는 확신에 대하여 그때마다 의문으로 뒤집는 그 방법에서 찾을 수 있다."[16]

공안의 생명을 길이 지속하는 방법은 질문을 영원히 질문으로 남겨 두려는 시도에 있다. 선문답에서 어떤 질문에 대하여 응한 답변은 분명히 매듭짓는 그 무엇이 아니라 그 자체에 의문을 달고 새로운 견해로 열려 있다는 측면에서 또 다른 질문과 동일하다. "아는 자는 이것이 불성佛性임을 알지만 모르는 자는 정혼精魂이라고 부른다."(104칙)라는 본칙의 결론 구절에 대하여 대혜가 "어떤 것이 불성이고, 어떤 것이 정혼인가?"라

---

[16] 김영욱, 「태고선의 특성과 현대적 의의」, 『불교와 사회』 제10권 1호(중앙승가대학교 불교학연구원, 2018. 6), pp.198~199.

고 착어著語를 붙인 의문이 그 예이다. 불성과 정혼을 구분 지으며 잘 마무리한 듯한 결말에다 두 가지 모두 의문 속에 몰아넣어 다 된 밥에 재를 뿌리고 있다. 대혜는 문제를 해결하고 싶지 않아서가 아니라 사실은 이렇게 던진 질문으로써 본칙의 진실을 자신의 언어로 드러낸 것이다. "이러한 부류는 본칙에서 마무리한 말을 관문으로 재설정한 질문이기 때문에 해답을 내리려고 분별하는 순간 그 진실과는 어긋난다."[17] 본칙의 공안도 하나의 관문이고, 대혜의 풀이도 또 하나의 관문이며, 그것은 다시 새로운 의문과 관문으로 재조정되는 한에서 활구로서 존립할 가치를 지닌다.

반면에 활기를 잃은 언구는 확정된 해답의 틀에 틀어박혀 산다. 선문답의 질문은 지혜의 빛을 애걸하며 던지는 호소와 다르다. 그것은 의문을 의문으로 고스란히 살려 두려는 뜻에 따라 진행되는 활력의 소산이다. 그것에 뒤따르는 응답은 의문으로 기꺼이 전환할 준비를 하고 있다. 결국 공안상의 모든 구절은 질문이나 응답 모두에 빗장을 걸어 관문으로 설정하는 방법을 기초로 삼는다. 이 때문에 주고받는 문답은 늘 미완성처럼 보인다. 그 뒤로 이어 가는 자들의 견지를 무한히 허용하려면 완결 짓지 않은 모습이라야 한다. 그 미완성에 마련된 허虛가 누구라도 활발하게 움직일 수 있게 조성된 터전임은 분명하다. 결정적인 한마디 말(一轉語)일지라도 그에서 완결된 그 무엇을 기대할 수 없다. 그 한마디는 또 하나의 의문으로 들어가는 통로이기 때문이다. 어디까지나 해결된 문제가 아니라 궁구해야 할 미해결의 과제를 기꺼이 내놓아야 이것이 속박된 몸을 빼내어 나가는 길(出身之路)이다.

거문고의 기러기발을 아교풀로 고정시켜 음조를 조율할 수 없도록 만들면 결국 악기로서 기능을 죽이는 참사를 초래하고 만다.[18] 곡조의 종류뿐

---

17 104칙 '운문 종고雲門宗杲의 착어' 주석 참조.
18 이를 교주조현膠柱調絃이라 한다. 243칙 본칙 설화 주석, 590칙 본칙 설화 주석 참조.

만 아니라 그때마다 달라지는 날씨 등의 조건에 따라 적절하게 조율해야 바른 음을 낼 수 있다. 이렇게 당연한 관리법을 행하지 않고 한 번 마무리 지어 계속 편리하게 써먹으려는 발상은 게으름과 어리석음의 소산이다.

노련한 장수로서의 조사나 납자는 일정한 병법兵法에 사로잡히지 않고[19] 상황에 따라 적절하게 응하는 임기응변에 능하다. 그들은 상대의 허점을 간파하여 교란하는 작전을 구상하고 성동격서聲東擊西의 전법을 쓴다. 득得 안에 실失을 감추고 실 안에 득을 감추는 따위로 상대를 속이는 전략은 그 형식에서 세속의 병법과 다르지 않다. 손자孫子는 그 병법 첫머리에서 전쟁의 본질을 속임수라고 단적으로 표현한다. "전쟁을 운용하는 일이란 적을 속이는 방법이다. 그러므로 싸울 수 있으면서도 없는 듯이 꾸미고, 어떤 전술을 도모하면서도 도모하지 않는 듯이 위장한다."[20] 선사들도 공안을 해설할 때 이 대목을 적지 않게 활용한다.[21] 앞서 '노련한 장수는 병법을 따지지 않는다.'라는 선가의 상용구도 이에 대한 전래의 주석에 근거한다.[22] "선수행자가 시행하는 선기禪機는 대부분 격을 벗어난 기틀을 밝히는 것이고, 병법가가 쓰는 전투의 기밀은 눈으로는 동남쪽을 보면서 의도는 서북쪽에 두는 방법에 있다."[23]

또한 미리 긁고 나서 그 부위가 가렵기를 기다리는 미련한 자에 관한 비유가 있다.[24] 주어진 관념에 속박된 사람들을 비판하는 말이다. 그들은

---

19 "노련한 장수는 병법을 따지지 않는다.(老將不論兵)" 164칙 '원오 극근圜悟克勤의 상당' 설화 및 주석, 753칙 본칙 설화 참조.
20 『孫子』「始計篇」, "兵者, 詭道也. 故能而示之不能, 用而示之不用."
21 『頌古聯珠通集』권39(卍115, 498a17), 『無門慧開語錄』권상(卍120, 509a12), 『破菴祖先語錄』(卍121, 837a14), 『嘉泰普燈錄』권21「窮谷宗璉章」(卍137, 293b11) 등 참조.
22 『孫子注』「計篇」, "조조의 주석 : 전쟁에는 정해진 형태가 없으며, 변칙적인 속임수를 방법으로 삼는다.(曹操曰, 兵無常形, 以詭詐爲道.)"
23 『瞎堂慧遠廣錄』권2(卍120, 943b13), "禪者禪機, 多明格外之機 ; 兵者兵機, 眼觀東南, 意在西北."
24 이를 예소대양預搔待痒이라 한다. 846칙 본칙 주석 참조.

분별을 찍어 내는 편리한 수단을 만들고 나면 놓지 못하고 그것에 기대어 자유로워지려 하지만 의도와 다르게 그것은 당사자를 속박으로 떨어뜨린다. 편리한 수단이 오히려 족쇄가 된다는 낙편의落便宜[25]의 위험을 모르기 때문이다. '이익을 본 것 같으나 결국 손해를 본 것이며, 자유로운 듯하던 그 자리에서 자유를 잃고 만다.' 그런 방식으로 안주하지 않고 부단히 의문으로 조정하는 납자가 그 반대편에서 포효한다. 『염송』의 주인공들은 예정에 없이 그때마다 다른 상황에 대처하여 들이맞춘다. 이것이 종잡을 수 없어 성가시고 귀찮기 때문에 보금자리 지키기를 좋아하는 이들이 틀을 마련해 두는 심리는 나태라는 말 이외에 다른 평가를 붙일 수 없다.

부처를 물었는데 '마삼근麻三斤'이라 답한 동산 수초洞山守初의 대답을 보라. 이것저것 다 버리고 추상화한 최상위의 관념이라곤 전혀 없이 바닥에서 세 근의 무게를 재도록 유도하고 있다. 그 무게의 경중은 전혀 정해져 있지 않다. 무게를 재는 저울을 다 짓누르는 무게 이상의 무게가 있을 뿐이다.

(2) 의문과 비판의 원환 구조

한 사람의 송이나 염에 대하여 다른 사람이 비판하고, 이 비판을 또 다른 사람이 비판하는 형식을 나타내기 위해서 『장자莊子』의 비유를 끌어들인다. 하나의 공안에 대하여 단정하는 어떤 판단도 있을 수 없기 때문이다. 법진 수일法眞守一의 거(2칙)에 따르면, "이 공안과 더불어 운문·설두雪竇·법용法涌의 염을 제기하고 말했다. '이 몇몇 선사들은 마치 사마귀가 자기 앞에 있는 매미를 잡으려 하면서 뒤에서 참새가 자신을 노리고 있

---

[25] 편리한 수단에 빠져서 속박되다. 453칙 '무진거사의 송' 주석, 575칙 '보녕 인용保寧仁勇의 송', 622칙 '달관 담영達觀曇頴의 염', 731칙 '자성 성근資聖盛勤의 염', 835칙 '설두 중현의 송' 주석 등 참조.

는 줄 모르고, 참새는 자기 앞에 있는 사마귀를 잡으려 하지만 뒤에서 사냥꾼이 자신을 겨누고 있는 줄 모르는 것과 같다.'"라고 한다. 운문 등 세 선사를 상호 간에 물고 물리는 원환의 먹이사슬 관계로 보는 견해인데 공안의 본질을 적시하고자 끌어들인 절묘한 비유가 되었다. 처음에는 운문이 매미였고 법용이 사냥꾼이었을지 모르지만, 원본 『장자』와는 달리 사냥꾼을 매미로 추락시키는 또 하나의 강자가 그 뒤에서 노리고 있다는 논리이다.

한 공안에 대한 어떤 송과 염 또는 어떤 견해일지라도 이렇게 주고받는 영역에서 절대의 지위에 군림하는 강자는 허용하지 않는다. "공안에 등장하는 당국자當局者에 대해 방관자傍觀者가 비판하고, 방관자의 송이나 염에 대해 또 다른 방관자가 비판하는 형세와 들어맞는다. 이처럼 한 비판을 또 다른 사람이 비판하는 형식을 나타내고자 이 비유를 끌어들임으로써 하나의 공안에 대하여 어떠한 단정적·결론적 평가도 내릴 수 없음을 역설한다."[26] 아무리 탁월한 비판일지라도 다른 비판의 칼날을 받을 준비가 되어 있지 않으면 그 비판의 견해는 사구死句로 떨어져 가치를 상실한다. 그것은 확정된 결론이며 화두를 경직된 관념으로 몰아넣기 때문이다.[27]

이처럼 일정한 공안에 대하여 당당하게 자신의 속을 털어 내더라도 바로 그 옆에 판을 흔드는 방관자가 그에게 철퇴를 휘두를 준비를 하고 있다. 공안 비평자들은 이러한 양상을 가리켜 "옆에서 지켜보는 사람이 비웃는다.(傍觀者哂)"[28]라고 한다. 이와 함께 "바둑을 두는 당사자가 오히려

---

[26] 조영미, 앞의 논문, pp.108~109.
[27] 23칙 '공수 종인空叟宗印의 거' 주석 참조.
[28] 62칙 '대홍 보은大洪報恩의 송' 주석, 129칙 '심문 담분心聞曇賁의 거' 주석, 185칙 '원오 극근圜悟克勤의 상당' 주석, 419칙 '지비자知非子의 송' 설화 주석, 625칙 '운봉 문열雲峯文悅의 염' 주석, 640칙 '운문 종고雲門宗杲의 상당' 주석, 656칙 '자항 요박慈航了朴의 상당' 주석, 917칙 '불타 법손佛陀法遜의 상당', 1035칙 '장령 수탁長靈守卓의 상당'

수를 더 못 읽는다.(當局者迷)"²⁹라는 구절이 짝이 된다. 승패에 직접 관여하고 있는 당국자는 이기려는 욕심이 지나쳐 훈수꾼(방관자)보다 판세나 수를 읽는 안목이 부족하다는 의미이다.

이와 같이 남이 풀이한 공안에 대하여 틀렸다며 훈수를 두는 모든 방관자는 아무리 기발한 묘수가 보이더라도 착각으로 폄하하며 철퇴를 휘두른다. 하지만 그 자신의 철퇴도 또 하나의 착각으로 비평되는 그 원환의 구조를 기꺼이 수용한다. 이를 가리켜 "착각을 가지고 착각을 응수한다.(將錯就錯)"³⁰라고 한다. 상대가 일부러 하나의 착각을 저질렀음을 알고 자신도 고의적으로 착각을 유발하여 대하는 조사들의 보편적인 책략이다. 조사선에 등장하는 이들 착각은 일종의 유희이자 점검의 수단이며 실제로 범한 오류는 아니다. "혜가慧可가 (달마達磨에게) '제 마음이 편안하지 않습니다.'라고 한 말이 하나의 착각이요, 달마가 (혜가에게) '마음이 없다.'라고 한 말이 또 다른 착각이다."(100칙 '장산 법천蔣山法泉의 염' 설화)라고 한 말이나 "덕산德山이 건넨 첫마디가 하나의 착각이고, 용담龍潭이 가리킨 응답이 또 다른 착각이다."(664칙 '설두 중현의 염' 설화)라는 말이나 모두 선사들이 주고받는 문답을 이 관점에서 평가하였다. 착각이라는 점에서 스승도 제자도 모두 평등한 하나의 묶음으로서 의문의 연쇄 고리로 엮어진다.

주석 등 참조.
29 419칙 '지비자의 송' 설화 주석, 979칙 본칙 주석 등 참조. 『宏智廣錄』 권1(大48, 12b16), "법좌에 올라앉아 말하였다. '딱 들어맞아 꿰맨 흔적이 없고, 뚜렷하여 덮어서 가린 자취가 없다. (拈華와 微笑를 주고받은) 영취산에서 어찌 (세존이) 가섭에게 전하였겠는가? 소림사에서 어찌 (달마가) 신광에게 부촉하였던가? 실현되어 있는 곳곳이 어김없이 부합하는 구절이고, 빠짐없이 갖춘 사람마다 지견의 향기가 풍기는구나.……훈수꾼이 비웃고, 바둑 두는 당사자가 수를 못 읽는 법이다.'(上堂云, '恰恰無綾縫, 明明不覆藏. 鷲嶺豈傳迦葉? 少林那付神光? 現成處處合頭句, 具足人人知見香.……傍觀者哂, 當局者迷.')"
30 16칙 '죽암 사규竹庵士珪의 상당' 주석, 70칙 '원오 극근의 염 2' 설화 등 참조.

3) 공안의 언어관

(1) 현장의 언어

언어는 사유분별의 찌꺼기이자 그것을 통하여 자신의 세계를 남에게 보이는 결정적인 수단이기도 하다. 앞에서 보았듯이 모든 공안은 언어의 형식에 의존하여 문제를 제기한다. 그 특징은 언어를 장벽으로 쌓아 올렸다가 그것을 허무는 과정을 반복한다는 점이다. 여기서 선사들은 언제나 현장의 언어를 쓴다. 그때마다 던져진 그 현장에서 도구를 가져오며 강사나 법사처럼 경전 등에서 따온 미리 준비된 언어를 쓰는 행위는 혐오한다.

'도적의 말을 타고 도적을 쫓거나 도적의 창을 빼앗아 공격한다'는 수법이 그것이다.[31] 선사들은 상대의 말이나 필부필부의 언어를 가져다 써 먹고 버린다. 그들은 미리 준비된 말 보따리 따위를 싸들고 다닐 생각은 처음부터 없다. 그것은 속박의 뿌리가 되기 때문이다. 그때마다 다른 현장에서 그곳에 있는 지형지물을 이용하는 전법을 구사한다. 늘 가까운 주변에 조응하여 전투태세에 돌입한다. 그러나 야간 통행을 감시하려고 순찰을 도는 관리가 누구보다 먼저 그 법을 어길 수밖에 없는 결과와 아주 흡사하다.[32] 언어로 진실을 온전히 드러내지 못하고 때로는 온전한 진실에 흠을 내기 때문에 경계를 하지만, 그 경계하는 수단도 언어이기 때문이다.

---

31 13칙 본칙 설화 주석, 212칙 '천복 본일薦福本逸의 송' 주석, 622칙 '달관 담영의 염', 664칙 '보녕 인용의 송' 주석 및 '오조 법연五祖法演의 상당' 주석, 685칙 '승천 전종承天傳宗의 염' 주석, 1015칙 '송원 숭악松源崇嶽의 상당' 등 참조.

32 『恕中無慍語錄』권2(卍123, 830a10), "순찰하는 관리가 야통夜通 금지법을 범하는 경우와 아주 닮았다.(大似巡官犯夜)", 『碧巖錄』60則「頌 著語」(大48, 192c17), "법령을 제기한 사람이 먼저 범한다.(擧令者先犯)"

(2) 우열의 대칭과 가설

걸출한 인물을 비유하는 여러 가지 말 가운데 용龍이 있고, 그 반대편에 잔챙이를 놓고 우열을 극대화하지만 여기에도 전략이 없지는 않다. "곧은 낚싯바늘로 검은 용을 낚으려는 뜻이지 어찌 잔챙이 어류에 생각을 걸어 두겠는가!"[33]라는 말이 있고, "신령한 용은 한 번에 한없이 거대한 그물을 뚫고 벗어났지만, 잔챙이는 여전히 진흙탕 속에서 팔짝팔짝 뛰고 있다."[34]라고도 한다. 세상이라는 그물을 다 벗어난 용의 귀티 나는 자태와 채신머리없이 팔짝거리지만 여전히 진창에서 몸을 더럽히고 있는 잔챙이 가운데 누가 자유롭고 누가 우월한가? 용과 잔챙이를 구분하는 선사들의 의도는 무엇인가?

선경禪境에 무지한 사람들이나 더 높은 곳을 향하려는 탐욕에 물든 수행자들은 값싼 벽돌을 버리고 귀한 옥을 구하고자 조사를 찾아 법을 묻는다. 귀천과 우열이 뚜렷한 저들의 의식으로는 처음부터 값을 정하지 않고 가능한 모든 값을 애초에 허물어뜨린 상태로 시작하는 조사의 어법을 이해하기 불가능하다. 세 사람 모두에게 "차나 마시게."(411칙)라고 응답한 조주趙州의 말에 대하여 개암붕介庵朋이 "지저분한 곳에 벽돌 던지네."라고 한 송의 구절에 그 취지가 암시된다. "조금 전에는 벽돌을 내던져 버리고 옥을 얻으려 했는데 한낱 굽지도 않은 날벽돌을 얻고 말았구나."(433칙)라고 했던 조주의 말을 직접 활용한 것이다. 만약 조사가 옥과 벽돌의 값을 갈라놓았을 경우라면 틀림없이 상대의 상태를 점검하는 장치일 뿐, 실제의 차이에 따르지 않는다. 조주의 옥은 이렇게 갈라진 분별을 낚기 위한 미끼일 뿐이며 결국은 버리는 물건이다.

---

33 831칙 '정엄 수수淨嚴守遂의 송' 주석 참조.
34 『建中靖國續燈錄』 권6 「大覺懷璉章」(卍136, 102a6), "神龍一擧透無邊, 纖鱗猶向泥中躍."

정혜 초신定慧超信이 "(부처님과 가섭이) 은밀히 전하고 자리 나누어 앉았다 하니, 정면에다 침 뱉어 주기에 딱 맞는 짓이다."(4칙)라고 읊은 송도 그 맥락이다. 불조佛祖의 언행을 위대한 행적으로 치켜세우거나 드러난 그대로 수용하면 장애가 되기 때문에 이처럼 부정의 매개를 거쳐야 한다. 이것은 그 언행의 본질이 아니라 그것과 마주치는 사람과의 관계에서 비롯하는 결과이다. 본디 저들의 언어는 '양의 머리를 내걸고 개고기를 팔아먹는 수법(懸羊頭賣狗肉)'을 닮았기 때문이다. "처음 녹야원(初正覺)에서 마지막의 발제하(涅槃)까지 그 두 기간 사이에 한 글자도 말한 적이 없다."라는 35칙 본칙에 대하여 상방 일익上方日益은 "그러나 작은 마을 안에서 사슴을 가리켜 말이라 속이는 일은 눈감아 줄 수 있지만, 사방으로 트인 큰길에서 양의 머리를 내걸고 개고기를 팔아먹는다면 잘 비추어 돌아보아야 한다."라고 풀었다. 모든 불조의 어법을 그와 같은 관점에서 해독해야 함을 가리킨다.

이런 유의 말들은 어디까지나 승패와 득실의 구도에서 벗어나야 한다는 의미를 가리키고 있다. "옛사람들이 제시한 공안을 뿌리 뽑으라는 뜻이다. 그것들 모두 득과 실의 구도에서 벗어나지 못했기 때문이다."(412칙 '동림 상총의 상당' 설화)

사자도 하이에나도 사냥하고, 썩은 고기를 즐겨 먹거나 상대의 사냥물을 강탈하는 취향도 어느 편만의 특성이 아니라 양편 모두 동일하다. 귀천과 우열로 갈라놓아야 만족스럽게 생각하는 사람의 의식은 사자를 백수의 왕이라고 확고하게 굳혀 두고 생각하는 고질적인 당파성을 견지한다. 먹이를 두고 벌이는 이들의 다툼에는 귀한 처세도 천박한 굴종도 없음에도 사람들은 불치의 착각에 빠질지라도 마치 자신이 사자 무리에 속한 듯이 그편으로 치우쳐 귀천으로 갈라놓고야 만다. 그러나 "우월하다면 둘 다 우월하고, 열등하다면 둘 다 열등하다.(優則同優, 劣則同劣.)"[35]

"지장의 머리는 희고, 회해의 머리는 검다."(164칙)라는 마조馬祖의 말은 선명하게 흑백을 갈라놓은 모양새를 띠고 있다. 이러한 외형과는 달리 백운 지병白雲知昺은 평등의 관점에서 이를 평가하였는데, 이는 마조가 '검은 머리를 검다, 흰머리를 희다.'라고 했을 뿐 어떤 차별 의식을 가지고 이분한 것은 아니라는 풀이이다.

(3) 문답 안의 진실

문답 상황의 진실은 문답 그 안에 다 드러나 있다. 그것을 추정할 어떤 전제를 설정하거나 인식 틀을 적용하면 할수록 더욱 진실과 멀어질 뿐이다. 뜰 앞의 잣나무를 뜰 앞의 잣나무라고 알아차릴 뿐 다른 그 무엇도 덧붙이지 말라는 말이 그 하나의 예이다.[36] 그 진실은 문답에 드러난 그대로이다. 이 문답 이상의 또는 그 배후의 그 무엇을 빌려 와 의탁해서는 이해할 수 없다. 어떤 분별이나 언어를 덧붙이거나 덜어 낼 필요가 없이 주어진 말 그대로 완벽하게 드러난 진실을 가리킨다.

이것은 특별한 이치의 빛 아래 조명하여 이해하지 않는 방식이다. 대혜 종고는 "별다른 어떤 도리를 만들어 내려 하지 마라.(切忌別作道理)"[37]라고 하였다. 설화에서는 대혜의 이 말을 해설 도구로 즐겨 활용하여 "별도로 도리를 조작해서는 안 된다.(不可別作道理)"라고 한다. 도리의 조작은 분별의 가장 보편적인 특징이기도 하다. 그래서 "더는 헤아리는 일 그치어라."(760칙)라고 읊은 대혜 종고의 송에 설화에서 바로 그 말로 풀이에 응한 이유도 여기에 있다. "부처도 넘어서고 조사도 넘어서는 이야기"에 대하여 "호떡!"이라고 응답한 운문의 화두(1022칙)에 대하여 천동 정각天童正覺이 "구절에 아무 맛도 없는 걸 어떻게 참구할꼬?"라고 한 송의 구절도

---

35 78칙 '진정 극문眞淨克文의 상당' 설화 참조.
36 421칙 본칙 설화 및 『진각국사어록 역해 1』「상당 133」, p.589 참조.
37 243칙 '운문 종고의 시중' 참조.

지어낼 도리가 없는 즐거운 궁지窮地를 나타낸다. 호떡과 다른 별도의 도리를 밖에서 끌어들여 이해하려 들지 말라는 뜻이다. 할이면 할, 방이면 방 그대로 마주치고, "후원에서 나귀가 여물을 먹는다."(831칙)라고 하면 그 화두 그대로 수용할 뿐 상하의 위계를 갖는 범주에 집어넣어서 이해해서는 안 된다. 그 외의 것은 모두 속박의 틀이기 때문이다. 그것을 격格이라 한다.

언행과 사고의 편의便宜를 위하여 짜인 수단이 격이고 그것은 언어를 기반으로 하는 범주이자 틀이다. 편리한 수단이지만 그 편의는 마치 쥐틀과 같다. 쥐틀의 먹이를 탐내어 건드리는 순간 쥐는 목숨을 그것에 빼앗기듯이 수단의 편의에 애착하여 다가서면 그것에 묶이는 위험을 감수해야 한다. 우리가 편리하게 타고 노는 사고의 틀도 그와 조금도 다르지 않다. 어떤 문답이나 설법에도, 아무리 위대한 선사나 추앙받아 마땅한 성현일지라도 안주하는 격의 그림자가 미세하게라도 남아 있는 법이다. 납자가 쏘는 언어의 화살은 바로 그것을 과녁 삼아 노린다. 아무리 쳐부수어도 그 언어의 잔재는 남지만 그때마다 다시 대적하여 물리친다.

4) 가설의 붕괴

대부분의 선문답에서는 상대가 터를 잡고 있는 전제와 가설을 붕괴하려는 점검의 말을 던진다. 동시에 처음부터 어떤 전제도 없는 허언虛言을 무기로 출발하기도 한다.

임제臨濟가 무위진인無位眞人이 누구에게나 있는 듯이 대중에게 말했던 것이 예가 된다(617칙). 학인이 "무엇이 무위진인입니까?"라고 물었지만 이는 단순히 몰라서 던진 질문이 아니다. 임제를 간파하고 "도대체 무슨 무위진인이 있느냐?"라는 반문의 뜻도 들어 있다. 임제는 "무위진인이라니, 이 무슨 마른 똥막대기 같은 소리인가?"라고 자신의 처음 말을 뒤집었다. 임제가 처음에 무위진인이라 했던 말이 허언이고, 그렇게 대단한 그 무엇이 있다고 각자가 전제하고 있는 망념을 꺾기 위한 점검의 수단이었던 것이다. 이처럼 상호 간에 자신이나 상대가 미리 마음먹고 있는 관념의 함정에 빠져 있는지 그렇지 않은지 예의 주시하면서 문답이 진행된다.

마찬가지로 반산 보적盤山寶積이 "홀로 둥근 마음의 달이 그 빛으로 만상을 머금었다."(250칙)라고 한 말에서 주제어에 해당하는 '마음의 달'이 허언이다. 이것을 하나의 허언으로 조성하여 분별로 포착하도록 유도하고 함정에 빠뜨리는 수법을 써서 결국은 이 말을 접하는 사람들의 마음에 자리 잡고 있는 허망한 전제를 무너뜨리려 한다.

화두란 해묵은 보금자리와 같은 전제를 허물어뜨리는 언어 또는 미리 마음먹은 관념이 없는 언어를 가리킨다. 모조리 실현되어 알몸 전체가 드러나는 적나라한 언어가 화두이다. 곧 대상을 마주칠 때마다 우리가 덮어씌우는 분별과 인식의 허물이 벗겨진 언어가 화두이다. 파조타破竈墮 화상이 조왕신竈王神의 신상神像을 때려 부순 인연과 그에 대한 무의자 혜심이 지은 송의 일부 구절에 그 뜻이 보인다.

> 부서지고 또 부서져라
> 쓰러지고 또 쓰러져라
> 나에게 발가벗고 드러난 그 몸 돌려다오
> 깨끗이 씻은 맨몸인데 잡을 수가 없구나[38]

은폐물을 제거하고 걷어 낸 다음 드러나는 가식 없는 맨몸에 대하여 읊은 송이다. 몸을 가리는 은폐와 같이 진실을 가로막는 장애는 어디서 생기는가? 사물과 교섭하고 장악하는 편리한 수단에 의지할수록 점점 그

---

[38] 153칙, "破也破也, 墮也墮也, 還我箇露裸裸, 赤灑灑沒可把."

필요에 따라 장애는 두꺼워진다. 그것은 무수한 사고와 언어의 격을 만들어 내고 우리는 그 격에 맞추어 편리하게 기댄다. 더 이상 사고하지 않고 참신한 언어에 담아내지도 않으며 마주치는 대상이 무엇이 되었건 반복하여 그 격에 따라 엇비슷하게 찍어 낸다.

부처나 진여가 그 편의가 되기도 하고 그 반대편에 세우는 중생과 미혹도 편리하면서 딱딱하게 굳은 관념이 되기도 한다.[39] 누구나 이용 가치를 지닌 수단을 열망하다 보면 그것에 예속되기 마련이다. 이러한 맥락에서 부처와 조사도 위대한 본보기로 출발하였다가 하나의 편리한 도구로 추락하는 법이다.

'발우나 씻어라.'라고 한 조주의 말에서 학인이 '깨달았다'고 하지만(429칙) 이는 시험하기 위한 임시 설정의 가설과 다르지 않으며 이를 간파하는 것은 공부하는 자들의 몫이다. 백운 지병이 '나는 이렇게 말하리라.'라고 한 말은 이 맥락을 간파했다는 신호이며 이를 자신만의 견지로 내뱉어 보겠다는 뜻이다. 애초에 조주와 학인은 문답만 나누었을 뿐이며, 조주가 학인의 견지를 인가해 주지도 않았고 학인 또한 스스로 깨달았다고 말한 적이 없다. '깨달았다'는 것은 제삼자가 기록한 일종의 무의미한 말이다.[40]

이들이 주고받는 문답상의 허언은 마치 구멍 없는 피리와 모직 박자판의 만남과 같다고 비유한다.[41] 비록 양자 사이에 어떤 언행을 주고받지만 그 피리와 박자판처럼 어떤 소리도 들리지 않는 언어의 절벽에서 결정적인 소식이 들려온다. 한 노파가 '오역죄를 저지르고 불효하는 아이'라고 조주를 지목하자 조주는 쏘아보고 노파는 나가 버렸다는 이야기(463칙)를

---

39 31칙 본칙 설화 주석, 60칙 본칙 설화 참조.
40 이에 관해서는 본 해제 '5. 가치' 가운데 '미오난정迷悟難定·대오大悟'에 상세히 서술한다.
41 640칙 '운문 종고의 상당' 주석, 726칙 본칙 설화 주석 참조.

예로 보자. 오역죄와 불효라는 구멍 없는 피리 소리를 듣고 조주는 모직 박자판를 두드린 격이었다. 쏘아보는 그 눈길에는 호의가 전혀 없지만 어떠한 독기도 없는 허언에 불과하다. 허언이지만 이들은 이것으로 교감하며 활발하게 선기禪機를 주고받는다.

5) 등가等價의 거래

팔고자 내놓은 값과 사려는 값이 어긋날 경우 그 충돌을 해결하고자 값을 고쳐 부르며 주거니 받거니 하는 상량商量이 필요하다. 가장 잘 치러진 거래는 서로 불만이 없는 등가의 거래이다. 『염송』에 보이는 흔한 거래는 소를 소로 갚지 않고 말로 바꾸어도 통하는 관계이다. 진주가 귀하다고 하지만 돌조각과 무차별하게 교환되는 세계를 가리킨다. 그래서 "소 한 마리를 꾸었다가 말 한 마리로 갚는다.(得人一牛, 還人一馬.)"[42]라고 한다. 오가는 말과 행위가 충돌하고 어긋나는 듯이 보여도 사실은 등가의 거래이기 때문에 어느 편도 손해로 기울지 않는다. 말과 소를 무차별하게 보는 거래에서 말을 받고 소로 갚았다고 해도 둘 사이에 어떤 득실의 차이도 없다.

이처럼 물건을 거래할 경우 팔려는 가격과 사려는 값이 맞아야 교환이 성립하듯이 문답의 당사자들도 전달하려는 생각이 전달받는 상대에게 고스란히 각인되어야 대화가 완성된다. "사고팔며 맞바꾸려면, 알맞은 값이라야 하리."(830칙)라고 읊었던 해인 초신海印超信의 송이 그것이다. 이 공안에서 암두巖頭와 노파의 문답은 전하려는 사람과 받는 사람의 마음이 합치한 경우이다. 노파는 자신의 견지를 이런저런 말로 전했는데 암두는

---

[42] 146칙 '영원 유청靈源惟淸의 평' 주석, 491칙 '원오 극근의 염', 757칙 '설계 일익雪溪日益의 송' 주석, 790칙 '백운 지병白雲知昺의 염', 794칙 '천복 본일薦福本逸의 송', 1128칙 '취암 수지翠岩守芝의 상당' 등 참조.

매질로 응수하였다. 그러나 누구도 손해 보지 않고 준 만큼 받고 받은 만큼 주었으므로 어떤 다툼도 없는 평등하고 평화로운 교환이라는 뜻이다.

이와 같이 등가의 평등하고 조화로운 결론을 도출하고자 벌이는 전쟁을 법전法戰이라 한다. 갈라진 양편은 대립하는 동시에 서로 의존하며 하나의 문답을 흠 없이 완성한다. 대혜는 소와 말의 교환에 이어서 "사람이 평등한 마음을 지니면 한편으로 치우쳐 말하지 않고, 물의 바닥이 평평하면 어느 편으로도 치우쳐 흐르지 않는다.(人平不語, 水平不流.)"[43]라는 상용구로써 평등하여 기울어지지 않는 문답상량의 취지를 보충하였다.

상거래처럼 한 손바닥으로는 소리가 나지 않으며, 양자 사이에 우열은 나뉘지 않는다. 모든 선문답에서 학인과 스승이나, 속인과 선사나 모두 하나의 공안을 완성하는 평등한 지위일 뿐이다. 저마다 한 손바닥 역할을 하며 소리 내는 평등한 거래의 주체이기 때문이다.

보통은 서로 적절하게 값을 불러야 거래가 성립하는 법이므로 모든 거래에서 부당하다는 말은 어느 편에서 비싸게 불렀거나 싸게 부른 그대로 교환이 이루어질 경우를 가리킨다. 누가 비싸지도 않고 싸지도 않게 값을 치를 수 있을까? 자신의 몸을 팔겠다고 하면서 "값을 비싸게 불러도 안 되고 싸게 불러도 안 된다."(204칙)라는 거래 조건을 제시한 남전南泉은 얼핏 값을 정하지 못하도록 해 놓았는데 과연 자신의 몸을 팔 수 있을까? 그래도 사겠다고 나서는 사람들이 있었다. 그 장면에서 남전이 자신의 몸을 발가벗은 채 드러내고 있음을 간파한 조주와 같은 손님이 있었기 때문이다. 그 밖에 여러 납자가 손님으로 이 거래에 뛰어들었지만 그들 모두 싸지도 비싸지도 않은 평등한 조건을 만족시켜야 한다.

세간에서 가장 비싼 물건이 죽은 고양이인 까닭은 아무도 그것에 값을 매길 수 없기 때문이라고 한 조산曹山의 화두(879칙)도 등가 거래의 본보기

---

43 410칙 '운문 종고의 거' 참조.

이자 극치이다. 천동 정각이 그것을 간파하고 "조산은 싼(賤) 물건을 내놓고 비싸게(貴) 팔겠다고 했지만, 나의 이곳에서는 비싸게 내놓은 물건을 보고 싸게 사겠다고 했다."라고 평가하였다. 물건의 귀천貴賤을 철저하게 뒤집어서 거래하는 이 시장에서는 싼지 비싼지 그 귀천의 분별과 계산에서 벗어난 사람들만 등가의 거래를 성사시킬 수 있다.

내가 이익이고 상대가 손해인지 그 반대인지 전혀 괘념치 않는 사람이라야 손익에 좌우되지 않는 평등한 거래를 유지한다. "이익이 있건 이익이 없건 상인은 시장을 떠나지 않는다.(有利無利, 不離行市.)"[44]라는 말은 이 뜻을 암시한다. 저들 납자는 이익을 주는 시장이면 계속 거래하는 터로 삼고, 손해가 나면 떠나는 방식의 계산을 하지 않는다.

5. 가치

혜심은 공안으로 가능한 자료를 최대한 수집하여 『염송』을 편집한 다음 스스로 공안에 대응하는 방법을 보여 주고 나서 제자 각운을 『설화』의 저술로 이끌어 화두를 궁구하는 길을 열도록 하였다. 이로써 참구의 실제적 본보기뿐만 아니라 학문적 모색까지 가능하도록 영역을 확대하였다. 『설화』의 풀이에서 선禪 특히 조사선의 본령에서 벗어난 부분도 적지 않게 발견되지만 납자의 안목이 번득이거나 은근히 풍기는 선미禪味가 곳곳에 잠재해 있다. 더구나 이렇게 대규모로 공안 전체에 대하여 해설을 시도한 사례는 어디에도 없다는 점에서 그 체재 자체만으로 높이 평가받기에 충분하다. 학문적 방법으로 접근하는 오늘의 학자들로서는 이 전체적인 풀

---

[44] 65칙 '대홍 보은大洪報恩의 송' 주석, 421칙 본칙 설화 주석, 624칙 '송원 숭악松源崇嶽의 상당' 참조.

이의 지평을 넘어서기 쉽지 않기 때문에 꾸준히 그것에 기대어 인식을 넓힐 수밖에 없다. 그만큼 이 문헌의 무게는 바르게 값을 매기기 힘들 정도로 크다.

1)『염송』

분양송고汾陽頌古 · 설두송고雪竇頌古 · 단하송고丹霞頌古 · 굉지송고宏智頌古 · 무문송고無門頌古 · 허당송고虛堂頌古와 같은 송고가 실리며 만들어진 『벽암록碧巖錄』,『허당집虛堂集』,『종용록從容錄』,『무문관無門關』 그리고『공곡집空谷集』 등 중국의 역대 공안집은『무문관』 48칙을 제외하고는 모두 100칙을 기준으로 엮어졌고 한 선사의 송을 근간으로 확충된 것이다. 이에 비해『염송』은 하나의 공안에 대한 여러 선사들의 송을 비롯한 모든 종류의 평을 모아 놓은 종합적인 공안집이라는 점에서 구별된다. 1179년에 간행되고 1392년에 중간된『송고연주통집頌古聯珠通集』 40권이『염송』의 선구가 되었을 것으로 보지만, 중간되는 과정에서『염송』이 역으로 영향을 주었을 가능성도 있다. 여기에는 모두 818칙의 공안이 수록되어 있다. 그 뒤 1664년에 간행된『종문염고휘집宗門拈古彙集』 45권은 앞의 공안집을 망라한 다음, 이에 추가하여 총 1,700칙의 공안을 수록하였으며, 1714년에 간행된『종감법림宗鑑法林』은 총 2,720칙의 공안을 수록하였다.『염송』은 송고집頌古集 유를 제외하고 종합적인 공안집의 역사로 볼 때는 비교적 초기에 속한다. 또한 이전에 다른 공안집들이 있었지만 오로지 이 책만이 갖는 기연어구와 염송들이 대단히 많은 점만으로도 자료적 가치가 대단히 크다고 평가된다.[45]

---

[45]『정선 공안집』해제, pp.26~28.

2) 『설화』

이하에서는 공안을 재가공하는 깊은 안목이 있지 않고서는 나올 수 없는 『설화』 특유의 몇 가지 해석 수단에 근거하여 이 문헌에 대한 가치 평가를 대신한다.

● **직득무한**直得無限

『설화』 특유의 이 용어[46]는 쓰이는 그때마다 약간 달리 해석할 여지가 있다. 모든 언어와 분별의 한계를 벗어나게 된 것, 뜻이 한없이 깊고 넓은 것, 모든 제한과 한계를 벗어나 자유로운 경지가 된 것 등의 의미를 나타낸다.[47] 또한 어떤 의미로도 규정할 수 없고 모든 한계에서 자유롭다는 뜻이기도 하다. '허噓' 하고 내쉰 한숨까지 모든 언어 규정과 어떤 분별의 맛에도 묶이지 않는 일종의 화두로 간주한다.[48]

이와 같이 공안의 어떤 말이나 행위도 일정 범주로 한정하여 개념화하지 않는다.[49] 한계를 풀어 막힘없이 터놓고 무한하게 개방하는 염송가拈頌家 특유의 안목이 잘 드러나는 해설 도구이다. 여기서 한계는 각 공안마다 특수하게 제시되는 대립의 요소가 주를 이루며 그 양자에서 모두 벗어나 자유롭다는 의미를 암시한다. 어떤 풀이와 정의도 무한의 비판 속으로 흡수하여 녹여 버리는 방법이며, 그 무한의 영역에서 유한의 의미를 조작해 내지 않는다. 유한의 분명한 세계를 꾸며 내려 시도하는 어리석은 사람에 대하여 대혜 종고는 "무쇠 덩어리에서 꿰맨 흔적 찾는다."(711칙)라

---

[46] 후대의 『禪文手鏡』 「末後句最初句辨」(韓10, 520a1)에서 이를 가져다 활용한 예가 보일 뿐이다.
[47] 2칙 '보림본寶林本의 상당' 설화 주석 참조.
[48] 216칙 본칙 설화 주석 참조.
[49] 436칙 본칙 설화 주석 참조.

고 한다. 이것과 저것을 꿰맨 한계가 전혀 없어서 넓고 깊은 무한의 의미는 거기서 발생한다. '덩어리'는 개별적 대상이 온통 하나가 되어 구분이 사라진 경계를 말한다. 의심 하나로 모든 것이 통일된 의단疑團과 같다. 언어와 사고가 묶어 놓은 유한이라는 숙명을 무한으로 풀어놓아 흔적도 없이 사방으로 흩뿌린다.

특히 상대의 말에 대응하지 않고 "대화를 그만두다(休去)·방장으로 돌아가다(歸方丈) 등의 상황에 대하여 해설한 설화의 절반 이상이 무엇에도 얽매이지 않는 경계(직득무한)라는 평어評語로 되어 있다."[50] 또한 대립적 짝(待對)이 되는 양단을 제시하고 나서 양단 어디에도 떨어지지 않는(不落) 경계를 펼친 경우에 이 평어를 붙이고 있음을 볼 수 있다.[51] 한 덩어리라는 앞의 말이 양단이 본래 없는 무한과 연결된다.

● 자고기종自固其宗·각고기종各固其宗

이 또한 『설화』에서만 빈출하는 해설법이다. 문답의 당사자들이 각자의 견지를 초지일관 고수한다는 의미이다. 각자 자신의 주장을 확고하게 지키면서 양자로 대별되는 장면에서 어느 편으로도 치우치지 않고 평등한 마음으로 양자에게 모두 그 각각의 근거를 주는 해설이다. '제각각 속박에서 벗어나는 다른 길이 있다.(各有出身之路)'는 선어禪語와 통한다. 종사가 되었거나 학인이 되었거나 본래 자기의 주장이나 주된 언행을 상대의 그것에 물들어 바꾸지 않고 그대로 견지한다는 뜻으로 문답의 양자를 어디까지나 평등하게 보는 관점의 평석이다. 공안에서 이 측면을 밝혀내고 있다는 점은 해설자로서 보인 탁견이라 하지 않을 수 없다.

오구烏臼가 휘두르는 주장자를 맞은 학인이 "때리는 주장자에도 바른

---

50 조영미, 앞의 논문, p.165.
51 위의 논문, p.166; 『정선 공안집』 해제, p.38.

안목이 있어야 하니, 경솔하게 사람을 때리지 마십시오."(297칙)라고 한 말에 대하여 설화에서는 자고기종自固其宗이라는 말을 붙여 학인의 견지를 수긍하였다. 조주가 예불 올리는 제자 문원을 때리자 그가 "예불드리는 것은 좋은 일입니다."라고 함에 "좋은 일도 아무 일 없는 것만은 못하다."(454칙)라고 한 조주의 말에도 설화에서는 자고기종이라 하였다. 이 경우는 좋은 예법보다 자신의 견지에 확고하게 뿌리를 두어야 한다는 조주의 요청으로 풀이된다. 503칙에서 영허 상좌靈虛上座가 자신을 때린 수유 화상茱萸和尙에게 "아무렇게나 때리지 마십시오."라고 한 말과 수유도 그만두고 방장으로 돌아간 것에 대하여 각각 '스스로 확고한 입장을 견지하고 있다.'는 뜻의 자유입처自有立處와 자고기종이라는 해설을 달았는데 같은 의미이다. 이어서 "그러므로 영허가 비록 상대의 속임수에 걸려들지 않는 수단을 가지고 있었다 해도 결국 상대가 파 놓은 함정에 빠지고 말았을 뿐이다."라고 마무리하였다.

상하의 차별 없이 각자 자신의 견지를 고수하며 양편으로 갈라짐으로써 하나의 공안에서 진실을 완성하는 두 개의 축을 이룬다. 처음부터 우열이 없이 각자의 견지로 엄연히 갈라지지만 스승은 스승대로 제자는 제자대로 하나의 칼날로서 평등한 효용을 갖기 때문이다. 또한 시비와 우열이 없는 자리에서 각자 반대편에서 한 토막씩 쥐고 있기 때문에 언제든지 서로 자리를 바꿀 수 있다. "결코 다른 사람일 필요는 없다."는 동림 상총東林常總의 말이 이것과 통한다(866칙 설화). "어찌 남의 일에 간섭하겠습니까."(282칙)라는 구절 이하의 대목에 대해서는 "각자 자신의 견해를 고수하여도 각각 얽매인 몸에서 벗어날 길이 있다.(各固其宗, 各有出身之路.)"[52]라고 풀었는데, 양측을 모두 긍정한 평가 같지만 바로 그렇기 때문에 어느 쪽도 그대로 허용해서는 안 된다는 의미를 내포하고 있다.

---

[52] 504칙 본칙 설화 등에서도 이 두 구절을 한 쌍으로 활용한다.

● 무결절無決折

  결決은 물꼬를 시원하게 트는 형상이고, 절折은 마디 부분을 분명하게 꺾어서 매듭짓는 모양이다. 따라서 무결절이란 '분명하게 내린 결론이 없다'는 뜻이다.[53] 이것은 공안을 처리하는 일관된 맥락에 따르며, 용두사미龍頭蛇尾의 수법과 대동소이하다. 이 말도 『설화』에만 보이는 특유의 비평어이다. 모든 공안에서 이것이다 저것이다 확실하게 결말을 지어 확답을 내리지 않는 수법과 맞닿아 있다. 결절의 반대편에 서 있으니 답답하고 흐리멍덩하다는 느낌이 들지 않을 수 없다. "머리만 있고 꼬리가 없는 두 사람"(192칙)이라는 설두 중현의 염에 대하여 "분명하게 내린 결론이 없는 듯이 보였기 때문이다."라는 설화의 비평이 그것이다. "앙산은 벙어리가 쓴 오이를 씹은 꼴과 아주 흡사했다."(570칙)라는 승천 유간承天惟簡의 염에 대하여 "앙산은 어떻게 할 줄 몰랐고, 또한 분명히 마무리한 결과도 없었다는 뜻이다."라고 풀이함으로써 그 의미를 더욱 공안의 본령으로 끌어들였다. 어떤 결말도 짓지 않고 무한하게 개방하는 선사들의 화두가 지니는 속성을 드러내는 말이다.

● 미오난정迷悟難定·대오大悟

  미혹인지 깨달음인지 확정할 수 없다는 의미이다. 이 또한 『설화』에만 자주 등장하는 해설법이다. "그대의 입은 어디에 있는가?"라는 노조魯祖의 물음에 "입이 없습니다."(189칙)라고 한 학인의 대답에 이 해설을 붙였다. 이 대답만 가지고는 그 학인이 어리석은지 깨달았는지 판단할 수 없다는 말이다. 보충하여 언급하자면, 본칙에서 '크게 깨달았다(大悟)'고 나오는 대목에 『설화』의 해설은 그다지 수긍하지 않는 편이다. 이러한 기본

---

[53] 775칙 '숭승공崇勝珙의 송' 주석 참조. 동봉桐峯과 촌 늙은이가 모두 상대에 대하여 분명한 매듭을 짓지 않음으로써 미묘하게 선지를 드러내는 공안이다.

관점이 미오난정과 같은 말을 지어냈을 가능성을 배제하지 못한다.

3조 승찬僧璨과 4조 도신道信의 문답에서 도신이 "말을 듣자마자 크게 깨달았다."(108칙)라고 한 말에 대하여 "해탈이라는 말에서 그대로(即) 알아차렸다는 것일까, 아니면 해탈이라는 말을 벗어나서(離) 알아차렸다는 것일까?"라고 의문으로 처리한다. 즉即과 리離를 짝으로 써서 양편을 다 물리치거나 모두에게 의문을 붙이는 방식은 조사선의 근본적 의식 세계를 보여 준다. "발우나 씻어라!"라는 조주의 말에 그 학인이 확 트인 듯이 크게 깨달았다(429칙)는 이야기에 대하여 설화에서는 "깨달은 것이 있다는 것일까, 없다는 것일까? 깨달았다면 무엇을 깨달았다는 것일까?"라며 깨달았다고 마무리 짓는 선 문헌의 상투적인 편집을 부수어 버리고 전체를 궁구해야 할 화두로 전환한다. 마찬가지로 435칙 조주일물趙州一物에서 엄양 존자嚴陽尊子가 대오했다는 마무리도 "무엇을 깨달았다는 말인가?"라는 간명한 말로 그 결말에 안착하지 못하도록 뒤집어엎는다. 또한 "대전은 이 말을 듣자마자 크게 깨달았다."는 352칙 마지막 구절에 대해서도 "마음이 있다는 뜻인가? 아니면 마음이 없다는 뜻인가? 만일 깨달을 마음이 있다면 무엇을 가리켜 크게 깨달았다고 하는가?"라고 함으로써 깨달았다는 말을 곧이곧대로 수용하지 않고 결정짓지도 않으며 강렬한 의문의 꼬리를 다는 수법을 펼친다.

'대오'를 풀이하는 이러한 예는 곳곳에 보이며 『설화』의 작자가 지니고 있는 근본적 관점임을 알 수 있다. "(그의 깨달음이) 임제에게 힘을 입은 탓인가? 옆에 있던 학인에게 힘을 입은 탓인가?"(767칙), "청봉青峰의 힘을 입어서 깨달았다는 것일까? 아니면 법안法眼의 힘을 입었다는 것일까?"(1299칙) 등 대부분 문답의 마지막을 장식하는 대오에 대하여 의문으로 처리하는 방법은 혜심과 그 계열 선법의 근간을 이루는 간화선의 의정疑情 형성과 밀접하다. 물론 "더 이상 다른 할 일이 없이 속속들이 깨달았다는 뜻이다."(895칙)라고 긍정의 어투로 푸는 경우도 있지만 오히려 특수한 경우에 속한다.

● 주장처主丈處

'주장자로 맞을 잘못'이라는 말도 『설화』 이외에는 보이지 않는 특이한 표현이다. 무심코 지나치지만 불조의 언행일지라도 결정적인 잘못이 숨어 있다는 맥락에서 쓰인다. 그것을 발견하는 몫이 납자들에게 주어져 있고 공안의 관문을 타파하려는 학인들은 마치 사마귀를 노리는 참새의 사냥꾼처럼 반드시 낚아채야 한다. 307칙에서 방거사龐居士가 학인의 따귀를 한 대 때린 행위에 대해서도 이 말로 풀었다. 속인인 방거사가 대단한 깊이가 있어서 학인을 때린 듯한 외양이지만 사실은 겉껍데기에 불과하여 그 잘못이 매우 크다는 취지로 『설화』의 작자는 풀이하고 있다. "우물이 나귀를 쳐다본다고 하니, 화상이 아무리 말솜씨가 뛰어나도 주장자로 맞을 잘못이 있다는 뜻이다."(882칙 '무위자無爲子의 송' 설화) 이러한 예와 같이 아무리 뛰어난 선기禪機를 발휘하더라도 『설화』 구석구석에 숨어 있는 이 주장자를 피해 갈 수 없다. 잘못으로 알아차리는 간파력은 질곡을 풀어헤치는 해방의 첫걸음이다.

● 증화證化

스스로 터득한 깨달음으로서의 증득證得과 남을 이끄는 교화教化라는 구도를 한 쌍으로 삼아 해설 도구로 활용한다. 이것도 다른 선 문헌에서는 발견하기 어렵다. 1칙에 나오는 세존의 팔상성도八相成道를 설화에서 증득과 교화에 배대하여 풀었다. 달리 보면 증득은 자신이 체득하여 스스로 느낄 수는 있지만 타자와 단절된 영역을 나타낸다. 반면에 교화는 그 세계에서 벗어나 타자에게 전하고자 체득한 경계를 밖으로 펼치는 활용의 세계라 할 수 있다. 『설화』에서는 증證과 화化 두 가지를 조합하여 몇 가지 장치를 설정한 다음 적절한 때마다 써먹는다. 628칙 설화에 그 조합의 전형이 보인다. 임제가 제시한 '집과 길 위'를 증득(집)과 교화(길 위)에 짝지은 다음 '증득 그대로 교화라는 뜻'과 '증득과 교화가 모두 온전하다는 뜻' 그리고 '증득과 교화 그 어느 편에도 치우치지 않는다'라는 뜻으로 각각 나누었다. 그 밖에 '증득과 교화를 동시에 행한다', '증득에 철저하다', '교화에 철저하다', '증득과 교화 어느 편도 세우지 않는다'라는 등의 구절을 그때마다 적절하게 선별하여 활용한다. 각 공안에서는 대체로 증득과 교화를 이러한 여러 가지 중 하나를 붙들어 대응시키는 방식의 해설 도구로 쓴다. 이 칙의 본칙뿐 아니라 여타의 자료도 이것을 가지고 해설한다.

증득과 교화, 이 두 가지는 공안과 특정한 화두를 풀이하는 장치로서 유용한 도구이지만 결국은 해체함으로써 그 예속에서 벗어나야 한다는 징표이기도 하다. 공안을 이해하고자 설정한 도구이자 장치에 불과하다. 그것에 진실이 있다고 여긴다면 『설화』의 작자가 이 장치로써 인도하고자 한 숨은 의도는 빛을 잃고 만다. 써먹고 나서는 그때마다 바로 허물어뜨려야 할 조작된 장치이기 때문이다.

● 동탄부득動誕[54]不得

'조금도 움직일 도리가 없다' 또는 '궁지에 몰려 어떻게 해 볼 도리가 없다'라는 의미이다. "마음의 길에 이끼가 낀 그곳은 곤궁한 처지에 몰려 어쩔 도리가 없다는 뜻이다."(891칙 '공수 종인空叟宗印의 거' 설화) 더 이상 갈 수 없고 간 적도 없는 일종의 백척간두百尺竿頭와 같은 궁지窮地에 도달했지만 회피할 상황이 아니라 진일보할 기회라는 암시가 들어 있다.

"하나의 콩알, 식은 잿더미에서 튀어나오리라."(1415칙)라고 한 대혜 종고의 송에 설화에서는 "궁지에 몰려 달리 할 도리가 없다는 뜻이니, 그뿐

---

54 '誕'은 '彈'과 혼용한다.

만 아니라 한바탕의 화를 초래할 일이기도 하다는 뜻이다."라고 풀었다. 더 이상 어느 방향으로도 움직일 수 없는 절대 궁지인 그곳은 결정적인 소식이 들리는 상황이기도 하다. 어떤 분별로도 풀어내지 못하고 아무런 말로도 담아낼 수 없는 경계를 표현하는『설화』고유의 도구이다.

● 무자미답화無滋味答話

간화선에서 화두의 본질을 나타내는 말로 '어떤 맛도 없다'는 뜻에서 몰자미沒滋味라 한다.『설화』에서는 몰자미라는 일반적 용어를 굳이 피하고 여러 곳에서 무자미無滋味라 한다. 또한 어떤 질문에 대한 대답을 무자미답화無滋味答話라고도 하는데 이 표현은『설화』에서 개발한 용어이다. 삼각三角이 삼보三寶에 대한 질문을 받고 "벼와 보리와 콩이다."(193칙)라고 한 대답을 설화에서 "어떤 맛도 없는 대답이다.(無滋味答話)"라고 한 풀이가 그 예가 된다. 이 말은 화두의 본질이면서 동시에 화두 참구의 극치에서 맞이하는 경계를 묘사하기도 한다. 어떤 선어禪語가 되었거나 이런 맛도 저런 맛도 없어서 자신의 온갖 지적 자산을 수단으로 써서 더듬어도 시원하게 그 맛을 볼 수 없다. 그것이 화두의 본질이지만 그 면모를 그대로 드러내려면 참구가 극치에 이르는 순간이라야 한다.[55] 혜심이 "아무 맛도 없고 더듬어 모색할 여지가 없는 상태를 싫다 하지 마라.……여기서도 화두 살피는 일을 멈추어서는 안 된다."라고 한 말은 "어떤 맛을 보았다고 생각하는 순간 화두의 핵심에서 외려 멀어지고 말며 화두 참구의 핵심은 아무 맛 없는 그 화두를 간단間斷없이 드는 데 있다는 뜻이다. 평안과 고요의 경계를 화두를 타파한 지점이라 생각해서는 안 되는 이유이기도 하다."[56]라고 풀이하였는데, 이것이 맛이 없는 화두를 대하는 가장 전

---

[55] 189칙 본칙 설화 주석, 1105칙 '지해 본일智海本逸의 상당' 설화 주석, 1365칙 본칙 설화 주석 등 참조.
[56] 조영미, 앞의 논문, p.75.

통적이고 보편적인 관점이다. 이처럼 아무 맛이 없어 모색할 도리가 전혀 없다는 맥락에서 몰모색沒摸揉을 전후로 수반하여 쓰기도 한다.[57]

● 몰모색沒摸揉

더듬으며 찾으려 해도 찾을 수 없다는 뜻이다. 앞의 조목과 마찬가지로 이 말도 언어나 사유의 수단에 의존해서는 꿰뚫지 못하고 거꾸로 편리하게 기대던 모든 모색의 방편을 빼앗기는 그때 화두의 본질과 마주칠 수 있음을 나타낸다. 다른 선 문헌에서는 대부분 무모색無摸索이라 하는데, 지눌知訥도 몰자미와 한 쌍으로 무모색을 화두의 특성으로 삼았고,[58] 그 후대에 고려의 나옹 혜근懶翁惠勤이 몰자미와 몰모색을 한 쌍으로 쓴 예가 보인다.[59] 『설화』에서는 몰모색과 무모색을 혼용한다.[60] 몰모색은 화두 참구의 궁지를 가리키며 역으로 이곳이야말로 화두의 진실을 드러낼 수 있는 결정적인 기회임을 알린다.[61]

● 기타

『설화』 특유의 해석 수단으로는 앞서 살펴보았듯이 "별도로 도리를 조작해서는 안 된다.(不可別作道理)"라는 말도 『설화』에서 중시한다. 이는 혜심이 간화십종병看話十種病을 해설하면서 세 번째로 제기한 도리회道理會라는 조목과 통한다.[62] 단순히 즐겨 쓰는 표현으로 "방이나 할

---

57 855칙 본칙 설화 참조.
58 『看話決疑論』(韓4, 734c23), "沒滋味·無摸揉底話頭."
59 855칙 본칙 설화 주석 참조.
60 853칙 '장로 종색長蘆宗賾의 소참' 설화 주석 참조.
61 『大慧語錄』 권19(大47, 893b24), "마음을 쓸 여지가 없고, 모색할 도리가 없으며, 힘을 붙일 틈이 없는 그때가 힘을 붙이기 아주 좋은 기회이다.(無用心處, 無摸揉處, 無著力處, 正好著力.)"
62 『狗子無佛性話揀病論』(韓6, 70a3), "이미 이와 같이 확정 짓는 것을 허용하지 않았거늘 다시 깊고 미묘한 도리를 조작하여 이해한다. 그러므로 이 병통을 가려내어 '도리에 얽

보다 매서운 질책이다.(甚於棒喝)"라는 말을 붙여 주로 마지막 대목을 처리하기도 한다. "귀종은 문답을 그만두었다."(263칙)라는 구절이나 "운거가 그만두고 자리를 떴다."(867칙)라는 구절에도 이를 평가어로 쓰고, 방할을 활용하지 않았던 조주의 선풍禪風도 이 말로 평가하며(418칙 '천의 의회天衣義懷의 송' 설화), 940칙의 마지막 구절에 대한 풀이에도 쓰인다. 『설화』특유의 용어로 '일척활물一隻活物'도 적지 않게 발견할 수 있다. 주로 호랑이·사자·살무사 등의 상징물을 가리키는 말로 쓴다. 244·389·499·521·774·789·909칙 등의 본칙 설화에 보인다.

그 밖에 조동종曹洞宗의 정편오위설正偏五位說의 관점에서 시도한 해설도 자주 눈에 띈다. 특히 "편위偏位와 정위正位가 각자 본래 자리에서 벗어난 적이 없으니, 생멸이 없는(無生) 그들 경계를 어찌 온갖 말로 물들일 수 있겠는가?(偏正不曾離本位, 無生那涉語因緣?)"라는 천동 정각의 구절을 빌려 와 설화에서 빈번히 쓴다. '차별의 편위가 되었건 무차별의 정위가 되었건 생멸에서 벗어나 있기 때문에 어떤 언어로도 규정할 수 없다.'는 등의 의미로 그때마다 활용한다. 40·239·339·553·556·716·720·907·952칙 등에서 그 인용을 볼 수 있다. 오위설과 함께 동산 양개洞山良价의 공훈오위功勳五位의 활용도 빈번하다.

또한 차별의 세계인 금시今時와 평등의 경지인 본분本分을 분리할 수 없는 한 쌍으로 삼아 해석하기도 하는데, 금시는 '새롭게 물들인다'는 의미의 신훈新熏으로 쓰고, 본분은 '본래 지니고 있다는 의미'의 본유本有로 쓰기도 한다. 특유의 비평어는 아니지만 자주 쓰는 구절로는 '일정한 법도에 얽매이지 않는다.(不存軌則)', '향상하는 하나의 통로(向上一竅)를 알아야 한다.'라는 등의 구절이 대표적이다.

매여 이해하면 안 된다.'라고 말한다.(既不許伊麼定, 又作玄妙道理會, 故揀云, '不得作道理會.')"

『설화』를 여러 사람이 지었으리라는 생각도 가정인 한에서 가능하다. 그러나 이상과 같이 특유의 해설 용어를 곳곳에서 골고루 활용하고 있고, 전체를 일관하는 조사선의 관점으로 보면 한 사람 또는 동일한 선법을 지닌 한 학파의 성과물로 보아야 타당하다. 집단 작업으로 가정한다면 아마도 자료를 총괄하여 모은 진각국사 혜심과 각운을 비롯한 제자들이 이루어 낸 작품일 것이다.

마지막으로 『염송』에만 보이는 유일한 자료들을 제시한다. 완역·완간된 상태는 아니지만 이하의 자료에서 크게 벗어나지 않으리라 생각한다. 완역 후에 새롭게 포착되거나 주목할 만한 점은 마지막 권 말미에라도 싣게 되기를 바란다.

1칙의 첫 번째 송을 장식하고 있는 곤산 찬원崑山贊元(蔣山贊元)을 비롯하여 승천회承天懷·보림본寶林本·정자본淨慈本·혼성자混成子·열재거사悅齋居士·원통 원기圓通圓機·불적기佛跡琪·조계명曹溪明·개암붕介庵朋·지비자知非子·자항 요박慈航了朴·법운익法雲益·천산여泉山愈 등의 자료는 모두 본서에만 수록된 것으로 파악된다. 100수 이상의 송이 게재된 숭숭공崇勝珙의 경우도 278, 508칙의 송을 제외하고는 모두 본서에만 나타난다. 마찬가지로 고목 법성枯木法成의 법어도 686칙의 염이 『가태보등록嘉泰普燈錄』 권26(卍137, 372b15)에 수록되어 있을 뿐 나머지는 본서에만 있는 자료이다. 그 밖에 대각 회련大覺懷璉, 상방 제악上方齊岳(法雲齊岳) 등 상당수 염송가들의 염·송·거·상당 중 일부를 제외하고 대부분 『선문염송』에서만 볼 수 있는 자료이다. 1칙 '해인 초신의 상당'이나 2·6칙 '대홍 보은大洪報恩의 송' 같은 경우 이들 염송가의 다른 자료와는 달리 『염송』에서만 발견되는 예도 있다. 13칙 '천복 본일의 송'과 같은 경우는 다른 공안집에서는 발견할 수 없고 『건중정국속등록建中靖國續燈錄』 권28 「본일장本逸章」(卍136, 382b18)에 나오는 기사에서 취한 자료이다. 마찬가지로 869칙 '법운 제악法雲齊岳의 염'은 같은 책 권27 「상방제악장上方齊岳章」(卍136, 369b3), 598칙

'장산 법천의 시중'은 같은 책 권27 「장산법천장蔣山法泉章」(卍136, 369b18)에서 가져왔으며 다른 공안집에는 수록하지 않은 자료의 예이다. 또한 대부분의 염송가들이 여러 공안에 반복하여 나오지만, '영봉 유고靈峯惟古의 염'은 1128칙에 유일하며 다른 공안집에도 없다.

차례

선문염송 염송설화 회본禪門拈頌拈頌說話會本 해제 / 5
일러두기 / 47
선문염송집 서禪門拈頌集序 / 49
선문염송집 서禪門拈頌集序 / 55
중간염송설화 서重刊拈頌說話序 / 59
중간염송설화 서重刊拈頌說話序 / 75
사구곡서화찬 병서賜龜谷書畫贊幷序 / 80

선문염송 염송설화 회본 권1 禪門拈頌拈頌說話會本 卷一

선문염송집 권제1禪門拈頌集 卷第一 89
　－대각세존석가문불大覺世尊釋迦文佛
선문염송설화 권제1禪門拈頌說話 卷第一 89
　－대각세존석가모니불大覺世尊釋迦牟尼佛
1칙 세존도솔世尊兜率 92
2칙 세존주행世尊周行 117
3칙 세존오도世尊悟道 163
4칙 세존분좌世尊分座 170
5칙 세존염화世尊拈花 180
6칙 세존승좌世尊陞座 214
7칙 세존설법世尊說法 231
8칙 세존승의世尊勝義 237
9칙 세존입문世尊入門 252
10칙 세존인명世尊人命 257
11칙 세존저자世尊猪子 260
12칙 세존마니世尊摩尼 266
13칙 세존정법世尊定法 272

14칙 세존오통世尊五通 281
15칙 세존탑묘世尊塔廟 300
16칙 세존양구世尊良久 304
17칙 세존조달世尊調達 351
18칙 세존지시世尊指屍 356
19칙 세존합환世尊合歡 370
20칙 세존촉루世尊髑髏 377
21칙 세존장조世尊長爪 381
22칙 세존헌악世尊獻樂 386
23칙 세존대집世尊大集 391
24칙 세존노모世尊老母 403
25칙 세존보안世尊普眼 409
26칙 세존포발世尊布髮 414
27칙 세존건찰世尊建刹 421
28칙 세존탄금世尊彈琴 425
29칙 세존부대世尊不對 428
30칙 세존니구世尊尼拘 432
간기刊記 437

선문염송 염송설화 회본 권2 禪門拈頌拈頌說話會本 卷二

선문염송집 권제2禪門拈頌集 卷第二 441
  −대각세존석가문불 서천응화현성부大覺世尊釋迦文佛 西天應化賢聖附
선문염송설화 권제2禪門拈頌說話 卷第二 441
31칙 문수악검文殊握劒 442
32칙 문수여자文殊女子 456
33칙 세존자자世尊自恣 486
34칙 세존법륜世尊法輪 509
35칙 세존녹야世尊鹿野 512
36칙 세존마흉世尊摩胸 518

37칙 세존쌍부世尊雙趺 525
38칙 화엄지혜華嚴智慧 539
39칙 화엄일체華嚴一切 543
40칙 법화대통法華大通 547
41칙 열반사문涅槃四聞 559
42칙 열반이자涅槃伊字 565
43칙 열반마혜涅槃摩醯 574
44칙 열반도독涅槃塗毒 577
45칙 원각원각圓覺圓覺 581
46칙 원각지환圓覺知幻 584
47칙 원각일체圓覺一切 587
48칙 원각가람圓覺伽藍 607
49칙 능엄불견楞嚴不見 621
50칙 능엄견견楞嚴見見 632
51칙 능엄지견楞嚴知見 644
52칙 능엄수인楞嚴水因 651
53칙 능엄가환楞嚴可還 657
54칙 금강부좌金剛敷座 663
55칙 금강제상金剛諸相 670
56칙 금강차별金剛差別 685

찾아보기 / 691

일러두기

1 '한글본 한국불교전서'는 문화체육관광부의 지원을 받아 동국대학교 불교학술원에서 수행하고 있는 '불교기록문화유산아카이브(ABC)사업'의 결과물을 출간한 것이다.
2 이 책의 역주는 『한국불교전서』(동국대학교출판부 간행) 제5책 『禪門拈頌拈頌說話會本』을 저본으로 하였다.
3 각기 독립된 책인 『禪門拈頌』과 『拈頌說話』를 하나로 회편한 『한국불교전서』에서 각 칙별로 묶어서 『禪門拈頌』을 싣고 그 칙 말미에 해당 『拈頌說話』를 일괄 붙인 것과는 편제編制를 달리하여 본칙과 개개의 송頌이나 염拈 등에 대한 설화를 해당 부분에 바로 이어 붙여 구성하였다.
4 각 칙의 제목은 본칙의 주요 대상과 『拈頌說話』에 제시된 어구를 조합하여 역주자가 붙인 것이다.
5 원문이 상당 부분 길 때에는 읽는 이의 편의를 위해 역주자가 단락을 나누기도 하였다.
6 『禪門拈頌』 원문에서 어디까지의 인용인지를 밝히고 있는 '至'는 〈 〉로 묶어 알아보기 쉽도록 하였고, 설화 번역에서 본문의 구절을 생략하여 인용한 부분은 '~'로 표시하거나 이해를 돕기 위해 생략 표시를 하지 않고 전체 문구를 인용하기도 하였다.
7 가능한 한 긴요하게 언급되고 있는 칙에서 주석을 가하고자 하였고 간혹 간명하지만 중복되는 주석은 가독성을 높이기 위한 선택이다. 교학적인 개념은 그 비중을 고려하여 주석의 양과 질을 결정했고, 선禪의 맥락에서 가볍게 원용된 경우는 간명하게 처리했다.
8 인명은 원문 그대로 따르되 법명이 분명한 경우에는 함께 밝혀 적었다. 가령 동일 인물이지만 대혜 종고大慧宗杲와 운문 종고雲門宗杲로, 원오 극근圜悟克勤과 불과 극근佛果克勤 또는 장산 극근蔣山克勤 등으로 되어 있는 경우에 원문 그대로 따랐다. 이 책이 완간된 후에 인물 정보를 모아 따로 펴낼 수 있기를 기대한다.
9 이 책에 앞서 역주자는 『정선 공안집』(김영욱·조영미·한재상 역주, 대한불교조계종 한국전통사상서 간행위원회, 2010)에서 총 100개 칙의 공안을 역주하였고, 현재 완역을 진행하면서 해당 100개 칙은 그 성과물을 다시 검토하고 주석을 보완하여 실었음을 밝힌다.
10 『한국불교전서』의 교감 내용은 ⑧으로, 역주자의 교감 내용은 ⑨으로 구분하여 밝혔다.
11 『高麗大藏經』은 '高'로, 『韓國佛敎全書』는 '韓'으로, 『大正新修大藏經』은 '大'로, 『新纂大日本續藏經』은 '卍', 『嘉興藏經』은 '嘉', 『永樂藏經』은 '永' 등으로 표시하였다.
12 산스크리트어는 ⑤, 팔리어는 ⑨, 티베트어는 ⑦로 표시하였다.

선문염송집 서

생각해 보면, 세존世尊으로부터 가섭迦葉에게 전해진 이래 대대로 전승되어 하나의 등불이 다른 등불에 붙어 끊임없이 이어지듯이[1] 스승에서 제자에게로 친밀하게 부촉하는 것[2]을 바른 전통(正傳)으로 여겼다. 그렇게 바른 전통과 친밀한 부촉에 말과 이치를 갖추지 않음이 없으나 말과 이치로 미치기에는 부족한 점이 있다. 그러므로 비록 가리키거나 펼쳐 보이

---

1 하나의 등불이~끊임없이 이어지듯이 : 등불은 깨달음의 빛 또는 본분의 소식을 나타낸다. 이 등불을 지니고 있다가 그것을 이어받기에 가장 적합한 제자인 적자嫡子에게만 전하여 대대로 이어 가는 것을 전등傳燈 또는 전법傳法이라 한다. 이것이 선종에서 부처님 이래의 법이 단절되지 않고 끊임없이 이어지는 전통이 되었다. 아래에서 말하는 정전正傳이 그것이다. 『傳法正宗記』 권1(大51, 718b27), "그러므로 바른 종지는 성인이 친밀하게 직접 전수한 것이니 전한 장소와 시간을 반드시 알아야만 한다.……바른 종지란 반드시 친밀하게 스승에게서 제자에게로 이어지는 방식을 가장 효력이 있다고 간주한다.(然正宗者, 蓋聖人之密相傳受, 不可得必知, 其處與其時也.……夫正宗者, 必以親相師承, 爲其効也.)" 여기서 '바른 종지'는 대대로 이어지는 '적통嫡統 또는 정통正統의 종지'라는 의미이다.
2 친밀하게 부촉하는 것(密付) : 간접적인 방법이나 다른 방편에 의지하지 않고 스승이 제자에게 직접(親密) 전수하는 선종의 전통을 말한다. 밀전密傳과 같은 말이다. 부촉付屬이라는 말에서 '부'는 무엇인가를 전해 준다는 뜻이고, '촉'은 간절히 부탁한다는 뜻이다. 부처님이나 종사가 종지를 널리 전하여 제자들에게 맡기고 널리 유행하도록 당부한다는 뜻으로 쓰인다. 『景德傳燈錄』 권1 「提多迦傳」(大51, 208a8), "옛날 부처님께서 대법안장을 친밀하게 가섭에게 전한 이래 대대로 전하고 또 전하여 나에게 이르렀다. 내가 이제 그대에게 전하고자 하니 마땅히 잘 보호하고 간직하라.(昔如來, 以大法眼藏, 密付迦葉, 展轉相授, 而至於我. 我今付汝, 當護念之.)"

는 뜻이 있더라도 문자를 세우지 않고(不立文字) 마음으로써 마음을 전하는 것(以心傳心)일 뿐이다. 일 꾸미기 좋아하는 사람들이 애써 자취[3]를 기록하고 책에 수록한 끝에 오늘날에까지 전해졌으니, 그 거친 자취는 진실로 귀하게 여길 만한 것이 못 된다. 그러나 지류에서 더듬어 근원에 이르거나 가지에 근거하여 뿌리를 알려는 시도는 무방하다. 근원과 뿌리를 터득한 자는 비록 무수히 다른 방식으로 말을 해도 적중하지 못할 때가 없겠지만, 이것을 터득하지 못한 자는 말을 단절하고 침묵을 지키더라도 미혹에 떨어져 있지 않을 때가 없을 것이다.[4]

그러므로 여러 선문의 존숙尊宿[5]들이 문자를 외면하지 않고[6] 자비慈悲를 아끼지 않으면서 그때마다 징徵[7]·염拈[8]·대代[9]·별別[10]·송頌·가歌 등의

---

3 자취(迹) : 하나의 근본 이치를 설명하는 교설의 다양한 자취(敎迹)를 말한다. 근본 이치를 나타내는 '본본'과 대칭되는 말이다. 『法華玄義』권7(大33, 764b11), "본본이란 이치의 근본 곧 실상인 하나의 궁극적인 도이다. 적迹이란 모든 법의 실상을 제외한 그 나머지의 갖가지 교설들을 모두 적이라 한다. 또한 이리와 사사를 모두 본이라 하고, 이리에 대하여 설하고 사사에 대하여 설하는 그 모든 것이 교적敎迹이다.(本者, 理本, 卽是實相, 一究竟道 ; 迹者, 除諸法實相, 其餘種種, 皆名爲迹. 又理之與事, 皆名爲本 ; 說理說事, 皆名敎迹也.)"
4 근원과 뿌리를~없을 것이다 : 『鐔津文集』권11「武陵集敍」(大52, 704a23)의 문구를 활용하였다.
5 존숙尊宿 : 수행한 경력이 오래되고 덕이 높은 스님을 높여 부르는 말. 노숙老宿과 같은 말이다.
6 여러 선문의~외면하지 않고 : 『補續高僧傳』권2「本如子琳二公傳」(卍134, 58b15), "말을 벗어난 종지를 얻었으므로 강연에서도 오로지 대의만 제기하고 강종綱宗을 들었을 뿐 명상名相에 물들지 않았다. 듣는 자들로 하여금 문득 스스로 체득하여 그들 모두 도가 자기 자신에게 있고 문자와 상관이 없으며 또한 문자를 벗어나지도 않는다는 이치를 알도록 하였다.(得言外之旨, 故于講演, 惟提大意, 揭綱宗, 不沾泥于名相, 使聞者恍然自得, 皆知道之在己, 不關文字, 而又不外文字也.)"
7 징徵 : 일정한 공안에 대하여 그 핵심을 질문하여 따지는 형식으로 다시 제기하는 것. 『景德傳燈錄』권27「諸方雜擧徵拈代別語」(大51, 434b29)에도 거擧·염拈·대代·별別 등과 함께 '징'의 형식이 보인다.
8 염拈 : 공안의 핵심만 집어내듯이 가려서 제시하는 방식. 송頌과 함께 본서의 중심이 되는 형식이다.
9 대代 : 대어代語라고도 한다. 선문답에서 주객 어느 편에서도 말이 없을 때 그들을 대신

형식에 따라 오묘한 종지를 드러냄으로써 후인들에게 가르침을 남긴 것이니, 바른 안목을 열어서 현묘한 기틀[11]을 갖추고 그물이나 새장과 같은 삼계의 속박에서 모든 중생(四生)[12]을 끌어내고자 하는[13] 사람이라면 이것을 버리고 다른 어떤 수단을 부릴 수 있겠는가? 하물며 우리나라는 조성祖聖[14]께서 삼한[15]을 통일한 이후 선도禪道로써 국운을 이끌었고 지론智

하여 답하는 말. 두 경우가 있다. ① 법어를 내린 종사宗師 자신이 학인을 대신하여 말해 주는 것으로, 종사의 법어나 질문에 대하여 대중 중에 진실에 부합하는 말을 하지 못했거나 반응이 없을 경우 종사가 스스로 대중을 대신하여 말하는 것을 가리킨다. 별어別語와 함께 대어는 운문 문언雲門文偃이 시초를 연 것으로 간주하며 이 두 형식은 『雲門廣錄』에서 가장 빈번하게 발견된다. ② 옛사람이 그 당시 대답하지 못한 것을 지금 대신하여 말하는 것으로, 종사가 학인의 반응을 보려고 문제를 제기했는데 학인들로부터 응답이 없었던 옛날의 공안을 들고 지금 그 학인을 대신하여 말하는 것을 가리킨다.

10 별別 : 옛사람의 대답이 있었지만 그것과는 별도로 제삼자의 입장에서 달리 하는 말. 다른 선사들이 나눈 문답 중에서 이미 대답한 내용과는 별도로 자신의 견해로 대답하는 것을 가리킨다. 대어와 아울러 대별代別이라 한다. 『汾陽語錄』(卍120, 130b14), "조실에서 스승께 선인의 공안에 대해 가르침을 구하여 뜻이 미진한 대목은 대신 답해 주기를 청하고, 말이 격에 맞지 않는 대목은 별도로 말씀해 주기를 청하였으므로 이를 대어와 별어라 한다.(室中請益, 古人公案, 未盡善者, 請以代之, 語不格者, 請以別之故, 目之爲代別.)"; 『禪林象器箋』권11(禪藏, 853), "제기된 공안 중에서 비록 옛사람이 한 말이 있더라도 자신이 다시 결정적인 한마디를 별도로 던진다면 이것을 별어라 한다. 이는 여러 어록에 나타나며 대어와는 다른 형식이다.(擧古則中, 雖他古人有語, 我復別下一轉語, 謂之別語, 見於諸錄, 與代語不同.)"
11 현묘한 기틀(玄機) : 사유와 분별로 알 수 없는 깨달음의 기틀. 선禪의 경계를 드러내는 근거가 되는 기틀을 말한다. 『景德傳燈錄』권12 〈陳操傳〉(大51, 296b15), "선수행자에게는 현기玄機가 있으니, 현기는 옳다가도 다시 틀리게 되다네. 현기 이전의 뜻을 알고자 한다면, 모두들 구절에서 멀리 떠나야 하리라.(禪者有玄機, 玄機是復非. 欲了機前旨, 咸於句下違.)"; 『肇論』(大45, 161a12), "그러므로 지인至人은 현묘한 기틀을 어떤 조짐도 드러내지 않은 경계에 감추고, 그윽한 움직임을 이미 변화하여 드러난 만상에 감춘다.(所以至人, 戢玄機於未兆, 藏冥運于卽化.)"
12 모든 중생(四生) : 중생의 유형을 태어나는 방식에 따라 난생卵生·태생胎生·습생濕生·화생化生 등 네 가지로 구분한 것이다. 『大毘婆沙論』권120(大27, 626b2), 『瑜伽師地論』권2(大30, 288b12) 등 참조.
13 그물이나 새장과~끌어내고자 하는 : 대혜 종고大慧宗杲의 어록에 나온다. 『大慧語錄』권4(大47, 825c29).
14 조성祖聖 : 고려 태조 왕건王建(877~943)에 대한 극존칭. 성인의 덕을 갖춘 태조라는 뜻, 곧 태조성덕太祖聖德 정도의 뜻으로 보인다.

論[16]으로써 이웃 나라의 전란을 진압해 왔으니,[17] 종지宗旨를 깨닫고 도를 논술할 자료로 이 책보다 더 긴요한 것이 없으리라! 그래서 선종의 학인들은 목이 말라 물을 갈망하거나 배가 고파 음식을 생각하듯이 이를 소망해 왔다. 나는 그러한 학인 무리의 애타는 청을 받고 태조가 본래 품고 있었던 소망을 기억하여 정성스러운 마음으로 국가의 복을 빌고 불법을 돕고자 제자 진훈眞訓 등을 이끌고 고칙 공안을 채록하여 모두 1,125칙[18]과 그에 관한 여러 조사들의 염·송[19] 등 말씀의 요긴한 기록을 모아 30권을 완성함으로써 전등[20]과 짝을 맺어 주었다.

바라는 것은 요임금의 바람과 선禪의 바람이 영원히 불고, 순임금의 해

---

15 삼한三韓 : 상고시대 한반도 남부에 있었던 마한馬韓·진한辰韓·변한弁韓을 가리킨다. 한반도를 통칭하는 말로도 쓰인다.

16 지론智論 : 이어지는 문맥으로 살펴보면 선종禪宗의 '지혜로운 논의'가 수록된 본서, 곧 『禪門拈頌集』을 가리킨다. 여기서 '지혜(智)'는 인식하는 작용을 나타낸다. 또는 '선도禪道'와 대칭시켜 '진리의 인식에 관한 모든 논의'라는 뜻으로 교학敎學을 총괄하여 나타낸 말이다. 다음 주석에서 보듯이 상총尙聰이 이 구절을 인용한 것이 바로 이 뜻이다.

17 선도禪道로써 국운을~진압해 왔으니 : 상총이 선종과 교종의 회통에 관하여 조선의 태조에게 올린 상소문에 보인다. 『太祖實錄』 7年 5月 13日條 「興天寺監主尙聰上書」 참조.

18 1,125칙 : 현재 전하는 것은 모두 1,463칙이다. 이것은 초조본 1,125칙에 347칙을 첨가하여 편찬한 재조본이기 때문이다.

19 염拈·송頌 : '염'은 공안의 핵심을 집어낸 산문 형식의 평가, '송'은 그에 대한 게송이다.

20 전등傳燈 : 선종의 역대 전법傳法에 관련된 기연機緣을 기록한 저술. 『景德傳燈錄』을 비롯하여 그 후에 성립한 전등사서들이 대부분 30권으로 이루어져 있기 때문에 이 체재에 따라 30권으로 짝을 맞추었다는 말이다. 전등이란 마치 어두운 밤에 등불을 전하여 끊어지지 않게 하는 것과 같이 깨달음의 등불을 대대로 전한다는 뜻이다. 보통 전등록傳燈錄이라 하며, 이는 대표적인 전등록인 『景德傳燈錄』 30권(1004년)을 가리키는 말로도 쓰인다. 등록燈錄을 만들기 시작한 것은 남북조시대부터이며, 정식의 등록이 출현한 것은 선종이 성립된 이후의 일이다. 그 뒤 대대로 이어지면서 송나라 때 극치를 이루었고, 원·명·청 등 각 시대에도 전통을 계승하여 연속적으로 등록이 저술되었다. 『景德傳燈錄』 이외에 『建中靖國續燈錄』 30권(1101년), 『天聖廣燈錄』 30권(1148년), 『聯燈會要』 30권(1183년), 『嘉泰普燈錄』 30권(1204년) 등을 오등五燈이라 하는데, 이들은 모두 30권으로 구성되어 있다. 오등이 성립되기 이전에도 『寶林傳』과 『祖堂集』 20권 등이 있었다.

는 부처님의 해와 함께 항상 밝게 빛나며,[21] 바다는 잠잠하고 황하는 맑아지며, 시절은 온화하고 풍년이 들며, 만물은 제각각 알맞은 자리를 잡고, 집집마다 무위無爲의 도를 순박하게 즐기는 일이다. 보잘것없이 애썼던 마음은 절실하게 이 점에 있을 뿐이다. 다만 모든 선가禪家의 어록을 남김없이 열람하지 못하여 누락된 것이 있지 않을까 염려될 뿐이다. 미진한 부분은 다시 후대의 현명한 이들이 보완하기 바란다.

정우[22] 14년 병술丙戌 중동,[23] 해동 조계산 수선사 무의자無衣子의 서序.

禪門拈頌集序[1)]

詳夫自世尊迦葉已來, 代代相承, 燈燈無盡, 遞相密付, 以爲正傳. 其正傳密付之處, 非不該言義, 言義不足以及. 故雖有指陳, 不立文字, 以心傳心而已. 好事者, 强記其迹, 載在方冊, 傳之至今, 則其麤迹, 固不足貴也. 然不妨尋流而得源, 據末[2)]而知本. 得乎本源者, 雖萬別而言之, 未始不中也 ; 不得乎此者, 雖絶言而守之, 未始不惑也.

是以諸方尊宿, 不外文字, 不悋慈悲, 或徵或拈, 或代或別, 或頌或歌, 發揚奧旨, 以貽後人, 則凡欲開正眼, 具玄機, 羅籠三界, 提拔四生者, 捨此奚以哉? 況本朝自祖聖, 會三已後, 以禪道延國祚, 智論鎭隣兵, 而悟宗論道之資, 莫斯爲急! 故宗門學者, 如渴之望飮, 如飢之思食. 余被學徒力請, 念祖聖本懷, 庶欲奉福於國家, 有裨於佛法, 乃率門人眞訓等, 採集古話, 凡一千一百二十五則, 幷諸師拈頌等語要錄, 成三十卷, 以配傳燈.

所冀, 堯風與禪風永扇, 舜日共佛日恒明, 海晏河淸, 時和歲稔, 物物各得

---

21 요임금의 바람과~밝게 빛나며 : 유학과 불교가 조화로운 것을 말한다.
22 정우貞祐 : 1213년(정우 1)에서 1216년(정우 4) 사이에 썼던 금나라 선종의 연호. '貞祐 十四年'은 오기이며 '병술'이라는 기록에 따라 1226년으로 본다. 무의자의 세수 49세 때이다.
23 중동仲冬 : 음력 11월.

其所, 家家純樂無爲. 區區之心, 切切於此耳. 弟恨諸家語錄, 未得盡覽, 恐有遺脫. 所未盡者, 更待後賢.

貞祐十四年,³⁾ 丙戌,⁴⁾ 仲冬, 海東曹溪山修禪社, 無衣子序.

1) ㉚『禪門拈頌』과『拈頌說話』는 각기 별도로 간행된 책이나『韓國佛敎全書』편자가 두 책을 회편會編하여 한 책으로 만든 것이다.『禪門拈頌』의 저본은 고려대장경 보유판補遺板 막함邈函·암함巖函·수함岫函에 실린 책이고, 갑본은 숭정崇禎 9년(1636)에 펴낸 전라도 보성 천봉산 대원사大原寺 개간본(동국대학교 소장)이다.『拈頌說話』의 저본은 강희康熙 23년(1684) 갑자년 6월에 묘향산 선정암禪定庵에서 판각하기 시작하여 을축년에 안주 고묘불당古廟佛堂에서 펴낸 책(서울대학교 소장)이고, 갑본은 보련각寶蓮閣 영인본, 을본은 강희 46년(1707) 정해년 7월 모일에 전라도 팔영산 능가사楞伽寺 개간본(동국대학교 소장, 권1~권3), 병본은 간년 미상으로『禪門拈頌』과『拈頌說話』를 회편한 책(국립중앙도서관 소장, 권1~권3)이다. 위의 서문은『禪門拈頌』의 저본과 갑본에 실려 있다. 2) ㉚ '末'은『禪門拈頌集』갑본에는 '未'로 되어 있다. 3) ㉐ '貞祐十四年'은 금나라 '정대正大 3년' 또는 송나라 '보경寶慶 2년'이라야 맞다. 4) ㉐ '戌'는 '戌'의 오자이다.

선문염송집 서[24]

선禪 : 규봉 종밀圭峯宗密은 "온전한 음사어는 '선나禪那'[25]라 하고, 한역하면 '사유수思惟修'[26] 또는 '정려靜慮'라고도 하는데, 이는 모두 정定과 혜慧의 통칭[27]이다."[28]라고 하였다. 여기서 말하는 선禪으로 보자면 교외별

---

24 앞의 무의자의 「선문염송집 서」에 대한 설화이다. 필자는 각운으로 추정될 뿐 확실하지 않다. '선문염송집 서'라는 여섯 글자 하나하나를 풀이하고 있고, 특히 조사선과 여래선을 구별하여 『禪門拈頌集』이 조사선의 선법禪法에 기반을 두고 있다는 뜻을 부각함으로써 이 문헌을 읽는 근본적인 관점을 드러내 보인다.

25 선나禪那 : ⓢ dhyāna의 음사어. 선禪은 앞의 음만 가져온 약칭이다. 이 밖에 다나연나駄那演那·다나駄那·다연나駄衍那·지아나持阿那 등으로도 음사한다. 『俱舍論記』 권28(大41, 417c26) 등 참조.

26 사유수思惟修 : 사유수습思惟修習·사유정사유定思惟라고도 한다.

27 정定과 혜慧의 통칭 : 정과 혜 중 어느 하나가 빠지면 선禪이 아니다. 이 둘이 완비되어야 바른 뜻이 되는 것이다. 이에 따르면 '정려靜慮'의 '靜'은 '定', '慮'는 '慧'와 상응한다. 종밀은 『圓覺經略疏註』 권상(大39, 527a23)에서도 같은 맥락을 나타냈다. "그러므로 대대로 전해 내려오는 법은 정과 혜를 벗어나지 않는다. 오悟와 수修 그리고 돈頓과 점漸에 정도 없고 혜도 없으면 어리석음에 불과하며, 어느 한편만 치우쳐서 닦으면 무명의 삿된 견해이기에 이 두 가지를 함께 운용해야 양족존兩足尊이 된다.(然所傳法, 不出定慧. 悟修頓漸, 無定無慧, 是狂是愚 ; 偏修一門, 無明邪見, 此二雙運, 成兩足尊.)"; 『翻譯名義集』 권4(大54, 1126c18), "다나연나 : 한역하면 정려靜慮이다. 『바사론』에서는 정정이라 했지만, 정과 혜는 평등한 것이니 양타의 정에서 이 중 하나가 결여되면 정려라고 하지 않는다. 정정은 정정이고 려려는 혜혜이다.(駄那演那 : 此云, 靜慮. 婆沙論, 此定. 定慧平等, 餘定缺少, 不名靜慮. 靜卽定也, 慮卽慧也.)"

28 이 책의 제목 중 첫 글자인 '선禪'에 대하여 해설한 것이다. 『禪源諸詮集都序』(大48, 399a18) 참조.

전教外別傳의 일미선一味禪[29]이다. 여래선과 조사선의 같은 점과 다른 점은 무엇인가? 여래선이란 산은 산 그대로 좋고 물은 물 그대로 좋으니 법 하나하나가 모두 그대로 진실하다는 견해이고, 조사선은 뿌리까지 통째로 뽑아 버려 (실마리를) 잡아서 분별할 수단을 전혀 남기지 않는다.[30] 가령 『금강경』에서 "모든 상相을 상이 아니라고 보면 부처님의 뜻을 알게 될 것이다."라고 운운한 말은 여래선의 입장을 나타내고, 법안法眼이 "만약 모든 상을 상이 아니라고 보면 부처님의 뜻을 알지 못할 것이다."라고 경전과 다르게 한 말은 조사선의 입장을 나타낸다. 또한 불법에 드러낼 측면이 있는 것을 여래선이라 하고, 불법에 드러낼 측면이 조금도 없는 것을 조사선이라 한다.

문門 : 세간에서 '문은 얕고 방은 깊다.'라고 할 때의 문은 아니다. 다만 출입 기능을 하는 문의 속성에서 뜻을 취했고, 출입하는 문이 별도로 없다는 '무문無門'에서 '문'의 뜻을 취했을 뿐이다. 별도로 문이 없기 때문에 (無門) 모든 문을 나타낼 수 있는 것이다.[31]

---

29 일미선一味禪 : 조사선을 가리키며, 귀종 지상歸宗智常의 문답에서 발견된다. 『五燈會元』권3(卍138, 97a10), "어떤 학인이 작별 인사를 하자 귀종이 물었다. '어디로 가는가?' '이곳저곳에 다니며 오미선五味禪을 배우려고 합니다.' '나의 이곳에는 일미선이 있다.' '무엇이 화상의 일미선입니까?' 귀종이 곧바로 그를 때렸다.(歸宗, 因僧辭, 師云, '什麼處去?' 僧云, '諸方學五味禪去.' 師云, '我者裏有一味禪.' 僧云, '如何是和尙一味禪?' 師便打.)" 본서 256칙 본칙 참조.

30 잡아서 분별할~남기지 않는다(沒巴鼻) : '파비巴鼻'란 소의 코에 꿰어 소를 마음대로 부리며 이끌어 가기 위한 고삐와 같은 수단이다. 이러한 수단이 전혀 없는 상태를 몰파비라 한다. '산은 산, 물은 물'이라 하건, 어떤 경전의 말씀을 인용하건 선어禪語로 여과되면 모두 잡고 의지할 분별의 수단이 전혀 없는 몰파비가 된다. 몰자미沒滋味와 통하는 말이다. 몰파비의 경계는 화두 공부가 절정에 이른 소식이다. 『白雲法演語錄』古尊宿語錄 21(卍118, 434b8), 『書狀』「答呂舍人」(大47, 931c3) 등 참조.

31 출입하는 문이~있는 것이다 : 『大方等大集經』권13(大13, 86b6), "문이 없는 문을 법문이라 한다.(無門之門, 名爲法門.)"; 『聯燈會要』권18 「東林道顔章」(卍136, 720a16), "원만하게 통하는 문이 활짝 열려 있다. 만일 문으로 들어온다면 함께 말할 자격이 없으니 반드시 문이 없는 문으로 들어와야 비로소 대청마루에 오른 뒤에 안방 깊숙한 곳에까지 들어가 앉을 만하다.(圓通門戶, 八字打開. 若是從門入得, 不堪共語, 須是入得

염송拈頌: 염은 강요綱要를 집어내어 밝힌 것이고, 송은 도리를 널리 펼친 것이다.

집서集序: 행정行靜[32]은 이렇게 말하였다. "서序란 실마리(緖)이다. 마치 누에고치에서 실마리를 찾아 그 실마리로부터 누에고치 하나의 실을 모두 뽑아내는 것과 같이 이 집集(『선문염송집』)에서 서序를 파악하면 이 책 전체의 뜻을 모두 이해할 수 있는 것이다."

禪門拈頌集序[1)]

禪者, 圭峯云, "具云禪那, 此云思惟修, 亦云靜慮, 斯皆定慧之通稱也." 當此看, 則敎外別傳一味禪也. 且如來禪, 祖師禪, 同別如何是? 如來禪者, 山山水水, 法法全眞也; 祖師禪者, 和根拔去, 了沒巴鼻也. 如經云, "若見諸相非相, 卽見如來"云云者, 是如來禪也; 如法眼云, "若見諸相非相, 卽不見如來"云云者, 是祖師禪也. 又佛法有頭角邊, 謂之如來禪; 佛法無頭角邊, 謂之祖師禪也.

門者, 不同世間門淺室深. 但以出入爲義, 無門爲門. 無門故, 能現一切門也.

拈頌者, 拈振其網,[2)] 頌宣其意[3)]也.

集序者, 行靜云, "序者, 緖也. 如繭得緖, 緖盡一繭之絲, 玆集得序, 以盡一經[4)]之義也."

無門之門, 方可坐登堂奧.)"; 『無門關』 습암 진훈習庵陳塤의 「序文」(大48, 292a25), "도에 문이 없다고 말하면 온 세상 사람들이 모두 깨달아 들어갈 수 있지만, 도에 특정한 문이 있다고 말하면 위대한 선지식도 들어갈 도리가 없다.(說道無門, 盡大地人得入; 說道有門, 無阿師分.)"

32 행정行靜: 자세한 행적은 전하지 않으나, 이하의 인용문은 다음 문헌들에 그대로 나온다. 다만 책의 성격에 따라 '一經'은 '一書'로, '集'은 '疏' 또는 '書'로 되어 있다. 보서 보서普瑞의 『華嚴懸談會玄記』 권1(卍12, 3b7), 각원覺苑의 『大日經義釋演密鈔』 권1(卍37, 10b18), 통윤通潤의 『法華經大窾』 권1(卍50, 55a8), 대건大建의 『禪林寶訓音義』(卍113, 307a5) 등 참조.

1) ㉮ 이 서문은 『拈頌說話』 저본과 갑본·을본·병본 권두에 실려 있다. 아마도 각운 覺雲의 글인 듯하다.   2) ㉮ '網'은 『拈頌說話』 병본에는 '綱'으로 되어 있다. ㉯ '綱'으로 바로잡아 번역하였다.   3) ㉮ '意'는 '義'의 오자이다.   4) ㉮ '經'은 『拈頌說話』 병본에는 '集'으로 되어 있다.

중간염송설화 서[33]

　천은자天隱子 또는 삼교요보三敎了父[34]라고도 불리는 나는 언젠가 "이리理는 하나로서 신령하고, 기氣는 둘로 갈라져 변화한다.[35] 사람은 그 기를 받아 몸을 이루지만 동시에 신령하기도 하여 자신의 마음을 밝힐 수 있는 존재인 것이다."라고 말한 적이 있다.
　노장老莊은 기氣에 근거하여 심신을 오래 보존하는 이치를 도로 삼았고,[36] 불교는 마음에 근거하여 동요하지 않음을 종지로 삼았으며, 유교는 마음과 기를 다스리면서 이리理를 근본으로 삼았다. 이들의 견해는 같은가, 같지 않은가?

---

33 조선 후기의 문신 민창도閔昌道(1654~?)의 서문. 민창도의 본관은 여흥驪興이며, 자는 사회士會, 호는 천은자天隱子·화은化隱·삼교요보三敎了父 등이다. 평북 곽산의 「開元寺佛糧碑」, 영변 보현사普賢寺의 「月渚道安大師碑」와 「雲峰堂靈佑大師碑」 등을 지었다.

34 삼교요보三敎了父 : 유·불·도 삼교에 정통하였다는 뜻에서 붙여진 호.

35 이리는 하나로서~갈라져 변화한다 : 태극太極의 이리理, 음양陰陽의 기氣를 가리킨다. 사람은 그중에서 빼어난 기운을 품수하여 가장 신령하다는 주장을 닮았는데, 『太極圖說』에 "두 가지 기(음양)가 하나로 섞여 감응함으로써 만물을 기르고 키우니 만물이 끊임없이 생성하여 그 변화가 무궁하다. 오직 사람만이 그중 빼어난 기운을 받아 가장 신령하다.(二氣交感, 化生萬物, 萬物生生, 而變化無窮焉. 惟人也, 得其秀而最靈.)"라는 설에 따라 이하의 주장이 나온다.

36 노장老莊은 기氣에~도로 삼았고 : 도가道家의 양생술養生術을 말한다. 『莊子』「養生主」, "문혜군이 말하였다. '훌륭하구나! 내가 포정庖丁의 말을 들어 보니 그는 양생의 도를 터득하였다.'(文惠君曰, '善哉! 吾聞庖丁之言, 得養生焉.')"

노장과 불교가 세속의 현상에 흔들리지 않고, 과거와 미래의 일에 어지럽혀지지 않는다는 견해[37]까지 본래 버릴 필요는 없지만, 그러한 주장에는 간혹 『주역』에 제시된 '형상이 발생하기 이전의 것'[38]이라는 뜻과 상부하지 않는 점이 들어 있다. 하지만 사람들이 생각하는 삶의 도리가 다르다는 이유로 서로 어울리지 못하리라고 생각하는 것 또한 얕은 견해일 뿐이다.

나는 묘향세계[39]와 큰 인연 하나를 맺었는데 그것은 공양물[40]로써 절에 보시를 했던 일을 말한다.[41] 그때 위와 같은 나의 주장을 말해 주었더니 고승(開士)[42] 중에서 수긍해 주셨던 분들이 예닐곱 정도 되었다.

---

37 노장과 불교가~않는다는 견해 : 명나라 호응린胡應麟이 『少室山房筆叢』「雙樹幻鈔引」에서 노장과 불교의 특징에 대하여 서술한 다음 내용에서 빌려 왔다. "노장의 도는 맑고 고요하다고 정의한다.……맑고 고요한 도로 장생할 수는 없을지라도 그것으로써 세속의 현상에 흔들리지 않기에는 충분하다.(爲老氏之道者曰淸靜.……淸靜矣, 卽未能長生, 而足以亡擾於事物.)"; 『少室山房筆叢』「雙樹幻鈔引上」, "고苦와 공空이라는 불교의 이치로 돈오할 수는 없을지라도 그것으로써 과거와 미래의 일에 어지럽혀지지 않기에는 충분하다.(釋氏之苦空矣, 卽未能頓悟, 而足以亡亂於去來.)"

38 『周易』「繫辭傳」上에 나오는 말. "형상이 발생하기 이전의 것을 도道라 하고, 형상이 발생한 이후의 것을 기器라고 한다.(形而上者, 謂之道 ; 形而下者, 謂之器.)"

39 묘향세계妙香世界 : 여기서는 묘향산을 가리키지만 본래 미묘한 향기로 가득한 세계를 말한다. 80권본 『華嚴經』 권23(大10, 121a21) 등에 나오는데, 이통현李通玄은 법法이 향기와 같이 세상 어디에나 두루 퍼져 있다는 뜻을 나타낸다고 다음과 같이 해설한다. 『新華嚴經論』 권20(大36, 855c12), "묘향세계란 이 지위(十迴向位)에 큰 지혜와 큰 자비가 있고 지위에 따르는 공덕을 남김없이 실현하여 의지함도 조작도 없는 미묘한 지혜로써 시방에 오고 감이 없는 지혜를 가득 채운다는 뜻을 밝히기 위한 말이다. 법의 소리는 어느 곳에나 두루 미치지만 형체가 없으므로 묘향이라고만 하고 형류形類라 하지 않는다.(妙香世界者, 明此位大智大悲, 隨位功德終, 以無依無作之微妙智, 而滿十方無來去智. 法音隨遍無有形故, 但云妙香, 不云形類.)"

40 공양물 : 물질을 구성하는 지·수·화·풍의 네 가지 요소인 사대四大가 여기서는 물질적인 보시를 나타낸다. 보시는 크게 나누어 불법의 진실을 전해 주는 법시法施와 물질로써 베푸는 재시財施 등 두 가지가 있다. 『大智度論』 권11(大25, 144c16), "재시는 사대로 구성된 모든 감관(根)의 힘을 늘리도록 하고, 법시는 번뇌에 물들지 않은(無漏) 근·역·각·도 등을 빠짐없이 갖추도록 한다.(財施能令四大諸根增長, 法施能令無漏根力覺道具足.)"

41 나는 묘향세계와~일을 말한다 : 꽃이나 음식 따위의 보시물에서 풍기는 미묘한 향기를 묘향세계까지 확장하였다.

당시 대장경을 인쇄하는 사업이 진행 중이었는데 수많은 스님들이 해 묵은 이 일을 마치고 그 공을 부처님께 올리는 날, 경찬소慶讚疏[43]를 증명으로 가지고 왔고 뒤이어 나무나 돌에 새겨 영원히 기념하고자 또다시 기문記文을 써 달라는 청을 받았다. 내가 평소에 글쓰기에는 게을러도 소문疏文에는 부지런히 화답하였으나 기문으로 말하자면 진실로 흉내(效顰)[44]도 내 보지 못한 처지였다.

지난날 공문空門의 벗[45] 미천자彌天子 도안道安[46]이 금릉金陵의 내 고향에 찾아와 군지軍持[47]에서 책 한 권을 꺼내어 보여 주면서 정색을 하고 "새로 경전을 새긴 뒤로는 우리 절의 장경이 국내에서 가장 좋은데 더구나 이 책은 다른 총림에는 없는 것입니다. 이제 인연이 닿는 순서대로 보시를 받고자 하는데[48] 당신도 간결하고 분명한 한마디를 써서 큰 시주가 되

---

42 고승(開士) : 개사開士는 본래 보살菩薩에 대한 한역어이지만, 고승이라는 뜻으로도 쓰인다.
43 경찬소慶讚疏 : 어떤 행사 때 불보살의 덕을 칭송하는 뜻을 적은 글. 여기서는 대장경 인쇄를 마치고 부처님을 칭송하는 글을 말한다.
44 흉내(效顰) : 『莊子』「天運」에 나오는 이야기. 마을의 여자들이 몸이 아파 얼굴을 찌푸리는 서시西施의 표정을 아름답다고 여기고 흉내 내었다고 한다.
45 공문空門의 벗(空友) : 공문은 불교의 대표적 이치인 공空에서 따온 말로 불문佛門과 같다. 불교를 공부하거나 산문을 출입하면서 교유한 벗을 말한다.
46 도안道安(1638~1715) : 호는 월저月渚, 속성은 유劉. 풍담 의심楓潭義諶의 제자. 1664년(현종 5) 묘향산에서 『華嚴經』을 강설하였다. 1709년(숙종 35) 이영창李永昌의 무고로 투옥되었지만 왕의 명으로 석방된 뒤 팔도도총섭八道都摠攝의 직위를 권고받았으나 사양하였다. 묘향산 진불암眞佛庵에서 입적하였다. 이 서문의 필자 민창도가 비문을 지은 비석이 묘향산 보현사에 세워져 있다. 제자로는 설암 추붕雪岩秋鵬(1651~1706) 등이 있고, 『月渚堂大師集』 2권, 『佛祖宗派圖』 등을 남겼다.
47 군지軍持 : 두타행을 하는 수행자가 지니고 다녀야 하는 여섯 가지 물건(六物) 또는 18가지 물건 중 하나. 물병. 도자기 또는 철이나 구리 등의 금속으로 만든다. 기름·소금·꿀 등을 채우는 용도로도 쓰인다.
48 인연이 닿는~받고자 하는데(次第募緣) : 빈부와 귀천을 따지지 않고 우연히 주어지는 순서대로 책을 간행하기 위한 보시를 받겠다는 말. 차제걸식次第乞食(Ⓟ sapadānacārin)에서 빌려 온 뜻이다. 걸식할 때 걸식하는 집의 빈부 따위를 고려하지 않고 닿는 순서대로 평등하게 받도록 한 규정을 가리킨다. 본서 54칙 본칙 설화 참조. 『金剛仙論』 권1(大

어 주지 않겠소?"라고 하였다. 그의 바람은 간절하여 단지 세세하고 끈질길 뿐만 아니라 돌아보면 함부로 할 수 없는 점이 있었다. 그래서 "당신은 재주가 있어 책을 읽다 남는 틈에 즐기는 놀이에 불과하겠지만, (나는) 배상국裵相國[49]이나 장천각張天覺[50]처럼 이치를 터득하였거나 백향산白香山[51]이나 소장공蘇長公[52]처럼 탁월한 문장력이 있지도 않거늘 어찌 경솔하게 계율을 어기고 부처님 머리를 타고 앉아 더럽혔다[53]는 비난을 받겠는가!"

25, 802b10), "여기서 차제란 성안의 사성 가운데 가난한 집은 지나치고 부잣집을 골라서 찾아가는 방식으로 걸식하지 않으며, 또한 신분이 낮은 집은 지나치고 신분이 높은 집을 골라서 찾아가는 방식으로 걸식을 하지 않는다는 뜻이다. 그러므로 차제걸식이라 한다.(今言次第者, 城內四姓中, 不捨貧從富, 又不棄賤從貴, 故云次第乞食.)"

49 배상국裵相國 : 배휴裵休(797~870). 자는 공미公美. 진사進士와 병부시랑兵部侍郎을 거쳐 중서문하평장사中書門下平章事의 자리에 올랐고, 선무군절도사宣武軍節度使가 되어 여러 지방에 절도사로 옮겨 다녔다. 재상 벼슬인 상국을 지내 '배상국'이라 불린다. 문장에 뛰어나 징관澄觀·종밀宗密 등의 비명碑銘을 짓기도 하였다. 황벽 희운黃檗希運을 자신의 관할에 있는 용흥사龍興寺나 개원사開元寺로 초빙하여 문답하고 이를 토대로 『宛陵錄』을 출간하였으며 황벽의 어록을 모아 『傳心法要』 1권을 엮었다. 자신의 저술로는 『勸發菩提心文』 1권이 있다.

50 장천각張天覺(1043~1121) : 호는 무진거사無盡居士. 이름은 상영商英, 천각은 자이다. 19세에 급제한 뒤 감찰어사監察御史·상서우복야尙書右僕射·하남부지사河南府知事 등을 역임하였다. 도솔 종열兜率從悅에게 선지禪旨를 배우고, 대혜 종고大慧宗杲·대홍 보은大洪報恩·진정 극문眞淨克文 등과 교유하였다. 『護法論』을 지어 자신의 잘못을 참회함과 동시에 유학의 관점에서 불교를 비판했던 구양수歐陽修(1007~1072)의 주장을 논박하였다.

51 백향산白香山 : 향산거사는 백거이白居易(772~846)의 불교식 호이다. 중당中唐 시기의 대표적인 시인이다. 조과 도림鳥窠道林 선사와 교유하였고, 이들이 나눈 문답이 『景德傳燈錄』 권4 「鳥窠道林傳」(大51, 230b22)에 전한다. 용문龍門의 향산사香山寺에 들어가 절을 새롭게 고쳤다. 불교뿐 아니라 노장사상이나 도교에도 관심을 가졌다.

52 소장공蘇長公 : 소식蘇軾(1036~1101). 송나라 때 시인이자 문장가. 선禪의 이치를 깊이 깨우친 거사로 알려져 있다. 소식의 작품에는 불교적 내용과 정취가 가득 배어 있으며, 당나라 때 시인인 왕유와 함께 불교에 가장 조예가 깊었던 시인으로 꼽는다. 선과 관련된 그의 작품을 모은 문집으로 『東坡禪喜集』 9권이 있다.

53 부처님 머리를~앉아 더럽혔다 : 최상의 문장에 불필요하게 말을 덧붙여 도리어 그 아름다움을 불필요하게 해친다는 비유. 서문 작성을 사양하는 핑계를 대기 위한 것이었는데 '부처님 머리를 더럽힌다'는 말은 '부처님 머리에 똥을 싼다(佛頭著糞 또는 佛頭放糞)'는 말과 통하며 다음과 같은 일화에서 유래한다. 송나라 때 설거정薛居正이 편찬

라고 청을 물리치고 돌려보냈었다. 그런데 또다시 정융靜戎의 여관을 지나던 길에 들러 이전에 했던 청을 더욱 확고하게 내놓았다. 그 뒤 며칠 만에 그의 법을 이은 제자 붕鵬 사미[54]를 보내어 달아나는 죄인을 뒤쫓듯이 재촉하였다. 아! 부처님께서 사리자에게 법을 일러 주셨던 것도 세 번째 간청을 듣고서 전하신 발언이었는데,[55] 내 주제에 어찌 물리칠 수 있겠는가?

적오赤烏 연간에 백마사에서 일어났던 인연[56]을 시작으로 정토의 교설[57]은 마침내 중국에 가득 퍼졌는데, 어떤 사람은 임제의 종지[58]가 중국을 뒤

한 『舊五代史』를 구양수가 춘추필법春秋筆法으로 정리하여 『新五代史』를 편찬하였는데 어떤 이들은 이전 것보다 훌륭하다며 구양수의 글 앞에 서문을 붙였다. 왕안석王安石이 이러한 사태를 보고 "부처님의 머리에 어찌 똥을 묻히는가!(佛頭上豈可著糞!)"라고 하였다. 이와 유사한 문답이 『景德傳燈錄』권7「如會傳」(大51, 255b28)에 다음과 같이 전한다. "최 상공崔相公이 절에 들어가서 참새가 부처님 머리에 똥 싸는 장면을 보고서 여회 선사에게 물었다. '참새에게도 불성이 있습니까?' '있습니다.' '그런데 어찌하여 부처님 머리에 똥을 쌉니까?' '이 참새들이 어째서 새매 머리에는 똥을 싸지 않을까요?'(崔相公入寺, 見鳥雀於佛頭上放糞, 乃問師曰, '鳥雀還有佛性也無?' 師云, '有.' 崔云, '爲什麽向佛頭上放糞?' 師云, '是伊爲什麽不向鷂子頭上放?')"

54 붕鵬 사미 : 설암 추붕雪巖秋鵬(1651~1706)을 가리킨다.

55 부처님께서 사리자에게~전하신 발언이었는데 : 『法華經』권1(大9, 7a5)에 사리불舍利弗 곧 사리자舍利子가 거듭하여 설법을 간청하자 부처님께서 세 번째 이르러서야 설해 주셨던 일화를 가리킨다.

56 적오赤烏 연간에~일어났던 인연 : 중국에 최초로 불교가 전해지고 불경이 한역되었던 사실을 나타낸다. 적오 연간(238~251)은 역경이 시작된 시기를 말하고 백마사白馬寺는 영평永平 연간(58~75)에 창건된 중국 최초의 절이다. 『魏書』「釋老志」에 "사신 채음蔡愔이 중국으로 돌아올 때 섭마등攝摩騰·축법란竺法蘭과 함께 백마에 경전을 싣고 돌아왔기 때문에 낙양성 옹관雍關 서쪽에 백마사를 세웠다."라고 한다. 이들 역경승이 가져온 『四十二章經』을 한역하였다는 설에 따라 이것이 최초의 한역 불전이라 한다. 하지만 섭마등과 축법란이 당시에 왔다는 이야기 자체가 후대에 만들어진 전설이며 이 경이 한역된 시기도 적오 연간이라고 하여 성립 연대에 대해서는 이설이 있다. 『人天眼目』권2(大48, 306c22), "동산 혜공東山慧空은 '경(『사십이장경』)은 벌써 백마사에 왔는데, 역경승은 적오 연간에 도착했다.'라고 하였다.(空云, '經來白馬寺, 僧到赤烏年.')"

57 정토의 교설 : 정토종淨土宗의 교설이 아니라 불국토로서의 정토로 이끄는 교설이라는 뜻으로 불교 일반을 나타낸다.

덮다가 고려[59]의 진각대사 혜심에 이르러 결실을 보게 되었다고 말한다. 대사는 걸출한 선지식으로서 가까이 다가가서는 불일사佛日師[60]의 밀인密印[61]을 얻었고 조금 떨어져서는 목우자牧牛子[62]의 바른 종지를 계승하였으며, 12부 경전으로 입문한 뒤 여러 종사들이 남긴 갖가지 기록[63]으로 공부를 마무리하였다.

도원의 『전등록』과 대조하여[64] 집성한 결과가 이 한 편의 책이다. 염拈 · 송頌 · 상당上堂 · 홍洪[65] · 화話[66] · 대代 · 별別 등의 구분이 있지만, 강요綱要를 분명히 보이고 도리를 널리 펼친다는 뜻을 취하여 '염송'이라는 이름을 붙

---

58 임제의 종지 : 이 또한 임제종이라는 특수한 종파가 아니라 선종을 대표하는 말로 쓰였다. 정토는 교학, 임제는 선종으로 대칭한다고 보아도 무방하다.
59 고려(勝國) : 승국勝國은 전조前朝의 국가. 이 서문을 쓰던 시점에서 이전의 국가인 고려를 말한다. 본래 승국은 멸망을 당한 나라라는 뜻에서 확장하여 쓰는 말이다.
60 불일사佛日師 : 지눌知訥(1158~1210)의 시호諡號. 본래는 불일보조국사佛日普照國師가 빠짐없는 시호이지만, 보조국사 또는 불일사 등으로 줄여서 부르는 경향이 있다.
61 밀인密印 : 비밀스러운 심인心印. '밀'은 말로 주고받거나 분별로 포착할 수 없다는 뜻, 심인은 인가의 기준이 되는 깨달은 마음을 말한다. 따라서 이것은 전수하고 받는 사람들의 마음과 마음이 마주쳐 인정하는 것이며 그 밖의 사람들은 알 수 있는 대상이 아니라는 뜻에서 '밀'이기도 하다. 『人天眼目』권4(大48, 322a9), "제불의 밀인에 어찌 언어가 허용되겠는가!(諸佛密印, 豈容言乎!)"; 『臨濟錄』「序文」(大47, 495a28), "28조 보리달마가 시방과 삼세의 부처님들이 전수한 밀인을 가지고 중국에 들어왔던 바로 그때 중국 사람들은 비로소 불법에 교외별전 · 불립문자 · 직지인심 · 견성성불의 도리가 있음을 알게 되었다.(逮二十八祖菩提達磨, 提十方三世諸佛密印, 而來震旦, 是時, 中國始知佛法有敎外別傳 · 不立文字 · 直指人心 · 見性成佛.)"
62 목우자牧牛子 : 지눌의 법호.
63 여러 종사들이~갖가지 기록 : 선가 종사宗師들이 대대로 전수한 어록이나 문집 등을 말한다.
64 도원의 『전등록』과 대조하여 : 도원道原이 1004년에 완성하고 1080년에 간행한 『景德傳燈錄』30권의 체제와 대조하여 구성했다는 뜻. 이 책은 과거칠불過去七佛로부터 선종 5가家 52세世에 이르는 법계를 연대기순으로 기록하였는데, 본서도 그 순서에 준하여 엮었다는 뜻이다. 주 20 참조.
65 홍洪 : 본서에 없는 형식이다.
66 화話 : 이 형식도 정해지지 않은 것으로 본서 22칙에 나오는 '수산주修山主와 화산 무은禾山無殷의 문답'이나 26칙에 나오는 '협산 선회夾山善會의 문답' 등과 같이 본칙을 주제로 나눈 문답을 가리키는 것으로 보인다.

였다.⁶⁷

위로 칠불七佛⁶⁸로부터 아래로 모든 조사에 이르기까지 갖가지 마음과 갖가지 법을 드러내기도 하고 감추기도 하며 일정한 틀에 속박되지 않는 비유를 끌어들여 나가지도 못하고 들어오지도 못하는 경계⁶⁹에서 스스로 깨우치도록 하였으니, 그 본보기들이 사史⁷⁰에 나타나고 (그것을 보증하는) 이치는 경전에 들어 있다.

(진각 혜심이) 본서의 편집을 마치고 구곡 각운龜谷覺雲⁷¹ 선사에게 전하였고, 각운은 받아 보니⁷² 소림(달마대사)이 별도로 전한 미묘한 도⁷³와 유

---

67 강요綱要를 분명히~이름을 붙였다 : 여러 가지 형식이 혼합되어 본서를 구성하고 있지만, '염'과 '송'이 강요를 보이고 도리를 펼치기에 가장 적절하고 대표적인 형식이기 때문에 이것을 제목으로 달았을 것이라는 각운의 서문에 나오는 말.
68 칠불七佛 : 과거칠불. 과거장엄겁過去莊嚴劫에 출현한 비바시불毘婆尸佛(S) Vipaśyin)·시기불尸棄佛(S) Śikhin)·비사부불毘舍浮佛(S) Viśvabhu)과 현겁現劫에 출현한 구류손불拘留孫佛(S) Krakucchanda)·구나함모니불拘那含牟尼佛(S) Kanakamuni)·가섭불迦葉佛(S) Kaśyapa)·석가모니불釋迦牟尼佛(S) Śākyamuni) 등 일곱 부처님. 이들은 공통적으로 "모든 악을 저지르지 말 일이며, 갖가지 선을 받들어 실행할지니, 스스로 자신의 마음을 깨끗이 하는, 바로 그것이 모든 부처님의 가르침이라네.(諸惡莫作, 衆善奉行, 自淨其意, 是諸佛教.)"라는 게송을 설한다. 『法華玄義』권2(大33, 695c26)에 이를 '칠불통계게七佛通戒偈'라 하였다.
69 일정한 틀에~못하는 경계 : 모든 길을 차단하여 출·입과 진·퇴 등의 양단이 다 허용되지 않는 은산철벽銀山鐵壁의 화두를 가리킨다. 배촉의 관문(背觸關)이 대표적이다.
70 사史 : 선종의 전등사傳燈史를 말한다. 본서의 근본 자료이기도 하다.
71 구곡 각운龜谷覺雲 : 고려 말 인물이며, 혜심이 설화를 짓도록 『禪門拈頌』을 전해 준 동시대의 각운과는 다르다. 각운이라는 동일한 명칭에서 파생된 혼동이며 이러한 착오가 비판 없이 유포되면서 『拈頌說話』저자에 대한 갈등을 불러일으켰다. 하지만 이는 논쟁할 가치가 없는 문제이며, 이 서문이 촉발한 단순한 착각의 폐해라 할 수 있다. 이능화李能和는 『朝鮮佛教通史』下編 「覺雲書成珠落筆端」(pp.528~530)에서 각운은 후대의 구곡 각운이 아니라 혜심의 직제자라고 밝힌다. "『염송설화』에 인용된 내용은 대부분 무의자의 말이다. 직접 가르침을 받은 제자가 아니라면 누구도 이와 같이 할 수 없을 것이다. 곧 각운이 진각의 제자라는 사실은 명백하다.(拈頌說話中所引者, 多無衣子言. 非親承教誨者, 莫能如是. 則覺雲之爲眞覺弟子也, 明矣.)"
72 받아 보니 : 원문에서 '受業'이라 한 말은 스승이나 앞서간 사람이 닦아 놓은 일(業)을 이어받는다(受)는 뜻이며, 학습·공부 등의 뜻으로 쓰이지 않았다. 여기서는 혜심이 편집하여 완성한 『禪門拈頌』을 전해 받은 사실을 나타낸다.

가유가瑜伽[74]에서 전수하는 비밀의 교화를 손에 넣은 듯하여 즉시 간행하여 유포하였다. 이로써 지금에 이르도록 『전등록』과 함께 학인들이 근본으로 여기는 책이 되었다. 그러나 온전한 기틀을 남김없이 활용하는 바로 이 대기대용大機大用[75]만이 방편 중의 방편인 까닭은 심오한 이치를 간파하지 않고도 실마리를 찾을 수 있는 길이 있기 때문이다. 이러한 이유로 보좌하는 근거를 생각하여 그것을 분명히 드러내었고, 마침내 깊이 생각하고 세밀하게 궁구하여 미묘한 도를 열고 깊은 이치를 펼쳤는데 이것이 『설화』를 지은 동기이다.

말을 벗어난 뜻(言外之旨)과 뜻을 벗어난 말(旨外之言)은 생각으로 알 수 없고 말로 표현할 수 없으며 이름으로 나타내거나 형상으로 그릴 수 없는 대상이지만, 그에 대하여 상황에 따라 서술하고 근기에 따라 펼쳐 보이지 않음이 없다. 본성을 드러내니 제호의 맛과 같고, 마음을 밝히니 물에 비친 달처럼 분명하며, 꿈을 깨우니 큰 종에서 울리는 소리와 같고, 망막의 껍질을 도려내니 금비金篦[76]와 같이 날카로우며, 미혹과 고통의 바다에 빠

---

73 별도로 전한 미묘한 도 : 언어와 교설에 따라 전하지 않고, 깨달은 심지를 직접 전하는 교외별전敎外別傳의 방식을 말한다.
74 유가瑜伽 : 밀교密敎를 가리킨다. 삼밀유가三密瑜伽를 실행하기 때문에 유가라 한다. 신밀身密·구밀口密·의밀意密 등이 삼밀이며, 이를 비밀祕密의 삼업三業이라 한다.
75 대기대용大機大用 : 마조 이후 전개된 선법의 특징을 규정하는 대표적인 말이다. 『百丈語錄』 古尊宿語錄 1(卍118, 163a15), "위산이 앙산에게 물었다. '백장이 마조를 다시 찾아갔을 때 서로 간에 불자拂子를 꼿꼿이 세운 인연이 있다. 이 두 존숙의 뜻은 어떤 것인가?' '이것은 대기와 대용을 드러냅니다.' '마조 문하에서 84인의 선지식이 배출되었는데, 어떤 사람이 대기를 얻었고, 어떤 사람이 대용을 얻었는가?' '백장이 대기를 얻었고, 황벽이 대용을 얻었습니다. 그 나머지는 모두 도道를 말로 전하는 사람들에 불과합니다.' '그렇다, 그래.'(潙山問仰山, '百丈再參馬祖, 竪拂因緣, 此二尊宿, 意旨如何?' 仰山云, '此是顯大機大用.' 潙山云, '馬祖出八十四人善知識, 幾人得大機, 幾人得大用?' 仰山云, '百丈得大機, 黃蘗得大用. 餘者, 盡是唱道之師.' 潙山云, '如是, 如是.')" 본서 181칙 본칙 설화 및 주석 참조.
76 금비金篦 : 맹인의 눈을 고치기 위하여 사용했던 수술 도구. 본서 184칙 '무진거사의 송' 주석 참조.

진 중생을 구제하는 보배 뗏목이자 자비의 배와 같다. 팔만사천법문에는 본래 수많은 종류의 방편이 있지만 온전히 깨치고 보면 텅 비어 결코 하나의 그 무엇도 없다. 이는 진실로 법이라는 숲 전체에서 비교할 대상이 없는 지혜의 말들이다. 이 분야에서 연구해 본 사람이라면 한 번 보고는 대번에 그 뜻과 하나가 되고 마주치자마자 통할 것이니, 어찌 애써 몽둥이로 때리거나 소리를 내지르는 기량을 발휘할 필요가 있겠는가!

예로부터 인도의 책을 풀이한 사람은 많았다. 고명한 인사들 중에서 법계法階[77]나 도림道林[78]과 같은 무리들은 그 깊은 도리를 터득하지도 못했으면서 임시방편으로 장자나 노자의 미진한 말(緒言)[79]로써 겉모양만 꾸몄으니 문장을 다듬으면 다듬을수록 뜻은 더욱 멀어질 뿐이었다. 오로지 계환戒環이 풀이한 『법화경』[80]과 종밀宗密이 주석한 『원각경』[81]에 대해서는 옛사람들이 삼매를 체험한 눈으로 밝힌 솜씨라 여겼다. 이제 이 책과 그 두 경전에 대한 주석서가 세 발의 솥처럼 한 쌍이 되어 시방과 삼세를 헤아리는 수단이 된다면 지극히 마땅하지 않겠는가?

목노牧老[82]의 기록에 따르면, 각운[83]은 법맥의 적통을 계승한 인물[84]로

---

77 법계法階 : 미상의 인물.
78 도림道林(314~366) : 지둔支遁 또는 지도림支道林이라고도 한다. 동진 때 회계會稽의 여항산餘杭山에 머물며 『道行般若經』등 반야경전을 연구하였다. 노장老莊을 숭상하던 당시의 풍토에서 도림은 왕몽王濛·손작孫綽·허순許洵·왕희王羲 등과 함께 『莊子』를 주제로 수없이 탁월한 담화를 남겨 당시 사람들을 탄복시켰다. 즉색본공卽色本空의 설을 주장하였고, 반야학 육가칠종六家七宗 중 하나에 속한다.
79 미진한 말(緒言) : 실마리만 보이고 다 마치지 않은 말. 문장의 맥락상 『莊子』「漁父」에 "조금 전에 선생께서 말씀을 다 마치지 않으시고 떠나셨습니다.(曩者, 先生有緒言而去.)"라고 한 말에 근거한다.
80 계환戒環이 풀이한 『법화경』 : 계환은 송나라 선화 연간(1119~1125)에 개원련사開元蓮寺에 주석하면서 『法華經解』20권과 『首楞嚴經戒環解』10권 등을 지었다.
81 종밀宗密이 주석한 『원각경』 : 규봉 종밀이 지은 『圓覺經大疏』12권과 그것의 정수를 요약한 『圓覺經略疏註』4권, 『圓覺經大疏釋義鈔』13권 등을 말한다.
82 목노牧老 : 고려 말 삼은三隱 중 한 사람으로 꼽히는 목은牧隱 이색李穡(1328~1395). 이색은 불가와 인연이 깊어 『景德傳燈錄』·『懶翁語錄』·『白雲語錄』·『太古語錄』등의

서 달마대사와 같은 마음과 보현보살과 같은 실천으로 현릉玄陵[85]에게 알려져 절로도강도折蘆渡江圖와 육아백상도六牙白象圖[86] 그리고 왕이 손수 쓴 명호 네 글자[87]를 하사받았다고 한다. 또한 조정에 아뢰어『경덕전등록』[88]의 간행을 청하였으니,[89] 그 사람됨과 그 사실을 대체로 알 수 있다.

이치를 해석하는 작업은 남아도는 힘[90]으로 하는 일이지만 오히려 서사書寫하는 사이에 붓끝에서 때로는 사리가 나타나기도 하고[91] 눈앞에서 보리를 온전히 증득하기도 하니, 그 공덕은 결코 헛되지 않다. 그러나 수백 년 동안 이를 알고도 기꺼이 드러내려 한 사람은 없었는데 이제 때마침 안정된 때를 만나 펴내니 비로소 크게 유행하게 되었다. 이처럼 모든 부처와 조사의 법은 혜심으로 말미암아 두루 알려졌고, 혜심의 책은 각운으

서문과 각종 경전에 대한 서발문序跋文을 쓰기도 하였고, 나옹懶翁의 비문을 비롯하여 사찰의 기문記文도 많이 남겼다. 여기서 말하는 기記 또한 그러한 기문의 하나로 보인다.

83 각운 : 필자가 말하는 각운은『拈頌說話』의 저자가 아닌 구곡 각운이다.
84 각운은 법맥의~계승한 인물 : 이색의『景德傳燈錄』「序文」에 따르면 구곡 각운이 내원에 들어가 궁중에 설치한 내원당內院堂을 맡게 되었으므로 내원감주內院監主라 불렸다고 한다.
85 현릉玄陵 : 고려 31대 공민왕(재위 1351~1374).
86 절로도강도折蘆渡江圖와 육아백상도六牙白象圖 : 각각 달마대사와 보현보살을 묘사한 그림이다.『牧隱文藁』권12「賜龜谷書畫讚」에는 '달마절로도강도達磨折蘆渡江圖', '동자보현육아백상도童子普賢六牙白象圖'라 되어 있다.
87 왕이 손수~네 글자 : '龜谷覺雲'이라는 네 글자. 이와 함께 '대조계종사 선교도총섭 승신진승 근수지도 도대선사大曹溪宗師禪敎都摠攝崇信眞乘勤修至道都大禪師'라는 법호도 하사하였고, 이색은 이에 대하여 찬讚을 지어 축하하였다.『牧隱文藁』권12「賜龜谷書畫讚」참조.
88 『경덕전등록』(景德所錄之書) : '景德所錄之書'는 경덕景德 1년(1004)에 전등의 사실을 수록한 책, 곧『景德傳燈錄』을 가리킨다.
89 조정에 아뢰어~간행을 청하였으니 : 구곡 각운이 궁중에서 1년간『景德傳燈錄』을 강설한 뒤 1372년(공민왕 21)에 이 책의 중간重刊을 공민왕에게 청하였다.
90 이치를 해석하는~남아도는 힘 : 참선과 같은 실행을 하고 여력으로 문자를 해석하는 작업을 행한다는 뜻이다.
91 붓끝에서 때로는~나타나기도 하고 : 규기窺基의 전기에 이러한 기록이 보인다.『神僧傳』권6「窺基傳」(大50, 989b22). 본서 우주옹宇宙翁의 발문「古拈話跋」참조.

로 말미암아 밝혀졌으며, 각운의 설화는 도안으로 말미암아 전해졌다. 이 세 선사의 전신이 어찌 동일한 회중에 있던 사람이 아니었겠는가? (그렇지 않았다면) 그들의 정신이 어떻게 이와 같이 하나로 합할 수 있었겠는가? 나는 이 책을 읽으면서 책장을 덮을 때마다 감탄의 여운이 남지 않은 적이 없었다.

불교[92]의 교설에 따르면 '마음을 선禪이라 하고 언어를 교敎'라 하지만 본래 두 가지로 갈라지는 문은 없다. '교에 따르는 수행은 대체로 육도六度[93] 등의 행법에서 벗어나지 않으며 선정禪定도 그중 한 자리를 차지할 뿐이다. 중생의 근기에 평등하지 않은 점이 있기 때문에 과거의 부처님께서 교화를 펼치실 때도 그러한 차이를 고려하지 않을 수 없었던 것이다. 그렇거늘 후세에 각기 문을 세워 교종에서는 선종이 텅 빈 고요(空寂)에 집착한다고 비난하고, 선종에서는 교종이 명상名相에 빠져 있다고 비판하는 꼴을 어찌하랴! 이는 괴이한 흥밋거리로나 할 수 있는 말일 뿐이다.

선종의 관점에서만 말하자면 초조 달마와 승다勝多[94]는 함께 선관禪觀

---

92 불교(浮屠) : 부도浮屠는 불타佛陀와 마찬가지로 [S] Buddha의 음사어이다. 원래는 부처님을 가리키는 말이었으나 불교로 전의轉義되기도 하고 고승의 사리를 안치한 탑을 지칭하기도 한다.
93 육도六度 : 육바라밀六波羅蜜. 바라밀([S] pāramitā)은 도度 또는 도피안到彼岸으로 번역한다. 육바라밀이란 보시布施·지계持戒·인욕忍辱·정진精進·선정禪定·반야般若 등 여섯 가지를 말한다.
94 승다勝多 : 불대승다佛大勝多의 줄임말. 보리달마가 중국에 들어오기 이전에 인도에 있던 여섯 종파의 견해를 논파했다고 하는데, 이들은 모두 소승의 선관禪觀을 기조로 수행했던 불대승다로부터 분파되었다고 한다. 『釋氏稽古略』권2(大49, 796c27), "불대승다에서 다시 여섯 종파로 무리가 나뉘었다. 첫째 유상종, 둘째 무상종, 셋째 정혜종, 넷째 계행종, 다섯째 무득종, 여섯째 적정종 등이다. 이들은 제각각 자신의 견해에 막혀 별도로 교화의 근원을 펼쳤다. 달마가 저들 여섯 종파가 삿된 견해에 얽매여 있다고 한탄하고 그들을 하나씩 찾아가 교화시켰다. 여섯 종파의 무리들이 말을 듣고 깨달아 모두 서원하고 귀의하였다.(佛大勝多, 更分徒爲六宗, 一曰, 有相宗; 二曰, 無相宗; 三曰, 定慧宗; 四曰, 戒行宗; 五曰, 無得宗; 六曰, 寂靜宗. 各封己解, 別展化源. 達磨嘆彼六宗纏於邪見, 一一詣彼, 開化之. 六衆開悟, 咸誓歸依.)"

을 배웠지만 견해가 한번 어긋나자 결국 무상無相과 유상有相으로 나뉘었고, 혜능과 신수는 나란히 황매黃梅[95] 문하에서 참구하였지만 돈오와 점수로 갈라졌으며,[96] 도일道一[97]과 신회는 함께 조계 혜능을 계승하였지만 밀密과 지知[98]로 궤도가 나뉘었다.

교종에서는 자은慈恩[99]이 세 파를 세웠고, 천태天台[100]는 네 교파로 나뉘었으며, 현수賢首[101] 또한 이를 따라서 다섯 종으로 나누었다.[102] 심지어 본교本敎 안에서 율학律學은 균등하게 남산南山[103]을 근본으로 삼았지만, 윤감의 『회정기會正記』[104]와 원조의 『자지기資持記』,[105] 사명 고산四明孤山[106]의 진망眞妄이나 삼제三諦에 대한 이설[107] 등에서는 서로 어긋나 모순되는 점을 드러내게 되었다. (사명의 제자인) 인악 삽천仁岳雪川에 이르러서는 제자가 창을 들고 방으로 난입하였을 뿐만 아니라 그 밖의 일은 더구나

---

95 황매黃梅 : 5조 홍인弘忍.
96 돈오와 점수로 갈라졌으며 : 선종이 돈오頓悟의 남종과 점수漸修의 북종으로 갈라지는 남돈북점南頓北漸의 현상을 가리킨다.
97 도일道一 : 신회神會와 대칭되는 인물은 마조 도일馬祖道一이 아니라 그의 스승인 남악 회양南嶽懷讓(677~744)이다.
98 밀密과 지知 : 신회는 '지知'를 강조하여 "지라는 한 글자는 모든 미묘한 이치가 출입하는 문이다.(知之一字, 衆妙之門.)"라고 하였는데, 이 지는 정定·혜慧 중 혜와 상응한다. 밀密은 미상이다. 『都序』 권상2(大48, 403a1) 참조.
99 자은慈恩 : 법상종法相宗의 삼장법사 현장玄奘.
100 천태天台 : 천태 지의天台智顗.
101 현수賢首 : 화엄종의 법장法藏.
102 현수 또한~종으로 나누었다 : 다섯 가지로 분류한 화엄종의 교판敎判.
103 남산南山 : 도선道宣(596~667) 또는 그의 이론을 말한다.
104 『회정기會正記』 : 윤감允堪(1005~1061)이 도선의 『四分律行事鈔』에 대하여 주석을 가한 해설서.
105 『자지기資持記』 : 남산율종 자지파資持派의 원조元照(1048~1116)가 지은 것으로 이 또한 『四分律行事鈔』에 대한 주석서이다. 본래 제목은 『四分律行事鈔資持記』이다.
106 사명 고산四明孤山(960~1028) : 지례知禮. 천태종 산가교학山家敎學의 집대성자.
107 진망眞妄이나 삼제三諦에 대한 이설 : 『佛祖綱目』(卍146, 374a1) 해당 구절에는 "진망에 대한 다른 관법과 삼제에 대한 이설이 이미 서로 거스르는 정도가 심하였다.(眞妄之異觀, 三諦之異說, 旣已抵牾之甚.)"라고 되어 있다.

한두 가지로 헤아리기 어려울 정도이다.'108

아! 어찌 여래가 그러도록 시켰겠는가? 어떻게 하면 대동大同 세계에 살면서 하나로 융통하는 인물을 만나 그와 함께 둘도 아니고 셋도 아닌 이치를 말할 수 있겠는가?

다 쓰고 나서 평상에 때마침 벌여져 있던 두 개 댓조각의 글귀를 읽고는 이렇게 감탄하였다. "이런 말이 있었던 것을! '하나로 합치하지만 사람마다 생각은 무수하게 다르고, 같은 곳으로 돌아가지만 그곳에 이르는 길은 갖가지로 갈라진다.'109는 바로 이 말은 본질에 가깝다고 할 만하구나!" 또다시 읽고 감탄하였다. "이런 말도 있었구나! '(군자에 대하여) 크다는 측면에서 말하자면 세상의 그 무엇으로도 실을 수 없을 정도로 크고, 작다는 측면에서 말하자면 세상의 그 무엇으로도 쪼개지 못할 정도로 작다.' 바로 '군자의 도는 드넓게 쓰이지만 미묘하여 드러나지 않는다.'110라는 말과 같구나." 수많은 불경과 논서에서 말하는 갖가지 개념(名)과 이치(理)도 그 말의 맥락에서 벗어나지 못한다.111 설산노인雪山老人112께서도 틀림없이 이 말을 인정하실 것이다.

갑자년(1684) 늦가을에 요보 짓다.

---

108 교에 따르는~어려울 정도이다 : 『佛祖綱目』(卍146, 373a18)의 내용을 그대로 인용하거나 부분적으로 축약한 말들이다.
109 『周易』「繫辭傳」 下의 구절이지만 도치되어 있다.
110 이상은 『中庸』의 구절이다.
111 수많은 불경과~벗어나지 못한다 : 삼교요보라는 칭호에 어울리게 유교와 불교를 회통하는 관점에서 마무리하였다.
112 설산노인雪山老人 : 설산에서 수행했던 부처님을 가리키는 말. 『介爲丹語錄』 권1(嘉28, 225b17), "12월 8일에 초조 달마대사상에 점안點眼(開光)을 하는 기념으로 법좌에 올라앉아 주장자를 잡고 높이 올렸다가 한 번 내리치고서 말하였다. '대중들이여, 알겠는가? 오늘은 설산노자께서 샛별을 보고 도를 깨달아 등정각等正覺을 성취하신 날이다.'(臘八, 初祖開光, 上堂, 拈拄杖卓一卓云, '大衆, 還知麼? 今日乃雪山老子, 睹明星悟道, 成等正覺之日.')"

重刊拈頌說話序[1)]

天隱子, 亦號曰三敎了父, 而嘗言, "理一而神, 氣兩而化. 人之受氣成形, 而亦能神, 明其心者也."

老主氣以養生爲道, 釋主心以不動爲宗, 儒則治心氣而主于理, 其同耶, 其不同耶?

二氏之亡擾于事物, 亡亂于去來者, 自不可廢, 而其說時有出入於易之形而上者之義. 世之以異治而不相能者, 其亦末也矣已.

了父, 於妙香世界, 有一大因緣, 曾以四大施山門. 則持是說詔之, 開士之韻者, 六七輩矣.

時有梓行大藏經, 如磧沙尼, 故事逮訖, 功薦佛之日, 以慶讚疏來徵, 繼而謀樹石標永, 則又以記請焉. 了父素倦於筆[2)]硯, 勉應其所謂疏者, 而記則姑未效響.

洒者, 空友彌天子道安, 來訪於金陵田間, 出一書於軍持中, 弋[3)]之曰, "自新鍒修多羅來, 吾山之藏, 甲於方內, 至此書他叢林之所未有者. 今方次第募緣, 盍辨簡端一語作大檀越哉?" 其所祈懇,[4)] 不翅縷縷, 而顧有所不敢爲者. 乃 "公所能不過游戯於詩書之暇, 非有裵相國張天覺之得理, 白香山蘇長公之運筆, 則其何敢率爾破戒, 犯佛頭不潔之誚乎!" 以此謝而歸之矣. 今又過於靜戎旅舍, 益堅前請. 後數日, 送其法嗣鵬沙彌, 催之如追逋. 噫! 佛之喩舍利子也, 至於三請則發之矣, 了父又烏可以已也?

盖自赤烏白馬之緣起, 而淨土之敎, 遂彌滿震朝, 說者謂臨濟之宗被之我東, 於勝國眞覺大師慧諶而有徵焉. 師以大知識, 近獲佛日師之密印, 遠紹牧牛子之正宗, 始於十二部, 終以諸家襍記.

對道原傳燈錄, 而集成一編. 有曰拈曰頌曰上堂曰哄曰話曰代曰別之分, 而取振綱宣義之意, 而命曰拈頌.

上自七佛, 下逮諸祖師, 種種心種種法, 若現若滅, 引無方之喩, 而使自得於不出不入之際, 其例則史, 而其義則經也.

書成而傳之龜谷覺雲禪師, 師受業以來, 如得少林別傳之妙, 瑜伽秘密之化, 旋卽刊布, 至今與傳燈, 倂爲學者所宗. 而惟其大機大用, 方便中之方便者, 有不可覷奥而覓緒者. 故思所以羽翼而發明之, 遂覃思研精, 闡妙張幽, 此說話之所以作也.

言外之旨, 旨外之言, 不可思議, 不可名狀者, 靡不隨方而鏤述, 因機而藻陳. 發性如醍醐, 明心如水月, 響夢如洪鍾, 刮膜如金篦, 拯迷拔苦, 如寶筏慈航. 八萬四千門, 自有許多般樣,[5] 而了之則空豁豁地, 更無一物. 此實法林之無上慧詮也. 從事於斯者, 可以一見而卽契, 偶觸而卽通, 何勞打喝之伎倆爲也!

自古演西方之書者多矣. 高明之士, 如法陛道林輩, 不能得其精, 而姑以莊老之緒言飾之, 其辭彌修而旨彌潤. 獨戒環之釋蓮華, 宗密之詮圓覺, 昔人以爲三昧眼手. 今此書之與兩經註疏, 鼎稱於十方三世者, 不亦大可宜也? 竊觀牧老之記, 雲乃衣冠之胄, 以達磨心普顯[6] 行受知玄陵, 賜折蘆渡江六牙白象圖, 及御題名號四大字. 且奏於朝, 請刊景德所錄之書, 其人其事, 盖可知也.

釋義之業, 卽其餘事, 猶且揮洒之間, 筆端時現舍利, 眼底悉證菩提, 其爲功德, 必不唐捐. 而數百年來, 未曾有知而好而顯之者, 今遇一安, 釋而始乃大行. 然則諸佛祖之法, 由諶而布;諶之書, 由雲而明;雲之說, 由安而傳. 是三禪者前身, 豈[7] 一會中人也耶? 何其神契之若是耶? 了父覽此, 又未嘗不掩卷而有餘嘅焉.

夫浮屠之學, 心爲禪, 言爲敎, 本無二門. 依敎修行, 盖不出六度等行, 而禪定特居其一. 由衆生根有不齊故, 先佛示化, 亦不免其異耳. 奈何後世各立門戶, 敎則譏禪滯乎空寂, 禪則譏敎泥乎名相! 此則異趣猶可說也.

自禪一宗言之, 初祖與勝多, 同學禪觀, 所見一差, 遂分爲無相有相;慧能神秀, 倂參黃梅, 而頓漸殊歧;道一神會, 共承曹溪, 而密知分軌.

敎宗則慈恩立三, 天台分四, 賢首又從而爲五. 甚至本敎之內, 律學均以南山爲宗, 而允堪之會正記, 元照之資持記, 四明孤山之眞妄三諦, 已拯牴牾. 至仁岳雪川, 又以弟子, 摻戈入室, 其他尙難一二數計.

噫嘻!⁸⁾ 豈如來使之哉? 安得居大同之世, 遇通一之士, 與之語不貳不參之理也?

書罷, 取案上偶有所展兩笑, 讀之而歎曰, "有是哉! '一致而百慮, 同歸而殊塗'者, 可幾焉!" 又讀之而歎曰, "有是哉! '語大天下莫能載, 語小天下莫能破.' 且'君子之道, 費而隱'者." 千經萬論, 言名理者, 不能外焉. 雪山老子, 亦必啁然而聽.

甲子, 抄⁹⁾秋, 了父, 撰.

---

1) ㉮ 이 서문은 『拈頌說話』 저본과 갑본·을본에 실려 있고 병본에는 없다. 2) ㉮ '筆'은 '筆'의 오기이다. ㉯ 이하에서는 특별히 명기하지 않고 '筆'로 바로잡아 표기한다. 3) ㉮ 弌은 式의 오자로 보고 풀이하였으나 분명하지는 않다. 4) ㉮ '懇'이 『拈頌說話』 을본에는 '恩'으로 되어 있다. 5) ㉯ '撐'의 경우, 이하에서는 특별히 명기하지 않고 '樣'으로 바로잡아 표기한다. 6) ㉮ '顯'은 '賢'의 오기인 듯하다. 7) ㉯ '豈' 다음에 '非'가 탈락된 듯하다. 8) ㉮ '嘻'가 『拈頌說話』 을본에는 '噫'로 되어 있다. 9) ㉯ '抄'는 '杪'로 쓰는 것이 맞다. 『初學記』 권3에서 남조 양나라 원제元帝의 『纂要』를 인용하여 "9월을 계추, 또는 모추, 말추, 모상, 계상, 초추라고 한다.(九月季秋, 亦曰暮秋, 末秋, 暮商, 季商, 杪秋.)"라고 하였다.

중간염송설화 서

지난날 고려 때는 조정에서 선법禪法을 간성干城으로 삼아 외부 침략군을 막았고 국운을 이어 갔다. 당시 선학禪學의 융성한 기세는 중국에 못지않았다. 이 때문에 산성散聖[113] 목우옹牧牛翁[114]의 법을 이은 제자 무의자無衣子 심공諶公[115]은 선문의 걸출한 인물들이 본사本師[116]의 말씀과 가섭 이후 전하는 기연과 문답에 대하여 염拈·송頌·대代·별別 등의 형식으로 내린 평가와 각종 어록에 흩어져 있는 관련 자료를 모아 30권의 글로 편집

---

113 산성散聖 : 깨달음이 완숙해도 그 경지에 머물지 않고 세속에서 살아가는 사람. '산散'이란 어디에도 속박되지 않고 자유롭고 한산하다는 뜻이다. 한산寒山·습득拾得·풍간豐干을 비롯하여 포대 화상布袋和尙·현자 화상蜆子和尙·보화普化 등이 이 부류에 속한다. 본래 이런 정의에 비추면 지눌에게 산성이라는 호를 붙이는 것에 동의하지 않는 견해도 가능하지만, 자유자재한 경계를 체득한 선사들에게 붙이는 극존칭 중 하나이기도 하다. 『證道歌註』(卍111, 358b4), "어떤 사람은 '수행도 없고 증득도 없어야 산성들이 부처님을 도와 교화를 드날리는 경지이다.'라고 한다. 이미 과거에 도를 증득했다면 또다시 증득할 필요가 없으니, 마치 땅속에서 꺼낸 황금은 더 이상 광물질이 아닌 것과 같다. 보공寶公(誌公)·만회萬回·한산·습득·숭두타嵩頭陀(達摩)·부대사傅大士 등이 이들이다.(或人云, '無修無證者, 乃諸散聖, 助佛揚化.' 已於往昔證道, 不復更證. 譬如出黃金, 無復爲礦. 卽寶公萬回, 寒山拾得, 嵩頭陀傅大士等, 是也.)"
114 목우옹牧牛翁 : 목우자牧牛子 지눌知訥.
115 무의자無衣子 심공諶公 : 혜심慧諶.
116 본사本師 : 본불本佛·교주敎主·본주本主라고도 한다. 만세의 근본 또는 본보기가 되는 부처님. 또는 자신의 스승이나 한 종파의 종조宗祖를 나타내는 말이기도 하다.

하고 '염송대별략拈頌代別略'이라는 제목을 달았다.

이것을 후대의 학인들에게 남겼으나, 그 말들이 은밀하거나 간략하고 더구나 그것들 대부분은 내외전內外典의 갖가지 책에서 뽑아낸 것이어서 도리어 소견이 좁은 자들로 하여금 지나치게 막막하다고 비난하는 허물을 뒤집어쓰도록 만들었다. 그러므로 구곡 각운이 이를 안타깝게 여겨 별도로 설화를 지어 숨은 뜻을 밝혔던 것이다. (설화가) 송나라 사람이 억지로 싹을 뽑아 올린 것[117]처럼 비록 해롭기는 하지만, 해파리가 새우의 눈에 의지하는 것[118]처럼 매우 요긴하기도 하다. 그것이 후진들의 이해를 돕는 측면은 진실로 미미하지 않기 때문이다.

그러나 판본이 그 세대에는 세상에 많이 유포되었지만 국토가 한 번 달라지면서 나라와 함께 사라졌다.[119] 오호! 이로부터 후학들은 이 책을 찾아보기가 매우 어렵게 되었다. 이에 미천彌天 노인(도안)이 북산北山을 주관하면서 개탄한 지 오래되었는데 다행히 어떤 곳에서 고본을 발견하여 향산사[120]에서 판각하려 하였다. 그러나 이곳에서 향산까지 몇 천 리 거리이던가? 남쪽에 사는 이들은 그것을 결점으로 여겼다.

설암자雪巖子 붕공鵬公[121]이 그 아버지가 물려준 소에게 여물을 먹이고자[122] 북쪽에서 남쪽으로 내려왔으니, 다름 아닌 월저 도안月渚道安이 그

---

117 송나라 사람이~올린 것 :『孟子』「公孫丑」上에 나오는 말. 모종을 심어 놓고 빨리 자라게 할 생각으로 손으로 뽑아 올려 도와주려고 했던 어리석은 사람에 대한 이야기. '조장助長'이라는 성어가 나온 유래이기도 하다.
118 해파리가 새우의~의지하는 것 :『楞嚴經』권7(大19, 138c27)에 나오는 비유. 본서 178칙 '설두 중현의 거' 주석 참조.
119 국토가 한~함께 사라졌다 : 고려에서 조선으로 바뀌면서 판본이 사라졌다는 말.
120 향산사香山寺 : 향산은 묘향산. 묘향산의 대표적인 절인 보현사普賢寺를 가리킨다. 설암 추붕雪巖秋鵬은 묘향산 보현사 내원암內院庵의 월저 도안月渚道安 문하에서 수행하고 그 법을 계승하였다.
121 설암자雪巖子 붕공鵬公 : 설암 추붕을 말한다.
122 그 아버지가~여물을 먹이고자 : 스승이 전한 법 또는 본래면목을 더욱 다지기 위하여 수행하는 보임保任의 과정을 상징한다.

에게 법을 가르쳐 준 아버지였다. 붕공은 그 후 팔영산의 능가楞伽에서 그 뒤를 이었다. 능가[123]는 절 이름이다.

그리고 고금을 넘어서 승가의 전범이 되는 상기 의헌尙機義軒이라는 분이 있었는데, 절의 걸출한 인물 기동機董이 이 일을 두고 의헌과 의논한 끝에 추붕으로부터 계를 받은 몇몇의 제자들과 함께 그 비용을 제공하였고 또한 일부는 절의 재물에서 출연하였다. 아홉 길 높이의 산을 이루고자 하면서 한 삼태기의 흙이라도 모자라는 일이 없도록 하듯 하였던 것이다.[124] 그 뒤로는 남과 북이 한목소리를 내고 스승과 제자가 같은 가풍을 펼쳤다. 추붕이여, 스승의 가풍을 잘 계승한 자라 할 만하구나!

아, 추붕이 세상을 떠나다니! 이 일을 마칠 때까지 기다리지도 못하고, 게다가 스승 도안 노사로 하여금 졸지에 제자를 잃는[125] 애통한 슬픔을 일으키도록 하는가! 능가사의 여러 스님들은 선림이 무너진 듯이 탄식하며 이 일을 시작한 이들에게 "일을 모두 마무리하여 한이 남지 않도록 할

---

123 능가(楞伽寺) : 전라남도 고흥군 점암면 성기리에 위치한 팔영산에 있는 절. 팔영산은 팔령산八嶺山이라고도 한다. 420년 아도 화상阿度和尙이 창건할 당시에는 보현사普賢寺라 하였으나, 임진왜란으로 소실된 뒤 1644년 벽천 화상碧川和尙이 중창하면서 능가사로 이름을 바꾸었다.

124 아홉 길~하였던 것이다 : 하나의 일을 이루려고 사소한 것도 빠뜨리지 않았다는 말. 『論語』「子罕」의 다음 구절을 활용하였다. "공자가 말하였다. '비유하면 산을 만들면서 한 삼태기 흙을 붓지 않아 산을 이루지 못하고 그치는 것도 내가 그치는 것이며, 비유하면 평지에라도 한 삼태기 흙을 부어 산을 이루고자 나아가는 것도 내가 나아가는 것이다.'(子曰, '譬如爲山, 未成一簣, 止, 吾止也 ; 譬如平地, 雖覆一簣, 進, 吾往也.')"; 『五祖法演語錄』 권상(大47, 650c14), "남김없이 다 말하는 사람은 오히려 본분사가 있는 줄 모르고, 본분사가 어떤 것인지 아는 사람은 도리어 말하지 못한다. 생각해 보라! 잘못은 어디에 있는가? 아홉 길 높이의 산을 이루려 한다면 한 삼태기의 흙도 아끼지 말고 퍼부어라.(滿口道得底, 却不知有, 知有底, 又道不得. 且道! 過在什麽處? 將成九仞之山, 莫惜一簣之土.)"

125 졸지에 제자를 잃는(喪予) : 공자가 제자 안연顔淵을 잃고 한탄조로 내뱉은 말인 '喪予'를 문맥에 맞게 번역하였다. 『論語』「先進」, "안연이 죽자 공자가 말하였다. '아, 하늘이 나를 버리는구나! 하늘이 나를 버리는구나!'(顔淵死, 子曰, '噫, 天喪予! 天喪予!')"

것입니다."라고 다짐하였다. 사정이 이와 같았으니 이것은 총림이 이룬 하나의 크나큰 사업이었도다! 아, 추붕의 소명은 다른 데 있었던 것이 아니라 바로 이 일에 있었구나! 바로 이 일에 있었구나!

무자년(1708) 한여름에 조계산인 무용 수연無用秀演[126] 삼가 쓰다.

重刊拈頌說話序[1)]

往在勝國, 國朝以禪法爲干城, 禦寇兵延國祚. 當時禪學[2)]之盛, 不在中國之下. 是以, 散聖牧牛翁之嗣法, 無衣子諶公, 哀其禪門諸傑之或拈或頌或代或別, 於本師所說, 及自迦葉以下所示者, 散在諸語錄底, 編錄爲三十卷文, 目之曰, 拈頌代別略也.

以貽學者, 而其語隱略, 又多出於內外諸書, 反使管見者, 未免謗蒼蒼之愆. 故龜谷雲公憫焉, 別爲說話而明之. 宋人之揠在苗雖害, 而水母之待於蝦最要. 其爲後進之助也, 固不淺淺矣.

然其板本盛行當世, 山河一異, 與國俱亡. 嗚呼! 自是厥後學者,[3)] 得見此書也甚難. 爰有彌天老主北山, 慨然久之, 幸得古本於一處, 刻諸香山寺. 此去香山里幾千乎? 在南者病焉已而.

雪巖子鵬公, 欲食其父之牛, 自北而南, 月渚其法父也. 鵬也駕其後於八影之楞伽, 楞伽今利也.

而僧範邁古尙機義軒, 院之巨擘者機董, 其事共軒謀, 而與者鵬公之戒徒若干輩, 供其費, 又出寺儲. 成其九似之高, 而無一簣之虧. 今而後, 南北一聲, 父子同風. 鵬也, 其可謂善繼者歟!

噫, 鵬之逝也! 趣不待此事之了, 又使安老奄起喪予之慟哀哉! 楞伽諸公,

---

126 무용 수연無用秀演(1651~1719) : 속성은 오吳. 전라북도 익산시 용안면 출신. 19세에 순천 송광사의 혜관惠寬 문하로 들어가 출가하였다. 20세에 송광사에서 혜공慧空으로부터 비구계를 받았다. 그 뒤 송광사 은적암隱寂庵의 백암 성총栢庵性聰 문하에서 공부하였다. 선교禪敎를 아울러 닦아 여러 차례 경전을 강설하였다.

慨禪林之彫落, 告厥於唱者, "已焉之後, 而使無遺恨." 若此, 此叢林之一大盛事乎! 噫, 鵬公⁴⁾之哝, 不於他者, 其在斯歟! 其在斯歟!

戊子仲夏, 曹溪山人, 無用秀演, 謹序.

---

1) ㉑ 이 서문은 『拈頌說話』 을본에만 실려 있다. 2) ㉑ 『無用堂集』에는 '學'이 '法'으로 되어 있다. 3) ㉑ 『無用堂集』에는 '者' 다음에 '之'가 있다. 4) ㉑ 『無用堂集』에는 '公' 자가 없다.

사구곡서화찬 병서

이색李穡 지음[127]

'달마가 갈댓잎 하나를 꺾어서 타고 강을 건너는 모습[128]을 묘사한 그림(達磨折蘆渡江圖)'과 '동자 보현보살이 여섯 상아가 달린 흰 코끼리를 타고 있는 모습[129]을 묘사한 그림(童子普賢六牙白象圖)' 그리고 '구곡龜谷'과 '각

---

[127] 원문에 제목과 필자가 누락되어 있어 역주자가 삽입하였다. 제목은 '임금이 구곡 각운에게 내려 준 그림과 글씨를 찬양하다'라는 뜻이다. 『牧隱藁』 권12, 『東文選』 권51 등에 수록되어 있다. 이 글은 『拈頌說話』의 저자를 구곡 각운으로 오인한 편집자의 착각에 따르는 배치이며, 사실상 불필요한 글이다. 하지만 판본 일부가 그렇게 되어 있어 『韓國佛教全書』 순서 그대로 번역하고 주석을 붙인다.

[128] 달마가 갈댓잎~건너는 모습 : 달마가 양 무제梁武帝와 문답한 뒤 몰래 달아났다는 사연을 확대한 이야기이지만, 출처는 불분명하다. 『佛祖統紀』 권37(大49, 350b1), "달마가 마침내 강을 건너 위나라로 들어갔다.[원오가 말하였다. '후인들이 갈댓잎을 꺾어서 타고 강을 건넜다고 전하지만 출처는 알 수 없다.'](師遂渡江入魏.【圓悟云, '後人傳折蘆渡江, 未詳所出.'】)"

[129] 동자 보현보살이~있는 모습 : 『法華經』 권7 「普賢菩薩勸發品」(大9, 61a29)에 보현보살이 여섯 상아의 흰 코끼리를 타고 출현하여 『法華經』을 수호한다는 이야기가 나온다. 『法華遊意』(大34, 643a23), "보현은 여섯 상아의 흰 코끼리를 타고 사람들을 보호하여 법에 달통하게 하고 또한 보살이 의지하는 법은 그 덕이 원만하지 않음이 없고 번뇌는 다 사라지지 않음이 없다는 사실을 드러낸다. 그러므로 여섯 상아의 흰 코끼리 왕을 타고 온 것이다.(乃至普賢, 乘六牙白象, 護人通法, 亦顯菩薩所乘之法, 德無不圓, 累無不盡, 故乘六牙白象王來也.)" 또한 마야부인摩耶夫人이 여섯 상아의 흰 코끼리가 배 속에 들어오는 꿈을 꾸고 부처님을 잉태하였다. 『過去現在因果經』 권1(大3, 624a20), "그때 보살이 모태로 강림할 때가 되었음을 꿰뚫어 보고 여섯 상아의 흰 코끼리를 타고 도솔천의 궁전을 떠났다.……그때 마야부인은 잠을 자던 중에 보살이 여섯 상아의 흰 코끼리를 타고 허공을 날아와 오른쪽 옆구리로 들어가는 모습을 보았다.(爾時菩薩, 觀降胎時至, 卽乘六牙白象, 發兜率宮.……于時, 摩耶夫人, 於眠寤之

운覺雲'이라고 크게 쓴 글자 등 도합 네 폭의 작품은 높이와 너비가 하나같이 동일한데 모두 임금(공민왕)이 직접 그리고 쓴 작품입니다. 대조계종사 선교도총섭 숭신진승 근수지도 도대선사인 운공雲公(각운)이 지니고 한산 이색을 찾아와 "임금의 하사품을 더욱 빛나게 하려면 문장을 붙이는 방법만 한 것이 없소. 지금 보여서 다음 세대까지 전하려면 이것이 아니고는 따를 길이 없기 때문에 신료들 가운데 써 줄 이를 찾으려 하니 당신이 먼저 해 주시오."라고 한 다음, 또다시 "절로도折蘆圖와 백상도白象圖를 그려 주신 까닭은 어리석은 저에게 경계하려는 뜻이었으니 그 은혜가 진실로 망극할 지경입니다. 또 '각운'이라고 쓴 글자로 말하면 저의 이름이고, '구곡'이라는 글자는 저의 호입니다. 출가하여 도를 배우는 이들은 수만이지만 그 무리 가운데 이름과 호를 임금이 알고 있는 사람으로 치면 겨우 몇이나 되겠소! 또한 하물며 마음에 새겨 놓은 경계를 쏟아 주시는 듯한 손길로 옥처럼 소중한 글자[130]을 써서 보여 주시어 저의 일생을 아름답게 빛내셨으니 복 가운데 그 얼마나 대단한 복이겠습니까? 이것이 제가 기어이 당신에게 맡기려는 이유입니다."라고 말하였습니다.

　신臣 색穡이 공경하는 마음으로 엎드려 하사물을 펼쳐 보고는 물러나 말하였습니다. "불교를 따르는 무리[131]가 세속을 중시한 지는 오래되었지

際, 見菩薩乘六牙白象, 騰虛而來, 從右脇入.)"
130　옥처럼 소중한 글자(奎璧) : 규벽奎璧은 작은 글자로 박아서 조그마한 부피로 엮은 경서經書로, 항상 지니고 다닐 수 있는 옥처럼 소중한 말씀을 말한다. 여기서는 임금이 친필로 쓴 '龜谷'과 '覺雲'이라는 글자를 가리킨다.
131　불교를 따르는 무리(浮屠氏) : 부도浮屠는 [S] Buddha의 음사어로 보통은 불타佛陀라고 한다. 부도씨는 부처님을 가리키기도 하지만 불교 일반 또는 불교도를 나타내는 말로 쓰인다. 『釋氏要覽』 권중(大54, 283c7), "범어 불타는 부도라고도 하고 부다라고도 하며, 모타라고도 하고 몰타라고도 하는데 모두 오천축의 말로서 초나라와 하나라 사이의 발음상 차이에 불과하다. 모두 각覺이라 한역하니, 스스로 깨닫고 남도 깨닫도록 함으로써 각覺과 행行이 원만하다는 뜻이다. 요즘은 간략하게 불이라 한다.(梵語佛陀, 或云浮屠, 或云部多, 或云母馱, 或沒陀, 皆是五天竺語, 楚夏也, 竝譯爲覺, 所謂自覺覺他, 覺行圓滿, 今略稱佛也.)"

만 그들은 한갓 인과 과의 차별에 따르는 죄와 복을 주장하는 자들로서 그 말류에 불과합니다. 반면에 높은 지위에서 세속에 마음을 비우고 고요히 말이 없으며 만물을 벗어난 곳에서 홀로[132] 앉아 있는 경지로 본다면 비록 우리 유가의 고상한 이들일지라도 아무도 하찮게 볼 수 없습니다. 공경하옵는 성상께서 미묘한 종지에 진실로 딱 들어맞으셨으니, 본말을 가려낼 수 있었던 까닭은 불도를 잘 알고 있었기 때문입니다. 이 때문에 요즘의 좁은 소견을 한꺼번에 물리치고 태조의 본래 도리로 돌아가고자 하던 중에 구곡이 홀로 인정을 받았던 것입니다. 이미 22글자로 높이 받드신 호[133]를 내려 주셨고, 또한 한가한 겨를에도 그를 항상 생각에 두시고[134] 몸소 편지를 전하여 감싸셨습니다. 내려 주시는 총애가 이처럼 지극하셨으니 그 사람의 면모가 얼마나 훌륭한지 알 만하다 하겠습니다. 구곡은 사대부 가문의 혈통으로 그 기질은 일찌감치 범속한 무리에 속하지 않았는데 불도佛道로 길러 낸 품성이 더욱 성숙하였으므로 달마의 마음과 보현의 행실인 것입니다. 그 이름을 돌아보면 숱한 도리 가운데 무심無心을 으뜸으로 삼았고,[135] 그 호를 돌아보면 여섯 기관을 감추는 방식을 모든 행실의 근본으로 삼았던 것입니다.[136] 그 행적은 얽매임이 없고 마음은 어디에도 물들지 않아 담박하니, 참으로 밖의 경계(物)에 의해 밖의 경계에 지배되지 않는 것입니다.[137] 그가 오늘 받은 하사물은 요행이 아니

---

132 어디에도 의지하지 않고 자유로운 면모를 '홀로(獨)'라고 한다.
133 22글자로 높이 받드신 호 : 앞서 나온 "大曹溪宗師禪教都摠攝崇信眞乘勤修至道都大禪師"라는 사호賜號를 말한다.
134 항상 생각에 두시고(念玆在玆) : 『書經』「虞書」에 나오는 말.
135 그 이름을~으뜸으로 삼았고 : 이름 '각운覺雲'에 대하여 풀이한 대목이다. 무심하게 떠돌고 무심하게 머물다가 흩어지는 구름을 끌어들였다.
136 그 호를~삼았던 것입니다 : 호 '구곡龜谷'을 설명하는 대목이다. 장륙장六은 거북(龜)이 네 다리를 비롯하여 머리와 꼬리를 등딱지에 감추고 자신을 보호하는 모양을 말한다. 이로써 여섯 인식 기관인 안이비설신의眼耳鼻舌身意의 망동을 그친다는 의미를 비유하고 있다.
137 밖의 경계(物)에~않는 것입니다 : 『莊子』「山木」, "물物을 물로 부리지만 물에 의하여

라 마땅한 결과라는 뜻입니다. (이하 생략)[138]

다음은 (하사물 각각에 대한) 찬이다.

달마

이 몸은 허공과 같고
하늘과 강물은 한 색[139]
가물거리며 떠나는데
바람 맑고 달은 밝네
그 사이에 뜬 갈댓잎
모른다는 말[140]만 있을 뿐

보현

여섯 상아의 흰 코끼리
큰 들판에서 내달리니
부귀의 범상치 않은 면모
이 멋진 자태에 드러나네
안타깝다! 저 오솔길에서
비로소 내 수레 달리다니

물에 지배되지 않는다.(物物而不物於物.)"

138 생략된 대목은 다음과 같다. "大字深穩, 如萬鈞鼎, 變化如九轉丹, 象步徐徐, 江風滿衣. 人情物態, 各臻其極. 聖人之心寓於筆, 猶化工之妙著於物也. 臣穡敢拜手稽首, 爲之贊敍其首云."

139 이 몸은~한 색 : 강물에 비친 하늘, 강물에 잠긴 하늘을 묘사한 구절. 『楞嚴經直指』 권6(卍22, 805b12), "소리나 듣는 작용이나 원래 공이니 미묘한 깨달음의 본체와 하나로 합한다. 마치 강물에 하늘이 잠기어 하늘과 강물이 한 색인 듯하다.(聲聽元空, 與妙覺體合. 如水涵天, 天水一色.)."

140 모른다는 말(不識) : 달마의 말을 활용하였다. "짐과 마주하고 있는 자는 누구입니까?"라는 양 무제의 질문에 "모르겠습니다."라고 한 응답. 본서 98칙 본칙 참조.

구곡

하나로 어울리는 기운 하늘에 있고
비고 신령한 그것[141]은 만물에 있네
신묘한 작용 몰래 감추었을 뿐인데[142]
그 누구도 그놈 막지는 못하였다네
밭두둑처럼 이를 고루 나누어 주니
여섯 부위가 합하여 하나가 되누나[143]

각운[144]

무심을 마음으로 삼고
허공으로 맘껏 오가네

---

141 비고 신령한 그것(虛靈) : 허虛는 어디에도 걸리지 않고 텅 비어 모두 수용하는 바탕, 령靈은 그것에 들어 있는 감응하는 기운이다. 허령은 만물과 감응하는 주관의 근본적인 조건이다.『淨土生無生論』「三觀法爾門」(大47, 383a26), "텅 비고 신령하면서 만물에 응하고, 만물에 응하면서도 텅 비고 신령하다.(卽虛靈而應物也, 卽應物而虛靈也.)"

142 몰래 감추었을 뿐인데 : 구곡의 구龜에 대한 풀이. 거북이 등딱지 속에 사지와 머리와 꼬리 등 '여섯 부위'를 감춘 모양이다.

143 여섯 부위가~하나가 되누나 :『祖庭事苑』권1(卍113, 4a13), "여섯 부위를 감추다 :『잡아함경』에 전하는 말이다. '어떤 거북이 여우에게 붙잡혀 여섯 부위를 감추고 내놓지 않자 여우는 화를 내며 버리고 떠났다. 부처님께서 비구들에게「그대들은 마땅히 거북이 여섯 부위를 감추듯이 스스로 여섯 감각기관을 감추어 마구니가 멋대로 하지 못하게 해야 한다.」라고 이르셨다.'(藏六 : 雜阿含云, '有龜被野干所得, 藏六不出, 野干怒而捨去. 佛告諸比丘,「汝當如龜藏六, 自藏六根, 魔不得便.」)";『宗鏡錄』권38(大48, 638b6), "또한 수달 한 마리가 배가 고파 돌아다니며 먹잇감을 찾다가 거북과 마주쳐 곧바로 잡아먹으려 했지만 거북이 머리와 꼬리 그리고 네 다리를 움츠려 등딱지 속에 감추자 잡아먹을 수 없었다.……'거북처럼 여섯 부위 감추면, 성처럼 마음을 방호할 수 있으리라. 이처럼 지혜로 마구니와 싸워서, 승리하면 걱정 없다네.'(復有水狗, 飢行求食, 與龜相逢, 便欲噉龜, 龜縮其頭尾, 及其四脚, 藏於甲中, 不能得噉.……'藏六如龜, 防意如城, 慧與魔戰, 勝則無患.')"

144 각운 : 각운이라는 말에서 각覺을 무심無心으로, 운雲은 구름이 지닌 이미지로 각각 읊었다.

벗인 바람, 자식인 비
깊은 정[145]이라고도 하네
근거 묘하게 아는 이
스님 아니면 누구이랴

賜龜谷書畵贊幷序

達磨折蘆渡江圖, 童子普賢六牙白象圖, 龜谷·覺雲大字, 共四幅, 高廣如一, 皆上親筆也. 今大曹溪宗師·禪敎都摠攝·崇信眞乘·勤修至道·都大禪師雲公, 携以過韓山李穡曰, "伱上之賜莫如文. 盖示當今傳來世, 非此無由,[1)] 故將求之搢紳間, 子盍先之." 且曰, "折蘆白象, 所以警夫不肯者, 惠固罔極也. 至若覺雲吾名也, 龜谷吾號也. 今夫出家學道者有萬, 其衆能以名號上徹, 幾何人哉! 又況銘諸心注之手, 發揮奎璧, 絢耀一世, 其爲幸之幸何如也? 此吾所以必托之子也."

臣穡謹俯伏展閱, 旣退而言曰, "浮屠氏重於世久矣, 徒以因果罪福者, 其末也. 高虛玄默, 獨坐乎萬物之表, 則雖吾儒高尙者, 亦莫能少之. 恭惟聖上, 深契妙旨, 所以取之者, 得其道也. 是以, 一斥近世之陋, 將以復太祖之舊, 而龜谷獨蒙知遇. 旣賜廿又二字, 褒崇之號, 又於淸燕之餘, 念玆在玆, 親紆翰札. 寵賚如此, 則其人可知也. 盖龜谷衣冠之冑也, 氣質已非庸衆之比, 養之以道者又熟, 故達磨心, 而普賢行. 顧其名也, 以無心爲群有之宗; 顧其號也, 以藏六爲群動之本. 其跡翛然, 其中湛然, 固已不物於物矣. 受[2)] 今日之賜, 非幸也宜矣. 云云.

讚曰,
達磨
是身虛空, 天水一色.

---

145 깊은 정(勤渠) : 근거勤渠는 은근殷勤과 통한다. 간절하고 깊은 정을 말한다.

眇然而逝, 風淸月白.
芥乎其間, 惟一不識.

普賢

六牙白象, 布衣³⁾大野,
富貴風流, 見此粢者.
哀哉兎逕! 方騁吾駕.

龜谷⁴⁾

和氣在天, 虛靈在物,
惟藏神用, 不或夭閼.
疇均此施, 六合爲一.

覺雲

無心爲心, 出入太虛.
友風子雨, 亦曰勤渠.
妙悟所以, 非師誰歟?⁵⁾

---

1) ㉥ '由'가 『東文選』에는 '繇'로 되어 있으나 상통하므로 대차는 없다. 2) ㉥ 『東文選』에는 '受' 앞에 '其'가 있다. 3) ㉥ 『東文選』에는 '衣'가 '武'로 되어 있다. '武'가 타당하다. 4) ㉥ 제목이 누락되어 삽입하였다. 5) ㉥ '達磨折蘆'부터 '非師誰歟'까지 492자는 『拈頌說話』 을본·병본 두 본에만 실려 있다. 병본에는 문두에 다음 글이 실려 있다. "『선문염송』은 고려의 진각국사 무의자 혜심이 모아서 편집한 공안집이다. 시호諡號는 진각, 자는 무의자, 휘는 혜심이다. 속성은 최崔씨, 화순 출신이다. 순천의 조계산 송광사 수선사로 출가하여 불일보조국사(知訥)의 법을 이었다. 설화는 고려 공민왕이 내린 '대조계종사 선교도총섭 숭신진승 근수지도 도대선사'라는 호의 구곡 각운이 지었다.(禪門拈頌, 高麗眞覺國師無衣子慧諶集. 諡眞覺, 字無衣子, 諱慧諶. 姓裵[崔]氏, 和順人. 入順天曹溪山松廣寺修禪社, 嗣佛日普照國師. 說話, 高麗恭愍王賜號, 大曹溪宗師禪敎都摠攝崇信眞乘勤修至道都大禪師, 龜谷覺雲撰.)" ㉥ '裵'는 '崔'의 오자. 구곡 각운을 설화의 저자라 한 말은 병본 편집자의 오판이다. 저자에 관해서는 해제 참조.

선문염송 염송설화 회본 권1
| 禪門拈頌拈頌說話會本* 卷一 |

선문염송 혜심 집
禪門拈頌 慧諶 集**

염송설화 각운 찬
拈頌說話 覺雲 撰***

* ㉈『韓國佛敎全書』편자가『禪門拈頌』본문에『拈頌說話』를 회편會編하고 '선문염송 염송설화 회본'이라고 제목을 붙인 것이며 이하 매 권마다 동일하다.
** ㉈ 편자가 찬집자撰集者의 이름을 보입補入한 것이며 이하 매 권마다 동일하다.
*** ㉈ "이능화의 설에 따르면 다음과 같다. '각운을 법명으로 쓰는 두 사람이 있다. 한 사람은 진각국사의 제자로서 법명을 각운이라 하고, 또 한 사람은 환암국사의 제자로 그 또한 법명은 각운이고 호는 구곡이다. 이들은 모두 고려인으로 연대는 현격하게 다르다. 세인들이 모두 후자를 설화의 작자 각운으로 여기지만 여기에는 의혹의 실마리가 없지 않다.' 또한 『염송설화』에 인용된 글귀는 대부분 무의자 혜심의 말이다. 직접 그 가르침을 전승받지 않은 사람이라면 아무도 이와 같이 할 수 없었을 것이다. 곧 각운이 진각의 제자라는 사실은 명백하다.'라고 하였다. 이상은『朝鮮佛敎通史』하편 pp.529~530.(李能和云, '覺雲有二人焉. 一爲眞覺國師之弟子名覺雲, 一爲幻菴國師弟子, 亦名覺雲, 號龜谷. 皆高麗人, 而年代懸隔. 世人皆以後者, 爲撰說話之覺雲, 然不無疑端焉.' 又云, '拈頌說話中所引者, 多無衣子之言. 非親承敎誨者, 莫能如是, 則覺雲之爲眞覺弟子也明矣.' 佛敎通史下編五二九~五三〇頁)" 또한 본서 권말에 수록되어 있는 우주옹의 발문에 '해동의 진각대사가 갖가지 어록에서 채록한 자료를『傳燈錄』에 배대配對함으로써 염송 5~6권을 집성한 뒤에 각운에게 전하였다. 각운은 수선사에서 명을 받들고 그곳에 들어가 3년이 되던 때에 세속에 얽힌 인연을 잊게 되면서 이레 동안 선관禪觀에 들어 분명하게 진실을 밝혔다. 그러므로 후손을 굽어살피고자 이 기록을 필사할 때 붓끝에서 오색의 사리가 빗방울처럼 떨어졌다고 한다.' 이 발문에 근거하면 설화의 작자는 혜심의 직제자 각운임이 분명하다.(又本書卷末所載, 宇宙翁跋文曰, '海東眞覺大士, 獵取諸錄對傳燈, 而集成拈頌五六卷, 傳於覺雲. 雲奉命於修禪社, 入院三年, 涉世忘然, 而掩觀七日, 粲然明著. 故俯爲後昆, 寫斯記時, 筆端五色舍利, 落如雨點云云.' 據此跋文, 說話之作者, 慧諶之直弟子覺雲明矣.)" 이상『韓國佛敎全書』편자 주.

선문염송집 권제1
禪門拈頌集 卷第一

대각세존석가문불
大覺世尊釋迦文佛

선문염송설화 권제1
禪門拈頌[1]) 說話 卷第[2]) 一

1) ㉭ '頌' 다음에 병본에는 '集'이 있다. 2) ㉭ '第'가 병본에는 '之'로 되어 있다.

대각세존석가모니불
大覺世尊釋迦牟尼佛

● 대각大覺 : 생과 사를 반복하는 깊은 꿈[1]에서 영원히 깨어났다는 말일까? (아니다.) 이는 한쪽으로 치우친 견해일 뿐이다. 스스로 깨닫고 다른 이들도 깨우치게 함으로써 각覺과 행行이 모두 원만해졌기 때문에 대각이라고 하는 것이다.[2] 그러므로 "잠에서 깨어나는 것과 같으며 연꽃이 피어나는 것과 같다."[3]라고 한다.

---

1 『肇論疏』 권중 「又肇法師答劉隱士書」(卍96, 888a12), "구마라집鳩摩羅什 법사의 주석은 다음과 같다. '생과 사를 반복하는 깊은 꿈에서 모든 중생을 깨울 뿐이다. 저들이 돌고 도는 생과 사의 실상을 모르니 이것을 깊은 꿈이라 한다.'(什師注云, '生死大夢中, 但覺群生, 未知生死, 是爲大夢.')"; 『梵網經菩薩戒略疏』 권2(卍60, 794b16), "생과 사를 반복하는 기나긴 밤의 깊은 꿈에서 벗어났기 때문에 깨어났다는 의미에서 각이라 한다.(出生死長夜大夢, 故曰覺.)"
2 스스로 깨닫고~하는 것이다 : 『華嚴經隨疏演義鈔』 권23(大36, 180c5) 등 참조. "불佛이란 각覺이다. 스스로 깨닫고 다른 이들도 깨우치게 함으로써 각覺과 행行이 모두 원만한 경지를 불이라 한다.(佛者, 覺也. 自覺覺他, 覺行圓滿, 名之爲佛.)"
3 『佛地經論』 권1(大26, 291b11), "'불지경'이라는 제명은 다음과 같은 의미이다. 일체지와 일체종지를 갖추고 번뇌장과 소지장을 여의어 일체의 법과 모든 종류의 상相에 대해

- 세존世尊[4] : 세世는 변화하며 흐른다는 의미이고 존尊은 변화하며 흐르지 않는다는 의미이니, 변화하며 흐르는 그 안에 변화하며 흐르지 않는 것이 있다는 의미 때문에 세존이라고 한 것일까? (아니다.) 복덕과 지혜, 두 가지를 모두 갖추고 세상으로부터 존숭을 받기 때문에 세존이라고 한다.[5] 그러므로 육조가 "지혜는 삼계를 뛰어넘어 그에 미치는 자가 없고 덕은 높아 그보다 더 위에 있는 것이 없으니, 일체가 모두 공경한다."[6]라고 하였다.

- 석가모니[7] : 능인적묵能仁寂默이라고 한역한다. 풀이하자면 "석가는 성姓이며 능인이라 한역하고, 모니는 이름이며 적묵이라 한역한다."[8]라고 한다. 능能이란 부처님의 훌륭한 방편이고, 인仁이란 부처님의 자비이다. 또한 "능인이란 크나큰 자비로 중생을 응접한다는 뜻이고, 적묵이란 완벽한 지혜로 이치와 합일한다는 뜻이다."[9]라고 하였다. 또한 능인적묵은 적寂과 조照의 통칭이기도 하다. 무상無相 그대로 상相이기 때문에 고요하면서도 항상 비추며, 상 그대로 상에서 벗어나 있기 때문에 비추면서도 항상 고요하다. 세존은 과거 연등불[10]의 처소에서 이 명호

스스로 깨달음을 열 뿐만 아니라 일체 유정을 깨닫게 하는 일이기도 하다. 그것은 마치 잠에서 깨어나는 것과 같으며 연꽃이 피어나는 것과 같다.(佛地經者, 具一切智, 一切種智, 離煩惱障, 及所知障, 於一切法, 一切種相, 能自開覺, 亦能開覺一切有情, 如睡夢覺, 如蓮花開.)"

4 세존世尊 : [S] Bhagavat. 음사하여 바가바婆伽婆·박가범薄伽梵 등이라고 한다. 중우衆祐라고 한역하기도 한다.
5 복덕과 지혜~세존이라고 한다 : 『一切經音義』 권20(大54, 431b11) 참조.
6 『金剛經解義』 권상(卍38, 662b18) 등 참조. "世尊者, 智慧超過三界, 無有能及者, 德高更無有上, 一切咸恭敬, 故曰世尊."
7 석가모니釋迦牟尼 : [S] Śākya-muni. 석가문니釋迦文尼·사가야모니奢迦夜牟尼·석가문釋迦文 등으로 다양하게 음사한다.
8 『天台菩薩戒疏』 권상(大40, 585b25), 『阿彌陀經疏』(大37, 356a14) 참조.
9 『阿彌陀經疏』(大37, 356a15)의 인용으로 보인다.
10 연등불燃燈佛 : [S] Dīpaṃkara. '燃燈佛'로도 쓴다. 과거 인위因位 시절의 석가모니불에게 성도하여 부처를 이루리라고 기별한 부처님. 『方廣大莊嚴經』 권11(大3, 607b3) 참조.

名號를 받았는데, 고요하면서도 항상 비추고 비추면서도 항상 고요하니, 고요한 본체와 비추는 작용이 모두 사라지는 동시에 고요한 본체와 비추는 작용이 모두 원만하게 어울린다는 의미이다.
- 불佛[11] : 온전히 음사하면 불타佛陀이고 한역하면 각覺이다. 곧 깨달음이라는 관념조차도 떠난 깨달음으로 모든 법의 깊은 도리를 비추는 작용을 말한다.

大覺者, 生死大夢永覺耶? 此猶是單偏. 自覺覺他, 覺行圓滿故, 名爲大覺也. 故云, "如睡夢覺, 如蓮花開也."
世尊者, 世者, 遷流義, 尊者, 不遷流義. 遷流中有不遷流義, 故云世尊耶? 福慧兩足, 爲世所尊故, 名爲世尊也. 故六祖云, "智慧超三界, 無有能及者, 德尊更無上, 一切咸恭敬也."
釋迦牟尼者, 此云能仁寂默也. 釋之者云, "釋迦姓, 此云能仁 ; 牟尼名, 此云寂默." 能者, 卽佛善權 ; 仁者, 卽佛慈悲也. 又云, "能仁者, 大慈應物 ; 寂默者, 大智明[1)]理也." 又能仁寂默, 卽寂照之通稱也. 無相卽相故, 寂而常照 ; 卽相離相故, 照而常寂. 世尊, 於過去然燈佛所, 蒙受此號, 則寂而常照, 照而常寂, 寂照俱泯, 寂照俱圓之義也.
佛者, 具云佛陀, 此云覺也, 則離覺而覺, 照諸法之幽邃之謂也.

1) ㉠ '明'이 『阿彌陀經疏』에는 '冥'으로 되어 있다.

---

11 불佛 : [S] Buddha. 온전한 음사어인 불타佛陀를 한 글자로 줄인 말.

1칙 세존도솔世尊兜率[1]

본칙 세존은 도솔천을 떠나기도 전에 이미 왕궁에 강림하였고, 모태에서 태어나기도 전에 중생제도를 벌써 마쳤다.

世尊, 未離兜率, 已降王宮 ; 未出母胎, 度人已畢.

설화

● 이 공안은 『화엄경』 「이세간품離世間品」에 제시된 십종미세취十種微細趣[2]의 문구를 받아들여 화제話題(공안)로 삼은 것이다.[3] 도솔兜率의 온전한 음사어는 도솔타兜率陀[4] 또는 도사타覩史陀이며, 한역하여 희족喜足 또는 묘족妙足이라 한다. 희족이란 모든 욕락欲樂에 대하여 만족할 줄 아는 마음[5]을 일으키는 것, 또는 작은 희열을 얻고 기쁘게(喜) 여기며 더

---

1 『韓國佛教全書』 편찬자는 본칙 맨 앞에 '古則'이라는 표시와 일련번호를 넣었다. 역주자는 이 표시 방식을 쓰지 않고, 중심인물과 공안의 핵심어를 조합해 매 칙의 제목으로 구성하여 제시한다.
2 십종미세취十種微細趣 : 60권본 『華嚴經』 권42(大9, 666c19) 및 80권본 『華嚴經』 권59(大10, 311b1)에 나오는 십종미세취는 다음과 같다. 첫째 모태에 있으면서 처음으로 보리심菩提心을 일으켜 관정지灌頂地까지 이르는 과정을 시현하고, 둘째 모태에 있으면서 도솔천에 머무는 모습을 시현하며, 셋째 모태에 있으면서 초생初生을 시현하고, 넷째 모태에 있으면서 동자지童子地를 시현하며, 다섯째 모태에 있으면서 왕궁에 처하는 모습을 시현하고, 여섯째 모태에 있으면서 출가를 시현하며, 일곱째 모태에 있으면서 고행苦行을 거쳐 도량에 이르러 등정각等正覺을 이루는 모습을 시현하고, 여덟째 모태에 있으면서 전법륜轉法輪을 시현하며, 아홉째 모태에 있으면서 반열반般涅槃을 시현하고, 열째 모태에 있으면서 대미세大微細를 시현한다.
3 십종미세취의 개별적 내용이 가지는 공통점은 '모태에 있으면서' 그 모든 것을 '시현하고 있다'는 구절에 있다. 이 공안을 열 가지 중에 굳이 배대하면 두 번째와 여덟 번째가 될 수 있지만, 그 전체의 논리를 그대로 받아들여(述) 활용한 것이다.
4 도솔타兜率陀 : ⑤ Tuṣita, ⑫ Tusita, ⑪ Dgaḥ-ldan.
5 모든 욕락欲樂에~아는 마음(喜足之心) : 희족소욕喜足少欲 또는 무욕지족無欲知足이라 한다. 곧 욕락을 바라는 마음이 적고 만족할 줄 안다는 뜻이다. 바로 이어지는 뜻풀

이상 구하지 않는 상태를 만족하다(足)고 여기는 것을 말한다. 대대로 부처님들이 세상에 나타나실 때 모두 도솔천에서 염부閻浮[6]로 강생하신 것은 무슨 까닭일까? 도솔천은 육욕천六欲天[7]의 중앙에 있는 천으로 항상 중도中道에 처하여 치우치거나 막히지 않고, 갖가지 욕망의 경계에 있어도 물들거나 집착하지 않기 때문이다. 이것이 최상의 묘족이라는 의미이다.

[兜率][1) 此話, 華嚴經離世間品, 十種微細趣散文, 述而爲詮[2)]也. 兜率, 具云兜率陁, 亦云覩史陁. 此云喜足, 亦云妙足. 喜足者, 謂於諸欲樂, 生喜足之心, 又得小喜悅爲喜, 更不求餘爲足. 佛佛出世, 皆從兜率天, 降生閻浮者, 何也? 兜率天, 六欲天中中央天, 常處中道, 而不偏滯, 於諸欲境, 而不染着故. 此上妙足之義也.

1) 갑 '兜率'이 병본에는 없다. 영 권1에서 권3까지 대부분 이러하다. 이하에서는 이런 부분에는 교감주를 따로 달지 않는다. 2) 갑 '詮'은 을본·병본에 '話'로 되어 있다. 영 '話'로 되어 있는 이본의 글자가 맞다.

● 여기에서 왕궁·도솔·도생度生[8]·출태出胎는 팔상八相[9] 가운데 네 가지 상相이다. 팔상이란 주도솔住兜率·강왕궁降王宮·주태住胎·출태出胎·출

이와 통한다.
6 염부閻浮 : 온전한 음사어는 염부제閻浮提이다. ⓢ Jambu-dvīpa, ⓟ Jambu-dīpa. 수미산須彌山의 사대주四大洲 중 남주南洲에 해당되므로 남염부제南閻浮提ⓢ Dakṣiṇa-jambu-dvīpa·남염부주南閻浮洲·남섬부주南贍部洲 등이라고 한다. 인도를 가리키는 한정적인 말이었으나 후대에 인간세계를 가리키는 말로 쓰이게 되었다.
7 육욕천六欲天 : 욕계欲界에 있는 여섯 개의 천. 사대왕천四大王天·도리천忉利天·야마천夜摩天·도솔천·화자재천化自在天·타화자재천他化自在天 등이다.
8 도생度生 : 중생제도. 본칙에는 '도인度人'으로 되어 있다.
9 팔상八相 : 도솔천에 머물던 시기부터 열반에 드실 때까지 부처님 일대기를 나눈 여덟 가지의 차별상. 석가팔상釋迦八相·팔상성도八相成道·여래팔상如來八相·팔상시현八相示現·팔상작불八相作佛 등이라고 한다. 80권본『華嚴經』(大10, 364c25) 등에 나온다.

가出家 · 성도成道 · 항마군降魔軍 · 전법륜轉法輪 · 입열반入涅槃 등을 가리킨다. 그렇다면 구상九相이 되는데, 무슨 이유에서 팔상이라 한 것일까? 대승에는 항마군이 없으니 마구니는 곧 법계이기 때문이고, 소승에는 주태가 없으니 태胎는 허공과 같기 때문이다. 그러므로 대승과 소승에서 각각 하나씩 제외하여 팔상이 된다. 또한 『기신론』에서 '도솔천에서 왕궁으로 물러나'[10]라고 운운하였다. 대대로 부처님들이 세상에 나타나실 때 모두 팔상성도의 과정에 근거하는 법인데, "도솔천을 떠나기도 전에~중생제도를 벌써 마쳤다."라고 한 것은 무슨 이유인가? 팔상성도의 차제는 성문인聲聞人이 상세하게 분석한 견해(曲見)일 뿐이며, 화엄華嚴의 교설에 따르면 팔상은 한순간에 성립되어 앞뒤로 정해진 시간적 순서가 없기 때문이다. 『청량소』[11]에 '부처님의 몸(佛身)은 장애가 없기 때문이며, 법이 스스로 그러하기 때문이다.'[12]라고 하였다. 무진거사無盡居士의 『소화원기昭化院記』에 '화엄의 본체란 처음부터 끝까지 일념一念이며, 지금과 옛날도 하나의 동일한 순간(一時)이고, 시방十方 전체도 하나의 국토(一刹)이며, 삼계三界가 모두 일체一體이다. 지금의 그 자리(當體)에 나타나 있기에 분별에 의지한 이해(情解)와 관계없다.'[13]라고 하였다. 이것은 십무애十無礙 중 시간과 공간 두 측면 모두 걸림이 없는 시처무애時處無礙[14]에 해당한다. "도솔천을 떠나기도 전에 이미 왕궁에

---

10 『大乘起信論』(大32, 581a6)에 나오는 팔상성도의 구절.
11 『청량소』: 청량 징관淸凉澄觀의 『華嚴經疏』.
12 위의 책에서 정확히 일치하는 곳을 찾을 수 없으며, 다른 전거도 없다.
13 무진거사 장상영張商英의 이 말은 『決疑論後記』(大36, 1049a19)에도 보이는데, 전체적으로 대의만 취하여 간략히 정리한 인용이며 글자에 약간의 출입이 있다.
14 시처무애時處無礙: 법장法藏은 다음과 같이 푼다. 『華嚴經探玄記』권3(大35, 160b21), "아홉 번째는 시처무애이다. 하나의 국토에서 삼세의 겁劫을 모두 나타내거나, 일념 중에 헤아릴 수 없이 많은 국토를 나타내는 것이니, 이와 같이 걸림이 없는 것을 말한다.(九, 時處無礙. 謂或於一刹, 現三世劫, 或一念中, 現無量刹, 如是無礙.)" 『華嚴經疏』권10(大35, 576b13) 참조. 십무애十無礙는 다음과 같다. 정사무애情事無礙 · 이사무애理事無礙 · 상입무애相入無礙 · 상즉무애相卽無礙 · 중현무애重現無礙 · 주반무애主伴無礙 ·

강림하였다."라는 말은 공간에 걸림이 없는 처무애이고, "모태에서 태어나기도 전에 중생제도를 벌써 마쳤다."라는 말은 시간에 걸림이 없는 시무애이다. 곧 '끝없는 불국토의 경계에는 자신과 타자 사이에 조금의 간격도 없고, 십세十世[15]의 고·금은 처음부터 끝까지 현재의 찰나를 떠나지 않는다.'[16]라는 말과 같은 뜻이다.

此中王宮兜率, 度生出胎, 八相中四相. 八相者, 住兜率·降王宮·住胎·出胎·出家·成道·降魔軍·轉法輪·入涅槃. 此則九相, 所謂八相者, 何也? 大無降魔, 魔則法界故 ; 小無住胎, 胎若虛空故. 然則大小乘, 互奪爲八相也. 又起信論云, '從兜率退王宮'云云也. 佛佛出世, 皆以八相成道, '未離兜率'云云者, 何也? 八相成道次第, 聲聞人曲見, 若約華嚴, 八相一時, 無前後次第. 故淸涼疏云, '佛身無礙故, 法自爾故.' 無盡居士, 昭化院記云, '夫華嚴之爲體也, 始終一念也, 今昔一時也, 十方一刹也, 三界一體也. 當體[1)]現前, 不涉情解.' 則十無礙中, 時處無礙也. '未離'云云, 處無礙 ; '未出'云云, 時無礙. 則無邊刹境, 自他不隔於毫端 ; 十世古今, 始終不離於當念也.

1) ㉠ '當體'가 「決疑論後記」에는 '當處'로 되어 있다.

● 이것은 경전의 이치인데, 그것을 끌어들여 공안으로 삼은 까닭은 무엇인가? 옛사람의 말에 "화엄(의 교문)에서 이치에 대한 설명이 미진하다는 뜻이 아니라 다만 배우는 자들이 문자로 드러난 이치에 골몰한 나

체용무애體用無礙·은현무애隱顯無礙·시처무애時處無礙·성괴무애成壞無礙.

15 십세十世 : 과거·현재·미래의 3세에 각각 3세가 있어 모두 9세가 되고, 9세는 한 찰나이므로 합하여 10세가 된다. 시간을 총괄적으로 나타내는 말이다.
16 이통현李通玄의 설이다. 『新華嚴經論』권1(大36, 721a18) 참조. 조사선 계열의 선 문헌에 폭넓게 나타난다. 『雲門廣錄』권3(大47, 570c26), 『五祖法演語錄』권중(大47, 658a21), 『圜悟語錄』권1(大47, 717c4), 『大慧語錄』권3(大47, 822b6), 『圓頓成佛論』(韓4, 728b17) 등 참조.

머지 분별을 잊고 마음을 깨닫지 못할 뿐이다. 그런 까닭에 달마가 서쪽에서 찾아와 인심을 곧바로 가리켜(直指人心), 본성을 보고 부처가 되도록 한 것(見性成佛)이다."[17]라고 하였다. 곧 선가禪家에서는 사사무애 事事無礙를 실행하고, 교가敎家에서는 사사무애를 이론적으로 설한다.[18] 교가에서는 설하기만 하고 실행하지 못하나, 선가에서는 하나의 기틀과 하나의 경계에서 본분을 포착하는 순간 바로 활용한다. 가령 "대천세계를 우주 밖으로 내던지고, 수미산을 개자(겨자) 하나에 거두어들이는 것이 모두 우리들이 늘 할 수 있는 본분상의 능력이며 다른 수단을 빌리는 것이 아니다."[19]라고 하거나, "대천세계를 우주 밖으로 내던지는 것은 하루에 세 번 문밖으로 나서는 일상적인 일이며, 수미산을 개자 하나에 거두어들이는 것은 돌피와 쭉정이를 창고에 들여놓는 것과 같이 쉬운 일이다."[20]라고 한 말들이 그 예이다. 어떤 고덕古德은 "만약

---

17 지눌知訥의 『圓頓成佛論』(韓4, 728a22)의 다음 대목을 근거로 일부 생략하여 인용하고 있으며 글자상의 차이도 보인다. "화엄의 교문에서 이치에 대한 설명이 미진하다는 뜻이 아니라 다만 배우는 자들이 언어에 담긴 교설과 이치의 한정된 경계에 막힌 나머지 이치를 잊고 마음을 깨달아 속히 보리를 증득하지 못할 뿐이다. 그런 까닭에 달마가 서쪽에서 찾아와 달은 가리키는 손가락에 있지 않고 법은 바로 내 마음임을 알려 주고자 했기 때문에 문자를 세우지 않고 마음으로써 마음을 전했던 것이다.(非謂華嚴敎門說理未盡, 但學者滯在言敎義理分際, 未能忘義了心, 速證菩提. 所以達摩西來, 欲令知月不在指, 法是我心故, 不立文字, 以心傳心耳.)"
18 『法集別行錄節要科目幷入私記』(韓10, 211b5), "(화엄과 선에) 각각 원돈이라는 이름이 붙여지는 까닭을 밝히겠다. 교가에서는 사사무애를 이론적으로 설하지만, 선가에서는 사사무애를 실행하니, (그 이유로 교가가) 도리어 선가만 못하다.(明各得圓頓名之所以, 所謂敎說事事無碍, 禪行事事無碍, 則返不如禪也.)"
19 『注華嚴法界觀門』「裴休序」(大45, 683c13), 『大慧語錄』권18(大47, 887a7) 등에 나오는 구절.
20 원효元曉의 다음 글에서 일부를 적출하여 인용하였다. 「晉譯華嚴經疏序」(韓7, 495a15), "누구라도 이 법문의 법을 깨닫는다면 한 찰나를 넘어서기도 전에 끝이 없는 삼세의 실상을 두루 나타낼 수 있을 뿐만 아니라 시방세계를 모조리 하나의 미세한 티끌 안에 들여놓을 수도 있다. 이와 같은 도술을 어찌 생각으로 알거나 말로 표현할 수 있겠는가! 그러므로 그 법문에 의지함으로써 이러한 현상을 살피는 것은 마치 하루에 세 번 문밖으로 나서거나 열 사람이 함께 방 안에 앉아 있는 듯하여 반듯하게 다 드러

최상의 바른 이치로 말하자면 화엄이 어찌 원만한 이치의 극치가 아니 겠는가! 그러나 만약 그렇다면 어찌하여 달마가 인도로부터 와서 가지와 넝쿨에 다시 쓸모없이 가지와 넝쿨을 자라게 할 필요가 있었겠는가! 달마가 인도로부터 온 뜻은 이러한 화엄의 도리에 있는 것이 아닌 줄 어찌 알겠는가!"[21]라고 말하였다. 곧 사사무애를 궁극적인 법도로 삼아서 헤아리면 안 된다. 어떤 고덕의 게송에 "부처님은 세상에 나타나지 않으시고도, 49년 동안 설법하였고, 달마가 인도에서 오지 않았어도, 소림사에는 미묘한 비결이 있다."[22]라고 하였다. 곧 낱낱의 사람은 누구나 천 길의 높이로 우뚝 솟은 절벽[23]과 같아서, 진점겁塵點劫[24] 이전에 수행도 마쳤고 성불 또한 성취하였으니,[25] 또다시 연지 찍고 분

난 한정된 영역의 일이니 무슨 특별한 기량이 있겠는가! 하물며 수미산을 개자 하나에 거두어들이는 솜씨는 돌피를 큰 창고에 들여놓는 것과 같이 쉬운 일임을 어쩌랴.(若人得入, 是法門法, 卽能不過一念, 普現無邊三世. 復以十方世界, 咸入一微塵內. 斯等道術, 豈可思議! 然依彼門, 用看此事, 猶是一日三出門外, 十人共坐堂內, 侹然之域, 有何奇特! 況乎須彌入於芥子者, 稊來入於大倉也.)"

21 이 말을 한 고덕이 누구인지 알 수 없다.
22 수산주修山主의 게송이다. 『五祖法演語錄』권1(大47, 649c7), 『圜悟語錄』권3(大47, 725a27), 『山堂僧洵禪師語』續古尊宿語要 4(卍119, 9b16) 등에 널리 인용된다. 여러 문헌에서 '釋迦'는 '諸佛', '達磨'는 '祖師'로 혼용한다.
23 천 길의~솟은 절벽(壁立千仞) : 험하고 높아서 올라가기 어렵다는 뜻. 언어와 사유의 수단으로 접근할 수 없는 경지를 비유적으로 나타낸 말로서 은산철벽銀山鐵壁과 같은 뜻이다. 원오 극근圜悟克勤은 설화와 같은 맥락에서 이 용어를 쓴다. 『圜悟語錄』권9(大47, 755a26), "사람마다 본분에 천 길 높이의 절벽이 솟아 있고, 각각의 눈앞에 커다란 보배 광명이 비친다. 그렇다면 어떤 인연에도 떨어지지 않는 한 구절을 어떻게 말해야 할까? 산기슭의 봉우리가 거꾸로 섰고, 석순에는 남몰래 가지가 돋아난다.(人人分上, 壁立千仞, 各各面前, 飛大寶光. 且不落貪緣一句, 作麼生道? 麓峰頭倒卓, 石笋暗抽枝.)"
24 진점겁塵點劫 : 헤아릴 수 없이 장구한 겁劫이 경과하는 시간. 진겁塵劫이라고도 하며, 하나하나의 티끌을 모아 놓은 것과 같은 수의 겁이라는 뜻이다. 본서 102칙 본칙 설화 주석 참조.
25 진점겁塵點劫 이전에~또한 성취하였으니 : 『法華經』의 구원성불久遠成佛 사상과 통한다. 아득한 과거세(本地)에 이미 성불을 마쳤다는 뜻이며, 그렇게 성불한 부처님을 '본불本佛'이라 한다. 『法華經』권5「如來壽量品」(大9, 42b12), "내가 성불한 이후 진실로 헤아릴 수도 없고 끝도 없는 백천만억 나유타 겁의 세월이 지났다.(我實成佛已來,

을 바를 얼굴은 없다는 뜻이다. 공안을 제기하여 이러한 이치를 본보기로 삼았으니, 이는 최초구[26]에 한정하여 설한 것이다. 이 교설의 의미는 비록 고상하고 미묘하지만, 한편으로는 텅 비고 멀어서 기력을 펼칠 여지가 없고 다른 한편으로는 지나치게 광범위하여 분명하게 말할 실마리가 없으니, 종사宗師가 교설을 인용하여 공안의 뜻으로 보여주지 않는다면 어떻게 하겠는가?

此是經義, 引以爲話者, 何也? 古人云, "非是華嚴, 說理未盡, 但學者汨沒文字義理, 不能忘意了心. 所以達磨西來, 直指人心, 見性成佛." 則禪行事事無礙, 敎說事事無礙也. 敎家但說而行不得, 禪家一機一境上, 把得便用. 如云, "擲大千於方外, 納須彌於芥中, 皆吾輩之常分, 非假於他術." 又云, "擲大千於方外, 一日三出門外；納須彌於芥中, 稊稗納於倉廩也." 古德云, "若談無上正理, 華嚴, 豈不圓捶[1]哉! 若然者, 何必達磨西來, 枝蔓上更生枝蔓! 達磨[2]西來, 焉知不是這箇道理!" 則不可以事事無礙爲極則商量也. 古德頌云, "釋迦不出世, 四十九年說. 達磨不西來, 少林有妙訣." 則人人箇箇, 壁立千仞, 塵點劫前, 修行亦竟, 成佛亦竟, 更無添脂着粉地面目. 擧唱則此, 約最初[3]句說也. 此說義雖高妙, 虛遠而無氣力, 汎濫而無辨白, 非宗師引敎爲話之義, 則如何?

無量無邊, 百千萬億那由他劫故.)"; 같은 책, 권5(大9, 42c8), "내가 실로 성불한 때가 오래된 것이 이와 같다. 다만 방편으로써 중생을 교화하여 불도에 들게 하고자 이와 같이 설법하고 있을 뿐이다. 선남자들이여, 여래께서 설하신 경전은 모두 중생을 고해에서 건져 내어 해탈케 하기 위한 것이다.(我實成佛已來, 久遠若斯. 但以方便敎化衆生, 令入佛道, 作如是說. 諸善男子, 如來所演經典, 皆爲度脫衆生.)"

26 최초구最初句 : 말후구末後句가 상대적으로 최후에 궁극적으로 귀착되는 뜻이라면, 최초구는 어떤 조짐도 일어나기 이전의 소식을 나타내는 구절을 말한다. 이 설화 마지막 부분에 "어떤 조짐도 일어나기 이전의 시기"라고 한 경계가 그것이다. 최초구와 말후구는 처음과 끝으로 대칭되기는 하지만, 언어로 설명되거나 분별로 포착되는 구절이 아니라는 점에서 동일한 의미를 지닌다. 본서 192칙 '설두 중현의 염' 설화 주석 참조.

1) ㉮ '㨰'은 을본·병본에 '極'으로 되어 있다. ㉯ '㨰'의 경우 이하에서는 특별히 명기하지 않고 '極'으로 바로잡아 표기한다. 2) ㉮ '磨'가 병본에는 '摩'로 되어 있다. 이하 동일. 3) ㉮ '初'가 을본에는 '切'로 되어 있다.

● 원통선圓通善은 '도솔천을 떠나기도 전에'라는 구절에 '하나의 달이 하늘에 떠 있다'라고 착어했고, '이미 왕궁에 강림하였다'라는 구절에 '달 그림자가 모든 물에 나타났다'라고 착어했으며, '모태에서 태어나기도 전에'라는 구절에 '하늘과 땅까지 단단히 붙들었다'라고 착어했고, '중생제도를 벌써 마쳤다'라는 구절에 '누가 은혜를 입지 않겠는가'라고 착어하였다. 이 팔상을 증득證得과 교화敎化에 배대하는데, 넓게 펼치면 팔상이 된다. '도솔천을 떠나기도 전에'라는 구절은 증득, '이미 왕궁에 강림하였다'라는 구절은 교화와 짝이 된다. 이 교화의 문 자체에도 증득과 교화가 있다. 모태에 머무는 것(住胎)은 증득이고, 모태에서 나옴(出胎)·출가·성도·마구니를 항복시킴(降魔軍)·법륜을 굴림(轉法輪) 등은 교화에 해당한다. 열반에 드는 것(入涅槃)도 증득이니, '중생제도를 벌써 마쳤다'는 것은 열반에 해당한다. 이것이 원오圜悟의 게송에서 "처음부터 끝까지 하나로 꿴 듯하다."라고 한 구절의 뜻이다. 간략하게 말하면 사상四相이 된다. 도솔천을 떠나 왕궁에 강림하는 것은 증득하고 나서 교화를 일으키는 작용이고, 모태에서 태어나 중생제도를 마치는 것은 교화를 거두어 증득으로 돌아가는 것이다. 이것은 오고 가는 현상으로 앞뒤의 맥락을 다 통하게 하는 방법이니, 이 모든 것을 법도(規矩)라 한다. 그런데 여기서는 "도솔천을 떠나기도 전에~중생제도를 벌써 마쳤다."라고 하였으니, 처음부터 끝까지 하나로 꿴 듯 오고 간 자취가 전혀 없고, 증득과 교화를 곧바로 사라지게 하였다. 이처럼 법도에 얽매이지 말고 말을 들었으면 그 종지를 이해해야 한다.

圓通善, '未離兜率', 着語云, '一月在天.' '已絳¹⁾王宮', 着語云, '影含衆水.'

'未出母胎', 云, '乾坤把定.' '度人已畢', 云, '誰不蒙恩.' 將此八相, 以配證化, 廣而爲八相. '未離兜率', 證也 ; '已降王宮', 化也. 就此化門, 亦有證化. 住胎, 證也, 出胎·出家·成道·降魔軍·轉法輪, 化也. 入涅槃, 亦證, '度人已畢', 是涅槃也. 此圓悟所謂始終. 略而爲四相. 離兜率而降王宮, 從證起化, 出母胎而度人已畢, 收化歸證. 此所謂去來通前後, 皆名規矩. 今旣未離至已畢, 則始終一貫, 初無去來, 證化斯亡. 須是不立規矩, 承言會宗始得.

1) ㉮ '絳'이 을본·병본에는 '降'으로 되어 있다. ㉯ '降'이 맞다.

- 대혜大慧는 다음과 같이 말하였다.[27] "궁극적인 한 구절[28]은 말로 표현하기 이전에 벌거벗은 알몸처럼 그 실상을 모조리 드러내었으니, 하늘과 땅 그 어디에나 있고 소리와 색이 모두 그것이다. 황면노자[29]는 이 결정적인 한 수(一著子)를 얻고서 '도솔천을 떠나기도 전에 이미 왕궁에 강림하였고, 모태에서 태어나기도 전에 중생제도를 벌써 마쳤다.'라고 했던 것이다." '중생제도를 벌써 마쳤다'라는 이것이 곧 말후구를 나타내는 한 수인 것이다. 곧 이것을 가리켜 말후구를 나타내는 한 수라고 하면 옳지만, 말후구 자체라고 하면 옳지 않다. 산을 가리키며 '산인가?'라고 물었을 경우 '산'이라 대답하면 옳다. 산에 있는 풀과 나무와

---

27 이하의 인용은 본서 2칙 '대혜 종고의 평'에 나오므로 자세한 주석은 생략한다.
28 궁극적인 한 구절(末後一句子) : 어떤 구절에도 걸리지 않고 자유자재하게 당사자의 본분을 발휘하는 속박 없는 말. 또는 궁극적인 화두 자체를 나타내는 구절을 말한다.
29 황면노자黃面老子 : 부처님을 가리킨다. 황면구담黃面瞿曇·황면노黃面老·황두대사黃頭大士·황두노黃頭老·황두黃頭 등이라고도 한다. 부처님의 몸은 황금색의 금색신金色身이라는 뜻에서 붙여진 칭호이다. 불상을 황금색으로 도색하는 것도 이와 같은 맥락에서 유래한 것이다. 또한 부처님께서 태어나신 가비라위성迦毘羅衛城(⑤ Kapilavastu)이라는 말에서 Kapila는 황색 또는 황적색黃赤色이라는 뜻이며, vastu는 머무는 곳 또는 성城이라는 뜻이므로 가비라위성은 '가비라선迦毘羅仙 또는 황두선인黃頭仙人이 머무는 곳'이라는 말이 된다.

흙과 돌을 모두 들어서 산이라 한 것이기 때문이다. 그러나 산속의 돌 하나를 가리키며 '산인가?'라고 물었을 경우 '산'이라 대답하면 옳지 않다. 어떻게 산의 돌 하나를 들어서 산 전체를 가리키는 말로 쓸 수 있겠는가! 그러므로 송원松源이 상당법문에서 그러한 취지로 말한 것이다. 또한 장령長靈은 '도솔천을 떠나기도 전에~'라며 비판하였다. 그렇다면 공空에서 나와 유有로 들어가며 무궁하게 변화하는 경지에서 몸을 바꾸고[30] 막힌 숨통을 토해 내어 곧바로 말후구를 이해했던 것 또한 여전히 결정적인 한 수가 모자라는 이해인 것이다!

大慧云, "末後一句子, 聲前露倮倮, 盖天盖地, 盖聲盖色. 黃面老子, 得箇一著[1])子, 便道云云." '已畢'則此, 是末後句之一著子也. 謂是末後句之一著則可, 謂是末後句則不可. 指山而問焉曰'山乎?', 曰'山'則可. 山有草木土石, 皆擧之也. 指山中之一石而問焉曰'山乎?', 曰'山'則不可. 何得擧山之一石稱山云者哉! 故松源上堂云云. 又長靈云云, '未離兜率'云云. 然則向出空入有變化無方處, 轉得身, 吐得氣, 便會得末後句, 亦是一著猶欠會哉!

1) 囧 '著'이 병본에는 '着'으로 되어 있다. 이하 동일. 囧 통용 글자이므로 이하에서는 교감주를 붙이지 않는다.

● 궁극적인 뜻은 무엇일까? "이치가 극치에 이르러 분별과 말(情謂)을 잊었거늘, 어떤 말로 비유하고 견줄까? 결국 가을밤의 달은, 움직이는 그대로 눈앞의 시냇물에 떨어진다."[31] 비록 결정적인 한 수를 벗어나서

---

30 몸을 바꾸고(轉得身) : 속박된 몸에서 해탈의 몸으로 바꾸는 획기적인 반전反轉을 가리킨다.
31 법안 문익法眼文益의 게송에 나오는 구절. 두 번째 구절은 '如何有喩齊'로 되어 있다. 『法眼語錄』(大47, 591a8) 참조. '情謂'는 '情慮言謂'의 줄인 말이다.

별도로 말후구를 찾더라도 도리어 옛 성인의 뜻을 완전히 등지는 결과가 되지 않겠는가! 옛사람이 "말후구를 그대에게 설하노니, 밝음과 어둠이 서로 짝이 되는 소식이라네."[32]라고 한 말을 모르는가? 그렇다면 최초구와 말후구의 같은 점과 다른 점은 어떤 것일까? 종사인 선지식이 최초구 속에서 학인의 근기를 점검하려면 도리로는 전혀 통하지 않는 한 구절을 말해 줄 수밖에 없다. 이미 도리로는 전혀 통하지 않는 이상 분명하게 밝힐 여지가 없으므로 배우는 사람은 자기 자신의 제한된 인식으로 무위無爲·무사無事라 이해하는 경우도 있고, 어떤 이는 더욱 높이 착안하여 종문의 향상이라는 관점에서 주재하는 존재로 여기는데, 대혜大慧가 한 수(一著)라고 한 말이 그것이라 착각한다. 그 나머지 중근기와 하근기의 무리들은 다만 모든 것을 법신法身이라 오인할 뿐이고, 또는 대상 세계로 내려와 그것이 하나의 색色으로 평등한 현상(一色邊事)이라 착각하지만 타당하지 않다. 그러므로 말후구를 가지고서 얕은 곳에서 시작하여 깊은 곳에 이르는 방식으로 깊고 또 더 깊은 곳에 이르러 배우는 자들로 하여금 법에 대한 미세한 속박까지 쓸어 없애고 법인法印을 짊어지도록 하는 것보다 더 좋은 방법은 없다.

畢竟如何? "理極忘情謂, 如何話諭齊? 到頭霜夜月, 任運落前溪." 雖然離一著外, 別討末後句, 又却不是大辜負先聖哉! 不見古人道, "末後句爲君說, 明暗雙雙的時節." 且如最初句末後句, 同別如何? 宗師善知識, 若向最初句中對機, 則不過下得沒道理的一句. 既沒道理, 而無辨白故, 學者以己之局量, 或有作無爲無事會, 或有高著眼, 向宗門向上, 作主宰者, 大慧所謂一著也. 其餘中下之流, 只認得箇法身, 又下而悟得一色邊事, 亦未可定. 則不如末後句, 從淺至深, 以至於深之又深, 使學者, 蕩盡微細法縛, 荷

---

32 설두 중현雪竇重顯의 게송이다. 『碧巖錄』 51則 「頌」(大48, 186c17).

擔法印之爲愈也.

- 암두巖頭는 "덕산이 말후구를 이해하지 못하였다."라고 하였고, 대혜는 "세존께서 말후구의 한 수를 터득했다."라고 말하였으나, 세존과 덕산이 제시한 한순간의 방편을 진실이라 여긴 것은 아니다. 따라서 그것에 잘못을 돌린 이유는 말후구를 원만하게 완성하려는 의도인 것이다. 궁극적인 도리(末後)를 원만하게 완성하므로 말후구라 하지만 원만함의 극치에 이르면 최초구와 무슨 차이가 있겠는가! 그러므로 "말후구를 알고자 한다면 어떤 조짐도 일어나기 이전의 시기를 살펴라."라고 한다. 곤산崑山은 묘용[본분本分]과 신통[금시今時]³³을 말하였고, 원오는 말후[도솔천을 떠나기도 전에 이미 왕궁에 강림했다거나(已降), 모태에서 태어나기도 전에 중생제도를 벌써 마쳤다(度人)는 말]를 언급하였으며, 해인海印은 한 소리 내질렀고[부처와 조사의 의중을 모두 꿰뚫었다.], 송원은 '처음부터(末上)'[최초구를 나타낸다.]라고 말하였다.

巖頭謂德山不會末後句, 大慧謂世尊得末後句之一著, 非以世尊德山一期方便爲實. 然而歸咎, 只要圓成末後句也. 以末後¹⁾圓成, 故曰末後句, 至於圓極, 則與最初句, 何以異哉! 故曰, "要識末後句, 看取未生時." 崑山妙用【本也.】神通【今也.】, 圓悟末後【已降度人】, 海印一喝【透佛祖也.】, 松源末上.【最初也.】

―――――
1) ㉯ '後' 다음에 병본에는 '句'가 있다.

―――――
33 묘용[본분本分]과 신통[금시今時] : 본분은 개별적 현상의 차별이 사라진 무차별의 본질을 가리키고, 금시는 현재의 차별되고 다양한 현상을 나타낸다. 설화의 해설에서 자주 쓰이는 도구 중 하나이다.

곤산 찬원崑山贊元의 송 崑山元頌

도솔천의 경계를 떠나기도 전에	未離兜率境
이미 부왕의 궁전에 강림하였고	已降父王宮
비록 중생제도를 다 마쳤지만	雖度衆生畢
여전히 어머니 배 속에 있다네	猶居母腹中
이는 신묘한 작용 때문도 아니요	良由非妙用
또한 저 신통력 때문도 아니라[34]	亦不是神通
스스로 법도도 세우지 말 일이니	勿自立規矩
말 듣고는 근본 알아야 하리라[35]	承言須會宗

설화

○ 도솔천의 경계를~어머니 배 속에 있다네 : 아직 일어나지 않은 일 그대로 이미 일어난 일과 같고, 이미 일어난 일 그대로 아직 일어나지 않은 일과 같다는 말인가? 공안의 글을 거듭 제기한 것이다.

○ '신묘한 작용'이란 본래 있는 그대로이며, '신통력'이란 바로 지금 성취

---

[34] 이는 신묘한~때문도 아니라 : 이상의 두 구절에서 묘한 작용(妙用)과 신통을 다 부정하고 지시하는 방식은 일상사를 묻는 마조馬祖의 물음에 답한 방거사龐居士의 게송에 나오는 구절이 유명하다. "신통 그리고 묘용이여! 물 긷고 땔나무 나르는 일이로다.(神通幷妙用, 運水與槃柴.)" 본서 161칙 본칙 설화 참조.

[35] 스스로 법도도~알아야 하리라 :「南嶽石頭和尙參同契」의 두 구절을 도치하여 활용하였다.『景德傳燈錄』권30(大51, 459b18) 참조. 이들 구절에 설두 중현이 붙인「著語」는 다음과 같다.『雪竇語錄』권4「石頭大師參同契」(大47, 697b11)에 앞 구절에는 "불쑥 튀어나오면 가려낼 수 없다.(突出難辨)"라고 하였으며, 뒤 구절에는 "조짐이 드러나지 않으면 밝히지 못한다.(未兆非明)"라고 착어를 붙였다. 곧 법도를 세워 그것에 속박되면 그때마다 불쑥 마주치는 현상의 진실을 오히려 보지 못하고, 말에 매몰되면 말의 실마리가 없는 곳에서는 미혹되고 만다는 취지이다. 또한 이들 두 구절에 대하여『從容錄』84則「評唱」(大48, 281b9)에 "깊은 밤에 걸어왔던 길을 알아보고, 날이 밝기도 전에 관문을 벗어난다고 할 만하다.(可謂夜深認得來時路, 不待天明便出關.)"라고 풀었고,『碧巖錄』22則「本則 評唱」(大48, 163a29)에는 "말에는 반드시 격을 벗어난 뜻이 있고, 구절에서는 반드시 관문을 뚫고자 해야 한다.(言須有格外, 句須要透關.)"라고 풀이하였다.

하고 있는 것들이다. 신묘한 작용도 아니고 신통력도 아니라면, 법도를 세울 필요도 없이 말을 듣고는 반드시 그 근본을 알아야 한다. 그러므로 앞에서 '이미 일어난 일 그대로 아직 일어나지 않은 일과 같고, 아직 일어나지 않은 일 그대로 이미 일어난 일과 같다.'라고 한 뜻과 가깝게 된다.

崑山[1] : 未離至腹中者, 未然卽已然, 已然卽未然耶? 話文重擧也. 妙用者, 本自如然也. 神通者, 今日成就也. 旣非妙用, 亦非神通, 則須是不立規矩, 承言會宗始得. 然則前云, '已然卽未然未然卽已然'之義, 近是.

1) ㉮ '崑山'이 병본에는 없다. 저본에서는 문단 시작하는 곳에 매번 ○표를 해 놓았는데 『韓國佛敎全書』 편자는 이를 행을 바꾸는 것으로 표기를 대신하였으며 이하 동일하다. ㉯ 설화의 첫 부분에는 염과 송의 작자 법명이 붙어 있다. 본래 『拈頌說話』는 독립된 책이고 『禪門拈頌』의 본문은 수록되어 있지 않기 때문에 어느 부분에 대한 설화라는 것을 표시하기 위한 것이며, 번역할 필요는 없다. 권1부터 권3까지 존재하는 병본에는 이 부분이 상당 부분 빠져 있는데 따로 교감주를 붙이지 않겠다. 이 책에서는 각 송과 염 뒤에 그에 해당하는 설화를 바로 붙인다.

원오 극근圜悟克勤의 송 圜悟勤頌

대상에는 본래 형상이 없고[36]	大象本無形
지허[37]는 만물을 감싸 안노라	至虛包萬有
뒤늦게 떠났으나 지나쳤으니[38]	末後已太[1]過

---

36 대상에는 본래 형상이 없고 : 『老子』 41장 "大象無形"과 같다. 대상大象은 도道를 묘사하는 용어 중 하나로, 대방大方·대기大器·대음大音 등과 더불어 쓰였다. '大'는 더 이상이 없는 완성태로서의 극대極大를 나타낸다.
37 지허至虛 : 아무것도 걸친 것이 없는 지극히 텅 빈 허공. 천공天空과 같은 말.
38 뒤늦게 떠났으나 지나쳤으니(末後已太過) : '선행부도先行不到'라는 말 뒤에 따라 붙는 구절. "먼저 출발했으나 목적지에 도달하지 못했고, 뒤에 떠났으나 목적지를 지나쳐 버렸다."라는 뜻이다. 늦거나 빠르거나 모두 받아들이지 않음으로써 화두의 관문을 설정하는 수법이다. 『楊岐語錄』(大47, 645a3), 『大慧語錄』 권8(大47, 843c11) 등에 나온다. 한편 굉지 정각宏智正覺은 이 구절을 바둑의 착수著手에 비유하였다. 『宏智廣錄』

남쪽 향하여 북두칠성 본다네[39]	面南看北斗
이편 왕궁과 저편 도솔천에서	王宮兜率
중생을 제도하고 태어났지만	度生出胎
처음부터 끝까지 하나로 꿴 듯	始終一貫
오고 간 자취가 전혀 없노라	初無去來
흔적을 쓸어 없애고 뿌리와 꼭지 다 제거하면	掃蹤滅迹除根蔕
불 속의 연꽃[40]이 곳곳에서 피어나리라	火裏蓮花處處開

1) ㉠ '大'로 되어 있으나 '太'가 맞다. 이하에서는 이런 경우 특별히 명기하지 않고 '太'로 바로잡아 표기한다.

[설화]

○ 대상에는 본래~만물을 감싸 안노라 : 유가 곧 무이고, 무가 곧 유이다.
○ 뒤늦게 떠났으나~북두칠성 본다네 : 전·후와 남·북의 차별이 없다. 그러므로 '이편 왕궁과 저편 도솔천에서~오고 간 자취가 전혀 없노라.'라고 하였으니, 이것이 '흔적을 쓸어 없애고 뿌리와 꼭지 다 제거한다.'

권4(大48, 41c14), "법좌에 올라앉아, 어떤 학인이 석상 경저石霜慶諸에게 '화상의 깊고 깊은 경지는 어떤 것입니까?'라고 묻자 '수염 없는 자물쇠의 양끝을 부질없이 흔드는구나.'라고 한 문답을 들고 평가했다. '먼저 둔 수는 약했고, 나중에 둔 수는 지나치게 강했다. 딱 들어맞는 한 수가 그 사이에 있는데, 보았는가? 흑돌과 백돌이 나타나고 산 돌과 죽은 돌이 나뉘자마자 나무꾼까지 연루시켜 도낏자루를 썩게 만드는구나.'(上堂, 擧, 僧問石霜, '如何是和尙深深處?' 霜云, '無鬚鎖子兩頭搖.' 師云, '先行不到, 末後太過. 一著中間, 見也麼? 纔形黑白分生殺, 帶累樵人爛斧柯.')" 수염 없는 자물쇠(無鬚鎖子)는 열쇠가 없는 자물쇠를 말한다. 열쇠가 자물쇠에 끼워져 있을 때 그 양끝이 아래로 늘어진 모양이 수염과 같으므로 이렇게 말한다. 아무리 흔들어도 열 수 있는 실마리가 없는 자물쇠처럼 인식의 수단이 통하지 않는 경계를 나타낸다.

39 남쪽 향하여 북두칠성 본다네(面南看北斗) : 면남간북진面南看北辰이라고도 한다. 불가능한 일을 꾀하거나 얼토당토않은 짐작을 한다는 뜻이 있지만, 여기서는 설화의 해석처럼 어떠한 방향이나 처소에도 얽매이거나 국한되지 않는다는 의미로 쓰였다.

40 불 속의 연꽃(火裏蓮華) : 『維摩經』권중(大14, 550b4), "불 속에서 연꽃 피니, 이 얼마나 드문 일인가! 오욕五欲 속에서 선정禪定 행하니, 드물기는 마찬가지라네.(火中生蓮華, 是可謂希有! 在欲而行禪, 希有亦如是.)"라는 대목이 경전적 근거이다.

라고 한 뜻이다.
o 불 속의 연꽃이 곳곳에서 피어나리라 : 상서로운 현상을 말한다.
o 원통圓通이 말하였다. "만약 파정把定[41]의 방법을 시행하면, 자취를 쓸어 없애고 흔적을 소멸시키며 뿌리를 제거하고 보금자리를 깨끗이 파괴할 것이니, 모든 부처님과 중생 그리고 보리와 열반도 전혀 남아 있지 못하게 된다. 방행放行의 방법을 시행하면, 불 속의 연꽃이 곳곳에서 활짝 피어 상서로운 현상이 될 것이다." 그러므로 '흔적을 쓸어 없애고 뿌리와 꼭지 다 제거한다.'라는 말은 (아래 제시된) 대혜大慧의 게송이 나타낸 뜻이고, '불 속의 연꽃이 곳곳에서 피어나리라.'라고 한 말은 죽암竹庵의 게송이 전하는 뜻이니, 이 어찌 장령長靈이 '공空에서 나와 유有로 들어가며 무궁하게 변화한다.'라고 말한 뜻이 아니겠는가! 그러므로 '평생 분별로 천착한들 본질과 관련이 없다.'라고 한 죽암의 말은 '일정한 법도에 얽매이지 않는다.'[42]라는 뜻임을 알 수 있다.

圜[1)]悟:大象至萬有者, 有卽無, 無卽有也. 末後至北斗者, 無前後南北也. 故云, '王宮至去來', 則'掃蹤滅迹除根蔕'也. 火裏至開者, 爲祥爲瑞也. 圓通云, "若把定, 則掃其蹤滅其迹, 除其根蔕, 蕩其窠窟, 諸佛衆生, 菩提涅槃, 了不可得也 ; 若放行, 則火裡蓮花, 處處開敷, 爲祥爲瑞." 然則掃蹤至蔕者, 大慧頌義也 ; 火裡至開者, 竹庵頌義也, 豈非長靈'出空入有變化無

---

41 파정把定 : 파주把住라고도 하며, 방행放行과 대칭된다. 파정은 '꼼짝 못 하도록 붙든다'라는 말로서 모든 언어와 분별의 가지를 허용하지 않는 부정의 방법이다. 반면 방행은 '하는 그대로 놓아둔다'라는 말로서 모든 언행과 분별을 개방하여 막지 않는 긍정의 방법이다.

42 『信心銘』(大48, 376c26) 등에 나오는 구절. 보통은 "남김 없는 작용이 눈앞에 실현되어 어떤 법도에도 얽매이지 않는다.(大用現前, 不存軌則.)"라는 구절을 상용구로 쓴다. 『雲門廣錄』권중(大47, 554c2), 『大慧語錄』권19(大47, 891a8), 『景德傳燈錄』권9 「大安傳」(大51, 267c23) 등에 보인다.

方'之義耶! 然'平生穿鑒2)不相關', 則不存軌則之義, 可知也.

1) ㉠ '圓'으로 되어 있으나 이하에서는 이런 경우 특별히 명기하지 않고 '圞'으로 바로잡아 표기한다. 2) ㉠ '鑒'은 '鑿'의 오기이다. 바로잡아 번역하였다.

대혜 종고大慧宗杲의 송 大慧杲頌

날카로운 칼날에 묻어 있는 꿀은 핥지 말고[43]	利刃有蜜不須舐
독이 퍼진 장소에선 결코 물맛을 보지 마라[44]	蠱毒之家水莫嘗
핥지도 맛보지도 않아 모두 범하지 않으면	不舐不嘗俱不犯
반듯하게 비단옷 입고서 고향에 돌아가리라	端然衣錦自還鄕

죽암 사규竹庵士珪의 송 竹庵珪頌

시비의 바닷속에 마음껏 이 몸 던지고	是非海裏橫身入
맹수의 무리 속에서 자유롭게 다닌다네	豺虎群中自在行
시비 따지는 맘 가지고 내 뜻 분별하지 마라	莫把是非來辨我
평생 분별로 천착[45]한들 본질과 관련 없다네[46]	平[1]生穿鑿不相關

[43] 날카로운 칼날에~핥지 말고 : 『佛本行集經』권14(大3, 717c23)에 나오는 "利刃蜜塗將舌舐"라는 구절과 통하며, 선가에서 많이 활용한다. 첫 구절의 꿀과 다음 구절에 나오는 물맛 모두 화두의 표면적인 말을 나타낸다. 그것이 달콤하고 시원하다고 생각하여 먹으려 하면 칼날에 혀를 잘리고 독기가 몸에 퍼지듯이 피해를 당한다. 이 화두뿐만 아니라 모든 선어禪語는 그러한 꿀과 물 뒤에 파 놓은 함정과 같으므로 그대로 받아들이지 말라는 뜻이다.

[44] 독이 퍼진~보지 마라 : 조산 본적曹山本寂의 말에 근거한다. 『曹山語錄』권상(大47, 539b23), "어떤 학인이 조산에게 물었다. '제가 하루 종일 지내는 중에 어떻게 보임保任해야 합니까?' '독이 퍼진 장소를 지나갈 때 물 한 방울이라도 묻으면 안 되는 것처럼 하라.'(僧問, '學人十二時中, 如何保任?' 師云, '如經蠱毒之鄕, 水也不得沾著一滴.')"

[45] 천착穿鑿 : 진실이 없는 곳에서 분별의 틀을 가지고 파고들어 억지로 꿰맞추는 것. 본서 865칙 본칙 설화 주석 참조.

[46] 시비 따지는~관련 없다네 : 담주 용산潭州龍山의 게송에 나오는 구절이다. 『景德傳燈錄』권8(潭州龍山傳)(大51, 263a27), "동산이 다시 용산에게 물었다. '화상께서는 어떤 도리를 보셨기에 이 산에 주석하고 계십니까?' '진흙 소 두 마리가 싸우면서 바다로 들어가는 것을 보았는데 지금까지 아무런 소식이 없구나.' 용산이 게송으로 다시 말하

1) ㉠ '平'이 『景德傳燈錄』 권8 「潭州龍山傳」(大51, 263b2)에는 '浮'로 되어 있다.

천의 의회天衣義懷의 상당

이 공안을 제기하고 말하였다. "이렇게 꺼낸 이야기 자체가 벌써 아무일도 없는 경계에서 남들을 함정에 빠뜨리는 짓이다. 그렇거늘 이어서 녹원鹿園[47]에서 설법을 시작하여 학수鶴樹[48]에서 열반에 들 때까지, 그 사이에 49년 동안 교설의 그물을 널리 펼쳤으니[49] 가지와 넝쿨에 다시 가지와 넝쿨을 덧붙인 격이다."

天衣懷上堂, 擧此話云, "恁麼說話, 早是平地陷人, 其次鹿園, 終乎鶴樹, 於其中間, 四十九年, 張羅布網, 枝蔓上更生枝蔓."

설화

○ 이 상당법문의 대의는 '무슨 결정적인 통로[50]가 있겠는가?'라고 반문한

였다. '이제껏 초가삼간에 사노라니, 한 줄기 신령한 빛에 모든 경계가 한가롭구나. 시비를 따지며 나를 분변하려 들지 마라! 덧없는 인생을 분별로 파고든들 본질과는 관련 없다네.'(洞山又問, '和尙見箇什麼道理, 便住此山?' 師云, '我見兩箇泥牛鬪入海, 直至如今無消息.' 師因有頌云, '三間茅屋從來住, 一道神光萬境閑. 莫作是非來辨我! 浮生穿鑿不相關.')"

47 녹원鹿園 : 녹야원鹿野苑([S] Mṛgadāva)을 말한다. 부처님이 성도成道한 후에 다섯 제자에게 처음으로 설법한(初轉法輪) 곳이다.

48 학수鶴樹 : 곡림鵠林과 같은 말이며, 부처님이 열반에 들었던 장소인 사라림娑羅林에 자랐던 쌍수雙樹를 가리킨다. 열반에 드는 순간 쌍수가 전부 백색으로 변하였는데 그것이 마치 백학白鶴과 같았기 때문에 붙여진 이름이다. 『祖庭事苑』 권8(卍113, 225a4), "학수 : 세존께서 열반에 임하여 그 사라림이 보배 침상을 드리워 덮는 순간 애처롭게도 백색으로 변하였는데 마치 백학과 같아 학수라 한다.(鶴樹 : 世尊臨般涅槃, 其娑羅林, 垂覆寶牀, 時卽慘然變白, 猶如白鶴, 故曰鶴樹.)"

49 그 사이에~널리 펼쳤으니 : 교설의 그물을 펼쳐 중생이라는 물고기를 고통의 바다(苦海)에서 건져 올린다는 뜻에서 나온 비유. 이것을 '교망敎網'이라 한다.

50 결정적인 통로(孔竅) : 눈·코·귀·입 등의 구멍을 가리키는 말이지만, 선 문헌에서는 향상하는 결정적인 통로 또는 막힌 숨통을 트여 자유롭게 되는 본분의 핵심 등을 나타

것이다. 이전에 '이치가 극치에 이르러 분별과 말을 잊었거늘, 어떤 말로 비유하고 견줄까?'⁵¹라고 말하지 않았던가?

天衣上¹⁾云云, 是什麼孔竅? 前不云乎, '理極忘情謂, 如何'云云?

1) ㉤ '天衣上'이 병본에는 '上堂'으로 되어 있다. ㉠ '天衣上堂'으로 바로잡아 번역하였다.

취암 문열翠嵓文悅의 상당

이 공안을 제기하고 말하였다. "나, 법륜法輪⁵²은 이 공안을 마주하고 입이 있어도 쓸모없게 되었다. 여러분은 자세히 알겠는가? 만약 자세히 안다면 천하 노화상의 본분(鼻孔)⁵³은 모두 그 사람의 손안에 들어 있을 것이다. 만약 알아차리지 못한다면 목에 피가 나도록 울어 보아도 소용없는 노릇이니, 차라리 입을 다물고 남은 봄을 지내느니만 못할 것이다."⁵⁴

翠嵓悅上堂, 擧此話云, "法輪, 到這裏, 有口無用處. 你等諸人, 還相委悉麼? 若相委悉, 天下老和尙鼻孔, 總在你手裏 ; 若也不會, 啼得血流無用處, 不如緘口過殘春."

내는 말로 쓰인다. 본서 94칙 '상방 제악의 상당' 주석 참조.
51 주 31 참조.
52 법륜法輪 : 호남성 남악南岳에 있던 절. 취암 문열이 이곳에 주석할 당시의 법문이므로 자기 자신을 가리킨다.
53 본분(鼻孔) : 비공鼻孔은 코 또는 콧구멍. 코가 얼굴의 중심에 있으므로 자기 자신의 핵심인 본분을 나타낸다.
54 목에 피가~못할 것이다 : 두순학杜荀鶴의 시 〈聞子規〉에 나오는 마지막 두 구절. 자규가 목에 피가 나도록 지저귀며 봄소식을 전해도 봄이 온 줄 아는 사람이 없다면 그만두는 것이 나은 것처럼, 종지를 알아듣지 못하는 사람들 앞에서 친절하게 많은 말을 늘어놓는다 해도 전할 수 없다는 뜻이다.

> 설화

○ 이 공안을 마주하고 입이 있어도 쓸모없게 되었다 : 말을 할 수 없다는 뜻일 뿐만 아니라 있는 힘을 다하여 말하겠다는 뜻이다.
○ 여러분은 자세히 알겠는가 : 남에게 가르쳐 주려면 철저하게 해야 한다[55]는 뜻이니, 그 아래 내용으로 알 수 있다.

翠巖 : 到這至用處者, 非但道不得之義, 盡力道得也. 你等至悉麼者, 爲人須爲徹, 下從可知也.

해인 초신海印超信의 상당

이 공안을 제기하고 말하였다. "여러분, 말해 보라! 석가노자[56]는 49년 동안 무슨 일을 도모했을까? 시험 삼아 분명히 알아맞혀 보라. 그럴 사람 있는가? 그런 까닭에 '부처님께서 세상에 나타나 교설을 펼쳤다고 해도 20방을 때려 주어야 할 잘못이고, 달마대사가 인도로부터 종지를 전하러 왔다고 해도 20방을 때려 주어야 할 잘못이다.'[57]라고 말한다. 20방이 더 남아 있으니 결코 다른 생각에 따라 움직이지 마라! 조금이라도 움직이면 그대의 허리를 때려서 부러뜨리리라." 한 소리 크게 내질렀다.

---

55 보통 "사람을 죽이려면 반드시 피를 보아야 한다.(殺人須見血)"라는 구절을 수반한다. 친절한 방편을 이것저것 늘어놓지 않고 오로지 본분에 입각하여 가르쳐야 한다는 의미이다. 『圜悟語錄』 권4(大47, 765a4), 『碧巖錄』 31則 「本則 著語」(大48, 170b4) 등 참조.
56 석가노자釋迦老子 : 석가모니부처님을 가리킨다. 석가모니와 노자를 합친 말로, '노자'는 존칭의 뜻을 나타낸다. 황면노자黃面老子도 부처님에 대한 또 하나의 칭호이며, 유마거사維摩居士를 유마노자維摩老子라 하거나, 염라대왕閻羅大王을 염라노자閻羅老子(『龐居士語錄』 卍120, 55b11) 또는 염노자閻老子(『傳心法要』 大48, 383b21)라 부르거나, 조주 종심趙州從諗을 조주노자趙州老子(『正法眼藏』 卍118, 57b11)라 하는 따위가 모두 같은 용법이다.
57 부처님의 교설이나 달마의 종지는 시험 장치가 걸려 있는 화두이므로 그대로 받아들이지 않고 모두 허물이 있는 것으로 간주하여 벌을 내린다는 뜻이다. 철두철미하게 부정하는 입장에 서는 살殺의 방봉棒이다. 20방은 형법상 죄인을 다스리는 일돈방一頓棒이다.

海印信上堂, 擧此話云, "諸仁者, 且道! 釋迦老子, 四十九年, 當爲何事? 請試明辨看. 還有麽? 所以道, '諸佛出世, 好與二十棒；達磨西來, 好與二十捧.'[1] 更有二十棒, 切忌動着! 動着則打折你腰." 喝一喝.

1) ㈜ '捧'은 '棒'이 맞다. 이하에서는 이 글자로 바로잡아 표기한다.

[설화]

○ 말해 보라~20방을 때려 주어야 할 잘못이다 : 부처님은 49년 동안 설법하면서도 한 글자도 설한 적이 없다.[58] 부처님의 교설이나 조사의 가르침에 허물이 없지 않다는 것이 이 공안의 취지라는 뜻이다.
○ 20방이 더 남아 있으니~한 소리 크게 내질렀다 : 이 하나의 통로[59]가 더 남아 있다는 것을 알아야 한다는 뜻이다.

海印：且道至達磨西來好與二十棒者, 當四十九年說法, 未曾說一字也. 佛敎祖敎, 未得無過, 卽此話義也. 更有二十棒至喝一喝者, 須知有這一竅始得.

---

[58] 궁극적인 진리는 문자를 벗어나 있다는 경전의 뜻을 선종의 관점에서 수용한 구절이다. 『白雲守端語錄』 권1(卍120, 415a3), 『大慧語錄』 권15(大47, 873a16), 『開福道寧語錄』(卍120, p451b7), 『兀菴普寧語錄』 권상(卍123, 12b11) 등에 널리 활용되고 있다. 『楞伽經』 권4(大16, 506c4), "법은 문자를 벗어나 있기 때문이다. 그러므로 대혜야, 부처님과 모든 보살은 한 글자도 설하지 않고 한 글자도 답하지 않는다. 왜 그런가? 법은 문자를 벗어난 것이기 때문이다. 요익한 뜻을 설하지 않는 것이 아니라 언설은 중생의 망상이기 때문이다.(法離文字故. 是故, 大慧, 我等諸佛, 及諸菩薩, 不說一字, 不答一字. 所以者何? 法離文字故. 非不饒益義說, 言說者, 衆生妄想故.)"; 『大般若經』 권499(大7, 540b29), "나는 일찍이 이 깊고 깊은 반야바라밀다와 상응하는 도리에 대해서는 한 글자도 설한 적이 없고, 그대도 듣지 않았으니, 이해한 것이 도대체 무엇이란 말인가?(我嘗於此甚深般若波羅蜜多, 相應義中, 不說一字, 汝亦不聞, 當何所解?)"
[59] 이 하나의 통로(這一竅) : 지금까지 한 말에 한정되지 않고 드러나지 않은 근본적인 한 수가 더 남아 있다는 뜻. 마지막까지 철저하게 방과 할을 시행하는 파주파주(把住)의 극치를 나타낸다.

승천회承天懷**의 상당**

이 공안을 제기하고 말하였다. "여러분! 도솔천을 떠나기도 전에 이미 왕궁에 강림했다는 사실은 없지 않다고 하자. 그렇다면 말해 보라! 모태에서 태어나기도 전에 어떻게 중생을 제도하겠는가? 만약 이 질문에 대하여 제대로 대답을 엮어 낸다면,[60] '한눈에 삼구三句[61] 밖으로 넘어서고 나니, 갈대꽃은 바로 달빛 안에 있구나.'라고 할 만한 경지가 될 것이다. 만일 그렇지 못하다면 피부를 얻었거나 골수를 얻었거나 무슨 소용이 있겠는가? 조계의 길[62]에서 8천 리나 멀어질 것이다." 법문을 마치고 선상을 쳤다.

承天懷上堂, 擧此話云, "諸仁者! 未離兜率, 已降王宮, 卽不無. 且道! 未出母胎, 如何度人? 若向這裏搆得去, 可謂'一見能超三句外, 蘆花只在月明中'. 若也未然, 得皮得髓將安用? 蹉過曹溪路八千." 擊禪床.

설화

○ 도솔천을 떠나기도 전에~어떻게 중생을 제도하겠는가 : '중생제도(度人)'라는 뜻을 집어낸 말이며, 또한 공에서 나와 유로 들어가는 뜻이기도 하다.

---

60 대답을 엮어 낸다면(搆得) : 구득搆得은 물건을 얼기설기 엮어 내듯이 이것저것 고려하여 분별로 모색해 낸다는 말. 구득構得 또는 구득覯得으로도 쓴다. 여기서는 알아차리다 정도의 의미로 쓰였다.

61 삼구三句 : 종지를 드러내는 구절. 세 구절로 종지를 간략하게 나타내는 관습에 따라 종지를 표현하는 언어의 형식을 일반적으로 삼구라 한다. 운문삼구雲門三句·동산삼구洞山三句·덕산삼구德山三句·임제삼구臨濟三句·분양삼구汾陽三句·사비삼구師備三句·수산삼구首山三句·대양삼구大陽三句 등 각 선사들의 서로 다른 삼구가 있다.

62 조계의 길(曹溪路) : 조계曹溪는 본래 육조 혜능慧能을 가리키며, 조계의 길이란 육조가 걸었던 정도正道를 말하지만 선종의 종지를 상징하는 말로 쓰인다. 본서 208칙 '설두 중현의 송' 참조.

○ 한눈에 삼구三句 밖으로~달빛 안에 있구나 : '한 발의 화살로 세 관문을 무너뜨리니, 화살 날아간 자취가 분명하도다.'[63]라는 구절과 같다.
○ 피부를 얻었거나~8천 리나 멀어질 것이다 : 달마가 문인들에게 각자 터득한 경계를 말해 보도록 하였는데, 피부를 얻은 문인에서 시작하여 혜가慧可가 골수를 얻은 것에 이르러 조사의 자리를 이었으니[64] 이것이 선문 안의 일이다. 비록 그렇기는 하지만 조계의 문밖에서 8천 리 길이나 멀어진 격이니 결코 이 길에서 8천 리 거리로 멀어져서는 안 된다는 뜻이다. 길이 8천 리라는 말은 중국에서 인도까지의 거리가 10만 8천 리라는 뜻이기도 하다.

承天: 未離至母胎如何度人者, 度人之義, 拈出也, 亦出空入有之義也. 一見至月明中者, 一鏃破三關, 分明箭後路也. 得皮至八千者, 達磨命門人, 各說所得, 自得皮至慧可得髓, 紹續祖位, 是門內事. 雖然如是, 曹溪門外, 蹉過路八千, 須是不蹉過此路八千始得. 路八千者, 亦指西天十萬八千之意.

장령 수탁長靈守卓의 상당

"도솔천을 떠나기도 전에 이미 왕궁에 강림하였다고 하지만, 석가노

---

[63] '한 발의 화살'은 과녁에 적중하는 화살처럼 핵심을 찌르는 한마디 말이다. 곧 '한 구절로 도에 빈틈없이 딱 들어맞는 것'과 같다. '화살 날아간 자취'란 종사들이 제기한 말의 단서를 말한다. 그것이 분명하므로 모든 화두가 날아가 맞히려는 목표를 알 수 있다는 뜻이다. 이 두 구절은 본래 귀종 지상歸宗智常의 게송에 나온다.『景德傳燈錄』권29(大51, 452a2) 참조. 본서 915칙에도 흠산欽山과 양선객良禪客이 '일촉파삼관一鏃破三關'을 주제로 나눈 문답이 공안으로 실려 있다.
[64] 달마가 문인들에게~자리를 이었으니 : 달마가 인도로 떠나기 전에 자신의 후계자를 선정하고자 도부道副·니총지尼總持·도육道育·혜가慧可 등 네 명의 제자에게 각기 자신의 견해를 말하라 하고, 그 각각의 견해에 대하여 자신의 피부(皮)·살(肉)·뼈(骨)·골수(髓)를 얻었다고 평가하여 결국 혜가를 법제자로 인가한 인연이다. 본서 101칙 및『景德傳燈錄』권3「菩提達磨傳」(大51, 219b27) 등 참조.

자는 이 대목에서 자신의 귀를 틀어막고 방울을 훔친 격이다.[65] 모태에서 태어나기도 전에 중생제도를 벌써 마쳤다고 하지만, 설령 그렇게 했더라도 여전히 재빠르게 알아차리는 본성으로 모든 속박을 끊어 없앤 사람의 경지는 못 된다. 하물며 또다시 일곱 걸음을 내딛고 사방을 둘러보았다고 하니, 도대체 어디로 가려 했던 것일까? 할아버지 당시에 이미 온몸으로 넘어졌으니, 오늘날 후손들이 어떻게 일으켜 세울 것인가?[66] 후손을 번성시키고자 한다면 별도로 청규를 나타내야 할 것이니, 시험 삼아 공空에서 나와 유有로 들어가며 무궁하게 변화하는 경지에서 결정적인 전기가 되는 한마디 말을 해 보라!"

> 長靈卓上堂云, "未離兜率, 已降王宮, 釋迦老子, 向者裏, 掩耳偸鈴. 未出母胎, 度人已畢, 直饒伊麼, 也未是性燥勤絶底漢. 何況更有周行七步, 目顧四方, 向什麼處去也? 祖父當時, 旣已和身放倒, 兒孫今日, 又且如何? 欲得昌隆後嗣, 別現淸規, 試向出空入有, 變化無方處, 下一轉語!"

송원 숭악松源崇嶽의 상당

이 공안을 제기하고 말하였다. "황면노자는 처음부터 한 조각의 널빤지를 어깨에 짊어지고 오로지 한편만 보았기에[67] 후대의 자손들로 하여금

---

65 자신의 귀를~훔친 격이다(掩耳偸鈴) : 스스로 자신을 속이는 것을 비유하는 말. 귀를 막고 방울을 훔치면 그 소리가 자신에게 들리지 않으므로 남들도 듣지 못할 것이라고 어리석게 믿는다는 뜻이다. 조사선에서는 상대가 감추려고 했던 속마음을 간파했다는 뜻으로 쓰인다.
66 할아버지 당시에~세울 것인가 : 공안의 이야기 자체에는 문제를 해결하는 단서가 전혀 주어지지 않은 것을 말한다. 화두는 완결된 상태로 제기되지 않고 후손들이 늘 그것에 대해 비판적 평석을 내릴 여지가 있다는 뜻이다. "조상이 할 일을 다 마치지 못하면, 그 재앙이 자손들에게 미친다.(祖禰不了, 殃及兒孫.)"라는 말과 유사하다.
67 한 조각의~한편만 보았기에 : 보통 담판한擔板漢이라 한다. 한쪽 시야가 널빤지에 가려 양쪽을 모두 보지 못하는 것과 같이 견해가 한편으로 치우친 사람을 비유한다.

있는 힘을 다해도 다리를 들고 일어서지 못하도록 만들었던 것이다."[68]

松源上堂, 擧此話云, "黃面老子, 末上擔一片板, 只見一邊, 致令後代兒孫, 盡力擡脚不起."

[설화]

○ 장령과 송원의 상당법문은 본칙 설화에 이미 드러난 뜻이다.

長靈松源上堂, 話中已出.

---

[68] 후대의 자손들로~만들었던 것이다 : 송원 숭악은 다른 곳에서도 이 표현을 자주 쓰고 있다. '다리를 들고 일어서지 못한다.(擡脚不起)'라는 말은 분별하거나 말할 약간의 여지도 없는 철벽의 경계에 도달했음을 표시한다. 이것을 앞에서는 '담판한'이라고 역설적으로 드러내었다. 『無門關』20則(大48, 295b25), "본칙 : 송원 화상이 '큰 역량을 가진 사람이 어째서 다리를 들고 일어서지 못하는가?'라 하고, 또 '입을 열고 말하는 것은 혀에 달린 것이 아니다.'라고 하였다. 무문의 평창 : 송원은 내장을 뒤집어 모조리 쏟아내 보였다고 할 만하지만 알아듣는 사람이 거의 없을 뿐이다. 설령 그 자리에서 알아들었을지라도 나, 무문이 있는 곳에 와서 통렬한 매맛을 보기 딱 알맞다.(松源和尙云, '大力量人, 因甚擡脚不起?' 又云, '開口不在舌頭上.' 無門曰, '松源可謂, 傾腸倒腹, 只是欠人承當. 縱饒直下承當, 正好來無門處喫痛棒.')"

2칙 세존주행 世尊周行

본칙 세존께서 태어나셨을 때 일곱 걸음 두루 걷고서 사방을 둘러본 후, 한 손으로는 하늘을 가리키고 한 손으로는 땅을 가리키며 말씀하셨다. "하늘 위와 하늘 아래에 오직 나만이 존귀할 뿐이다."【운문 문언雲門文偃의 염 : "내가 당시에 그 광경을 보았다면, 한 방에 때려죽이고 개에게 먹이로 주어서 천하의 태평을 도모했을 것이다."】[1]

世尊初生下時, 周行七步, 目顧四方, 一手指天, 一手指地云, "天上天下, 唯我獨尊."【雲門偃拈, "我當時若見, 一棒打殺, 與狗子喫却, 媿[1)]圖天下太平."】

1) ㉠ '媿'는 '貴'가 옳다. '貴'는 다만, 오로지의 뜻.

설화

● 이 공안은 『보요경普曜經』의 문구에 따른다.[2] 이 경에 다음과 같이 전한다. "부처님께서 세상에 태어나셨을 때 찰제리왕刹帝利王[3]의 궁전에서

---

1 이 공안에 대하여 역대 조사들은 운문의 이 평가를 동시에 제기하여 판단하는 경향이 있다. 본칙을 평가하는 이하의 염·송들에서 운문의 말이 가장 중심에 배치되어 빈번하게 등장하는 것에서 그 사실을 확인할 수 있다. 운문의 말을 본칙과 함께 붙여 둔 이유는 여기에 있다. 『碧巖錄』에서도 본칙 공안과 운문의 이 말을 함께 거론하고서 운문은 세존의 뜻에 상응하여 동일한 목적을 성취하는 한편에 서 있었다는 맥락에서 다음과 같이 평하였다. 『碧巖錄』 16則 「頌 評唱」(大48, 156c17), "이와 같아야 비로소 응답이 딱 들어맞았다 할 수 있는 까닭에 안에서 쪼고 밖에서 깨뜨리는 기틀이야말로 모두 고불의 가풍이다.(如此方酬得恰好, 所以啐啄之機, 皆是古佛家風.)" 『雲門廣錄』 권중(大47, 560b16) 등 참조.
2 『普曜經』 권2(大3, 494a26), 권4(大3, 508c25)에 나오는 내용의 대체에 근거하며 구절이 일치하지는 않는다. 이 밖에 『長阿含經』 권1 「大本經」(大1, 4b28)에는 비바시보살毗婆尸菩薩의 탄생담으로 나오고, 『賢愚經』 권10(大4, 418c23)에 나오는 석가모니불의 탄생담 등도 모두 내용상 일치한다.
3 찰제리왕刹帝利王 : '찰제리'는 ⓢ kṣatriya의 음사어. 지주地主·왕종王種 등으로 한역한다. 인도의 사성계급四姓階級 중 바라문에 이어 두 번째 계급이며, 왕족·귀족·무사 등에

는 커다란 지혜의 광명이 퍼져 시방세계를 비추었고, 땅에서는 황금
연꽃이 솟아올라 자연스럽게 부처님의 두 발을 받쳤다. 동쪽과 서쪽
그리고 남쪽과 북쪽으로 각각 일곱 걸음을 걸으시고, 두 손을 나누어
하늘과 땅을 가리킨 다음 '하늘 위와 아래 그리고 사방에 나보다 존귀
한 자는 없다.'라고 사자후를 내지르셨다."[4]

[周行] 此話, 普[1]耀[2]經文. 本經云, "佛初生下時, 利帝利王家, 放大智光
明, 照十方世界, 地湧金蓮花, 自然奉雙足. 東西及南北, 各行於七步, 分手
指天地, 作大師子[3]吼, 上下及四維, 無能尊我者."

1) ㉮ '普'는 병본에 '寶'로 되어 있다.   2) ㉯ '耀'는 '曜'와 통한다. 『景德傳燈錄』에도
'耀'로 되어 있다.   3) ㉰ '獅子'를 흔히 '師子'로 표기한다. 이하에서는 교감주를 붙이
지 않는다.

● 두루 걸었다 : 주변을 돌며 일곱 걸음 걸었다는 것인가? 시방으로 각각
일곱 걸음 걸었으니 발길을 두루 옮기며 일곱 걸음 걸었다는 뜻이다.
두루 일곱 걸음 걸은 지위는 제7위[5]에 해당되기 때문에 일곱 걸음 걸
었다고 한 것일까? 인도(西天)에서는 7을 최대의 수(極數)로 생각하기 때
문인가? 아니면 칠각지[6]의 상서로운 감응을 나타내는 것인가? 용왕이

속한다. 부처님은 이 계급에 속하는 정반왕淨飯王([S] Suddhodana)의 왕자로 태어났다.
4 이상은 『景德傳燈錄』 권1 「釋迦牟尼佛傳」(大51, 205b7) 등에 『普曜經』의 경문으로 인용
되어 있지만, 『普曜經』 자체에는 정확히 일치하는 구절은 보이지 않는다. 이 경이 부처
님의 탄생부터 초전법륜初轉法輪에 이르기까지의 행적을 위주로 한 전기라는 점에서
근거로 삼은 것이라 추정된다.
5 제7위 : 어떤 7위인지 분명하지 않다. 십주위十住位 중에서 제7위는 더는 이승二乘으로
물러나지 않는 지위이지만, 이것을 가리키는지는 알 수 없다.
6 칠각지七覺支 : [S] saptabodhyaṅgāni. 보리의 전개를 돕는 일곱 가지의 법. 칠각지의 '각
覺'은 보리菩提를 뜻한다. 삼십칠도품三十七道品 중 제6품의 행법行法이다. 칠등각지七
等覺支·칠편각지七遍覺支·칠보리분七菩提分·칠보리분보七菩提分寶·칠각분七覺分·
칠각의七覺意·칠각지七覺志·칠각지법七覺支法·칠각의법七覺意法 등이라고도 한다.
『中阿含經』 권11 「七寶經」(大1, 493a18), 『法蘊足論』 권8(大26, 491c3) 등 참조. 칠각지의

태어나자마자 일곱 걸음 걷는다고 전하는데, 세존은 사람 중에 용왕과 같은 존재이므로 일곱 걸음 걸었다는 뜻일까? 아니면 사자가 태어나자마자 일곱 걸음 걷는다고 하는데, 세존은 사람 중에 사자와 같은 존재이므로 일곱 걸음 걸었다는 뜻일까?[7]

周行者, 周而行七步耶? 能於十方, 各行七步, 則周足而行七步也. 周行七步, 位當第七故, 行七步耶? 西天以七爲數極故耶? 表七覺支瑞應耶? 龍王墮地行七步, 世尊人中龍王故, 行七步耶? 師子墮地行七步, 世尊人中師子故, 行七步耶?

- 사방을 둘러보았다 : 네 가지 지견知見[8]을 나타낸 것인가? 네 가지 지

내용은 다음과 같다. ① 염각지念覺支 : 마음이 명백하여 항상 선정禪定과 지혜智慧를 잊지 않고 생각하는 것. ② 택법각지擇法覺支 : 지혜에 의지하여 진실한 법을 선택하고 허망한 법을 버리는 것. ③ 정진각지精進覺支 : 오로지 정법에 힘쓰면서 게으르지 않은 것. ④ 희각지喜覺支 : 정법을 얻고 기뻐하는 것. ⑤ 경안각지輕安覺支 : 몸과 마음이 가볍고 즐거우며 편안한 것. 의각지猗覺支라고도 한다. ⑥ 정각지定覺支 : 선정에 들어가 마음이 산란散亂하지 않은 것. ⑦ 사각지捨覺支 : 마음이 어느 한쪽으로 치우치지 않아 집착이 없고 평형을 유지하는 것.

7 용왕이 태어나자마자~걸었다는 뜻일까 : 용왕과 사자의 비유는 『長阿含經』 권1 「大本經」(大1, 4c6), 『修行本起經』 권상(大3, 464b1) 등에 근거한다. 원문의 '墮地'는 땅에 떨어졌다는 뜻으로 사람의 출생을 말한다.

8 네 가지 지견知見 : 법화法華의 개開·시示·오悟·입入 네 가지를 가리킨다. 『法華經』 권1 「方便品」(大9, 7a22), "사리불아, 무엇을 가리켜 부처님께서 오직 일대사인연을 실현하고자 세상에 출현하셨다고 하는가? 부처님은 중생들이 불지견을 열어 청정하게 하고자 세상에 출현하셨으며, 중생들에게 불지견을 보여 주고자 출현하셨으며, 중생들이 불지견을 깨닫게 하고자 출현하셨으며, 중생들이 불지견으로 깨달아 들어가게 하고자 출현하셨다. 사리불아, 이런 까닭에 부처님께서는 오직 일대사인연을 실현하고자 세상에 출현하셨다고 하는 것이다.(舍利弗, 云何名諸佛世尊, 唯以一大事因緣故, 出現於世? 諸佛世尊, 欲令衆生開佛知見, 使得淸淨故, 出現於世 ; 欲示衆生佛之知見故, 出現於世 ; 欲令衆生悟佛知見故, 出現於世 ; 欲令衆生入佛知見道故, 出現於世. 舍利弗, 是爲諸佛以一大事因緣故, 出現於世.)"; 돈황본 『壇經』(大48, 342c20), "만약 이 법을 깨달으면 한 찰나에 마음이 열려 세상에 출현할 것이다. 마음으로 무엇을 여는가? 부처님의 지견을 연

혜[9]의 보리菩提를 나타낸 것인가? 아니면 사성제四聖諦의 상서로운 감응인가? 『불조전심게佛祖傳心偈』[10]의 「문답장問答章」에 다음과 같이 전한다. "'사방을 둘러보았다는 뜻은 어떤 것인가?' '사상四相[11]을 떠나 해탈을 증득하려는 염원을 나타낸다.' '한 손으로 하늘을 가리킨 뜻은 어떤 것인가?' '삼계三界의 속박을 벗어나 인천人天의 중생을 이롭게 하겠다는 뜻을 나타낸다.' '다른 한 손으로 땅을 가리킨 뜻은 어떤 것인가?' '삼악도三惡途의 중생을 구제하여 반드시 윤회에서 벗어나도록 하겠다는 뜻을 나타낸다. 법은 이상과 같음을 나타낸다.'"

目顧四方者, 表四知見耶? 表四智菩提耶? 四聖諦之瑞應耶? 佛祖傳心偈問答章云, "問, '目顧四方意旨, 如何?' 答, '表離四相, 願證解脫.' 問, '一手指天意旨, 如何?' 答, '表出三界, 利樂人天.' 問, '一手指地意旨, 如何?' 答, '表救三途, 定出輪廻. 表法則如是也.'"

다. 부처님이란 각覺과 같다. 이 각을 4문으로 나누니 개각지견·시각지견·오각지견·입각지견이 그것이다. 이를 개·시·오·입이라 하는데 그중 한 곳에서 깨달아 들어가면 곧 각지견이니 자신의 본성을 보고 세상에 출현할 수 있다.(若悟此法, 一念心開, 出現於世. 心開何物? 開佛知見. 佛猶如覺也, 分爲四門, 開覺知見, 示覺知見, 悟覺知見, 入覺知見. 此名開示悟入, 從一處入, 卽覺知見, 見本自性, 卽得出世.)"

9 네 가지 지혜(四智) : 유식유식唯識에서 팔식八識·칠식七識·육식六識·전오식前五識 등 네 가지 식이 전변轉變하면서 성취하는 네 가지 무루지無漏智. 곧 대원경지大圓鏡智·평등성지平等性智·묘관찰지妙觀察智·성소작지成所作智 등을 말한다.

10 『불조전심게佛祖傳心偈』 : 미상의 문헌이며, 수록된 문답도 출처를 찾을 수 없다. 『御製祕藏詮』 권1(高35, 826c9)에 동일한 맥락이 보인다. "손을 들어 푸른 하늘을 가리키다 : 『본행경』에 '부처님께서 태어나시면서 사방으로 각각 일곱 걸음을 걸으셨다.'라는 말은 사상四相을 떠난다는 표시이고, '한 손으로 땅을 가리켰다.'라는 말은 삼악도의 중생을 구제한다는 표시이며, '한 손으로 하늘을 가리켰다.'라는 말은 삼계의 속박을 벗어나 인천의 중생을 이롭게 한다는 표시이다.(擧手向靑天 : 本行經云, '佛示化生, 四方各行七步.' 表離四相, '一手指地.' 表救三塗, '一手指天.' 表出過三界, 利樂人天.)"

11 사상四相 : 모든 법의 생멸변화 과정인 생생·주주住·이이異·멸멸滅 등 네 가지 차별된 현상을 말한다.

● 일곱 걸음 두루 걷고서~땅을 가리키며 : 다름 아닌 '하늘 위와 하늘 아래에 오직 나만이 존귀할 뿐이다.'라는 한 구절을 말하고자 했던 것이다. 이렇게 말한 까닭은 무엇일까? 진실한 법계法界의 도리를 증득하여 영원히 무명無明을 끊고 최상의 정각正覺을 이루면 천계와 인간계 전체에서 가장 존귀하게 되므로 이와 같이 말한 것이다. 그러므로 "하늘 위와 하늘 아래에 부처님과 같은 자 없고, 시방세계 전체에도 비교할 자 없도다. 세간에 있는 사람 다 보았으나, 그 모든 사람 중에 부처님과 같은 자 없다네."[12]라고 하였다. 대혜는 "석가노자는 도사천覩史天[13]에서 태양 속의 향상香象[14]을 타고 마야부인의 모태로 내려왔다. 이것은 사람이라면 누구나 태어날 때의 모습, 바로 그것을 보여 준 것이다. '태어나셨을 때 한 손으로는 땅을 가리키고'라 운운한 말은 사람이라면 누구나 태어날 때의 본보기, 바로 그것을 보여 준 것에 불과하다."[15]라고 하였다. 그렇다면 바로 이 소식은 싯다르타 태자 한 사람에게 국한된 것이 아니다. 그러므로 오진悟眞[16] 선사는 이렇게 말하였다. "저 석가노자는 세상에 태어나자마자 두루 일곱 걸음 걸었다고 하니, 그렇게 기특한 일이 있었던 것이다. 그렇다면 상좌[17]들이 세상에 태어났을 때는 무슨 기특한 일이 있었던가? 만약 없었다고 생각한다면, 눈앞에서 보고도 회피하는 짓이다."

---

12 『佛本行集經』 권4(大3, 670a7)에 따르면, 석가모니불께서 과거세에 불사다타아가도아라가삼먁삼불타弗沙多陀阿伽度阿羅呵三藐三佛陀 곧 불사불弗沙佛을 찬탄하여 지은 게송이다.
13 도사천覩史天 : 도솔천兜率天([S] Tuṣita, [P] Tusita, [T] Dgaḥ-ldan)의 다른 음사어.
14 향상香象 : 평범한 코끼리 열 마리와 비견되는 큰 힘을 가진 코끼리. 본서 881칙 본칙 참조. 『折疑論』 권1(大52, 796a6), "태양 속의 향상을 타고 음왕궁에 몸을 맡겼다.【모태에 몸을 던질 때, 태양 속에서 화현하여 향상에 올라탄 다음 왕궁에서 모태에 의탁하였다.】(駕日輪香象, 託陰於王宮.【初投胎時, 化現於日輪之中跨香象, 投託母胎於王宮.】)"
15 『大慧語錄』 권5(大47, 832b21).
16 오진悟眞 : 도오 오진道吾悟眞을 가리키는 것으로 보이나, 인용문의 출처는 미상이다.
17 상좌上座 : 수좌首座와 같은 말. 법문 때 종사가 학인들을 올려 부르는 말로 쓰인다.

周行七步云云指地者, 只要道箇天上天下唯我獨尊的一句. 伊麽道得者, 證實法界, 永斷無明, 成最正覺, 天上人間, 最尊最貴故, 如是道得也. 故云, "天上天下無如佛, 十方世界亦無比. 世間所有我盡見, 一切無有如佛者." 大慧云, "釋迦老子, 從覩史天, 乘日輪香象, 降摩耶夫人胎. 只是示見箇人人生相地時節. 及至初生, 一手云云, 只是示見箇人人生相地樣子." 則此箇消息, 非局悉達一人. 故悟眞禪師云, "他釋迦老子, 才生下時, 周行七步云云, 有如是奇特. 只如上座初生下時, 有什麽奇特? 若道無, 當面諱却."

● '오직 나만이'라고 할 때의 나 : 인아人我[18]라고 할 때의 자아인가? 법신法身과 같은 대아大我[19]인가? 인아의 자아 이외에 결코 법신의 대아는 없다는 뜻이다. 곧 5척尺의 가죽 주머니[20]가 마음껏 삼계三界를 밟으며 어떤 한곳에 있다가 다른 곳으로 자유롭게 옮겨 다니니, 법계 전체를 두루 망라하는 존재는 오로지 자신 하나뿐인 것이다. 고덕이 "봄 산은

---

18 인아人我 : 법아法我와 함께 두 가지 근본 집착 중 하나. 주관인 인人이 실체로 존재한다고 착각하는 집착을 말한다. 아집我執과 같은 뜻이다.
19 대아大我 : ⓢ parmātman, mahātman. 인아의 집착을 떠난 자아로서 『大般涅槃經』에서 말하는 상常·낙樂·아我·정淨이라는 네 가지 덕(四德) 중의 아와 통한다. 열반에서 성취된 근본적인 자아로서 무아無我와 다르지 않고 자유자재한 속성을 지닌다. 부처님의 별명이기도 하며, 인아의 견해를 없애고 모든 중생을 포괄하여 이익을 주는 보살의 진실한 자아를 가리키기도 한다. 『大般涅槃經』 권23(大12, 502c15), "대아가 있으므로 대열반이라 하고, 열반에서 성취된 무아의 경지는 완전한 자재함이므로 대아라 한다.(有大我故, 名大涅槃, 涅槃無我大自在故, 名爲大我.)"; 『大日經疏』 권16(大39, 749c24), "대아란 부처님의 별명이다.(大我者, 佛之別名也.)"; 『大乘莊嚴經論』 권7(大31, 626a4), "대의大義란 모든 중생에게 이익을 준다는 뜻이고, 대아란 모든 중생을 자기 자신으로 여긴다는 뜻이다. 여기서 보살은 자아에 집착하는 견해를 소멸하고 대아의 견해에 의지하여 중생에게 이익을 주는 일을 하게 되는 것이니, 이것을 가리켜 '대의는 대아에 의존한다.'고 한다.(大義者, 利益一切衆生故 ; 大我者, 以一切衆生爲自己故. 此中菩薩滅自我見, 依大我見, 作衆生利益事, 是謂大義依大我.)"
20 5척尺의 가죽 주머니(五尺皮囊) : 육신을 비유적으로 나타낸 말.

겹겹이 어지럽도록 푸르고, 가을 강물은 바닥까지 맑구나. 아득히 드넓은 하늘과 땅 사이에, 홀로 서서 바라보노라니 끝이 없도다!"[21]라고 하였다. 하하하! 이 무슨 뜻인가? 동서남북이 온통 나일 뿐이로다.

我者, 人我之我耶? 法身大我耶? 人我之我外, 更無法身大我也. 則五尺皮囊, 橫踏三界, 從何處轉何處, 則周羅法界, 唯自一人. 古德云, "春山疊亂靑, 秋水漾虛碧. 寥寥天地間, 獨立望何極!" 阿[1)]呵呵, 是什麽? 南北東西唯[2)]是我.

1) ⓦ '阿'가 병본에는 '呵'로 되어 있다.   2) ⓦ '唯'가 병본에는 '惟'로 되어 있다.

● 운문이 "내가 당시에 그 광경을 보았다면~천하의 태평을 도모했을 것이다."라고 한 말 : 세존께서 이와 같이 하신 말씀(天上天下唯我獨尊)이 난을 평정하여 정도正道로 돌아가게 함[22]으로써 태평성대를 이룬 것이지만 바람도 없는 데서 억지로 물결을 일으키려 하고 아무 일도 없는 상황에서 굳이 일을 만든 격이니, 난세의 영웅이면서 한편으로는 태평성대를 해치는 간교한 도적[23]이라는 뜻이다. 곧 운문의 기상은 왕과 같

---

21 설두 중현雪竇重顯의 말. 『雪竇語錄』 권2(大47, 679c14).
22 난을 평정하여~돌아가게 함(撥亂返正) : 혼란을 물리치고 바르게 다스려지는 상태로 돌려놓는 것. 변란의 뿌리를 뽑고 평정한 상황으로 돌아간다는 뜻이다.
23 난세의 영웅이면서~간교한 도적 : 후한 때의 허소許劭가 조조曹操에 대한 인물평으로 남긴 말로 유명하다. 곧 "그대는 태평시대에는 간사한 도적이요, 난세에는 영웅이 되리라.(君, 淸平之姦賊, 亂世之英雄.)"라고 하였다고 한다. 『後漢書』 권98 「許劭傳」 참조. 『黃龍語錄』 續補(大47, 637b5), "대중에게 말하였다. '미묘한 도리를 말하고 깊은 이치를 이야기한다면 이는 태평시대의 간교한 도적이요, 방을 휘두르고 할을 내지른다면 난세의 영웅일 것이다. 영웅과 간교한 도적, 그리고 방할과 현묘함, 모두 쓸데없이 남아도는 군더더기일 뿐이다. 나, 황벽 문하에서는 모두 써먹을 데가 전혀 없다. 말해보라! 황벽 문하에서는 무엇을 늘 써먹는가? 돌!(示衆云, '說妙談玄, 乃太平之姦賊 ; 行棒行喝, 爲亂世之英雄. 英雄姦賊, 棒喝玄妙, 皆爲長物. 黃檗門下, 總用不著. 且道! 黃檗門下, 尋常用箇甚麽? 咄!')"

앉으나 불법의 도리는 전혀 없었으니 본래 태평성대 자체이기 때문이다. 이것은 부처님께서 처음부터 마음에 품고 계시던 생각을 대신 펼친 것이다.[24] 그러므로 "이 깊은 마음으로~부처님의 은혜에 보답하는 것이라 한다."[25]라고 한 것이다.

雲門云我當時若見云云者, 世尊伊麽道, 撥亂返正, 致得太平, 無風起浪, 無事中起事, 是亂世之英雄, 太平之奸賊也. 則雲門氣宇如王, 都無佛法道理, 則本太平也. 此暢佛本懷也. 故云, "將比[1]深心, 至佛恩."

1) ㉮ '比'가 을본·병본에는 '此'로 되어 있다. ㉯ '此'로 바로잡아 번역하였다.

● 또한 장경 초각長慶超覺 대사는 법좌에 올라앉아 잠깐 침묵하고 있다가 "기틀을 남김없이 보여 그대들이 자세히 살피도록 해 주었으니,[26] 귀머거리나 벙어리와 같이 되어야 비로소 깨달음의 실마리가 드러날 것이다."[27]라고 하였다.

又長慶超覺大師, 上堂, 良久云, "盡其機, 與伊相著,[1] 如聾若啞, 始露頭角."

1) ㉮ '著'이 을본·병본에는 '看'으로 되어 있다.

---

24 세존께서 이와~펼친 것이다 : 세존의 '천상천하 유아독존'이라는 말씀은 처음부터 어떤 분별의 단서도 없는 화두였고 운문은 바로 그 본의를 보여 주기 위하여 그렇게 말하였다는 뜻.
25 『楞嚴經』에서 제자 아난이 부처님의 덕을 찬탄한 게송을 생략하여 표현한 말. 『楞嚴經』 권3(大19, 119b15), "이 깊은 마음으로 무수하게 많은 불국토를 받드노니, 이것을 일러 부처님의 은혜에 보답하는 것이라 한다.(將此深心奉塵刹, 是則名爲報佛恩.)"
26 기틀을 남김없이~해 주었으니 : 잠깐 침묵하고 있었던 순간에 바로 자신의 기틀을 모조리 드러냈다는 뜻.
27 귀머거리나 벙어리와~드러날 것이다 : 언어에 의존하지 않고 말로 표현할 수도 없는 언어 이전의 그 경계에 이르러야 깨달음의 실마리(頭角)가 드러난다는 뜻. 법좌에 올라앉아 잠깐 침묵하고 있었던 그 경계를 가리킨다.

● 또한 어떤 사람은 "운문이 제기하지 못했던 점을 시험 삼아 주석해 주겠다."라고 하며, 다른 어떤 사람은 이렇게 말한다. "알아차리면 발밑의 일이다. 곧 람비니藍毘尼[28] 꽃동산(花園)의 무우수無憂樹 아래에서 모친의 오른쪽 옆구리로부터 탄생하여 꼿꼿하게 섰을 때가 첫 번째인 의륜意輪으로 잠깐 침묵하는 문(良久門)이며, 두루 일곱 걸음 걷고 하늘과 땅을 가리킨 것은 두 번째인 신륜身輪으로 뛰어난 작용을 나타낸 문(頭角作用門)이며, 하늘 위와 하늘 아래 홀로 존귀하다고 한 것은 세 번째인 구륜口輪으로 언설문言說門이다. 그러므로 해인海印이 '왕궁에 강림하자마자 본래의 모습을 보이셨는데.'라고 시작하는 게송을 읊었던 것이다." 또한 어떤 사람은 이렇게 말한다. "'세존께서 태어나셨을 때'라고 한 것은 총괄하는 구절(撼句)이고, '일곱 걸음 두루 걸으셨다'라고 한 것은 한 몸으로 시방세계에 모두 응한 것이니 본체에서 작용을 일으킨 것이며, '사방을 둘러보았다'라고 한 것은 사방을 모두 한눈에 모은 것이니 작용을 거두어 본체로 돌아간 것이다. '한 손으로는 하늘을 가리키고 한 손으로는 땅을 가리켰다'라고 한 것은 하늘을 떠받들고 땅을 받쳐 올린 것이니 중간 구절이고, '하늘 위와 하늘 아래'라고 운운한 것은 말후구이다." 이 해설은 각 문구를 푸는 솜씨가 교묘하고 해설의 뜻이 원만하게 갖추어져 있으나, 염송가拈頌家들이 드러낸 것에는 이러한 말은 없다. 아마도 제멋대로 단정하고 생각을 짜낸 해설인 것으로 보인다.

又, "雲門提不起, 試註過與." 又, "認着卽脚之事, 則藍毘[1]尼花, 無憂樹下, 從母右脇誕生, 端然立地時, 第一意輪, 良久門 ; 周行云云指地, 第二身輪,

---

[28] 람비니藍毘尼 : ⓢ·ⓟ Lumbinī. 선각왕善覺王(ⓢ Suprabuddha)이 자신의 부인을 위하여 람비니에 세운 화원花園으로 부처님의 탄생지이다. 중인도 구리拘利와 가비라위迦毘羅衛 사이에 위치한다.

頭角作用門;天上天下至尊者,第三口輪,言說門. 故海印頌云,'才降王宮示本然'云云也." 又, "才生下時,摠句;周行七步,一身應於十方,則從體起用;目顧四方,四方共於一目,則攝用歸體;一手云云者,撑天撑地,則中間句也;天上天下云云者,末後句也." 此說釋文巧妙,說義圓備, 然於拈頌家發揚無此論. 恐是臆斷圖度之說.

1) ㉘ '毘'가 을본에는 '毘'으로 되어 있다.

대홍 보은大洪報恩의 송 大洪恩頌

동·서·남·북	東西南北
상·하와 사유²⁹로다	上下四維
하늘은 높고 땅은 두꺼우며³⁰	天高地厚
토끼는 뛰고 까마귀는 난다³¹	兎走烏飛
성도했을 당시 마가다국의 법령³²에서	當時摩竭令
눈앞에 드러난 기틀을 거의 잃어버릴 뻔했구나³³	幾喪目前機

---

29 사유四維 : 사우四隅라고도 한다. 동서남북 사방四方의 사이에 해당하는 간방間方으로서 동남·서남·동북·서북의 방위를 가리킨다. 또는 사방과 같은 말로도 쓴다. 사방과 사유와 상하를 합하여 시방十方이 되며, 이것은 공간적으로 본 세계 전체를 나타낸다.

30 하늘은 높고 땅은 두꺼우며(天高地厚) : 『詩經』에 나오는 말이다. 『詩經』「小雅」〈正月〉, "하늘이 아무리 높다 해도, 몸을 굽히지 않을 수 없고, 땅이 아무리 두껍다 해도, 조심해서 걷지 않을 수 없다.(謂天蓋高, 不敢不局;謂地蓋厚, 不敢不蹐.)"

31 토끼는 뛰고 까마귀는 난다(兎走烏飛) : 땅에서 뛰는 토끼는 음陰으로서 달(月)을, 하늘을 나는 까마귀는 양陽으로서 해(日)를 상징한다. 세월이 끊임없이 흐르는 시간상의 변화를 나타낸다.

32 마가다국의 법령(摩竭令) : 부처님이 마가다국에서 성도한 뒤 삼칠일 동안 아무 말씀도 하지 않은 것. 이를 마갈엄실摩竭掩室이라 한다. 마갈이란 마가다摩竭陀([S] Magadha)의 음사어 중 하나. 궁극적인 도리는 말로 표현할 수 없다는 언어도단言語道斷의 도리를 나타내는 대표적인 고사 중 하나로 쓰인다. 이것은 불이법不二法에 대하여 아무 말도 하지 않았던 유마거사의 침묵(杜口毘耶)과 대칭되는 구절이다.

33 성도했을 당시~잃어버릴 뻔했구나 : 제1구에서 제4구까지의 구절에 나타난 모든 세간의 현상은 탄생 이전이나 이후나 항상 드러나 있는 기틀이며 이것이 진실인데, 성도하신 뒤의 침묵에 무슨 깊은 뜻이 있을 것으로 생각하여 그것을 알지 못할 뻔했다는 뜻

부처님이 49년[34] 동안 거듭 설명하셨으나 　　　　四十九年重指注
페르시아 사람[35]은 원래 곤륜아[36]일 뿐이다 　　　波斯元是崑崙兒

대홍이 일어나서 큰 소리로 말하였다. "석가노자께서 오셨다!" 다시 좌우로 살펴보고 말하였다. "시자야, 차를 달여[37] 오거라!"

師乃起立高聲叫云, "釋迦老子來也!" 復左右顧視云, "侍者, 點茶來!"

[설화]

○ 동·서·남·북~까마귀는 난다 : '이 법은 법의 위치에 머문다.'[38]라는 뜻이다.

이다.
34　49년 : 부처님이 성도한 후 중생을 제도하기 위해 설법한 기간을 말한다.
35　페르시아 사람(波斯) : '파사波斯'는 페르시아의 음차이다.
36　곤륜아崑崙兒 : 곤륜자崑崙子·곤륜노崑崙奴라고도 한다. 중국의 서쪽 즉 페르시아 지역을 비롯한 중앙아시아 일대(곧 서역)의 이민족을 중국인들이 낮추어 부르는 말이다. 곱슬머리에 까만 피부(卷髮黑身)가 특징이다. '페르시아인'과 '곤륜아'는 말만 다를 뿐 가리키는 대상이 같은 것처럼 49년 동안 부처님께서 지시한 다양한 가르침은 '눈앞에 드러난 기틀' 바로 그것에 귀착된다는 뜻이다.
37　차를 달여(點茶) : 점다點茶는 차 마시는 방법 중 하나. 분말차에 물을 붓고 조리(茶筅)로 저어서 거품을 걷어 내고 마신다. '점點'은 풀잎을 가루로 부순다(草葉壞)는 뜻이다. 이것으로 볼 때 점다는 본래 분말차와 관련된 말이었음을 알 수 있다. 부수지 않은 찻잎은 엽차葉茶라고 하는데, 이것을 물에 넣고 끓이는 방법도 이전의 언어 습관을 따라 '점다'라 한다. 『禪林象器箋』 권17(禪藏, 1286), 「문공가례」에서 말하였다. '……옛날 사람들은 차를 마실 때 가루로 된 찻잎(粉末)을 이용했다. 점다라는 말은 먼저 말차末茶를 다기에 넣은 뒤에 끓인 물을 붓고서 냉수를 떨어뜨리면서 조리를 이용해 골고루 섞는다는 뜻이다. 요즘 사람들은 물을 끓여 엽차를 달이는데, 이것도 여전히 점다라고 하는 이유는 남아 있는 옛날 말을 그대로 따르기 때문이다.(文公家禮云, '……古人飮茶用末. 所謂點茶者, 先置末茶于器中, 然後投以滾湯, 點以冷水, 而用茶筅調之. 今人燒湯煎葉茶, 而此猶云點茶者, 存舊也.')'
38　『法華經』 권1 「方便品」(大9, 9b10). 부처님이 세상에 나타나시거나 나타나지 않거나 간에 관계없이 상주불변하는 진리를 나타내는 말. 제법실상諸法實相과 같은 뜻이다.

○ 성도했을 당시~거의 잃어버릴 뻔했구나 : '세간의 차별상도 항상 머물러 있다.'[39]라는 뜻이다.
○ 부처님이 49년 동안~곤륜아일 뿐이다 : 모든 사람이 각자 본래부터 성취하고 있음을 뜻한다.[40] 옛날 그대로 변함없이 눈은 가로로 붙어 있고 코는 세로로 붙어 있다[41]는 도리를 49년 동안 거듭 설명했다는 뜻이다.
○ 일어나서 큰 소리로 말하였다~석가노자께서 오셨다 : 다만 마지막으로 궁극적인 한마디를 하고자 했던 것이다.[42]
○ 시자야, 차를 달여 오거라 : 이 도리를 아직 뚜렷하게 알아차리지 못해서 다시 건넨 말이다.[43]

大洪 : 東西至烏飛者, 是法住法位也. 當時至目前機者, 世間相常住也. 四十至崑崙兒者, 人人箇箇, 本成本[1]就也. 依舊, 眼橫鼻直, 則四十九年, 重指注也. 起立至來也者, 只要末後道得也. 侍者點茶來者, 是道理未惺惺地也.

1) ㉠ '本'이 을본·병본에는 없다.

해인 초신海印超信의 송 海印信頌
왕궁에 강림하자마자 본래의 모습을 보이셨는데　　　纔降王宮示本然

---

39 세간의 모든 차별상이 그대로 실상과 통한다는 뜻.
40 『法華經』의 구원성불久遠成佛 사상에 입각한 해설이다. 부처님은 현세에 보리수 아래에서 비로소 성불한 것이 아니라 오래전 과거세에 이미 성불했다는 구원성불설을 모든 사람에게 적용한 말이다.
41 안횡비직眼橫鼻直은 분명히 일상의 그 어디에나 드러나 있어 아무도 부정하지 못하지만 분별하여 그 이유를 설명할 수 없는 본분의 이치를 나타낸다. 『白雲守端廣錄』 권1(卍120, 400b17), 『宏智廣錄』 권9(大48, 111b25) 등에 나온다.
42 '석가노자께서 오셨다'라는 말은 말후구末後句 곧 궁극적인 화두로서 제시한 것이라는 뜻이며, 눈앞의 기틀을 직접 보여 준 것이다.
43 바로 앞에서 한 말후구를 알아차리지 못해서 또다시 '차를 달여 오라!'며 '눈앞의 기틀'을 제시했다는 뜻이다.

일곱 걸음 두루 걷고서 다시 선언하시는구나	周行七步又重宣
하늘을 가리키고 땅을 가리켰건만 어떤 자도 알아차리지 못하고	指天指地無人會
오직 우레와 같은 소리만 대천세계⁴⁴에 울려 퍼지네	獨震雷音徧大千
당시 달갑지 않게 여기던 자가	當時若有不甘者
취모검⁴⁵을 빼어 들었다면, 누가 감히 앞으로 나섰으랴	略擧吹毛孰敢先

[설화]

○ 본칙 설화에서 이미 이 송의 뜻을 풀었다.
○ 당시 달갑지 않게~누가 감히 앞으로 나섰으랴 : 운문이 개에게 먹이로 주겠다는 취지와 같다. 뒤에 나오는 보녕 인용保寧仁勇의 송도 이런 뜻이다.

海印 : 話中已消釋. 當時至孰敢先者, 雲門與狗子喫却之義也. 下保寧勇頌, 亦此義也.

정엄 수수淨嚴守遂의 송⁴⁶ 淨嚴遂頌

봄기운을 받아 위도 아래도 온통 곱디곱고	承春高下盡鮮姸

---

44 대천세계大千世界 : ⑤ mahāsāhasra-lokadhātu, ⑫ mahāsahassa-lokadhātu. 인도의 우주관. 고대 인도인들은 사대주와 해·달 그리고 제천諸天을 하나의 소세계小世界라 하고, 천 개의 소세계를 합하여 소천세계小千世界라 하였다. 또 천 개의 소천세계를 합하면 중천세계中千世界가 되고, 천 개의 중천세계를 합하면 대천세계가 된다. 보통 대천세계라 하면 사람이 사는 다양한 모든 세계의 모습을 가리킨다. 소천·중천·대천을 모두 들어서 삼천대천세계三千大千世界라 한다.
45 취모검吹毛劍 : 칼날에 머리카락을 대고 바람을 불면 잘려 나갈 정도로 예리한 칼이다. 어떤 말과 행위도 받아들이지 않는 본분의 수단을 나타낸다.
46 밤과 낮 그리고 사방 어디나 눈에 보이고 귀에 들리는 소식으로 가득하지만 취하여 즐기는 찰나에 눈앞의 그 장면을 모르고 지나친다는 취지의 송.

비 내린 뒤 교목 숲에는 두견새가 우는구나	雨過喬¹⁾林叫杜鵑
인적 드문 그림 같은 누각의 달 밝은 밤에	人靜畫樓明月夜
취해 노래하고 흥겹게 마시는데 눈앞에 꽃잎 지네	醉歌歡酒落花前

1) ㉤ '喬'가 갑본에는 '𠐴'로 되어 있다.

보녕 인용保寧仁勇의 송 保寧勇頌

혼돈⁴⁷이 나누어지기 전에는 아무도 알아차리지 못했는데	混沌未分人未曉
하늘과 땅이 갈라지자마자 일이 은근히 드러났다네⁴⁸	乾坤纔剖事潛彰
타고난 기량으로 남다른 말과 행위를 능란하게 보였지만	天生伎倆能奇恠
그 시작부터 남에게 눌려서 한바탕 희롱을 당했도다⁴⁹	末上輸他弄一場

삽계 일익霅溪日益의 송 霅溪益頌

일곱 걸음 두루 걷고 온몸을 드러내니	周行七步露全身
천상과 인간 중에 비교할 자 없도다	天上人間¹⁾絶等倫
새벽에 떠나면 아무도 모른다 하지 말고	莫道早行人不見
게다가 통금 어기고 다니는 사람도 있음 알라⁵⁰	須知更有夜行人

---

47 혼돈混沌 : 천지와 만물이 나누어지기 이전의 무차별한 상태. 여기서는 세존이 탄생하기 이전, 또는 어떤 말과 소식도 드러내기 이전의 상황을 비유적으로 나타낸다. 부모로부터 태어나기 이전의 소식인 '부모미생전父母未生前'과 통한다. 『莊子』內篇「應帝王」에 나오는 말이다.
48 하늘과 땅이~은근히 드러났다네 : 모태에서 탄생한 다음, 사람들의 분별과 말을 촉발하게 되었다는 뜻.
49 타고난 기량으로~희롱을 당했도다 : 그 언행은 대단히 탁월했지만 운문에게 의중을 간파당했다는 말. 운문이 부처님의 뜻을 바르게 알아차렸다는 뜻이다.

1) ㉮ '開'이 갑본에는 '間'으로 되어 있다. ㉯ 통용자이므로 이하에서는 교감주를 붙이지 않는다.

자수 회심慈受懷深의 송 慈受頌

한 번의 쇳물로 주물해 낸 쇠 탄알이여	一火鑄成金彈子
둥글둥글하여 집게와 망치로 다듬을 필요도 없네	團圝都不費鉗鎚
집어 들고 만 길 봉우리에서 쏘아	拈來萬仞峯頭放
하늘 끝 흰 봉황51을 맞혀 떨어뜨리리	打落天邊白鳳兒

취암 사종翠嚴嗣宗의 송 翠嵒宗頌

천 년 묵은 돌호랑이 기린을 낳으니52	千年石虎産麒麟1)
외뿔 달린 온몸이 오색으로 번득이네	一角通身五彩明
황금 자물쇠와 옥 빗장53 모두 잡아 끊고서	金鎖玉關渾掣斷
비로자나불 법계에서 북 울리며 전투를 벌이네54	毗盧界內鼓煙塵

1) ㉮ '麒麟'은 갑본에 '猉獜'으로 되어 있다.

---

50 새벽에 떠나면~있음 알라 : 야간 통행을 금지하는 법을 어기고 밤중에 돌아다닌 자는 운문을 가리킨다. 부처님의 남다른 언행은 법을 지키고 통금이 해제되었을 때 가장 빨리 떠난 것에 비유된다. 탁월한 것으로 위장한 부처님의 언행은 법과 같은 어떤 금지의 틀도 인정하지 않는 운문에 의하여 화두로서의 정체를 드러냈다는 암시이다. 금지의 법을 벗어나는 방식이 격외格外이자 파격破格이다. 『雲門廣錄』권중(大47, 562c6), "새벽같이 일어났다고 생각했는데, 또한 통금을 어기고 돌아다니는 사람도 있다.(謂言侵早起, 更有夜行人.)" '뛰는 놈 위에 나는 놈 있다'는 속담처럼 재주가 뛰어나더라도 그보다 더 뛰어난 사람이 있다는 뜻을 갖는다.
51 흰 봉황(白鳳兒) : 뛰어난 인물을 가리킨다. 여기서는 부처님을 비유한다.
52 천 년~기린을 낳으니 : 천 년 전에 부처님이 제시한 관문關門을 기린과 같이 탁월한 운문이 타파하였다는 뜻이다.
53 황금 자물쇠와 옥 빗장(金鎖玉關) : 금과 옥으로 만들어진 귀한 물건이지만, 가두고 막는 장애에 불과하다. 부처님이 영웅적이고 귀한 언행을 전한 듯하지만 사실은 뚫고 나가야 하는 화두로 설정한 것이므로 그대로 따른다면 그것에 속박될 뿐이다.
54 북 울리며 전투를 벌이네 : 부처님을 부정한 운문의 평가에 대해 한 판의 승부를 펼쳤다는 말로 표현한 것이다. 고鼓는 전투를 할 때 사기를 진작시키기 위해 울리는 북, 연진煙塵은 전장戰場에서 일어나는 연기와 먼지이다.

불과 극근佛果克勤**의 송** 佛果勤頌

오른쪽 옆구리에서 금빛 몸[55]으로 탄생하니	右脇誕金軀
아홉 마리 용이 향기로운 물을 뿜어 주었다[56]	九龍噴香水
위풍당당하게 사방으로 내딛는 걸음마다	嶷嶷步四方
그 주변에 연꽃이 피어났다	周匝蓮花起
처음부터 근본적인 기틀[57]을 베풀었으니	末上先施第一機
고상한 기풍은 예부터 지금까지 늘 드높았다	高風亘古鎭巍巍
당시에 그 뜻을 알아차린 자가 있었다면	當時有箇承當得
대수롭지 않게 그 낮도둑[58]을 사로잡았을	等閑擒下白拈賊 咦

---

55 금빛 몸(金軀) : 금신金身이라고도 한다. 부처님의 몸은 황금색의 금색신金色身으로 인식되는데, 황면노자黃面老子·황면구담黃面瞿曇·황면노黃面老·황두대사黃頭大士·황두노黃頭老·황두黃頭 등이라고도 한다. 불상을 황금색으로 도색하는 것도 같은 맥락이다.

56 아홉 마리~뿜어 주었다 : 『過去佛分衛經』(大3, 452b1), 『普曜經』 권2(大3, 494b1) 등에 나오는 이야기.

57 근본적인 기틀(第一機) : 그런 기틀을 알아차리는 최상의 근기를 뜻하기도 한다. 여기서는 어떤 분별의 방편도 통하지 않는 세존의 화두를 가리킨다. 간화선의 관점에서 보면, '천상천하 유아독존'이라는 말은 '근원적 자아' 등과 같은 관념을 나타내는 말이 아니다. 이 게송을 읊은 원오 극근의 다음 말에 그 뜻이 드러난다. 『圜悟語錄』 권13(大47, 774a3), "만일 근본적인 기틀로써 학인을 가르친다면 단지 그에게 '우적迂, 남의 집 종노릇이나 할 놈아!'라고 말하는 것으로 충분하다. 그대가 '이와 같은 일은 어떤 뜻인가?'라 묻는다면 더 이상 가르칠 방편이 없다. 단지 어떤 뜻이나 도리도 없어서 말로 설명하기 어려울 뿐이다. 만일 이 말에 대하여 그 자리에서 알아차리고 더 이상 헤아리지 않는다면 백수자·마삼근·일구흡진서강수 등의 화두와 조금도 차별이 없을 것이다.(若是第一機爲人, 只消向他道, '于迪, 客作漢!' 爾問, '與麼事作麼?' 更無方便. 只是沒義理難話會. 若於此直下承當去, 更不擬議, 則與柏樹子, 麻三斤, 一口吸盡西江水, 更無差別.)"

58 낮도둑(白拈賊) : 대낮에 남의 물건을 훔치는 도둑. 대낮에 도둑질을 하려면 재빨라야 하고 아무런 흔적도 남기지 않은 채 달아나야 한다. 문답하는 상대의 마음을 잘 포착하여 자신의 선기禪機를 전광석화와 같이 발휘하고, 어떤 자취도 남기지 않는 뛰어난 종사를 비유적으로 나타내는 말이다. 여기서는 부처님을 비유한 말이다. 『碧巖錄』 30則 「本則 評唱」(大48, 169c9), "이 노스님은 마치 낮도둑과 아주 흡사하여 누구든 입만 열었다 하면 그 눈동자를 바꾸어 놓았다.(這老漢, 大似箇白拈賊相似, 爾纔開口, 便換却爾眼睛.)" 『景德傳燈錄』 권12 「臨濟傳」(大51, 290c22), 『雪竇語錄』 권1(大47, 676c6) 등

것이다⁵⁹ 이!⁶⁰

장령 수탁長靈守卓의 송 長靈卓頌

일곱 걸음 두루 걷고 스스로 존귀하다고 거들먹거려 　周行七步便稱尊
집안의 추한 꼴 문밖으로 새 나갔으니 어찌 　　　　　家醜那堪放出門
참으랴⁶¹
어머니 배 속에서 벌써 중생제도를 마쳤다고 하니 　只向母胎度人畢
한 대 칠 때마다 선명하게 자국 나도록 때려 　　　也須一棒一條痕
주었어야 하리라⁶²

대혜 종고大慧宗杲의 송 大慧杲頌

늙은이가 태어나자마자 바쁘게 허둥대며 　　　　老漢纔生便着忙
일곱 걸음 걷는 모습 미치광이 같았다네⁶³ 　　　周行七步似顚狂

　　에도 나오는 말이다.
59 당시에 그~사로잡았을 것이다 : 부처님이라는 낯도둑의 속셈을 포착하는 또 하나의 낯도둑을 가리킨다. 원오는 다른 곳에서 다음과 같이 말한다.『圜悟語錄』권19(大47, 805a7), "도둑이라야 도둑을 제대로 알아보고, 또 하나의 쐐기로써 박힌 쐐기를 뽑는다.(是賊識賊, 以楔出楔.)"
60 이야! : 주의를 끄는 말이다. 운문의 삼자선三字禪이 잘 알려져 있다.『人天眼目』권2(大48, 312b15), "운문은 학인을 만날 때마다 뚫어져라 돌아보고(顧)는 '비추어 보라(鑑)!'라고 하거나 '이야!'라고 외쳤는데, 기록하는 자가 (동작과 말을 하나로 섞어서) '고감이 顧鑑咦'라고 적었다.(師每見僧, 以目顧之, 卽曰鑑, 或曰咦, 而錄者曰, '顧鑑咦.')"
61 집안의 추한~어찌 참으랴 : '집안의 보기 흉한 꼴(家醜)'이라 하여 대체로 가풍이나 종풍을 겸손하게 지칭하는 말로 쓰인다. 세존의 언행을 그대로 허용(放)하지 않는 부정의 형식이지만, 동시에 집안의 비밀이 그것에 들어 있다는 취지를 역설적으로 보여 준 말이다.
62 한 대~주었어야 하리라 : 이 말 또한 세존의 말을 그대로 받아들이지 않고 오로지 본분사本分事에 철저한 태도를 나타낸다. 장령 수탁이 다른 곳에서 "그대로 하도록 허용해서는 안 된다.(放過卽不可)"라는 선가의 상용 구절로 나타낸 말에도 그 뜻이 들어 있다.『長靈守卓語錄』(卍120, 311a3) 참조.
63 늙은이가 태어나자마자~미치광이 같았다네 : 미치광이처럼 보였으나 사실은 그렇지

| 무수히 많은 어리석은 남녀를 속이다가 | 賺他無限癡男女 |
| 눈뜬 채 당당하게 확탕지옥에 들어가네[64] | 開眼堂堂入鑊湯 |

죽암 사규竹庵士珪**의 송** 竹庵珪頌

노호[65]는 포태에서 나오지 않을 수 없었는데	老胡不免出胞胎
또한 사람들 앞에서 그렇게 할 줄도 알았다네	也解人前伊麽來
땅과 하늘을 가리키며 스스로 최고라 했으니	指地指天稱第一
중생은 사십구 년 동안 그 재앙 받게 되었네[66]	衆生四十九年災

백운 지병白雲知昺**의 송** 白雲昺頌

무우수[67] 아래 금빛 몸으로 태어나시어	無憂樹下誕金身
일곱 걸음 걸으시니 그 재주는 참신했다네	七步周行事斬¹⁾新
만나는 이들마다 아침 일찍 일어났다 하나	相見謂言侵早起
통금 어기고 다닌 사람 있는 줄 누가 알았으리오[68]	誰知更有夜行人

않다는 뜻이다. 이것이 '사似'라는 한 글자에 숨은 맥락이며 이하 제3구·제4구로 이어지며 분명해진다.

64 무수히 많은~확탕지옥에 들어가네 : 일부러 남들을 속이고, 자청하여 그 죗값을 치르러 지옥에 떨어졌다는 말. 일곱 걸음 걸은 기특한 행위는 남들을 함정에 빠뜨리는 선禪의 장치로서 속임수와 같다.

65 노호老胡 : 선종에서 부처님 또는 달마대사를 가리키는 말. '노老'는 존칭이고, 인도 출신이므로 '호胡'라 한다.

66 중생은 사십구~받게 되었네 : 스스로 최고라 한 선언을 말 그대로 받아들이면 재앙이 된다는 뜻이다. 부처님이 중생을 이끌기 위한 시험의 기틀로 이 말을 가설했다고 보는 것이 간화선의 안목이다.

67 무우수無憂樹 : ⓢ aśoka. 콩과에 속하는 상록교목. 가로수·방풍수·관상수로 심는다. 마야부인이 출산을 위해 친정으로 가던 도중, 룸비니동산에 피어 있던 이 나무의 꽃을 따려는 순간 오른쪽 옆구리에서 부처님을 출산하였다고 한다. 고통·근심(ⓢ śoka : 憂) 없이 순산하였기 때문에 이 나무를 무우수라고 불렀다.

68 통금 어기고~누가 알았으리오 : 주 50 참조. 세존이 남다른 재주를 부렸다고만 알 뿐, 그 속을 간파한 사람이 있다는 사실은 잘 모른다는 뜻이다. 여기서 통금을 어기고 다닌 사람은 운문을 가리킨다. 다음의 '석창 법공의 송'과 같은 취지이다.

1) ㉤ '斬'이 갑본에는 '漸'으로 되어 있다.

석창 법공石窓法恭의 송 石窓頌

인도[69]에서 쑥대 화살 한 발이 날아와	五天一隻蓬蒿箭
중국 백만 병사를 어지럽게 흔들었다네	攪動支那百萬兵
운문이 바른 법령을 제기하지 않았다면	不是雲門提正令
저울 눈금을 실물로 착각할 뻔했노라[70]	幾乎錯認定盤星

송원 숭악松源崇嶽의 송 松源頌

분명히 말하면 그것에 뿌리를 내리게 되거늘[71]	開口分明便埋根
하늘과 땅을 가리키며 홀로 존귀하다 말하네	指天指地獨稱尊
무리를 이루고 떼를 지어 남을 따라 움직이니	成群作隊隨他轉
자기대로 생각이 있는 사내가 몇 명이나 될까	幾箇男兒有腦門

---

69 인도(五天) : 오천五天은 오천축국五天竺國을 말한다.
70 저울 눈금(定盤星)을~착각할 뻔했노라 : 정반성定盤星은 저울대의 첫 번째 눈금으로, 곧 기준이 되는 영점零點을 말한다. 저울의 눈금이 저울에 매달린 사물 자체가 아니듯 이 밖으로 드러내는 언어 등의 수단과 방편은 진실 그대로가 아니다. 운문이 부처님의 언행(저울 눈금)에 숨은 뜻(실물)을 간파해 내지 않았다면 그 표피적인 측면에 현혹되었을 것이라는 뜻으로 쓰였다. 『圜悟語錄』권9(大47, 751c16), "당장에 정情에 얽매인 분별을 떨쳐 버려 한 생각도 일어나지 않으면, 본지풍광本地風光을 증득하고 본래면목本來面目을 깨달을 것이다. 그런 다음에는 산은 산이요 물은 물이며, 승僧은 승이고 속俗은 속이리라. 그러나 저울 눈금을 실물로 착각해서는 안 되니 더 나아가 끈끈하게 붙은 것을 풀고 묶인 줄을 제거하여 주는 향상의 기관이 남아 있음을 알아야 한다.(直下擺脫情識, 一念不生, 證本地風光, 見本來面目. 然後, 山是山, 水是水 ; 僧是僧, 俗是俗. 雖然, 莫錯認定盤星, 更須知有解黏去縛上機關始得.)"
71 뿌리를 내리게 되거늘 : 활을 쏠 때 두 발을 버티고 서는 살받이터를 '타근垜根'이라고 한다. 일정한 지점이나 대상에 뿌리를 내려 근거지로 삼는 것으로서 여기서는 인식의 근거를 말한다. 결정적으로 말해 버리면 그것을 인식의 근거로 삼아 집착한다는 뜻이다. 『眞覺國師語錄』(韓6, 20a15), "보고 듣는 대상에 뿌리를 내리고 알아차리려 하지 마라.(莫向見聞處埋根)"

무진거사의 송 無盡居士頌

일곱 걸음 두루 걷고서 하늘을 가리켰으니	七步周行手指天
납승[72]의 방棒에 목숨 보전하기 어렵겠구나	衲僧棒下命難全
모태에서 나온 뒤 무슨 일을 해냈는가	母胎出後成何事
어찌 염부제[73]로 내려오기 전보다 나았으랴	爭似閻浮未降前

열재거사의 송 悅齋居士頌

힘겹게 기어서 모태로부터 나오자마자	匍匐方纔出母胎
금빛 연꽃 위에서 곡조[74]에 맞춰 춤추었네	金蓮花上舞三臺
당시엔 한 박자도 이해한 사람이 없었으니	當時一拍無人會
모두 홀로 존귀하다는 말에 묻혀 버렸다네	惣向稱尊獨處埋

〔설화〕

○ 열재거사의 의중은 다음과 같다. 세존이 이처럼 한 언행은 온 세상 사람들이 한꺼번에 두루 맞이했기 때문이니, '아름다운 춤이라면 반드시

---

72 납승衲僧 : 납의衲衣를 입은 스님. 납자衲子라고도 한다. 납의는 누덕누덕 기운 옷으로, 낡은 헝겊을 모아 빨아서 바늘로 기운 옷이다. 스님이 자신을 겸칭하는 말로 쓰며, 조사선에서는 본분을 철저하게 추구하는 수행자라는 뜻으로 쓰인다.
73 염부제閻浮提 : ⓢ Jambu-dvīpa. 고대 인도의 세계관에서 남쪽 지역을 가리키는 이름. 수미산을 중심으로 하는 동서남북 네 개의 주洲 중에 남쪽에 위치하므로 남염부제南閻浮提라고도 한다. 섬부주贍部洲·남섬부주南贍部洲 등 이칭이 많다. 처음에는 인도를 비롯한 주변을 가리키는 말이었으나 후대에는 인간이 사는 세계를 염부제라고 통칭하게 되었다. 네 개의 주 중 가장 살기 힘든 곳이나, 부처님은 염부제에서만 출현한다. 『釋氏要覽』 권하(大54, 306a18), "염부제 : 섬부라고도 한다. 이 주의 이름이다. 미로산(수미산) 남쪽에 있기 때문에 남염부제라 한다. 『장아함경』에 '(그곳에 자라는) 염부제라는 나무에서 이름을 붙였다.'라고 한다.(閻浮提 : 又云, 剡部. 卽此洲名, 在彌盧山南, 故稱南閻浮提. 長阿含經云, '由閻浮提樹得名'也.)"
74 곡조(三臺) : 삼대三臺는 악곡樂曲의 이름이다. 고대에 세 개의 대臺를 만들어 놓고 박수를 치고 술을 권하며 부르던 노래에서 비롯되었는데, 일반적으로 곡조가 빠른 악곡을 가리킨다.

이러이러해야 한다.'[75]는 뜻에 해당하는 경우라는 것이다. 그렇기에 운문雲門의 '개에게 먹이로 주겠다.'는 말과 해인海印의 '당시 달갑지 않게 여기던 자가 취모검을 빼어 들었다면, 누가 감히 앞으로 나섰으랴!'라는 말과 보녕保寧의 '그 시작부터 남에게 눌려서 한바탕 희롱을 당했도다.'라는 말은 도리어 구운 벽돌로 바닥까지 꽝꽝 얼어붙은 얼음을 깨뜨리려는 것처럼 소용없었다는 말이다.[76]

悅齋意, 世尊伊麼, 是盡大地人, 一時普接, 所謂'妙舞應須'云云也. 然則雲門'與狗子喫却', 海印云, '當時若有不甘者'云云, 保寧云, '末上'云云, 反是, 焦磚打着連底凍也.

설두 중현雪竇重顯의 거

법안 선사가 '운문의 기세는 대단했으나 결국 불법佛法의 도리는 없었다.'라고 말하자 어떤 노숙이 운문을 대신하여 '증명할 사람이 없다고 생각했었다.'라고 말한 일화를 제기하고 별도로 말하였다. "의심할 것 없는 데서 걸려들었구나."

다시 이 화두[77]와 더불어 운문의 염을 제기하고서 말하였다. "곧바로 선상을 뒤집어엎었어야 했다."【법용이 말하였다. "설두도 다른 사람의 그릇된 점만 보았을 뿐이다."】[78]

---

75 아름다운 춤이라면~이러이러해야 한다 : 원오 극근圜悟克勤의 말을 생략한 것. 『圜悟語錄』 권2(大47, 721b3), "아름다운 춤이라면 반드시 두루 박수 받는 것을 자랑으로 삼아야 하고, 삼대의 곡조는 반드시 사대부 집안에서 열어야 한다.(妙舞應須誇遍拍, 三臺須是大家催.)"
76 설화에서는 열재거사가 세존의 편에 서서 세존이 펼쳐 보인 화두로서의 언행을 누구도 깨뜨리기 쉽지 않다는 뜻을 드러냈다고 본 것이다.
77 본서 2칙 본칙에 제시된 화두를 말한다.
78 법용의 말은 『雪竇語錄』에는 실려 있지 않으며 달리 전거를 찾을 수 없다.

雪竇顯, 擧法眼云, '雲門氣勢甚大, 要且無佛法道理.' 老宿代云, '將謂無人證明.' 別云, "鉤在不疑之地."

又擧此話, 連擧雲門拈, 師云, "便與掀倒禪床."【法湧云, "雪竇要且只見他非."】

〔설화〕

○ 법안이 본분을 고수하는 운문의 지나친 엄격함을 비판했다는 뜻이다.
○ 노숙이 대신 대답한 말 : 운문을 대신한 것이다. 곧 법안이 간파한 내용을 부정한 말이다.
○ 별도로 '의심할 것 없는 데서 걸려들었구나.'라고 한 말 : 호의적인 마음에서 나온 말이 아니다.
○ 다시 제기하고 '곧바로 선상을 뒤집어엎었어야 했다.'라고 한 말 : 운문이 비록 그렇게 말했지만, 그래도 반드시 뒤집어엎어서 운문의 말조차도 그대로 남겨 두지 않았어야 했다는 뜻이다.
○ 법용이 설두를 평가한 말 : 설두가 비록 다른 사람의 잘못을 보기는 했지만, 자기에게도 과오가 있음을 모른다는 뜻이니 운문을 긍정하여 세워 준 것이다.

雪竇 : 法眼嘖他太高峻生也. 老宿代云者, 代雲門也, 謂破法眼覰破也. 別云, 鉤在不疑之地者, 不是好心也. 又擧至掀倒禪床者, 雲門雖然伊麽道, 也須掀倒, 盖不存雲門也. 法勇[1]云, 雪竇云云者, 雪竇雖見他非, 不知自己有過, 扶起雲門也.

1) ㉠ '勇'은 병본에 '湧'으로 되어 있다.

낭야 혜각琅琊慧覺의 염

"운문이야말로 이 깊은 마음으로 티끌같이 무수한 국토[79]를 받들었다고 말할 수 있으니, 이런 것을 두고 부처님의 은혜를 갚았다고 하는 것이다."

瑯瑘覺[1]拈, "雲門, 可謂將此深心奉塵刹, 是卽名爲報佛恩."

1) ㉮ '覺' 다음에 갑본에는 '頌'이 있다.

> 설화

○ 본칙 설화 중에 이미 나왔다.

瑯瑘 : 話中已出.

금산 요원金山了元의 상당

이 공안과 더불어 운문의 염을 제기하고 말하였다. "법안 선사는 처음으로 운문의 말을 들었을 때 온몸에 땀을 흘리며 운문이 부처님을 비방했다고 잘못 생각했으나, 20년 후에 알아채고서는 크게 기뻐하며 법좌에 올라앉아 다시 제기하고 말하였다. '운문의 기상은 마치 왕과 같으나,[80] 결국 불법佛法의 도리는 없었다.' 운문이 이 말을 듣고 '나의 평생 공부가 저 절강 사람[81]에게 간파당하고 말았다.'라고 하였다." 금산이 평가하였

---

79 국토(刹) : 찰刹은 ⓢ kṣetra를 음사하여 줄인 말. 온전히 음사하면 차달라差呾羅·찰다라刹多羅·차다라差多羅·찰마리摩 등이며, 한역어는 土土·國國·處處·國土國土·전토田土 등이다. 『大明三藏法數』 권14(永182, 33b8), "찰은 범어 음사의 줄임말로 온전히 음사하면 찰마이고, 한역어는 토전이다. 여기서 찰토라 한 말은 한역어와 음사어를 아울러 든 것이다.(刹梵語, 具云刹摩, 華言土田. 此云刹土者, 華梵兼擧也.)"

80 기상은 마치 왕과 같으나(氣宇如王) : 부처님의 언행까지 뒤집어엎는 것이 마치 왕이 자신의 뜻대로 모든 것을 처리하는 기개와 같다는 말. 어떤 위세에도 눌리지 않고 자신의 견지를 고수하는 납승에게 일반적으로 요청되는 조건이다. 『虛堂錄』 권1(大47, 987c4), "다음 날 법좌에 올라앉아 '석가를 꾸짖고 미륵을 질책함은 납승들의 기상이 왕과 같기 때문인데 어째서 오늘은 풀 끈에 스스로 묶어 놓았는가?(無繩自縛)'라고 말한 뒤 불자를 치고서 말하였다. '불을 찾다가 연기도 함께 얻고, 샘물을 길으니 달까지 지니고 돌아온다.'(次日上堂, '呵釋迦叱彌勒, 衲僧家, 氣宇如王, 爲甚麽今朝, 草繩自縛?' 擊拂子, '覓火和煙得, 擔泉帶月歸.')"

81 절강 사람(浙子) : 절강성浙江省 출신의 사람이라는 뜻이다. 법안 문익法眼文益(885~958)이 그 지역 출신이기에 이렇게 말한다.

다. "법안이 비록 운문의 속뜻을 간파하기는 했지만, 운문의 긍정적인 측면을 드러내지는 못하였다. 나, 금산이 말하겠다. '사마귀는 (매미를 잡으려고) 앞에서 뛰는데 참새가 그 뒤를 쫓고, 장원莊園에 활을 멘[82] 사람은 사냥하느라 서리에 옷 젖는 줄을 모른다.'[83] 누군가 이 말을 바르게 점검해 낸다면, 나 역시 방망이 30대를 맞을 잘못이 있으리라."

金山元上堂, 擧此話, 連擧雲門拈, 師云, "法眼初聞, 直得通身流汗, 將謂雲門謗佛. 二十年後覷得, 身心大喜, 乃陞座擧云, '雲門氣宇如王, 且無佛法道理.' 雲門云, '我平生功夫, 被者浙子覷破.'" 師云, "法眼雖覷破雲門, 要且扶他雲門不得. 金山道, '螳螂前頭走, 黃雀續後隨, 園中挾彈漢, 不覺露濕衣.' 有人檢點得, 金山, 也有三十棒分."

설화

○ 법안이 비록 운문의 속뜻을 간파하기는 했지만, 운문의 긍정적인 측면을 드러내지는 못했다 : 반드시 운문의 긍정적인 측면을 드러내야 한다는 뜻이다.
○ '사마귀가 앞에서 뛴다'라는 말은 세존을 가리키며, '참새가 그 뒤를 쫓는다'는 말은 운문을 나타내고, '장원에 활을 멘 사람'은 법안을 말한다. 그런 까닭에 금산이 이렇게 한 말도 결코 그대로 받아들여서는 안 된다.
○ 누군가 이 말을~30대를 맞을 잘못이 있으리라 : 자신이 앞에서 긍정하지 않은 것 또한 실實한 뜻이 아니라는 것이다.[84] 앞에서 '법안이 비록

---

82 활을 멘(挾彈) : 『戰國策』 「楚策」 4, "참새는 스스로 걱정이 없다고 생각하고 사람들과 싸우지 않는다. 그러나 공자와 왕손들이 왼쪽 어깨에 활을 메고 오른쪽 어깨에 탄알을 담고 다니는 줄을 모른다.(黃雀, 自以爲無患, 與人無爭也. 不知夫公子王孫, 左挾彈, 右攝丸.)"
83 주 125 참조.

운문의 속뜻을 간파하기는 했지만 운문의 긍정적인 측면을 드러내지는 못했다.'라는 뜻이다.

金山:法眼雖覷破雲門, 要且扶他雲門不得者, 要須扶起雲門也. 螳蜋前頭走者, 言世尊也;黃雀續後隨者, 言雲門也;園中挾彈漢者, 言法眼也. 則金山伊麽道, 並不肯也. 有人至棒分者, 前之不肯, 亦非實義也. 前之法眼, 雖覷破雲門, 要且扶他雲門不得之義也.

지해 본일智海本逸의 상당
"이 일에 대해서 말하자면, 마갈타국[85]에서부터 소실봉小室峯[86]과 조계曹溪[87]에 이르기까지 펼쳐진 땅이 손바닥과 같이 평탄하여 본래부터 먼지

---

84 선사의 말은 실實의 표면을 가장한 허虛이다. '실'로 확정되지 않으므로 또 다른 비판이 파고 들어올 '허'가 있는 셈이다. 부단하게 앞의 말을 활발하게 재생할 여지가 생기는 이유는 화두의 이러한 '허'에서 비롯된다. 따라서 금산의 비판도 결정된 요소가 있는 단정적인 주장명제가 아니다. 『虛堂錄』권9(大47, 1054b15), "법좌에 올라앉아 다음 문답을 제기하였다. 위산 화상이 앙산에게 물었다. '임제는「부싯돌 번득이는 빠르기로도 미치지 못하고 번갯불의 속도로도 따르지 못한다.」라고 하였는데 예부터 성인들은 어떤 법을 학인들에게 보였을까?' '화상께서는 어떻게 하시는지요?' '어떤 말이 되었건 모두 실한 뜻은 아니다.' '공적인 일로는 바늘 들어갈 틈도 없지만 사사롭게는 수레나 말도 통과한다는 말씀이로군요.' '그렇다, 그래!' 허당이 핵심을 집어내어(拈) 말하였다. '옳은 말이기는 옳은 말이다. 스승과 제자의 심기가 마치 물이 물에 들어간 듯이 서로 구분할 수 없을 정도로 하나로 어울렸다. 다만 세월이 벌써 지나가 오래되어 폐단이 될까 걱정된다. 이 폐단을 구제할 사람 있는가?' 주장자를 꼿꼿이 세웠다.(上堂, 擧, 潙山和尙問仰山, 「臨濟道, 「石火莫及, 電光罔迫.」從上諸聖, 以何法示人?' 仰山云, '和尙作麽生?' 潙云, '凡有言說, 皆非實義.' 仰云, '官不容針, 私通車馬.' 潙云, '如是, 如是!' 師拈云, '是則是. 父子投機, 如水入水. 惟恐歲月已過, 久而成弊. 莫有救得此弊者麽?' 卓主丈.)"
85 마갈타국摩竭陀國: 부처님 재세 시 인도 16대국 중 하나로, 비하르주州 남부를 중심으로 번영했던 왕국. 부처님이 성도한 후 교화를 펼치던 본거지이다. 마가다摩伽陀로도 음사하고, 무뇌해국無惱害國·무해국無害國 등으로 한역한다.
86 소실봉小室峯: 달마가 9년 동안 면벽수행한 곳이며, 이곳에서 2조 혜가慧可를 제자로 받아들였다. 중국 하남성에 있다.
87 조계曹溪: 육조 혜능이 주석하던 곳이다. 중국 광동성 소주에 있다.

하나 없고, 유리로 만들어져 있어 기름을 뿌려 놓은 듯이 미끄러우니, 누가 여기에 한 걸음인들 들여놓을 수 있겠는가? 그런데 2천 년 전에 호명護明이라는 보살[88]이 천궁天宮에서 본분을 지키지 않고 도솔천[89]을 떠나 염부제[90]로 내려와 정반왕[91] 궁전의 마야부인[92] 오른쪽 옆구리에서 태어났고, 아홉 마리 용이 향수를 뿜어 금빛 몸을 목욕시켜 주었다. 목욕을 마치고 보니 그 집안이 큰 부자인 데다 이 아이는 아주 예뻤는데, 유리 궁전에서 일곱 걸음 두루 걷고서~'하늘 위와 하늘 아래에 오직 나만이 존귀할 뿐이다.'라고 말하였다. 이런 다음 바닥에 넘어져 2천 년이 흐르도록 여러 대의 후손들 그 누구도 일으켜 세우지 못했지만,[93] 그중 오로지 운문 선사만이 용맹하게 발분하여 '내가 당시에 그 광경을 보았다면~천하의 태평을 도모했을 것이다.'라고 말했던 것이다. 법안이 이 말을 듣고 말하기를 '대단하신 운문이여![94] 부처님을 비방하지 마시오.'라고 하였다. 운

---

88 호명護明이라는 보살 : 석가모니불이 일생보처보살一生補處菩薩로서 도솔천에 머물렀을 때의 이름. 깨달음의 길로 가고자 하는 중생을 보호하고 그 길을 밝혀 주므로 '호명'이라는 이름을 얻었다.
89 도솔천兜率天 : [S] Saṁtuṣita, Tuṣita. 지족천知足天·묘족천妙足天·희족천喜足天·상족천上足天·희락천喜樂天 등으로 한역한다. 욕계 육천의 네 번째 하늘로서 미래에 부처가 될 보살의 거처이다. 도솔천에는 내원內院과 외원外院이 있는데 도솔천의 내원은 장차 성불할 보살이 머무는 곳으로 지금은 미륵보살이 머물면서 늘 설법을 하고 있다고 한다. 이곳 천인天人은 즐거움과 기쁨이 가득하여 그 생활필수품에 대하여 스스로 만족하고 팔정도에 대해서는 만족할 줄 모르고 닦는다. 여기서의 하루는 인간계의 400년에 상당하고, 수명은 4천 세이다.
90 염부제閻浮提 : 주 73 참조.
91 정반왕淨飯王 : [S] Śuddhodana. 가비라위성迦毘羅衛城([S] Kapilavastu)의 왕으로서 석가모니부처님의 생부이다.
92 마야부인 : [S] Mahāmāyā. 석가모니부처님의 생모.
93 2천 년이~세우지 못했지만 : 아무도 부처님의 본의를 간파하여 살려 내지 못했다는 뜻.
94 대단하신 운문이여(大小雲門) : 운문에 대한 법안의 이러한 평가는 이 공안에 대해서는 보이지 않고, 『景德傳燈錄』의 다른 문답에 보인다. 『景德傳燈錄』 권27(大51, 437b16), "운문 화상이 학인에게 물었다. '어디서 오는가?' '강서에서 옵니다.' 운문이 말하였다. '강서의 한 무리 노숙들은 여전히 잠꼬대로 살고 계시는가?' 학인은 대답이 없었다. 후에 어떤 학인이 법안에게 물었다. '운문의 뜻이 무엇인지 모르겠습니다.' 법

문이 반쯤 일으켜 세웠는데, 법안이 다시 밀어 넘어뜨렸다.[95] 지금에 이르기까지 일어나지 못하고 있으니 이 법회 중에 힘센 선객이 있는가? 좀 도와주시오." 잠깐 침묵하다가 말하였다. "만약 없다면, 다른 사람의 힘을 빌리는 것보다 내 스스로 하는 것이 낫겠다." 주장자를 세워 승상繩牀(禪牀)을 한 번 내리치고 "일어섰다! 지금 이후로는 보호하고 아껴서 다시는 넘어지게 하지 마라. 나 혼자 힘으로 어찌하겠는가?"라 하고, 다시 승상을 내리쳤다.

智海逸上堂云, "若論此事, 自摩竭陁國, 至小室峯前, 曹候[1]溪上, 地平如掌, 本絶埃塵, 瑠璃所成, 滑如油潑, 誰敢於中輒措一足? 然而二千年前, 爰有菩薩號曰護明, 不向天宮守本分, 上辭兜率下降閻浮, 於淨飯王宮, 摩耶夫人右脇降生, 九龍吐水, 沐浴金軀. 旣沐浴已, 其家巨富, 此子甚嬌, 向瑠璃殿上, 周行七步, 〈至〉唯我獨尊. 自玆倒地, 逮二千年, 積代兒孫, 扶持不起, 於中, 獨有雲門禪師, 勇猛發憤道, '我當時, 〈至〉天下太平.' 法眼聞之, 便謂, '大小雲門! 不合謗佛.' 雲門扶得一半, 又被法眼推倒. 直至于今, 更起不得, 此會之中, 莫有大力禪客? 略請相助." 良久云, "若無, 借人不如自下手." 乃拈拄杖擊繩床一下云, "起也! 而今而後護惜, 莫敎再倒. 智海獨力, 無如之何?" 復擊繩床.

1) ㉖ '候'는 연문衍文으로 보인다.

설화

○ 운문 편에 서서 운문의 뜻을 긍정적으로 일으켜 세웠다.

안이 말하였다. '대단하신 운문이여! 저 학인에게 감파당하고 말았구나!'(雲門和尙問僧, '什麼處來?' 曰, '江西來.' 雲門曰, '江西一隊老宿, 寱語住也未?' 僧無對. 後有僧問法眼和尙, '不知雲門意作麼生.' 法眼曰, '大小雲門! 被遮僧勘破!')

95 운문이 반쯤~밀어 넘어뜨렸다 : 운문이 간파한 뜻을 그대로 수긍하지 않고 법안이 다시 비판하여 운문의 뜻에 활기를 불어넣은 것이다.

智海:立在雲門邊, 扶起雲門意也.

장산 찬원蔣山贊元의 상당

"싯다르타[96] 태자가 모태에서 태어나자마자 한 손으로는 하늘을 가리키고 다른 한 손으로는 땅을 가리킨 다음, 일곱 걸음을 두루 걷고 사방을 둘러보며 대장부의 기개를 보여 사자후獅子吼를 내지르며 '하늘 위와 하늘 아래에 오직 나만이 존귀할 뿐이다.'라고 하였다. 이 어찌 '본분사는 남들로부터 얻을 수 없다.'는 뜻이 아니겠는가? 그때 온 나라 안의 사람[97]이 만약 각각 훤히 알아차렸다면, 호명 대사[98]는 어떤 기량을 발휘해야 했을까? 아! 근기와 인연[99]이 아직 온전히 성숙되지 않았으니, 어찌 선대의 부처님이 교화의 문을 세우지 않을 수 있었겠는가? 방편[100]을 설정하고 본보기가 되는 규범을 제시하며, 전도된 지견을 의도적으로 시행하고, 임시적인 계책을 사용한 것이다. 곧 가짜 성(化城)을 열어 피로하고 궁핍해진 무리들을 끌어들인[101] 격이고, 노란 잎을 쥐고 황금이라 속여서 우는 아

---

96 싯다르타(悉達) : ⓢ Siddhārtha. 출가 이전의 부처님 이름.
97 온 나라 안의 사람(率土之人) : 솔토지인率土之人은 솔토지빈率土之濱이라고도 한다. 온 나라 안 또는 온 나라 안의 사람이라는 뜻으로 『詩經』에 나오는 말이다. 『詩經』 「小雅」 〈北山〉, "온 나라 안에 왕의 신하가 아닌 자가 없네.(率土之濱, 莫非王臣.)"
98 호명 대사護明大士 : 대사는 보살(ⓢ bodhi-sattva)의 한역어. 주 88 참조.
99 근기와 인연(機緣) : 깨달음에 이르기 위하여 필요한 두 가지 계기. 곧 주관이 갖추고 있는 바탕(機)과 객관적인 조건(緣)을 말한다.
100 방편(漚和) : 구화漚和는 ⓢ upāya의 음사어. 흔히는 '구화漚和'로 쓰며, 방편이라고 한역한다.
101 가짜 성(化城)을~무리들을 끌어들인 : 법화칠유法華七喩 중 네 번째인 화성유化城喩이다. 『法華經』 권3 「化城喩品」(大9, 25c26) 참조. 길이 험난하면서도 500유순의 거리에 떨어져 있는 보물성에 가려고 사람들은 훌륭한 길잡이를 고용하였다. 길잡이의 인솔에 따라 길을 떠났지만, 사람들은 길이 너무나 험난하자 집으로 되돌아가려고 하였다. 이때 길잡이는 환술로 가짜 성(化城)을 만들고 사람들을 충분히 쉬게 하여 목적지인 보물성까지 무사히 인솔할 수 있었다. 여기서 훌륭한 길잡이는 부처님, 보물을 찾는 사람들은 중생, 환술로 만든 가짜 성은 부처님께서 방편으로 시설한 삼승三乘, 보배가 있는 곳은 일불승一佛乘을 상징한다.

이를 달랜¹⁰² 격이다. 그렇게 한 뒤에는 사람들이 진실한 믿음에 부합하여 근본적인 도를 곧바로 말할 수 있었기에 마침내 부처님께서 다자탑多子塔¹⁰³ 앞에서 (가섭에게 자신이 앉은 자리의 반을 내주었고,¹⁰⁴ 영취산靈鷲山에서 꽃 한 송이를 들어 보였을 때 가섭만이 미소 짓자¹⁰⁵) 정법안장¹⁰⁶과 열반묘심을 음광존자飮光尊者 가섭¹⁰⁷에게만 전한 것이다. 이로부터 인도에서 28대조¹⁰⁸가 법을 계승하고, 동토¹⁰⁹에서 6대조가 법의 불꽃을 이

102 노란 잎을~아이를 달랜 : 『大般涅槃經』「嬰兒行品」에 나오는 비유이다. 『大般涅槃經』 권20「嬰兒行品」(大12, 485c10), "아기가 마음을 쓰는 것은 이렇다. 어떤 아기가 울고 있을 때에, 부모가 노란 버들잎으로 달래어 말하기를, '울지 마라, 울지 마라. 네게 돈을 줄게.'라고 하면 아기는 그것을 보고 진짜 돈이라고 생각하고, 곧바로 그치고 울지 않는 것과 같다.(嬰兒行者, 如彼嬰兒啼哭之時, 父母卽以楊樹黃葉, 而語之言, '莫啼, 莫啼, 我與汝金.' 嬰兒見已, 生眞金想, 便止不啼.)"

103 다자탑多子塔 : Ⓢ bahuputraka-caitya. 중인도 베사리성吠舍釐城의 서북쪽에 있던 탑. 다자탑에 대한 설화는 여러 가지가 전하는데, 『高僧法顯傳』 권1(大51, 862a7)에는 부처님이 전생에 '활을 버린 곳'이라고 하여 탑을 세웠다고 하며, 『辟支佛因緣論』 권하(大32, 477b25)에는 어떤 장자가 60명의 자식들이 각각 결혼하여 우비고락憂悲苦樂을 일으키는 것을 관하여 벽지불도를 증득하자 벽지불의 권속들이 탑을 세웠다고 한다.

104 앉은 자리의 반을 내주었고(多子塔前半分座) : 가섭이 선종 전등의 초조初祖가 된 근거인 삼처전심三處傳心 중 하나이다. 위경僞經인 『大梵天王問佛決疑經』 권상「初會法付囑品」(卍87, 606b17)에 이 일화가 보인다.

105 영취산靈鷲山에서 꽃을~미소 짓자(拈花微笑) : 삼처전심 중 하나. 영취산 설법에서 부처님이 꽃송이 하나를 들어 보이자, 제자들이 모두 무슨 뜻인지를 몰라 어리둥절해하는데 가섭만이 미소 지은 일화에 근거한다. 본서 5칙 참조. 위경인 『大梵天王問佛決疑經』 권상「初會法付囑品」(卍87, 606a6)에 보인다.

106 정법안장正法眼藏 : 진리를 꿰뚫어 보는 눈. 선종의 초조 가섭이 부처님으로부터 전수받은 지혜의 눈. '정법'은 최상의 진리, '안'은 그 정법을 있는 그대로 관찰하는 눈, '장'은 모든 것을 간직하고 있다는 뜻. 줄여서 '정법안'이라고도 한다.

107 가섭迦葉 : Ⓢ Mahākāśyapa. 대가섭이라고도 한다. 부처님의 십대제자 중 한 명. 가섭은 씨족명에 해당하며, '음광飮光'이라고 한역한다. 대가섭은 인도 마가다국 왕사성에서 바라문 출신으로 태어났다. 항상 거친 옷과 거친 음식에도 만족하고 일편단심으로 수행에 몰두할 뿐 아니라 엄격한 계율로 두타행頭陀行을 하였고, 교단의 수제자로 존경을 받았다. 부처님으로부터도 인정을 받아, 부처님이 입멸한 후에는 500명의 아라한과 함께 아난阿難과 우파리優婆離에게 경률經律을 결집하도록 하였다.

108 28대조(四七) : 초조 가섭으로부터 보리달마에 이르는 28대 조사가 있었다는 설은 801년(정원 17) 성립된 최초의 전등록인 『寶林傳』에서 완성되었고, 그 뒤에 간행된 전

었으니, 천자의 가마(大駕)가 늠름하게 가는 길에 온갖 삿된 샛길이 어찌 끊어지지 않을 것이며, 아득히 흐르는 근원의 물이 모든 갈래 물길로 통하다가 어찌 바다에 모이지 않겠는가?"

蔣山元上堂云, "悉達太子, 纔離母胎, 一手指天, 一手指地, 周行七步, 目顧四方, 剖丈夫志, 作師子吼言, '天上天下, 唯我獨尊.' 豈非其事, 不從他得? 此時, 率土之人, 若能各各曉悟去也, 且護明大士, 更作什麽伎倆卽得? 噫! 奈以機緣未濟, 不免立先佛化門? 設歐和, 垂軌範, 施顚倒知見, 用權假機謀. 開化城, 接疲乏之徒；握黃葉, 誘悲啼之子. 爾後, 人符諦信, 道可昌言, 遂於多子塔前, 以至正法眼藏涅槃妙心, 獨付飮光尊者. 自此西天繼踵四七, 東土續焰二三, 得不大駕崢嶸, 截群邪之異徑；眞源渺漫, 通萬派以朝宗?"

설화

○ 세존 쪽에 서서 세존의 뜻을 일으켜 세웠다.

蔣山 : 立在世尊邊, 扶起世尊意也.

보림본寶林本**의 상당**

"갠지스강의 모래알과 같이 무수히 많은 고금의 방편 중에서 가장 기괴한 것은 바로 부처님[110]이 태어나자마자 '하늘 위와 하늘 아래에 오직 나만이 존귀할 뿐이다.'라고 한 말씀이다. 그러나 이 일시적인 방편을 내세우면서 마치 자신의 주변에 아무도 없는 듯이 오만방자하였다.[111] 그가 입

등록도 대체로 이 설을 받아들이고 있다.
109　동토東土 : 중국. 인도를 서천西天이라 부르는 말에 대한 대칭어.
110　부처님(老胡) : 주 65 참조.

을 열기 이전에는 남들의 의심을 사지 않을 수 없었는데, 막상 하나의 소식을 입 밖으로 드러내었을 때는 용의 머리에 뱀 꼬리를 단 것처럼 끝이 초라하게 되고 말았다.¹¹² 이제 그대들과 함께 마지막 구절¹¹³을 끊어 없애고, 그 말과는 다르게 결정적인 전기가 되는 한마디 말¹¹⁴을 던져 세상의 부처님 후손들이 모두 막힌 숨을 터뜨리도록 한다면, 이 어찌 통쾌하지 않겠는가!" 주변을 돌아보면서 "잘 살펴보라, 잘 살펴보라!"라고 하고 법좌에서 내려왔다.

寶林本上堂云, "古今方便, 如恒河沙, 最奇怪者, 是老胡纔生下, 〈至〉唯我獨尊. 然則一期方便, 大似傍若無人. 看他未開口已前, 不妨敎人疑着, 及乎吐露箇消息, 便乃龍頭蛇尾. 而今與伊截却末後句, 別着一轉語, 令天下

---

111 자신의 주변에~듯이 오만방자하였다(傍若無人) : 방약무인傍若無人은 현대에는 언행을 함부로 한다는 부정적인 의미로 쓰이지만 반드시 그런 뜻만 내포하고 있지는 않다. 『史記』「刺客列傳」에서는 형가荊軻를 형용하면서 이 말을 썼다. 다른 사람들의 이목에 구애되지 않고 자신 있는 그대로 표현하는 사람에게도 이 표현을 쓴다. 여기에서도 세존을 부정하는 뜻만을 담고 있지 않다. 『無門關』6則「評唱」(大48, 293c17), "황면구담은 자기 자신 이외에 아무도 없는 듯이 오만방자하였으니 양민을 눌러 천민으로 만들고 양머리를 내걸고 개고기를 팔았다.(黃面瞿曇, 傍若無人, 壓良爲賤, 懸羊頭賣狗肉.)"
112 막상 하나의~되고 말았다 : 그 말은 기특하고 신비한 듯이 보이지만 사실은 비판의 여지가 많이 남아 있다는 뜻이다. 이를 용두사미龍頭蛇尾라는 말로 표현한 것이다. 다만 주의할 점은 이 말이 반드시 부정적 의미만을 갖는 것은 아니며, 선어로 쓰일 때는 중의적 함의를 담는다는 점이다. 흔히 쓰는 이 말에 비판의 뜻을 담되 그 무엇도 확정적 의미로 가두지 않고 결론을 열어 두는 선어라는 점 역시 간과해서는 안 된다. 본서 326칙 본칙, 396칙 '지해 본일의 송', 485칙 '설두 중현의 염', 670칙 '설두 중현의 염', 750칙 '원오 극근의 소참', 775칙 '숭숭공의 송' 주석 참조.
113 마지막 구절(末後句) : 궁극적 진리를 나타내는 한마디. 여기서는 '하늘 위와 하늘 아래에 오로지 나만이 존귀하다.'라는 말을 가리킨다. 이 말을 끊어 없애고 당사자의 선기禪機를 드러내는 것이 선사로서의 본분이다.
114 결정적인 전기가~한마디 말(一轉語) : 상황을 반전시키는 결정적인 한마디의 선어禪語를 가리킨다. '하늘 위와 하늘 아래에 오로지 나만이 존귀하다.'라는 말을 부정하고 이 굴레에서 자유롭게 벗어날 수 있는 한마디를 나타낸다.

兒孫, 大家出氣, 豈不快哉!" 乃顧視左右云, "看, 看!" 便下座.

> 설화

○ 운문의 의중과 비슷하지만 운문의 의중과 다른 점도 있으니 그 뜻이 한 없이 깊고 넓다.[115]
○ 주변을 돌아보면서 "잘 살펴보라, 잘 살펴보라!"라고 한 말 : 세존께서 '나만이 존귀하다'라고 하였는데, 이는 모든 사람의 본분을 가리킨다는 뜻이다.

寶林義, 似雲門意, 亦非雲門意, 直得無限也. 乃顧視左右云看看者, 世尊云唯我獨尊, 此則諸人分上也.

운봉 문열雲峯文悅의 염

"운문에게는 비록 혼란을 평정하는 계책은 있었지만, 얽매인 몸을 벗어나는 통로[116]는 없었다."[117]

雲峯悅拈, "雲門, 雖有定亂之謀, 且無出身之路."

---

115 그 뜻이~깊고 넓다(直得無限) : 직득무한直得無限은 설화 특유의 용어이며, 상황에 따라 약간 달리 해석할 여지가 있다. 모든 언어와 분별의 한계를 벗어나게 된 것, 뜻이 한없이 깊고 넓은 것, 모든 제한과 한계를 벗어나 자유로운 경지가 된 것 등의 의미를 나타낸다. 여기서는 두 번째 의미이다.
116 얽매인 몸을 벗어나는 통로(出身之路) : 이 화두의 난관을 뚫고 나가 자유롭게 되는 길. 일반적으로 어떤 속박에서 벗어나 살아나는 활로活路를 말한다.
117 운문이 비록 '개의 먹이로 주겠다'라는 극언으로 '나만이 존귀하다'라는 화두에서 오는 혼란을 잠재우기는 했지만, 온전히 그 화두의 난관을 타개하는 통로를 열어 준 것은 아니라는 뜻이다. 운봉은 이 말 다음에 다음과 같이 말함으로써 자신의 말 또한 하나의 화두로 제시하였다. 『列祖提綱錄』 권4(卍112, 217a5), 『雲峰文悅語錄』 古尊宿語錄 40(卍118, 675a3), "만약 이 뜻을 가려낸다면 그 사람은 정수리에 진리를 보는 하나의 눈이 붙어 있다고 인정해 주겠다.(若也辨得, 許你頂門具一隻眼.)"

> [설화]

○ 글에 나타난 대로 뜻을 알 수 있다.

雲峯︰文見可知也.

늑담 홍영泐潭洪英의 염

"석가노자는 마치 자신의 주변에 아무도 없는 듯이 오만했다고 할 만하다. 그때 만약 밝은 눈의 납승衲僧[118]과 마주쳤다면, 그는 석가노자를 하늘로 올라갈 길도 없고 땅으로 들어갈 문도 없는 지경에 처하게 만들었을 것이다.[119] 비록 이렇다 하더라도 동사라銅沙羅[120]에 기름을 가득 담아야 한다.[121]"【묘희妙喜[122]의 착어.[123] "귀하다면 귀하고 천하다면 천하다."】

泐潭英拈, "釋迦老子, 可謂傍若無人. 當時, 若遇明眼衲僧, 直敎他上天

---

118 납승衲僧 : 어떤 권위에도 의지하지 않고 오로지 자신의 본분에 충실한 선수행자. 납자衲子라고도 한다. 주 72 참조.
119 하늘로 올라갈~만들었을 것이다 : 손가락으로 하늘과 땅을 가리킨 행위 자체를 무색하게 만들어 그 어떤 방위로도 통하지 못하도록 숨통을 막았을 것이라는 뜻.
120 동사라銅沙羅 : 동으로 만든 사라. 사라는 '사라沙羅'로도 쓴다. 징과 같이 생긴 타악기의 일종으로 행군行軍할 때는 세수하는 도구로도 사용한다. 파라叵羅라고 쓸 때도 있는데 파라는 서역어를 음사한 말로 술잔을 가리킨다. 모두 높이가 높지 않다는 특징이 있다.
121 동사라銅沙羅에 기름을~담아야 한다 : 암두巖頭의 말. 분양汾陽이 이 말에 평석을 붙이면서 널리 회자되었다. 『汾陽語錄』 권중(大47, 611b19), "어떤 학인이 암두에게 물었다. '번뇌의 경계 속에서 어떻게 주인공을 가려냅니까?' '동사라 안에 기름을 가득 담았다.' 분양이 평가한다. '번뇌의 경계 속에서 주인공을 가려내는 것이 가장 밝히기 어려운 일이니, 천만 사람 중에서 이 도리를 알아차릴 사람이 거의 없다. 동사라에 담긴 기름은 예나 지금이나 항상 청정하니, 그것이 그대들의 눈에 박힌 망상의 못을 뽑아 주리라.'(僧問嚴頭, '塵中如何辨主?' 嚴云, '銅砂羅裏滿盛油.' 塵中辨主最難明, 千萬人中少一惺. 銅砂羅油今古淨, 與君拔却眼中釘.)"
122 묘희妙喜 : 대혜 종고大慧宗杲의 호. 운문雲門이라는 호도 있다.
123 착어着語 : 착어著語라고도 쓴다. 선禪의 정취가 들어 있는 짧은 해설을 붙이는 것.

無路, 入地無門. 然雖如是, 也須是銅沙羅裏盛油始得."【妙喜着語云, "可貴可賤."】

> [설화]

○ 반은 수긍하고 반은 수긍하지 않았다[124]는 뜻이다. 그러므로 묘희가 "귀하다면 귀하고 천하다면 천하다."라고 착어한 것이다.

泐潭義, 半肯半不肯也. 故妙喜著語云, "可貴可賤."

법진 수일法眞守一의 거

이 공안과 더불어 운문·설두·법용의 염을 제기하고 말하였다. "이 몇몇 선사들은 마치 사마귀가 자기 앞에 있는 매미를 잡으려 하면서 뒤에서 참새가 자신을 노리고 있는 줄 모르고, 참새는 자기 앞에 있는 사마귀를 잡으려 하지만 뒤에서 사냥꾼이 자신을 겨누고 있는 줄 모르는 것과 같다.[125] 알겠는가? 해마다 또다시 새로운 가지가 돋아나겠지만, 어지럽게 흔드는 봄바람은 단번에 그치지 않으리라.[126]"

---

124 전적으로 긍정하지도 않고 전적으로 부정하지도 않는다는 말이다. 긍정과 부정 어느 편에도 안착하지 못하도록 설정하는 화두의 특징을 나타낸다. 곧 귀와 천을 허용하는 듯하지만 귀와 천, 어느 편의 선택도 허용하지 않는다. 본서 215칙 '육왕 개심의 염 1', 682칙 본칙 설화, 729칙 '설두 중현의 염' 주석 참조.

125 마치 사마귀가~것과 같다 : 『莊子』 「山木」과 『說苑』 등에 나오는 이야기를 선의 맥락에서 활용한 것. 이슬을 먹으려는 매미는 뒤에 사마귀가 노리는 줄을 모르고, 사마귀는 또한 자기를 노리는 참새가 있음을 모르고, 참새는 자신을 겨누는 사냥꾼이 있다는 사실을 모른다는 고사에서 나온 말. 한 사람의 송이나 염에 대하여 다른 사람이 비판하고, 이 비판을 또 다른 사람이 비판하는 형식을 나타내기 위해서 이 비유를 끌어들였다. 하나의 공안에 대하여 어떤 단정적·결론적 평가도 있을 수 없다는 의미이다.

126 해마다 또다시~그치지 않으리라 : 앞의 주석에 나타난 취지와 같은 뜻이다. 새롭게 핀 가지를 흔드는 봄바람이 매년 반복되듯이 새로운 평가는 언제나 가능하지만 그 또한 다른 누군가의 안목과 평가에 의해 허물어진다는 뜻이다. 당나라 때 시인 나은羅隱의 〈柳〉라는 시의 마지막 두 구절이다. 제1구와 제2구는 "한 무리 푸른 안개가 옥

法眞一擧此話, 連擧雲門雪竇法湧拈, 師云, "者幾箇漢, 恰似螳螂捕蟬于前, 不知黃雀在其後 ; 黃雀捕螳螂于前, 不知挾彈者在其後. 還知麼? 年年更有新條在, 惱亂春風卒未休."

설화

○ 법진이 제기한 말 또한 글에 나타난 대로 알 수 있다. 위에서 금산이 보여 준 뜻과 같다.

法眞擧, 亦文見可知. 上金山意同.

해인 초신海印超信의 상당

이 공안과 더불어 운문의 염을 제기하고 말하였다. "운문 대사는 있는 힘을 다해 말했지만, 전체의 반만 말했을 뿐이다. 그럼에도 불구하고 목칼을 차고 자신의 죄상을 스스로 고백하는 꼴이다."127 【참!】128

海印信上堂, 擧此話, 連擧雲門拈, 師云, "雲門大師盡力道, 只道得一半. 然雖如是, 也是擔枷過狀."【叅!】

루를 에워쌌는데, 버들 반은 난간에 반은 도랑에 드리웠네.(一簇靑烟鎖玉樓, 半垂闌畔半垂溝.)"이다. 해마다(年年)라는 표현은 본래 시에는 명년明年으로 되어 있으며, 내년來年으로 되어 있는 문헌도 많다. 본서 65칙 '대홍 보은의 송', 1015칙 '삽계 일익의 송' 주석 참조.

127 표면적으로는 세존의 언행 전체를 운문이 부정한 듯하지만 긍정의 뜻을 숨기고 있으므로 '반만 말하였다'라고 한다. 해인은 운문의 부정에서 이 남은 반 토막을 포착했기 때문에 그가 스스로 죄를 고백하고 있다고 말한 것이다. '담가과장擔枷過狀'이란 죄인이 목칼을 차고 자신의 죄상을 적은 서찰을 건네준다는 뜻으로, 스스로 부정하고 있지만 그 부정 속에 자신도 모르게 숨은 것을 드러내는 경우를 가리킨다.

128 참參 : 할喝·돌咄 등과 같은 말. 한 소리 크게 내질러 주의를 촉구하는 용도로 쓰인다. 여기서는 편집자가 해인 초신의 평가를 잘 살펴보라는 뜻에서 쓴 말이며, 해인 초신의 말은 아니다.

[설화]

○ 해인은 운문의 평가를 수긍한 것인가, 수긍하지 않은 것인가?[129] 아래 나오는 정자·불타·보녕의 상당법어는 세존께서 보이신 언행의 자취에 대해 전적으로 그 안목을 긍정적으로 떠받든 것이다.

海印 : 肯雲門不肯雲門? 下淨慈佛陀保寧上堂, 世尊行李處, 盡力扶見也.

정자본淨慈本의 상당

"모든 부처님께서 세상에 나타나 뛰어난 방편으로 교화의 문을 베풀었는데, 이치에 따라 헤아려 보면 다만 사람들을 깨닫도록 하려는 의도였을 뿐이다. 2천 년 전 무우수無憂樹 아래에서 모태로부터 나오자마자 일곱 걸음을 두루 걸으시고~'하늘 위와 하늘 아래에 오직 나만이 존귀할 뿐이다.'라고 한 말씀을 듣고서 천계天界와 인계人界의 중생들은 부처님이 전한 이 소식을 이해하지 못한 채 '4월 8일에 여래께서 탄생하셨다.'라고 말할 뿐이었으니, 그들이 부처님의 뜻을 알 수 있었겠는가? 어찌 다음과 같은 말을 모르는가? '만약 색신色身으로써 나를 보려 하거나 음성으로써 나를 찾으려 한다면, 이 사람은 삿된 도를 행하는 자이니 여래의 진면목을 보지 못할 것이다.'[130] 이렇게 색신으로 보거나 음성으로 찾는 것이 허용되지 않는다면, 그는 어디에 있는지 말해 보라!" 잠깐 침묵하다가 말하였다. "당당하게 삼계三界를 벗어났으니, 누가 법 중의 왕[131]을 분별해 낼 것인가?"

---

129 '반만 말하였다'라고 한 말이나 '자신의 죄상을 스스로 고백하였다'라고 한 말이나 운문의 부정이 전적으로 세존을 부정하려는 의도만은 아니라는 점에서 동일한 뜻이다.
130 『金剛經』(大8, 752a17).
131 법 중의 왕(法中王) : 생각으로 알아맞히거나 말로 표현할 수 없는 최상의 법. 세간의 가장 높은 지위에서 자유자재로 자신의 위력을 발휘하는 왕의 본질로써 법을 비유한 말이다. 또는 법왕法王 곧 부처님을 가리킨다. 『證道歌事實』 권3(韓6, 157c1), "왕 중에서 법왕의 지위는 모든 왕의 최상에 있으므로 법 중의 왕이라 한다. 삼계를 훌쩍 넘

淨慈本上堂云, "諸佛出世, 巧設化門, 據理而推, 只要令人悟去. 二千年前, 於無憂樹下, 纔出母胎, 便乃周行七步, 〈至〉唯我獨尊, 諸天世人, 不會他者箇消息, 便道'四月八日, 如來降生,' 還識佛也未? 豈不見道? '若以色見我, 以音聲求我, 是人行邪道, 不能見如來.' 旣不許色見聲求, 且道, 他家在什麼處?" 良久云, "堂堂三界外, 孰辨法中王?"

불타 덕손佛陀德遜의 상당

이 공안을 제기하고 말하였다. "운문에게 장점이 없다고 말할 수는 없지만, 견해가 한편으로 치우친 것을 어찌하랴! 산승이라면 그렇게 하지 않고, '올 때도 중생을 위해 왔고, 갈 때도 중생을 위해 갔다.'[132]라고 말하리라." 불자로 선상을 쳤다.

佛陀遜上堂, 擧此話云, "雲門不道無長處, 爭奈見解偏枯! 山僧卽不然, '來爲衆生來, 去爲衆生去.'" 以拂子擊禪牀.

보녕 인용保寧仁勇의 상당

"석가노자는 세상에 태어나셨을 때 일곱 걸음을 두루 걷고 사방을 둘러보았다. 바로 그때 땅은 드넓고 사람은 드물어 마주친 자가 거의 없었다. 마침내 한 손으로는 하늘을 가리키고 다른 한 손으로는 땅을 가리키며, 인가 적은 궁벽한 마을에서 이리저리 헤아리다가 '하늘 위와 하늘 아래에 오직 나만이 존귀할 뿐이다.'라고 말하였다. 선조가 당대에 할 일을 다 마

어서고 우주를 홀로 거닐므로 가장 높고 뛰어나다고 한다.(王中法王位, 過百王之上, 故云, 法中王也. 高超三界, 獨步大方, 故云, 最高勝也.)"

132 해인 초신이 운문의 부정에서 포착한 긍정과 같은 맥락의 뜻을 드러낸 것이다. '한편으로 치우쳤다'고 한 말도 부정에 숨은 긍정이라는 반쪽을 보여 주기 위한 복선이며, 운문을 일방적으로 매도하려는 의도는 아니다.

치지 못하면, 그 재앙이 자손에게 미치는 법이다.[133]" 법좌에서 내려와 손으로 선상을 밀고서 대중에게 말하였다. "30년 뒤[134]에 이 말을 잘못 들먹여서는 안 된다."[135]

保寧勇上堂云, "釋迦老子, 初生下時, 周行七步, 目顧四方. 當伊麼時, 土曠[1)]人稀, 相逢者小. 遂以一手指天一手指地, 三家村裏, 東卜西卜, 便道 '天上天下, 唯我獨尊,' 祖禰不了, 殃及子孫." 下座, 以手托禪床, 却召大衆云, "三十年後, 不得錯擧."

1) ㉮ '曠'이 갑본에는 '廣'으로 되어 있다.

원통 원기 圓通圓璣의 상당

이 공안을 제기하고 말하였다. "삼계 전체를 속이고[136] 자신 이외에는 아무도 없는 듯이 오만했다고 할 만하다.[137] 가장 좋았던 대응은 운문이 나와서 '내가 당시에 그 광경을 보았다면~천하의 태평을 도모했을 것이다.'라고 한 말이다. 이 두 성인은 건화문建化門[138]에서 보면 훌륭하기는

---

133 선조가 당대에~미치는 법이다 : 모두 마친 말 또는 결말을 맺은 말은 관문이 되지 못한다. '천상천하 유아독존'이라는 말에 그 어떤 진실이 드러나 있다고 믿고 그대로 받아들여 분별한다면 '마치지 않은' 이 말에 현혹당한다. 이런 맥락에서 '할 일을 다 마치지 못했다'라고 하여 화두로서의 본질을 밝힌 것이다. '재앙이 미친다'는 말은 이러한 진실을 모르고 온전히 답습하여 착각하는 것을 가리킨다.
134 30년 뒤(三十年後) : 수행하여 깨닫는 시기를 말한다. 보살이 발심하여 성불할 때까지 3아승기阿僧祇[S] asaṅkjyeya-kalpa, [P] asaṅkheyya-kalpa) 백대겁百大劫의 수행이 요구된다는 말에서 변형된 것이다.
135 30년 뒤 법좌에 올라 설법하는 지위가 되었을 때, 세존의 말씀이 '결말을 맺은 말'이 아니라 화두의 관문이라는 사실을 잊어버리고 학인들에게 들려주어서는 안 된다는 뜻이다.
136 삼계 전체를 속이고 : 부처님의 화두 자체가 속이는 말이 아니라 모든 화두는 본래 어떤 의미와 관념도 없는 허虛한 장치로서 설정된 것인데, 이것을 모르고 실實한 것으로 분별하는 사람이 스스로 속는 것이다. '속인다'는 표현은 화두의 이러한 속성을 나타내는 상투적인 말이다.
137 원통 원기 선사 자신이 화두의 장치를 간파했다는 뜻이다.

매우 훌륭하고 아름답기는 참으로 아름답다. 그러나 본분사本分事[139]의 입장에서 점검해 보면 여전히 한 수[140]가 부족하다.[141] 대중에게 묻겠다. 본분사란 무엇인가?" 잠깐 침묵하다가 말하였다. "원앙 문양의 자수를 내놓고 아무나 보도록 해도 되지만, 수를 놓을 때 사용한 금침金針은 누구에게도 건네주지 마라."[142]

圓通璣上堂, 擧此話云, "可謂欺視三界, 傍若無人. 最好是雲門出來道,〈至〉天下太平. 然, 此二古聖, 於建化門中, 善則善矣, 美則美矣. 若於本分事中, 檢點將來, 猶欠一着在. 敢問大衆. 作麼生是本分事?" 良久云, "鴛鴦繡

---

138 건화문建化門 : 교화하기 위하여 방편으로 설정한 문. 어떤 방편도 용납하지 않는 본분사本分事의 입장과 대립한다.『五燈全書』권94「武攸雲海旻章」(卍141, 870a13), "건화문의 입장에서는 하지 못할 것이 무엇이겠는가? 그러나 납승의 본분에서는 그 어느 것과도 상관이 없다.(若在建化門頭, 有何不可? 衲僧分上, 總沒交涉.)"

139 본분사本分事 : 납승衲僧이 궁극적으로 성취해야 할 경지. 납승본분사衲僧本分事 또는 납승분상사衲僧分上事 등이라고도 한다. 일대사一大事를 표현하는 선종의 특수한 용어이다.

140 한 수(一着) : 일착一着은 '일착一著'으로도 쓴다. 바둑에서 승패를 가르는 결정적인 한 수와 같이 본분을 나타내는 그 무엇을 말한다.

141 건화문建化門에서 보면~수가 부족하다 : 건화문과 본분사를 적재적소에 발휘하는 것이 종사의 수단이다.『請益錄』10則「評唱」(卍117, 822b10), "공적인 일로는 바늘 들어올 틈 하나도 허용하지 않지만, 사사롭게는 수레와 말도 통과시킨다. 옛사람은 향상하는 길을 본분사로 삼지만, 건화문에서는 현재의 사정을 고려하여 자세하게 가르친다. 자각慈覺 선사가 말하였다. '유위는 비록 일시적 방편(僞)이지만 버리면 공을 이루지 못하고, 무위는 비록 진실 그 자체(眞)이지만 막상 성취하려고 하면 성과聖果를 얻지 못한다.'(官不容針, 私通車馬. 古人, 以向上路爲本分事, 以建化門頭曲爲今時. 慈覺道, '有爲雖僞, 棄之則功行不成 ; 無爲雖眞, 趣之則聖果難剋.')"

142 앞 구절은 건화문, 뒤 구절은 본분사에 상응하지만, 나타내려는 의중은 뒤 구절에 있다. 솜씨 부린 자수를 보여 줄 수는 있지만 그 요령과 본체는 줄 수 없다는 말을 통해 문제를 제기해 줄 수는 있지만 답해 줄 수는 없다는 의미를 담았다. 이 두 구절은 시와 어류語類 등에 종종 인용된다. 그중 두보 시에 조예가 깊었던 원호문元好問(1190~1257)의〈論詩〉가 유명하다. 첫 두 구절은 "푸른색 무리 짓고 붉은색 마름하여 고르게 이었으니, 한 번 집어낼 때마다 매번 새롭구나.(暈碧裁紅點綴勻, 一回拈出一回新.)"이다. 황룡 혜남黃龍慧南 등이 사용한 말이다.『黃龍慧南語錄』(卍47, 637a22) 참조.

出從教看, 莫把金針度與人."

[설화]

○ 원통의 뜻은 위에서 설두가 "선상을 뒤집어엎었어야 했다."라고 한 취지와 같다.

圓通義, 上雪竇掀倒禪床之意也.

승천회承天懷의 상당

이 공안을 제기하고 말하였다. "말해 보라! 어떤 도리를 갖추었기에 이와 같이 이야기할 수 있는가? 앞을 쳐다보거나 뒤를 돌아보지 않기 때문일까? 아니면 자신 이외에 아무도 없는 듯이 오만했기 때문일까? 대중들은 판단해 보라. 만약 제대로 판단한다면 하늘 위와 하늘 아래뿐만 아니라 삼천세계[143]의 티끌과 같이 무수한 국토 그 어디서나 홀로 존귀하여 비교할 상대도 없고 어울릴 짝도 없을 것이다. 만약 판단하지 못한다면, 무리들 사이에서 왕래하는 것 또한 본분이다. 왜 그런가? 앞서간 성인이 하신 말씀을 들어 보지 못했는가? '자기 몸의 실상을 관찰하듯이 부처님도 그와 같이 관찰하라.'[144] 비록 그 말씀이 옳기는 하지만 반드시 정법正法을 보는 눈[145]을 갖추어야 비로소 관찰할 줄 알게 될 것이다. 그렇다면

---

143 주 44 참조.
144 『文殊般若經』 권1(大8, 728a28), 『仁王經』 권상(大8, 836a23), 『維摩經』 권하(大14, 554c29) 등에 나오는 구절.
145 정법正法을 보는 눈(正法眼) : 정법안장正法眼藏이라고도 한다. 불법의 진실을 꿰뚫어 보는 지혜로운 눈을 말한다. '장藏'은 모든 것을 포괄한다는 뜻이다. 『臨濟錄』(大47, 506c3), "임제 선사가 막 입적하려고 할 때 자리를 잡고 앉아 말하였다. '내가 사라진 다음에 나의 정법안장을 소멸시켜서는 안 된다.' 삼성三聖이 나와서 말하였다. '어찌 화상의 정법안장을 소멸시킬 수 있겠습니까?' 임제가 '이다음에 어떤 사람이 그대에게 묻는다면 그에게 무슨 말을 해 주려느냐?'라고 묻자 삼성이 한 소리 크게 내질렀

정법을 보는 눈이란 어떤 것인가?" 마침내 불자로 법좌를 치면서 말하였다. "휘두르는 방棒에 태양처럼 밝은 눈이 달려 있다.[146] 순금의 진가를 알고자 한다면 그것을 단련시키는 용광로 속을 살펴보라."[147]

承天懷上堂, 擧此話云, "且道! 具什麼道理, 便能如斯語話? 爲復不瞻前顧後耶? 爲復傍若無人耶? 大衆, 試斷看. 若斷得, 非唯天上天下, 便乃三千世界微塵國土, 獨尊獨貴, 無比無儔. 若斷未得, 且於行間往來, 亦是本分. 何故? 豈不見先聖道? '觀身實相, 觀佛亦然.' 然雖如是, 也須具正法眼, 方解觀得. 且作麼生是正法眼?" 遂擊拂子云, "棒頭有眼明如日. 要識眞金火裏看."

[설화]

○ 머무는 어느 곳이나 모든 사람의 본분사에 달려 있으니, 유독 석가노자만 그렇다는 뜻은 아니다.

다. 임제는 '나의 정법안장이 이 눈먼 나귀 편에서 소멸되리라는 사실을 누가 알까?'라는 말을 마친 다음, 꼿꼿이 앉아 입적하였다.(師臨遷化時, 據坐云, '吾滅後, 不得滅却吾正法眼藏.' 三聖出云, '爭敢滅却和尙正法眼藏.' 師云, '已後有人問爾, 向他道什麼?' 三聖便喝. 師云, '誰知吾正法眼藏, 向這瞎驢邊滅却?' 言訖端然示寂.) 주 106 참조.
146 조사선에서 방棒은 할喝과 함께 언어문자에 얽매이지 않고 본분을 펼치는 대표적인 수단이다. '천상천하 유아독존'이라는 이 화두에서 겉으로 표현된 거창한 허언虛言에 정법안이 숨어 있다. 곧 겉말에 현혹되지 않고 단적인 본분을 드러내는 방·할과 같은 정법안을 포착해야 한다는 뜻이다. 그것은 화두와 같이 몰자미沒滋味한 뜻으로 제시되며, 앞뒤를 살피지도 않고 휘두르는 눈먼 사이비 선사들의 방과 같지 않다. 『人天眼目』권1(大48, 302b16), "깊은 도에 통하려는 그대들에게 알리노라. 방·할은 시기 적절하게 나와야 한다. 만일 단적인 뜻을 밝힌다면 한밤중에 태양이 빛나리라.(報汝通玄士, 棒喝要臨時. 若明端的旨, 半夜太陽輝.)"
147 황금은 용광로 불에 단련되어야 더욱 순수한 금으로 변한다. 불과 물이라는 상반되는 곳을 반복하여 출입하며 순금으로 단련되듯이 반을 드러내고 반을 숨기는 장치를 간파해야 이 화두의 본질에 들어갈 수 있다. 이상의 두 구절은 『雪竇語錄』 권1(大47, 670b18), 『圜悟語錄』 권11(大47, 765a1) 등에 나온다.

承天 : 立處在諸人分上事, 非獨釋迦老子如是也.

불과 극근佛果克勤의 염

"무리를 놀라게 하는 말은 반드시 무리를 놀라게 할 수 있는 자리에서 드러내 보여야 하고, 기특한 일은 반드시 (그것을 알아보는) 기특한 사람을 만났을 때에만 집어내야 한다. 석가노자는 무리를 놀라게 하였다고 할 만하고, 운문 대사는 대단히 기특하였다. 그들은 그 자리에서 헤아릴 수 없이 자유로운 기틀[148]을 모든 성인의 정수리에서 굴렸던 것이다. 만약 이와 같이 사무치게 이해한다면 비로소 부처님은 요충이 되는 통로를 단단히 지키고 있었고[149] 운문은 그러한 부처님의 은혜를 알고 갚을 줄 알았다[150]는 사실을 알게 될 것이다. 말해 보라! 운문의 말[151]은 어디에 귀착되는가? 알겠는가? 휘두르는 방棒에 태양처럼 밝은 눈이 달려 있다. 순금의 진가를 알고자 한다면 그것을 단련시키는 용광로 속을 살펴보라."

佛果勤拈, "驚群之句, 須向驚群處擧揚 ; 奇特之事, 須遇奇特人拈出. 釋迦老子, 可謂驚群 ; 雲門大士, 不妨奇特. 直下以不可測度底機輪, 向千聖

---

148 자유로운 기틀 : 기륜機輪을 번역한 말로서 이는 각자가 발휘하여 나타내는 기틀을 바퀴에 비유한 말이다. 마치 바퀴가 어디나 자유롭게 굴러가듯이 상황에 맞게 자신의 본분을 걸림 없이 발휘하는 것을 가리킨다.
149 요충이 되는~지키고 있었고(把斷要津) : '요진要津'은 강을 건너 통행하고자 할 때 반드시 지나야 하는 나루터이며, '파단把斷'이란 이곳에 가로막고 서서 아무도 지나가지 못하도록 단단히 지킨다는 뜻이다. 여기서는 부처님이 '천상천하 유아독존'이라 한 말과 탄생하면서 일곱 걸음을 걸은 행위가 이처럼 누구나 통과하도록 설정된 언행이 아니라 아무도 통과할 수 없게 만든 '관문'이었음을 나타낸다.
150 은혜를 알고~줄 알았다(知恩解報) : '개에게 먹이로 주겠다.'라고 한 운문의 말이야말로 부처님의 그 관문을 제대로 꿰뚫어 보고 대응한 또 하나의 관문이었다는 뜻이다.
151 운문의 말 : 이 평가가 나오는 『圜悟語錄』 권17(大47, 792c24)에는 '운문'이라는 말은 없다. 이 경우 운문의 말이 어디에 귀착되는지를 묻는 것에 국한되지 않고 부처님과 운문을 모두 제기하여 그 궁극적인 뜻을 묻고 있는 것으로 해석된다.

頂顙上撥轉. 若能伊麼體會, 始知釋迦把斷要津, 雲門知恩解報. 且道! 雲門落在什麼處? 還會麼? 棒頭有眼明如日, 要識眞金火裏看."

설화

○ 석가모니와 운문이 입각한 근거는 다른 점이 없었다는 뜻이다.

佛果 : 釋迦雲門立處, 未嘗有異也.

대혜 종고大慧宗杲의 평[152]

"궁극적인 한 구절[153]은 말로 표현하기 이전에 벌거벗은 알몸을 모조리 드러내었으니, 하늘과 땅 그 어디에나 있고 소리와 색이 모두 그것이다. 황면노자[154]는 이 결정적인 하나의 소식을 얻고서 '도솔천을 떠나기 이전에 이미 왕궁에 강림하였고, 모태에서 태어나기도 전에 중생제도를 벌써 마쳤다.'라고 했던 것이다. 세상에 처음으로 태어났을 때 모든 세계의 그물[155]을 진동시키고 곧바로 한 손으로는 하늘을 가리키고 다른 한 손으로는 땅을 가리키며 사자의 포효와 같이 큰 소리를 내지른 다음 '하늘 위와 하늘 아래에 오직 나만이 존귀할 뿐이다!'라고 말했던 것이다. 이것은 일대사인연一大事因緣을 성취하기 위하여 중생에게 불지견佛知見[156]을 열고,

---

152 『大慧語錄』 권8(大47, 842c8).
153 궁극적인 한 구절(末後一句子) : 주 113 참조.
154 1칙 주 29 참조.
155 세계의 그물(世界網) : 『華嚴經』에 나오는 용어로 하나하나의 세계가 모두 그물처럼 종횡으로 연결되어 있는 형태를 가리킨다. 이것은 화엄의 법계연기설法界緣起說을 비유하는 말이다. 『華嚴經疏』 권12(大35, 584a19), "세계의 그물을 이룬다는 말은 하나하나의 세계가 마치 그물코처럼 서로 교차하여 연결된 모습을 가리킨다. 마치 그물이 종횡으로 엇갈려 이어진 형태로 유지되며 모두 다른 것과 맞닿아 있는 것과 같다.(言成世界網者, 一一世界, 猶如網孔, 遞相接連. 如以網持橫竪交絡, 皆悉相當.)"
156 불지견佛知見 : 모든 법의 실상과 미묘한 이치를 아는 부처님의 지혜로운 견해. 여기서 제시된 것은 네 가지 불지견이며 이것이 부처님이 세상에 출현한 근본적인 이유인

불지견을 드러내며, 불지견을 깨닫게 하고, 불지견으로 들어가게 한 것이다. 그러나 부처님은 수천 년 뒤에 절름발이 스님[157]에게 '한 방에 때려죽이고 개의 먹이로 주어서 천하의 태평을 도모했을 것이다.'라는 말을 들을 줄은 전혀 몰랐다. 말해 보라! 석가노자의 잘못은 어디에 있을까? 하늘을 가리키고 땅을 가리키며 거창하게 말했기 때문일까? 남의 집 자식들을 미혹시키고 우롱하지 않았어야 했던 탓일까? 아니면, 불지견을 열어서 보이고 깨닫게 하고 들어가도록 했기 때문일까? 만약 이와 같이 헤아린다면, 석가노자를 비방하는 것일 뿐만 아니라 또한 운문 대사의 본의를 등지는 것이기도 하다. 여기에 이르러 운문의 말이 귀착되는 경계를 알아차린다면 자기 자신이 귀착되는 경계도 알게 될 것이다. 말해 보라! 결국 어느 곳에 귀착되겠는가?" 잠깐 침묵하다가 말하였다. "아득한 세월

일대사인연이다. 곧 부처님이 중생에게 무명을 제거하고 실상實相을 열어 주며(開), 무명의 장애를 걷고 법계의 진실이 분명하게 드러나게 하고(示), 법의 본질을 깨달아 구체적인 현상과 걸림 없이 모두 통하게 하며(悟), 자유자재로 활용하며 법의 본체와 하나가 되는 것(入)을 말한다. 『法華經』 권1 「方便品」(大9, 7a21)에 "모든 부처님은 오로지 일대사인연을 실현하고자 세상에 출현하셨다.(諸佛世尊, 唯以一大事因緣故, 出現於世.)"라는 말에 따르며, 『法華玄義』 권8 하(大33, 787c9) 등에 4불지견이 해설되어 있다.

157 절름발이 스님(跛脚阿師) : 운문 문언雲門文偃을 가리키는데, 다음의 일화에서 생긴 말이다. 『碧巖錄』 6則 「本則 評唱」(大48, 145c16), "목주睦州는 평소 학인을 대할 때에 문지방을 넘어서자마자 바로 멱살을 움켜쥐고는 '말해 보라! 말해 보라!'고 하였으며 머뭇머뭇하며 말하지 못하면 바로 밀쳐 내면서 '진나라의 탁력찬처럼 쓸모없는 놈이로다.'라고 하였다. 운문이 목주를 만나러 간 지 세 차례가 되었을 때의 일이다. 문을 두드리자마자 목주가 '누구냐?'고 물었다. '문언文偃입니다.'라 하고 문을 열고 들어서자마자 목주는 운문의 멱살을 움켜쥐고는 '말해 보라! 말해 보라!'라고 하였다. 운문이 머뭇거리자 곧바로 문밖으로 밀쳐 버렸다. (운문이 미처 발을 떼어 다 나오지 못하여) 한쪽 발이 문지방 안쪽에 있는데 목주가 문을 급하게 닫는 바람에 운문의 다리가 문틈에 끼어 부러지고 말았다. 운문은 아픔을 참지 못하고 소리소리 지르다가 홀연 크게 깨쳤다.(尋常接人, 纔跨門便搊住云, '道! 道!' 擬議不來, 便推出云, '秦時䤭轢鑽.' 雲門凡去見, 至第三回, 纔敲門, 州云, '誰?' 門云, '文偃.' 纔開門便跳入, 州搊住云, '道! 道!' 門擬議, 便被推出門, 一足在門閫內, 被州急合門, 拶折雲門脚, 門忍痛作聲, 忽然大悟.)"

동안 변함없는 푸른 연못에 허공의 달이 잠겼는데, 두 번 세 번 건져 보고서야 비로소 달그림자임을 알았노라."[158]

大慧杲云, "末後一句子, 聲前露倮倮, 盖天盖地, 盖聲盖色. 黃面老子, 得箇一着子, 便道'未離兜率, 已降王宮, 未出母胎, 度人已畢,' 及至初生, 卽震動一切世界網, 便一手指天一手指地, 作大師子吼道, '天上天下, 唯我獨尊!' 爲一大事因緣故, 開佛知見, 示佛知見, 悟佛知見, 入佛知見. 殊不知, 數千年後, 被箇跛脚阿師, '要一棒打殺, 與狗子喫, 貴圖天下太平.' 且道! 釋迦老子, 過在什麼處? 莫是指天指地開大口麼? 莫是不合鼓弄人家男女麼? 莫是開示悟入佛知見麼? 若伊麼商量, 不唯謗他釋迦老子, 亦乃辜負雲門大師. 到者裏, 若知雲門落處, 卽知自己落處. 且道! 落在什麼處?" 良久云, "萬古碧潭空界月, 再三撈摝始應知."

[설화]

○ 대혜가 '궁극적인 한 구절'이라 운운한 말은 1칙 '도솔 화두'에 나온 원오 극근의 송 의미와 같은 맥락이며, 또한 같은 칙에 나온 승천회의 상당에 제시된 의미와 같은 맥락이다.

大慧云, 末後一句子云云, 前兜率話中, 圓悟勤頌義一般, 亦承天上堂義一般也.

---

[158] 이 구절은 선어록에 많이 등장하지만, 대혜의 말은 화두 참구의 관점에서 해석해야 그 본질을 알 수 있다. 운문의 말은 허공에 뜬 실재의 달이 아니라 물에 비친 달그림자와 같다. 그가 드러낸 말에는 어떤 개념도 들어 있지 않기 때문에 일정한 개념에 기초하여 분별을 거듭해도 그 본의를 건져 올릴 수 없고, 결국 그러한 수단이 소용없다는 것을 알아차리는 순간 본래의 뜻이 드러나기 때문이다. 『汾陽語錄』古尊宿語錄 10(卍118, 269b1), 『白雲守端和尙語』續古尊宿語要 3(卍118, 951a2), 『圓悟語錄』 권9(大47, 755b29), 『宏智廣錄』 권4(大48, 39b22) 등에 나온다.

백운 지병白雲知昺**의 염**

"운문의 저울[159]은 보통 사람들의 표준[160]을 멀리 벗어나 있으니, 마치 용이 물을 얻고 호랑이가 산에 의거하는 것과 같아서 아름답기는 매우 아름답다. 그러나 그도 더 높이 오르는 유일한 통로는 여전히 모르고 있으니, 밝은 눈을 가진 납승들은 분별하여 보기 바란다."

白雲昺拈, "雲門稱提, 超出人表, 如龍得水, 似虎靠山, 美則美矣. 要且, 未知向上一竅在, 明眼衲僧, 試請辨看."

[설화]

○ 향상하는 유일한 통로란 설두가 "선상을 뒤집어엎었어야 했다."라고 한 뜻이 아니겠는가![161]

白雲 : 向上一竅, 豈非雪竇掀倒禪床處!

---

159 저울(稱提) : 칭제稱提는 권형權衡과 같은 말이다. 운문이 진실을 가리키기 위하여 창안한 위의 화두를 가리킨다. 그 화두로 점검하는 기준을 삼기 때문에 '저울'이라 한다. 중국 남송 때에 지폐紙幣 가치가 떨어지는 것을 방지하기 위해 시행한 일종의 금융 정책을 또한 칭제라고도 한다. 발행한 지폐만큼 금속 등을 보유하고 있다가 지폐 가치가 떨어지면 이것과 바꾸어 사들여(兌換) 지폐의 발행량과 사용 한도를 제한하였다고 한다.
160 보통 사람들의 표준(人表) : 사람들이 판단의 기준으로 삼는 상식적인 인식의 틀.
161 운문이 비록 용과 호랑이가 물과 산에 주인으로 살면서 다른 누구도 그 영역에 침범하지 못하도록 하듯이 몰자미한 화두로 모든 분별을 차단하고 있지만, 그 자체도 뒤집어엎는 선기禪機를 발휘해야 한다는 뜻이다.

3칙 세존오도 世尊悟道

[본칙] 세존께서 샛별을 보고 도를 깨달았다.

【게송[1] : 샛별로 인하여 도를 깨달았지만, 깨닫고 보니 샛별 때문 아니로다. 외물을 좇아다니지 않으나,[2] 정情이 없는 것도 아니라네.】

世尊見明星悟道.

【偈云, "因星見悟, 悟罷非星. 不逐於物, 不是無情."】

[설화]

- 이 공안은『보요경』[3]에 "보살은 2월 8일 샛별이 나타났을 때 도를 이루고, 천인사天人師라 일컬어졌다. 때는 주나라 목왕穆王 3년 계미년이었다."[4]라는 문구에 근거한다.

---

1 누구의 게송인지 알 수 없다. 동일한 게송이『宗鏡錄』권5(大48, 444b14)에는 고불古佛의 오도송悟道頌으로 제시된다. 또한『宗範』권2(卍114, 648b12)에는 고덕古德의 송으로 제시되고, 제1구의 '見悟'는 '悟道'로 되어 있다.
2 외물을 좇아다니지 않으나 : 자신의 근원을 잃고 외부의 대상을 좇아다니는 잘못을 가리키는『楞嚴經』의 설에 기초하여 선 문헌에 널리 인용된다.『楞嚴經』권2(大19, 111c25), "모든 중생이 시원을 알 수 없는 때로부터 자기 자신에 미혹되어 외부의 대상을 좇은 결과로 본심을 잃고 외부의 대상에 따라 좌우된다.(一切衆生, 從無始來, 迷己爲物, 失於本心, 爲物所轉.)";『景德傳燈錄』권6「大珠慧海傳」(大51, 247c1), "마음이 외물을 좇으면 삿되고 외물이 마음을 따르면 바르다.(心逐物爲邪, 物從心爲正.)";『雲門廣錄』권2(大47, 558b15), "설봉이 '세상 전체가 바로 그대이거늘 별도로 또 있으리라 생각한다.'라고 한 말을 제기하고 운문이 평가하였다. '『능엄경』에 「중생이 전도되어 자기 자신에 미혹되어 외부의 대상을 좇는다. 만약 외물을 마음껏 좌우할 수 있다면 여래와 같은 경지이리라.」고 한 말을 모르는가!'(擧, 雪峯云, '盡大地是爾, 將謂別更有.' 師云, '不見楞嚴經云,「衆生顚倒, 迷己逐物, 若能轉物, 卽同如來.」')"
3『보요경普曜經』: 부처님의 탄생부터 초전법륜初轉法輪에 이르기까지의 행적이 수록되어 있는 대승불교의 불전佛傳이다. 서진 때(308년) 월지국月氏國의 축법호竺法護(⑤ Dharmarakṣa)가 천수사天水寺에서 한역하였다.『方等本起經』이라고도 하며, 이역본으로는 당나라 때 일조日照(⑤ Divākara : 地婆訶羅)가 683년에 한역한『方廣大莊嚴經』이 있다.

- 샛별 : 계명성啓明星[5]이다. 『시경』「대아大雅」에 따르면 "봄에 동쪽에서 새벽에 나타나는 샛별을 계명성이라 하고, 가을에 서쪽에서 초저녁에 나타나는 샛별은 장경성長庚星[6]이라 한다."라고 하였다.
- 샛별을 보고 깨달았다 : 생과 사를 윤회하는 어두움 속에서 지혜의 해가 나타났다는 뜻일까? 한 덩이 붉은 해가 구르며 떠올라 달마의 눈동자를 뚜렷하게 밝혔다는 뜻일까? 대혜는 "석가노자께서 정각산[7] 앞에서 삼매로부터 일어나 샛별을 보고서 홀연히 도를 깨달았다. 수행이 무르익은 때가 되면 근본 이치는 저절로 드러난다는 사실을 알아야 한다."[8]라고 말하였다. 이처럼 다만 도를 깨닫는 것은 시절인연[9]일 뿐임을 기억에 담아 두라. 곧 세존께서 깨달은 경지는 샛별에 달려 있었던 것이 아니고, 향엄이 깨달은 경계[10]도 대나무가 돌에 부딪히는 소리에

---

4 정확히 일치하는 문구는 보이지 않는다. 『普曜經』 권6(大3, 522b13)에 "샛별이 나타나는 시간에 확연히 크게 깨달아 더 이상이 없는 진실한 도를 터득하였으니 최상의 바른 깨달음(正覺)이었다.(明星出時, 廓然大悟, 得無上正眞道, 爲最正覺.)"라는 구절이 이에 해당하지만, 연도는 후대에 첨가된 것이다. 『景德傳燈錄』 권1「釋迦牟尼佛傳」(大51, 205b23)에는 『普集經』의 인용으로 나오며, 『歷代三寶紀』 권1(大49, 23b22)에는 '계해년癸亥年'으로 되어 있다.
5 계명성啓明星 : 샛별(明星)의 두 가지 이름 중 하나. 해가 뜨기 전에 동쪽 하늘에 나타나는 금성金星을 가리킨다.
6 장경성長庚星 : 태백성太白星이라고도 한다.
7 정각산正覺山 : 정각을 이루기 직전에 올랐던 산이라 하여 '전정각산前正覺山'이라 한다. 범어 음사어는 발라급보리산鉢羅笈菩提[S] Prāgbodhi, [P] Pabodhi]이다. 중인도 마갈타국摩竭陀國[S] Magadha] 가야성伽耶城[S] Gayā]에 있는 산이다. 『大唐西域記』 권8(大51, 915a16), '가야가섭파[S] Gayā-Kāśyapa]가 불을 섬기던 장소에서 동쪽으로 큰 강을 건너면 발라급보리산에 이른다.【한역하면 전정각산이다. 여래께서 정각을 증득하시기 직전에 먼저 이 산에 올랐기 때문에 전정각이라 한다.】(伽耶迦葉波事火東, 渡大河, 至鉢羅笈菩提山.【唐言前正覺山. 如來將證正覺, 先登此山, 故云前正覺也.】)"
8 『大慧語錄』 권18(大47, 887c20). '도를 깨달았다'와 '수행이 무르익은 때'의 사이에 '자기 자신의 본래면목을 보았다.(便見自己本來面目)'라는 구절이 탈락되어 있다.
9 시절인연時節因緣 : 수행이 절정에 이르러 맞이하는 깨달음의 결정적인 순간을 말한다.
10 향엄이 깨달은 경계 : 향엄 지한香嚴智閑이 풀을 베다가 날아간 돌조각이 대나무에 부딪혀서 난 소리를 듣고 깨우친 인연을 말한다. 소리를 듣고 도를 깨닫는다는 문성오도

있었던 것이 아니다.

[悟道] 此話, 普¹⁾耀²⁾經文, "菩薩, 於二月八日, 明星見時成道, 號曰天人³⁾師, 則周穆王三年癸未歲也." 明星者, 啓明星也. 大雅云, "春在東方朝現, 名啓明星. 秋在西方夕現, 名長庚星也." 見明星云云者, 生死暗夜裏, 智日發現耶? 輥上一輪紅⁴⁾日, 分明達磨眼睛耶? 大慧云, "釋迦老子, 正覺山前, 從定而起, 因見明星, 忽然悟道. 信知時節若至, 其理自彰." 但記悟道時節因緣而已. 則世尊悟處, 不在明星上 ; 香嚴悟處, 不在擊竹邊.

1) ㉮ '普'가 병본에는 '寶'로 되어 있다. 2) ㉯ '耀'는 '曜'와 통한다. 『景德傳燈錄』에도 '耀'로 되어 있다. 3) ㉰ '天人'이 병본에는 '人天'으로 되어 있다. 4) ㉱ '紅'이 병본에는 '明'으로 되어 있다.

- 샛별로 인하여 도를 깨달았지만 : 인연의 속박을 모두 벗어난 경지도 어떤 인연(샛별)에 의지하여야 비로소 나타난다.
- 깨닫고 보니 샛별 때문 아니로다 : 깨달은 경지는 어떤 인연에도 좌우되지 않는다.
- 외물을 쫓아다니지 않으나, 정情이 없는 것도 아니라네 : 목석과 같지 않아서 본성에서 신령하게 알고 있다. '어디에도 물들지 않고 미묘하여, 미혹에도 깨달음에도 속하지 않는다네. 인연이 맞는 시절이 되면, 고요하지만 분명하게 드러나리라.'¹¹

偈云因星見悟者, 離緣地, 借緣方見也. 悟罷非星者, 所悟的, 不干於緣. 不逐於物, 至無情者, 不同木石, 性自神解. '天眞之¹⁾妙, 不屬迷悟, 因緣時節,

---

聞聲悟道를 대표한다. 본서 597칙이 이 공안에 해당한다.
11 동산 양개洞山良价의 「寶鏡三昧歌」에 나오는 구절. 『洞山語錄』「寶鏡三昧歌」(大47, 515a28) 참조.

寂然昭著.'

1) ㉥ '之'는 「寶鏡三昧歌」에 따라 '而'로 해석한다.

취암 사종翠嵓嗣宗의 송 翠嵓宗頌
한눈에 샛별 보고 꿈에서 바로 깨어나니 　　　　一見明星夢便迴
천 년 묵은 복숭아씨에 푸른 매실 자랐네 　　　　千年桃核長靑梅
이것이 비록 조화로운 국 맛 아니더라도 　　　　雖然不是調羹味
장군에게 목마름 그치게 할 수단 되었네[12] 　　曾與將軍止渴來

[설화]

○ 한눈에 샛별 보고~푸른 매실 자랐네 : 본래부터 깨달은 경계가 없는 소식을 나타낸다.

○ 이것이 비록~그치게 할 수단 되었네 : 마치 '발우에 손잡이를 붙이니 새롭게 바뀐 모양이지만, 소 등에서 또 소를 타려고 하는 짓이니 몹시도 웃기는구나.'[13]라고 한 말과 같다.

○ 조화로운 국 맛 : 은나라 고종이 그 신하인 부열傅說에게 '내가 조화롭게 우려낸 국 맛과 같다면, 그대는 짠 소금과 신 매실과 같은 양념이다.'[14]라고 한 말에 따른다.

---

12 장군에게 목마름~수단 되었네 : 위나라 조조曹操의 군대가 적진으로 행진하는 도중 목이 말라 보행을 하는 데 한계에 다다르자 조조가 앞에 매실나무 숲이 있다고 거짓으로 외쳤는데, 군졸들이 그 소리를 듣고 입에서 침이 흘러 순간적으로 목마름이 그치게 되었다는 고사에 기초한다. 『世說新語』「假譎」참조. 실체를 가진 법이 없는 곳에서 실체가 있는 듯이 방편을 펼쳐 궁극적인 경지로 유도하는 방편을 가리키는 비유로 쓰인다. 샛별을 보고 깨달았다는 말 자체에 진실이 들어 있는 것은 아니지만 일시적인 구제의 수단이 될 수 있다는 뜻이다.
13 불안 청원佛眼淸遠의 말. 『嘉泰普燈錄』권11(卍137, 183b14) 참조. 불필요하게 덧붙이는 것을 가리킨다. 사족蛇足과 같다.
14 짠맛과 신맛 등 서로 다른 맛을 가진 양념들을 섞어 우려낸 국의 맛과 같이 임금과 신하가 잘 어울려 국가의 정사政事를 꾸려 가는 것을 비유하는 말이다. 원래는 『書經』

○ 장군에게 목마름 그치게 할 수단 되었네 : 옛날에 군대가 적진을 향해 가고 있을 때 광야에 물이 없어 한 무리의 군졸들이 모두 목이 말라 죽을 지경이 되었는데, 장군이 "앞에 매실나무 숲이 있으니 목마름을 그치게 할 수 있을 것이다."라고 외쳤고, 그 군졸들은 모두 활기를 얻었다.

翠嵓 : 一見至青梅者, 本無所悟地消息也. 雖然不是云云, 如云, '鉢盂着柄新番[1])樣, 牛上騎牛笑殺人'也. 調羹味者, 高宗爲傅說曰, '我若調羹, 汝若鹽梅.' 將軍止渴來者, 昔行軍時, 廣野無水, 一軍皆渴欲死. 將軍唱云, "前有梅林, 可以止渴," 一軍得活.

1) ㉠ '番'은 '翻'의 오기이다.

운문 문언雲門文偃의 문답

운문 문언이 "여래께서는 샛별이 나타났을 때 도를 이루셨다."라고 말하자 어떤 학인이 물었다. "샛별이 나타났을 때 도를 이루었다는 말은 무슨 뜻입니까?" "가까이 오라, 가까이 와!" 그 학인이 가까이 다가서자 운문이 주장자로 때려 쫓아냈다.

雲門偃云, "如來, 明星現時成道." 有僧問, "如何是明星現時成道?" 師云, "近前來, 近前來!" 僧近前, 師以拄杖打趂.

[설화]

○ 여래께서는 샛별이 나타났을 때 도를 이루셨다 : 모든 사람들이 서 있는 그 자리에서 알아차리도록 한 말이다.

「說命」 下에 "간이 조화된 국을 만들려면 바로 그대가 소금이요 매실이리라.(若作和羹, 爾惟鹽梅.)"라고 한 말인데, 설화에서는 변용되었다. 고종이 부열을 재상으로 삼으면서 한 말이다.

○ 가까이 오라, 가까이 와 : 거짓 없이 드러난 마음 하나하나를 거듭해서 그에게 전해 준 것이다.
○ 주장자로 때려 쫓아냈다 : 이전의 말 그대로 인정해도 옳지 않으니, 남에게 가르침을 주려면 이렇게 속속들이 다 전해야 한다는 뜻을 나타낸다.[15] 아래 보녕 인용의 의중도 이와 같다.

> 雲門云, 如來至成道者, 令諸人立地構取也. 近前來云云者, 赤心片片, 重爲他也. 柱杖打趂者, 認著依前還不是, 爲人須爲徹也. 下保寧意同此.

보녕 인용保寧仁勇의 상당

"여래께서는 샛별이 나타났을 때 도를 이루었다. 대중들이여, 말해 보라! 샛별이 어느 때 나타나지 않았었던가?"

> 保寧勇上堂云, "如來, 明星現時成道. 大衆, 且道! 明星幾時不現?"

보림본寶林本의 거

세존께서 샛별을 보고 도를 깨달았다는 공안을 제기하고 말하였다. "지금 이 순간에 누가 이 공안을 제기하고 말해 볼 것인가? 미묘한 구절과 깊은 언어가 수없이 많지만, 그중 어떤 것이 설하는 주체이고 어떤 것이 그 설의 대상인가?" 다시 "(부처님께서) 세상의 중생과 함께 정각을 이루었다고 하는데, 부처님의 정각은 그만두고 여러분이 정각을 이루었다는 사실은 기억하는가?"라고 말한 뒤 잠깐 침묵하다가 말하였다. "몇 줄기 맑은 물이 바위 앞을 흘러가고, 한 조각 흰 구름은 강 위로 떠온다."

---

15 그 한 방으로 전할 소식을 남김없이 다 전했다는 취지.

寶林本, 擧世尊覩明星悟道, 云, "當此之際, 誰爲擧揚? 有多少妙句玄言, 那箇是能說所說?" 又云, "與大地衆生, 同成正覺, 老胡且置, 諸人成底, 還記得麽?" 良久云, "幾條淥水嵓前去, 一片白雲江上來."

>[설화]

○ 몇 줄기 맑은 물이 바위 앞을 흘러가고 : 샛별이 나타났을 때와 얼마나 차이가 있는가?
○ 몇 줄기 맑은 물이 바위 앞을 흘러가고, 한 조각 흰 구름은 강 위로 떠온다 : 그 뜻이 없지 않다는 말이다.

寶林 : 幾條淥[1]水云云, 與明星現時, 相去多少? 幾條至江上來者, 其意不無.

---
1) ㉰ '淥'은 병본에 '綠'으로 되어 있다.

4칙 세존분좌世尊分座[1]

본칙 세존께서 다자탑[2] 앞에서 인천人天의 대중에게 설법하실 때 가섭이 늦게 도착했음에도 세존께서는 마침내 당신의 자리를 나누어 앉게 하였다.【어떤 본[3]에는 '자리를 나누어 앉게 하고 금란가사[4]로 몸을 감싸 주셨다.'라고 되어 있다.】 대중들은 그 까닭을 몰라 어리둥절하였다.

世尊在多子塔前, 爲人天說法, 迦葉後到, 世尊遂分座令坐.【一本云, '分座令坐, 以金襴圍之.'】 大衆罔措.

---

1 이심전심以心傳心·교외별전敎外別傳·불립문자不立文字 등의 전법傳法 방식을 대표하는 설화로서 가섭을 선종의 전등설에서 서천이십팔조西天二十八祖 중 초조初祖로 만든 근거 중 하나이다. 부처님께서 가섭에게 세 곳에서 심인心印을 전한 삼처전심三處傳心 중 하나이기도 하다. 『禪家龜鑑』(韓7, 635b11), "세 곳이란 다자탑 앞에서 앉아 계시던 자리를 반 나누어 앉도록 하신 것이 그 하나요, 영산회상에서 꽃을 들어 보이신 것이 그 둘이요, 사라쌍수 아래에서 관 밖으로 두 발을 내어 보이신 것이 그 셋이다. 가섭이 선의 등불을 별도로 바로 받았다는 것은 이 세 가지를 가리킨다.(三處者, 多子塔前分半座, 一也 ; 靈山會上擧拈花, 二也 ; 雙樹下槨示雙趺, 三也. 所謂迦葉, 別傳禪燈者, 此也.)"
2 다자탑多子塔 : ⑤ bahuputraka-caitya, ⑰ bahuputtaka-cetiya, bahuputta-cetiya. 천자탑千子塔·다자지제多子支提·방궁장탑放弓仗塔 등이라고도 한다. 중인도 베사리성吠舍釐城의 서북쪽에 있던 탑.
3 『聯燈會要』권1(卍136, 441a5).
4 금란가사金襴袈裟 : 금색 실로 지은 가사로 불법 전수의 징표이다. 부처님이 가섭에게 주며 계족산雞足山에서 입적할 때 미륵불에게 전하도록 당부하신 가사이다. 승가리의 僧伽梨衣·분소의糞掃衣·금란의金襴衣·금루가사金縷袈裟 등이라고도 한다. 『景德傳燈錄』 권1「釋迦牟尼佛傳」(大51, 205c3), "부처님께서 다시 가섭에게 말씀하셨다. '내가 금루승가리의를 그대에게 전하고자 하니, 나의 자리를 대신할 자에게 대대로 전수하고 미륵불이 세상에 나타날 때까지 잘 보존하여 없어지지 않도록 하라.'(復告迦葉, '吾將金縷僧迦梨衣, 傳付於汝, 轉授補處, 至慈氏佛出世, 勿令朽壞.')"; 같은 책, 권1「摩訶迦葉傳」(大51, 602b5), "승가리의를 지니고 계족산에 들어가 미륵보살(慈氏)이 하생하기를 기다렸다.(乃持僧伽梨衣, 入雞足山, 俟慈氏下生.)"

> 설화

- 탑[5] : 온전한 음사어는 탑파塔婆이며, 한역하면 방분方墳[6]이다. 청량 징관清涼澄觀 대사는 "사리舍利가 있는 것은 탑이라 하고, 사리가 없는 것은 지제支提[7]라 한다."[8]라고 말하였다. 이 공안은 『잡아함경』의 문구[9]에 근거한다.

- 다자 : 『벽지론』[10]에 다음과 같이 전한다. "왕사성王舍城에 재물과 보배가 헤아릴 수 없이 많았던 어떤 장자長者가 아들과 딸을 각각 30명씩 낳아 길렀다. 때마침 유람을 갔다가 어느 숲속에 이르러 어떤 사람이 큰 나무를 도끼로 베어 놓은 광경을 목격하였는데, 가지와 잎이 무성하여 여러 사람들이 당김에도 끌려 나오지 않았다. 그다음에 작은 나무를 도끼로 베어 놓은 광경을 목격하였는데, 가지와 줄기가 많지 않아 한 사람이 혼자 당겨서 끄는데도 전혀 걸림이 없었다. 이 일을 보고 나서 장자는 게송 한 수를 지었다.

> 나는 베어 놓은 큰 나무를 보았네
> 매우 무성하게 자란 가지와 잎이
> 우거진 숲에 서로 얽히고 걸려서
> 무엇으로도 끌어낼 수 없었다네
> 세간의 일도 이와 다르지 않노라

---

5 탑塔 : ⑤ stūpa의 줄인 음사어. 솔도파窣堵波·솔투파蘇偸婆·사리탑舍利塔·불탑佛塔 등이라고도 한다.
6 방분方墳 : 방형方形의 분묘墳墓라는 뜻. 네모 형태로 이루어진 무덤을 말한다.
7 지제支提 : ⑤ caitya의 음사어. 부처님의 유적遺蹟이 있는 신령한 장소에서 공양예배를 위해 세운 건조물. 후세에는 탑과도 혼용하여 쓴다.
8 『華嚴經疏』권47(大35, 860a20) 참조.
9 『雜阿含經』권41(大2, 302a9)의 내용. 이 밖에 『中本起經』권하(大4, 161a21), 『華手經』권19(大16, 127b24), 『法華經』권4(大9, 33c5) 등에도 자리를 나누어 앉은 예를 볼 수 있다.
10 『辟支佛因緣論』권하(大32, 477a10) 이하의 내용에 기초한다.

아들과 딸 비롯한 여러 권속들이
애증으로 얼기설기 마음 묶기에
생사 반복되는 우거진 숲 벗어나
해탈을 성취할 수 없는 것이라네
작은 나무에는 가지와 줄기 적어
우거진 숲도 이를 막지 못하노라
그것을 보고 자신의 사정 깨달아
애증의 속박 모조리 끊어 없애면
생사 반복되는 우거진 숲 벗어나
자연히 해탈의 경지 성취하리라

게송을 읊은 바로 그 자리에서 벽지불辟支佛[11]의 과보를 얻었으며, 열반에 이르렀을 때 모든 권속들이 탑묘塔廟를 지어 주고 그것을 다자탑이라 불렀다."

[分座] 塔者, 具云塔婆, 此云方墳. 淸涼云, "有舍利爲塔, 無舍利爲支提也." 此話雜阿含經文. 多子者, 辟支論云, "王舍域中, 有一長者, 財寶無量, 生育男女各三十人. 適化[1]遊觀, 至一林間, 見人斫大樹, 枝葉繁茂, 使多衆挽曳不能出. 次見斫小樹, 無諸枝柯, 一人獨挽曳, 都無滯礙. 見是事已, 卽說偈言,

---

11 벽지불辟支佛: ⑤ pratyeka, pratyeka-buddha, ⑫ pacceka-buddha의 줄인 음사어. 갖춘 음사어는 벽지가불타辟支迦佛陀·발라예가불타鉢刺翳迦佛陀·발라지가불타鉢刺底迦佛陀 등이며, 연각緣覺·독각獨覺·인연각因緣覺·연일각緣一覺 등이라 한역한다. '연각'이란 연기법을 부처님으로부터 직접 듣고 깨달았다는 뜻으로 성문聲聞과 통하는 말이고, '독각'은 홀로 수행하여 불도를 깨달았다는 뜻이며, '인연각'이란 십이인연 등 인연의 이치를 깨달았다는 뜻이다. 성문과 구별하여 독각의 의미로 쓰일 경우는 이 두 가지를 묶어 이승二乘이라 하고, 이승에 불佛을 더하면 삼승三乘 중 하나에 속한다.

我見斫大樹. 枝葉極繁茂,

稠林相拘掛, 無由可得出.

世間亦如是.

男女諸眷屬, 憎愛繫縛心,

於生死稠林, 不可得解脫.

小樹無枝柯, 稠林不能掛.

觀彼覺悟身, 斷絕於憎愛,

於生死稠林, 自然得解脫.

卽於此處, 得辟支佛果. 以至涅槃時, 諸眷屬爲造塔廟, 因號多子塔."

1) ㉠ '化'는 경에 따르면 '行'이 옳다.

- 인천人天의 대중에게 설법하실 때 : 오계五戒와 십선十善[12] 등 인천의 인과법을 가리킨다.
- 가섭이 늦게 도착하였다 : 『부법장전付法藏傳』에 "이때 가섭은 분소의糞掃衣[13] 입고"라고 운운한 말[14]을 가리킨다.

---

12 오계五戒와 십선十善 : 주로 인천에게 적합한 내용을 설해 주는 다섯 가지 금계禁戒와 열 가지 선한 법. 또는 우바새優婆塞·우바이優婆夷에게 적합한 것으로 간주된다. 그러나 『增壹阿含經』 권16(大2, 626a22) 등에 따르면, 성문·연각·불 삼승의 성불은 모두 오계와 십선을 근본으로 한다. 『佛本行集經』 권3(大3, 122c8) 등에는 인천의 과보에 한하여 이를 설한다. 『四分律』 권11(大22, 641a4) 등에는 우바이에게 설하는 여러 가지 법 중 일부로 거론한다. 『法華文句』 권7(大34, 91b12), "인천에게는 오계와 십선을 설해 주고, 이승에게는 사제四諦와 십이연기를 설해 주며, 삼장에게는 사도事度를 설해 주고, 통교通敎에게는 무생無生을 설해 주며, 별교別敎에게는 순서대로 여래장을 열어 설해 준다.(爲人天說戒善, 爲二乘說諦緣, 爲三藏說事度, 爲通敎說無生, 爲別敎說次第開如來藏.)" 오계란 불살생不殺生·불투도不偸盜·불사음不邪淫·불망어不妄語·불음주不飮酒, 십선이란 불살생·불투도·불사음·불망어 등 오계의 네 가지에 불양설不兩舌·불악구不惡口·불기어不綺語·불탐욕不貪慾·불진에不瞋恚·불사견不邪見 등 여섯 가지 조목을 덧붙인 것이다.
13 분소의糞掃衣 : 낡은 천 조각이나 찢어진 헝겊 등을 손질하여 만든 가사袈裟. 납의衲衣·백납의百衲衣 등이라고도 한다.

● 당신의 자리를 나누어 앉게 하였다 : 『한서漢書』「조일전趙逸傳」의 "여러 공公들을 위하여 자리를 나누어 앉기를 바랍니다."라는 구절에 대한 주석에 "자리를 나누어 앉는다는 말은 별도로 앉는 것이다."라고 하였다. 곧 별도의 자리를 나누어 앉도록 했다는 말인가? '금란가사로 몸을 감싸 주셨다.'라고 하였으니 이미 앉아 있던 자리를 나누어 앉도록 했다는 뜻이다. 『통록』에서 말한 것처럼, "정법의 자리로써 가섭이 과거세에 베푼 은혜에 보답한 것"[15]을 가리키는가? 아니면, "모든 부처님께서 지니신 크고 둥근 거울에는, 안과 밖 그 어디에도 티와 얼룩이 없도다. 두 사람이 함께 진실을 보게 되었으니, 지혜의 눈(心眼)이 둘 모두 같아졌다네."[16]라는 취지일까? 사람마다 모두 깔고 앉는 하나의 좌구座具를 가지고 있으니, 만약 이 좌구를 말하는 것이라면 이는 세존의 것이기도 하고 가섭의 것이기도 하다는 뜻인가? 이는 최초로 마음을 전한 인연이니, 물을 직접 마셔 보면 차가운지 따뜻한지 스스로 아는 것과 같이 증득한 사람이라야 비로소 알 수 있는 경지이며 그 나머지 사람은 누구도 헤아릴 수 없다. 그러므로 종도자宗道者[17]는 "비록 비밀스럽게 전한 가르침의 자취가 남아 있기는 하지만 옆에서 지켜보는 사람은 이해하지 못하므로 후사의 자리를 전하는 자취를 나타냄으로써 온갖 의혹을 풀어 주었다."라고 말했던 것이다.

爲人天說法者, 五戒十善人天因果之法. 迦葉後到者, 付法藏傳云, "爾時, 迦葉被糞掃衣."云云. 分座令坐者, 漢書趙逸傳, "請爲諸公分座." 註云,

---

14 『付法藏因緣傳』권1(大50, 298b12)을 전거로 제기한 것.
15 앞의 책(大50, 298b27).
16 부법장 제18조 가야사다伽耶舍多의 게송. 『景德傳燈錄』권2「僧伽難提傳」(大51, 212b17). 가야사다가 거울을 들고 있는 것을 보고 제17조 승가난제僧伽難提가 "너의 손에 쥐고 있는 것이 나타내는 뜻은 무엇이냐?"라고 묻자 이 게송으로 답하였다.
17 종도자宗道者 : 누구인지 불분명하다. 본서 5칙 주 18 참조.

"分座者, 別坐也." 則分別座, 以令坐耶? 以金襴圍之, 則分已坐,[1] 以令坐也. 通錄云云, 則"以正法之座, 報其本熏.[2]"耶? "諸佛大圓鑑, 內外無瑕穢. 兩人同得見, 心眼皆相似"耶? 人人盡有一座具地, 則若是此座, 亦是世尊底, 亦是迦葉底耶? 此是最初傳心, 如人飮水冷暖[3]自知, 證者方知, 餘莫能測也. 故宗道者云, "雖有密傳之迹, 而傍人不會故, 現其傳嗣之迹, 以決衆疑也."

---
1) 웬 '坐'는 병본에 '座'로 되어 있다.　2) 엥 '熏'은 '恩'의 오기이다.　3) 웬 '暖'은 병본에 '煖'으로 되어 있다.

● 『부법장전』에 다음과 같이 전한다.[18] "가섭은 마갈타국摩竭陀國에 사는 니구율타尼其律陀라는 바라문의 아들이다. 나무의 신(樹神)에게 기도하여 낳았는데, 성장한 뒤에 출가하기를 바라더니 사문이 되어 부지런히 고행을 닦았다. 여래께서 왕사성王舍城에서 묘법妙法을 펼치고 계시던 바로 그때 가섭은 분소의를 입고 부처님이 계신 곳으로 와서 말씀드렸다. '세존이시여! 저는 이제 최상의 맑고 고요한 분께 귀의하오니, 원하옵건대 불쌍히 여겨 받아 주시고 말석에 앉는 것이라도 허락해 주시기 바랍니다.' 세존께서 찬탄하며 '잘 왔다, 가섭아!'라 하고 곧바로 자리를 반으로 나누어 와서 앉도록 명하셨다. 가섭이 부처님께 말씀드렸다. '저는 여래의 가장 늦은 제자이므로 자리를 반으로 나누어 앉도록 명하셨지만 그 뜻을 따르지 못하겠습니다.' 이때 대중들이 모두 의심스러운 생각으로 '이 늙은 사문에게 무슨 남다른 덕이 있어 부처님께서 자리를 나누어 앉도록 명한 것일까? 이 사람의 뛰어난 점은 오로지 부처님만 아실 것이다.'라고 말하였다. 이에 여래께서 여러 대중의 의중을 알고 그들의 의심을 풀어 주고자 깊고 드넓은 가섭의 크나큰 행업(大行)[19]에

---
18 『付法藏因緣傳』 권1(大50, 297b28) 이하의 내용이다.
19 크나큰 행업(大行) : 보살이 궁극의 깨달음(大果)을 성취하기 위하여 3아승기겁의 세

대하여 말씀한 다음 또 이렇게 말씀하셨다. '내가 지금 지니고 있는 대자대비大慈大悲와 사선삼매四禪三昧[20]와 무량한 공덕으로써 스스로 장엄한 것인데, 가섭 또한 이와 같다.'"

付法藏傳云, "迦葉文,[1] 摩竭陁國婆羅門, 名尼拘律陁之子也.[2] 因禱樹神得生, 旣長, 欲求出家, 便作沙門, 勤修苦行. 逮如來於王舍城, 頒宣妙法, 爾時迦葉, 被糞掃衣, 來詣佛所, 白佛言, '世尊! 我今歸依無上淸凉, 願哀納受, 聽在末次.' 世尊歎曰, '善來, 迦葉!' 卽分半座, 命令就坐. 迦葉白佛, '我是如來末行弟子, 故命分座, 不堪順旨.' 是時, 大衆咸疑, '此老沙門, 有何異德, 乃令[3]天尊分座命之? 此人殊勝, 唯佛知耳.' 於是, 如來知諸衆意, 欲決衆疑, 卽宣迦葉大行淵廣. 世尊又曰, '我今所有, 大慈大悲, 四禪三昧, 無量功德, 以自莊嚴, 迦葉, 亦復如是.'"

1) ㉢ '文'이 을본·병본에는 '波'로 되어 있다. 2) ㉢ '也'가 을본·병본에는 없다. 3) ㉢ '令'이 을본·병본에는 '命'으로 되어 있다.

● 『통록』에 이렇게 전한다.[21] "부처님께서 말씀하셨다. '과거세 아득히 먼 겁의 세월 중에 문다갈文多竭이라는 성스러운 왕이 살았다. 그의 뛰어난 재주는 세상 누구도 넘어섰고 지혜는 견줄 상대가 없었다. 그때 제석천[22]이 그의 덕을 흠모하고 공경하여 칠보七寶[23]로 장식한 수레를 보

월 동안 갖가지 공덕을 쌓는 만행萬行의 수행. 상대적으로 성문·연각 등 이승의 수행은 '소행小行'이라 한다. 『大乘莊嚴經論』 권2(大31, 597b22), "대행이란 자신과 타인에게 이익을 주기 위하여 행을 일으킨다는 뜻이고, 대과란 최상의 깨달음을 얻도록 한다는 뜻이다.(大行者, 爲利自他, 而發行故 ; 大果者, 令得無上菩提故.)"

20 사선삼매四禪三昧 : ⓢ catvāri dhyānāni, ⓟ cattāri jhānāni. 사선四禪·사선정四禪定·사정려四靜慮 등이라고 한다. 네 가지 근본선정根本禪定을 가리키며, 색계色界의 초선初禪·제2선第二禪·제3선第三禪·제4선第四禪을 가리키기도 한다.
21 『付法藏因緣傳』 권1(大50, 298b21).
22 제석천帝釋天 : 불교의 수호신. 고대 인도의 신 인드라(Indra)를 불교에서 수용한 것이다. 욕계 제2천인 도리천忉利天(ⓢ Trāyastriṃśa, ⓟ Tāvatṃsa)의 주인이며, 수미산須彌山

내어 왕을 맞이하였다. 이때 왕이 이 천상의 수레를 타고 허공을 날아오자 제석천이 나아가 맞이한 뒤 함께 앉아 즐겁게 노닐고 나서 왕을 궁궐로 배웅해 주었다.' 부처님께서 비구들에게 이 인연을 풀어 주셨다. '그 과거세의 제석천은 오늘날의 이 가섭이고, 문다갈왕은 바로 나였다. 가섭은 그 과거세에 생사生死의 자리에 나에게 함께 앉자고 명하였고, 나는 최상의 도(無上道)를 성취한 지금 정법의 자리로 그 과거세의 은혜에 보답하려는 것이다.'"

通錄云, "佛言, '往昔久遠劫中, 有一聖王, 名文多竭, 高才超世, 智慧無倫. 時帝釋欽敬其德, 遣七寶車迎王. 時王乘天車, 飛空而來, 帝釋出迎, 以共同坐歡娛已, 送王還闕.' 佛告比丘, '爾時, 天帝釋, 卽迦葉, 是 ; 文多竭王, 卽吾身, 是. 迦葉, 昔以生死之座, 命吾同坐, 吾今成無上道, 以正法之座, 報其本熏[1]也.'"

---

1) 옛 '熏'은 '恩'의 오기이다.

불인 요원佛印了元의 송 佛印元頌

영산회상에서 직접 들었던 말씀이거늘[24]	靈山會上親聞語
다자탑 앞에서 다시금 보여 주시는구나	多子塔前重爲擧
당시에 그 한 사람이 누구인지 아는가	當時一箇知是誰
끝없이 맑은 바람 온 누리에 고루 부네[25]	無限淸風遍寰宇

위의 선견성善見城(희견성喜見城이라고도 함)에 산다. 석제환인다라釋帝桓因陀羅·석가제바인다라釋迦提婆因陀羅라고도 하며, 줄여서 석제환인·제석이라 칭한다.
23 칠보七寶 : 칠진七珍이라고도 한다. 세상에 진귀한 보배 일곱 가지를 말한다. 경전마다 열거하는 명칭이 다르다. 가령 『阿彌陀經』(大12, 347a3)에서는 금金·은銀·유리琉璃·파리頗梨·거거車渠·적주赤珠·마노碼瑙 등이라 하고, 『法華經』 권3(大9, 21b20)에서는 금·은·유리·거거硨磲·마노·진주眞珠·매괴玫瑰 등이라 한다.
24 영산회상에서 직접 들었던 말씀이거늘 : 영산회상에서 꽃을 들어 보이신 것(拈華)을 뜻한다. 본서 5칙 참조.

> [설화]

○ 영산회상에서~보여 주시는구나 : 영산회상과 다자탑 앞의 인연 사이에 앞뒤의 차별이 없다는 뜻이다.
○ 당시에 그 한 사람 : 한 사람이란 가섭을 가리킨다.

佛印: 靈山至爲擧者, 言靈山會上, 多子塔前, 無前後也. 當時一箇云云者, 一箇指迦葉也.

정혜 초신定慧超信**의 송** 定慧信頌

은밀히 전하고 자리 나누어 앉았다 하니	密傳分半座
정면에다 침 뱉어 주기에 딱 맞는 짓이다[26]	正好驀面唾
그렇게 하지 않고 그대로 놓아둔 까닭에	不伊麼且放過
자손들이 재앙을 당하지 않을 수 없었네[27]	子孫未免遭殃禍

---

25 끝없이 맑은~고루 부네 : 맑은 바람이란 부처님께서 전하고 가섭이 이어받은 종풍宗風을 가리킨다. 이 종풍이 전해지지 않는 곳 없이 널리 알려지게 되었다는 말이다.
26 정면에다 침~맞는 짓이다 : 부처와 조사의 언행일지라도 드러난 그대로 수용하면 장애가 되기 때문에 이 같은 부정의 매개를 거친다.『景德傳燈錄』권19 「雲門文偃傳」(大51, 357b3), "그대가 만일 바로 그 사람(본분에 충실한 납자)이라면 '어디가 노숙老宿께서 출세한 곳인가?'라는 말을 듣는 순간 기다렸다는 듯이 곧바로 정면에다 침을 뱉어 나의 귀와 눈을 더럽혔을 것이다. 하지만 그대가 만약 그러한 수단을 지니지 못했다면 남이 제기하는 말을 듣고는 곧바로 짊어질 것이니, 그것은 벌써 (근본에서 멀어져) 두 번째 기틀에 떨어진 것이다.(汝若是箇人, 聞說道, '什麼處有老宿出世?' 便好驀面唾, 污我耳目. 汝若不是箇脚手, 才聞人擧, 便當荷得, 早落第二機也.)";『趙州語錄』古尊宿語錄 14(卍118, 321b12), "어떤 학인이 '제가 멀리서 찾아왔으니 스님께서 한 말씀 지시해 주시기 바랍니다.'라고 하자 조주가 말하였다. '문에 들어오기만 하면 곧바로 얼굴에 침을 뱉을 것이다.'(問, '學人遠來, 請和尙指示.' 師云, '纔入門便好驀面唾.')"
27 그렇게 하지~수 없었네 : 대대로 부처님과 가섭 사이에 주고받은 비밀이 무엇인지 캐고 들어가는 분별이 재앙이 된다. 은밀히 전했다는 것을 실법實法으로 받아들여 속박되고, 자리를 나누어 앉은 행위에도 보이지 않는 뜻이 있을 것으로 오인한다면 마찬가지로 하나의 굴레가 될 뿐이라는 뜻이다.

원오 극근圜悟克勤이 승 수좌勝首座에게 준 법어

"석가모니께서 다자탑 앞에서 당신의 자리를 나누어 앉게 한 것이 이미 이 심인心印을 은밀하게 전한 것이었고, 그 뒤 꽃을 들어 보여 주셨으니, 이는 두 번째 거듭된 공안이었다. 게다가 금란가사를 전하며 계족산에서 미륵불을 기다리라고 말씀하기까지 했으니, 이 정도면 펼쳐 보인 조리條理[28]가 대단히 많은 편이다."

> 圜悟勤, 示勝首座法語云, "釋迦文, 多子塔前分半座, 已密授此印, 爾後拈花, 是第二重公案. 至於付金襴, 鷄足山中候彌勒, 是多少節文也."

설화

○ 정혜의 송과 원오의 법어는 (드러난 사실) 그 이상으로 향상하는 하나의 통로가 있음을 알아야 한다는 뜻이다.

> 定慧頌, 圜悟法語, 更須知有向上一竅.

---

[28] 조리條理(節文) : 절문節文은 본래 절도 있는 예절이나 의식 또는 핵심만 추리고 생략한 문구 등을 뜻하지만, 잘 처리하는 것 또는 사리에 따라 핵심에 들어맞게 조정한 조리를 가리키기도 한다.

5칙 세존염화世尊拈花[1]

본칙 세존께서 영산靈山에서 설법하실 때 하늘에서 네 가지 꽃이 비 오듯이 내렸다. 세존께서 마침내 꽃을 집어 대중에게 보이자 가섭이 미소 지었다. 세존께서 말씀하셨다. "나에게 정법안장이 있으니 그것을 마하가섭에게 전하노라."【어떤 본에는 '세존께서 청련목靑蓮目[2]으로 가섭을 돌아보자 가섭이 미소를 지었다.'라고 되어 있다.】

世尊在靈山說法, 天雨四花. 世尊遂拈花示衆, 迦葉微笑. 世尊云, "吾有正法眼藏, 付囑摩訶迦葉."【一本, '世尊, 以靑蓮目顧視迦葉, 迦葉微笑.'】

설화

● 영산靈山에서 설법하실 때~비 오듯이 내렸다 : 『법화경』의 구절을 요약하였다.[3]

---

1 세존께서 꽃을 든 염화拈花와 가섭이 그에 화답한 미소微笑, 이 단적인 두 가지 사실에 이 공안의 모든 요소가 드러나 있으므로 그것에 덧붙여지는 것은 모두 헛된 분별로 귀결된다.
2 청련목靑蓮目 : 푸른 연꽃과 같은 눈. 세존의 삼십이상三十二相 중 하나인 연목상蓮目相을 나타낸다. 진청안상眞靑眼相([S] abhinīla-netra)이라고도 한다. 부처님의 눈은 감청紺靑의 색깔로 청련화와 같으므로 이렇게 비유한다. 『大智度論』 권11(大25, 141c4), 『大乘義章』 권20(大44, 874c14) 참조.
3 『法華經』의 경문은 다음과 같다. 『法華經』 권1(大9, 2b10), "이때 하늘에서 만다라화·마하만다라화·만수사화·마하만수사화를 비처럼 내려 부처님과 대중들에게 흩뿌렸고, 모든 부처님의 세계가 여섯 가지로 진동하였다.(是時, 天雨曼陀羅華·摩訶曼陀羅華·曼殊沙華·摩訶曼殊沙華, 而散佛上, 及諸大衆, 普佛世界, 六種震動.)"; 『法華義記』 권1(大33, 582c28), "만다라화는 소백단화小白團花라 한역하고, 마하만다라화는 대백단화大白團花라고 한역하며, 만수사화는 소적단화小赤團花라 한역하고, 마하만수사화는 대적단화大赤團花라고 한역한다. 비록 네 가지 꽃이 있지만 합하면 두 쌍이 된다. 앞의 두 가지 백단화는 재가의 두 대중(우바새·우바이)을 비유하고, 뒤의 두 가지 적단화는 출가의 두 대중(비구·비구니)을 비유한다.(曼陀羅花者, 譯爲小白團花 ; 摩訶曼陀羅花者, 譯爲大白團花 ; 曼殊沙花者, 譯爲小赤團花 ; 摩訶曼殊沙花者, 譯爲大赤團花也. 雖有四花, 今合爲

- 나에게 정법안장이 있으니 그것을 마하가섭에게 전하노라 : 『열반경』의 구절을 요약하였다.[4]
- 꽃을 집어 대중에게 보이자 가섭이 미소 지었다(拈花微笑)[5] : 경전의 문구가 다 전해지기 이전의 경전을 요약한 것인가? 아니면 경전이나 논서에는 상응하는 문구가 없는가?
- 또한 『인천보감』의 기록에는 다음과 같이 전한다. "서왕舒王[6]이 혜천 선사慧泉禪師[7]에게 물었다. '선가禪家에서 「세존께서 꽃을 들어 보이자 가섭이 미소 지었다.」라고 하는 말은 어떤 책에서 나왔습니까?' '대장경의 교설에는 실려 있지 않습니다.' '제가 최근 한림원翰林苑에서 우연히 『대범천왕문불결의경』 3권[8]을 발견하고 열람을 해 보았더니 그 경에 대단

兩雙. 前二白團花, 譬在家二衆 ; 後二赤團花, 譬出家二衆.)"

4 『涅槃經』의 다음 대목을 말한다. 36권본 『大般涅槃經』 권2(大12, 617b24), "그때 부처님께서 비구들에게 이르셨다. '그대들은 이와 같이 말해서는 안 된다. 내가 지금 지니고 있는 최상의 정법을 모두 마하가섭에게 전하였다. 이 가섭이 장차 그대들에게 근본적인 의지가 될 것이다. 마치 여래가 모든 중생에게 의지할 근본이 되는 것과 같다.'(爾時, 佛告諸比丘, '汝等不應作如是語. 我今所有無上正法, 悉以付囑摩訶迦葉. 是迦葉者, 當爲汝等, 作大依止. 猶如如來, 爲諸衆生, 作依止處.')"

5 불립문자不立文字·교외별전敎外別傳의 종지를 대표하는 선종의 설화이며, 가섭을 인도 전법의 초조初祖로 내세우는 조통설祖統說의 근거가 되기도 한다. 『聯燈會要』 권1(卍136, 440b18~441a2)에 다음과 같이 완성된 형태로 나온다. 『聯燈會要』 권1(卍136, 440b18), "세존께서 영취산의 법화회상에서 꽃을 들어 대중에게 보이시니 대중이 모두 말이 없었으나, 오직 가섭만이 파안미소를 지었다. 세존께서 말씀하셨다. '나에게 정법을 꿰뚫어 보는 눈, 열반의 현묘한 마음, 형상을 벗어난 진실한 상, 미묘한 법문이 있다. 문자에 의존하지 않고 교설 밖으로 별도로 전하니 그것을 마하가섭에게 부촉하노라.'(世尊, 在靈山會上, 拈花示衆, 衆皆黙然, 唯迦葉, 破顔微笑. 世尊云, '吾有正法眼藏, 涅槃妙心, 實相無相, 微妙法門. 不立文字, 敎外別傳, 付囑摩訶迦葉.')"

6 서왕舒王 : 왕안석王安石(1021~1086). 북송의 시인이자 문필가. 당송팔대가唐宋八大家 중 한 사람이다. '서왕'은 휘종 때(1113) 추증한 호이다.

7 혜천 선사慧泉禪師 : 장산蔣山 불혜 법천佛慧法泉. 생몰 연대 미상. 활동 시기는 송대이다. 속성은 시時, 호북성 수주隨州 출신이다. 운거 효순雲居曉舜의 제자로 대명사大明寺에 머물다가 천경千頃·영암靈巖·남명南明·장산蔣山 등에 두루 주석하였다.

8 『대범천왕문불결의경』 3권 : 2권본 『大梵天王問佛決疑經』(卍87, 930a2) 및 1권본 『大梵天王問佛決疑經』(卍87, 976a10) 등을 가리키지만, 이는 위경僞經으로 이 설화에 대한

히 상세한 내용이 실려 있었습니다. 곧 대범천왕大梵天王[9]이 영산회상
에 이르러 금색의 우바라화優波羅花[10]를 부처님께 바치고 몸을 던져 법
좌로 삼고서 부처님께 모든 중생들을 위해 설법해 줄 것을 청하였습니
다. 세존께서 법좌에 오르는 순간 대중에게 꽃을 들어 보이자 백만억
대중이 모두 어리둥절하였으나 오로지 가섭만이 파안미소를 지었습니
다. 이에 세존께서 「나에게 진리를 보는 바른 눈이 있다.」[11]라고 운운하
셨던 것입니다.' 혜천은 그의 박식한 연구에 감탄하였다."[12] 이 이야기

경전적 근거를 확보하기 위한 것에 불과하다. 설화에서 3권이라 한 것은 2권 또는 1권을
잘못 본 것이다.

9 대범천왕大梵天王 : Ⓢ·ⓟ mahā-brahmā-deva, Ⓣ tshaṅs-pa-chen-po. 마하범摩訶梵·범
마삼발梵摩三鉢 등으로 음사한다. 범천왕梵天王·범천梵天·범왕梵王·대범大梵 등이
라고도 한역하며, 범동자梵童子(Ⓢ Brahmā sanatkumāra)·세주천世主天·사바세계주娑婆
世界主(Ⓢ Brahmā-sahāmpati)라고도 한다. 『우파니샤드』 이후 우주의 중심 원리를 의미하
는 최고신의 지위를 가진 신격이었으나, 불교에 도입되어 색계色界 초선천初禪天의 세
번째 혹은 네 번째 천으로 간주되었다. 『大般涅槃經後分』 권상(大12, 905c15), 『大智度
論』 권38(大25, 340b15), 『立世阿毘曇論』 권1(大32, 174b4) 참조.

10 우바라화優波羅花 : Ⓢ uḍumbara, udumbara. Ⓟ udumbara. 우담발라優曇跋羅·우담
발라優曇鉢羅·오담발라화烏曇盋羅花·우담파화憂曇波花·오담발라화鄔曇鉢羅花·우
담화優曇花·울담화鬱曇花 등이라고도 한다. 한역어는 영서화靈瑞花·공기화空起花·
기공화起空花 등이다. '우담'은 우담발라의 약칭. 상서로운 현상에 감응하여 나타나는
천화天花로서 인간 세상에는 없는 꽃이라 한다. 인간 세상에 우담발라가 출현하는 것
은 마치 부처님이 계신 세상이나 정법正法을 만나기가 지극히 어려운 것과 같다고 비
유한다. 『長阿含經』 권4(大1, 25a11), 『增壹阿含經』 권7(大2, 578a17), 60권본 『華嚴經』
권37(大9, 637b2) 등 참조. 『一切經音義』 권8(大54, 351c13), "우담화【범어의 옛날 음역音
譯으로 잘못 줄인 것이다. 범어의 바른 음사는 오담발라이다. 한역하면 상서로우며 신령하
고 기이한 하늘의 꽃이라는 뜻의 상서영이천화祥瑞靈異天花이다. 세간에 이 꽃은 없다. 만
약 여래께서 (사대주를 모두 통치하는) 금륜왕으로 하생할 경우 세간에 이 꽃이 출현한다.
금륜왕에게는 큰 복과 덕의 힘이 있기 때문에 이 꽃을 감응케 하여 나타나도록 할 수 있는
것이다.】(優曇花【梵語古譯訛略也. 梵語正云, 烏曇跋羅. 此云, 祥瑞靈異天花也. 世間無
此花. 若如來下生金輪王, 出現世間, 以大福德力故, 感得此花出現.】)"

11 '열반의 깊고 미묘한 마음, 형상을 벗어난 진실한 상이 있으니, 그것을 마하가섭에게
전한다.'라는 구절이 생략되어 있다.

12 『人天寶鑑』(卍148, 140a12) 참조. 『禪林疏語考證』 권1「解制」(卍112, 803b6) 등에도 전
한다.

는 『매계집梅溪集』에 나온다. 곧 이는 『대범천왕문불결의경』의 문구에서 나온 이야기인 것이다.[13] 선경善卿[14] 선사는 이렇게 말한다.[15] "선가에서 대장경의 교설과 관련된 인연을 인용한 예는 제법 많고, 이러한 인연에 따라 궁극적 깨달음을 얻은 자도 적지 않다. 가령 세존께서 꽃을 든 인연, 아난阿難에게 문 앞의 찰간을 쓰러뜨리라고 한 것(본서 81칙 참조), 외도外道가 부처님께 말이 있는 것(有言)도 말이 없는 것(無言)도 묻지 않았던 인연(본서 16칙 참조), 문수文殊가 백추白槌를 울린 인연(본서 6칙 참조), 두 여인이 시체를 두고 평가를 내린 견해(본서 18칙 참조), 다섯 가지 신통을 갖춘 선인仙人이 부처님께 육신통六神通에 대하여 물은 인연(본서 14칙 참조), 수보리須菩提가 바위굴에 앉아 좌선하면서 부처님의 법신을 보았던 인연(본서 7칙 참조) 등이 그것이다. 이것들과 유사한 인연에 대하여 왕왕 경론을 강설하는 무리들은 경전과 논서에는 상응하는 문구가 없다고 여기고 멋대로 의심하며 믿지 않는다. 그러나 달마대사 이래로 문자와 말씀 그대로 따르는 것만이 옳다고 여긴 적은 없었다." 당시의 대중들이 우연한 일이라 생각했기에 결집하여 경전에 포함시키지 않았을 뿐이다. 오직 대가섭만이 홀로 은밀하게 부처님의 마음과 하나가 되어 인가를 받은(密契) 다음 이것을 아난에게 전하였고, 아난은 상나화수商那和修에게 전하였으며, 이처럼 대대로 이어 가다가 중국에까지 전해진 것이니, 이것은 별전別傳[16]의 종지를 나타내는 징표로 간주되었

---

13 이는 『대범천왕문불결의경』의~이야기인 것이다 : 설화의 저자는 이 경이 위경이라는 사실을 모르고 있었던 것으로 보인다.
14 선경善卿 : 생몰 연대 미상. 호는 목암睦庵. 동월東越 출신으로 속성은 진陳, 이름은 사절師節이다. 1108년(대관 2)에 『祖庭事苑』 8권을 지었다.
15 이하는 『祖庭事苑』 권2(卍113, 52b17)의 인용이지만 부분적으로 첨삭이 있다. 예를 들면 '세존염화'는 이 공안을 설명하기 위한 인용이므로 첨가되었고, '세존설부정법世尊說不定法'은 삭제되었다.
16 별전別傳 : 경전의 문자와 교설을 벗어나 별도의 방법으로 전한다는 '교외별전敎外別傳'을 나타낸다. 법을 깨달은 한 사람이 다음 세대에 그 법을 받아들일 수 있다고 인가

다. 어찌 반드시 경전이나 논서에 수록되었는지 수록되지 않았는지 또는 경전에 온전히 들어 있는 이야기인지 그렇지 않은지를 따져서 증명할 필요가 있겠는가! 만약 책에 실려 있어야 한다면 교승敎乘[17]과 완전히 같을 것이다. 또한 종도자[18]는 '경전이나 논서에는 상응하는 문구가 없다는 이유로 의심을 일으키지 마라.'라고 하였다. 이것은 모든 부처님과 조사가 교설과는 별도로 전하신 미묘한 종지이기 때문이다.

[拈花] 靈山說法, 天雨四花,[1)] 節法華經文. 吾有云云迦葉, 節涅槃經文. 拈花微笑, 節經來未盡耶? 經論無文耶? 又人天寶鑑錄云, "舒王問慧泉禪師曰, '禪家所論,「世尊拈花, 迦葉微笑,」出自何傳?' 泉云, '藏乘所不載.' 王曰, '某頃在翰苑, 偶見大梵天王問佛決疑經三卷, 因閱之, 經中所載甚詳. 大梵天王, 詣靈山會上, 以金色優波羅花獻佛, 舍身爲床座, 請佛爲羣生說法. 世尊才登座, 拈花示衆, 百萬億衆, 悉皆罔措, 獨迦葉破顔微笑. 世尊云,「吾有正法眼藏」云云.' 泉歎其博究." 出梅溪集. 則大梵天王問佛決疑經文所出也. 善卿師云, "禪家所引, 涉藏乘之緣, 頗多, 由是緣而獲證悟者, 蓋不鮮少. 只如世尊拈花·阿難門[2)]前倒利竿[3)]·外道問佛有無言·文殊

한 한 사람에게 개별적으로 전하여 부단히 이어지게 하는 방식이다.
17 교승敎乘 : 교외별전·불립문자를 내세우는 선종과 대칭하여 경전을 근거로 갈라지는 교종의 모든 종파를 나타낸다. 곧 십이분교十二分敎와 삼승三乘을 말하며 교설敎說 또는 교법敎法과 같다. 고해의 이 언덕에서 해탈의 저 언덕으로 건너게 해 주는 수레라는 뜻에서 '승乘'이라 비유한 말이며, 선종에서는 교승과 구분하여 마음을 종지로 삼는다는 뜻에서 '종승宗乘'이라는 말을 주로 사용한다. 『景德傳燈錄』 권21 「羅漢桂琛傳」 (大51, 371a21), 같은 책, 권26 「歸宗義柔傳」(大51, 420b18) 참조. 『宗鏡錄』 권9(大48, 460b13), "교승은 비밀의 법이라 주장하고 선종은 전할 수 없는 문자라 내세우니, 어떤 길을 따라 수행할 것이며 어떤 문으로 들어갈 것인가? 만약 (두 가지 모두) 오로지 마음뿐이라는(唯心) 비결을 터득하지 못한다면 바른 믿음이 이루어질 근거는 없다.(今敎乘稱祕密之法, 禪宗標不傳之文, 則向何路而進修, 從何門而趣入? 若不得唯心之訣, 正信無由得成.)"
18 종도자宗道者 : 누구인지 불분명하지만, 인용은 위에서 경론을 강설하는 자들에 대하여 평가한 선경善卿의 말과 일치하기 때문에 그를 가리키는 것으로 보인다.

白槌・二女評屍・五通問佛・須菩提巖中宴坐. 似此等緣, 往往講學之輩, 謂爲經論無文, 輒疑而不信. 然而吾祖之來, 未嘗以文字言辭爲能事也." 蓋當時大衆, 謂爲偶然, 不結集在法藏. 惟大迦葉, 獨得密契, 以此傳阿難, 阿難傳商[4]那和修, 轉展相承, 傳之華夏, 以爲別傳之標致. 何必徵於經論載不載, 經來盡未盡也! 若在簡牘, 則完同於敎乘矣. 又宗道者云, '莫以經論無文而生疑'也. 此是諸佛諸祖別傳之妙也.

---

1) ㉑ '花'가 병본에는 '華'로 되어 있다. 이하 동일. ㉘ 통용자이므로 이하에서는 교감주를 붙이지 않는다. 2) ㉑ '門'이 을본에는 '問'으로 되어 있다. 3) ㉑ '刹竿'이 병본에는 '竿刹'로 되어 있다. 4) ㉑ '商'이 병본에는 '商'으로 되어 있다. ㉘ '商'이 맞다. 이 경우 외에도 다른 곳에서도 무수히 많이 나오는데 이하에서는 따로 교감주를 붙이지 않고 '商'으로 바로잡아 번역한다.

● 네 가지 꽃 : 만수사화 등을 가리킨다. 들어 보인 것은 한 송이 꽃인가? 아니면 네 가지 꽃 중에서 한 가지 꽃일까?

● 꽃을 집어 대중에게 보이자 가섭이 미소 지었다 : 무심하게 꽃을 집어 들고 무심하게 미소를 지은 것일까? 별 뜻 없이 꽃을 집어 들고 별 뜻 없이 미소를 지은 것일까? 아니면, 부처님께서는 기틀에 당면하여 곧바로 가리키고, 가섭은 그 기틀을 마주치고 깨달았던 것일까? 옛사람은 "기틀에 당면하여 곧바로 가리키더라도 벌써 멀리 돌아간 것이며, 기틀을 마주치고 깨달았더라도 이미 어리석게 된 것이다."[19]라고 말하

---

19 누구의 말을 인용했는지 미상이고 정확히 일치하지 않지만, 그 대의는 다음과 같은 구절들과 통한다. 『禪林寶訓音義』(卍113, 296a6), "경정徑挺 : 기틀에 당면하여 곧바로 가리키고 결코 회피하지 마라. 머뭇거리는 순간 흰 구름 너머 저편으로 아득히 멀어질 것이다.(徑挺 : 當機直指, 絕無迴避, 擬議之間, 白雲千里.)"; 『天目明本雜錄』「示養直蒙首座」(卍122, 779a9), "곧바로 가리킨다고 말한 것이 벌써 한참 돌아가고 만 결과가 되었다.(說箇直指, 早已迂曲了也.)"; 『希叟廣錄』 권4 「坦講師求子直序」(卍122, 258a18), "옛날에 달마대사가 바다를 건너고 사막을 넘어와서 곧바로 사람의 마음을 가리킨다(直指人心)는 설로써 중국의 평범한 사람들을 어지럽게 미혹시켰다. 그러나 그는 인도를 아직 떠나기도 전에 벌써 먼 길로 한참 돌아갔다는 사실을 전혀 모르고 있었다.(在昔老臊胡, 踰海越漠, 以直指人心之說, 惑亂大唐人家男女. 殊不知, 未發足竺乾

였다. 그러나 이것 또한 흔적을 쓸어 없애기 위한 말[20]일 뿐이니, 세존과 가섭이 만난 경지와는 전혀 상관이 없다. 석가노자께서 이 요지에 대해서는 오랜 기간 침묵하시면서 49년 동안 300여 법회에서 제기하지 못하고 말로 다하지도 못하다가 마지막에 영산회상에서 비로소 제기하고 모두 말씀하실 수 있었다. 인천의 백만억 대중이 모두 어리둥절하였으나 오로지 대가섭만이 파안미소를 지었다. 이것이 바로 두 번째로 마음을 전한 인연이다.

● 나에게 정법안장이 있다 : 잘못된 부분을 가려내는 것이 바르다는 뜻의 '정正'이고, 궤지軌持[21]가 '법法'이며, 비추어 보는 것은 '안眼'이고, 거두어 간직한다는 뜻이 '장藏'이다. 또한 바른 법(正法)은 눈(眼)과 같고 창고(藏)와 같다는 뜻이다.

● 마하가섭에게 전하노라 : 믿음을 얻은 바로 그 순간에 지혜의 빛이 후세에 널리 퍼졌다는 뜻이다.

時, 早已迂曲了也.)"
20 흔적을 쓸어~위한 말(拂迹之談) : 여기서 흔적 또는 자취란 '곧바로 가리킨다(直指)'는 말과 '깨닫는다(悟達)'는 말이 지니고 있는 집착의 실마리를 나타낸다. 이러한 말의 자취를 없애려는 이야기이지만 그것 자체가 벌써 또 다른 흔적을 남기고 있다는 뜻이 들어 있다. '자취를 감추려다가 도리어 또 하나의 흔적이 생긴다.(拂跡成痕)'라는 상용구가 그 뜻이다. 『禪林僧寶傳』 권23 「寶覺祖心傳」(卍137, 531b17), "비유하자면 신령한 거북이 진흙에 꼬리를 끌어서 자취를 지워 없애려다 도리어 꼬리의 자취가 생기는 것과 같으니 마음을 가지고 마음을 쓰다가 더욱 병이 깊어지게 되는 것이라 할 만하다. 진실로 마음을 밝힌다면 마음 밖에 법이 없고 법 밖에 마음이 따로 없어서 마음과 법이 이미 없거늘 다시 무엇을 단번에 없애려 하는 것인가!(譬如靈龜曳尾于塗, 拂跡跡生, 可謂將心用心, 轉見病深. 苟能明心, 心外無法, 法外無心, 心法既無, 更欲教誰頓盡耶!)"
21 궤지軌持 : Ⓢ dharma의 한역어인 법法에 대한 해설 중 하나. '궤軌'는 일정한 틀 또는 법칙·규범을 나타내는 궤칙軌則·궤범軌範을 뜻한다. '지持'는 자신의 본성(自性)을 유지하고 지킨다(住持)는 뜻이다. 『成唯識論述記』 권1 본(大43, 239c4), "법이란 궤지라는 뜻이다. 궤는 궤범의 뜻이니 대상에 대한 이해를 낳게 하는 근거이고, 지는 주지住持라는 뜻이니 자신의 고유한 특징을 버리지 않는다는 말이다.(法謂軌持. 軌謂軌範, 可生物解 ; 持謂住持, 不捨自相.)"

四花者, 曼殊沙花云云. 拈起地一枝花耶? 四花中一花耶? 拈花示衆迦葉微笑者, 閑拈花閑微笑耶? 但拈花但微笑耶? 當機直指, 當機悟達耶? 古人云, "當機直指, 早已迂曲了也；當機悟達, 早已鈍痴了也." 然此亦拂迹之談, 於世尊迦葉相見處, 了沒交涉. 釋迦老子, 久默斯要, 四十九年三百餘會, 提不起說不¹⁾盡, 末後靈山會上, 始提得起說得盡. 人天百萬億衆, 悉皆罔措, 唯大迦葉破顔微笑. 此是第二傳心. 吾有正法眼藏者, 揀邪爲正, 軌持爲法, 照了爲眼, 含攝爲藏. 又正法如眼如藏也. 付囑云云迦葉者, 取信當時, 光揚後世.

1) ㉑ '不'가 병본에는 '末'로 되어 있다.

대홍 보은大洪報恩의 송 大洪恩頌

면전에서 다 드러내 보였거늘 헤아릴 것이 무엇이더냐	覿面相呈何所擬
번개 치고 유성 흐르는 짧은 순간 천만 리로 멀어지리[22]	電閃星流千萬里
향기 실은 바람[23] 대지를 감돌며 때도 없이 불고 있으니	香風匝地吹無時
우담화[24]가 인간 세상에 나타난 것이로다	優曇花現人間世
【냄새 맡으려 하면 뇌가 찢어지리라.】[25]	【齅着則腦裂.】

남명 법천南明法泉의 송 南明泉頌

땅을 깎아 낼 듯 세찬 바람 마른 풀뿌리 쓸어버리니	霜風刮地掃枯荄

---

22 면전에서 다~리로 멀어지리 : 세존의 염화와 가섭의 미소에 다 드러나 있지만, 조금이라도 헤아리고 분별한다면 눈앞의 진실과 멀어진다.
23 '향기 실은 바람'과 제1구의 '면전에서 다 드러내 보인 것'이 서로 호응한다.
24 우담화優曇花 : 주 10 참조.
25 이 송 제2구의 뜻과 같다.

벌써 돌아온 봄소식을 누가 알아차릴 것인가	誰覺東君令已廻
대유령 매화[26]만이 그 소식을 처음 누설하니	唯有嶺挴[1]先漏洩
가지 하나가 홀로 눈 속에서 꽃 피웠다네	一枝獨向雪中開

1) ㉾ '挴'가 갑본에는 '梅'로 되어 있다. ㉡ '梅'로 바로잡아 번역하였다.

설화

○ 대홍 보은과 남명 법천의 송은 세존과 가섭이 서로의 속뜻을 알아차린 경지를 밝혔다. "냄새 맡으려 하면 뇌가 찢어진다."라고 한 말은 일정한 법도에 얽매이지 않는다[27]는 뜻이다.

大洪南明, 明世尊迦葉相見處也. 齅著則腦裂者, 不存軌則也.

운거 요원雲居了元의 송 雲居元頌

세존이 꽃 들자 가섭이 미소 지었다 하니	世尊拈花迦葉微笑
물속의 물고기요 하늘을 나는 새로다[28]	水底魚兮天上鳥
미륵을 관음으로 오해한 것과 같으니	誤將彌勒作觀音
다리미 불과 차 끓이는 불은 같은 화로를	熨[1]斗煎茶不同銚

---

26 대유령 매화(嶺挴) : 대유령大庾嶺은 매화가 많이 피어 매화령梅花嶺이라고도 한다. 중국의 남과 북을 가르는 분기점으로 남북의 기후 차이 때문에 매화의 남쪽 가지가 떨어지는 시기에 북쪽 가지에서 비로소 꽃을 피우는데, 이것으로 인하여 옛날부터 잘 알려져 있다.
27 일정한 법도에 얽매이지 않는다(不存軌則) : 일반적으로 '남김 없는 작용이 눈앞에 실현되어 있다.'라는 뜻의 '대용현전大用現前' 뒤에 이어지는 구절이다. 곧 염화와 미소는 '근본을 드러내는 작용'으로서 이미 눈앞에 드러나 있으므로 헤아리며 분별하기 위한 인식의 범주에 따라 이해할 대상이 아니라는 말이다. 『景德傳燈錄』 권9 「大安傳」(大51, 267c23), 『雲門廣錄』 권중 古尊宿語錄 16(卍118, 354a4) 등 참조.
28 세존이 꽃~나는 새로다 : 물고기와 새가 각자의 영역에서 자유롭듯이 세존의 염화와 가섭의 미소가 서로 다른 입장에서 본분을 자유롭게 펼쳤다는 뜻.

쓰지 않는다²⁹

1) ㉢ '慰'는 '熨'의 오기이다.

설화

○ 세존이 꽃 들자~하늘을 나는 새로다 : 다른 전거에서 '(물고기들이) 물에서 서로 잊고 지내고,³⁰ (새들이) 높은 하늘에서 마음대로 난다.'³¹라고 한 말과 같다.

○ 미륵을 관음으로~같은 화로를 쓰지 않노라 : '조금이라도 헤아리면 마주 보고 있으면서 천 리의 거리로 떨어진 것과 같을 것이다.'³²라고 한 말과 같다.

雲居 : 世尊至天上鳥者, 如他處云, '江湖相忘, 雲天得志'也. 誤將至同銚者, 如云, '擬心一絲對面千里'也.

---

29 미륵을 관음으로~쓰지 않는다 : 미륵과 관음 두 보살의 역할이 다른 것은 마치 다리미 덥히는 불을 살리는 솥과 차 끓이는 데 쓰는 불을 지피는 솥이 같지 않은 것과 흡사하다. 주 28과 통하는 말이다. 『了菴語錄』 권1(卍123, 583a7), "불전에서 : 세존의 염화와 가섭의 미소. 돌! 때마침 문수와 보현이 있으니, 다리미 불과 차 끓이는 불은 같은 화로를 쓰지 않노라.(佛殿 : 世尊拈華, 迦葉微笑. 咄! 賴有文殊與普賢, 熨斗煎茶不同銚.)"
30 (물고기들이) 물에서~잊고 지내고(江湖相忘) : 『莊子』「大宗師」의 다음 구절에 따른다. "샘이 말라서 물고기들이 뭍에 놓인 것과 같게 되자 서로 숨을 내쉬어 축축하게 해 주고 서로 물거품을 튕겨 적셔 주지만, 물에서 서로 잊고 지내느니만 못하다.(泉涸, 魚相與處於陸, 相呴以溼, 相濡以沫, 不如相忘於江湖.)"
31 굉지 정각宏智正覺이 혜충국사慧忠國師의 '노사나불盧舍那佛' 화두에 대하여 읊은 게송 가운데 제2구이다. 그 제1구는 "새가 허공을 날고, 물고기는 물에서 헤엄친다.(鳥之行空, 魚之在水.)"이다. 이 구절이 운거의 제2구와 유사한 데서 착안한 설화이다. 본서 131칙 '천동 정각의 송' 및 『宏智廣錄』 권2(大48, 22b16) 참조.
32 위의 주석에 제시한 굉지 정각의 게송 가운데 제3구이다.

천복 본일薦福本逸의 송 1 薦福逸頌

세존께서 당신 손으로 꽃 집었을 뿐이거늘	世尊自手拈花
가섭이 얼굴 전체에 환한 미소를 짓네	迦葉破顔微笑
두 성인은 한 쌍의 오래된 송곳[33]이었으나	二老一雙古錐
향상하는 하나의 통로는 아직 몰랐노라[34]	未知向上一竅

【설화】

○ '향상하는 하나의 통로'란 무슨 통로일까? 말해 보라! 세존과 가섭은 그 것을 알았을까, 몰랐을까?[35] 만약 그것을 몰랐다고 한다면 옛 성인의 은혜를 등지는 결과가 되고, 그것을 알았다고 한다면 우리의 자손들을 망치게 될 것이다.[36] 아래 나오는 천복의 상당은 위의 송에 나타난 뜻과 같다.

薦福 : 向上一竅, 是什麽孔竅? 且道! 世尊迦葉, 知有不知有? 若言不知有, 辜負先聖; 若言知有, 喪我兒孫. 薦福上堂, 前頌意一般也.

---

33 오래된 송곳(古錐) : 송곳이 오래되어 무뎌졌다는 뜻에서 예리한 기봉을 잃어버렸다는 의미로도 쓰이고 반면 원숙해진 기량을 의미하기도 한다. 여기서는 날카로운 송곳으로 요소를 찌르듯이 핵심만 가려내는 선기禪機를 말한다. '고古'는 단지 오래되었다는 말일 뿐만 아니라 오래전부터 지금까지 변함없다는 뜻이다.
34 향상하는 하나의~아직 몰랐노라 : '몰랐다'는 말은 관문關門이자 효와誵訛이다. 아래 설화에 그 뜻이 보인다.
35 그것을 알았을까, 몰랐을까(知有不知有) : '지유知有'에서 유有는 확정할 수 없는 '무엇' 또는 '그것'이다. 막연하게 '그것'이라고 할 수밖에 없는 대상이라는 이유 때문에 오히려 안다거나 모른다는 모호한 갈림으로 관문을 설정하기에 효과적이다.
36 '몰랐다'는 말에 대하여 몰랐다는 것과 알았다는 것 중 어느 편으로도 확정하지 않고 꿰뚫고 나갈 관문으로 제시한 해설이다. 세존과 가섭이 몰랐다고 한다면 그들의 염화와 미소를 완전히 등지게 되고(背), 알았다고 한다면 후손들이 그들의 염화와 미소를 그대로 따르다가 그것에 예속될 것(觸)이라는 말이다. 설화 전반에서 즐겨 쓰는 배촉관背觸關이다.

천복 본일의 송 2 又頌

교설 벗어나 별도로 전한 일 중 가장 기특한 것은	敎外別傳事最奇
도라면처럼 부드러운 손[37]으로 꽃을 들었을 때로다	兜羅綿手擧花時
법회 중에 계봉의 노인[38]이 그 자리에 없었더라면	會中不得雞峰老
한없이 맑은 향기를 그 누구에게 전했으리오	無限淸香付與誰

정혜 초신定慧超信**의 송** 定慧信頌

따뜻한 봄기운 바야흐로 돌아오니	暖氣方歸
땅 밑 흐르는 물이 먼저 알았노라[39]	地脉先知
영매[40] 벌써 눈 속에서 꽃망울 터뜨렸건만	嶺梅已向雪中綻
모든 꽃들 여전히 봄볕을 기다릴 뿐이라네[41]	百花猶自待春輝

---

37 도라면처럼 부드러운 손(兜羅綿手) : 부드럽기 그지없는 부처님의 손. 팔십종호八十種好 중 하나이다. '도라兜羅'는 ⑤·ⓟ tūla의 음사어로 도라도라覩羅·투라姤羅·두라蠹羅 등으로도 음사하고 면綿·세면細綿 등이라 한역한다. 도라면兜羅綿은 범어 음사와 한역어를 합친 말이다. 식물의 꽃에서 채취하는 솜 종류를 총칭한다.『中阿含經』권41(大1, 686b8), "사문 구담은 손발이 지극히 미묘하고 유약하며 부드럽기가 마치 도라화와 같다.(沙門瞿曇, 手足極妙, 柔弱軟軟, 猶兜羅華.)";『楞嚴經』권2(大19, 110c11), "부처님께서 아난에게 말씀하셨다. '만약 세간 사람들이 이것을 전도되었다라고 한다면, 세간 사람들은 무엇을 바르다고 하겠느냐?' 아난이 아뢰었다. '여래께서 팔을 세워 도라면과 같이 부드러운 손으로 허공을 가리키면, 바르다고 할 수 있습니다.'(佛告阿難, '若世間人, 以此爲倒, 卽世間人, 將何爲正?' 阿難言, '如來竪臂, 兜羅綿手, 上指於空, 則名爲正.')"

38 계봉의 노인(雞峰老) : 가섭을 이르는 말. 계봉雞峰은 계족산雞足山에 있는 산봉우리 중 하나. 또는 계족산 자체를 가리키는 말이기도 하다. 이 산에는 세 개의 봉우리가 있는데 그 모양이 닭발이 세 갈래로 된 것과 같다 하여 계족산이라고 한다. 가섭이 부처님으로부터 가사袈裟를 받은 뒤 그 가사를 미륵불彌勒佛에게 전할 때까지 계족산에서 입적하지 않고 기다리기로 하였으므로 가섭을 이렇게 부른다.『增壹阿含經』권44(大2, 789a5),『付法藏因緣傳』권1(大50, 300c10) 등 참조.

39 따뜻한 봄기운~먼저 알았노라 : 봄기운이 돌아왔으나 아직은 땅 밑에만 흐르고 밖으로 드러나지 않았다는 말. 봄기운은 부처님이 들어 보인 꽃, 땅 밑으로 흐르는 물은 부처님의 깊은 속을 들여다본 가섭을 각각 비유한다.

40 주 26 참조.

41 영매 벌써~기다릴 뿐이라네 : 가섭을 깨달음의 꽃망울을 터뜨린 영매에 비유하고, 봄

| 가섭파[42]여, 가섭파여 | 迦葉波, 迦葉波 |
| 알건 모르건 좋은 기회에 속박된 듯하도다[43] | 知不知也似落便宜 |

동림 상총東林常惣의 송 東林惣頌

교설 밖에 온전히 들어 비로소 달리 전하니	敎外全提始[1)]別傳
음광[44]은 눈을 감고 말없이 웃음 지었다네	飮光閉目笑無言
가엾다, 영산의 십만 대중이여	可憐十萬靈山衆
눈앞의 절묘한 한 수 알아차리지 못했구나	不薦當頭一着玄
【돌!】	【咄!】

1) ㉠『頌古聯珠通集』권6(卍115, 59a10)에는 '始'가 '號'로 되어 있다.

법진 수일法眞守一의 송 法眞一頌

한 번 깜박인 연꽃 같은 눈동자 누가 알았을까	蓮眸一瞬孰能當
백만 대중 가운데 오로지 음광뿐이었다네	百萬衆中唯飮光
그 법안 지금까지 전해져 끊어지지 않으니	法眼至今傳不絶
연이어진 전통 땅과 하늘처럼 길이 변함없구나	綿綿地久與天長

보녕 인용保寧仁勇의 송 保寧勇頌

| 우리 부처님 영산에서 꽃을 들자 | 拈花我佛在靈山 |

볕을 기다리는 여타의 꽃들을 이것과 대칭시키고 있다.

42 가섭파迦葉波 : 가섭의 온전한 음사어. ⓢ Kāśyapa, ⓟ Kassapa. 『一切經音義』권11(大 54, 370b20), "가섭【범어의 생략된 음사어이다. 바른 범어 음사는 가섭파迦攝波이며 '가迦' 는 강갈과 거伕를 반절한 음이다. 천축국의 대성大姓이다.】(迦葉【梵語略也. 正梵音云, 迦 薑佉反攝波. 卽天竺國之大姓也.】)"

43 좋은 기회에 속박된 듯하도다(落便宜) : 편의로운 순간에 그 편의에 떨어져 속박된다 는 뜻. 기대와는 달리 좋은 기회를 상실하는 경우를 가리킨다. 가섭이 비록 꽃을 들어 보인 소식을 알았다고는 하나 오히려 그것에 떨어져 안주하고 있다고 함으로써 가섭 의 소득까지 물리치고 있다.

44 음광飮光 : 가섭파의 한역어.

가섭두타⁴⁵가 문득 파안미소 지었다네	迦葉頭陁忽破顔
금구⁴⁶의 은밀한 말씀 직접 전하시니	金口密言親付囑
천상과 인간의 세계뿐만이 아니리라	不唯天上與人間

곤산 찬원崑山贊元**의 송** 崑山元頌

가섭의 잔잔한 미소 외롭지 않았으니	迦葉微微笑不孤
세존께서 성현의 무리 잠깐 곁눈질하시네⁴⁷	世尊聊眄聖賢徒
눈 마주치고 마음의 요체 전했다고 하나	若言目擊傳心要
밥이라고 아무리 말한들 배가 부르던가⁴⁸	說食還曾飽也無

삽계 일익霅溪日益**의 송** 霅溪益頌

영취산에서 꽃 들어 상근기에게 보이시니	靈鷲拈花示上機
물에 뜬 나무가 눈먼 거북 만남과 같도다⁴⁹	肯同浮木接盲龜

---

45 가섭두타迦葉頭陁 : 가섭을 두타제일頭陀第一이라 하는 데 따르는 말. 본서 33칙 주 25 참조.

46 금구金口 : 부처님의 입 또는 그 입에서 나오는 작용(口業)으로서의 말씀. 부처님의 황금 색신色身에 갖춘 입이라는 뜻이다. 『止觀輔行傳弘決』 권1(大46, 147a11), "금구란 여래의 황금 색신에서 나오는 구업으로 기술記述한 말씀을 가리킨다.(金口者, 此是如來黃金色身口業所記.)"

47 가섭의 잔잔한~잠깐 곁눈질하시네 : 이와는 다른 느낌으로 읊은 구절도 있다. 『慈明禪師語錄』古尊宿語錄 11(卍118, 288a8), "부처님께서 눈 깜박여 보이신 것이 이미 여러 번이거늘, 가섭은 잔잔히 미소하며 스스로를 속였네.(靑蓮視瞬已多繁, 迦葉微微笑自謾.)"

48 밥이라고 아무리~배가 부르던가 : 宗寶本 『壇經』(大48, 350a16), "세상 사람들이 종일토록 입으로 반야라고 외우지만 자기 성품의 반야를 모르니, 마치 밥에 대하여 아무리 말한들 배가 부르지 않은 것과 같다.(世人終日口念般若, 不識自性般若, 猶如說食不飽.)"

49 물에 뜬~만남과 같도다 : 불법을 만나기 어려운 것을 나타내기 위한 비유이다. 이를 '맹귀부목盲龜浮木'이라 한다. 꽃을 들어 보인 것 이상으로 깨달음을 지시하는 기회가 없다는 말이다. 40권본 『大般涅槃經』 권2(大12, 372c22), "세상에 태어나 사람이 되기가 어렵고, 부처님 계시는 세상을 만나기가 또한 어렵다. 그것은 마치 눈먼 거북이 바

| 가섭이 잔잔한 미소로 응하지 않았더라면 | 飮光不是微微笑 |
| 한없이 맑은 향기 그 누구에게 전했을까 | 無限淸香付與誰 |

승천회의 송 承天懷頌

선서[50]는 꽃을 집어 묘한 작용을 펼쳤고	善逝拈花施妙用
가섭은 미소 지어 천기를 다 누설했다네	飮光微笑洩天機
이로부터 그 말이 인도와 중국을 떠돌아	從玆流落東西土
죄 없는 사람들 이끌어 시비에 빠뜨렸네[51]	引得平人陷是非

불안 청원佛眼淸遠의 송 佛眼淸遠頌

무수한 인천의 중생이 들어 주기를 바랐으나	百萬人天望擧揚
꽃 들자 웃음 지으니 크게 어긋나 버렸다네[52]	拈花微笑大乖張
업식이 아득히 쌓인 수많은 사람들이여	幾多業識茫茫者
묻느라 애쓰며 부글부글 물 끓듯 떠드는구나[53]	問着勞生沸似湯

다에 떠도는 나무토막의 구멍에 머리를 집어넣는 것과 같은 어려움이다.(生世爲人難, 値佛世亦難, 猶如大海中, 盲龜遇浮孔.)"『雜阿含經』권15(大2, 108c7).
50 선서善逝 : 부처님을 가리키는 열 가지 칭호(如來十號) 중 하나. 피안으로 넘어가서 다시는 생사生死의 바다로 물러나 떨어지지 않는다는 뜻이다. 진실 그대로의 도를 타고 이 사바세계娑婆世界로 잘 오셨다는 뜻인 여래如來와 대칭되는 뜻이다. ⓢ·ⓟ sugata. 음사어는 수가타修伽陀·소게다蘇揭多·수가다修伽多 등이다. 선거善去·선해善解·선설무환善說無患·호설好說·호거好去 등으로도 한역한다.『四分律名義標釋』권2(卍70, 429a1), "선서는 잘 갔다(妙往)는 뜻이다. 곧 여래는 바른 지혜로 온갖 미혹을 끊고 세간의 굴레에서 잘 벗어나 불과의 경계로 갔기 때문에 선서라 한다.(善逝卽妙往之義, 謂如來, 正智能斷諸惑, 妙出世間, 能往佛果, 故號善逝.)"
51 선서는 꽃을~시비에 빠뜨렸네 : '염화'는 묘한 작용이고 '미소'는 천기누설이라는 생각 자체가 시비를 일으키는 함정이다. 단지 염화와 미소가 있을 뿐이다.
52 무수한 인천의~어긋나 버렸다네 : 분명하게 말로 설명해 주시기를 기대하고 있었는데 말과 교설을 벗어난 세존의 염화와 가섭의 미소가 그것에 부응하지 못했다는 말.
53 부글부글 물 끓듯 떠드는구나 : 염화미소의 뜻을 알고자 헛되이 애쓰는 모습을 묘사하였다.

불감 혜근佛鑑慧懃의 송 佛鑑勤[1]頌

빛나는 윤수[54]로 꽃을 든 그 순간	光明輪手擧花時
금색두타만 환하게 눈살을 폈다네	金色頭陁獨展眉
우습도다, 영산의 무수한 대중이여	堪笑靈山千萬衆
눈앞의 붉은색 향기,[55] 몇이나 알았을까	紅香撲面幾人知
몇이나 알았을까	幾人知
그가 감파했노라고 인정하셨으니	却許伊勘破
계봉의 늙고 오래된 송곳[56]이로다	雞峯老古錐

1) 囹 '勤'은 '懃'이 맞다. 이하 동일.

장령 수탁長靈守卓의 송 長靈卓頌

세존께서 꽃을 드시니	世尊拈花
가섭이 미소 지었다네	迦葉微笑
궁상에 속하지 않으니[57]	不落宮商
이것은 무슨 곡조일까	是何曲調
옛 골짜기에 부는 바람 맑고	古洞風清

---

54 윤수輪手 : 손가락마다 바큇살 무늬가 새겨져 있는 부처님의 손.『楞嚴經』권2(大19, 110c9), "즉시 여래께서 금빛의 팔을 아래로 드리우고 윤수로 아래를 가리켜 아난에게 보이며 말씀하셨다.(卽時如來, 垂金色臂, 輪手下指, 示阿難言.)"
55 붉은색 향기(紅香) : 부처님이 들어 보인 꽃의 향기. 즉 부처님이 꽃을 들어 보인 뜻을 의미한다.
56 오래된 송곳(老古錐) : 송곳처럼 날카롭게 핵심을 찌르는 노련하고 원숙한 종사를 비유한다. '노老'와 '고古'는 법력이 높은 노덕老德과 고덕古德을 가리킨다. 주 33 참조.
57 궁상에 속하지 않으니(不落宮商) : 일반적인 인식의 틀이나 문자의 형식으로는 그 뜻을 포착할 수 없는 선어禪語의 특징을 나타낸다. 곧 염화와 미소는 일정한 틀에 예속되지 않아서 정해진 관념으로는 이해할 수 없는 소식이라는 뜻이다. 궁은 탁한 음, 상은 맑은 음이다. 고전음악에서 사용하는 궁宮·상商·각角·치徵·우羽의 오음계 중 기본이 되는 두 가지 소리이다. 오행설五行說에 입각하여 만물을 분류하는 기본적 단위를 다섯 가지로 취하는데, 그것을 소리에 적용한 것이다. 각각 오행의 토·금·목·화·수에 대응한다.

차가운 못에 잠긴 달 밝도다	寒潭月皎
그대에게 알리노니	報君知
반드시 깨친다면	須曉了
융봉[58]에서 가장 아름답게 우는 새 되리라	融峯最好音聲鳥

불적기의 송 佛跡琪頌

석가모니께서 영산에서 대중에게 설법할 때	釋主靈山示衆時
이채로운 꽃을 든 순간 웃으며 눈살을 폈네	異花拈處笑開眉
그 누가 웃음에 숨겨 둔 진실한 소식 알리오	誰知笑裏眞消息
한없는 그 풍경 남김없이 그에게 전했다네	無限風光盡囑伊

숭승공의 송 崇勝珙[1)]頌

부처님의 염화여	大覺拈花兮
국자 점의 헛소리로다[59]	杓卜虛聲
가섭의 미소여	飮光微笑兮
평지에 험한 산 솟구치네	平地崢嶸
정법안장이여	正法眼藏兮
쉰밥과 먹다 남은 국일세	餿飯殘羹
가섭에게 전함이여	分付迦葉兮

---

58 융봉融峯 : 축융봉祝融峯의 줄임말. 형산衡山의 최고봉.
59 국자 점의 헛소리로다(杓卜虛聲) : '표복杓卜'은 국자를 물에 띄워 놓고 멈추는 방향에 따라 점을 치는 것, '허성虛聲'이란 국자로 점을 쳐서 나온 결과에 대하여 말해 주는 허황된 소리. 곧 국자 점에 따라 횡설수설하는 소리라는 뜻. 근거 없이 분별하는 것을 비유한다. 『祖庭事苑』 권6(卍113, 174a12), "표복 : 풍속에 국자를 던져 놓고 그것으로 길흉을 점치는 것을 표복이라 한다.(杓卜 : 風俗抛杓, 以卜吉凶者, 謂之杓卜.)" 부처님의 염화가 부질없는 분별과 같다는 의미이며, 나머지 모든 구절에 대한 각각의 평가도 쓸모없는 짓거리로 깎아내렸다. 완벽하게 구현되어 가감할 수 없는 경계에서는 미세한 동작이나 한마디 말을 보일지라도 모두 잉여물에 불과하게 되기 때문이다.

다리 부러지고 새는 솥이로다 　　　　　　　　　折脚漏鐺

1) ㉮ '珙'이 갑본에는 '琪'로 되어 있다.

운문 종고雲門宗杲**의 송** 雲門杲頌

한 송이 꽃을 집어 들자 　　　　　　　　　　　拈起一枝花
풍류⁶⁰가 그 자리에서 흘러나왔다네 　　　　　　風流出當家
만약 심법을 전했다고 여긴다면 　　　　　　　　若言付心法
세상일 엉킨 실타래처럼 복잡해지리⁶¹ 　　　　　天下事如麻

죽암 사규竹庵士珪**의 송** 竹庵珪頌

바닷물 뒤집어져 솟았다 세차게 아래로 흐르니 　海水飜空袞¹⁾底流
어룡과 새우와 게가 그 흐름 따라서 부침하네 　魚龍蝦蟹信沈浮
불쌍하구나, 금색두타여 　　　　　　　　　　　可憐金色頭陀子
지금껏 사람들의 비웃음 그치지 않는구나 　　　直至如今笑未休

1) ㉯ '袞'은 '滾'과 통한다.

목암 법충牧庵法忠**의 송** 牧庵忠頌

염화와 미소로 진실한 기미를 드러내니 　　　　拈花微笑顯眞機
밀계와 단전⁶²의 소식은 작자만 알리라 　　　　密契單傳作者知

---

60 풍류風流 : 비범한 아름다움. 속세에 얽매이지 않고 자유롭게 떠돌며 사는 멋. 여기서는 세존의 염화에 나타나는 격외格外의 면모를 가리킨다.
61 만약 심법心法을~실타래처럼 복잡해지리 : '염화'로 드러난 단적端的인 뜻에 '심법' 등의 개념이 개입되면서 마麻로 만든 삼실의 타래처럼 복잡하게 조작된다는 뜻. 이와는 반대로 심법을 전한 것이 아니라고 생각해도 단적인 뜻에 어긋난다.
62 밀계와 단전 : 밀계密契는 빈틈없이(密) 들어맞음(契), 단전單傳은 오로지 마음만 전한다는 뜻. 세존과 가섭의 경지가 서로 어긋남이 없이 일치하는 밀계로서 특정한 교설에 의지하지 않고 그 마음만 주고받은 것을 가리킨다.

| 갈고리에 매달린 단적인 뜻을 알 일이지 | 領取鉤頭端的意 |
| 저울 첫 눈금에서 또 무엇을 분별하는가[63] | 定盤星上復何疑 |

육왕 개심育王介諶의 송[64] 育王諶頌

서리 맺힌 새벽 아득한 하늘에 기러기 날아온 뒤	霜曉長空鴈已來
모든 숲속 시든 잎이 이끼에 떨어진다	千林黃葉委莓苔
동쪽 울타리 적막한 곳에 핀 한 송이 국화여	東籬寂寞一枝菊
취한 왕손[65]의 잔 속에는 떨어지지 않는구나	不入王孫醉後盃

백운 지병白雲知昺의 송 白雲昺頌

꽃 들어 대중에게 보였으나 누가 알까	擧花示衆誰相委
가섭두타 홀로 활짝 웃어 응답했다네	迦葉頭陀獨破顔
한없이 펼쳐진 구름도 감추지 못하여	無限白雲藏不得
다시 흐르는 물 따라 인간 세상에 떨어졌네[66]	又隨流水落人間

---

[63] 갈고리에 매달린~무엇을 분별하는가 : 실물實物이 저울의 갈고리에 매달려 숨김없이 드러나 있는데, 기준이 되는 첫 눈금(定盤星)에서 분별하며 그것을 실물로 오인해서는 안 된다는 뜻이다. 정해진 분별의 틀(저울)에 의존하여 염화와 미소를 이해하려는 어리석음을 비판하는 말이다. 본서 2칙 주 70 참조.

[64] 제1구와 제2구는 세존이 꽃을 집어 들자 모든 대중이 어리둥절해하며 영문을 몰라 했던 일을, 제3구와 제4구는 오로지 가섭만이 세존의 뜻을 이해하고 미소한 것을 표현하였다. '동쪽 울타리의 국화'는 도연명의 시〈飮酒〉가운데 "동쪽 울 아래에서 국화꽃 따다 보니, 담담히 남산이 보이누나.(採菊東籬下, 悠然見南山.)"라는 구절을 떠올리게 한다. 고담枯淡한 시풍과 성품으로 이름났던 도연명을 가섭에 비긴 것으로 보인다. 담백했던 가섭이 오히려 왕손 즉 세존이 꽃을 들어 보인 뜻에 분별을 일으키며 어지럽지 않았다는 뜻을 읊은 것이다.

[65] 왕손王孫 : 세존을 가리킨다. 『曆代法寶記』(大51, 179b25), "부처는 천대의 금륜왕손이요 정반왕의 아들이다. 성은 구담씨요 이름은 석종이다.(佛是千代金輪王孫淨飯王子. 姓瞿曇氏, 亦名釋種.)"

[66] 한없이 펼쳐진~세상에 떨어졌네 : 하늘에 뜬 달을 무수한 구름이 가리려 해도 결국은 강물에 비치듯이 세존의 염화라는 달이 가섭의 미소에 그대로 각인되었다는 상징이다.

무위자의 송 無爲子頌

세존께서 꽃을 드시자	世尊擧花
가섭이 미소 지었다네	迦葉微笑
재앙이 자손에 미치니	殃及子孫
선조가 마치지 못한 탓이라네[67]	上祖不了

무진거사의 송 無盡居士頌

세존과 가섭은 서로 알지도 못하면서	世尊迦葉不相知
호랑이 함정에 빠뜨리는 기관[68] 각자 펼쳤다네	陷虎機關各自施
정법안장과 열반묘심과 진실한 상이여[69]	正眼妙心眞實相

---

[67] 재앙이 자손에~못한 탓이라네 : 아직 마치지 못하여 결론이 나지 않은 공안을 말한다. 언제나 시비의 여지가 남아 있는 것이 모든 공안의 본질이다. 이는 교외별전의 소식도 아니고 불립문자라는 이해도 허용되지 않는다. 본서 1칙 주 66, 2칙 주 133, 181칙 주 57 참조. 선조는 결론을 지어 말한 적이 없음에도 선조의 말을 소재로 교외별전 따위로 이해를 굳히고 싶어 한다. 이런 잘못된 욕구를 감지한 무의자無衣子 혜심慧諶은 납자의 관점에서 다음과 같이 말한다. 『眞覺國師語錄』「示智珠上人」(韓6, 38a9), "가령 옛날에 세존께서 청련과 같은 눈으로 가섭을 돌아보시자 가섭이 미소 지었다는 이야기를 살펴보자. 대답해 보라! 도대체 무엇을 전했단 말인가? 안타깝다! 후인들이 똥오줌도 가리지 못하는 처지에 우격다짐으로 교외별전·이심전심이라 부르니 납승의 숨소리조차 꿈에도 알아챈 적이 없었던 것이다.(只如昔日, 世尊以靑蓮眼顧迦葉, 迦葉微笑. 且道! 傳个甚麼? 惜乎! 後人不識好惡, 強喚作敎外別傳, 以心傳心, 都未夢見, 衲僧氣息.)" 청련과 같은 눈은 삼십이상三十二相 중 하나로 흰 바탕에 푸른 눈동자가 뚜렷하게 구분되는 모양을 가리킨다.

[68] 호랑이 함정에 빠뜨리는 기관(陷虎機關) : 함호지기陷虎之機라고도 한다. 맹수인 호랑이조차 자유자재로 다루는 솜씨를 말한다. 염화와 미소는 앎의 대상으로 설정한 것이 아니다. 두 가지 모두 호랑이를 함정에 빠뜨려 잡기 위한 수단일 뿐이다. 세존의 염화를 가섭이 알아서 미소 지은 것이 아니고 가섭이 지어 보인 미소의 뜻을 세존이 인정하여 정법안장을 전한 것도 아니다. 들어 보인 꽃에도 아무 뜻이 없고, 그것을 알아차린 가섭도 헛된 웃음으로 세존의 반응을 기다린 것이므로 모두가 일종의 함정과 같은 기관인 것이다.

[69] 정법안장과 열반묘심과 진실한 상이여 : 세존이 가섭에게 전했다는 정법을 꿰뚫어 보는 눈(正法眼藏), 열반의 현묘한 마음(涅槃妙心), 형상을 벗어난 진실한 상(實相無相) 등 각 구절을 줄여서 표현하였다. 주 5 참조.

영산회상에서 그 누구에게 전하였던가[70]　　　靈山會裏付他誰

열재거사의 송[71] 悅齋居士頌
할아버지 유산 풀어 놓고 모두들 잔치 벌이는데　　抛他祖父大家筵
꽃가지 집어내어 대대로 전수된 가보라 했다네　　拈出花枝作正傳
후손들마저 가난에 연루시켜 뼛속까지 사무치니　　帶累兒孫貧到骨
할머니 치마 빌려 입고 할머니께 절을 올리노라[72]　借婆裙去[1)]拜婆年

1) ㋱ '去'는 '子'의 오기인 듯하다.

천복 본일薦福本逸의 상당

이 공안을 제기하고 말하였다. "비록 스승과 제자가 만나 바늘이 개자씨에 어김없이 꽂히듯이 서로의 마음이 일치했지만, 문제는 얽매인 몸을 벗어날 길은 없었다는 점이다. 왜 그런가? 문안에서 얽매인 몸을 벗어나기는 쉽지만 자신의 몸 안에서 남들에게 문을 열어 보이는 것은 어렵기 때문이다.[73] 지금 이 법회에 자신의 몸 안에서 남들에게 문을 열어 보일

---

70 영산회상에서 그 누구에게 전하였던가 : 다만 '기관'이었을 뿐 전한 자도, 받은 자도, 전한 그 무엇도 없다는 취지. 수단이요 방편이었을 뿐, 그 안에 실질된 뜻이 담긴 것은 아니라는 말이다. 실체가 있는 것이 아니므로 전할 수도 없다.
71 할아버지 유산에서 꽃가지 하나를 가보로 전했기에 후손들은 뼈저리게 가난한 신세가 되었다는 상징으로 이 공안의 핵심을 보인 게송이다. 부처님은 한편으로는 화려하고 값진 경전의 온갖 구절을 유산으로 남겼지만, 다른 한편으로 보자면 그것들을 모두 버리는 교외별전敎外別傳의 유산을 전했다는 취지의 송이다.
72 할머니 치마~절을 올리노라 : 상대가 발휘한 수단을 그대로 역이용하여 그대로 되받아치며 돌려줌으로써 제압했다는 의미. 『宏智廣錄』 권1(大48, 12c14), "그렇다면 결정적인 시절이 이르러 그 이치가 저절로 드러난다면 또한 어떻게 그것을 체득할 것인가? 할머니의 치마를 빌려 입고 할머니께 절을 올리고, 경치를 남김없이 사들여도 한 푼의 돈도 들이지 않는다. 정면에서 다가올 때 회피하지 말 일이니, 바로 이 사람 안에 태어난 까닭이 들어 있기 때문이라네. 참!(祇如時節若至, 其理自彰, 又作麼生體得? 借婆裙子拜婆年, 買盡風光不著錢. 劈面來時莫回避, 箇人裡許有生緣. 參!)" 이 밖에 『頌古聯珠通集』 권3(卍115, 30a15) '불성 법태佛性法泰의 송頌' 등에 나오는 구절 참조.
73 남들이 설정한 방편의 문이 가리키는 본질을 깨우치고 번뇌 망상의 얽매임을 벗어나

납승은 없는가? 있다면 대중 앞에서 증명해 보라." 잠깐 침묵하다가 "도둑을 끌어들여 집안의 재산을 모두 털릴 뻔했구나!"[74]라 하고 한 소리 크게 내질렀다.

> 薦福逸上堂, 擧此話云, "雖則師資會遇, 針芥相投, 要且, 未有出身之路. 何也? 門裏出身易, 身裏出門難. 今此會中, 莫有身裏出門底衲僧麼? 對衆證據." 良久云, "幾乎教[1]賊破家!" 喝一喝.
>
> 1) ㉷ '教'는 '勾'의 잘못으로 보인다.

정혜 초신定慧超信의 소참

이 공안을 제기하고 말하였다. "서천에서 중국에 이르기까지 조사들과 천하의 노화상들 중 그 누구도 이 공안에 대하여 판단을 내리지 못하였다. 산승이 오늘 밤 부끄러움을 무릅쓰고[75] 그대들에게 판단을 내려 주

는 문리출신門裏出身과 자기 자신 속에서 가르침의 방편을 이끌어 내어 남에게 보여 주고 그로 하여금 벗어나도록 인도하는 신리출문身裏出門을 대칭시킨 말이다. 한편은 쉽고 한편은 어렵다고 했지만, 이러한 대립은 관문을 잠그는 두 가지 빗장일 뿐 실제로 하나가 다른 하나보다 쉽거나 어려운 것은 아니다. 『雲峰語錄』古尊宿語錄 40(卍118, 678b16), "법좌에 올라앉아 말하였다. '문안에서 얽매인 몸을 벗어나기는 쉽지만 자신의 몸 안에서 남들에게 문을 열어 보이는 것은 어렵다. 겨울에 봄의 연중행사를 치르는 것은 접어 두고, 어떤 길에도 들어서지 않는 한 구절은 어떻게 말해야 할까?' 잠깐 침묵한 뒤 '온 집안사람들을 고기잡이배로 보낸다.'라 말한 다음 법좌에서 내려왔다.(上堂, '門裏出身易, 身裏出門難. 冬行春令, 卽且置, 不涉程途一句, 作麼生道?' 良久云, '渾家送上釣魚船.' 便下座.)" 『宏智廣錄』 권8(大48, 99c20)에서는 문리출신과 신리출문의 각 뜻을 게송으로 읊었다.

74 『臨濟錄』(大48, 503a25), "그 뒤 위산이 앙산에게 물었다. '이 두 존숙(황벽과 임제)의 뜻은 어떤 것인가?' 앙산이 말하였다. '화상은 어떻게 생각하십니까?' '자식을 길러 봐야 비로소 어버이의 자애를 안다.' '그렇지 않습니다.' '그대는 어떻게 생각하는가?' '도적을 끌어들여 집안의 재산을 털리는 것과 같습니다.'(後潙山問仰山, '此二尊宿, 意作麼生?' 仰山云, '和尙作麼生?' 潙山云, '養子方知父慈.' 仰山云, '不然.' 潙山云, '子又作麼生?' 仰山云, '大似勾賊破家.')"; 『黃龍語錄』(大47, 633a2), "열리면 막을 수 없으니 도적을 끌어들여 집안의 재산을 털리고, 끊어야 할 것을 끊지 않으면 도리어 혼란을 맞이한다.(開不能遮, 勾賊破家 ; 當斷不斷, 返遭其亂.)"

겠다. 세존은 여덟 방을 맞아야 하고, 가섭은 열세 방을 맞아야 한다.[76] 그대들이 말해 보라! 그들의 잘못은 어디에 있는가? 안목을 갖춘 자는 한번 점검해 보라."

定慧信小參, 擧此話云, "自西天洎此土, 祖師天下老和尙, 未斷此箇公案. 山僧今夜, 不惜眉毛, 爲諸人斷却. 世尊八下, 迦葉十三. 你且道! 過在什麽處? 具眼者, 試驗看."

【설화】
○ 세존은 여덟 방을~맞아야 한다 : 방의 숫자에 대해서는 출처를 알 수 없지만, 그 뜻은 잘못이라고 판단을 내렸다는 것이다.
○ 말해 보라~잘못은 어디에 있는가 : 무슨 잘못이 있겠는가라는 말이다.

定慧 : 世尊八下, 迦葉十三者, 棒數出處未知, 義則與過也. 且道至麽處者,

---

75 부끄러움을 무릅쓰고(不惜眉毛) : 불석미모不惜眉毛는 불법을 잘못 이해하여 말하면 눈썹과 수염이 모두 떨어진다는 설에 따른다. 잘못 말하거나 보잘것없는 견해를 담은 한마디일지라도 피력한다는 뜻으로 쓰인다. 또는 말을 아끼지 않는다 혹은 부끄러움을 무릅쓴다는 말로 결정적인 말을 할 때 겸손하게 이르는 상용구이다.
76 세존은 여덟~맞아야 한다 : 아래 설화에서는 '방의 숫자에 대해서는 출처를 알 수 없다.'고 하였으나, 이는 '팔방대십삼八棒對十三'이라는 관용구에서 나온 말이다. 강하게 때리는 여덟 방이 가볍게 가하는 열세 방에 필적한다는 뜻이다. 송나라 때 제정된 형법 가운데 장형杖刑에서 가장 가벼운 책벌責罰에 속하는 것이 볼기 열세 대를 때리는 것이었는데 이를 타십삼打十三이라고도 하며 후에는 꾸짖고 때리는 것을 범칭하는 말로 쓰이게 되었다. 팔방대십삼은 팔냥반근八兩半斤이라는 말처럼 두 가지가 다를 것이 없다는 뜻을 나타내기도 하고, 간략히 말하면서도 요점을 드러내는 것이 장황한 것보다 낫다는 뜻을 함의하기도 하는데 이 경우에는 전자의 뜻에 가깝다. 세존과 가섭 모두 잘못했다면 잘못이고 잘했다면 잘했다는 의미이다. 『碧巖錄』16則 「頌 著語」(大48, 156c6), "콧구멍은 어째서 산승의 손아귀에 들어 있을까? 세찬 여덟 방이나 가벼운 열세 방이나 맞먹는다. 그대는 어떻게 하겠는가? 한번 봐주고 넘어간다. 곧바로 때려주리라.(鼻孔爲什麽, 却在山僧手裏? 八棒對十三. 爾作麽生? 放過一著. 便打.)" 칠방七棒으로도 쓴다.

有什麽過.

황룡 조심黃龍祖心의 염

"납승의 해골을 꿰뚫고 납승의 눈동자를 바꾸어 버리는구나! 위태로움[77]에 닥치고도 남을 두려워하는 상태에 놓이지 않으니,[78] 어디서 석가노자의 속뜻을 마주칠 수 있을까?"

黃龍心拈, "穿過衲僧髑髏, 換却衲僧眼睛! 臨危不在悚人, 向甚處見釋迦老子?"

설화

○ 해골이란 정식情識의 보금자리이고, 눈동자는 정식이 사라진 경계를 말한다. 세존께서 꽃을 든 것은 하나하나의 정식을 꿰뚫고 낱낱의 눈동자를 바꾸어 버린 것이다.
○ 위태로움에 닥치고도 남을 두려워하는 상태에 놓이지 않으니 : 아마도 '남을 두려워하는 것은 위기에 닥쳤기 때문이 아니다.'라는 말을 잘못 쓴 것으로 보인다.

黃龍 : 髑髏則情識窠窟也, 眼睛則無情識處也. 世尊拈花, 則一一穿却換

---

[77] 위태로움 : 세존께서 꽃을 들어 보인 것을 말한다. 어떤 방법도 통하지 않는 진퇴양난의 험난한 낭떠러지 또는 은산철벽銀山鐵壁과 같기 때문에 이처럼 말하였다.
[78] 위태로움에 닥치고도~놓이지 않으니 : 모골이 송연한 진실을 보여 주었으나 그것을 모른다는 뜻. 설두 중현雪竇重顯의 말에도 보인다. 설두는 모든 것을 다 허용하는 입장을 설정해 놓고 그것이 위태롭다고 했다. 『宗門拈古彙集』권40(卍115, 980a9), "설두가 말하였다. '큰 보시의 문이 열려 막힌 구석이 전혀 없지만, 만일 납자 하나가 나타난다면 설두는 800리 멀리 나자빠지고 말 것이다. 왜 그런가? 위태로움에 닥치고도 남을 두려워하지 않기 때문이다.'(雪竇曰, '大施門開無擁塞, 忽然有箇衲子出來, 雪竇倒退八百. 何故? 臨危不悚人.')" 설화의 해석도 동일한 맥락이다.

却也. 臨危不在悚人者, 疑悚人不在臨危之誤也.

해회단海會端[79]의 염
"가섭은 바람과 구름을 잘 살피고 그 기운과 빛깔을 잘 분별하였다. 비록 그렇기는 하지만 정수리가 무거운 줄 느끼기는 하였는가?"

海會端拈, "迦葉, 善觀風雲別氣色. 雖然如是, 還覺頂門重麼?"

설화

○ 정수리가 무겁다 : 마치 '머리는 무겁고 꼬리는 가볍다.'[80]라는 말과 같아서 거꾸로 떨어지지 않을 수 없다.

海會 : 頂門重者, 如云, '頭重尾輕', 未免顚墜也.

해회단의 거
다시 이 공안을 제기하고 말하였다. "대를 이어 전하며 끊어지지 않도록 하여 오늘날까지 이르렀다. 대중들이여, 만약 정법안장이라면 석가노자에게도 자격이 없을 뿐이거늘 무엇을 나누어 주었겠으며, 무엇을 전했겠는가? 어째서 이와 같이 말하는가? 하물며 여러분의 본분에 각각 정법안장이 있어 날마다 일어나 옳으니 그르니 분별하거나, 남이다 북이다 갈라놓거나, 갖가지로 드러내는 행위들이 모조리 정법안장의 그림자인 것을 어찌하겠는가! 정법을 보는 이 눈이 뜨이는 순간 하늘과 땅과 대지 전체, 해와 달과 모든 별들 그리고 빽빽이 펼쳐져 있는 만물의 형상이 바로

---

79 해회단海會端 : 백운 수단白雲守端을 가리킨다.
80 도끼의 머리가 무겁고 자루는 가벼운 모습에서 나온 비유.

눈앞에 드러나더라도 그들 사이에 털끝만큼의 차별된 모습이 보이지 않을 것이다. 이 눈이 아직 뜨이지 않았을 때라도 그 모든 것이 여러분의 눈동자 속에 있을 것이다. 오늘 이미 눈이 뜨인 자는 이런 한계에 속하지 않겠지만, 아직 눈을 뜨지 못한 자가 있다면 산승이 손을 아끼지 않고 여러분에게 이 정법안장이 뜨이도록 해 주겠다." 이윽고 손을 들어 두 손가락을 세우고 말하였다. "자세히 살펴라! 만약 보았다면 일마다 같은 집안의 일이 되겠지만,[81] 만약 그렇지 못하다면 산승이 거듭 게송 한 수를 읊지 않을 수 없다.

> 모든 사람이 지닌 정법안장이여
> 어떤 성인도 대적하지 못하리라
> 그대에게 한 가닥 길 터 주리니
> 번득이는 빛 당나라에 가득하리
> 수미산은 바닷속으로 내달리고
> 유월에 모진 서리가 내리누나
> 나, 법화가 비록 이렇게 말은 했지만
> 헤아릴 수 있는 구절은 없다네

대중들이여! 내가 이미 한껏 남김없이 말해 놓고서, 어째서 헤아릴 수 있는 구절이 없다고 했을까?" 이어서 할을 내지른 다음 말하였다. "두 곳

---

[81] 일마다 같은~일이 되겠지만(事同一家) : 운문 문언雲門文偃 등의 어록에 나오는 말. 『雲門廣錄』 권상 古尊宿語錄 15(卍118, 349b13) 참조. 『五祖法演語錄』 古尊宿語錄 20(卍118, 425a12), "깨달으면 일마다 같은 집안의 일이지만, 깨닫지 못하면 천차만별로 달라질 것이다.(會卽事同一家, 不會萬別千差.)"; 『無門關』 16則 「頌」(大48, 295a21), "깨달으면 일마다 같은 집안의 일이지만, 깨닫지 못한다면 천차만별로 달라진다. 깨닫지 못하면 일마다 같은 집안의 일로 보이지만, 깨달으면 천차만별에 다 통한다.(會則事同一家, 不會萬別千差. 不會事同一家, 會則萬別千差.)"

에 몸을 나누어 보라."[82]

又擧此話云, "次第流傳, 無令斷絶, 至于今日. 大衆, 若是正法眼藏, 釋迦老子自無分, 將箇什麽分付, 將箇什麽流傳? 何謂如此? 況諸人分上, 各各自有正法眼藏, 每日起來, 是是非非, 分南分北, 種種施爲, 盡是正法眼藏之光影! 此眼開時, 乾坤大地, 日月星辰, 森羅萬像, 只在面前, 不見有毫釐之相; 此眼未開時, 盡在諸人眼睛裏. 今日已開者, 不在此限, 有未開者, 山僧不惜手, 爲諸人開此正法眼藏看." 乃擧手竪兩指云, "看看! 若見得去, 事同一家, 若也未然, 山僧不免重說偈言.

諸人法眼藏, 千聖莫能當.

爲君通一線, 光輝滿大唐.

須彌走入海, 六月降嚴霜.

法華雖恁道, 無句得商量.

大衆! 旣滿口道了, 爲什麽却無句得商量?" 乃喝云, "分身兩處看."

설화

○ 그 모든 것이 여러분의 눈동자 속에 있을 것이다 : 정법안장이라면 석가와 가섭에게 국한되는 것이 아니니, 사람이면 누구나 본분에 본래부

---

[82] 하나의 무차별을 차별로 나누어 분별의 세계로 연다는 뜻. 헤아릴 수 있는 구절이 없는 경계에 머물지 말고 분별의 세계에서 자유롭게 운신해 보라는 뜻이다. 『大慧語錄』 권1(大47, 811c7), "'질문하고 대답하는 것은 자기 자신의 밝은 성품을 등지는 짓이며, 고금의 공안을 제기하는 것은 앞서간 조사들의 뜻을 매몰시키는 짓이라 합니다. 이 두 가지 잘못된 길을 떠나서 어떻게 하면 될까요?' '두 곳 모두에다 몸을 나누어 보라.'(問, '一問一答, 辜負己靈; 擧古擧今, 埋沒先祖. 去此二途, 如何卽是?' 師云, '分身兩處看.')"; 『佛眼語錄』古尊宿語錄 34(卍118, 594a17), "남전 보원南泉普願이 고양이를 베어 버린 화두 : 오색 고양이를 두고 있는 힘 다해 다투다가, 남전이 칼 휘둘러 베어 버리고 나니 양편 모두 맹인과 같네. 남전이 두 곳에 몸을 나누어 거듭 가르쳐 주자, 대지를 흔드는 싸늘한 바람 일어났다네.(南泉斬貓兒 : 五色狸奴盡力爭, 及乎按劒總生盲. 分身兩處重相爲, 直得悲風動地生.)"

터 갖추고 있다는 뜻이다.
- 손을 들어 두 손가락을 세우고 말하였다 : 정법안장과 빽빽이 펼쳐진 만물의 형상이 한 손의 두 손가락에 상응한다. 그러므로 '일마다 같은 집안의 일이다.'라고 한 것이다.
- 모든 사람이 지닌 정법안장이여 어떤 성인도 대적하지 못하리라 : 빈 틈없이 들어차 있지만 볼 수 없다는 뜻이다.
- 그대에게 한 가닥 길 터 주리니 번득이는 빛 당나라에 가득하리 : 뚜렷하게 어디에나 드러나 있다는 뜻이다.
- 수미산은 바닷속으로 내달리고 : 수미산의 형상도 다하고 이름도 사라진다는 뜻이다. 바다는 생사의 바다이니, 열반이 곧 생사라는 말이다.
- 유월에 모진 서리가 내리누나 : 유월에는 끓는 듯한 열기가 당연함에도 모진 서리가 내린다는 것은 추위가 대단히 위세를 떨친다는 뜻이다. 생사가 곧 열반이니 사실은 모두 무생無生이라는 뜻이다.
- 나, 법화가 이렇게 말은 했지만 헤아릴 수 있는 구절은 없다네 : 종일토록 말했으나 말한 적이 없다는 뜻이다.
- 할을 내지른 다음 '두 곳에 몸을 나누어 보라.'고 한 말 : 말로 표현하건 아무 말도 하지 않건 모두 하나의 할喝일 뿐이다. 앞서 두 손가락을 세운 동작과 마지막에 '두 곳에 몸을 나누어 보라.'는 말은 그 깊이에 있어 같지 않다. 앞서 해회단이 제기한 염拈의 뜻은 염화미소뿐만 아니라 세존께서 자리를 나누어 가섭도 함께 앉도록 한 것 또한 인정하지 않고 그 이상으로 향상하는 하나의 통로를 가리키고 있다. 그러나 여기서 대중에게 준 법어(示衆)는 그 두 곳에서의 만남이 하나의 할이 아님이 없었다는 취지이다.

又擧 : 盡在諸人眼睛裏者, 若是正法眼藏, 非局釋迦迦葉, 人人分上本自具足也. 擧手堅兩指者, 正法眼藏, 森羅萬象, 一手之[1]兩指也. 故云, '事同一家'也. 諸人法眼藏, 至能當者, 密密難見也. 爲君至大唐者, 堂堂成現也. 須彌走入海者, 須彌相盡名亡, 海則生死海, 則涅槃卽生死也. 六月云云者, 六月閙熱義, 降嚴霜則寒威威地. 生死卽涅槃, 其實皆無生也. 法花[2]至商量者, 終日說未曾說也. 喝云分身兩處看者, 道不道, 皆是一喝也. 前竪兩指, 此兩處分身, 深淺不同也. 前之拈義, 非但拈花微笑, 分坐[3]令坐, 亦不許, 指向上一竅也. 則此示衆, 二處相見, 無非一喝也.

1) ㉾ '之'가 병본에는 '知'로 되어 있다. 2) ㉾ '花'는 '華'와 같다. 3) ㉾ '坐'가 병본에는 '座'로 되어 있다.

고목 법성枯木法成의 상당

이 공안을 제기하고 말하였다. "존경하는 선수행자들이여, 말해 보라! 전해 준 것이 있는가, 없는가? 만약 전해 준 것이 있다고 한다면 열반의 미묘한 마음은 사람마다 누구나 갖추고 있거늘 어찌 황면노자의 힘을 빌려 특별히 새롭게 되겠는가! 만약 전해 준 것이 없다면 2천여 년 동안 조사들이 대대로 전하여 진리의 등불이 꺼지지 않고 이어진 사실이 어찌 우연이었겠는가! 산승은 오늘 여러 해 동안 팔리지 않아 묵은 물건을 사람들 앞에 펼쳐 놓았다.[83] 대중 가운데 이것을 모조리 가져갈 사람 있는가?" 잠깐 침묵하다가 말하였다. "변벽卞璧[84]을 감정할 사람이 아무도 없다고 누가 말하는가? 나는 '여주驪珠[85]가 곳곳에서 밝게 빛난다.'라고 말하리라."

83 산승은 오늘~펼쳐 놓았다 : 가치를 알아보는 사람이 없어 오랫동안 팔리지 않은 물건과 같이 아무도 그 뜻을 몰라 가져가지 못한 염화와 미소를 제기해 보였다는 말.
84 변벽卞璧 : 변화卞和가 초나라 형산荊山에서 캐낸 옥. 본서 408칙 '지해 본일의 상당', 417칙 '천동 정각의 송 1' 주석 참조.
85 여주驪珠 : 여룡驪龍 곧 흑룡黑龍의 턱 밑에 있는 구슬. '변벽'과 마찬가지로 대단히 귀중하고 얻기 어려운 것을 가리킨다. 『莊子』「列禦寇」에 다음과 같이 제시된다. "천금의 가치를 지닌 구슬은 틀림없이 구중 깊이의 연못 속 여룡의 턱 밑에 있다. 네가 구슬을 얻을 수 있었던 것은 분명히 여룡이 잠자고 있던 때를 만났기 때문이리라. 여룡이 깨어 있었다면 네가 지금 어찌 살아남을 수 있었겠느냐!(千金之珠, 必在九重之淵, 而驪龍頷下. 子能得珠者, 必遭其睡也. 使驪龍而寤, 子尙奚微之有哉!)"

枯木成上堂, 擧此話云, "諸禪德, 且道! 有分付無分付? 若言有分付去, 涅槃妙心, 人人具足, 又何假黃面老子, 特地新條! 若言無分付, 二千餘年, 祖祖相傳, 燈燈相續, 豈可徒然! 山僧, 今日, 將多年滯貨, 攤向人前. 衆中莫有承當得底麼?" 良久云, "誰言卞璧無人鑑? 我道驪珠到處晶."

설화

○ 모든 사람의 본분에 있는 정법안장을 곧바로 가리킨 것이다.

枯木 : 直指諸人分上正法眼藏也.

조계명曹溪明의 상당

"세존께서 꽃을 집어 들자 가섭이 미소 지으니, 정법안장과 열반의 미묘한 마음을 여기서 두 손으로 몸소 건네주었다. 지금에 이르기까지 세상에서 어지럽게 이리저리 내달리며 선禪을 구하거나 도道를 찾는 사람들의 수가 헤아릴 수 없을 정도로 많지만, 그러면 그럴수록 진실에 부합하지 않으니 어느 시기에 목적을 이루겠는가! 산승은 평상시에 그들에게 '쉬어라, 그쳐라, 지금 당장에 알아차려라.'라고만 가르쳐 왔다. 그러나 나의 이러한 말도 그들을 매몰시킬 뿐이다."

曹溪明上堂云, "世尊拈花, 迦葉微笑, 正法眼藏, 涅槃妙心, 於是乎兩手分付. 直至如今, 天下紛紛, 犇南走北, 尋禪覓道, 數如恒沙, 轉不相應, 有何了日! 山僧, 尋常只敎他, '休去歇去, 直下承當去.' 伊麽說話, 也是埋沒他了也."

설화

○ 조계의 뜻은 사람들이 염화와 미소에서 세존과 가섭의 본래 생각을 잘

못 이해할까 염려한 것이다. 그렇다면 세존과 가섭의 본래 생각은 어떤 것일까?

曹溪意, 恐諸人錯會, 拈花微笑, 世尊迦葉本意也. 則世尊迦葉本意, 作麼生?

불안 청원佛眼淸遠의 상당

"부처님의 염화와 가섭의 미소는 한 치의 어김도 없이 딱 들어맞고 군더더기 없는 요소이거늘 눈동자를 두리번거리며 이러니저러니 헤아려서 옛 성인의 가르침에 보답하려 든다. 먼 길로 돌아가지 마라! 무슨 까닭인가? 완결된 글자에는 한 점도 덧붙일 필요가 없기 때문이다.[86]"

佛眼遠上堂云, "世尊拈花, 迦葉微笑, 親切親切, 省要省要, 眼目定動, 料料掉掉, 爲報先生. 莫打之遶! 何也? 文不加點."

---

86 완결된 글자에는~없기 때문이다(文不加點) : 이 상당의 요지가 압축되어 있는 말이다. 염화와 미소 자체가 완결된 화두이므로 오로지 드러난 그것이 있을 뿐 그 밖에 달리 어떤 분별과 뜻도 덧붙일 여지가 없다는 취지이다. 본래 명필의 붓글씨와 같이 완성된 글자에는 점 하나도 덧붙일 필요가 없다는 말이다. 실현된 화두(現成公案)에 대해서는 덧칠과 같은 쓸데없는 분별이 불필요하다는 뜻을 비유한다. 『汾陽語錄』권중(大47, 614a15), "모든 중생은 본래 성불한 것인데, 지옥의 중생은 어떤 까닭으로 고통을 받는가? 대신하여 답한다. '제대로 은혜를 아는 자가 거의 없구나.' 잘 완성된 글자에는 점 하나도 덧붙일 필요가 없는데, 이것은 어떤 사람의 경계일까? 대신하여 답한다. '붉은 진흙을 덜 익은 홍시에 바르는 격이다.'(一切衆生, 本來成佛, 地獄衆生, 因何受苦? 代云, '知恩者少.' 文不加點, 是什麼人境界? 代云, '赤土塗牛嬭.')"; 『別峰寶印禪師語』續古尊宿語要 6(卍119, 143a12), "도인이 무슨 마음 편안히 하는 방법(安心法)을 찾는가! 달마대사가 중국으로 건너올 당시에 아무것도 가지고 오지 않았다. 대중들에게 묻겠다. 달마가 아무것도 가지고 오지 않았다면 어떤 것을 가지고 혜가에게 전했던 것일까? 주장자를 높이 세웠다가 한 번 내리치면서 말하였다. '잘 써진 글자에는 덧칠할 필요가 없느니라.'(道人覓甚安心法! 達磨當時帶不來. 敢問大衆, 達磨既帶不來, 後代將何傳授? 卓拄杖一下云, '文不加點.')"

> 설화

○ 한 치의 어김도 없이 딱 들어맞고(親切) : 전혀 어김이 없고 척척 들어맞는다는 말이니, 치우침 없는 중간의 말을 기준으로 했다는 뜻이다.
○ 군더더기 없는 요소 : 군더더기는 생략하고 절묘한 핵심만 추려 냈다는 말이니, 그 본질을 가리켰다는 뜻이다.
○ (세존께서) 어김없이 들어맞고 다시 (가섭도) 어김없이 들어맞으며, 군더더기 없는 요소이면서(염화) 다시 군더더기 없는 요소(미소)이니, 이 소식은 염화와 미소의 경계를 벗어나지 않는다. 그러므로 '완결된 글자에는 한 점도 덧붙일 필요가 없다.'라고 한 것이다. 또다시 머뭇거리며 분별한다면 먼 길로 돌아가는 잘못을 모면하지 못할 것이다.

佛眼 : 親切者, 親親切切, 約中間言也. 省要者, 省略而要妙, 指其體也. 親切而又親切, 省要而又省要, 這箇消息, 不離拈花微笑處也. 故云, '文不加點.' 更若擬議, 未免打之遶.

육왕 개심育王介諶의 염

"전해 주기는 분명히 전해 주었지만, 머리는 무겁고 꼬리는 가벼웠던 것[87]을 어찌하랴! 왜 그런가? 계족산 봉우리에서는 졸 줄만 알았고, 용화회상에서는 가만히 신통력을 드러내었다.[88] 비록 찰간刹竿을 쓰러뜨리기는 했으나,[89] 눈살을 활짝 펴지는 못했다. 수행하는 자는 여기서 나, 현

---

87 머리는 무겁고~가벼웠던 것 : 바로 서지 못하고 거꾸러지고 만다는 비유. 주 80 참조.
88 계족산 봉우리에서는~신통력을 드러내었다 : 계족산에서 부처님으로부터 전수받은 가사袈裟를 미륵불彌勒佛에게 전하기 위하여 기다리는 가섭, 용화회상에서 설법하고 있는 미륵을 각각 나타낸다.
89 찰간刹竿을 쓰러뜨리기는 했으나 : 이 일화에 관해서는 본서 81칙 본칙 참조. 찰간이란 그 영역에 조사의 법이 있다는 것을 나타내기 위하여 절 입구에 세워 두는 표지標識이다. 보통은 설법 등의 불사가 시행되고 있다는 사실을 알린다.

녕顯寧[90]이 보여 준 안목을 판단하여 보라."

育王諶拈, "分付則分付了也, 爭奈頭重尾輕! 何故? 雞足峰前, 只知瞌睡; 龍華會上, 謾逞神通. 雖然倒却刹竿, 要且, 眉頭不展. 行脚人, 試向者裏, 辨顯寧爲人眼看."

[설화]

○ 머리는 무겁고 꼬리는 가벼웠다 : 위에서 한 번 나온 구절이다.
○ 졸다 : 선정禪定에 들어갔다는 뜻이다.
○ 신통 : 유희를 나타낸다.[91]
○ '~할 줄만 안다'는 뜻의 지지只知와 '가만히 드러내었다'는 뜻의 만령謾逞 : 모두 내세우지 않는다는 뜻이다.
○ 찰간刹竿을 쓰러뜨렸다 : 불법의 전수傳受를 굳이 내세우지 않는다는 뜻이다.
○ 눈살을 활짝 펴지는 못했다 : 비록 전수를 내세우지는 않았지만 또한 편안한 상태는 아니라는 뜻이다. 앞에서 '머리는 무겁고 꼬리는 가벼웠다.'라고 한 의미가 이 대목에 이르러 비로소 간략하게나마 드러나게 되었다.
○ 나, 현녕顯寧이 보여 준 안목을 판단하여 보라 : 겉보기에는 보여 준 안목이 없는 듯하기에 반드시 판단해야 한다는 뜻이다.

育王 : 頭重尾經, 已出上. 瞌睡者, 入定也. 神通者, 遊戲也. 只知謾逞者,

---

90 현녕顯寧 : 육왕 개심의 사호寺號.
91 신통과 유희遊戲는 모두 선정에서 체득한 경지를 노닐듯이 자유자재로 부리는 작용을 나타낸다. 80권본『華嚴經』권26(大10, 780a2),『維摩經』권중(大14, 544b1),『楞伽經』권1(大16, 480a20) 등 참조.

皆不立也. 倒却刹竿者, 不立傳受也. 眉頭不展者, 雖然不立傳受, 亦未穩也. 前云頭重尾經之義, 至此方略辨也. 顯寧爲人眼看者, 似無爲人眼看也, 須辨取始得.

6칙 세존승좌 世尊陞座

본칙 세존께서 어느 날 법좌에 오르셨을 때 대중이 각자 자리를 잡자 문수文殊가 건추犍槌를 울리며 "법왕의 법을 자세히 관찰하시오! 법왕의 법은 이와 같습니다."[1]라고 말하였고, 세존께서는 곧바로 법좌에서 내려왔다.

世尊, 一日陞座, 大衆集定, 文殊白槌云, "諦觀法王法! 法王法如是." 世尊便下座.

---

1 '건추犍槌를 울린다'는 말은 백추白槌 또는 백추白椎를 가리킨다. 법문을 시작하기 전에 건추를 울려서 행사를 알리는 의식이다. 이것을 명추백사鳴槌白事라 한다. 또는 그렇게 알리는 용도로 쓰이는 건추 자체를 백추라 하기도 한다. '白'은 고백告白, '槌'는 율원律院에서 대중에게 정숙을 알리기 위하여 치던 건추에서 비롯한 말이다. 백추를 담당하는 스님을 백추사白槌師라고 하는데, 보통 법을 잘 아는 스님이 그 소임을 맡는다. 처음에는 대체로 추를 울려서 일을 알리는 것은 모두 백추라 하였지만, 후대에는 특히 개당開堂이나 축국祝國을 할 때 또는 상당법문 등에서 울리는 건추를 두고 백추라 한다. 법문을 마치면서 백추를 울리는 것은 결추結槌라 한다. 80권본『華嚴經』권4(大10, 21b4)에 "그대는 마땅히 법왕을 관찰하라! 법왕의 법은 이와 같으니라. 색상(화신)이 끝이 없어서 세간 어디에나 두루 나타나노라.(汝應觀法王! 法王法如是. 色相無有邊, 普現於世間.)"라는 말 등이 경전적 근거가 된다.『祖庭事苑』권8(卍113, 253b13), "백추 : 부처님께서 제정하신 율의律儀이다. 불사가 개최됨을 드러내고자 하면 먼저 반드시 백추를 잡고 울리는데, 이것으로 대중을 정숙하게 하는 법으로 삼는다. 현재 종문에서 건추를 쳐서 알리는 역할은 반드시 법을 잘 아는 스님에게 명하여 그 소임을 맡도록 한다. 장로長老가 자리를 잡고 앉은 다음에 백추를 잡고 '법석에 앉은 대중들이여, 마땅히 불법의 근본적인 뜻을 꿰뚫어 보시오!'라고 말한다. 장로가 기틀에 적절한 설법을 하고 법회에 참석한 대중의 화답까지 마치면 다시 백추를 잡고 '법왕의 법을 자세히 꿰뚫어 보시오! 법왕의 법은 이와 같습니다.'라고 말한다. 이것이 대체로 선덕들의 진실한 법도였으니 그 어느 것도 부처님의 본의를 잃어버리지 않은 것이다. 그래서 총림에서는 부처님께서 사자좌에 오르시고 문수가 건추를 울려 그것을 알렸던 사실을 들어 보이는 경우를 자주 볼 수 있다.(白椎 : 世尊律儀, 欲辨佛事, 必先秉白, 爲穆衆之法也. 今宗門白椎, 必命知法尊宿, 以當其任. 長老才據座已, 而秉白云, '法筵龍象衆, 當觀第一義!' 長老觀機, 法會酬唱旣終, 復秉白曰, '諦觀法王法! 法王法如是.' 此蓋先德之眞規, 皆不失佛意. 且見叢林多擧世尊升座, 文殊白椎.)"

> 설화

● 이 공안은 『대집경』의 문구에 근거한다. 『대집경』의 소疏에 "'어느 날(一日)'이라 한 까닭은 각 지방의 시간이 상대적으로 느리기도 하고 빠르기도 하여 동일하지 않기 때문이다."[2]라고 하였는데, 이처럼 분명한 말로 가리키지 못하는 것을 두고 '어느 날'이라 한다. 또한 "법왕이 법회를 여는 때[3]나 대중이 도를 깨닫는 날을 가리켜 '어느 날'이라 한다."라고 하였다. 『조정사원』에 "승陞은 오른다는 뜻의 등登이다."[4]라고 하였다. 만송 행수萬松行秀는 "강사[5]가 법좌에 오르는 것은 승좌陞座라 하고, 선림에서는 상당上堂[6]이라 한다."[7]라고 하였으니, 승좌는 교가敎家에서 이르는 말이다. 그러나 "약산이 오랫동안 법좌에 오르지(陞座) 않았다."[8]라고 한 것을 보면 선가와 교가에 모두 통하는 말이다.

[陞座] 此語,[1)] 大集經文. 經疏云, "一日者, 諸方時分, 延促不同故." 不的

---

2 이러한 해설은 『金剛經疏論纂要』(大33, 156a11), 『圓覺經略疏』 권상1(大39, 528c23) 등에 나온다.
3 법왕이 법회를 여는 때 : 어느 때(一時)라는 말에 대한 승조僧肇의 해설에 따른다. 『注維摩詰經』 권1(大38, 328a24), "어느 때 : 구마라집은 '경전을 설한 때이다.'라고 하였고, 승조는 '법왕이 세운世運을 엶에 대중이 기뻐하며 모인 때이다.'라고 하였다.(一時 : 什曰, '說經時也.' 肇曰, '法王啓運嘉集之時也.')"; 『阿彌陀經義述』(大37, 308a3), "일시一時(어느 때)란 때의 성취를 나타낸다. 부처님께서 이 『아미타경』을 설하실 때, 사리불과 아난 등이 그것을 듣고 받아들인 때, 또는 법왕이 세운을 엶에 대중이 기뻐하며 모인 때이다. (이 모든 때가 하나로 성취되었다.) 그러므로 일시라 한다.(一時者, 時成也. 佛說此阿彌陀經時, 舍利弗阿難等聽受時, 又法王啓運嘉集之時, 故曰一時.)"
4 『祖庭事苑』 권1(卍113, 5a12).
5 강사講師 : 경전을 가르치는 스승 또는 그러한 소임. 교종의 스님을 선사禪師와 대칭할 때 일반적으로 부르는 명칭이기도 하다. 강원講院 또는 법회에서 불법을 강설하는 스님을 말한다.
6 상당上堂 : 이 경우 상당이란 '법당'에 오르는 것이 아니라 법당 중앙에 마련된 법좌에 올라앉는다는 뜻으로 실제적으로는 '승좌'와 다르지 않다.
7 『從容錄』 1則 「評唱」(大48, 228a7). 이 문헌의 「評唱」은 만송 행수萬松行秀(1166~1246)가 지었다.
8 『宏智廣錄』 권2(大48, 19a12), 『從容錄』 7則 「本則」(大48, 231b9).

言指, 謂之一日. 又云, "法王啓運之時, 大衆悟道之辰, 謂之一日也." 祖庭云, "陞, 登也." 萬松云, "講師謂之陞座, 禪林號曰上堂." 則陞座, 敎家之稱也. 然, "藥山久不陞座." 則貫通禪敎.

1) ㉴ '語'는 병본에 '話'로 되어 있다. ㉱ '話'로 번역하였다.

- 각자 자리를 잡다 : 이미 다 모였다는 말이다.
- 문수 : 범어[9]의 온전한 음사는 문수사리文殊師利이고, 만수실리曼殊室利라고도 한다. 한역하면 묘덕妙德 또는 묘길상妙吉祥이다.
- 건추를 울리다(白槌) : 어떤 일이 있음을 알리기 위하여 망치를 치는 것.
- (법왕의 법은) 이와 같다(如是) : 규봉은 "믿고 그대로 따른다는 말이다."[10]라고 하였다. 장무진張無盡은 "이理가 같지 않음이 없는 것을 이렇다(是) 하고, 사事가 이렇지 않음이 없는 것을 같다(如)고 한다."[11]라고 하였는데, '이와 같다'라는 문구에 대한 풀이다.

集定者, 集會已也. 文殊, 梵語, 具云, 文殊師利. 亦云, 曼殊室利. 此云, 妙德. 亦云, 妙吉祥. 白槌者, 白事之槌也. 如是者, 圭峯云, "信順之辭." 張無盡云, "理無不如之謂如[1); 事無不是之謂是."[2) 消文如是也.

1) ㉱ '如'는 '是'의 잘못이다. 2) ㉱ '是'는 '如'의 잘못이다.

- 세존께서 어느 날 법좌에 오르셨을 때 문수가 건추를 울리며 한 말 : 무슨 뜻인가? 평상시 설법할 때 정해진 의식이다. 곧 장로가 법좌에 오

---

9 문수의 범어. ⓢ Mañjuśrī, Mañju-ghoṣa, Mañju-svara, Mañjuśrī-kumāra-bhūta.
10 믿고 그대로 따른다는 말이다(信順之辭) : 이러한 풀이는 특정한 사람의 견해에 국한되지 않고 일반적인 것이다. 『大般若經理趣分述讚』 권1(大33, 27c17), 『仁王經疏』 권1(大33, 256a8), 『法華文句』 권1 상(大34, 3a29) 등 참조.
11 『大慧語錄』 권18(大47, 887c25)에 나오는 무진거사無盡居士 장상영張商英의 말. 모든 경전의 첫 구절인 여시아문如是我聞의 '如是'에 대한 해설.

르면 유나維那가 건추를 울리며 "법석에 앉은 용상중龍象衆[12]이여, 마땅히 제일의第一義를 관찰하시오!"라 하고, 설법을 마치고 나면 건추를 울리며 "법왕의 법을 자세히 관찰하시오! 법왕의 법은 이와 같습니다."라고 하는데, 이는 마땅히 준수하는 의식이다. 여기서 문수가 이 백추의 시작과 끝을 뒤바꾸어 시행한 것은 문수가 도리를 알아차렸다는 뜻이다. 부처님께서 법좌에 오르시어 입으로 말은 하지 않았지만 그 소리가 천둥과 같이 우렁차게 이미 설했다고 보면 남김없이 설한 것이다. 문수는 부처님의 속뜻을 아는 제자(知音)였으므로 잎 하나가 떨어지는 모습을 보고 가을이 된 것을 알고 거문고 줄 퉁기는 소리를 듣고 곡조를 아는 격이었다.[13] 세존께서는 당신의 속뜻을 알아주는 제자를 만났으므로 곧바로 법좌에서 내려왔던 것이다.

● 옛날 총림에서는 지문 광조智門光祚와 설두 중현雪竇重顯의 대립되는 게송을 근거로 문수의 백추를 기틀에 순행하는 것(順機)이라고도 여기고 기틀에 역행하는 것(逆機)이라고도 여겼다. 기틀에 순행하는 것이란 무슨 뜻인가? 법좌에 오르는 바로 그 순간 이미 설했다고 보면 남김없이 설한 것이지만, 대중이 흐리멍덩하여 이해하지 못할 경우 어떻게 하겠는가? 그러므로 문수가 건추를 울려 대중에게 알렸으니 이것이 기틀

---

12 용상중龍象衆 : 뛰어난 법력을 가진 스님들이라는 뜻. 법석에 참석한 대중을 높여서 부르는 말이다.

13 잎 하나가~아는 격이었다 : 아주 작은 단서를 보고 그 본질을 알아차린다는 비유. 더 나아가 어떤 조짐도 발생하기 이전에 포착하는 경지를 나타내기 위한 전 단계로 제시된다. 『圜悟語錄』권3(大47, 726c16), "법좌에 올라앉아 말하였다. '잎 하나 떨어지는 모습을 보고 가을이 된 것을 알고, 거문고 줄 퉁기는 소리를 듣고 곡조를 알아차리니, 정광 선사定光禪師가 손짓을 하자 지자 대사智者大師가 고개를 끄덕여 응답한 것과 같다. 문채가 발생하기 이전에 알아차리고 시비와 득실을 벗어난 경계를 비추어 보라. 아주 작은 대상에도 걸리지 않고 어떻게 소식을 전할까? 모든 풍경에는 한갓 형상이 있을 뿐이나, 외딴 구름은 본래 무심하다.'(上堂云, '葉落知秋, 動絃別曲, 定光招手, 智者點頭. 承當於文彩未生前, 相照向是非得失外. 不涉廉纖, 如何通信? 萬景徒有象, 孤雲本無心.')"

에 순행하는 것이다. 기틀에 역행하는 것이란 무슨 뜻인가? 대체로 설법할 때의 법도에 따르면 행자行者가 법고를 쳐서 울리고 장로가 법좌에 오른 뒤 대중이 자리를 잡고 나면 유나가 건추를 울린 다음 "법석에 앉은 용상중이여!"라 운운하고, 법좌에 오르는 순간 설법을 벌써 마친 것이기에 "법왕의 법을 자세히 관찰하시오."라고 운운한다. 문수가 형식상 설법을 마친 다음 치는 건추를 울렸는데, 문수의 의도는 '세상의 모든 중생이 본래 성취하고 있거늘 지금 법좌에 올라 무엇 하시겠습니까?'라는 뜻이다. 이것이 바로 기틀에 역행하는 것이다.

世尊一日陞座, 文殊白槌云, 諦觀云云者, 何也? 時常說法軌儀, 則長老陞座, 維那白槌云, "法筵龍象衆, 當觀第一義!" 說法已畢, 白槌云, "諦觀法王法! 法王法如是." 此則宜矣. 卽今文殊倒行一槌, 則文殊見箇道理. 陞座處, 口雖不言, 其聲如雷, 早已說也說盡也. 文殊, 是知音故, 葉落知秋, 動絃別曲 ; 世尊, 得遇知音故, 便下坐.¹⁾ 古叢林, 因智門祚, 雪竇顯頌, 以文殊白槌, 爲順機, 爲逆機. 謂順機者, 才陞座間, 說也說盡, 爭奈大衆憒憧不會? 故文殊白槌告衆, 是順機處. 謂逆機者, 大凡說法時規軌, 行者擊動法鼓, 長老陞座, 大衆集定, 維那白槌云, '法筵'云云, 才陞座間, 說法已畢云, '諦觀'云云. 文殊下末后白槌, 文殊意, 謂大地衆生本來成就, 今日陞座圖箇什麼? 是逆機處.

1) ㉠ '坐'는 갑본·을본에 '座'로 되어 있다. ㉡ '座'로 바로잡아 번역하였다.

● 하지만 나는 그렇게 생각하지 않는다. 경전과 율장의 문구에서 헤아려보면 부처님 재세 시의 설법에는 형식적 법도가 정해져 있지 않았다. 천계天界의 북(天鼓)이 저절로 울렸거늘[14] 어찌 행자가 치는 북에 의지하

14 천계天界의 북(天鼓)이 저절로 울렸거늘 : 부처님께서 설법하실 때나 법회에서 대중과

였겠는가? 또한 북을 치는 이유는 대중을 집합시키기 위한 것이지만, 세존께서 설법에 임할 때는 광명을 사방으로 비추거나 대지 전체를 진동시키는 등 갖가지 상서로운 특징을 드러내시거늘, 어찌 반드시 북을 친 다음 대중을 집합시킬 필요가 있었겠는가?

- 건추를 울리거나 그다음의 알리는 말들은 무엇에 근거하여 선후를 결정한 것인가? 설법할 때마다 유나가 건추를 울릴 필요가 없기에 알리는 말을 두게 된 것이다. 가령 우파리優婆離[15]와 같은 큰 성문들이 유나가 되었는데 문수와 보현 등의 영향보살影響菩薩[16]이 어찌 유나가 되려 하겠는가? 이미 문수가 건추를 울려 알렸기 때문에 유나가 건추를 울릴 필요는 없었던 것이다.

- 요즘 사람들이 백장百丈[17]이 규식規式[18]을 최초로 만들어 냈다고 하여

함께 계실 때, 천고天鼓가 저절로 울렸다는 기사는 『大般涅槃經』 권1(大1, 191c9), 『法華經』 권5(大9, 44b2), 『大寶積經』 권84(大11, 486a26) 등에서 볼 수 있다.

15 우파리優婆離 : [S] Upāli. 부처님의 십대제자 중 '지계제일持戒第一'이라 일컬어진다.

16 영향보살影響菩薩 : 영향중影響衆(影向衆)이라고도 한다. 부처님의 교화를 보좌하기 위하여 설법을 듣는 대중으로 변화하여 나타난(應現) 불보살. 마치 그림자(影)와 메아리(響)가 본래의 형체와 소리에서 나오듯이 불도를 완성한 불보살이 그림자나 메아리와 같이 중생제도를 위하여 적절한 때에 성문聲聞의 형상으로 나타나는 것을 말한다. 『仁王經疏』 권1(大33, 258b6)에 따르면, 함께 설법을 듣는 대중을 열거하면 모든 경전에 영향·결연중結緣衆·발기중發起衆·당기중當機衆 등 네 종류를 벗어나지 않는다고 한다. 그중 '영향'에 대해서 다음과 같이 설명한다. "첫째는 영향이다. 모든 불보살은 근본적인 과果를 이미 완성하였지만 정법이 오랫동안 세간에 머물도록 하려는 목적에서 영향의 대중으로 온 것이다.(一者, 影響, 謂諸佛菩薩, 大果已圓, 爲令正法久住世間, 故來影響.)"; 『法華玄義』 권10(大33, 813b1), "사리불 등 여러 성문은 모두 여래의 그림자나 메아리와 같다. 가령 『법화경』에서 설하듯이 중생이 소승의 법을 즐기고 대승의 지혜를 두려워하는 것을 알기 때문에 여러 보살들이 성문과 연각이 된 것이다.(舍利弗等諸聲聞, 皆是如來影響. 如法華經說, 知衆樂小法, 而畏於大智, 是故諸菩薩, 作聲聞緣覺.)"

17 백장百丈 : 백장 회해百丈懷海(720~814)를 가리킨다.

18 규식規式 : 선원의 일상사와 소임으로부터 좌선법에 이르기까지 상세하게 규정한 선문禪門의 생활 규칙. 이를 청규淸規라 하는데, '청淸'은 '청정대해중淸淨大海衆', '규規'는 규구준승規矩準繩의 약칭이다. 인도 이래의 율전律典에서 전해지던 여러 가지 규

세존께서 설법하셨던 당시의 법규가 그랬을 것이라고 생각한 결과 옛 성인의 공안을 잘못 판단하고 있으니, 대단히 우스운 일이다. 그렇다면 가령 『금강경』 첫 부분에서 (부처님께서) 자리를 펼치고 말없이 앉아 계셨다는 부분[19]은 무슨 뜻인가? 이에 대하여 설봉 진헐雪峯眞歇[20]은 "석가노자는 수보리가 나와서 '희유하십니다.'라고 한 말을 듣고, 그 자리에서 봄날 얼음이 녹고 굽지 않은 기와가 부서지는 듯이 한순간에 문제가 해결되었다."[21]라고 말하였으니, 법좌에 오르는 순간 문수가 백추를 울리며 한 말과 같다. 곧 말 자체는 마치 부처님께서 설법하여 중생에게 이익을 주신 것에 대하여 찬탄하는 듯이 보이니 이것은 기틀에 순행한 것이지만, 사실은 부처님을 속여 온몸에 진흙과 물을 묻혀 더럽힌 격이므로 이것은 기틀에 역행한 것이다. 그러므로 만송은 "문수가 무슨 생각에서 그렇게 말했는지 알아라!"[22]라고 착어를 달았고, 다

정과 중국 유교의 의례 및 세속의 풍습 등을 절충하여 만들어졌다. 현재 전하는 것은 『百丈淸規』 8권 또는 4권이지만, 현존하지 않는 것으로 이것의 모태가 되는 청규가 있었는데 그것을 고청규古淸規라 한다. 고청규라 하면 『禪苑淸規』를 말하기도 하지만 『百丈淸規』를 가리키는 것이 일반적이다.

[19] 『금강경』 첫~계셨다는 부분 : 『金剛經』(大8, 752c22)에 부처님께서 자리를 잡고 앉으셔서 아무 말씀이 없이 계신데 수보리가 "희유하십니다, 세존이시여!"라고 한 부분을 가리킨다.

[20] 설봉 진헐雪峯眞歇(1088~1151) : 진헐 청료眞歇淸了 라고도 한다. 송대의 조동종 선사이다. 단하 자순丹霞子淳의 법을 계승한 제자로 숭선현효사崇先顯孝寺에 주석하며 종지를 펼쳤다. 『信心銘拈古』 1권, 『長蘆了和尙劫外錄』 1권 등을 남겼다. 제자로는 굉지 정각宏智正覺 등이 있다.

[21] 대혜 종고大慧宗杲도 진헐의 말을 인용하고 다음과 같이 평가했다. 『大慧語錄』 권13(大47, 864a22), "석가노자는 한 글자도 말씀한 적이 없는데 수보리는 무엇을 알았기에 '희유하십니다.'라고 말했던 것일까? 여러분은 알고자 하는가? 다름 아닌 진헐이 '봄날 얼음이 녹고 굽지 않은 기와가 부서지는 듯했다.'라고 한 말을 살피기만 하라! 만일 그 핵심을 간파해 낸다면 평생 공부할 일을 마치게 될 것이다.(釋迦老子, 未曾說一字, 須菩提, 見箇甚麼, 便道希有? 諸人要會麼? 但向眞歇氷銷瓦解處看! 忽然看得破, 一生參學事畢.)"

[22] 문수가 건추를 울리며 말한 부분에 대한 착어이다. 『從容錄』 1則 「著語」(大48, 228a4).

시 "문을 닫고 자고 있는 때는 최상의 근기를 가르치는 순간이고, 상대를 돌아보며 기지개를 켜고 하품하는 것은 중하의 근기에게 자세하게 가르침을 주는 방식이다. 게다가 어찌 법좌(曲彔木床)[23]에 올라앉아서 귀신과 같은 눈동자(鬼眼睛)[24]를 굴리며 설법하는 것을 용납하리오! 옆에서 이 말을 듣고서 인정하지 않는 자가 나오더라도 그를 이상타 여겨서는 안 된다."[25]라고 했던 것이다.

余以爲不然. 考之經文律文, 世尊當時說法規矩未定也. 天鼓自鳴, 何假行者擊鼓? 且擊鼓所以集衆, 世尊臨說法時, 或放光明, 或大地震動, 現種種瑞相, 何必擊鼓而後集衆? 白槌辭語, 何據爲先後耶? 每說法時, 不必維那下槌, 有此辭語也. 如優婆離等, 諸大聲聞, 作維那, 文殊普賢, 影響菩薩, 豈肯作維那? 旣是文殊白槌, 不必維那白槌. 今以百丈創造規式, 謂世尊當時說法規式爲然, 錯判先聖公案, 可笑. 然則如何如金剛經初敷座而坐處? 雪峯眞歇云, "釋迦老子, 被箇須菩提出來, 道箇希有, 當下氷消瓦解." 則才陞座間, 文殊白槌云云. 則其言, 似讚他說法利生, 是順機 ; 其實, 謾他拖泥帶水, 是逆機. 故萬松着語云, "知他是什麼心行!" 又曰, "閉門瞌睡時, 接上上機 ; 顧鑑嚬呻, 曲爲中下. 那堪更上曲彔[1]木床上, 弄鬼眼睛哉! 有箇傍不肯地出來, 也怪伊不得."

1) ㉯ '彔'이 병본에는 '杠'으로 되어 있다.

● 『벽암록』에 "녹야원에서 설법을 시작하여 발제하에서 열반에 드실 때

---

23 법좌(曲彔木床) : 나무를 깎아 구부려서 만든 의자. 곡목曲木, 곡록목曲彔木이라고도 하며, 곡록曲錄이라고도 쓴다.
24 귀신과 같은 눈동자(鬼眼睛) : 귀안정鬼眼睛은 귀신의 눈처럼 무서운 눈빛으로 상대를 위협하는 수단을 뜻하기도 하고, 죽어서 볼 수 없는 사람의 눈과 마찬가지로 바른 안목이 없는 사람이 이리저리 분별을 일삼는 것을 뜻하기도 한다.
25 『從容錄』1則 「示衆」(大48, 227c29)의 인용이다.

까지[26] 몇 번이나 금강왕金剛王의 보검[27]을 써먹었던가? 당시 대중 가운데 납승다운 기개를 지닌 자가 나와 교란시켰다면, 부처님이 마지막에 꽃을 들어 한바탕 어지럽힐 일은 없었을 것이다. 세존께서 법좌에 오르는 순간 느닷없이 문수가 치는 건추 한 방을 듣고 곧바로 법좌에서 내려오셨으니, 바로 그때도 이러한 소식이 있었던 것이다."[28]라고 하였다. 세존께서 법좌에서 내려온 경계는 "강호의 오뉴월에 대한 생각 그만두고, 낚싯줄을 거두어 돌아가리라."[29]라고 한 취지와 같다. 만송은 (세존이 법좌에 오른 것에 대해) "오늘은 마음대로 하지 못할 것이다."라고 착어를 붙였는데 법좌에서 내려온 바로 그것이 가장 지독한 마음을 펼친 것이니 한계가 없는 경지가 되었다는 뜻이다. 그러므로 불감의 송에 "한 덩이 밝은 달 하늘 중심에서 비치니, 온 세상의 중생 내리비치는 그 빛 은혜 입네."라고 했던 것이다. 이처럼 문수가 건추를 쳐서 알

---

26 녹야원에서 설법을~드실 때까지 : 부처님께서 성도하신 뒤 첫 설법에서 열반하실 때까지. 녹야원(Ⓢ Mṛgadāva)에서 행한 최초의 법문 곧 초전법륜으로부터 최후에 열반에 드셨던 장소인 발제하(Ⓢ Ajiravati)를 가리킨다. 발제하는 열반 장소인 사라쌍수 부근을 흐르는 갠지스강의 지류이다.
27 금강왕金剛王의 보검 : 임제사할臨濟四喝의 하나. 한 번의 칼을 휘둘러 모든 분별을 잘라 내는 듯한 날카로운 할을 가리킨다.『臨濟錄』「勘辨」(大47, 504a26), "어떤 때의 할은 금강왕의 보검과 같다.(有時一喝, 如金剛王寶劍.)";『五家宗旨纂要』권상(卍114, 513a13), "금강보검이란 그 날카로움을 당할 수 없다는 말이다. 학인을 만났는데 그의 손과 발이 집착의 덩굴로 휘휘친친 묶여 있으면서도 그릇된 견해를 버리지 못하고 있다면 곧바로 그것을 절단하여 달라붙지 못하게 하는 방식이다. 조금이라도 사유분별에 물들면 목숨을 잃지 않을 수 없을 것이다.(金剛寶劍者, 言其快利難當. 若遇學人, 纏脚縛手, 葛藤延蔓, 情見不忘, 便與當頭截斷, 不容粘搭. 若稍涉思惟, 未免喪身失命也.)"
28『碧巖錄』92則「本則 評唱」(大48, 216b21).
29 양기 방회楊岐方會의 법어.『楊岐語錄』古尊宿語錄 19(卍118, 402b4)에 따르면, 법좌에 올라앉아 선상禪牀을 한 번 치고서 이 말만 남기고 내려왔다. 오뉴월에 물고기가 잘 물어 낚시하기 좋지만 집으로 돌아간다는 말이다. 마지막 구절은 당나라 사람인 선자 덕성船子德誠의 송에 나오는 구절과 같다.『聯燈會要』권19「船子德誠章」(卍136, 750a4), "30년 동안 낚시터에 앉아 있노라니, 낚싯바늘에 종종 황능도 걸려들었네. 금린은 만나지 못하고 헛되이 애만 썼으니, 낚싯줄 거두어 돌아가리라.(三十年來坐釣臺, 釣頭往往得黃能. 金鱗不遇空勞力, 收取絲綸歸去來.)"

린 것은 구운 벽돌로 바닥까지 얼어붙은 얼음을 깨뜨리려는 격이었다.

碧巖云, "始從鹿野苑, 終至拔提河, 幾曾用着金剛王寶劒? 當時衆中, 有 衲僧氣息地漢, 綽得去, 免得他末後拈花, 一場狼籍.[1] 世尊才陞座間, 輒被 文殊一槌, 便下座, 那時也有這箇消息也." 世尊下座處, "休戀江湖五六月, 收取絲綸歸去來." 萬松著語云, "今日不著便." 則便下座處, 心下最毒, 直 得無限. 故佛鑑頌云, "一輪明月映[2]天心, 四海生靈荷照臨." 然則文殊白 槌, 焦磚打着連底凍.

---

1) ㉤ '籍'이 을본에는 '藉'로 되어 있다. ㉭ '藉'로 바로잡아 번역하였다. 2) ㉤ '映'이 을본·병본에는 '暎'으로 되어 있다.

지문 광조智門光祚[30]의 송 智[1]門祚頌

문수가 건추 울려 대중에 알렸으니	文殊白槌報衆知
법왕의 법령은 합당히 이와 같다네	法王法令合如斯
모인 이들 중에 선타객[31] 있었다면	會中若有仙陀客
눈썹 사이 털 빛나기 전 알았으리[32]	不待眉開毫相輝

---

30 지문 광조智門光祚 : 생몰 연대 미상. 운문 문언雲門文偃 문하에서 공부하다가 향림 징원香林澄遠의 법을 이었다. 설두 중현의 스승이다.

31 선타객仙陀客 : 선타바仙陁婆(禪陀婆·先陀婆)라고도 하는데, Ⓢ saindhava, Ⓟ sindhava 를 음사한 데서 나온 말이다. 이 말은 원래 '신도에서 생산되는(信度所産)'이라는 뜻의 형용사이다. 고대 인도의 신도信度(辛頭, Ⓢ·Ⓟ Sindhu) 지방에서 '소금·그릇·말·물' 등 네 종류의 명산품을 생산한 데서 유래한다. 그 뒤 뜻이 바뀌어 네 종류의 명산품을 통칭하는 말이 되었다. 이 하나의 말이 구체적인 상황에 따라서 네 가지 중 어느 하나를 지시하는 뜻이 된다. 그 말이 지시하는 본래의 뜻을 상황에 따라 잘 아는 사람을 가리킨다. 본서 411칙 '대각 회련의 송' 주석 참조.

32 모인 이들~전 알았으리 : 두 눈썹 사이에 솟아난 흰 털 곧 백호상白毫相은 부처님의 삼십이상호 중 하나이며, 여기서 나오는 빛을 백호광白毫光이라 한다. 선타객이라면 부처님께서 아무 말씀도 하시기 이전, 어떤 조짐도 보여 주시지 않아도 그 뜻을 알았을 것이라는 뜻이다. 『法華經』「序品」(大9, 4a18), "그때 부처님께서 두 눈썹 사이에 난 흰 털에서 빛을 일으켜 동쪽 일만 팔천 불국토를 비추어 두루 미치지 않은 곳이 없었

1) ㉮ '智'가 갑본에는 '知'로 되어 있다.

[설화]
○ 세존께서 법좌에 오르신 것을 찬탄하였다.

智門 : 讚嘆世尊陞座處也.

설두 중현雪竇重顯의 송[33] 雪竇顯頌
무수한 성인 중에 작자라야 알리니	列聖叢中作者知
법왕의 법령 결코 이와 같지 않다네	法王法令不如斯
모인 이들 중에 선타객이 있었다면	會中若有仙陁客
문수가 백추 울릴 필요 있었을까	何必文殊下一槌

[설화]
○ 이치상으로는 스승을 넘어서는 행위가 있음을 읊었다.

雪竇 : 頌義有超師之作也.

대홍 보은大洪報恩의 송 大洪恩頌
여기서 억지로 찌르고 들어갈 필요 있나[34]	箇中何必强針錐
작자라도 이 유래는 결국 알지 못하리라	作者由來竟不知

다.(爾時, 如來放眉間白毫相光, 照東方萬八千佛土, 靡不周遍.)"
33 지문 광조의 송과 본칙의 말을 뒤집어 그 뜻을 제시했다. 제1구의 무수한 성인(列聖)은 영산회상靈山會上에 모인 문수·보현 등 무수하게 늘어선 8만 대중을 가리킨다. 『碧巖錄』 92則 「頌 評唱」(大48, 216c11) 참조.
34 여기서 억지로~필요 있나 : 약간의 빈틈도 없는 곳을 송곳으로 억지로 찌르려 하듯이 분별할 여지가 전혀 없는 이 경계에 대하여 분별로 알려고 하는 시도를 가리킨다.

| 가장 좋은 것은 강남의 이삼월 풍경이니 | 最好江南二三月 |
| 온갖 꽃 피고 난 다음에 자고새 운다네 | 百花開後鷓鴣啼 |

설화

○ 불감의 송이 나타낸 뜻과 같다.

大洪頌, 與佛鑑頌義一般也.

천복 본일薦福本逸의 송 薦福逸頌

기린이나 용같이 탁월한 약간의 대중도	頭角麟[1]龍衆若于[2]
당시에 누구나 예외 없이 속아 버렸다네	當時一例受欺謾
법왕의 진짜 아들 건치[35]를 휘둘렀다가	法王眞子揮楗稚
지금에 이르기까지 웃음거리 되었다네	直至如今作笑端

1) 갑 '麟'이 갑본에는 '獜'으로 되어 있다. 2) 갑 '于'는 '干'인 듯하다. 역 '干'으로 바로잡아 번역하였다.

해인 초신海印超信의 송 海印信頌

| 조짐 드러나기 이전에 벌써 멀어졌으니[36] | 未兆之前早二三 |
| 건추 울린 다음에야 무슨 소용 있으랴 | 白槌之後更那堪 |

---

35 건치楗稚 : ⓢ ghaṇṭā, ⓟ ghaṇṭā, ghaṇṭī, ⓣ dril-bu의 음사어. 건추楗搥·건식楗植·건지楗遲·건타健吒·건퇴揵槌 등으로도 음사한다. 식사 때나 일정한 행사 등을 알리기 위하여 치는 종의 일종이다. 본래는 나무로 만들었으나 후대에 이르러 구리나 쇠 등으로도 만들었다. 『五分律』 권18(大22, 122c26), "여러 비구들이 어떤 나무로 건치를 만들어야 할지 알지 못하여 이 문제를 부처님께 여쭙자 부처님께서 '옻나무와 독이 있는 나무를 제외하고 그 나머지 중에서 소리가 잘 나는 나무로 만드는 것을 허락한다.'라고 하셨다.(諸比丘, 不知以何木作楗稚, 以是白佛, 佛言, '除漆樹毒木, 餘木鳴者聽作.')"

36 벌써 멀어졌으니(早二三) : '이삼二三'이란 본래의 목적지에서 두 단계 세 단계 아래로 떨어졌다는 말.

| 당시에 선타객이 있었다면 | 當時若有仙陁客 |
| 그처럼 억지로 지시하는 지경 되지 않았으리 | 不到如今強指南 |

정엄 수수淨嚴守邃의 송 淨嚴邃頌
수미산이 바다에서 솟아 하늘 밖 넘어서니	彌盧出海橫天外
남북과 동서 그 어디에도 끝이 보이지 않네	南北東西不見邊
한 폭의 흰 비단에는 그 풍경 담지 못하니	一幅素縑描不得
결국 세상 전체를 그대로 남에게 전하노라	竟將天下與人傳

천동 정각天童正覺의 송 天童覺頌
한 줄기 순박한 바람을 알고 있는가	一段眞風見也麼
화모[37]는 쉼 없이 베틀의 북 움직이네	綿綿化母理機梭
좋은 비단 짜 내서 봄 풍경 담더라도	織成古錦含春像
동군[38]이 봄소식 누설함을 어찌하랴	無奈東君漏洩何

삽계 일익霅溪日益의 송 霅溪益頌
달이 물 가운데 잠겨 바다까지 환하니	月在波心徹底寒
맑디맑아 용이 몸 숨길 곳 전혀 없네	澄澄應不許龍蟠
오호에 고향 못 돌아간 숱한 나그네들	五湖多少未歸客
한가한 사람에 속아 낚싯대 잡았구려[39]	却被閑人把釣竿

---

37 화모化母 : 만물의 생성 변화를 관장하는 조물자造物者. 베틀로 옷감을 짜는 것에 비유하고 있다. 『從容錄』1則「頌 評唱」(大48, 228a23), "화모는 만물을 만들어 내는 화공化工의 별호이다.(化母, 化工造物之別號.)"

38 동군東君 : 봄을 사령하는 신. 동황東皇·청제青帝·양조陽鳥라고도 한다. 동쪽은 봄의 방위이고, '군君'은 신神을 나타낸다.

39 오호에 고향~낚싯대 잡았구려 : 낚일 물고기가 없는 물에서 남의 말에 속아 낚싯대를 잡았다는 뜻. 문수가 "법왕의 법"이라 운운했지만 그 말이 지시하는 실물은 없기 때문이다.

불안 청원佛眼淸遠의 송 佛眼遠頌

법왕의 법령에 어떻게 응답할까	法王法令若爲酬
노쇠한 문수가 억지로 나섰다네	老倒文殊强出頭
석가 연루시킨 죄는 외려 작다 해도	負累釋迦猶可事
지금껏 천고토록 시끄럽게 만들었네	至今千古鬧啾啾

불감 혜근佛鑑慧懃의 송 佛鑑懃頌

한 덩이 밝은 달 하늘 중심에서 비치니	一輪明月映天心
온 세상의 중생 내리비치는 그 빛 은혜 입네	四海生靈荷照臨
어찌 반드시 서풍만이 계수나무 흔들까	何必西風撼丹桂
푸른 하늘이 거듭 가을 소식 보내오네[40]	碧霄重送九秋音

개암붕의 송 介庵朋頌

소리 이전의 경계에서 찾지 말고	莫向聲前討
구절 이후에는 따지다 속지 마라[41]	休論句後迷
한 방망이에 일제히 때려 부수니	一槌齊擊碎
천고에 모조리 제기했다 한다네[42]	千古稱全提

백운 지병白雲知昺의 송 白雲昺頌

구담[43]이 손가락 퉁기자	瞿曇按指

---

40 어찌 반드시~소식 보내오네 : 계수나무 흔드는 서풍은 문수의 말, 푸른 하늘의 소식은 말없이 법좌에서 내려간 세존의 침묵을 상징한다.

41 소리 이전의~속지 마라 : 말로 드러나기 이전의 경계에서 심오한 뜻을 찾지 말고, 말로 표현된 다음에는 그 말에 미혹되지 말라는 취지.

42 한 방망이에~제기했다 한다네 : 한 방망이란 문수가 친 건추 한 방이 천고의 세월 동안 진실을 남김없이 제기하여 드러낸 것(全提)이라고 일컬어진다는 말.

43 구담瞿曇 : ⓢ Gautama, Gotama, ⓟ Gotama의 음사어. 부처님이 소속된 종족의 성씨.

문수가 명령에 따랐다네	文殊據令
천기를 누설하고 말았으나	漏洩天機
한 방 건추로 바로잡았네	一槌打正

파초 계철芭蕉繼徹의 염

"모호하고 흐릿한[44] 사람들이 지천으로 널려 있다."

芭蕉徹拈, "茫茫者, 匝地普天."

설화

○ 모호하고 흐릿한 사람들이 지천으로 널려 있다 : 세존만 모호했던 것이 아니라 문수가 건추를 울린 것도 흐릿한 행위라 하지 않을 수 없다.

芭蕉 : 茫茫者至天者, 非但世尊茫茫, 文殊白槌, 亦未免茫茫也.

장로 종색長蘆宗賾의 염

"대각세존께서는 천기를 누설하셨고, 문수노자는 풀을 휘저어서 뱀을 깨운 격이었다.[45] 이미 화살은 신라를 지나갔으니, 제이의문第二義門에서

또는 부처님만 가리키는 말이기도 하다. 구담마瞿答摩·교달마嬌怛麼·교담미橋曇彌·교답마喬答摩라고도 하고, 한역어로는 니토泥土·멸악滅惡·암우暗牛·우분종牛糞種·지최승地最勝·지종地種 등이 있다. 『雜阿含經』권22(大2, 157c1) "사문 구담은 석가족의 자손으로 석가종 안에서 살다가 수염과 머리를 깎고 가사를 입고 바른 믿음으로 집이 없는 곳으로 출가하여 도를 배우고 아뇩다라삼먁삼보리를 얻었으니, 그분을 부처님(佛)이라 한다.(有沙門瞿曇, 是釋種子, 於釋種中, 剃除鬚髮, 著袈裟衣, 正信非家, 出家學道, 得阿耨多羅三藐三菩提, 是名爲佛.)"

44 모호하고 흐릿한 : 문수와 세존은 처음부터 분명하고 뚜렷하게 먹은 마음이라곤 없었다. 단호하고 엄숙하게 보이는 언행도 본질적으로 모호하고 흐릿할 뿐이니 그것을 간파한다면 더 이상 속지 않을 수 있다.

45 풀을 휘저어서~깨운 격이었다 : 『黃龍慧南語錄』(卍120, 198b14), "국사(南陽慧忠國師)에서

그대와 만나리라."

長蘆賾拈, "大覺世尊, 天機漏洩; 文殊老子, 打草驚蛇. 旣然箭過新羅, 第二義門, 與君相見."

설화

○ 세존께서 법좌에 오르신 것에는 달리 제이의第二義가 없다는 뜻이다.

長蘆 : 世尊陞座處, 更無第二也.

자수 회심慈受懷深의 염
"구운 벽돌로 바닥까지 얼어붙은 얼음을 깨뜨린다."

慈受拈, "燋甎打著連底凍."

송원 숭악松源崇嶽의 상당

이 공안을 제기하고 불자를 꼿꼿이 세우고서 말하였다. "세존의 삼매와 문수의 삼매가 모두 이 불자 끝에 있는데, 여러분은 아는가? 와룡臥龍이 박차고 일어나자 단봉丹鳳도 높이 날아오른다.[46]"

松源上堂, 擧此話, 堅起拂子云, "世尊三昧,[1] 文殊三昧, 摠在拂子頭上, 諸人還見麽? 臥龍纔奮迅, 丹鳳便翶翔."

가 시자를 세 번 부름이여! 풀을 휘저은 의도는 뱀이 놀라서 깨어나기 바라는 것일 뿐이다. 계곡 바닥 푸른 소나무 아래 천 년 된 복령이 있는지 누가 알겠는가?(國師三喚侍者! 打草祇要蛇驚. 誰知澗底靑松下, 有千年茯苓?)

46 와룡臥龍이 박차고~높이 날아오른다 : 이 칙 본칙 설화에서 문수와 세존의 관계를 지음知音으로 본 견해와 같은 말이다.

1) ㉮ '昧'가 갑본에는 '眛'로 되어 있다. 이하 동일.

【설화】

○ 문수가 건추를 울린 것은 와룡이 박차고 일어난 것과 상응하고, 세존께서 법좌에서 내려오신 것은 단봉이 높이 날아오른 것에 해당한다.

松源：文殊白槌, 是臥龍才奮迅；世尊下坐, 是丹鳳便翱翔也.

7칙 세존설법世尊說法

본칙 세존께서 90일 동안 도리천에 계시면서 모친에게 법을 설하고 천계天界를 떠나 내려오실 때, 사중四衆[1]과 팔부八部[2]가 모두 공계空界로 가서 맞이하였다. 연화색 비구니[3]는 이렇게 생각하였다. '나는 비구니의 몸이니 어쩔 수 없이 대승大僧[4]의 후미에서만 부처님을 친견할 수 있다. 차라리 신통력을 부려서 전륜성왕[5]으로 변화하여 천 명의 왕자들에 둘러싸인 채 누구보다 먼저 부처님을 친견하는 것이 낫겠다.' 마침내 자신의 소원이 채워졌지만 세존께서 보자마자 나무라며 말씀하셨다. "연화색 비구니야, 네가 어떻게 대승들을 앞질러 나를 보려고 할 수 있느냐? 네가 비록 나의 색신을 보았다고 해도 나의 법신은 보지 못했을 것이다. 수보리

---

1 사중四衆: 사부대중四部大衆이라고도 한다. 출가와 재가를 합한 비구比丘·비구니比丘尼·우바새優婆塞·우바이優婆夷를 말한다. 또는 출가의 사중 곧 비구·비구니·사미沙彌·사미니沙彌尼를 가리키기도 한다.
2 팔부八部: 팔부중八部衆 또는 팔부신중八部神衆이라고도 한다. 불법을 수호하는 천天·용龍·야차夜叉·건달바乾闥婆·아수라阿修羅·가루라迦樓羅·긴나라緊那羅·마후라가摩睺羅伽 등을 가리킨다.
3 연화색 비구니蓮花色比丘尼: ⑤ Utpalavarṇā, ⑫ Uppalavaṇṇā. 부처님 재세 시에 신족제일神足第一로 일컬어졌던 비구니. 피부색이 청련靑蓮처럼 아름답다 하여 붙여진 이름이다. 우발라색優鉢羅色·우바라화優婆羅華·우발라반나優鉢羅槃那 등으로 음사하고, 연화선蓮華鮮이라고도 한역한다.
4 대승大僧: 구족계具足戒를 받은 비구. 십계十戒를 받기는 했으나 구족계를 받지 않은 사미는 소승小僧이라 한다.
5 전륜성왕轉輪聖王: ⑤ cakra-varti-rājan, ⑫ raja cakkavattin, 작가라벌랄지알라사斫迦羅伐辣底遏羅闍·차가라발제遮迦羅跋帝·차가월遮迦越 등이라 음사하고, 전륜왕轉輪王·전륜성제轉輪聖帝·윤왕輪王·비행전륜제飛行轉輪帝·비행황제飛行皇帝 등으로도 한역한다. 윤보륜보輪寶 곧 전차戰車를 움직이는 왕이라는 뜻이다. 이 왕은 윤보輪寶·상보象寶·마보馬寶·주보珠寶·여보女寶·거사보居士寶·주병신보主兵臣寶 등 일곱 가지 보물(七寶)의 호위를 받으며, 장수長壽·무질병無疾病·용모출색容貌出色·보장풍부寶藏豊富 등 네 가지 덕을 갖추고, 수미사주須彌四洲를 통일할 뿐만 아니라 정법正法으로 세상을 다스려 국토가 풍요롭고 백성이 화락和樂하도록 만든다고 한다. 『중아함경中阿含經』 권14(大1, 512a3), 『大樓炭經』 권2(大1, 282c16) 참조.

須菩提는 바위굴에서 고요히 좌선을 하고 있지만 그가 오히려 나의 법신을 본다."

世尊, 九十日, 在忉利天, 爲母說法, 及辭天界下時, 四衆八部, 俱往空界迎. 有蓮花色比丘尼, 作念云, '我是尼身, 必居大僧後見佛, 不如用神力, 變作轉輪聖王, 千子圍遶, 最初見佛.' 果滿其願. 世尊纔見, 乃呵云, "蓮花色比丘尼, 汝何得越大僧見吾? 汝雖見吾色身, 且不見吾法身. 須菩提嵓中宴坐, 却見吾法身."

【설화】

- 이 공안은 『상생경上生經』[6]의 문구에 근거한다.
- 법을 설하였다 : 세존이 태어나고 이레가 지났을 때 어머니가 돌아가시어 도리천에 나셨다. 성도하신 다음 세존께서는 한 여름(90일) 동안 어머니에게 법을 설하고 도리천에서 내려오실 때가 되자 대중들이 삼도보교三道寶橋[7]를 세워 맞이하였다.
- 대승大僧 : 구족계를 받은 비구를 말한다.
- 네가 비록 나의 색신을~그가 오히려 나의 법신을 본다 : 법신은 응결된 듯 고요하여 과거와 미래와 현재 등 어떤 시간에도 속하지 않는다.

---

6 『상생경上生經』: 『觀彌勒菩薩上生兜率天經』의 약칭으로 보이지만, 이 경에는 상응하는 이야기가 나오지 않으며, 『聯燈會要』권1 『釋迦牟尼佛章』(卍136, 441b6) 등의 선 문헌에 나타난다.

7 삼도보교三道寶橋 : 금과 은과 유리 등의 보배로 만든 다리. 삼도보계三道寶階를 가리킨다. 『大乘本生心地觀經』권1(大3, 294a28)에 따르면, 도리천에 올라가 어머니께 법을 설하고 범천왕梵天王과 천제석天帝釋 그리고 12만 대중들과 함께 있다가 삼십삼천으로부터 삼도보계를 나타내어 그것을 타고 염부제閻浮提로 내려오셨다고 한다. 또한 80권본 『華嚴經』권14(大10, 724a24)에도 도리천으로부터 염부제로 돌아올 때 삼도보계가 하늘로부터 아래로 깔렸다고 한다. 『維摩經』권하(大14, 555b23), 『觀佛三昧海經』권6(大15, 677b8) 등에도 나오는 내용이다.

수보리는 공空을 가장 잘 이해하는 제자이므로 비록 바위굴에 있지만 법신을 볼 수 있다. 그러나 '내가 지금 드러내고 있는 색신이 곧 항상 변함없는 몸(常身)으로서의 법신이니'[8] 색신을 벗어나서 별도로 법신은 없다. 이렇게 한 말은 오로지 연화색 비구니가 색에서 보거나 소리에서 구하는 집착을 부수기 위한 것이다.

[說法] 此話, 上生經文. 說法者, 世尊生經七日, 母便命終, 生忉利天. 成道後, 一夏爲母說法, 及至下時, 設三道寶橋迎之. 大僧者, 受具足戒也. 汝雖見吾色身云云者, 法身凝寂, 非去來今也. 須菩提解空第一故, 雖在巖中, 能見法身也. 然'吾今色身, 卽是常身法身', 則離色身外, 別無法身. 伊麽道, 但破蓮花色比丘尼, 色見聲求之執耳.

천복회薦福懷의 염

"연화색 비구니가 몹시 속임을 당했다는 사실은 그만두고 구담노인의 목숨이 다른 사람의 손아귀에 들어가 있었다는 것을 아는가?"

薦福懷拈, "蓮花色比丘尼, 被熱謾且置, 還知瞿曇老人性命, 在別人手裏麽?"

> 설화

○ 구담노인이 색신을 벗어나서 별도로 상신常身으로서의 법신을 취했던 바로 그것을 두고 목숨이 남의 손아귀에 들어가 있다고 한다.

---

[8] 『華嚴經大疏鈔』 권4(大36, 28a26), 『金剛經纂要刊定記』 권4(大33, 202b5) 등에서 『涅槃經』의 내용으로 인용하고 있는 구절이다. 그러나 『涅槃經』에는 정확히 일치하는 구절은 없으며, 40권본 『大般涅槃經』 권2(大12, 372a28)에 나오는 대의에 따른다.

薦福: 瞿曇老人, 離色身外, 別取常身法身, 是性命在別人手裏.

보림본寶林本의 상당

이 공안을 제기하고 말하였다. "여러분, 석가노인께서 어린아이를 불쌍히 여기다가 자신의 추한 꼴이 드러나는 것도 몰랐으니[9] 이는 앞을 쳐다볼 줄만 알았지 뒤를 돌아보지 못한 격이라는 사실을 아는가? 가령 법신에 대하여 그것을 보았다는 도리는 어떻게 설명할 것인가? 있다는 견해를 가지고 보았는가? 없다는 견해를 가지고 보았는가? 있기도 하고 없기도 하다는 견해로 보았는가? 있지도 않고 없지도 않다는 견해로 보았는가?[10] 만약 이 4구로써 쥐어틀어 알려고 애쓴다면, 위로는 하늘을 찌르고 올라갈 계책도 없고 아래로는 땅으로 파고 들어갈 방법도 없게 될 것이다.[11] 지금 만약 부처님을 친견하고자 하는 자가 있다면, 30방 중에서

---

9 석가노인께서 어린아이를~것도 몰랐으니 : 자신의 본래 모습을 망가뜨려 가면서 학인을 친절하게 가르친다는 뜻. 부처님께서 법신과 색신에 대하여 연화색 비구니에게 자세히 설명함으로써 도리어 자신의 엄밀한 본래의 뜻과 어긋날 수밖에 없었던 것을 말한다.

10 있다는 견해를~견해로 보았는가 : 지공誌公과 범승梵僧의 문답에 나오는 구절과 상응한다. 『聯燈會要』 권29(卍136, 926a13), "금릉의 지공 화상이 어떤 범승에게 물었다. '듣자 하니 존자께서 나를 백정이라 했다는데, 내가 살생하는 광경을 본 적이 있습니까?' '보았습니다.' '있다는 견해를 가지고 보았습니까? 없다는 견해를 가지고 보았습니까? 있지도 않고 없지도 않다는 견해로 보았습니까? 만약 있다는 견해를 가지고 보았다면 범부의 견해일 것이고, 없다는 견해를 가지고 보았다면 성문의 견해일 것이며, 있지도 않고 없지도 않다는 견해를 가지고 보았다면 외도의 견해일 것입니다. 존자께서는 어떻게 보았습니까?' '당신은 이러한 견해를 가지고 계십니까?' 분양汾陽이 이 문답에 대하여 '서쪽에서 온 뜻(西來)을 왜곡하지 마라.'라고 평가하였다. (金陵誌公和尙, 問一梵僧, '承聞尊者, 喚我作屠兒, 曾見我殺生麼?' 云, '見.' 師云, '有見見? 無見見? 不有不無見? 若有見見, 是凡夫見 ; 無見見, 是聲聞見 ; 不有不無見, 是外道見. 未審尊者, 如何見?' 梵僧云, '儞有此等見耶?' 汾陽云, '不枉西來.')"『汾陽語錄』 권중(大47, 616c9)에는 범승이 달마대사로 되어 있다.

11 위로는 하늘을~될 것이다 : 화두가 온전히 실현되어 어떤 통로도 없지만, 바로 이 경계에 도달해야만 화두가 타파되어 별천지가 열린다. 여기서는 위에서 제시한 4구 중 어떤 것으로도 통하지 않는다는 말로써 결론짓고 있다. 『寶覺祖心語錄』(卍120, 220a14), "구절이 있건 구절이 없건 마치 등나무가 나무에 의지해 있는 것과 같으니,

한 방이라도 모자라면 안 된다.[12] 말해 보라! 이와 같이 그를 때리는 행위가 그에게 상을 내리는 것일까, 벌을 주는 것일까? 만약 점검해 낸다면 그 사람은 여래를 몸소 보았다고 인정해 줄 것이다."【참!】

여러분이 고개를 끄덕이며 수긍하는 대로 맡겨 두겠다. 그러나 나무는 쓰러지고 등나무는 말라 버리면 위로는 하늘을 찌르고 올라갈 계책도 없고 아래로는 땅으로 파고 들어갈 방법도 사라지게 될 것이다. 영리한 사람이라면 오히려 이 속에서 진리를 보는 하나의 눈을 뜨고 종횡무진 어디로나 통하는 수단을 얻을 것이다.(有句無句, 如藤倚樹, 且任諸人點頭. 及乎樹倒藤枯, 上無衝天之計, 下無入地之謀. 靈利漢, 者裏, 著得一隻眼, 便見七縱八橫.)";『雪竇語錄』 권1(大47, 670c1), "법좌에 올라앉아 말하였다. '점漸으로 말하자면 보통의 규범으로 돌아가 도와 합치할 것이니, 여러분이 수긍하는 그대로 맡겨 두겠다. 하지만 돈頓으로 말하자면 어떤 자취도 남기지 않을 것이니, 본분을 추구하는 납승일지라도 어떻게 입을 열 수 있겠는가!' 주장자로 한 획을 그은 뒤 다시 말하였다. '위로는 하늘을 찌르고 올라갈 계책이 없고 아래로는 땅으로 파고 들어갈 방법이 사라졌다. 채주蔡州 지방에 천 개 만 개로 도둑의 소굴이 즐비하지만, 그것을 때려 부수는 것은 한순간의 일일 뿐이다.'(上堂云, '語漸也, 返常合道, 且任諸人點頭 ; 論頓也, 不留朕跡, 衲僧又奚爲開口!' 師以拄杖一劃云, '上無衝天之計, 下無入地之謀. 蔡州千箇萬箇, 打破只在須臾.')"

12 30방 중에서~안 된다 : 잘못에 대하여 내리는 30방 전체에서 한 방이라도 모자라면 잘못을 용서해 준다는 뜻이 되므로 한 방도 아끼지 않고 때리는 것이다. 본분에 대해서는 조금이라도 방편을 허용하여 벗어나지 말고 엄격하게 시행해야 한다는 말이다. 『大慧語錄』 권10(大47, 852c6), "흥화가 법좌에 올라앉아 말하였다. '오늘은 이러니저러니 말할 필요 없이 칼 한 자루를 쥐고 곧바로 적에게 달려들듯이 하기 바란다. 그러면 흥화가 그대들에게 맞는지 틀리는지 알려 주겠다.' 그때 민덕 장로가 대중 속에서 나와 절을 올린 다음 일어나서 곧바로 할喝을 내질렀다. 흥화 역시 할을 했고, 민덕이 다시 할을 하자 흥화도 다시 한번 할을 내질렀다. 이에 민덕이 절을 올리고 대중 속으로 돌아갔다. 흥화가 말하였다. '조금 전에 (내가 아니고) 만약 다른 사람이었다면 30방 중에서 한 방도 아끼지 않고 때렸을 것이다. 왜 그런가? 저 민덕 장로는 하나의 할을 분별하기만 했지 활용하지는 못했기 때문이다.' 대혜 종고가 이 문답을 게송으로 읊는다. '한밤중에 손을 잡고 높은 산에 오르는데, 날이 밝아지니 각자 스스로 길을 가네. 끝이 없는 중도에서 아직 돌아오지 못한 사람이여! 분명하게 눈을 뜨고도 깊은 죽음의 구덩이에 떨어져 있구나.'(興化, 上堂云, '今日不用如何若何, 便請單刀直入, 興化爲爾證據.' 時有旻德長老, 出眾禮拜, 起來便喝. 化亦喝, 德又喝, 化又喝, 德禮拜歸衆. 化云, '適來若是別人, 三十棒, 一棒也較不得. 何故? 爲他旻德會一喝, 不作一喝用.' 頌云, '暗中携手上高山, 及至天明各自行. 無限中塗未歸客! 明明開眼墮深坑.')" 본서 761칙 본칙 및 '대혜 종고의 송' 참조.

寶林本上堂, 擧此話云, "諸仁者, 還知釋迦老漢, 憐兒不覺醜, 祇解瞻前, 不能顧後麼? 且如法身, 作麼生說箇見底道理? 爲當有見見, 無見見, 亦有亦無見, 非有非無見? 若以四句挼之, 直得上無衝天之計, 下無入地之謀. 如今若有箇要見佛底, 三十棒, 一棒也較不得. 且道! 與麼打他, 是賞伊, 是罰伊? 若點檢得出, 許你親見如來."【叅!】

> [설화]

○ 어린아이를 불쌍히 여기다가~뒤를 돌아보지 못한 격이다 : 색신 밖에 별도로 법신이 있다고 생각했기 때문이다.
○ 가령 법신에 대하여~방법도 없게 될 것이다 : 사구四句를 떠나고 백비百非를 끊었다[13]는 뜻이다. 그러므로 '30방 중에서 한 방이라도 모자라면 안 된다.'라고 한 것이다.
○ 그에게 상을 내리는 것일까, 벌을 주는 것일까 : 사구를 떠나더라도 또한 옳지 않다는 뜻이다.

寶林 : 憐兒不覺醜云云者, 色身外別取法身故也. 且如法身至入地之謀者, 離四句絶百非也. 故三十棒, 一棒也較不得也. 是賞伊云云者, 離却四句, 又却不是也.

---

13 언어로 표현할 수 있는 모든 형식을 총괄하여 사구와 백비라 하는데, 이것을 모두 부정한다는 말은 긍정적이건 부정적이건 어떤 언어 표현도 미칠 수 없는 경계를 나타낸다. 이처럼 분별을 담는 형식인 사구와 백비를 벗어나서 진실을 포착하는 방법을 조사들은 모색한다. 『碧巖錄』59則「本則 評唱」(大48, 192a11), "그대는 구절이 있었다고 해도 안 되고, 구절이 없었다고 해도 안 되며, 구절이 있는 것도 아니고 없는 것도 아니라고 해도 안 된다. 사구를 떠나고 백비도 끊어졌다. 왜 그런가? 만일 본분사에 대하여 말하자면 마치 부싯돌이 번득이거나 번갯불이 치는 것처럼 재빠르게 착안해야 비로소 볼 수 있다. 만일 이것저것 분별하며 주저한다면 목숨을 잃지 않을 수 없다.(爾喚作有句, 也不得 ; 喚作無句, 也不得 ; 喚作不有不無句, 也不得, 離四句絶百非. 何故? 若論此事, 如擊石火, 似閃電光, 急著眼看方見, 若或擬議躊躇, 不免喪身失命.)"

8칙 세존승의 世尊勝義

본칙 세존에게 바사닉왕波斯匿王이 물었다. "승의제勝義諦[1] 안에도 세속제世俗諦[2]가 있습니까? 만약 없다고 한다면 지혜는 두 가지일 수 없으니 논리에 맞지 않고, 만약 있다고 하더라도 지혜가 한 가지일 수만은 없으니 타당하지 않습니다. 한 가지 뜻과 두 가지 뜻으로 갈라지는데, 그 뜻은 어떤 것입니까?" 부처님께서 말씀하셨다. "대왕이시여! 당신은 과거 용광불龍光佛의 법회에서도 이 뜻에 대하여 물은 적이 있습니다. 나는 지금 아무것도 설하지 않았고 당신 또한 들은 것이 없으니, 아무것도 설하지 않고 아무것도 듣지 않은(無說無聞) 이것을 가리켜 한 가지 뜻이면서 두 가지 뜻이라 합니다."[3]

世尊, 因波斯匿王問, "勝義諦中, 有世俗諦不? 若言其無, 智不應二; 若言其有, 智不應一. 一二之義, 其義云何?" 佛言, "大王! 汝於過去龍光佛法中, 曾問此義. 我今無說, 汝亦無聞, 無說無聞, 是名一義二義."

---

1 승의제勝義諦 : 제일의제第一義諦 또는 진제眞諦라고도 한다.
2 세속제世俗諦 : 세제世諦 또는 속제俗諦라고도 한다.
3 『仁王護國般若經疏』권중1(大33, 483a21), "나는 지금 아무것도 설하지 않았고~두 가지 뜻이라 한다.'라고 한 말에 대하여 본기에서 다음과 같이 말한다. '설한 것도 있고 들은 것도 있으면 한 가지가 아니며, 설하지도 않고 듣지도 않았다면 두 가지가 아니다. 한 가지도 아니고 두 가지도 아닌 이것이 바로 제일의제이다.' 예부터 이 문구에 대한 풀이에는 두 종류의 해설이 있다. 첫째는 '한 가지가 아닌 것은 이제二諦로서 하나는 진제요 다른 하나는 속제이다. 두 가지가 아닌 것은 제일의제로서 진제도 아니고 속제도 아니므로 제일의제라 한다.'라고 한다. 둘째는 '한 가지가 아닌 것은 이제의 차별된 뜻이고, 두 가지가 아닌 것은 이제의 무차별한 뜻이니, 이제를 벗어나서 제3의 제는 있지 않다.'라고 한다.(我今無說等者, 如本記云, '有說有聽, 即是不一; 無說無聽, 即是不二. 不一不二, 即是第一義諦.' 古釋此文, 乃有二解. 一云, '不一即是二諦, 一眞二俗; 不二即是第一義諦, 非眞非俗, 故名第一義諦.' 二云, '不一即是二諦差別義, 不二即是二諦無差別義, 非二諦外有第三諦也.')"

> 설화

- 이 공안은 『인왕경』 「이제품二諦品」의 문구에 근거한다.[4]
- 바사닉 : 승군勝軍이라 한역하고, 화열和悅이라 한역하기도 한다. 부왕父王이 이웃 나라와 전투를 벌여 승리하던 날에 탄생하였기 때문에 그 뜻에 따라 붙인 이름이다.[5]
- 승의제 : 효공曉公[6]의 소疏에는 이렇게 해설한다. "세간을 넘어선 것을 승勝이라 하고, 깊은 근거가 있는 것을 의義라 한다. 제諦에는 상세하다는 뜻과 진실하다는 뜻의 두 가지가 있는데,[7] 지혜를 따르고 경계를 그것에 묶음으로써 지은 이름이다. 지혜를 벗어나서 별도로 증득한 경계는 없기 때문이다." 승의제와 세속제란 무엇인가? 진제眞諦를 승의제라 하니 세속을 벗어나 홀로 존귀하기에 그것을 높이는 뜻에서 붙인 이름이고, 속제俗諦를 세속제라 하니 진실을 벗어나 허망하게 되었기에 그것을 깎아내리는 뜻에서 붙인 이름이다.

[勝義] 此話, 仁王經, 二諦品文. 波斯匿, 此云, 勝軍, 亦云, 和悅. 父王與隣國戰勝之日, 誕生故, 因以名之. 勝義諦者, 曉公疏云, "超過世間, 名爲勝, 深有所以, 名爲義. 諦有諦審諦實二義, 從智約境, 以立名. 以離智外無別所證故." 勝義諦世俗諦者, 眞諦, 名勝義諦, 離俗獨尊, 以褒立名;俗諦,

---

4 구마라집鳩摩羅什 역 『仁王般若波羅蜜經』 권상(大8, 829a4)과 불공不空 역 『仁王護國般若波羅蜜經』 권상(大8, 839a3)이 이에 해당한다.
5 이 밖에 승광勝光·월광月光 등이라고도 하며, 바사닉은 ⓢ Prasenajit, ⓟ Pasenadi의 음사어이다. 사위성舍衛城(ⓢ Śrāvasti)에 머물면서 불교 교단을 외호外護해 주었다.
6 효공曉公: 원효元曉를 가리킨다. 여기서 말하는 소疏는 어떤 문헌인지 분명하지 않다.
7 『鞞婆沙論』 권8(大28, 471a6), "진실이라는 뜻이 제諦의 뜻이다. 상세하다는 뜻이고, 진실 그대로라는 뜻이며, 전도되지 않았다는 뜻이고, 거짓이 아니라는 뜻이니, 이것이 제의 뜻이다.(實義是諦義, 審義, 如義, 不顚倒義, 不虛義, 是諦義.)"; 『仁王經疏』 권1(大33, 454c11), "제라는 말은 상세하다는 뜻과 진실하다는 뜻이니, 이들 두 뜻이 무너질 수 있음을 세제世諦라 한다.(言諦者, 審義實義, 審實可壞, 名世諦故.)"

名世俗諦, 離眞成妄, 以貶立名.

- 승의제勝義諦 안에도 세속제世俗諦가 있습니까 : 정원淨源의 소疏[8]에 "먼저 두 개의 관문을 열고, 다음에 둘을 겹쳐서 비판한다."라고 하였다.
- 만약 없다고 한다면 지혜는 두 가지일 수 없으니 논리에 맞지 않고 : 소에 "만약 세속제가 없다고 한다면, 지혜가 진제와 속제라는 두 가지 진리 형식을 관조할 수 없을 것이다."라는 뜻으로 풀었다.
- 만약 있다고 하더라도 지혜가 한 가지일 수만은 없으니 타당하지 않습니다 : 소에 "만약 세속제가 있다고 한다면, 지혜가 중도라는 하나의 진실을 관조할 수 없을 것이다."라는 뜻으로 풀었다.
- 이상은 지혜가 둘이어서도 안 되고 하나여서도 안 된다는 판단이다.

勝義諦中云云否[1]者, 淨源疏云, "先開雙關, 次牒而難." 若言其云云者, 疏云, "若言[2]無世俗諦, 則智不應[3]照眞俗之二." 若言其云云者, 疏云, "若言[4]有世俗諦, 則智不能觀中道之一." 則智不應二, 智不應一之訣也.

1) ㉛『禪門拈頌』본칙에는 '否'가 '不'로 되어 있다. ㉠ 한자의 뜻이나 기능에서 다르지 않다. 2) ㉠ 정원의 소에는 '言'이 없다. 3) ㉠ 정원의 소에는 '應'이 '能'으로 되어 있다. 4) ㉠ 정원의 소에는 '言'이 없다.

- 한 가지 뜻과 두 가지 뜻으로 갈라지는데, 그 뜻은 어떤 것입니까 : 소에 "앞의 뜻을 한 쌍으로 결론지어 어떤 것이냐고 물은 것이다."라고 풀었다.
- 대왕이시여! 당신은~물은 적이 있습니다 : 소에 "과거에 이미 던졌던 질문은 자신만 좋게 하는 것이기에 자리自利이고, 지금 다시 청한 가르침은 대중도 아울러 구제하려는 뜻이기에 이타利他이다."라는 뜻으로 풀었다.

---

8 여기부터는 『仁王經疏』 권3(卍41, 350a6) 이하의 해설을 인용했다.

- 나는 지금 아무것도~두 가지 뜻이라 합니다 : 소에 "설함과 들음이 모두 사라졌으므로 진제이면서 오로지 한 가지일 뿐이고, 스승과 제자가 함께 남아 있으므로 진제와 속제가 모두 어울려 두 가지이다(眞俗俱二).[9]"라는 뜻으로 풀었다.
- 이것은 개념을 나타내고(標) 징험하고(徵) 그 뜻을 풀고(釋) 결론을 맺는(結) 등의 요소[10]를 모두 갖춘 문답이다.

一二之義, 其義云何者, 疏云, "雙結前意,[1)]敢問如何?" 大王汝於云云者, 疏云, "過去已問, 獨善其身, 是自利 ; 今復請益, 兼濟大衆, 是利他." 我今無說云云者, 疏云, "說聽俱泯故, 眞諦唯一, 師資並存故, 眞俗俱二." 此標徵釋結俱備地問答也.

1) ㉠ 정원의 소에는 '意'가 '義'로 되어 있다.

- 『인왕경』에서는 이제二諦만을 말하고 삼제三諦를 말하지 않았는데, '중도라는 하나의 진실'이라고 말한 까닭은 무엇일까? 이 경은 시교始敎의 마지막이면서 종교終敎의 처음[11]이라서 은근히 삼제를 말했기 때문일

---

9 진제와 속제가~두 가지이다(眞俗俱二) : 소에는 "속제이면서 두 가지를 갖추었다.(俗諦具二)"라고 되어 있다.
10 이상의 네 가지 요소는 징관澄觀이 『華嚴經』을 해석할 때 곳곳에서 사용한 개념이다. 『華嚴經疏』 권20(大35, 651a17) 등 참조.
11 시교始敎의 마지막이면서 종교終敎의 처음 : 화엄종華嚴宗의 교판敎判인 오시교五時敎 중 두 번째를 대승시교大乘始敎라 하는데, 이것은 다시 공시교空始敎와 상시교相始敎로 나뉜다. 여기서 '시교의 마지막'이라 한 말은 상시교를 가리킨다. 상시교란 모든 법의 공空을 중심으로 설하는 반야般若·삼론三論 등의 경론에 대하여 다양한 차별상을 설하는 『解深密經』·『瑜伽師地論』 등의 경론이 나타내는 교설을 말한다. 종교란 오시교 중 세 번째로서 진여眞如가 인연因緣을 따라 염정染淨의 모든 법을 일으키지만 그 본체는 청정하다고 주장하는 진여연기설眞如緣起說을 기초로 하는 『楞伽經』·『勝鬘經』·『大乘起信論』 등의 교설을 가리킨다. 『華嚴五敎章』 권1(大45, 479a26·481c6·482a6) 등 참조.

까? 아니다. 승의제를 가리켜 중도라는 하나의 진실이라 하고, 속제가 있기도 하고 없기도 하기 때문에 중도라고 할 뿐이며, 다른 교教에서 말하는 진제와 속제의 중도와 같지 않다. 그러므로 '단중도單中道'라 하고, '단중도但中道'라고도 하며, '이변을 벗어난 중도'라고도 한다.

● 또한 『종경록宗鏡錄』에는 "서로 일치하므로(相卽) 두 가지가 아니고, 서로 떨어져 있으므로(相離) 한 가지가 아니다. 한 가지가 아니므로 속제는 사라지지 않고, 두 가지가 아니므로 진제는 은폐되지 않는다."[12]라고 한다. 이에 근거하여 말하자면, 승의제 안에 세속제가 없다고 한다면 진제와 속제는 각각 별도로 정립된다. 지혜의 본체에 따르자면, 지혜의 본체는 한 가지일 뿐이기에 관조하는 주체로서의 지혜가 두 가지일 수 없는 이상 관찰의 대상이 되는 제諦 또한 두 가지일 수 없다.[13] 만약 (승의제 안에) 세속제가 있다고 한다면 진제와 속제가 뒤섞여 한 덩어리가 될 것이다. 지혜의 작용에 따르자면, 이치와 사량분별이 함께 보존되기에 관조하는 주체로서의 지혜가 한 가지일 수 없는 이상 관찰의 대상이 되는 제諦 또한 한 가지일 수 없다.[14] 이상은 지혜가 두 가지

---

12 『宗鏡錄』 권12(大48, 483c19), "상相은 두 가지 문이 아니지만 능能과 소所 사이에는 차이가 있고 진眞과 망妄은 동일하지 않다. 곧 해탈의 경계에서는 항상 본래 하나이지만 (그것을 드러내는) 진리는 항상 본래 두 가지 형식에 따른다. 서로 일치하니 두 가지가 아니고, 서로 부정하니 한 가지가 아니다. 한 가지가 아니므로 속제는 사라지지 않고, 두 가지가 아니므로 진제는 은폐되지 않는다. 이 진제로서 성공性空의 이치는 공空이면서 공에 제한되지 않고, 이 속제로서 환유幻有의 현상은 있으면서 있음에 제한되지 않는다. 유有에 제한되지 않는 유는 유이면서 공에 장애가 되지 않고, 공에 제한되지 않는 공은 공이면서 유와 절연하지 않는다. 이처럼 피차가 의탁하지 않지만 번갈아 가며 서로 성립시킨다.(相非二門, 能所有異, 眞妄不同, 則於解常自一, 於諦常自二. 相卽則非二, 相非則非一. 非一故不壞俗諦, 非二故不隱眞諦. 此眞諦性空之理, 空而不空 ; 斯俗諦幻有之事, 有而不有. 不有之有, 有不礙空 ; 不空之空, 空不絶有. 彼此無寄, 遞互相成.)"
13 지혜의 본체에~수 없다 : 진제와 속제가 별도로 정립되어 두 가지가 된다는 주장을 부정하는 논리.
14 지혜의 작용에~수 없다 : 진제와 속제가 한 덩어리라는 주장을 부정하는 논리.

일 수 없으면서 동시에 지혜가 한 가지일 수도 없다는 판단이다.
- 그러므로 정원의 소에 나타난 뜻은 진리 형식(諦)의 한 가지와 두 가지에 대한 것이며,『종경록』의 뜻은 지혜의 한 가지와 두 가지에 대한 것이다. 이러한 취지를 끌어와서 공안으로 삼았다.

仁王經, 唯論二諦, 不論三諦. 言中道之一者, 何也? 此經始敎之終, 終敎之初, 隱談三諦故耶? 非也. 勝義諦, 名爲中道之一, 因俗諦或有或無, 名爲中道爾, 非如他敎眞俗中之中道也. 故云, '單中道.' 亦云, '但中道.' 亦云, '離二邊中道.' 又宗鏡錄云, "相卽故非二, 相離故非一. 非一故俗諦不泯, 非二故眞諦不隱." 以此論之, 勝義諦中, 若言無世俗諦, 則眞俗各立. 若約智體, 智體唯一, 能觀之智, 旣不應二, 所觀之諦, 亦不應二. 若言有世俗諦, 則眞俗混成一塊. 若約智用, 理量雙存, 能觀之智, 旣不應一, 所觀之諦, 亦不應一. 則智不應二, 智不應一之訣也. 然則淨源疏意, 則諦之一二也. 宗鏡錄意, 則智之一二也. 引以爲話者.

- 바사닉왕이 물었다~그 뜻은 어떤 것입니까 : 원오는 "마혜수라摩醯首羅[15]가 가진 제3의 눈[16]은 사방팔면을 모두 꿰뚫기에 종과 횡 그리고 뒤섞음과 나눔을 또한 구분하기 어렵다."[17]라고 풀었다.
- 부처님께서 '대왕이시여! 당신은 과거~두 가지 뜻이라 합니다.'라고 한

---

15 마혜수라摩醯首羅 : ⑤ Maheśvara, ⑫ Mahissara. 대자재천大自在天이라 한역한다. 색구경천色究竟天에 거처하며 만물을 자유자재로 주재하는 자이다. 최상품의 사선자四禪者가 이 색구경천에 태어나는데, 이곳이 색계色界에서 가장 뛰어난 과보果報이다.

16 제3의 눈(三隻眼) : 마혜수라의 이마에 붙어 있는, 모든 것을 자유자재로 관조하는 세 번째 눈이라는 뜻으로 조사선의 문헌에만 발견된다.

17 『圜悟語錄』권11(大47, 764b5). 끝부분은 "또한 종과 횡 그리고 뒤섞음과 나눔을 분별하지 못한다.(亦不分縱橫竝別)"라는 구절의 변형으로『圜悟語錄』에는 바로 뒤에 붙어 있지 않다.

말 : (원오는) "석가노자가 지닌 백억 개의 몸[18]은 시방세계에 그 형체를 나누어 나타내기에 앞뒤와 중간의 경계를 또한 구분하기 어렵다."[19] 라고 풀었다. 만약 골수까지 깊이 들어가 이 두 분(부처님과 바사닉왕)이 설정한 말의 소굴 안에서 곧바로 뚫고 나온다면, 더 이상 세상 그 누구의 말에 대해서도 미혹되지 않게 될 것이다.[20]

- 취암의 염拈에 나타난 뜻은 어떤 것일까? 대왕이 그렇게 던진 질문은 세속제를 바란 것이 아니라 승의제를 마음껏 드러내고자 하였으므로 근본 이치에 치우친 것이다. 반면 세존께서 그렇게 내린 대답은 진제와 속제를 나누어 열어 보여 이미 세속제를 준 것이나 마찬가지이므로 구체적인 현상에 치우친 것이다. 취암이 이렇게 평가한 말은 가장 높은 관문의 빗장(上頭關棙子)을 풀어서 들어 보인 것이다.

---

[18] 석가노자가 지닌~개의 몸 : 백억 가지 화신化身을 말한다. 삼천대천세계 그 어디에나 나누어 나타내시는 몸을 가리킨다. 중생을 교화하기 위해 그들의 수와 괴로움의 종류만큼 무수하게 나타나는 화신이다. 80권본『華嚴經』권40(大10, 213b19), "삼천대천세계를 하나의 연꽃으로 삼아 몸을 나타내시어 이 연꽃 위 그 어디에나 두루 결가부좌를 하고 계신다. 그 몸에서 다시 삼천대천세계를 나타내니, 그 안에 백억의 사천하四天下가 있고, 하나하나의 사천하에서 다시 백억 개의 몸을 나타내신다. 그 하나하나의 몸이 백억백억의 삼천대천세계로 들어가 그 세계에 있는 하나하나의 사천하에서 백억백억 보살의 수행을 나타내고, 그 모든 보살의 수행으로부터 백억백억의 확고한 깨달음을 일으키며, 그 하나하나의 확고한 깨달음이 백억백억의 근성根性을 가진 중생들을 원만하게 만들며, 그 모든 근성은 백억백억 보살법의 물러나지 않는 업을 이루신다. 그러나 나타내신 몸은 하나도 아니고 다양한 것도 아니니, 삼매에 들어가거나 삼매에서 나오거나 어지럽혀지는 일은 없다.(以三千大千世界, 爲一蓮華, 現身遍此蓮華之上, 結跏趺坐. 身中復現三千大千世界, 其中有百億四天下, 一一四天下, 現百億身. 一一身入百億百億三千大千世界, 於彼世界, 一一四天下, 現百億百億菩薩修行, 一一菩薩修行, 生百億百億決定解, 一一決定解, 令百億百億根性圓滿, 一一根性, 成百億百億菩薩法不退業. 然所現身, 非一非多, 入定出定, 無所錯亂.)"
[19] 이 구절 또한『圜悟語錄』의 인용이며, 끝부분은 "애초에 앞뒤의 경계를 나누지 못한다.(初不分前後際)"라는 구절의 변형이다.
[20] 만약 골수까지~될 것이다 : 이 또한『圜悟語錄』의 인용이며, '이 두 분이 설정한 말의 소굴 안에서'라는 구절은『圜悟語錄』의 '到這裏'를 의미로 푼 것이다. 이하는 모두 아래에 제시된 '원오 극근의 소참'에 나온다.

● 이처럼 교설의 자취(敎迹)를 없애고 향상의 길을 밝힌 자는 취암이며, 교설의 자취에 의지하여 가풍을 펼친 자는 원오이다. 취암의 의중이 높다면 높지만 교설의 자취 그대로 종지를 밝힌 원오의 방식과 어찌 비교하겠는가? 취암이 말한 관문의 빗장을 이해하기는 쉽지만, 원오가 설정한 권궤圈繢[21]를 꿰뚫어 보기는 어렵다.

波斯匿王問云云其意云何者, 圓悟云, "摩醯首羅三隻眼, 八面通透, 縱橫並別也難分." 世尊云汝於云云者, "釋迦老子百億身, 十方分形, 前後中際也難分." 若深入骨髓地, 向者二老子葛藤窠裏, 直下透脫, 則更不疑天下人舌頭去哉. 翠巖[1])拈意, 何也? 大王伊麽問, 非要世俗諦, 只要弄現勝義諦故, 偏於理. 世尊伊麽答, 眞俗分開, 則已爲世俗諦故, 偏於事. 翠巖伊麽道, 拈起上頭關棍子也. 然則撥敎迹[2])而明向上, 翠巖也 ; 借敎迹而展家風, 圓悟也. 翠巖之意, 高則高矣, 爭如圓悟卽敎迹而明宗旨也. 會翠巖關棍則易, 透圓悟圈繢則難.

---

1) ㉠ '巖'이 병본에는 '岩'으로 되어 있다. 이하 동일. ㉢ 이하에서는 교감주를 붙이지 않는다. 2) ㉠ '迹'이 병본에는 '跡'으로 되어 있다. ㉢ 이하에서는 교감주를 붙이지 않는다.

---

21 권궤圈繢 : 그대로 받아들여서는 안 되도록 설정된 올가미·덫·함정 등의 뜻. 겉으로 모두 드러나지 않기 때문에 반드시 뚫고 나가야 하는 관문關門과 같다. 『圜悟語錄』 권5(大47, 735a15), "실오라기 하나도 걸치지 않았으나 여전히 적나라한 알몸과 뼈는 앙상한 모습으로 남아 있고, 만 리 허공에 구름 한 조각조차 없어도 여전히 푸른 하늘은 남아 있다. 만약 깨끗이 없어지지 않는다면 쓸모없이 남아도는 것(알몸, 푸른 하늘)을 두루 따라다니며 얽매이지 않을 수 없을 것이다. 설령 모든 것에 눌러앉아 버렸다고 해도 이미 불조佛祖가 설정한 함정에 떨어진 꼴이다. 이 경계 안에서 어떻게 본분을 들어 보일 것이며, 어떻게 진실을 제시할 것인가?(寸絲不掛, 猶有赤骨律在, 萬里無片雲處, 猶有靑天在. 若乃不盡去, 未免者也周由. 直饒一切坐斷, 已落佛祖圈繢. 到這裏, 作麽生擧揚, 作麽生提持?)"

취암 가진翠嵒可眞의 염

"바사닉왕은 질문은 잘 던졌으나 좋은 대답은 하지 못했고, 세존은 좋은 대답은 하였으나 질문은 잘 던지지 못했다. 한 사람은 근본 이치에 치우쳤고 다른 한 사람은 구체적 현상에 치우쳤다. 내가 당시에 그 광경을 보았다면 횃불 하나를 붙여서 석가 황면노자[22]의 낯가죽이 얼마나 두꺼운지[23] 비추어 보았을 것이다."

翠嵒眞拈, "波斯匿王, 善問不善答 ; 世尊, 善答不善問. 一人理上偏枯, 一人事上偏枯. 翠嵒當時若見, 點一把火, 照看釋迦黃面老子面皮厚多少."

곤산 찬원崑山贊元의 상당

이 공안을 제기하고 대중에게 말하였다. "대왕은 그렇게 물었고 세존은 그렇게 대답하셨다. 그렇다면 설한 것도 없고 들은 것도 없다는 도리는 어떻게 이해할 것인가? 알고자 하는가? 주장자 끝에 태양과 같이 밝은 눈이 달려 있으니, 순금의 진가를 알고자 한다면 화로 속을 파 뒤져 살펴보라![24]"

---

22 본서 1칙 주 29 참조.
23 낯가죽이 얼마나 두꺼운지 : 원문 '면피후다소面皮厚多少'는 낯짝이 두껍다, 뻔뻔스럽다 또는 철면피의 뜻이다. 말뜻은 이러하지만 속에 담긴 뜻은 반드시 폄하하는 것은 아니다.
24 주장자 끝에~뒤져 살펴보라 : 『雪竇語錄』 권1(大47, 670b18) 등에 나온다. 주장자로 화로 속을 파 뒤져 순금이 어떻게 되었는지 살펴보라는 말이다. 아무리 귀한 순금일지라도 화로 속에서 녹아 없어져야 그 진가가 드러난다는 역설이다. 『圜悟語錄』 권11(大47, 764c27), "부처마다 깨달은 도는 같고, 조사마다 증득한 경지가 동일하니, 한 분 한 분이 이것에서 깨달았거늘 다른 어디서 착안할 것인가? 붉게 타는 화로에 한 점의 눈인들 붙을 수 있겠는가? 이 경지에서는 겉과 속이 순수하게 청정하고, 중심과 주변이 한결같아서 비록 번뇌의 경계에 떨어져 있더라도 향상하는 작용을 벗어난 것이 아니다. 바로 이러한 순간은 어떤 경지일까? 주장자에 태양과 같이 밝은 눈이 붙어 있으니, 순금의 진가를 알고자 한다면 화로 속을 파 뒤져 살펴보라!(佛佛道同, 祖祖共證, 一一於此承當, 向什麼處著? 紅爐上, 還著得一點雪麼? 到這裏, 表裏純淨, 中外一如, 雖然

崑山元上堂, 舉此話, 召大衆云, "大王恁麽問, 世尊恁麽答. 且作麽生會个 無說無聞底道理? 要會麽? 杖頭有眼明如日, 欲識眞金火裏看!"

설화

○ 주장자 끝에~파 뒤져 살펴보라 : 설한 것도 없고 들은 것도 없다는 도리를 밝히면, 더 이상 다른 도리는 없다는 뜻이다.

崑山 : 杖頭有眼云云者, 明得無說無聞地道理, 更無第二也.

원오 극근圓悟克勤의 소참

어떤 학인이 '바사닉왕이 묻자 부처님께서 「대왕이시여! 당신은~이 뜻에 대하여 물은 적이 있습니다.」라고 하셨다.'는 부분을 제기하고 물었다. "세존께서 그의 이야기에 대답해 준 것입니까? 그에게 설명해 준 것입니까?" "한꺼번에 그 안에 들어 있다." "가령 취암이 '바사닉왕은 질문은 잘 던졌으나 좋은 대답은 하지 못했고, 세존은 좋은 대답은 하였으나 질문은 잘 던지지 못했다.'라고 말하였는데, 이 뜻은 어떤 것입니까?" "가장 높은 관문의 빗장을 풀어서 들어 보인 것이다." "만약 대왕이 이 말을 들려주며 화상께 묻는다면 어떻게 대답하시겠습니까?" "입을 벌리고 배 속을 모조리 드러내겠다."[25] 이어서 말하였다. "조금 전에 벌써 실마리를 드러내

落草, 未免向上用. 正當恁麽時, 如何? 棒頭有眼明如日, 要識眞金火裏看!)"

25 간담까지 모두 드러낸다는 말로서, 한마디만 해도 그 말에 진실한 뜻을 남김없이 보인다(開口見膽)는 뜻으로 쓰인다. 『大慧語錄』 권22 「示永寧郡夫人」(大47, 903c28), "묘희(대혜)는 본래부터 실법實法을 전해 준 적이 없고 다만 상대의 말을 고려하여 대답을 결정할 뿐이니, 평소에 깨달은 경계에 대하여 입을 벌리고 배 속을 모두 보여 주듯이 명백하게 곧바로 말해 준다.(妙喜, 從來無實法與人, 直是據欵結案, 將平生悟得底, 開口見膽, 明白直說與人.)"; 『無門關』 7則(大48, 293c27), "조주에게 어떤 학인이 '저는 총림에 들어온 지 얼마 되지 않으니, 스님의 가르침을 바랍니다.'라고 말하자, '밥은 먹었느냐?'라고 물었다. 그 학인이 '먹었습니다.'라고 답하자, '밥그릇이나 씻어라.'라고 하였고, 그 학인은 조금 깨우친 것이 있었다. 이에 대하여 무문 혜개無門慧開는 다음과

었으나 이제 다시 가풍을 펼치리라. 마혜수라가 가진 제3의 눈은 사방팔면을 모두 꿰뚫고, 석가노자가 지닌 백억 개의 몸은 시방세계에 그 형체를 나누어 나타낸다. 그것은 마치 도장을 허공에 찍는 듯하고 도장을 물에 찍는 듯하며 도장을 진흙에 찍는 것[26]과 같아서 애초에 앞뒤와 중간의 경계를 구분하기 어렵고, 또한 종과 횡 그리고 뒤섞음과 나눔을 구분하기도 어렵다. 이 경계에 이르러 만약 골수까지 깊이 들어가 곧바로 뚫고 나온다면, 세상 그 누구의 말에 대해서도 미혹되지 않고 상대가 제기하는 말을 듣자마자 불쑥 몸을 일으켜 자리를 떠날 것이다."

같이 평가하였다. '조주는 입을 열어 배 속을 보이고, 심장과 간을 드러내었다.'(趙州因僧問, '某甲乍入叢林, 乞師指示.' 州云, '喫粥了也未?' 僧云, '喫粥了也.' 州云, '洗鉢盂去.' 其僧有省. 無門曰, '趙州開口見膽, 露出心肝.')

26 이 세 가지 도장의 비유는 원오의 스승 설두 중현雪竇重顯이 제기한 적이 있다. 『雪竇語錄』 권5 「宗門三印」(大47, 702b15) 참조. 원오도 다른 곳에서 보인 문답에 이 뜻을 다시 나타낸다. 『圜悟語錄』 권7(大47, 744b17), "'하나의 도장을 진흙에 찍는다는 것은 어떤 뜻입니까?' '발꿈치 밑이 잡동사니로 어지럽다.' '하나의 도장을 물에 찍는다는 것은 어떤 뜻입니까?' '입만 적시려다 온몸이 물에 빠져 버리는 격이다.' '하나의 도장을 허공에 찍는다는 것은 어떤 뜻입니까?' '머리 뒤로 만 길 크기의 원만한 광명이 생겼구나.' '이 세 가지는 하나의 도리입니까, 아니면 서로 다른 뜻입니까?' '요모조모 점치듯이 헤아리고 있구나!'(進云, '如何是一印印泥.' 師云, '脚跟下爛骨董地.' 進云, '如何是一印印水?' 師云, '沒嘴浸却.' 進云, '如何是一印印空?' 師云, '腦後圓光萬丈長.' 進云, '爲復一理, 爲復二義?' 師云, '且鑽龜打瓦.')"; 대혜 종고大慧宗杲도 이 세 비유를 들어 근기의 차별에 따른 활용을 설명한다. 『大慧語錄』 권20 「示無相居士」(大47, 894b17), "상사가 도에 대하여 들으면 마치 도장을 허공에 찍는 것과 같고, 중사가 도에 대하여 들으면 마치 도장을 물에 찍는 것과 같고, 하사가 도를 들으면 마치 도장을 진흙에 찍는 것과 같다. 이 도장과 허공·물·진흙은 차별이 없지만 상·중·하의 차별된 사람들로 인하여 차별을 두는 것일 뿐이다. 가령 지금 이 도를 가장 빠른 길로 깨닫고자 한다면 도장까지 모조리 부수어 버린 다음에 와서 나를 만나라.(上士聞道, 如印印空；中士聞道, 如印印水；下士聞道, 如印印泥. 此印與空水泥, 無差別, 因上中下之士故, 有差別耳. 如今欲徑入此道, 和印子擊碎, 然後來與妙喜相見.)" 진흙에 찍는 도장의 비유는 『大般涅槃經』 권27(大12, 780c6)에 나오며, 『大智度論』 권12(大25, 149b23) 등에서는 죽음을 당하여 이 몸이 소멸하는 동시에 다른 몸을 받는 것에 대하여 마치 밀랍 도장을 진흙에 찍으면 진흙에 흔적은 남기지만 도장은 바로 파괴되는 것처럼 찍힘과 동시에 파괴되므로 성립과 파괴가 같은 순간에 이루어지고 시간적으로 앞뒤의 차별 또한 없다고 해설한다.

團[1]悟勤小參. 僧問, "波斯匿王, 〈至〉曾問此義, 爲復答他話? 爲他說?" 師云, "一時在裏許." 進云, "只如翠嵓道, '大王, 善問不善答；世尊, 善答不善問.' 未審此義如何?" 師云, "拈起上頭關捩子." 進云, "忽若大王傳此語問和尙, 未審如何祗對?" 師云, "開口見膽." 乃云, "適早已露線索, 如今更展家風. 摩醯首羅三隻眼, 八面通透；釋迦老子百億身, 十方分形. 如印印空, 如印印水, 如印印泥, 初不分前後中際, 亦不分縱橫並別. 到者裏, 若深入骨髓底, 直下透脫, 不疑天下人舌頭, 聊聞擧着, 剔起便行."

1) ㉩ '團'은 갑본에는 '圓'으로 되어 있다. 이하 동일. ㉯ 이처럼 송이나 염 앞에 놓일 때는 이하에서는 특별히 명기하지 않고 모두 '團'으로 바로잡아 표기하고 원문 중간에 쓰인 경우에는 『韓國佛敎全書』에 표기된 대로 따른다.

원오 극근의 거

다시 이 공안을 제기하고 말하였다. "석가노자는 정수리에서 빛을 뿜어내고 팔꿈치에 부적을 매단 채[27] 백천만억의 경계에서 분명하게 한마디를 제기하셨다. 여러분은 그것을 밝힐 수 있겠는가? 설령 밝혀내더라도 머리를 숙이고 부처님이 명령하는 그대로 받아들여야 할 것이며, 밝혀내지 못한다면 엎드려서 부처님이 처분하는 그대로 따라야 할 것이다. 바로 이러한 순간에 어떻게 해야 한 가닥으로 쭉 뻗은 길을 활짝 열고서 어느 곳에서나 신통을 드러낼 수 있을까?"

---

27 정수리에서 빛을~매단 채 : 정수리에 붙은 제3의 눈과 팔꿈치의 부적은 대종사가 갖추는 온전한 지혜의 두 가지 상징물이다. 팔꿈치 아래 또는 뒤라는 것은 겨드랑이 아래를 가리키며 몸에서 떨어지지 않고 항상 지니고 다닌다는 뜻이다. 주후부肘後符는 곧 호신부護身符와 같다. 원오는 다른 곳에서 이렇게 말한다. 『圜悟語錄』권13(大47, 771b13), "진리를 보는 바른 눈을 정수리에 붙이고, 신령한 부적을 팔꿈치 뒤에 매달았다. 기특하게도 사자들이니, 각자 사자의 포효를 내질러라.(正眼橫頂門, 神符懸肘後. 幸是師子兒, 各作師子吼.)"; 『續傳燈錄』권35「松源崇岳傳」(大51, 707c25), "대체로 종지를 떠받쳐 세우려면 반드시 정수리에 진리를 보는 바른 눈을 갖추고 팔꿈치 뒤에는 신령한 부적을 매달아야 한다.(大凡扶竪宗乘, 須具頂門正眼, 懸肘後靈符.)"

又擧此話云, "釋迦老子, 頂顙放光, 肘下懸符, 於百千萬億境界中, 提起當陽一着. 諸人還證據得麼? 若證據得, 按頭獲勅 ; 如證據不得, 伏聽處分. 正當伊麼時, 如何放開一線道, 觸處現神通?"

> 설화

○ 소참과 다시 제기한 말이 모두 이전에 곤산의 상당에서 밝힌 뜻과 한가지이다.

圓悟 : 小參, 又擧, 前崑山上堂義一般也.

대혜 종고大慧宗杲의 상당

이 공안을 제기하고 대중에게 말하였다. "분명히 드러내어 말해 주었는데 아직도 이해하지 못하거늘, 덮어서 가리게 되면 어찌하겠는가! 오늘 누군가 나, 경산에게 '승의제 안에도 세속제가 있습니까?~그 뜻은 어떤 것입니까?'라고 묻는다면, 그에게 '임금은 밝기도 하시구나! 신하들은 어질기도 하구나! 이를 가리켜 한 가지 뜻이라 하고, 또한 두 가지 뜻이라고도 한다.'라고만 대답해 줄 것이다. 바로 이러한 순간에도 향상하는 본분사가 있을까?" 잠깐 침묵하다가 말하였다. "아무리 크더라도 반드시 땅으로부터 일어나야 하고, 더욱 높아지려고 해도 하늘 아래인 것을 어찌하랴!"[28]

大慧杲上堂, 擧此話, 召大衆云, "明明向道, 尙自不會, 豈況盖覆將來! 今日或有人問徑山, '勝義諦中, 〈至〉其義云何?' 秪向他道, '元首明哉! 股肱

---

[28] 『圜悟語錄』 권4(大47, 731a29), 『碧巖錄』 11則 「頌 著語」(大48, 152b2) 등에도 동일한 구절이 나온다.

良哉! 是名一義, 亦名二義.' 正當伊麼時, 還有向上事也無?" 良久云, "任 大也須從地起, 更高爭奈有天何!"

> 설화

○ 임금은 밝기도 하시구나~향상하는 본분사가 있을까 : 승의제 안에는 세속제가 없다는 이치를 밝혔다.
○ 아무리 크더라도~하늘 아래인 것을 어찌하랴 : 더 나아가 향상하는 하나의 통로가 남아 있다는 것을 알아야 한다는 뜻이다.

> 大慧 : 元首至事也無者, 明得勝義諦無世俗諦也. 任大至有天何者, 更須 知有向上一竅.

밀암 함걸密庵咸傑의 거

"하늘의 관문(天關)[29]을 활짝 열고 땅의 중심축(地軸)을 차서 뒤집으며[30] 말마다 진실을 드러내고 구절마다 종지를 향해 있으니, 저들 과량인過量人[31]은 헤아림을 벗어난 문제를 제기하고, 헤아림을 벗어난 경계에서 헤아림을 벗어난 뛰어난 불사佛事를 지어내는 것이다. 비록 그렇기는 하지만 모두 효와誵訛[32]를 벗어나지는 못했다. 오늘 만약 누군가 나, 경산에게

---

29 하늘의 관문(天關) : 모든 별의 운행에 중심이 되는 북극성. 바로 아래 지축地軸과 함께 정해진 법도를 나타내는 상징이다.
30 밀암은 다른 곳에서도 이와 비슷한 말을 한다. 모든 격격을 무너뜨리고 어떤 법도에도 속박되지 않는 자유자재한 경지를 나타낸다.『密菴語錄』(大47, 964b11), "하늘의 관문을 반대로 돌리고 지축을 뒤집어엎으며, 얼음 위에서 말을 타고 달리고 칼날 위에서 몸을 뒤집는다고 해도 아직 본분을 추구하는 납승이 행하는 경지는 아니다.(撥轉天關, 掀翻地軸, 水凌上走馬, 劍刃上翻身, 未是衲僧行履處.)"
31 과량인過量人 : 사유분별로 헤아릴 수 있는 한계를 벗어난 사람. 앞에서 서술된 내용과 같이 모든 격식과 규정된 법도를 넘어선 사람을 말한다.
32 효와誵訛 : 속이는 말 또는 교란시키기 위하여 설정하는 선어禪語를 가리킨다.

'승의제 안에도 세속제가 있습니까?~그 뜻은 어떤 것입니까?'라고 묻는다면 다만 그에게 '해와 달의 광명은 하늘의 덕이요, 웅장한 산과 강은 황제의 거처이다. 태평성대를 무엇으로 보답할까? 온 나라 백성들이 남김없이 기쁨에 소리치는구나!'라고 대답해 줄 것이다."

密庵傑擧此話云, "拓開天關, 踏飜地軸, 言言見諦, 句句朝宗, 還他過量人, 能提過量事, 於過量境界中, 作過量殊勝佛事. 雖然, 未免一處譀訛在. 今日忽有問徑山, '勝義諦中, 〈至〉其義云何?' 只對道, '日月光天德, 山河壯帝居. 大平何以報? 萬國盡歡呼!'"

[설화]
○ 원오가 두 차례 드러낸 뜻과 한가지이다.

密庵義, 與圓悟兩度發揚義一般也.

9칙 세존입문世尊入門

[본칙] 세존께서 어느 날 문수가 문밖에 서 있는 모습을 보시고 "문수야, 문수야! 어째서 문안으로 들어오지 않느냐?"라고 하자 문수가 말하였다. "세존이시여! 저는 하나의 법도 문밖에 있는 것을 보지 못했거늘, 어찌 저를 문안으로 들어오라 하십니까?"

世尊, 一日見文殊在門外立, 乃云, "文殊, 文殊! 何不入門來?" 文殊曰, "世尊! 我不見一法在門外, 何以敎我入門?"

[설화]

- 이 공안은 『입법계체성경』의 문구에 근거한다.[1]
- 문수야, 문수야! 어째서 문안으로 들어오지 않느냐 : 문수가 문밖에서 법계의 체성體性을 마음대로 드러내고 있었기 때문이다.
- 여기서 '문'이란 '온 세상이 바로 해탈문[2]이라는 뜻의 문일까? 아니면

---

[1] 『入法界體性經』(大12, 234a27)의 이야기이다. 다만 경에는 이 공안처럼 문수가 마지막에 한 말은 없고, '들어오라'는 말씀을 듣고 부처님이 계신 곳으로 가서 절을 올리고 한편에 앉았다고 한다. 이처럼 경전의 문구를 소재로 하여도 그대로 인용하지 않고 재조정하여 공안으로서의 특징을 담아 창출하는 방식은 간화선의 안목에 따른다.

[2] 온 세상이 바로 해탈문(盡大地是解脫門) : 『圜悟語錄』 권13(大47, 773a7)에는 설봉雪峰의 말로 인용하고 있다. 또한 원오는 『碧巖錄』 61則 『頌 著語』(大48, 193c8)에서 이렇게 말한다. "태평성대를 구가하는 한 곡조는 모두들 안다. 가고 싶으면 가고 머물고 싶으면 머문다. 하늘과 땅 그리고 대지 전체가 해탈로 통하는 문이거늘 그대는 무엇을 다시 세우려 하는가!(太平一曲大家知. 要行卽行, 要住卽住. 盡乾坤大地, 是箇解脫門, 爾作麽生立!)"; 『大慧語錄』 권9(大47, 848b25), "하나 그대로 일체요 일체는 고스란히 하나이니, 대지 전체가 하나의 해탈문이다.(一卽一切, 一切卽一, 盡大地是箇解脫門.)"; 『無門慧開語錄』 권하(卍120, 519a4), "대지 전체가 해탈문이고 대지 전체가 자기 자신이니 대지 전체를 좁쌀 한 알처럼 집어 들며, 대지 전체가 사문의 눈 하나이니 벗어날 삼계도 없고 증득할 열반도 없다.(盡大地是解脫門, 盡大地是自己, 盡大地撮來如粟米粒, 盡大地是沙門一隻眼, 無三界可出, 無涅槃可證.)"; 『保寧仁勇語錄』(卍120, 354b10), "시방세계 전체

'시방의 부처님은 한 길로 열반문에 이른다.'[3]라고 할 때의 문일까? 또는 '최고의 법왕에게는 대다라니문이 있으니 그곳에서 모든 청정한 진여와 보리와 열반 그리고 바라밀이 흘러나온다.'[4]라고 할 때의 그 문일까? 법계의 체성 자체가 바로 여기서 말하는 문이며, 세간에서 '문은 얕고 방은 깊다.'고 할 때의 문은 아니다.

● 문수가 '세존이시여!~문안으로 들어오라 하십니까?'라고 한 말 : 만일 법계의 체성에 안과 밖의 구별이 없다면 나가거나 들어올 길도 없다는 뜻이다.

[入門] 此話, 入法界體性經文. 文殊云云者, 因文殊在門外, 弄現法界體性也. 此門者, '盡大地是解脫門'之門耶? '十方薄伽梵, 一路涅槃門'之門耶? '無上法王, 有大陀羅尼門, 流出一切淸淨眞如, 菩提涅槃, 及波羅密'之門耶? 法界體性, 是門也, 不同世間門淺室深也. 文殊云云者, 若是法界體性無內外, 亦無出入故.

대각 회련大覺懷璉의 송 大覺璉頌

문지방 안에서 문지방 밖을 분별할 필요 없으니	閫內不須分閫外
시절이 태평하여 문물이 모두 똑같은 풍모로다	時淸文物盡同風
삼천대천의 무수한 세계[5]에 어길 사람은 없으니	大千沙界無違犯

가 해탈문이다.(盡十方世界是解脫門)";『楚石梵琦語錄』권1(卍124, 74a7), "산문山門에서 : 세상 전체가 해탈에 이르는 문이거늘 불법을 억지로 조작하여 이해하는구나! 흙이 많으면 그것으로 빚어지는 불상이 크고, 물이 불어나면 배도 높이 뜬다.(山門 : 盡大地是解脫門, 枉做個佛法會却! 泥多佛大, 水長船高.)"

3 건봉乾峰의 말. 『五燈會元』권13「乾峰章」(卍138, 491a11), "어떤 학인이 '시방의 박가범(부처님)이 한 길로 열반문에 이른다고 하는데, 그 길은 어디에 있습니까?'라고 묻자 건봉이 주장자로 한 획을 그으며 말하였다. '이 속에 있다.'(問, '十方薄伽梵, 一路涅槃門, 未審路頭在甚麼處?' 師以拄杖畫云, '在者裏.')" 본서 918칙 본칙 참조.

4 『圓覺經』(大17, 913b19).

누가 금륜왕[6]의 일대 교화로부터 벗어나겠는가   詎出金輪一化中

[설화]

○ (죽은 뱀일지라도) 마음껏 잘 다룰 줄 안다면 살아나기 마련이니, 제각 기 주장하며 헤아려도 된다는 뜻이다.

大覺頌云云, 解弄却活, 則各主張商量, 亦得.

현각玄覺의 징徵[7]

"(문수의 말은) 문밖의 말인가? 아니면, 문안의 말인가?"[8]

玄覺徵, "爲復是門外語? 門內語?"

[설화]

○ 문수의 대답을 가리켜 한 말이니, 본래 안과 밖의 구별이 없다는 뜻이다.

玄覺 : 指文殊答處言, 謂本無內外也.

---

5 삼천대천의 무수한 세계(大千沙界) : 삼천대천세계三千大千世界와 항하사세계恒河沙世界를 합하여 이르는 말. 삼천대천의 갠지스강의 모래알만큼 헤아릴 수 없이 많은 세계, 곧 우주 안에 있는 모든 세계를 가리킨다.
6 금륜왕金輪王 : 여기서는 세존을 가리키지만 본래는 금륜을 가지고 세계를 지배하는 전륜성왕이다. 금륜성왕金輪聖王·금륜성제金輪聖帝·금륜적자金輪嫡子 등이라고도 한다. 사대주에는 금·은·동·철 등 네 가지 전륜성왕이 있다. 철륜추鐵輪鎚를 가진 철륜왕鐵輪王은 사대주 중 남주南洲, 동륜왕銅輪王은 이대주, 은륜왕銀輪王은 삼대주를 각각 다스리고, 금륜왕은 사대주를 모두 통치한다고 한다. 『大乘本生心地觀經』 권1(大3, 294a11), 『大寶積經』 권61(大11, 353a4), 『俱舍論』 권12(大29, 64b28) 등 참조.
7 징徵 : 공안에 대하여 따지며 물음으로써 그 핵심을 제기하는 형식.
8 안팎의 구별이 없다는 설화의 말이 빗나간 해설은 아니지만, 문수의 말을 이처럼 이념적 교설이나 단정하는 응답이 아니라 의문으로 유도한 방식이 조사선의 일반적 선어禪語와 부합한다. 이 칙의 마지막 설화도 그 뜻에 따른다.

위산 모철潙山慕喆의 대어

"내가 그대만 못하구나."

潙山喆代, "吾不如汝."

> [설화]

○ 세존을 대신하여 한 말이다. 그러나 호의적인 마음에서 나온 말은 아니다.[9] 그러므로 세존의 입장은 이것 말고 제2의 다른 것이 없다는 뜻이다. 곧 세존은 안과 밖 그리고 나가고 들어오는 작용을 가지고 있고, 문수는 안과 밖도 없고 나가고 들어오는 작용도 없다는 입장이다.

潙山代, 代世尊也. 不是好心也. 然則世尊立處, 更無第二也. 則世尊, 有內外出入 ; 文殊, 無內外出入也.

천동 정각天童正覺의 상당

이 공안을 제기하고 말하였다. "문수보살은 석가노자에게 질문 하나를 받고는 사방의 방위를 잃고 빠져나갈 문을 찾지 못하게 되어 '저는 하나의 법도 문밖에 있는 것을 보지 못했습니다.'라고 말한 것이다. 현각은 '문수의 이 말이 문밖의 말인가, 문안의 말인가?'라고 물었는데, 여러분은 그 뜻을 알겠는가? 태평한 사람에게는 상도 줄 필요가 없고, 항상 조심하는 집의 문으로는 재앙이 들어오지 않는다.[10]"

---

[9] 말 그대로 세존이 문수보다 못하다는 뜻이 아니라 다만 문수와 다른 입각처가 있다는 말이다. 칭찬하거나 동의하는 호의적인 외양의 말일지라도 상대를 점검하려는 목적에서 던지는 것이 보통이다. 여기서는 직설적으로 드러내지 않은 것을 가리켜 '호의적이 아니다.(不是好心)'라고 하였다.

[10] 태평한 사람에게는~들어오지 않는다 : 상도 재앙도 없는 경계를 나타낸다. 뒤의 구절은 선 문헌에 많이 실려 있지만, 앞 구절은 천동의 말이 유일하다. 『雪竇語錄』 권2(大

天童覺上堂, 擧此話云, "文殊大士, 被釋迦老子一問, 直得迷失四向, 討門戶不着, 却道'我不見一法在門外.' 玄覺云, '是門外語, 門內語?' 諸人還會麼? 賞不給大平之士, 禍不入愼家之門."

설화

○ 문수보살은 석가노자에게~말한 것이다 : 문수가 그렇게 한 말이 본래 안과 밖의 구별이 없는 것은 아닌 듯이 보인다는 뜻이다.[11] 그러므로 현각이 '이는 문밖의 말인가, 문안의 말인가?'라고 제기한 말은 상을 주는 것이기도 하고, 재앙을 불러들이는 것이기도 하다.[12]

天童 : 文殊至在門外者, 謂文殊伊麼道, 似非本無內外也. 故玄覺云, '是門外語, 門內語?' 是賞給, 是禍入.

47, 682a23), "하늘은 일一을 얻어 맑고, 땅은 일을 얻어 안정되며, 납승은 일을 얻어 바람도 없는데 물결을 일으킨다. 그대들이 이 뜻을 가려낸다면, 항상 조심하는 집의 문으로는 재앙이 들어오지 않는 것과 같아지리라.(天得一以淸, 地得一以寧, 衲僧得一, 無風浪起. 爾若辯得, 禍不入愼家之門.)"; 『長靈守卓和尙語』續古尊宿語要 1(卍118, 876a11), "'마니주가 손바닥에 있으니 오색을 따라 제각각 빛을 나누고, 밝은 달이 하늘에 걸려 모든 강에 흩어져 그림자를 나타낸다.' 알겠는가? 주장자로 한 획을 그으며 말하였다. '항상 조심하는 집의 문으로는 재앙이 들어오지 않는다.'(摩尼在掌, 隨五色以分輝 ; 寶月當空, 散千江而現影. 還會麼? 以拄杖一劃云, '禍不入愼家之門.')"

11 안과 밖의 구별이 있는 듯이 보이지만 사실은 구별이 없기 때문에 문수가 그렇게 말하였다는 뜻.
12 상을 주는~것이기도 하다 : 상과 재앙으로 확정하지 않음으로써 '이것이냐, 저것이냐?'라는 의문으로 남겨 두는 방식이다.

10칙 세존인명世尊人命

본칙 부처님께서 사문들에게 물었다. "사람의 목숨은 얼마나 될까?" "며칠 사이에 달렸습니다." "그대는 아직 도를 행할 줄 모른다." 다시 어떤 사문에게 물었다. "사람의 목숨은 얼마나 될까?" "밥 먹는 순간에 달렸습니다." "그대 또한 아직 도를 행할 줄 모른다." 또다시 어떤 사문에게 물었다. "사람의 목숨은 얼마나 될까?" "한 호흡 하는 사이에 달렸습니다." "훌륭하다, 훌륭해! 진실로 도를 행할 줄 아는 자라 할 만하다."

佛問諸沙門, "人命在幾間?" 對曰, "在數日間." 佛言, "子未爲道." 復問一沙門, "人命在幾間?" 對曰, "在飯食間." 佛言, "子亦未爲道." 復問一沙門, "人命在幾間?" 對曰, "呼吸間." 佛言, "善哉, 善哉! 可爲道者矣."

설화
- 이 공안은 『사십이장경』의 문구에 근거한다.[1]
- 며칠 사이에 달렸습니다 : 오늘은 비록 살아 있지만 내일은 또한 목숨을 보존하기 어렵다는 뜻이다.
- 밥 먹는 순간에 달렸습니다 : 며칠 사이와 비교하면 더욱 짧은 시간이라 여긴다는 말이다.
- 한 호흡 하는 사이에 달렸습니다 : 한 번 내쉬고 들이쉬지도 않은 바로 그 순간에 내생의 다른 세상이 되고 마니, 매우 신속하게 지나가는 시간이라는 뜻이다.
- 부처님께서 이렇게 사문에게 질문을 던진 까닭은 그 사문들이 무상無常의 이치를 뼈저리게 믿도록 하려 하였던 것이다. 그러므로 고산孤山의

---

1 『四十二章經』(大17, 724a1).

소疏에 "사람의 목숨이 대단히 짧다는 사실을 알면 게으르지 않을 것이고 게으르지 않으면 도를 얻을 수 있다."[2]라고 해설하였다. 이는 교학의 이치인데 선禪의 이치는 어떤 것일까? 무상이 극치에 이르면 진상眞常이 눈앞에 드러난다는 뜻일까? 불안佛眼이 "국토에는 성·주·괴·공이 있고, 몸에는 생·노·병·사가 있으며, 생각에는 생·주·이·멸이 있다. 이 열두 종류는 대단히 기특한 도리이다."[3]라고 한 말이 바로 이 뜻이다. 그러므로 (지비자는) "동서남북 사방에 세워진 조주의 관문이여, 보화가 마음껏 출입하나 아무도 모르네."라고 한 것이다.

[人命] 此話, 四十二章經文. 在數日間者, 今日雖存, 明亦難保. 在飯食間者, 較於數日之間, 尤爲迅速. 在呼吸間者, 一息不來, 便是來生異世, 則大殺迅速. 佛伊麼問諸沙門者, 令諸沙門, 痛信無常. 故孤山疏云, "知人命之急捉, 則不放逸, 不放逸, 則能得道." 此則敎義, 禪義則何也? 無常至極, 則眞常現前耶? 佛眼云, "國土有成住壞空, 身上有生老病死, 念上有生住異滅.[1] 此等十二事, 甚能奇特." 則此義也. 故云, "東西南北趙州門"云云.

1) ㉙『佛眼語錄』古尊宿語錄 27에는 "身中有生老病死, 念上有生住異滅, 國土有成住壞空" 순으로 되어 있다.

---

2 정확한 인용 근거는 알 수 없지만, 지욱智旭의『四十二章經解』(卍59, 94b1)에 나오는 다음 구절이 유사하다. "진실로 사람의 목숨은 호흡하는 순간에 달려 있다는 사실을 알 수 있으니, 어찌 백정이 칼을 잡고 뒤를 따른 다음에야 마음에서 비로소 게으름이 없어지겠는가!(誠知人命在呼吸間, 何俟屠人執刀隨後, 而心始無放逸哉!)"
3 『佛眼語錄』古尊宿語錄 27(卍118, 505a10). 이 말에 이어서 "범부가 그것을 알아차리지 못하는 탓에 이리저리 떠도니, 부처님께서 세상에 나타나시어 열반의 미묘한 마음은 상常·낙樂·아我·정淨이라 가리켜 주셨던 것이다.(凡夫不識, 爲之漂流, 如來出世, 指出涅槃妙心, 常樂我淨.)"라고 하였는데, 상·낙·아·정이 앞에서 말한 진상眞常이다. 다시 말해서, 열두 가지의 무상한 현상이 상·낙·아·정이 된다는 그 점에 '기특한 도리'가 들어 있는 것이다.

지비자의 송 知非子頌

부처님께서 인연과 일대사[4]를 설하셨으니	佛說因緣一大事
세계 파괴되어도 그것은 파괴되지 않으리	世界壞時渠不壞
동서남북 사방에 세워진 조주의 관문[5]이여	東西南北趙州門
보화[6]가 마음껏 출입하나 아무도 모르네[7]	普化出入無人會

---

4 인연과 일대사 : 인연은 부처님의 근본 교리이며, 일대사는 생사윤회의 고통을 벗어나 열반에 이르고자 하는 궁극적인 목적이다.

5 조주의 관문 : 조주성 사방에 세워 놓은 관문이기도 하고, 조주 종심趙州從諗이 대답한 화두의 관문이기도 하다. 『趙州語錄』古尊宿語錄 13(卍118, 311b11), "조주란 어떤 것입니까?' '동문·서문·남문·북문이니라.'(問, '如何是趙州?' 師云, '東門西門南門北門.')" 본서 410칙 본칙 참조.

6 보화普化(?~860) : 반산 보적盤山寶積으로부터 종지를 전수받았으나 속성이나 행적 등은 분명하지 않다. 임제臨濟와 선기를 주고받으며 여러 가지 일화를 남긴 것으로 유명하다.

7 보화가 마음껏~아무도 모르네 : 보화가 동문에서 입적할 것이라고 공언하여 사람들이 구경하러 갔으나 관을 들고 떠나면서 '내일 남문에서 세상을 떠날 것'이라고 말을 바꾸었다. 이런 식으로 사흘 동안 말하여 아무도 믿지 않고 따라가지 않자 다음 날 홀로 북문으로 나와 방울 소리를 울리며 관 속에 들어갔다는 고사를 가리킨다. 본서 516칙 본칙 참조. 통과하기 어려운 조주의 네 관문을 어디나 걸림 없이 출입하는 보화의 면모를 통하여 부처님이 두 사문을 폄하고 다른 한 사문은 칭찬한 방식으로 자유롭게 펼쳤던 기량을 나타내고 있다.

11칙 세존저자世尊猪子

본칙 세존께서 어느 날 두 사람이 돼지를 맞들어 메고 지나가는 광경을 보고 물었다. "이것이 무엇인가?" "부처님이라면 일체지一切智[1]를 갖추었을 텐데 돼지도 모르시는군요." "그래도 물어야 한다."

世尊, 一日見二人, 昇猪子過, 乃問云, "者箇是什麽?" 二人曰, "佛具一切智, 猪子也不識." 世尊云, "也須問過."

설화

● 이 공안은 앞의 공안과 같은 전거이다.[2]

---

1 일체지一切智 : ⓢ sarvajña. 음사어는 살바야薩婆若이다. 모든 법의 근본적인 이치를 아는 지혜. 분별이나 지식의 범주로 대상을 아는 지혜가 아니라 선정禪定의 바른 경계를 성취함으로써 무명과 집착이 모두 사라져 차별상이 눈앞에 저절로 나타나는 지혜를 가리킨다. 일체종지一切種智가 낱낱의 차별상을 관조할 수 있는 지혜라면, 일체지는 모든 무명과 번뇌가 사라져 그러한 일체종지를 가능하도록 하는 근거가 되는 총괄적인 지혜이다. 다시 말해서 일체지는 원인이고 일체종지는 그 결과로서의 장애가 없는 관조의 지혜라 할 수 있다. 『大般若經』 권357(大6, 839c25), "일체지의 진여는 생성도 없고 소멸도 없으며 머무르거나 달라지지도 않지만 다양하게 펼쳐 보일 수 있다. 이것을 가리켜 일체지에서 나오는 진여의 차별상이라 한다.(一切智眞如, 無生無滅, 亦無住異而可施設, 是名一切智眞如相.)"; 『大般涅槃經集解』 권59(大37, 563b12), "(승량僧亮의 설) 선정을 닦아서 얻은 지혜가 일체지이다. 일체란 모르는 법이 없는 지혜를 가리킨다.(修定慧爲一切智. 一切智者, 無法不知, 名一切智.)"; 『大智度論』 권27(大25, 258c29), "총상總相은 일체지이고, 별상別相은 일체종지이다. 원인은 일체지이고, 결과는 일체종지이다. 근본만 간략하게 설하는 것은 일체지이고, 자세하게 차별상을 설하는 것은 일체종지이다. 일체지는 모든 법에 들어 있는 무명의 어두움을 총괄적으로 무너뜨리고, 일체종지는 갖가지 법문을 관하여 모든 무명을 무너뜨린다.(總相是一切智, 別相是一切種智; 因是一切智, 果是一切種智. 略說一切智, 廣說一切種智. 一切智者, 總破一切法中無明闇; 一切種智者, 觀種種法門, 破諸無明.)"; 60권본 『華嚴經』 권55(大9, 751a12), "한 생각에서 모든 바라밀을 길러 세간에 대한 집착을 버리고 부처님의 경지를 갖추면, 지혜가 무성하게 늘어나고 불법이 눈앞에 나타나게 되어 진실한 이치를 따르고 살바야(一切智)를 완성할 것이다.(於一念中, 長養一切諸波羅蜜, 捨離世間, 具足佛地, 智慧猛盛, 佛法現前, 順眞實義, 滿薩婆若.)"

- 이것이 무엇인가 : 돼지인 줄 몰라서 이렇게 물은 것이 아니니 그 속뜻은 달리 있었다.
- 부처님이라면 일체지一切智를 갖추었을 텐데 돼지도 모르시는군요 : 속뜻을 모르고 지나쳐 잘못 대답한 것이다.
- 그래도 물어야 한다 : 자취를 찾지 못하도록 덮어 버렸다.[3] 이상은 교학의 도리에 따르는 해설이다. 비록 죽은 뱀일지라도 마음대로 가지고 놀 줄만 안다면 도리어 살아나는 법이다.[4] 곧 '부처님이라면 일체지를

---

2 앞 공안의 전거가 되는 『四十二章經』에 나오지 않고, 다른 경전에서도 찾을 수 없다.
3 자취를 찾지~덮어 버렸다(迷蹤盖覆) : 고의로 길을 잃게 만들기 위해 말의 자취를 없애는 방법이라는 뜻. 하나의 화두에 접근하는 어떤 길도 끊어진 경계(心路絶)로 이끄는 수단이다. 분별로 접근할 수 있는 말의 자취를 없애는 선어禪語의 특징이 나타난다. 이 해설에 따르면, 부처님께서 본래의 속뜻을 감추고 상대의 말에 호응하여 대답함으로써 추적할 자취를 쓸어 없앴다는 말이 된다. 다음 글에 잘 정의되어 있으며, 이는 공안의 언어를 이해하는 요소를 찔러 준 격이다. 『直註雪竇頌古』「敍」(卍117, 507a16), "분별의 틀을 보여 준 다음 분별의 틀을 막는 것을 가리켜 덮어 버린다(盖覆)고 하며, 앞에서 드러내었다가 뒤에서 털어 없애는 것은 사자가 (새끼에게) 자취를 잃게 만드는 방법(迷踪)이다.(就計遮計, 是名盖覆 ; 前露後拂, 獅子迷踪.)" 후대의 백파 긍선白坡亘璇(1767~1852)도 이 말을 그대로 답습하여 무자無字 화두를 평가한다. 『禪文手鏡』「無字揀病論科解」(韓10, 524c1), "'개가 알고서 고의로 불성을 범했다~업식業識이 있기 때문이.'라는 말은 자취를 찾지 못하도록 덮어 버리는 것이다. 조주에게 질문한 학인이 알아차리지 못하고 단지 있다느니 없다느니 분별하며 잘못 이해하였으므로 조주가 스스로 보여 준 말의 자취를 찾지 못하도록 숨기고 덮어 버리고서 도리어 그가 잘못 이해하고서는 있다느니 없다느니 한 말에 따라 대답해 준 것이다. 그러므로 자취를 잃게 하는 비결(迷蹤訣)이라 하는 것이다. 이것은 선사들도 활용하기 어려운 깊고 미묘한 비결이다.(知而故犯, 及業識在, 迷蹤盖覆也. 以其不能承當, 但以有無錯解故, 迷藏自家所示之蹤跡, 而盖覆之, 却順其有無以答. 故名曰, 迷蹤訣. 此是禪師難能之妙訣.)" ; 『圜悟語錄』권19(大47, 805a7), "도적이라야 그러한 도적을 알아보며, 또 다른 쐐기를 가지고 깊숙이 박힌 쐐기를 뽑는다. 새가 날아간 자취요 허공에 뜬 구름이며, 거울에 비친 영상이요 물에 잠긴 달이다. 새끼 사자에게 길을 잃게 만들어 훈련시키는 비결이며, 나무 위에서 고양이가 몸을 편히 쉬는 비법이다.(是賊識賊, 以楔出楔. 鳥跡空雲, 鏡象水月. 敎兒師子迷蹤訣, 上樹老貓安身法.)"
4 비록 죽은~살아나는 법이다 : 여기서 '죽은 뱀'이란 돼지로만 아는 그 사람들의 말이며, 그것을 다시 활발한 선어로 살린 부처님의 말씀이 대비되어 있다. 『雪竇語錄』권3(大47, 686b23), "보복이 참외를 깎고 있는데, 태원부 상좌가 오자 보복이 말하였다. '제대로 말하면 먹을 참외를 주겠다.' '집어 오십시오.' 보복이 참외 한 조각을 태원부 상좌에게 건

갖추었을 텐데 돼지도 모르시는군요.'라고 두 사람이 이렇게 한 대답은 돼지를 오로지 돼지라고만 부르는 죽은 뱀과 같은 말이며, '그래도 물어야 한다.'라는 부처님의 말씀에 본래부터 다 죽은 몸에서 살아 나갈 길[5]이 있었던 것이다. 그러므로 무의자無衣子는 그 뜻을 다음과 같은 송으로 읊었다.[6]

> 부처님은 일체지를 지니고 계심에도
> 분명하게 돼지를 두고 질문 던지시네[7]
> 그들의 대답에서 좋은 점 간파하시고[8]
> 다시금 처음의 자리로 들어가셨다네
> 부처님은 일체지를 지니고 계시면서
> 가시나무 숲으로 온몸을 던지셨구나

네주니 태원부 상좌가 받고는 곧바로 자리를 떴다. 설두가 이 문답을 평가했다. '비록 죽은 뱀일지라도 마음대로 가지고 놀 줄만 안다면 살아날 것이다. 뛰어난 솜씨를 가진 자가 누구인가? 한번 가려내어 보라.'(舉. 保福簽瓜次, 太原孚上座到來, 福云, '道得與爾瓜喫.' 孚云, '把將來.' 福度一片瓜與孚, 孚接得便去. 師云, '雖是死蛇, 解弄也活. 誰是好手者? 試請辯看.)"『人天眼目』권1(大48, 305b22), 『大慧語錄』(大47, 889a1) 등에도 보인다.
5 다 죽은~나갈 길(出身之路) : 속박된 몸을 벗어나는 길. 여기서는 죽은 것이나 다름없는 두 사람의 대답에 대하여 부처님이 마지막에 하신 말씀에 살아나는 비결이 숨어 있다는 뜻이다.
6 『眞覺國師語錄』「補遺」(韓6, 48b2).
7 분명하게 돼지를~질문 던지시네 : 분명하게 드러나 있는 돼지를 물어서 고의로 무지한 것처럼 꾸며 화두를 제시했다는 뜻이다. 보봉寶峰과 대혜 종고의 다음 말에 화두의 그러한 본질이 잘 드러나 있다. 『寶峰語錄』古尊宿語錄 42(卍118, 709a17), "지극히 분명한 바로 그 이유 때문이며, 전적으로 일상의 가까운 곳에 있기 때문이다.(祇爲分明極, 都緣日用親.)" 그래서 도리어 모른다는 뜻이다. 대혜는 더욱 분명하게 말한다. 『大慧語錄』1권(大47, 812a27), "단지 지극히 분명하게 드러나 있기 때문에 도리어 알아차리는 것을 느리게 한다.(只爲分明極, 翻令所得遲.)"
8 그들의 대답에서~점 간파하시고 : 비록 그들의 대답이 '죽은 뱀'과 같았지만 그것을 살리는 수단을 간파했다. 그 핵심은 분명한 그것을 의문으로 몰아붙여 무지와 다름이 없는 선상에서 시작하도록 했던 것이다.

자비 베풀고도 자유롭지는 않았으니
딱 알맞게 맛없는 경계로 돌아갔네[9]

● 부처님은 일체지를 갖추고 계시다 : 『조론肇論』에 '지혜의 극치이다. 아는 것이 없으면서 알지 못하는 것도 없는 지혜는 바로 일체지뿐이로다!'[10]라고 하였다. 범어 살바야[11]는 일체종지[12]라 한역한다.
● 돼지도 모르시는군요 : 속뜻을 모르고 지나쳐 잘못 대답한 것이다.

[猪子] 此話, 上同. 這箇是什麼者, 非不知是猪子伊麼問, 其意有在. 佛具一切智云云者, 蹉過失支對也. 也須問過者, 迷蹤盖覆也. 此則敎義也. 須[1)]是死蛇, 解弄却活. 則佛具一切智云云, 二人伊麼答, 則猪子但喚作猪子也. 也須問過者, 元來有出身之路. 故無衣子頌云,

---

9 딱 알맞게~경계로 돌아갔네 : 부처님의 말씀은 어느 것이나 규정된 의미로 포착할 수 없기 때문에 '맛이 없다'고 한다. 이는 그 말씀을 모두 화두로 인식하는 무의자 혜심慧諶의 안목이다. 본래 화두는 맛이 없는 것이 본질이기에 그것에서 어떤 관념의 맛을 본다면 핵심에서 벗어나게 된다. 이렇게 모색할 근거가 전혀 없어 어떤 맛도 없는 말이 간화선에서 참구의 대상이 되는 것이다. 무의자는 다른 곳에서 이렇게 말한다. 『眞覺國師語錄』「示空藏道者」(韓6, 31c19), "아무 맛도 없고 더듬어 모색할 여지가 없는 상태를 싫다 하지 마라. 다만 화두를 들고 놓치지 않은 채 의식하고 살피기만 하라. 홀연히 몸과 마음이 고요해지고 앞뒤의 경계가 끊어졌을지라도 그 고요한 상태에 머물러서는 안 되며, 여기서도 화두 살피는 일을 멈추어서는 안 된다.(莫嫌沒滋味, 沒撈摸. 但提撕擧覺看. 忽得身心寂滅, 前後際斷, 不得住在寂滅處, 看話不輟.)"
10 『肇論』의 직접 인용이 아니라 대의에 근거하여 변용한 구절이다. 『肇論』「般若無知論」(大45, 153a27), "아는 것이 있으면 알지 못하는 것도 있겠지만, 성인의 마음은 아는 것이 없기 때문에 알지 못하는 것이 없다. 이렇게 아는 것에 얽매이지 않는 앎을 일체지라고 한다.(夫有所知, 則有所不知, 以聖心無知, 故無所不知. 不知之知, 乃曰一切知.)" 이 밖에 다른 부분에도 무소부지無所不知라는 구절이 나온다.
11 살바야薩婆若 : 주 1 참조.
12 일체종지一切種智 : Ⓢ sarvathā-jnāna. 앞서 나온 일체지와 동일한 의미로도 쓰이지만 주 1에서 제시했듯이 구별하여 사용하기도 한다. 그러나 살바야의 한역어는 일체지로 하는 것이 타당하다.

佛具一切智, 分明問猪子.

看他支對長, 却入有頭地.

佛具一切智, 投身荊棘²⁾裏.

垂慈不著便, 折合歸無味.

佛具一切智者, 肇論云, '智之極也. 無知而無所不知, 其唯一切智乎!' 梵語薩波³⁾若, 此云, 一切種智. 猪子也不識者, 蹉過失支對也.

1) ㉓ '須'는 '雖'의 오기이다. 2) ㉔ '棘'이 병본에는 '棘'으로 되어 있다. ㉓ '棘'으로 번역하였다. 3) ㉔ '波'가 병본에는 '婆'로 되어 있다.

대각 회련大覺懷璉의 송 大覺璉頌

어연번듯하게 맞들고서 짊어지고 있거늘	昇着堂堂在擔頭
무엇인지 모른다 하니 어떻게 대답하리오¹³	不知何物怎相酬
지혜 갖추어도 모두 알지 못한다고 누가 그러는가	誰云具智非通識
부처님은 처음부터 부끄러운 모습 될 줄 알았다네¹⁴	黃面元來解就羞

설화

○ 무의자의 송에 드러난 뜻과 같다.

大覺頌, 卽無衣子頌義.

명안 경연明安警延의 염

"세존의 질문이 없었다면 거의 잊어버렸을 것이다."

---

13 어연번듯하게 맞들고서~어떻게 대답하리오 : 화두는 분명한 방식으로 제기되기 때문에 오히려 말길(語路)이 막히는 상황을 연출한다.
14 부처님은 처음부터~줄 알았다네 : 무지한 것처럼 되었다는 말. 주 7의 취지와 같다.

明安拈, "不因世尊問, 幾乎忘却."

설화

○ 세존의 질문 때문에 한 마리 돼지를 분명하게 (화두로) 인식할 수 있었다는 뜻이다.[15]

明安 : 因世尊問, 分明知得一箇猪子也.

---

[15] 화두의 본질은 의문이 살아 있는 데서 유지된다. 의문으로 열려 있어야 활구活句가 되며, 모든 문답은 의문을 의문으로 응하는 방식에 있다.

12칙 세존마니 世尊摩尼

본칙 세존께서 어느 날 장소와 대상에 따라 색깔을 달리 비추는 마니주[1]를 보여 주시고 오방五方[2]의 천왕들에게 물었다. "이 구슬은 어떤 색깔을 비추느냐?" 그때 오방의 천왕들이 서로 다른 색깔을 주장하자 세존께서 다시 구슬을 옷소매에 감추고 손을 들어 보이며 말씀하셨다. "이 구슬은 무슨 색깔이냐?" 천왕들이 "부처님 손안에 아무 구슬도 없는데 어디에 색깔이 있겠습니까?"라고 하자 세존께서 한탄하며 말씀하셨다. "그대들은 어찌 미혹이 이다지도 심한가! 내가 세속의 구슬을 보여 주었을 때는 각자 청·황·적·백·흑 등 오색[3]이 있다고 굳이 말하더니 내가 진짜 구슬을 보여 주니 모두들 모른다고 하는구나." 그때 오방의 천왕들이 모두 도를 깨달았다.

世尊, 一日, 示隨色摩尼珠, 問五方天王, "此珠作何色?" 時五方天王, 互說異色, 世尊, 復藏珠入袖, 却擡手云, "此珠作何色?" 天王云, "佛手中無珠, 何處有色?" 世尊歎云, "汝何迷倒之甚! 吾將世珠示之, 便各强說有靑黃赤白黑, 吾將眞珠示之, 便摠不知." 時五方天王, 悉皆悟道.

설화
● 이 공안은 『종문통요宗門統要』[4]를 근거로 한다.

---

1 장소와 대상에~비추는 마니주(隨色摩尼珠) : 본래 정해진 색깔이 없이 그것이 놓인 곳과 비추는 대상에 따라 오색 중 하나를 나타내는 것을 말한다. 『圓覺經』에 그 뜻이 제시된다. 이하 설화 참조.
2 오방五方 : 동서남북 사방과 중앙.
3 청·황·적·백·흑 등 오색 : 오행설五行說에 따르면, 동쪽은 청, 서쪽은 백, 남쪽은 적, 북쪽은 흑, 중앙은 황에 해당한다.
4 『종문통요宗門統要』 : 송나라 때 종영宗永 엮음. 10권본. 소흥紹興 3년(1133) 간행. 공안

● 장소와 대상에 따라 색깔을 달리 비추는 마니주를 보여 주시고 : 단하丹霞의 〈완주음翫珠吟〉에 "해도 밤을 뒤로 등지고 뜨거늘, 거울이 어찌 후면을 비추겠는가! 이것은 그렇지 않으니, 빠짐없이 밝히고 무엇이나 뚫고 비춘다네."[5]라고 하였다. 곧 마니주만이 원만하고 맑고 밝은 본질을 지녀서[6] 가볍고 부드럽고 순결하고 맑으니, 오로지 이 하나의 보배만이 불성佛性을 비유할 수 있기 때문에 들어 보인 것일까? (아니다.) 다만 저들 오방의 천왕들이 서로 다른 색깔이라 주장하는 소리를 듣고 도리어 진짜 구슬을 내보임으로써 소리를 따르거나 색을 쫓아 미혹되는 저들의 헛된 생각을 무너뜨렸던 것이다.

[摩尼] 此話, 出宗門統要也. 示隨色摩尼珠者, 丹霞翫珠吟云, "日猶[1)]背夜, 鏡奚照後! 此則不爾,[2)] 圓明通透." 則摩尼珠, 唯圓淨明體性, 輕軟潔

집으로 분류된다. 본연거사本然居士 정심鄭諶이 2년 뒤에 중간본重刊本을 내었다. 석가문불釋迦文佛로부터 남악南嶽 문하의 11대, 청원靑原 문하 10대에 이르기까지 모두 1,107칙의 공안을 수록하였다. 1183년에『聯燈會要』30권이 성립하는 데 영향을 주었다. 이 책의 속편으로 고림 청무古林淸茂의 『宗門統要續集』 22권이 있다.

5 『景德傳燈錄』권30(大51, 463b15)에 수록된 〈翫珠吟〉에는 이 구절이 나오지 않는다. 같은 책, 권30(大51, 460a5)의 「五雲和尙坐禪箴」의 구절을 인용한 것이다.

6 종밀宗密이 마니주의 속성을 가지고 일심의 고요하게(寂) 비추는 지知의 작용을 비유하는 구절에 나온다. 『禪門師資承襲圖』(卍110, 872a17), "마니주와 같으니,【하나의 신령한 마음을 비유한다.】 둥글고 맑고 밝다.【공적지空寂知를 말한다.】 일체의 차별된 색상이 없지만,【이 지는 본래 일체의 분별이 없으니 범·성, 선·악 등의 차별이 없다.】 본체가 밝기 때문에 밖의 대상물을 마주치면 일체의 차별된 색상을 드러낼 수 있다.【마음의 본체에 지知가 있기 때문에 갖가지 대상을 마주할 때마다 일체의 시·비, 호·오 등 차별을 분별할 수 있고, 나아가 세간과 출세간의 갖가지 일을 경영하고 조작하기까지 하니, 이것은 수연의 뜻이다.】 색상에는 본래 차별이 있지만 밝은 마니주는 바뀐 적이 없다.【어리석음·지혜로움과 선·악 사이에는 본래 차별이 있고, 근심·기쁨과 애착·증오 사이에는 본래 기멸이 있지만, 그것을 아는 마음은 그치거나 끊어지는 순간이 없으니, 이것이 불변의 뜻이다.】(如一摩尼珠,【一靈心也.】 唯圓淨明.【空寂知也.】 都無一切差別色相,【此知, 本無一切分別, 亦無聖凡善惡.】 以體明故, 對外物時, 能現一切差別色相.【以體知故, 對諸緣時, 能分別一切是非好惡, 乃至經營造作世出世間種種事數, 此是隨緣義也.】 色相自有差別, 明珠不曾變易【愚智善惡, 自有差別 ; 憂喜愛憎, 自有起滅, 能知之心, 不曾間斷, 此是不變義也.】)"

淨, 唯此一寶, 可喩佛性故耶? 但待他五方天王, 互說異色, 却拈出眞珠, 破他隨聲逐色迷倒之情也.

1) ㉔『景德傳燈錄』 권30 「五雲和尙坐禪箴」(大51, 460a5)에는 '猶'가 '由'로 되어 있으나 서로 통한다.   2) ㉔『景德傳燈錄』 권30 「五雲和尙坐禪箴」(大51, 460a5)에는 '爾'가 '然'으로 되어 있다.

● 마니 : 때(번뇌)가 묻지 않은 빛이라는 뜻에서 무구광無垢光이라고 한역하고, 때를 벗어났다는 뜻에서 이구離垢라고도 한역하며, 마음먹은 대로 다 이루어 준다는 뜻에서 여의如意라고도 한역한다. 논論[7]에 다음과 같이 전한다. "마니는 보통 용왕의 뇌 속에 들어 있는데 복이 있는 중생은 저절로 얻게 된다. 여의주如意珠와 같아서 모든 보물을 내주며 의복과 음식 따위는 마음먹은 대로 얻을 수 있다. 이 구슬을 얻은 자는 독毒에도 피해를 입지 않고 불에도 타지 않는다." 또한 『원각경』에는 "비유하자면 청정한 마니보주는 다섯 가지 색깔로 비추고 장소와 대상에 따라 서로 다른 색깔을 드러낼 뿐인데, 어리석은 자들은 그 마니주에 실제로 다섯 가지 색깔이 있다고 여기는 것과 같다. 맑고 원만한 각성覺性이 몸과 마음에 드러나 사람의 차별된 종류에 따라 각각 다르게 나타날 뿐인데, 저 어리석은 자들은 맑고 원만한 각성이 실제로 이와 같은 몸과 마음 자체의 본성(自性)이라고 주장한다."[8]라고 하였다.

摩尼者, 此云無垢光, 亦云離垢, 亦如意. 論云, "摩尼, 多在龍腦中, 有福衆生, 自然得之. 亦如如意珠, 常出一切寶物, 衣服飮食, 隨意而得. 此珠[1]毒不能害, 火不能燒也." 圓覺經云, "比如淸淨摩尼寶珠, 映[2]於五色, 隨方各現. 諸愚痴者, 見彼摩尼, 實有五色. 淨圓覺性, 現於身心, 隨類各現, 彼愚

---

7 논論 : 『大智度論』 권59(大25, 478a22)를 가리키지만, 온전한 내용은 『經律異相』 권3(大53, 14a14), 『法苑珠林』 권28(大53, 490b23)에서 인용한 『大智度論』의 구절에서 가져왔다.
8 『圓覺經』(大17, 914c6).

痴者, 說淨圓覺, 實有如是身心自性."

1) ㉠『經律異相』권3(大53, 14a170), 『法苑珠林』권28(大53, 490b25) 등에는 '此珠'가 "이 구슬을 얻는 자는(得此珠者)"이라고 되어 있다. 2) ㉯ '映'이 을본·병본에는 '暎'으로 되어 있다. ㉠『圓覺經』에는 '映'으로 되어 있다.

- 오방의 천왕들이 서로 다른 색깔을 주장하자 : 예상했던 그대로 각 천왕은 그들의 옷 색깔에 따라 각자 그 색이라고 주장하였다.
- 세존께서 다시 구슬을 옷소매에 감추고 하신 말씀 : 진짜 구슬을 꺼내 가리켜 보이며 곧바로 본원의 불성을 가리킨 것이다.
- 천왕들이 "부처님 손안에 아무 구슬도 없는데 어디에 색깔이 있겠습니까?"라고 한 말 : 점점 더 본래의 뜻에서 빗나갔다.
- 세존께서 한탄하며 하신 말씀 : 세존이 주먹[9]을 들어 보였을 때 그 자리에서 본래의 밝은 본성을 알아차렸어야 하거늘 망상에 물든 생각이 아직 제거되지 않아 예전 그대로 도적을 자식으로 오인한다[10]는 뜻이다. 도적을 자식으로 오인한다는 말에 대해서 무의자는 다음과 같은

9 주먹(金拳) : 부처님의 입을 금구金口라 하듯이 그 주먹도 '금金'으로 형용하여 금권金拳이라 한다.
10 도적을 자식으로 오인한다(認賊爲子) : 헤아리는 주체를 자신의 참된 성품으로 여겨서는 안 된다는 취지를 나타내기 위하여 한 말. 『楞嚴經』권1(大19, 108c19), "이것은 (그대의 마음이 아니라) 눈앞의 대상으로서 그 허망한 상을 생각에 따라 분별하면 그대의 진실한 본성을 미혹시킬 뿐이다. 그대가 시원을 알 수 없는 때부터 금생에 이르기까지 도적을 자식으로 오인함으로 말미암아 그대의 본래 상주하는 진실한 본성을 잃어버렸으므로 생사를 받으며 거듭하여 돌고 도는 것이다.(此是前塵, 虛妄相想, 惑汝眞性. 由汝無始, 至于今生, 認賊爲子, 失汝元常, 故受輪轉.)" 같은 책, 권9(大19, 147a27)에서는 음마陰魔나 천마天魔가 나타나고 귀신이 붙을 때 마음을 분명하게 알지 못하여 도적을 아들로 여기는 것과 같은 착각에 빠진다고 했다. 『圓覺經』(大17, 919c19), "(정법의 말세라고 하는 까닭은) 모든 유형의 자아를 열반으로 오인하기 때문이며, 조금이라도 증득이 있거나 사소한 깨달음만 있어도 궁극적 성취라 하기 때문이다. 비유하자면 어떤 사람이 도적을 자식으로 오인하면 그 집안의 재보를 결코 제대로 보존할 수 없는 것과 같다.(認一切我, 爲涅槃故, 有證有悟, 名成就故. 譬如有人, 認賊爲子, 其家財寶, 終不成就.)"

송으로 읊었다.[11]

> 둥글고 밝은 한 알의 구슬 들어 보이니
> 온 바다에 파도 잠자고 달 홀로 밝구나
> 천왕들의 깨달음 어찌 그다지도 느린가
> 특별한 보물은 달마대사 기다려야 하리

● 오방의 천왕들이 모두 도를 깨달았다 : 진짜 구슬이 무엇인지 깨달았다는 말인가? 아니면 세속의 구슬을 깨달았다는 뜻인가?[12] 손을 들어 보인 경계가 진짜 구슬이라는 것을 깨달았다면, 장소와 대상에 따라 색깔을 달리 비추는 마니주를 보여 준 경계인들 어찌 세속의 구슬이겠는가! 만일 이것에 대하여 깨닫지 못했다면 장소와 대상에 따라 색깔을 달리 비추는 마니주를 보여 준 경계만이 세속의 구슬이라 말하지 마라. 손을 들어 보인 경계 또한 세속의 구슬이기 때문이다.

五方天王互說異色者, 果然各隨其服, 各說其色也. 世尊藏珠云云者, 指出眞珠, 直指本源佛性也. 天王云佛手無珠云云者, 轉轉蹉過也. 世尊云汝何云云者, 金拳擧處, 直下要識本明, 塵想未除, 依舊認賊爲子, 認賊爲子者. 無衣子頌云,
擎出圓明一顆珠, 四溟無浪月輪孤.
天王悟去何遲鈍? 別寶還須碧眼胡.
五方天王悉皆悟道者, 悟得眞珠耶? 悟得世珠耶? 旣悟得擡手處是眞珠,

---

11 『眞覺國師語錄』「補遺」(韓6, 48b8).
12 진짜 구슬이~깨달았다는 뜻인가 : 깨달았다는 말을 결론짓는 말로 수용하지 않고 의문을 붙여 선어禪語로 만듦으로써 활력을 불어넣는다. 그것을 마무리로 인가하면 사구死句로 전락하여 구속하는 도구가 될 뿐이다.

示隨色摩尼處, 豈是世珠! 若也於此悟不得, 莫道示隨色摩尼珠處是世珠. 擎手處, 亦是世珠.

대각 회련大覺懷璉**의 송** 大覺璉頌

손에 가득 들고 그들에게 물었는데	滿手擎來試問伊
다들 아무리 보려 해도 없다고 하네	盡言無物可流窺
배 주인은 분명 재능과 지혜 많으니	直然舶主多才智
곤륜[13]에게 보배 가려내어 오라 하네	敎得崑崙辨寶歸

---

13 곤륜崑崙 : 여기서는 노예 또는 남의 일을 해 주는 사람.

13칙 세존정법世尊定法

본칙 세존에게 어떤 외도가 물었다. "어제는 어떤 법을 설하셨습니까?" "정법定法을 설하였다." "오늘은 어떤 법을 설하십니까?" "부정법不定法이다." "어제는 정법을 설하셨는데, 오늘은 무슨 이유로 부정법을 설하십니까?" "어제는 정해졌고, 오늘은 정해지지 않았기 때문이다."

世尊, 因外道問, "昨日說何法?" 曰, "說定法." 外道云, "今日說何法?" 曰, "不定法." 外道云, "昨日說定, 今日何說不定?" 曰, "昨日定, 今日不定."

설화

- 이 공안은 『잡아함경』의 문구에 근거한다.[1]
- 정법과 부정법: 범부가 확고하게 정하는 사상事相과 외도의 단멸무상斷滅無常을 각각 말하는가? 요의了義와 불요의不了義를 상대적으로 짝을 지어 본 것인가? 모두 틀리다. 외도가 집착하는 단견斷見과 상견常見이라는 이견二見을 가리킨다.
- 어제는 어떤 법을~부정법不定法이다: 삿된 사람이 정법正法을 설하면 정법은 모두 삿되게 되고, 바른 사람이 삿된 법을 설하면 삿된 법도 모두 바르게 된다. 이것을 가리켜 '할머니의 치마를 빌려 입고 할머니께 절을 올리고, 도적의 말을 빼앗아 타고 도적을 뒤쫓는다.'[2]라고 말한다.

---

1 전거가 불확실하다. 1101년 성립된 『建中靖國續燈錄』권28(卍136, 382b15)에 처음으로 나온다.
2 두 가지 비유 모두 상대의 생각이나 말을 그대로 활용하여 그 상대에게 대응하는 방식을 가리킨다. 별도로 수단을 준비하고 있다가 써먹는 방식이 아니라 상대의 반응을 역으로 활용하는 것이다. 앞의 비유는 '천복 본일의 송'에 나온다. 이 두 비유는 각각 개별적으로 나타나지만, 대혜 종고가 이곳과 마찬가지로 함께 썼다. 『大慧語錄』권15(大47, 874b6) 참조.

● 어제는 정해졌고, 오늘은 정해지지 않았기 때문이다 : 아무 맛도 없는 대답[3]이다. 옛날부터 "6대의 조사 이전에 벌써 평상에 근거한 대답이 있었던 것이다."[4]라고 하였다. 이 때문에 오조 사계五祖師戒는 저 석가노자가 '외도의 견해를 자신이 마음대로 써먹을 수 있는 것으로 여겼다.'라고 비난했던 것일까? 아니다. 석가노자께서 이와 같이 대답한 것이 외도의 견해와 같은가, 다른가?[5] 만일 같다고 한다면 외도와 똑같을 것이며, 다르다고 한다면 세존께서 이렇게 하신 말씀의 뜻은 무엇일까?[6]

[定法] 此話, 雜阿含經文. 定法不定法者, 凡夫確定事相, 外道斷滅無常耶? 了義不了義配看耶? 皆非也. 外道斷常二見也. 問昨日說何法云云不定法者, 邪人說正法, 正法悉歸邪 ; 正人說邪法, 邪法悉歸正. 此所謂借婆裙子拜婆年, 騎賊馬趕賊也. 曰昨日定云云不定者, 無味答話. 古云, "六代已前, 早有平常答話者." 以此五祖惡他釋迦老子, 將'外道見解, 作自己受

---

3 아무 맛도 없는 대답(無味答話) : 정법과 부정법에 어떤 개념의 맛도 없다는 뜻이다. 몰자미沒滋味와 같은 말이며 세존의 말씀을 화두로 수용한 것이다. 이처럼 맛이 없는 말을 근거로 삼아 일정한 맛을 우려내려 하면 망상을 초래하게 되며 이 말의 함정에 빠지게 된다.
4 6대는 달마대사부터 육조 혜능까지 중국 선종의 6대 조사를 가리킨다. 6대 이전에 부처님께서 평상의 언어(맛이 없는 말)에 근거하여 종지를 펼치는 선법을 보여 주었다는 뜻이다. 이 말을 한 고인이 누구인지는 알 수 없다.
5 '외도의 견해와 같은가, 다른가?'라고 문제를 제기한 까닭은, 세존이 "어제는 정해졌고, 오늘은 정해지지 않았기 때문이다."라고 한 말이 외도들이 흔히 늘어놓는 궤변이나 말장난처럼 보일 수 있기 때문이다. 오조 사계가 한 말도 세존의 말이 외도들의 말처럼 보이지만 그렇지 않다는 뜻을 담고 있다. 이 대목 설화 첫머리에서 '아무 맛도 없는 대답'이라고 한 것은 지난 과거의 시간인 어제는 정해졌고 현재이자 미래이기도 한 오늘은 아직 정해지지 않은 시간이라는 지극히 당연한 말이기 때문이다.
6 어떤 맛도 없는 말인 화두에 대하여 또 하나의 화두를 설정하여 처리하는 방식이다. 이 수법은 간화선사들의 전형적인 화두 대응법이기도 하다. 맛이 없기 때문에 조금이라도 맛을 본다면 본의에 어긋난다. 따라서 어떤 관념의 맛으로도 포착할 수 없는 의문을 설정하여 일정한 해답에 안착하지 못하도록 만든다.

用'耶? 非也. 釋迦老子, 伊麼答得, 與外道所見, 同耶別耶? 若言同, 與外道一般; 若言別, 世尊伊麼道, 作麼生?

천복 본일薦福本逸의 송 薦福逸頌

영산회상[7]에서 펼치신 여래선[8]이여	靈山會上如來禪
문답에 어찌 별도로 깊은 뜻 있었으리오[9]	問答何曾別有玄
오늘은 정해지지 않았고 어제는 정해졌을 뿐	今日不定昨日定
할머니 치마 빌려 입고 할머니께 절하네	借婆裙子拜婆年

오조 사계五祖師戒의 염

"어째서 다른 사람의 물건을 자기 자신의 것처럼 쓰는가?"[10]

五祖戒拈, "何得將別人物, 作自己用?"

천의 의회天衣義懷의 상당

이 공안을 제기하고 말하였다. "황면노자는 외도에게 집요한 질문을

---

7 영산회상靈山會上 : 부처님이 꽃을 들어 보이고(拈花) 가섭이 미소微笑로 응답하여 최초로 선禪의 등불이 전수되었다는 법회. 본 공안도 영산회상의 그 취지와 마찬가지로 선의 등불을 전하는 방식이었다는 뜻이다.
8 여래선如來禪 : 보통은 조사선祖師禪과 대칭되는 말로 쓰이지만, 여기서는 부처님께서 친히 전수한 선법을 나타낸다.
9 문답에 어찌~뜻 있었으리오 : 깊은 뜻(玄)이란 특정한 교설敎說을 말한다. 정정과 부정不定 등에 교학적인 이치가 들어 있지 않고 평상무사平常無事의 선법을 전한 것이라는 취지.
10 세존께서 마지막에 외도가 물은 말의 핵심어를 가져와서 그대로 대답에 활용한 수법을 일깨워 주기 위한 염이다. 설화에서 '도적의 말을 타고 도적의 뒤를 쫓는다.'라고 한 뜻과 상응한다. 오조 사계는 조주의 '뜰 앞의 잣나무' 화두에 대해서도 이 말로 평가했다. 『聯燈會要』권6(卍136, 528b3), "화상께서는 어째서 다른 사람의 물건을 자기 자신이 마음대로 써먹을 것으로 여기십니까?(和尙何以將別人物, 作自己受用?)"

받고 예상 밖의 말을 꺼내게 되었다. 비록 그렇다고 하더라도 삿된 것과 바른 것은 여전히 구분되지 않은 상태이다. 만일 누군가 이것을 분명히 가려낸다면 그에게 진리를 보는 눈이 붙어 있다고 인정해 주리라."

天衣懷上堂, 擧此話云, "黃面老子, 被外道拶着, 出自偶然. 雖然如此, 邪正猶未分. 若人辨得, 許你頂門具眼."

> [설화]

○ 황면노자는 외도에게 집요한 질문을 받고 예상 밖의 말을 꺼내게 되었다 : 우연일 뿐 본래 품고 있던 생각은 아니라는 뜻이다.
○ 비록 그렇다고 하더라도~구분되지 않은 상태이다 : '끌어당겼다 털어 없애는 손길에 끌려다니는 신세를 아직 벗어나지 못했다.'[11]라는 뜻이다. 누군가 이 뜻을 가려낸다면 진리를 보는 눈을 갖추었다고 할 만하다.

天衣 : 黃面老子, 出自偶然者, 偶然而非本懷也. 雖然如是, 邪正未分者, 猶未免隨撒摟[1]也. 若人辨得此意, 可謂有頂門眼也.

1) ㉾ '撒摟'는 '摟撒'의 오기이다.

위산 모철潙山慕喆의 염

"세존은 마치 적의 누대樓臺를 살핀 다음 그에 적절하게 대응하는 누대를 쌓는 것[12]과 같이 말씀하셨다. 나, 대위라면 그렇게 하지 않았을 것이다. 누군가 '어제는 정법을 설하셨는데, 오늘은 무슨 이유로 부정법을 설

---

11 뒤에 나오는 '송원 숭악의 상당'에 나오는 말을 인용하여 해설하였다.
12 적의 누대樓臺를~쌓는 것(看樓打樓) : 상대의 말을 살펴서 그에 적절하게 대응하는 말을 던지는 방식. 상대가 어떤 식으로 나오느냐에 따라 대응하는 것을 말한다. 상대의 착각을 가지고 착각에 대응한다는 장착취착將錯就錯과 같은 맥락이다.

하십니까?'라고 묻는다면, 다만 '그대가 알 수 있는 경계가 아니다.'라고 대답할 것이다."

潙山喆拈, "世尊大似看樓[1]打樓.[2] 大潙卽不然. 待問, '昨日說定, 今日何說不定.' 但云, '非汝境界.'"

1) ㉠ '樓'는 '樓'의 오기이다. 2) ㉠ '樓'는 '樓'의 오기이다.

설화

○ 그대가 알 수 있는 경계가 아니다 : 정법이건 부정법이건 사자가 사람을 무는 듯이 이해해야 한다.[13]

潙山 : 非汝境界者, 定法不定法, 須是師子咬人始得.

장로 종색長蘆宗賾의 염

"여러분, 세존께서 거듭하여 일러 주셨으니, 그 은혜는 너무 커서 갚을 방도가 없다고 할 만하다. 만일 그 법령에 따라 실행한다면 별도로 결정적인 한 수가 남아 있다. 여러분은 알고자 하는가? 사자는 흙덩이를 던진 사람을 물지만 어리석은 개는 흙덩이를 쫓아간다.[14]"

---

13 흙덩이를 던지면 개는 그것을 그대로 쫓아가지만, 사자는 그것을 던진 사람을 문다는 말. 정법과 부정법에 숨은 화두의 본질을 파악해야 한다는 뜻이다. 주 14 참조.
14 사자는 흙덩이를~흙덩이를 쫓아간다 : 어리석은 사람은 말의 일반적 개념과 형식에 몰두하지만 현명한 사람은 그 말을 한 사람의 의중을 알아차린다는 비유로 쓰인다. 『涅槃經』의 구절에 근거하여 변용한 대주 혜해大珠慧海의 말이 선가에서 회자된 것이다. 여기서는 정법이라고 말하건 부정법이라고 말하건 세존이 그 속에 설정한 관문을 간파해야 한다는 뜻이다. 『景德傳燈錄』 권6 「大珠慧海傳」(大51, 247b8), "'경·율·논은 부처님의 말씀이니 그것을 읽고 외우며 그 가르침을 따라 그대로 실행하거늘 어째서 견성見性하지 못합니까?' 마치 어리석은 개는 흙덩이를 쫓아가지만, 사자는 던진 사람을 무는 것과 같다. 경·율·논은 자기 본성의 작용이며 읽고 외우는 것은 법성法性이다.'(又問曰, '大經律論是佛語, 讀誦依敎奉行, 何故不見性?' 師曰, '如狂狗趁塊, 師子咬

長蘆賾拈, "諸仁者, 世尊重重相爲, 可謂恩大難酬. 若據令而行, 別有一着在. 諸人要會麽? 師子咬人, 狂狗趂塊."

설화

○ 사자는 흙덩이를~흙덩이를 쫓아간다 : 거듭하여 일러 주신 당시의 소식이 그대들이 알 수 있는 경계는 아니라는 뜻이다.

長蘆: 師子至趂塊者, 重重相爲地時節, 非汝境界也.

보녕 인용保寧仁勇**의 상당**

이 공안을 제기하고 말하였다. "여러분, 불법에는 정해진 상相도 없고 정해지지 않은 상도 없으니 사람과 상황(機)에 따라 세우고 모든 상은 시절에 따라 달라진다는 사실을 알아야 한다. 있다(有)고 해도 되고 없다(無)고 해도 되며, 정해졌다고 해도 되고 정해지지 않았다고 해도 된다. 그것은 마치 허공과 같아서 막힘없이 드넓게 펼쳐져 가로막는 어떤 장애도 없으니, 마음대로 어디를 뚫고 들어가도 되고 종횡 어디로나 자유롭게 움직일 수 있으리라. 지금 누군가 나에게 '오늘은 어떤 법을 설하겠는가?'라고 묻는다면 '부정법을 설하겠다.'라고 할 것이며, 만일 다음 날(次日) '오늘은 어떤 법을 설하겠는가?'라고 묻는다면 '정법을 설하겠다.'라고 대답할 것이다. 만약 '어제는 어째서 부정법을 설하고 오늘은 어째서 정법을 설하는가?'라고 묻는다면 '어제는 정해지지 않았고 오늘은 정해졌기 때문이다.'[15]라고 대답할 것이다."

人. 經律論是自性用, 讀誦者是法性.)"; 40권본 『大般涅槃經』 권25(大12, 516b12), "모든 범부가 오로지 결과만 보고 그 조건이 되는 인연을 살필 줄 모르는데, 마치 개가 자기에게 던져진 흙덩이를 물려 쫓아가고 던진 사람을 쫓지 않는 것과 같다.(一切凡夫, 惟觀於果, 不觀因緣, 如犬逐塊, 不逐於人.)"

保寧勇上堂, 擧此話云, "諸仁者, 是知, 佛法無有定相, 無不定相, 隨機施設, 一切臨時. 說有亦得, 說無亦得 ; 說定亦得, 說不定亦得. 猶如大空, 廓然蕩蕩, 無障無礙, 一任穿鑿, 縱橫自在. 如今, 若有人問保寧, '今日當說何法?' 卽云, '說不定法.' 或次日問云, '今日當說何法?' 卽云, '說定法.' 或問, '昨日爲什麽不定, 今日爲什麽定?' 卽云, '昨日不定, 今日定.'"

설화

○ 불법에는 정해진 상相도~자유롭게 움직일 수 있으리라 : 세존에게는 어떤 것은 옳다 하고 어떤 것은 옳지 않다고 차별할 생각이 없다.
○ 다음 날(次日) : 내일來日과 같은 말.
○ 먼저 부정법을 거론하고 다음에 정법을 거론한 보녕의 방식은 세존과 같은가, 다른가?[16]

保寧 : 是知佛法至自在者, 世尊無可不可之意也. 次日卽來日也. 先擧不定法, 後擧定法, 與世尊, 同耶別耶?

원오 극근圜悟克勤의 소참

이 공안을 제기하고 말하였다. "대단한 세존이시여! 용의 머리에 뱀 꼬

---

[15] 표면적인 말은 세존과 반대이나 다르지 않다. 오늘을 기준으로는 어제이지만 어제 당시는 오늘로서 정해지지 않은 시간이었기에 '부정법을 설하겠다.'라는 말이 가능하다. 또, 그다음 날인 오늘에는 '정법을 설하겠다.'라 하고 '오늘은 정해졌기 때문'이라 한 말은 말 그대로 오늘 자체가 정해져서가 아니라 오늘 이전의 시간이 정해졌기 때문에 정법을 설할 수 있다는 말로 해독 가능하다. 따라서 어제와 오늘, 혹은 단절할 수 없고 관념상의 시간일 뿐인 과거·현재·미래를 소재로 나눈 대화라는 관점에서 접근해야 한다.
[16] 보녕이 세존과 특별히 다른 대답을 할 것으로 기대했지만, 정법과 부정법의 위치를 바꾸어 대동소이한 말에 그쳤다. 이것을 설화에서는 '같은가, 다른가?'라고 제기함으로써 같다고 해도 맞지 않고 다르다고 해도 맞지 않은 관문으로 설정한 것이다.

리가 되셨군요. 만약 나, 천녕이었다면 그렇게 하지 않았을 것이다. 만일 누군가 '이른 아침에는 어떤 법을 설하였는가?'라고 묻는다면 '부정법이다.'라고만 대답하고, '지금은 어떤 법을 설하는가?'라고 묻는다면 '정법이다.'라고 대답할 것이며, '이른 아침에는 정해지지 않았지만 지금은 정해졌기 때문인가?'라고 묻는다면, 그에게 '한 번 던진 낚싯바늘에 바로 걸려들었구나.'라고 대답할 것이다."

圜悟勤小參, 擧此話云, "大小世尊! 龍頭蛇尾. 若是天寧, 卽不然. 忽有問, '早朝說什麼法?' 只對云, '不定法.' '卽今說什麼法?' 對云, '定法.' 或云, '早朝不定, 而今爲什麼定?' 卽向他道, '一鉤便上.'"

[설화]

○ 이른 아침과 지금, 부정법과 정법 등으로 한 말 : 앞의 보녕 상당에서 제시한 뜻과 같다.
○ 한 번 던진 낚싯바늘에 바로 걸려들었구나 : 남이 던진 말을 따라 마구 내달렸기 때문이다.

圓悟 : 以早朝卽今, 不定法定法, 上保寧上堂義一般也. 一鉤便上者, 隨言走殺故也.

송원 숭악松源崇嶽의 상당

이 공안을 제기하고 말하였다. "석가께서도 끌어당겼다 털어 없애는 상대의 손길에 끌려다니는 신세를 벗어나지 못하셨구나. 만일 나, 호구에게 '어제는 정해졌는데 오늘은 어째서 정해지지 않았는가?'라고 묻는다면, 단지 그에게 '산봉우리에 구름 한 점 일지 않으면, 물속에는 달이 떠 있으리라.'[17]라고 말해 주리라."

松源上堂, 擧此話云, "釋迦未免隨樓攊, 忽問虎丘, '昨日定, 今日爲什麽不定?' 只向他道, '無雲生嶺上, 有月落波心.'"

> 설화

○ 산봉우리에 구름 한 점 일지 않으면, 물속에는 달이 떠 있으리라 : 세존이 하신 말씀과 얼마나 차이가 있는가? 이것은 자명 초원慈明楚圓[18]의 말이다.

松源 : 無雲至波心者, 與世尊道地, 相去多少? 此慈明語也.

---

17 취암 가진翠岩可眞과 자명 초원慈明楚圓 사이에 주고받았던 문답에 나오는 구절. 구름은 유무가 일정하지 않은 존재로 있다가도 사라지고 없다가도 일어나는 특징을 가지고 있다. 반면 달은 구름에 가려지건 구름이 걷혀 드러나건 항상 하늘에 떠서 자신의 빛을 발하는 특징을 지니고 있다. 구름(雲) 앞에 무無가 붙고, 달(月) 앞에 유有가 붙어 있는 것은 그러한 각각의 특징을 나타내는 의도이기도 하다. 달을 가리는 번뇌의 이미지로 구름을 낮추어 보면 이 화두를 이해할 수 없다. 정법과 부정법의 관계를 차별 또는 무차별로 의미화하는 시도는 사구死句가 되는 까닭이다. 『禪苑蒙求』권하(卍148, 280b17), "취암 가진 선사가 자명 대사를 찾아가자 자명이 그를 보고 물었다. '불법의 근본적인 뜻은 어떤 것인가?' '산봉우리에 구름 한 점 일지 않으면, 물속에는 달이 떠 있으리라.' '머리털은 희고 치아는 누렇도록 나이를 먹었으면서 이 정도 견해뿐이 없는가!' 이에 가진이 눈물을 흘리며 가르침을 구하자 자명이 '그대가 나에게 물어보겠는가?'라고 하였다. 가진은 앞서 자명이 물었던 질문 그대로 그에게 물었고 자명이 '산봉우리에 구름 한 점 일지 않으면, 물속에는 달이 떠 있으리라.'라고 한 말에서 대법大法을 단번에 깨달았다.(翠岩可眞禪師, 到慈明大師, 慈明看便問曰, '如何是佛法大意?' 可眞曰, '無雲生嶺上, 有月落波心.' 明曰, '頭白齒黃, 猶作這見解!' 可眞垂淚求指示, 明云, '你可問我?' 可眞以前語問之, 明曰, '無雲生嶺上, 有月落波心.' 卽於其所, 頓明大法.)"

18 자명 초원慈明楚圓(986~1040) : 석상 초원石霜楚圓이라고도 한다. 분양 선소汾陽善昭의 제자로서 그의 법을 계승하였고, 황룡 혜남黃龍慧南과 양기 방회楊岐方會 등에게 법을 전수하였다.

14칙 세존오통世尊五通

[본칙] 세존께 오통 선인[1]이 물었다. "부처님께서는 여섯 가지 신통을 가지고 계시지만, 저는 다섯 가지 신통밖에 없습니다. 그 나머지 하나의 신통은 어떤 것입니까?" 부처님께서 선인을 부르자 선인이 "예!" 하고 응답하였다. 부처님께서 말씀하셨다. "그 하나의 신통을 그대가 나에게 묻는구나."

世尊, 因五通仙人問, "佛有六通, 我有五通. 如何是那一通?" 佛召仙人, 仙人應喏. 佛云, "那一通你問我."

[설화]
- 이 공안은 『통명집通明集』의 문구에 근거한다.
- 다섯 가지 신통(五通)[2] : 도통道通·신통神通·의통依通·보통報通·요통妖

---

1 오통 선인五通仙人 : 『長阿含經』 권12(大1, 81b25), 『方廣大莊嚴經』 권4(大3, 560b18), 60권본 『華嚴經』 권47(大9, 695c2) 등에 나온다. 해설은 설화 참조.
2 다섯 가지 신통(五通) : 오통五通은 술법術法을 중심으로 하는 외도의 다섯 가지 신통을 말한다. 『寶藏論』 「離微體淨品」(大45, 147a29), "신통 가운데 지혜가 있고, 지혜 가운데 신통이 있다. 신통에는 다섯 종류가 있고 지혜에는 세 종류가 있다. 무엇이 다섯 종류의 신통인가? 첫째는 도통, 둘째는 신통, 셋째는 의통, 넷째는 보통, 다섯째는 요통이다. 무엇을 요통이라 하는가? 여우가 늙어서 목석의 정령으로 변하였다가 사람의 몸에 붙어서 사는데 총명하고 지혜가 뛰어나다. 이것을 요통이라 한다. 무엇을 보통이라 하는가? 귀신처럼 미래의 일을 미리 알고 천신들처럼 변화하며, 중음中陰에서 태어날 곳을 결정하여 귀신과 용처럼 변화한다. 이것을 보통이라 한다. 무엇을 의통이라 하는가? 법에 따라 알고 몸에 알맞게 활용하며, 부적을 타고 왕래하고 약을 먹고 신령하게 변화한다. 이를 의통이라 한다. 신통이란 무엇인가? 고요한 마음으로 만물을 비추고 전생을 기억에 담아 지니고 갖가지를 분별하여 아는 등의 작용으로 그 모두가 선정禪定의 효력에 따른다. 이를 신통이라 한다. 도통이란 무엇인가? 무심하게 만물에 응하고, 모든 중생을 인연에 적절하게 교화하지만, 물에 비친 달이나 허공에 핀 헛꽃처럼 그 영상의 주인은 없다. 이것을 도통이라 한다.(夫神中有智, 智中有通. 通有五種, 智有三種. 何爲五通? 一曰道通, 二曰神通, 三曰依通, 四曰報通, 五曰妖通. 何謂妖通? 狐狸老變木石之精,

通 등의 신통이다.

- 여섯 가지 신통(六通) : 천안통天眼通·천이통天耳通·타심통他心通·숙명통宿命通·여의통如意通·누진통漏盡通 등을 말한다.
- 선인의 다섯 가지 신통은 부처님의 여섯 가지 신통 중 앞의 다섯 가지 신통이 아니다. 선인은 요통妖通과 신통神通의 다른 점을 알지 못하고 헛된 생각으로 부처님의 오통을 성취했다고 여겼으니, 여섯 번째 신통(누진통)을 얻지 못했기 때문에 그렇게 질문을 던졌던 것이다.
- 천석泉石[3]은 이에 대하여 "범부의 오통이란 다섯 가지 감각기관[4]에서 발생하는 식識이 만물의 장애를 받지 않고 경계를 관조하는 작용이 폭넓고 멀리까지 미치기 때문에 오통이라 한다."라고 하였다. 이것은 부처님의 육통 중 앞의 오통과는 다른 종류이다. 누진통은 오직 부처님만이 완전하게 증득한 신통으로서 그 하나의 신통 앞에서는 총명한 덕을 가진 자라도 바보와 같이 된다.
- 부처님께서 선인을 부르자 : 천석은 "공자孔子가 증자曾子를 자주 부른 것은 별다른 이유 때문이 아니었으니, 다만 공부하여 일관一貫의 종지로 돌아가기를 바란 것이다."[5]라고 해설하였다.

附傍人身, 聰慧奇特, 此爲妖通 ; 何謂報通? 鬼神逆知, 諸天變化, 中陰了生, 神龍變化, 此爲報通 ; 何謂依通? 約法而知, 緣身而用, 乘符往來, 藥餌靈變, 此爲依通 ; 何謂神通? 靜心照物, 宿命旣持, 種種分別, 皆隨定力, 此爲神通 ; 何謂道通? 無心應物, 緣化萬有, 水月空華, 影象無主, 此爲道通.)

3 천석泉石 : 미상의 인물.
4 다섯 가지 감각기관(五根) : 안眼·이耳·비鼻·설舌·신身 등을 말한다. 이 기관들이 각각 색色·성聲·향香·미味·촉觸 등 다섯 가지 경(五境·五塵)을 대상으로 삼아 다섯 가지 식識을 일으킨다.
5 '일관一貫'은 공자가 자신의 도는 하나로 꿰뚫었다고 하는 일이관지一以貫之의 줄임말로 내용적으로 충서忠恕를 가리킨다. 마찬가지로 부처님의 신통은 오로지 '그 하나의 신통'인 누진통에 요소가 있다는 뜻이다. 『論語』「里仁」, "공자가 말씀하셨다. '삼아! 내 도는 하나로 꿰뚫었다.' 증자가 말하였다. '그렇습니다!'……공자의 도는 충서일 따름이다.'(子曰, '參乎! 吾道, 一以貫之.' 曾子曰, '唯!'……夫子之道, 忠恕而已矣.')"

● 그 하나의 신통을 그대가 나에게 묻는구나 : 타인에게 말해 주려면 철저하게 핵심을 말해 주어야 한다는 뜻이다.
● 그렇다면 그 하나의 신통은 어떻게 이해해야 할까? 이 구절 그대로(卽) 이해해야 할까? 이 구절을 벗어나서(離) 이해해야 할까?[6] 만일 이 구절 그대로 이해한다면 그 하나의 신통에 속지 않을 수 없을 것이며, 이 구절을 벗어나서 이해한다면 또한 석가노자의 독한 수단에 걸려들 것이다. 그러므로 반드시 바른 안목을 갖추고 저울의 눈금을 실물로 착각하지 마라![7] 오늘날 도를 배우는 사람들은 갖가지 비상한 말을 망령되게 분별하며 파고드는 소재로 삼는데, 이는 본래의 뜻에서 매우 멀리 벗어나는 것이다.

[五通] 此話, 通明集文. 五通者, 道神衣服[1)]妖. 六通者, 天眼天耳他心宿命如意漏盡也. 則仙人五通, 非佛之六通中之前五通. 仙人不知, 妖通神通之別, 妄意以謂, 得佛之五通, 唯第六通未得故, 伊麼致問也. 又泉石云, "凡夫五通者, 五根發識, 物無能隔, 照境寬遠, 故名爲五通." 非如佛之六通中前五通也. 漏盡通, 唯佛圓證, 那一通, 聰聽如聾. 佛召仙人者, 泉石云, "頻[2)]呼曾子非他事, 只要參歸一貫宗." 那一通你問我者, 爲人須爲徹也. 只如那一通作麼生會? 爲卽此句會耶? 爲離此句會耶? 若卽此句會, 未免被那一

---

6 이 구절~이해해야 할까 : 드러난 구절 그대로도(卽) 안 되고, 그 구절을 벗어나도(離) 안 되는 틀을 설정한다. 이처럼 즉卽과 리離를 모두 부정하여 어떤 인식도 통하지 않는 곤경에 처하도록 하는 것이 화두를 설정하는 기초이다.
7 저울의 눈금을~착각하지 마라 : 확정된 저울의 눈금 곧 저울의 기준점을 정반성定盤星이라 한다. 저울에 아무 물건도 매달리지 않아 눈금이 기준점(0)을 가리키고 있을 때 그것을 헤아려 실물을 알려고 하는 것은 어리석은 시도이다. 저울의 기준점은 종사가 설정한 언어의 수단을 말한다. 가리키는 의미가 전혀 없기 때문에 화두를 무의미화無義味話 또는 몰자미沒滋味라 하는 것과 같다. 화두가 실제로 가리키는 그 무엇이 있는 듯이 착각하면 화두의 그러한 본질에서 벗어나게 된다. 세존의 부름과 오통 선인의 응답, '그 하나의 신통' 등이 모두 정반성과 같으므로 그것에 실재하는 그 무엇이 숨어 있다고 착각해서는 안 된다.

通譏住；若離此句會, 又遭釋迦老子毒手. 直須具眼, 莫錯認定盤星! 今時
學者, 以多般口訣, 妄爲穿鑿, 此失旨甚遠.

1) ㉭ '衣服'은 '依報'의 오기이다. 2) ㉻ '頻'이 병본에는 '顰'로 되어 있다.

대각 회련大覺懷璉의 송 大覺璉頌

선인이 다섯 신통 말하는 바로 그 순간	仙人纔道五通時
납자라면 그때 두 눈썹을 찌푸렸으리라	衲子當年未展眉
다시 그가 하나의 신통 내게 묻는다면	更話一通渠問我
두세 방 몽둥이 떨어질 줄 알아야 하리	定知打落二三椎

[설화]

○ 세존이 그렇게 한 말씀도 근본에서 두 번째 세 번째 단계로 멀어지지 않을 수 없다는 뜻이다.[8]

大覺義, 世尊伊麽, 未免落二落三也.

장산 법천蔣山法泉의 송 蔣山泉頌

그 하나의 신통을 그대 내게 묻느냐 하시니	那一通你問我
천둥 울리자 구름 속에서 번갯불 흩어지고	雷車迸出雲中火
천상과 인간 세상에 쏟아 붓듯이 비 내리니	天上人間雨似傾
검은 용이 황금 자물쇠 끊어 버린 탓이로다	驪龍掣斷黃金鏁
오통 선인 신통 변화 신령하다 헛되이 뽐내다	五通神變謾誇靈

---

8 어떻게 대답해도 근본에서 점점 멀어진다는 뜻이다. 제4구의 몽둥이 두세 방에 대하여 근본 그 자체인 제일의第一義에서 벗어나 제이의第二義·제삼의第三義에 떨어진다는 취지로 해석했다. 『死心悟新和尙語』續古尊宿語要 1(卍118, 863a1), "말할 때는 일곱 번 뒤집어지고 여덟 번 거꾸러지며(횡설수설하며 조리가 없다는 뜻), 침묵할 때는 제이의·제삼의로 점점 근본에서 멀어진다.(說時, 七顚八倒 ; 黙時, 落二落三.)"

| 저도 모르는 결에 다리 아래서 눈썹 났다네[9] | 不覺眉毛脚下生 |

설화

○ 그 하나의 신통을~황금 자물쇠 끊어 버린 탓이로다 : "그 하나의 신통을 그대가 나에게 묻는구나."라는 구절이 활발한 작용을 나타낸다는 뜻이다.

○ 오통 선인~다리 아래서 눈썹 났다네 : 오통 선인은 "그 하나의 신통을 그대가 나에게 묻는구나."라는 말만 깨달은 것처럼 보인다는 뜻이다.

○ 눈썹 : (오통 선인의 신통력이) 아무런 효력과 작용도 없다는 뜻이다. 깨달음의 요체를 알지 못하여 아무런 효력과 작용도 없으면서 자신의 잘못을 모른다는 뜻이다.

蔣山 : 那一通至黃金鏁者, 那一通你問我處, 活用也. 五通至下生者, 五通似乎只悟得箇那一通你問我也. 眉毛則無力用意. 不知悟處, 無力用而不知過也.

천복 본일薦福本逸**의 송** 薦福逸頌

그 하나의 신통을 그대 내게 묻느냐 하시니	那一通你問我
누구나 석가노인을 부끄럽게 여기게 되었네	令人慚愧釋迦老
걸음마다 황금 연꽃 밟는 줄만 알았을 뿐	只知步步躡金蓮
거친 풀숲으로 아득하게 들어간 것 모르노라	不覺茫茫入荒草
거친 풀숲으로 들어가더니	入荒草

---

9 다리 아래서 눈썹 났다네 : 불법의 진실을 잘못 이해하고 남에게 말하면 눈썹과 수염이 빠진다(眉鬚墮落)는 말이 있다. 이와 유사한 맥락에서 진실을 왜곡하여 눈썹이 엉뚱한 자리에서 났다는 뜻을 나타낸다. 오통 선인은 자신의 신통한 변화 능력을 불법의 진실과 통한다고 오인했기 때문이다.

| 넝쿨이 길을 가로막아 온몸이 거꾸러졌다네 | 葛藤攔路和身倒 |

설화

○ 세존은 앞만 쳐다볼 뿐 뒤를 돌아보지 못했으니 부끄러운 꼴이라 할 만하다는 뜻이다. 그러므로 거친 풀숲과 넝쿨[10]로써 그 죗값을 준 것이다.

薦福:世尊瞻前, 不能顧後, 可謂慚愧. 故以荒草葛藤, 罪之也.

보녕 인용保寧仁勇**의 송** 保寧勇頌

무량한 겁의 세월 동안 마주친 적 없었거늘	無量劫來曾未遇
움직이지도 않고서 어찌 그 안에 도달하겠는가	如何不動到其中
불법이 군더더기 없이 간단한 것[11]이라 하지 마라	莫言佛法無多子[1]
가장 어려운 것은 구담의 그 하나의 신통이라네	最苦瞿曇那一通

1) ㉯ '子'가 병본에는 '字'로 되어 있다.

설화

○ 구담의 그 하나의 신통이 가장 어렵다는 사실을 알지 못하고 그 이상으로 향상하는, 군더더기 없이 간단명료한 도리를 찾지만 불법은 그런 것이 아니라는 뜻이다. 이처럼 한 걸음도 움직이지 않고 곧바로 그 안(불법의 핵심)에 도달할 수 있다면 무량한 겁의 세월 동안 어찌 한 번도 만난 적이 없었겠는가![12]

---

10 풀숲과 넝쿨 : 번뇌의 세계를 나타낸다.
11 불법이 군더더기~간단한 것(佛法無多子) : 임제臨濟의 말이다. 임제가 대우大愚와 문답하다가 황벽黃檗의 선법을 알아차리고 그것을 평가한 말이다. '多'는 불필요하게 많다 또는 쓸데없이 남아돈다는 뜻이다. 불법은 불필요하게 복잡한 내용을 가지지 않고 간명하게 진실에 부합한다는 의미이다. 『臨濟錄』(大47, 504c14), 참조.
12 불법이 간단명료하다면 헤아릴 수 없이 긴 세월 동안 별다른 노력을 하지 않고도 한

保寧 : 不知瞿曇那一通最苦, 更討向上無多子地, 佛法即不是. 然則不動一步, 便到其中, 則無量劫來, 何曾未遇!

설두 중현雪竇重顯의 염

"노호老胡[13]는 원래 그 하나의 신통이 있는 줄 몰랐는데, 도리어 삿된 신통(오통)으로 인하여 바른 신통(누진통)을 깨우친 것이다."[14]

雪竇顯拈, "老胡, 元不知有那一通, 却因邪打正."

> 설화

○ 노호는 원래~있는 줄 몰랐는데 : 오통 선인을 칭찬한 것인가, 나무란 것인가?

雪竇 : 老胡至通者, 賞伊罰伊?

대홍 보은大洪報恩의 염

"외도는 벌레가 나무를 갉아 먹는 꼴이었고, 세존은 우연히 무늬를 새긴 격이었다.[15] 여러분, 그 하나의 신통을 알고자 하는가? 바람의 방향을

번쯤은 마주칠 수 있었을 것이라는 말. 그러나 부처님의 그 하나의 신통은 간단히 알기 어려운 것이기에 그처럼 쉽게 마주치지 못한다는 뜻이다.
13 노호老胡 : 중국의 시각에서는 부처님이나 달마대사가 이방인(胡)이므로 이렇게 부른다. '노老'는 존칭을 나타내며, 친근한 느낌의 호칭이다.
14 오통 선인의 삿된 신통력을 처음으로 알고서 부처님 자신의 누진통이 바르다는 사실을 새삼스럽게 확인했다는 뜻. 뒤의 '낭야 혜각의 염'에 설두의 의도가 더 친절하게 드러난다.
15 '벌레가 나무를 갉아 먹다가 자신도 모르게 우연히 그럴듯한 무늬가 새겨졌다.'는 하나의 구절을 두 편으로 갈라서 각각 외도와 세존에 대한 착어著語로 활용하였다. 그 무늬의 의미가 무엇인지 천착穿鑿할 필요가 없고 애써 분별하려 해도 알 수 있는 대상이 아니기 때문에 몰자미沒滋味한 맥락과 통한다. 착어를 이렇게 두 갈래로 나누어 붙이

따라 불을 붙이니 대지 전체에 골고루 빛이 일어나고, 작은 물줄기가 모여 도랑이 만들어지니[16] 언젠가는 예禮를 알 수 있으리라.[17]"

大洪恩拈, "外道, 如蟲禦木 ; 世尊, 偶爾成文. 諸人, 要會那一通麼? 因風吹火, 匝地光生 ; 水到渠成, 可知禮也."

[설화]

○ 세존께서 대답한 내용은 한 시기에 적절한 방편이면서 또한 궁극적으로 남에게 가르침을 주는 말이었음을 나타낸다. 대의는 장산의 송에 드러난 의미와 같다.

는 예는 많다. 『雪竇語錄』 권2(大47, 683a23), "묻는 자는 벌레가 나무를 갉아 먹는 꼴이었고, 대답한 자는 우연히 무늬를 새긴 격이었다. 비록 이렇기는 하지만, 납승의 눈을 멀게 하였다.(問者, 如蟲蝕木 ; 答者, 偶爾成文. 然雖恁麼, 瞎却衲僧眼.)"
16 바람이 부는 방향을 이용한다는 말은 상대의 조건을 고려하여 응하는 방편을 가리키고, 뒤의 구절은 작은 물줄기 하나하나가 도랑을 만드는 낱낱의 요소가 되듯이 우연히 마주친 현상들을 활용하는 선기禪機를 상징한다. 『宏智廣錄』 권1(大48, 10b16), "법좌에 올라앉아 말하였다. '티끌 하나가 일어나면 대지 전체가 그것에 거두어지고, 꽃 한 송이가 피면 세상 전체에 봄이 온다. 납승의 변화된 모습은 반드시 이와 같아야 한다. 그래야 어떤 때 어떤 곳에서라도 마음껏 운용함에 자재하고, 걸림 없이 응용함에 정해진 방향에 얽매이지 않을 것이다. 여러분은 그 뜻을 알겠는가? 바람이 스치면 풀잎은 눕고, 작은 물줄기가 모여 도랑이 만들어진다.'(上堂云, '一塵起大地收, 一花開天下春. 衲僧變態, 須是恁麼始得. 便乃一切時一切處, 任運自在, 應用無方. 諸人還委悉麼? 風行草偃, 水到渠成.')"
17 예禮를 알 수 있으리라(可知禮也) : 어린아이들이 처음으로 글자를 배울 때 필사하며 외우게 했던 구절에 나오는 마지막 말. 당나라 말기에 학동을 가르치기 위하여 만들었던 교재에 나온다. 그 전체는 "상대인上大人 구丘 자신이 삼천의 제자를 가르쳐 그 중 70인이 육예六藝에 통달하였으니, 너희 어린이들이 8~9세에 불과해도 어질게 될 수 있고, 예를 알 수 있느니라.(上大人丘乙己, 化三千, 七十土, 爾小生八九子, 可作仁, 可知禮也.)"라고 한다. 처음 배우는 학생들이 하나씩 익히다 보면 최종의 목적을 이룰 수 있다는 의미를 지닌다. '上大人'은 공자(丘)를 가리키지만, 글자 자체는 획수가 적고 처음 받아쓰기 적절하므로 간단하고 쉬운 문자를 나타낸다. 『雲門廣錄』 권상(大47, 552b6), 『虛堂錄』 권9(大47, 1052b11) 등에도 이 '可知禮'가 나온다.

大洪 : 現世尊答處, 一期方便, 亦是究竟爲人處也. 大義, 與蔣山頌義一般也.

법운악法雲岳의 염
"여러 선문의 선지식들이 세존께서 큰 자비심을 갖추었다고 찬미하지만, 나는 세존이 사람을 죽이는 도적이라 말하리라."

法雲岳拈, "諸方知識, 讚美世尊, 具大慈悲, 我道世尊, 是殺人賊."

[설화]
○ 세존이 그렇게 응한 대답은 남을 함정에 빠뜨리는 수법과 아주 흡사했기 때문이다.[18]

法雲 : 世尊伊麽, 大似陷人故也.

낭야 혜각瑯琊慧覺의 염
"세존은 (그 하나의 신통을) 알지 못했는데 바른 신통으로 인해 삿된 신통을 깨우쳤다 할 만하고, 오통 선인은 삿된 신통으로 인해 바른 신통을 알았던 것이다."

瑯琊覺拈, "世尊不知, 可謂因正而打邪, 五通因邪而打正."

[설화]
○ 바른 신통으로 인해 삿된 신통을 깨우쳤다 : 비록 선한 원인이지만 악

---
[18] 분명하게 확정된 해답을 주지 않았던 방식을 말한다.

한 결과를 초래할 수 있다는 뜻이다.
○ 삿된 신통으로 인해 바른 신통을 알았다 : 악한 원인이라고 하여 반드시 악한 결과를 초래하지는 않는다는 뜻이다.

瑯琊:因正而打邪者, 雖是善因, 而招惡果也. 因邪而打正者, 未必惡因, 而招惡果也.

취암 수지翠嵓守芝**의 염**
"오통은 이렇게 질문하였고 세존은 그렇게 대답하였다. 문제는 (그들 모두) 그 하나의 신통을 이해하지 못했다는 점이다."

翠嵓芝拈, "五通如是問, 世尊如是答. 要且, 不會那一通."

설화
○ 천복의 송에 드러난 의미와 같다.

翠巖:薦福頌義一般也.

금산 요원金山了元**의 상당**
화주化主[19]가 돌아온 것을 기념하여 법좌에 올라앉아 이 공안을 제기하

---

19 화주化主 : 절을 떠나 시주施主를 받아 사찰의 재정을 마련하는 소임. 화주가 무사히 임무를 마치고 돌아오면 격식을 갖추어 노고를 치하하는 행사를 치르는 것이 보통이다. 『禪院淸規』 권5 「化主」(卍111, 901a10), "화주가 절로 돌아오면 간략하게 인사치레를 하고, 시주물을 처리한 사정에 대하여 자세하게 알리고 난 다음 그 내용을 적은 작은 목록과 각두부를 봉합하고, 아울러 납시리장納施利狀 한 본과 유약장乳藥狀 한 본을 갖추어 둔다.(化主歸院, 略行人事, 款曲打疊施利竟, 乃封角小疏目錄脚頭簿, 竝具納施利狀一本, 乳藥狀一本.)"

고 말하였다. "오통 선인은 이렇게 질문했고, 대각세존께서는 그렇게 대답했다. 문제는 (그들 모두) 그 하나의 신통을 이해하지 못했다는 점이다. 그 하나의 신통이란 무엇인가? 자라장紫羅帳[20] 안에는 진주가 가득히 찼으니, 요즘 사람들이 아무나 골라 보도록 맡겨 두겠다."

金山元, 因化主歸上堂, 擧此話云, "五通仙人伊麽問, 大覺世尊伊麽答. 要且, 未會那一通在. 如何是那一通? 紫羅帳裏眞珠滿, 一任時人揀擇看."

설화[21]

○ 오통 선인은 이렇게 질문했고~그 하나의 신통을 이해하지 못했다는 점이다 : 달 속의 계수나무를 베어 없앤다.
○ 자라장紫羅帳 안에는~골라 보도록 맡겨 두겠다 : 밝은 달빛이 더욱 많이 쏟아진다.

---

20 자라장紫羅帳 : 자주색의 엷은 명주로 짠 휘장. 군주가 임하는 장소이며, 그 안이 잘 들여다보이지 않는다는 뜻에서 뚫고 나가야 하는 '관문'을 비유한다. 비록 진주가 뿌려져 있어 보이는 대로 집어 갈 수 있을 듯하지만 아무도 쉽게 접근할 수 없을 뿐만 아니라 진주가 뿌려져 있다는 말도 사실을 나타내지 않는다. 그래서 설두雪竇는 "자라장 안에 진주가 있고, 조계로 가는 길에는 가시나무가 자라나 있다.(紫羅帳裏有眞珠, 曹溪路上生荊棘.)"라고 대칭되는 구절을 묶어 두고 진주 고르는 일이 가시나무 길을 지나는 걸음처럼 어렵다고 암시하였다. 『雪竇語錄』권6(大47, 705b28) 참조. 굉지 정각宏智正覺이 "자라장이 닫히면 보거나 듣는 작용이 통하지 않는다.(紫羅帳合, 視聽難通.)"라고 했던 말도 같은 뜻이다. 『宏智廣錄』권3(大48, 30c17) 참조.

21 하나의 온전한 구절을 두 부분으로 나누어 각각의 착어로 활용했다. 두보杜甫의 시〈一百五日夜對月〉에 나오는 구절이다. 계수나무가 그림자를 만들어 달빛을 조금이라도 가리기에 베어 없애면 달빛이 더욱 밝아질 것이라는 말. 선가에서는 틀에 박힌 집착을 제거하면 실상을 보는 밝은 눈이 열린다는 비유로 쓰인다. "집 떠나 한식을 맞으니, 눈물이 달빛처럼 흐르네. 달 속의 계수나무 베어 없애면, 밝은 달빛 더욱 많이 쏟아지리라. 떨어져 있어도 붉은 꽃 피었겠지만, 고운 눈썹 찡그리고 있을 임 떠올리네. 견우와 직녀는 하염없이 시름하며 그리워하니, 가을 칠석이면 은하수 건너 만나리.(無家對寒食, 有淚如金波. 斫却月中桂, 淸光應更多. 仳離放紅蕊, 想像顰靑蛾. 牛女漫愁思, 秋期猶渡河.)"; 『九家集注杜甫詩』권19, "달의 맑은 빛이 계수나무에 가려진다는 말이다.(言月之淸光, 爲桂所掩也.)"

金山:五通至未會那一通者, 斫却月中桂也. 紫羅至擇看者, 淸光應更多也.

운봉 문열雲峯文悅의 염
"대단한 구담이시여, 외도에게 감파당하셨구려! 여기에 내 말을 인정하지 않는 자가 있는가? 나오라! 내가 그에게 그 하나의 신통이 무엇인지 물어보련다."

雲峯悅拈, "大小瞿曇, 被外道勘破了! 有傍不肯底麼? 出來! 我要問你, 作麼生是那一通?"

설화
○ 대단한 구담이시여, 외도에게 감파당하셨구려 : 오늘 세존의 부름과 오통 선인의 응답(喚應)이 저울의 기준점을 실물로 오인한 듯이 보이기 때문이다.
○ 그 하나의 신통이 무엇인지 물어보련다 : 이 한 번의 부름 그대로(卽) 이해해야 할까? 아니면 이 한 번의 부름을 벗어나서(離) 이해해야 할까?[22]

雲峯: 大小至破了者, 今日喚應, 似乎誤認定盤星故也. 作麼至一通者, 卽此一喚會耶? 離此一喚會耶?

운개 지본雲蓋智本의 염
"세존께서는 이와 같이 부르셨고 오통은 그렇게 응답했으니, 그 하나

---
[22] '즉卽'과 '리離'에 따라 설정한 관문으로 해설하였다. 주 6 참조.

의 신통이란 무엇일까?" 잠깐 침묵하다가 말하였다. "아름다운 소녀는 벌써 하늘 멀리 돌아갔거늘, 어리석은 사내는 여전히 식은 화롯가에서 머뭇거린다."[23]

雲盖本拈, "世尊如是召, 五通如是應, 作麼生是那一通?" 良久云, "姹女已歸霄漢去, 獃郎猶在火邊抳."[1)]

1) ㉠ '火邊抳'은 다른 문헌에서는 '火爐頭', '火邊蹲', '自守寒鑪', '火邊棲' 등으로 표현되며, 옮긴다는 뜻의 '抳'은 오식으로 보인다. 설화의 '棲'에 준하여 번역한다.

설화

○ 아름다운 소녀는~화롯가에서 머뭇거린다 : 오늘 세존의 부름이 있었지만, 이와 같이 부른 적은 없었다는 뜻이다.[24]

雲盖 : 姹[1)]女至火邊棲者, 今日喚處, 未曾伊麼也.

1) ㉠ '姹'가 병본에는 '妊'로 되어 있다.

장로 종색長蘆宗賾의 상당

이 공안과 더불어 설두의 염을 동시에 제기하고 말하였다. "비록 이렇기는 하지만 말해 보라! 불법의 도리가 있는가? 불법의 도리가 없는가?

---

23 아름다운 소녀(姹女)는 단약丹藥을 만드는 도교의 연단법煉丹法에서 수은水銀을 상징하는 말이다. 단약 제조의 또 다른 요소인 납(鉛)은 어린아이인 영아嬰兒라 하는데 여기서는 어리석은 사내(獃郎)로 대체된 것이다. 『參同契』, "물가의 아름다운 소녀, 영靈하고도 대단히 신神하다네. 불을 얻으면 날아가 버리고, 티끌 한 점 남기지 않는구나.(河上姹女, 靈而最神. 得火則飛, 不見埃塵.)"라고 하였다. 세존은 부르는 순간 벌써 그곳에 어떤 의미도 남기지 않았지만, 오통은 응답하고서 세존의 부름에 진실한 도리가 있는 것으로 착각하고 궁리한다는 해설. 『法演語錄』권중(大47, 658b14), "아름다운 소녀는 벌써 하늘 멀리 돌아갔건만, 어리석은 사내는 여전히 스스로 빈방을 지키고 있다.(姹女已歸霄漢去, 獃郎猶自守空房.)"
24 오통이 '이와 같이 부른 적은 없었다.'라고 생각했다는 뜻인지 분명하지 않다.

없다면 멀쩡한 살점을 긁어 흠집을 낸 격이고, 있다면 뱀을 그리면서 쓸데없이 발을 붙여 놓은 꼴이 된다. 이 두 갈래 길을 떠나 어디서 석가노자를 만날 수 있을까?[25] 알겠는가? 마치 벌레가 나무를 갉아 먹다가 우연히 무늬가 생긴 것과 같다."

長蘆賾上堂, 擧此話, 連擧雪竇拈, 師云, "雖然如是, 且道! 有佛法道理? 無佛法道理? 無則剜肉成瘡, 有則爲蛇畫足. 去此二途, 向甚處, 與釋迦老子相見? 還會麽? 如蟲禦木, 偶爾成文."

설화

○ 앞의 설두 중현의 염에서 '원래 그 하나의 신통이 있는 줄 몰랐다.'라고 한 말은 불법의 도리가 없다는 뜻이고, '삿된 신통으로 인하여 바른 신통을 깨쳤다.'라는 것은 불법의 도리가 있다는 뜻이다. '원래 그 하나의 신통이 있는 줄 몰랐다.'라고 한다면 저 석가노자를 억눌러 부정하는 것이니, 멀쩡한 살점을 긁어서 흠집을 내는 격이요, 반면 '삿된 신통으로 인하여 바른 신통을 깨쳤다.'라고 한다면 무리하게 분별을 일으키는 것이므로 뱀을 그리다가 발까지 붙여 놓은 꼴이 된다. 그러므로 (장로 종색은) "이 두 갈래 길을 떠나 어디서 석가노자를 만날 수 있을까?"라고 말한 것이다. 이처럼 석가노자의 말은 마치 벌레가 나무를 갉아 먹다가 우연히 무늬가 생긴 것과 같았다.

長蘆 : 上雪竇拈云, '元不知有那一通.' 則無佛法道理也. '因邪打正'故, 有佛法道理也. 若言'元不知有那一通', 抑他釋迦老子, 如好肉上剜瘡也. 若

---

[25] 불법의 도리가 있다거나 없다거나 하는 이 두 길을 모두 부정하고 있지만 그와 다른 또 하나의 길도 허용하지 않는다. 오로지 양편이 모두 막혀 답답하기 그지없는 이 자리에 세존의 화두가 실현되어 있다는 관점이다.

言'因邪打正', 强生分別故, 爲蛇畫足. 故云, "去此二途,[1] 向甚處, 與釋迦 老子相見?"然則釋迦老子, 如蟲禦木, 偶爾成文.

1) ㉮ '途'가 병본에는 '道'로 되어 있다.

상방 일익 上方日益의 상당

이 공안을 제기하고 말하였다. "여러분, 그렇다면 그 하나의 신통은 어떻게 이해해야 할까? 만약 이것을 밝힌다면 그 사람은 찬란하고 드넓은 하늘을 마음껏 활보하며 마음을 텅 비우고 급제하여[26] 대천세계 전체를 우주 밖으로 집어 던지고 손바닥 안에 하늘과 땅을 움켜쥔 경지라 인정할 것이다. 하지만 만일 아직 모르겠더라도 의식 안에서 모색하거나 혀끝으로 헤아리지는 마라."

上方益上堂, 擧此話云, "諸仁者, 只如那一通, 作麽生會? 若也於此明得, 便許你高步丹霄, 心空及第, 擲大千於方外, 握乾坤於掌中. 若也未知, 且莫向意根下摸搸, 舌頭上較量."

설화

○ 찬란하고 드넓은 하늘을 마음껏 활보하며 마음을 텅 비우고 급제하다 : 세존께서 그렇게 하신 말씀의 뜻을 곧바로 밝혔다.
○ 대천세계 전체를 우주 밖으로 집어 던지다 : 마음대로 하도록 허용하는 방행放行이다.
○ 손바닥 안에 하늘과 땅을 움켜쥐다 : 어떤 것도 하지 못하도록 붙들어 매는 파정把定이다.
○ 다른 곳에서 다음과 같이 한 말과 같다. "하늘과 땅 전체와 온 세상, 색

---

26 마음을 텅 비우고 급제하여(心空及第) : 방거사龐居士의 게송에 나오는 구절. 본서 312칙 본칙 참조.

과 공, 밝음과 어둠, 지각이 있는 존재와 지각이 없는 존재 등이 모두 이 안에 있다. 방행하면 인연에 따라 어디나 근거할 터가 있겠지만, 파정하면 달아나 숨고자 해도 문이 없다. 말해 보라! 방행이 좋은가, 파정이 좋은가?"[27] 그러므로 사방으로 터진 큰길에서 종횡으로 걸림 없이 오가며 하나의 기틀을 원만하게 활용할 수 있다. 이 뜻을 모른다면 의식에서 점치듯이 헤아리는 잘못을 벗어나지 못할 것이다.

上方：高步至及第者, 直明世尊伊麼道得處也. 擲大千云云者, 放行也. 握乾坤云云者, 把定也. 如他處云, "盡乾坤大地, 色空明暗, 情與非情, 摠在這裏. 放行, 則隨緣有地；把定, 則逃竄無門. 且道! 放行好, 把定好?"[1)] 然則縱橫十字, 圓轉一[2)]機也. 若不知此意, 未免意識卜度也.

1) ㉭ '好'가 을본에는 없다.　2) ㉭ '圓轉一'이 을본에는 없다.

황룡 오신黃龍悟新의 시중

이 공안을 제기하고 말하였다. "세존께서는 일체지一切智[28]와 그 하나의 신통을 갖추고서도 자신도 모르는 사이에 외도의 독한 솜씨에 당하고 말았다."

黃龍新示衆, 擧此話云, "世尊具一切智, 那一通, 不覺遭他毒手."

[설화]

○ 앞의 운봉의 염에서 '외도에게 감파당했다.'라고 한 뜻과 같다.

黃龍：上雲峯拈, 被外道勘破之意一般也.

27　운봉 문열雲峰文悅의 말.『雲峰文悅語錄』古尊宿語錄 41(卍118, 690a9).
28　본서 11칙 주 1 참조.

육왕 개심育王介諶**의 염**

"꽃 옮겨 심으니 나비 뒤따르고,[29] 돌을 샀더니 더욱 많은 구름 얻었네.[30] 누구나 고개 끄덕이며 '나는 알았다'[31]라고 말하지만, 석가노자의 목숨이 다른 사람의 손아귀에 들어간 줄 알고 있는가?"[32]

育王諶拈, "移花兼蝶至, 買石得雲饒. 箇箇點頭道我會, 還知釋迦老子性命, 在別人手裏麼?"

설화

○ 꽃 옮겨 심으니~구름 얻었네 : 꽃은 대상 경계(境), 나비는 인식 주체(人), 돌은 본체(體), 구름은 작용(用)이다. 작용 속에 본체가 있고, 본체 속에 작용이 있다. 세존께서 한 번 부른 소리에 이와 같은 면목을 본래 갖추고 있었지만, 사람들은 한 번 부른 소리를 부른 것으로만 여기고 '다 알았다'라고 생각한다. 이처럼 저 석가노자의 속뜻을 오인하여 한 번 부른 소리의 진실을 파묻어 버렸다. 그러므로 "석가노자의 목숨이 다른 사람의 손아귀에 들어간 줄 알고 있는가?"라고 한 것이다.

育王 : 移花云云者, 花卽境, 蝶卽人, 石卽體, 雲卽用. 用中有體, 體中有

---

29 꽃을 다른 초목에 옮겨서 붙이는 방식(移花接木)은 남몰래 쓰는 수단을 비유한다. 거짓으로 진실을 바꾼다는 뜻이다. 오통에게는 없고 세존께만 있다는 '그 하나의 신통'이 마치 옮겨서 붙여 놓은 허황된 꽃과 같이 진실하지 못한 속임수라는 말이다. 모든 화두는 이처럼 진실이 숨어 있는 듯하지만 그렇지 않은데, 오통 선인은 '그 하나의 신통'에 스스로 속아서 거짓 꽃에 몰려드는 나비와 같은 신세가 된 것이다.
30 이상은 당나라 때 시인 요합姚合(779~855)이 지은 〈武功縣中作〉(혹은 일명 〈武功縣閑居〉) 30수 가운데 네 번째 수 경련頸聯을 활용한 구절이다.
31 '그 하나의 신통'이 무엇인지를 알았다고 생각한다는 뜻.
32 설화의 해설에 따르면, 사람들이 세존의 진실을 제멋대로 헤아린 결과 남들의 처분에 목숨이 위태로운 지경에 처한 결과가 되었다는 뜻이다.

用. 一喚處, 本具如是面目, 而諸人以一喚爲喚, 是自謂知有. 然則誤他釋迦老¹⁾子, 埋着一喚處, 故云, "還知云云, 至別人手裏麼?"

1) ㉯ '老'가 병본에는 없다.

운문 종고雲門宗杲의 염³³

"요즘에 진흙덩이를 가지고 노는 한 부류의 사람들³⁴이 곳곳에서 '그 하나의 신통'이라 한 말에 얽매여 저울의 기준점을 실물로 착각하는 경우가 많다."

雲門杲拈, "今時有一種弄泥團漢, 往往多在那一通處, 錯認定盤星."

[설화]

○ (그 하나의 신통을) 실재하는 것으로 인정하면 옳지 않다는 뜻이다.³⁵
○ 진흙덩이를 가지고 논다 : 어린아이의 놀이와 같다.

雲門義, 認着卽不是也. 泥團¹⁾弄者, 小兒也.

1) ㉯ '團'이 병본에는 없다.

백운 지병白雲知昺의 염

"세존은 그렇게 불렀고 오통 선인은 그렇게 응답한 바로 그것을 두고

---

33 이 염과 아래 백운의 염은 모두 '그 하나의 신통'이나 세존과 오통 사이에 주고받은 부름과 응답에 진실한 법(實法)이 있다는 오인을 비판하고 있다.
34 진흙덩이를 주무르며 이 모양 저 모양을 만들듯이 주어진 말을 가지고 갖가지 분별로 알아맞히려 하는 사람들을 가리킨다. 세존은 그런 시도를 수용할 틈이 전혀 없는 말과 문답을 했기 때문에 그것은 망상이 된다.
35 하나의 신통이라는 말을 저울 기준점처럼 확고한 분별의 뿌리로 삼아 헤아린다면 이 공안에서 경계하는 근본적인 함정에 빠진다.

그대들이 '그 하나의 신통'이라 부른다면 쏜살같이 지옥에 떨어질 것이다."

白雲昺拈, "世尊伊麽喚, 五通伊麽應, 你若喚作那一通, 入地獄如箭射."

[설화]
○ 주고받은 그곳에 진실이 있을 것이라고 인정하면 쏜살같이 지옥에 떨어지고 말리라는 뜻이다.

白雲義, 認着則入地獄如箭射.[1]

1) ㉑ '射'가 병본에는 없다.

15칙 세존탑묘世尊塔廟

본칙 세존께서 아난과 함께 길을 가다가 탑묘[1] 하나를 보시고 절을 올렸다. 아난이 물었다. "이것은 어떤 사람의 탑묘입니까?" "과거세 부처님들의 (사리를 모신) 탑묘이다." "이분들은 누구의 제자입니까?" "나의 제자들이다." "당연히 그러시겠지요."

世尊, 與阿難行次, 見一塔廟, 世尊作禮. 阿難云, "此是何人塔廟?" 世尊云, "是過去諸佛塔廟." 阿難云, "是何人弟子?" 世尊云, "是吾弟子." 阿難云, "應當如是."

설화

- 이 공안은 『보협인다라니경寶篋印陀羅尼經』의 문구에 근거한다.[2]
- 묘廟 : 모습을 나타내는 모貌와 같은 뜻이다. 탑묘가 선인先人의 모습과 비슷하기 때문이다.
- 탑묘 하나를 보시고 절을 올렸다~과거세 부처님들의 (사리를 모신) 탑묘이다 : (그 부처님들이) 과거세에는 주인(스승)이었는데 현재는 손님(제자)이라는 뜻이다.
- 이분들은 누구의 제자입니까? 나의 제자들이다 : 현재는 주인이지만 과거세에는 손님이었으니, 이는 확고하게 손님과 주인의 관계라는 뜻이다. 옛사람은 "제자의 거울에 비친 화상이 화상의 거울에 비친 제자에게 법을 설해 주고, 화상의 거울에 비친 제자가 제자의 거울에 비친

---

1 탑묘塔廟 : ⓢ stūpa, ⓟ thūpa. 탑탑과 같은 말. 부처님의 사리를 모신 탑. 후대에는 경전을 봉안하기도 한다. 묘廟·귀종歸宗·고현처高顯處·공덕취功德聚·방분方墳 등이라고도 한다. 음사어는 솔도파窣堵婆(窣堵婆, 窣都婆)이다.
2 제시된 경이나 다른 경에도 보이지 않는다.

화상의 설법을 듣는다."³라고 말했는데, 마치 한 면의 거울을 스승과 제자가 함께 바라볼 경우, 스승을 중심으로 삼으면 스승의 거울이고 제자를 중심으로 삼으면 제자의 거울인 것과 같다는 뜻일까?⁴ 운문 종고(大慧宗杲)의 평가(拈)에 근거하여 살펴보면 이러한 주장은 틀린 것이다.

- 그렇다면 세존께서 절을 올린 까닭은 다만 과거세 부처님들의 탑묘를 보았기 때문이었다. 그래서 "이것은 어떤 사람의 탑묘입니까?"라고 묻자 "과거세 부처님들의 탑묘이다."라고 대답했던 것이다.

- 이분들은 누구의 제자입니까 : 석가와 미륵도 오히려 그의 종에 불과하기 때문에 이렇게 물었다.⁵

---

3 화엄종 징관澄觀의 말이다.『華嚴經疏鈔』권13(大36, 97a24), "마치 하나의 밝은 거울을 스승과 제자가 함께 바라보면서 말하고 듣는 것과 같다. 스승을 중심으로 삼으면 스승의 거울이고, 제자를 중심으로 삼으면 제자의 거울이다. 거울은 일심一心을 비유하고, 스승과 제자는 중생과 부처를 비유한다. 이를 가리켜 '제자의 거울에 비친 화상이 화상의 거울에 비친 제자에게 법을 설해 주고, 화상의 거울에 비친 제자가 제자의 거울에 비친 화상의 설법을 듣는다.'라고 한다.(如一明鏡, 師弟同對說聽. 以師取之, 即是師鏡；弟子取之, 是弟子鏡. 鏡喻一心, 師弟喻於生佛. 是謂弟子鏡中和尚, 爲和尚鏡中弟子說法；和尚鏡中弟子, 聽弟子鏡中和尚說法.)"

4 마치 한~같다는 뜻일까 : 이 구절도 위의 인용과 같이 징관의 말이지만 문장 구조상 의문을 제기하는 형식으로 독립시켜 표현되었다.

5 오조 법연五祖法演이 고인의 말로 인용하여 제시한 화두.『五祖法演語錄』권중(大47, 657a29), "법좌에 올라앉아 옛사람이 '석가와 미륵도 그의 종이다.'라고 한 말을 제기하고, '말해 보라! 그는 누구일까?'라고 한 뒤 법좌에서 내려왔다.(上堂, 擧, 古人云, '釋迦彌勒, 猶是他奴.' '且道! 他是誰?' 便下座.)";『大慧語錄』권5(大47, 831c14), "어떤 학인이 물었다. '석가와 미륵도 그의 종이라 하는데, 그는 도대체 누구입니까?' '그는 일개 촌부에 불과하다.' '결코 그에게 이름을 붙이지는 마십시오.' '촌부에게 무슨 이름이 있겠느냐?' '앞서 하신 말씀은 어디로 갔습니까?' '그대가 말해 보라! 그는 필경 누구일까?' '집에 하찮은 일하는 심부름꾼이 없으면 군자도 할 일을 못 합니다.' '다른 사람의 뒤꿈치를 따라 움직이는 신세를 면치 못했구나.'(問, '釋迦彌勒, 猶是他奴, 未審他是阿誰?' 師云, '爾是一枚村夫.' 進云, '切忌爲他安名立字.' 師云, '村夫有甚麽名字?' 進云, '前言何在?' 師云, '爾道! 他畢竟是阿誰?' 進云, '家無小使, 不成君子.' 師云, '未免隨人脚跟轉.')";『無門關』45則(大48, 298c5), "무문 혜개無門慧開의 평창 : '만약 분명하게 그가 누구인지 안다면 사방으로 트인 큰길에서 아버지와 마주친 것과 같을 것이니, 더 이상 남에게 물어서 맞는지 틀리는지 말할 필요가 없을 것이다.' 무문 혜개의 송 : '타인의 활을 당기지 말고, 타인의 말을 타지 말며, 타인의 잘못을 분별하지 말고, 타인의 일을 알려 하지 마

- 나의 제자들이다 : 과거세 부처님들뿐만 아니라 삼세三世의 모든 부처님들이 나란히 그 위풍 아래 서 있다는 뜻이다.
- 운문 종고가 '저에게 삼배의 절을 올리셔야 합니다.'라고 말해 주었어야 했다고 한 말 : 제자의 입장에서 해야 할 일을 빠뜨렸기 때문에 이렇게 말하였다. 그렇다면 세존께서 "나의 제자들이다."라고 한 말은 너무도 높고 험준하여 반드시 세존이 아난에게 삼배를 올려야 한다는 뜻이다.

[塔廟] 此話, 寶篋印多羅尼[1]經文. 廟者, 貌[2]也. 髣髴先人之貌也. 見一塔廟作禮至過去塔廟者, 過去作主, 見[3]在作賓. 是何人弟子云云者, 見在作主, 過去作賓, 此定爲賓主也. 古云, "弟子鏡中和尙, 爲和尙鏡中弟子說法 ; 和尙鏡中弟子, 聽弟子鏡中和尙說法." 則如一面鏡, 師資同對, 以師取之, 則師鏡 ; 以資取之, 則資鏡耶? 以雲門拈考之, 此論非也. 然則世尊作禮者, 要見過去諸佛塔廟故, 問"是何人塔廟?", 答云"是過去諸佛塔廟"也. 是何人弟子者, 釋迦彌勒, 猶是他奴故也. 是吾弟子者, 非但過去, 三世諸佛, 齊立下風. 雲門云, '更須禮某三拜始得'者, 弟子邊事欠了. 然則世尊道, "是吾弟子." 太高峻生, 直須禮[4]阿難三拜始得.

1) ㉮ '尼'가 병본에는 없다. 2) ㉮ '貌'가 병본에는 '䫉'로 되어 있다. 이하 동일. ㉡ 통용자이므로 이하에서는 '貌'로 쓰고 교감주를 붙이지 않는다. 3) ㉮ '見'은 '現'과 통한다. 4) ㉮ '禮'가 병본에는 없다.

원명 연밀圓明緣密의 염

"과거세 부처님이 현재 부처님의 제자라 하니, 진실로 이러한 이치가 있다."

라.'(無門曰, '若也見得他分曉, 譬如十字街頭, 撞見親爺相似, 更不須問別人, 道是與不是.' 頌曰, '他弓莫挽, 他馬莫騎, 他非莫辨, 他事莫知.')"; 『圜悟語錄』 권9(大47, 755c2).

圜[1]明拈, "過去是現在弟子, 實有此理."

1) ㉮ '圜'이 갑본에는 '圓'으로 되어 있다. ㉯ '圓'이 옳다.

설화

○ 한 사람이 주인이 되면 그 나머지 사람들은 모두 반려자가 된다.

圓明 : 一人作主, 餘人爲伴也.

운문 종고雲門宗杲의 상당

이 공안을 제기하고 말하였다. "아난이 '당연히 그러시겠지요.'라고 적절하게 말했지만, 그 사이에 한 수가 모자란 것을 어쩌랴! 만약 이 화두를 흠 없이 완결하고자 한다면 세존께서 '나의 제자들이다.'라고 한 말씀을 듣고서 '저에게 삼배의 절을 올리셔야 합니다.'라고 말해 주어야 할 것이다. 세존께서 만약 '어째서 그대에게 절을 올리라고 하느냐?'라고 묻는다면, 다시 그에게 '당연히 그러셔야 합니다.'라고 말해 주는 것이다."

雲門杲上堂, 擧此話云, "阿難, 好个應當如是, 爭奈中間欠了一着! 若要話圓, 待世尊道, '是吾弟子.' 便向道, '更須禮某三拜始得.' 世尊若問, '因甚敎吾禮汝?' 却向道, '應當如是.'"

16칙 세존양구世尊良久

본칙 세존께 어떤 외도가 물었다. "말이 있는 것도 묻지 않고, 말이 없는 것에 대해서도 묻지 않겠습니다." 세존께서 아무 말 없이 계시자 외도가 "세존께서 대자대비하신 가르침으로 저에게서 미혹의 구름을 걷어 주시고 저로 하여금 깨닫도록 하셨습니다."라고 찬탄하였다. 외도가 떠난 다음 아난이 부처님께 여쭈었다. "외도는 무엇을 증득하였기에 깨달았다고 말한 것입니까?" 부처님께서 말씀하셨다. "세상의 뛰어난 말은 채찍의 그림자만 보고도 달리는 것과 같다."[1]

世尊, 因有外道問, "不問有言, 不問無言." 世尊良久, 外道讚歎云, "世尊, 大慈大悲, 開我迷雲, 令我得入." 外道去後, 阿難問佛云, "外道有何所證, 而言得入?" 佛言, "如世良馬, 見鞭影而行."

설화

- 이 공안은 『보적경寶積經』의 문구에 따른다.[2]
- 말이 있는 것과 말이 없는 것 : 구절이 있는 것과 구절이 없는 것[3]을 가

---

1 경전에 상응하는 내용으로는 다음의 예가 있다. 『別譯雜阿含經』 권8(大2, 429b24), "세속의 법에 대해 깊이 싫어할 줄 알면 그렇게 싫어하는 마음 때문에 지극한 정성으로 선한 법을 닦는다. 이를 가리켜 장부가 순하게 길들인 수레라 하는데, 마치 채찍 그림자만 보고도 길들이는 자의 생각을 헤아리는 것과 같다.(於世俗法, 深知厭惡, 以厭惡故, 至心修善. 是名丈夫調順之乘, 如見鞭影, 稱御者意.)" 『大智度論』 권26(大25, 252a12) 참조.
2 이 경에는 보이지 않는다.
3 양기 방회楊岐方會 등이 사용했던 말이다. 『楊岐語錄』(大47, 641c17), "구절이 있거나 구절이 없거나 칡넝쿨이 다른 나무에 의지해서 사는 것과 같으니, 문수와 유마일지라도 손을 털고 돌아갈 것이다.(有句無句, 如藤倚樹, 文殊維摩, 撒手歸去.)"; 『寶覺祖心語錄』(卍120, 220a14), "구절이 있거나 구절이 없거나 칡넝쿨이 다른 나무에 의지하여 사는 것과 같으니, 이에 대해서는 여러분이 고개를 끄덕이는 대로 일임해 두겠다. 하지만 나무가 쓰러지고 칡넝쿨은 말라 버리는 지경이 되면 위로는 하늘로 뚫고 올라갈 계책도 없

리키는가? 언설이 있는 것과 언설이 없는 것을 말한다.

● 아무 말 없이 계시자(良久) : 『지도론』에 "부처님께서 설법하시려고 법당에 들어가 법좌에 오르시어 의상을 정돈한 다음, 말씀할 수 있지만 말씀하지 않고 있는 바로 그때를 가리켜 양구良久라 한다."[4]라고 하였다. 천의 의회天衣義懷는 송에서 "유마거사는 침묵하지도 양구하지도 않았는데, 자리를 잡고 앉아 헤아리다 집착의 소굴 되었다네.[5] 취모검吹毛劍 자루 안에서 싸늘한 빛 번득이니, 외도와 천마가 모두 팔짱을 끼고 손쓰지 못하네."[6]라고 읊었다. 또 무의자는 송에서 다음과 같이 읊었다.[7]

질문 대하는 짧은 침묵의 순간에
외도가 비로소 언뜻 알아차렸도다
대단하고 노련한 구담이시여
자취를 잃게 만드는 비결[8]을 모르셨구려

[良久] 此話, 寶積經文. 有言無言者, 有句無句耶? 有言說無言說也. 良久者, 智度論云, "佛欲說法時, 入堂陞座, 整頓衣裳, 可說不說時, 謂之良

고, 아래로는 땅으로 들어갈 길도 사라질 것이다. 영리한 사람이라면 오히려 이 곤경에서 진리를 보는 하나의 눈을 뜨고 종횡무진 어디로나 막힘없이 볼 수 있을 것이다.(有句無句, 如藤倚樹, 且任諸人點頭. 及乎樹倒藤枯, 上無衝天之計, 下無入地之謀. 靈利漢, 者裏著得一隻眼, 便見七縱八橫.)

4 『大智度論』을 비롯하여 다른 문헌에서도 유사한 문구를 찾을 수 없다.
5 불이법不二法에 대하여 질문을 받은 유마거사가 아무 말도 없었던 것은 침묵도 양구도 아니었는데 그것을 지켜보던 사람들이 심오한 뜻이 있는 줄 착각하여 그것을 헤아리다 도리어 치명적인 속박이 되었다는 말.
6 『碧巖錄』 65則 「本則 評唱」(大48, 195c14), 『從容錄』 48則 「評唱」(大48, 257b26) 등에 수록되어 있다.
7 『眞覺國師語錄』 「補遺」(韓6, 48b12).
8 자취를 잃게 만드는 비결(迷蹤訣) : 고의로 자취를 잃도록 만드는 비결. 본서 11칙 주 3 참조.

久也." 天衣頌云, "維摩不黙不良久, 據坐商量成窠臼.[1] 吹毛匣裏冷光生,[2] 外道天魔皆拱手." 又無衣子頌云,

對問片時間, 外道方始瞥.

大小老瞿曇! 不解迷蹤訣.

---

1) ㉠ '窠臼'가 『碧巖錄』 65則(大48, 195c15)과 『從容錄』 48則(大48, 257b26)에는 '過咎'로 되어 있다. 2) ㉠ '生'은 『碧巖錄』에 '寒'으로 되어 있다.

● 말이 있는 것도 묻지 않고, 말이 없는 것에 대해서도 묻지 않겠습니다 : 『석씨신문집釋氏新文集』[9]에 "『보적경』에 이렇게 전한다. '그때 니건자尼乾子[10]가 요사씨刀師氏【刀는 '요'라 발음한다.】들이 모여 사는 마을의 촌장에게 물었다.[11] 「그대들은 어째서 남가새[12]와 같은 질문을 만들어 구담으로 하여금 말을 할 수도 없고 말을 하지 않을 수도 없는 지경에 빠뜨리지 않는가?」'[13] 요즘 총림에서 외도가 부처님께 '말이 있는 것도 묻지 않고

---

9 『석씨신문집釋氏新文集』: 미상의 문헌. 혹은 여기서 인용된 형식으로 보면 당시에 경론 등에서 발췌한 글들을 모아 놓은 책일 가능성도 있다.

10 니건자尼乾子: Ⓢ Nirgrantha-putra, Ⓟ Nigaṇṭha-putta. 육사외도六師外道 중 하나. 자이나교의 교조. 나건타야제자尼犍陀若提子 또는 줄여서 니건자尼揵子(尼楗子)라고도 음사한다. 불로 살을 태운다거나 한 발로 서 있다거나 하는 고행을 통하여 열반에 이르고자 하였다.

11 요사씨刀師氏(Ⓟ Asibandhakaputta)는 칼을 만들어 생계를 유지하는 사람들. 이들이 사는 이 취락은 촌장을 비롯하여 모든 사람들이 니건자를 교주로 섬기는 자이나교 신도들이었는데, 뒤에 불교에 귀의하였다. 이 공안에서 외도가 던진 질문과 유사한 형태의 질문으로 든 것이다.

12 남가새(蒺藜): 줄기가 땅바닥에 펼쳐져 자라는 일년생식물. 작은 꽃을 피우며 가시가 박힌 열매가 달리는데 이 열매를 '질려蒺藜'라 한다. 나무나 금속에 가시 모양의 침을 박은 장애물을 지면에 깔아 적군의 진로를 방해하는 철조망과 같은 무기도 이러한 질려의 형상과 같다고 하여 '질려'라 한다. 벗어날 수 없게 설정된 화두의 관문을 상징하는 말 중 하나로 쓰인다. 『禪林僧寶傳』 권30 「泐潭洪英傳」(卍137, 562a1), "화로에서 수없이 단련해 만들어진 철로 된 남가새로다! 틀림없이 비싼 값이겠지만 배를 불리지는 못한다. 여기저기 마음대로 오고 가며 크게 웃을 뿐, 제삼자가 비싸거니 싸거니 시비하는 그대로 상관치 않으리라.(萬鍛爐中鐵蒺藜! 直須高價莫饒伊. 橫來竪去呵呵笑, 一任傍人鼓是非.)"

말이 없는 것도 묻지 않겠다.'라고 한 질문을 제기하는데, 이것이 어찌 남가새와 같은 논란을 제기하는 무리의 말이 아니겠는가?"라고 한다. 곧 그들의 질문이 바로 남가새와 같은 질문인 것이다. 외도의 의도는 말이 있는 것에 대하여 물으면 세존은 반드시 말이 없는 것으로 대답할 것이고, 말이 없는 것에 대하여 물으면 세존은 반드시 말이 있는 것으로 대답할 것이지만, 만약 '말이 있는 것도 묻지 않고 말이 없는 것도 묻지 않겠다.'라고 묻는다면 세존은 분명히 어찌할 도리가 없을 것이라 생각했으므로 그렇게 물었던 것이다. 이런 까닭에 원통선圓通善은 다음과 같이 말하였다. "인도의 구십육종외도[14]는 모두 유견有見과 무견無見이라는 이견二見의 집착에서 벗어나지 못한다. 유有에 집착하면 상견常見에 떨어지고, 무無에 집착하면 단견斷見에 떨어지는 것이다.[15] 외도가 그 질문을 던진 이유는 유와 무를 모두 떠나 마음을 말에서 벗어난 경계에 둔 다음 대각세존께 질문을 던져 제압하려 했을 뿐이다. 하지만 세존께서 말없이 침묵함으로써 응한 대답은 마치 하늘까지 뻗은 장검[16]의 기세와 같아서 작은 티끌 하나도 들어설 여지가 없으니, 벌거벗

---

13 『寶積經』에는 보이지 않고 『雜阿含經』 권32(大2, 230b8)에 나온다.
14 인도의 구십육종외도 : 부처님 재세 시 인도에서 성행하던 외도를 총칭하는 말. 구십육술九十六術·구십육경九十六徑·구십육도九十六道·구십육종九十六種·구십육종이도九十六種異道·구십육종사도九十六種邪道·구십육제도법九十六諸道法 등이라 한다. 96은 반드시 당시 외도의 실제적인 숫자를 나타내는 것은 아니다.
15 상견常見은 영원히 변하지 않는 본질이 있다는 견해, 단견斷見은 모든 것은 결국 소멸한다는 견해를 말한다. 이러한 두 가지 잘못된 견해를 모두 벗어나야 진실인 중도中道를 깨우친다. 『中觀論疏』 권7(大42, 111b15), "유와 무는 모든 견해의 뿌리이자 중도를 가로막는 근본이다. 모든 견해의 뿌리라는 말은, 가령 유와 무로 인하여 단견과 상견이 이루어지고 단견과 상견으로 인하여 62가지 삿된 견해가 발생하는 것과 같다. 그러므로 유와 무는 모든 견해의 뿌리이다. 만일 유와 무에 집착하는 병이 발생하면 다른 모든 병이 아울러 발생하고, 유와 무의 병이 소멸하면 나머지 모든 병도 남김없이 소멸한다.(有無, 是諸見根, 障中道本. 諸見根者, 如因有無成斷常, 因斷常生六十二見. 故有無是諸見之根. 若有無病生, 則衆病竝生 ; 有無若滅, 諸患皆滅.)"
16 하늘까지 뻗은 장검(倚天長劍) : 의천검倚天劍이라고도 한다. 전국시대 초나라의 송

고 깨끗이 씻은 알몸처럼 분명히 드러나 있지만 잡을 도리가 전혀 없는 경지였다[17]고 할 만하다." 또한 "이 외도는 아만我慢의 깃발을 세우고 자기 태만의 북을 두드리며 왕과 같은 기개로 길 가득 위풍을 떨치며 코는 하늘에 닿을 기세로 자신 이외 눈에 보이는 사람이 없는 듯이 오만했지만, 대각세존에게 코가 꿰인 것을 어쩌랴! 도대체 세존은 그에게 무슨 말을 했단 말인가?"라고 말하였다.

不問有云云者, 釋氏新文集云, "寶積經云, '爾時, 尼乾子, 語刀【音夭】師氏聚落主云, 「你等何不作蒺蔾之問, 令瞿曇不得語, 不得不語?」' 今叢林擧, 外道問佛, '不問有言, 不問無言.' 豈非蒺蔾[1]論之徒也." 則蒺蔾之問也. 外道之意, 謂問有言, 則必以無言答得 ; 問無言, 則必以有言答得 ; 若問

옥송옥이 지은 〈大言賦〉에 "대지를 수레로 삼고, 하늘을 그 덮개로 삼으니, 장검이 번득이며 하늘 밖에 걸려 있다.(方地爲車, 圓天爲蓋, 長劍耿耿倚天外.)"라고 한 말에 근거한다. 선 문헌에서는 모든 속박을 벗어나 대적할 상대가 없는 납자의 경지와 기개를 상징한다. 『圜悟語錄』권1(大47, 715c1), "깊은 기틀을 알리는 노래 홀로 부르고 갖가지 번뇌를 다 끊어 없애니, 열어 제치고 어디에도 구속되지 않으며 더 이상 서로 의지하지도 않는다. 설령 석가와 미륵일지라도 지금 당장 눈을 붙이고 볼 수 없으리라. 하늘 높이 걸린 장검의 늠름하고 신령한 위세요 허공에 걸린 밝은 해의 맑디맑은 광채와 같으니, 그 무엇도 미묘한 작용이 되지 않는 것이 없고, 참된 교설이 아닌 법도 없다.(玄機獨唱, 截斷衆流, 擺撥不拘, 更無回互. 直饒釋迦彌勒, 不敢當頭著眼. 倚天長劍, 凜凜神威 ; 杲日當空, 澄澄光彩, 無物不爲妙用, 無法不是眞乘.)"

17 벌거벗고 깨끗이~없는 경지였다 : 명백하게 드러나 있지만 어떤 수단도 통하지 않는 경계를 나타낸다. 『大慧語錄』권20「示妙淨居士」(大47, 900c4), "벌거벗고 깨끗이 씻은 알몸처럼 분명히 드러나 있지만 잡을 도리가 전혀 없다. 마치 물 위에 뜬 조롱박이 그것을 움직이는 사람이 없어도 항상 이리저리 쓸려 다니지만 그것을 끌어당길 수도 없고 묶어 둘 수도 없으며, 퉁기면 바로 움직이고 건드리면 바로 반대로 빙글 도는 것과 같다. 이와 같이 자유자재하고, 이와 같이 순간적으로 벗어나며, 이와 같이 신령하고 성스러워 어떤 성인들과 더불어 같은 길을 가지도 않고, 납승과 함께 어디에도 따라가지 않는다. 단지 부처님과 조사를 호령할 뿐, 부처님과 조사가 그를 호령할 수 없다.(淨裸裸, 赤灑灑, 沒可把, 如水上放葫蘆, 無人動著, 常蕩蕩地, 拘拏他不得, 惹絆他不得, 撥著便動, 觸著便轉. 如是自在, 如是瞥脫, 如是靈聖, 不與千聖同途, 不與衲僧借借. 直能號令佛祖, 佛祖號令他不得.)"

不問有言不問無言, 則世尊決定無如之何, 故伊麼問. 故圓通善云, "西天九十六種外道, 盡皆不出有無二見. 有則落常, 無則落斷. 外道致箇問頭, 要離有無, 意在言外, 只要問倒大覺世尊. 世尊良久答處, 如倚天長釰,[2] 纖塵不立, 可謂淨裸裸赤洒洒[3]沒可把." 又云, "這箇外道, 堅我慢幢, 打自怠鼓, 氣宇如王, 威風滿路, 鼻孔撩天, 眼若無人, 奈何被大覺世尊穿却了也! 則世尊向他道什麼?"

1) ㉮ '藜'가 병본에는 '藜'로 되어 있다. 이하 동일. 2) ㉮ '釰'이 병본에는 '劍'으로 되어 있다. 3) ㉮ '洒洒'가 병본에는 '灑灑'로 되어 있다. ㉯ 통용자이므로 이하에서는 교감주를 붙이지 않는다.

● 외도가 찬탄하며 한 말 : 화상께서 베풀어 주신 대자대비한 은혜는 부모와 같다는 뜻이다. 『벽암록』에는 "마치 개를 담장으로 몰아붙이다가 더 이상 갈 길이 사라진 막다른 곳에 이르게 되면 그놈이 마침내 돌아서서 활발하게 움직이는 것과 같다. 이처럼 만약 온갖 분별과 시비를 한꺼번에 내려놓아 견해가 다하고 생각도 제거된다면 저절로 밑바닥까지 속속들이 분명히 드러나게 될 것이다."[18]라고 하였고, 또 "세존께서는 바람의 방향을 보고 돛을 움직이고 병에 따라 적절한 약을 주실 줄 알았다."[19]라고 하였다.

外道讚歎云世尊云云者, 和尙大慈大悲恩, 猶父母也. 碧巖云, "如趂狗逼墻, 至極則無路處, 他遂回來, 便乃活潑潑[1]地. 若計較是非, 一時放下, 見盡情除,[2] 自然徹底分明." 又云, "世尊[3]看風使帆, 應病與藥."

1) ㉯ '潑潑'은 『碧巖錄』에 '鱍鱍'로 되어 있다. 2) ㉯ '見盡情除'가 『碧巖錄』에는 '情盡見除'로 도치되어 있다. 3) ㉯ '世尊' 다음에 『碧巖錄』에는 '會'가 있다.

18 『碧巖錄』 65則 「本則 評唱」(大48, 195c29).
19 위의 책, 같은 則, 「頌 評唱」(大48, 196a23). 그런 까닭에 외도의 질문에 대하여 양구良久로 응했다는 말이 이어진다.

- 아난이 부처님께 여쭌 말 : 아난이 알지 못해서 물은 것이 아니다. 그는 금종金鍾을 거듭 쳐서 알리고 사부대중이 함께 듣게 했던 것이다.[20]
- 세상의 뛰어난 말은 채찍의 그림자만 보고도 달리는 것과 같다 : 한 번 건드려만 주어도 곧바로 뒤바뀌는 뛰어난 기틀이라는 뜻이다. 세존께서 채찍의 그림자를 드리웠는가, 채찍의 그림자를 드리우지 않았는가? (드리웠다면) 무엇이 채찍의 그림자를 드리운 부분일까? 외도는 채찍의 그림자를 보았을까, 채찍의 그림자를 보지 못했을까? (보았다면) 무엇이 채찍의 그림자를 보았던 부분일까?

阿難問佛云云者, 阿難非不知也. 金鍾再擊, 四衆共聞. 如世良馬云云者, 一撥便轉地俊機也. 世尊垂鞭影耶? 不垂鞭影耶? 什麼處是垂鞭影處? 外道見鞭影耶? 不見鞭影耶? 什麼處是見鞭影處?

설두 중현雪竇重顯의 송 雪竇顯頌

기륜[21]을 아직 굴리지는 않았지만	機輪曾未轉
굴렸다 하면 반드시 두 길로 달리리라[22]	轉必兩頭走
밝은 거울을 받침대에 올려놓으면	明鏡忽臨臺
당장에 고운 모습과 추한 꼴 나뉜다네	當下分姸醜
고운 모습과 추한 꼴 나뉘어 미혹의 구름 걷히니	姸醜分兮迷雲開
자비의 문 그 어디에 티끌 한 점인들 일어나리오	慈門何處生塵埃
뛰어난 말이 채찍 그림자 엿보는 생각만으로도	因思良馬窺鞭影

---

20 이하 '대위 모철의 염'에 나오는 말.
21 기륜機輪 : 마음의 작용(機)이 상대와 상황에 따라 자유자재로 움직이는 것을 바퀴(輪)에 비유한 말. 『碧巖錄』 65則 「頌 評唱」(大48, 196a18), "기機는 모든 성인의 영묘한 기틀이요, 륜輪은 모든 사람의 본래 목숨이다.(機乃千聖靈機, 輪是從本已來諸人命脈.)"
22 두 길로 달리리라 : 유와 무 양변으로 내달리고 만다는 말.

천 리 내달리는 추풍을 돌아오게 부를 수 있네[23]   千里追風喚得廻
불러서 돌아오면 손가락 세 번 튕겨 주리라[24]   喚得廻鳴指三下

설화

○ 기륜을 아직 굴리지는 않았지만 : 저 외도의 기륜을 굴린 적이 없다는 뜻이다. 외도가 스스로 아직 굴리지 않았다는 생각은 잘못된 것이다.

○ 밝은 거울을 받침대에 올려놓으면 : 밝은 거울이란 세존께서 양구로 나타낸 경계이다.

○ 고운 모습과 추한 꼴 : 외도에 속한다. 외도가 삿된 것을 버리고 바른 것으로 돌아갔기 때문에 "고운 모습과 추한 꼴 나뉘어 미혹의 구름 걷히니"라고 한 것이다.

○ 자비의 문 그 어디에 티끌 한 점인들 일어나리오 : 한 터럭의 티끌도

---

[23] 뛰어난 말이~수 있네 : 바람을 따라갈 정도로 빠른 말이라고 하여 '추풍追風'이라 한다. 추풍은 시황제始皇帝의 일곱 마리 명마 중 하나이며, 하루에 천 리를 간다고 하여 천리마千里馬라고도 한다. 기연機緣에 따라 그때그때 전광석화처럼 나타났다가 사라지는 불조의 언행을 비유한다. 그만큼 재빠르게 생각하거나 말을 붙일 틈조차 없이 발휘되는 기틀이라야 부합할 수 있다. 『金剛經五家解說誼』「豫章沙門宗鏡提頌綱要序」(韓7, 16a7), "아, 심오한 뜻을 미묘하게 펼쳐 보임이여! 전광석화와 같이 빠르구나. 진실한 기틀을 은밀하게 드러냄이여! 은산철벽과 같이 쉽지 않구나. 잠시라도 다른 견해를 일으키면 도중에 막힐 것이니, 앞으로 나가려 해도 문이 없고 뒤로 물러서려 해도 길을 잃을 것이다. 하나의 길을 뚫어 주고자 몸을 낮추어 초심자에게 일러 주리라. 뛰어난 말이라면 채찍만 보고도 바람을 따라 천 리를 내달린다네.(嗚呼, 微宣奧旨! 石火電光; 密顯眞機! 銀山鐵壁. 瞥生異見, 滯在中途, 進步無門, 退身迷路. 聊通一線, 俯爲初機. 良馬見鞭, 追風千里矣.)"

[24] 불러서 돌아오면~튕겨 주리라 : 8구로 끝내지 않고 이 한 구절을 더 붙인 이유는 알지 못하겠다. 『碧巖錄』에는 다음과 같은 착어가 달려 있다. 『碧巖錄』65則「頌 著語」(大48, 196a17), "앞으로 나아가도 마을을 만나지 못하고 뒤로 물러서도 쉬어 갈 여관에 이르지 못한다. 주장자를 꺾어 버렸으니 어디로 갈 것인가? 설두는 천둥소리만 요란했을 뿐 비는 전연 내리지 않는 형국이었다.(前不搆村, 後不迭店. 拗折拄杖子, 向什麼處去? 雪竇, 雷聲甚大, 雨點全無.)" 이 책「頌 評唱」마지막에서는 이 구절에 대해 "말해 보라. 간파한 것인가, 모래를 뿌린 것인가?(且道. 是點破, 是撒沙?)"라는 말로 마무리하였다.

보이지 않는다는 말이다. 외도가 분별의식으로 헤아리는 기량이 바로 티끌이다.

○ 뛰어난 말이~손가락 세 번 튕겨 주리라 : 외도가 비록 그렇게 깨닫고 떠났지만 부를 경우 반드시 되돌아와야 한다는 뜻이다. 불러서 돌아온 경계에서 어떤 이유로 손가락을 세 번 튕기는가? '세 번'이란 사방으로 터진 십자로에서 종횡 그 어디로나 막힘없이 통한다[25]는 뜻이다.

雪竇: 機輪曾未轉者, 未曾轉他外道機輪也. 外道自未轉者, 非也. 明鏡忽臨臺者, 明鏡則世尊良久處也. 好醜, 屬外道也. 旣舍[1]邪歸正故, 姸醜分兮迷雲開也. 慈門至塵埃者, 一毫不視也. 外道識情計較伎倆, 是塵埃也. 因思良馬云云者, 外道雖然伊麽悟去, 也須喚得廻始得. 喚得廻處, 作麽生鳴指三下也? 三下則十字縱橫也.

1) ㉠ '舍'가 병본에는 '捨'로 되어 있다.

대각 회련大覺懷璉의 송 大覺璉頌

뛰어난 말이 채찍 그림자에 놀라 달리지만	良馬逢鞭影便犇
평지에서 천 리를 달리니 빼어난 점 없노라	騰夷千里未超倫
잘 살펴보면 어찌 전륜왕의 보배에 미치랴	觀來豈及輪王寶
한 수레 지고 삼천 리 가도 먼지 하나 일지 않노라	一駕三千不動塵

---

25 사방으로 터진~막힘없이 통한다(十字縱橫) : 『雪竇語錄』권2(大47, 679c6), "하나를 보면 그대의 눈을 멀게 만들 것이며, 하나를 알면 그대의 눈을 가리게 될 것이다. 가리는 장애가 일어나면 그곳이 바로 천상과 인간계이고, 눈이 멀면 곧 세 개의 머리와 여섯 개의 팔을 가진 부동명왕不動明王이 될 것이다. 누군가 이 뜻을 가려낸다면 그는 사방으로 터진 십자로에서 종횡 그 어디로나 막힘없이 통하는 경지라고 인정해 주리라.(見一則瞎汝眼, 知一則翳汝眼. 翳生則天上人間, 瞎却則三頭六臂. 或若辯得, 許爾十字縱橫.)"

> [설화]

- 외도가 깨달은 경계를 남겨 두지 않는다는 뜻이다.
- 전륜왕의 보배: 상보象寶[26]를 가리킨다.

大覺: 外道悟處不存也. 輪王寶者, 象寶也.

대홍 보은大洪報恩의 송 1 大洪恩頌

말이 있는 것도 묻지 않고	不問有言
말 없는 것도 묻지 않으니	不問無言
봄바람은 드넓게 퍼져 불고	春風浩浩
산새는 그침 없이 지저귄다	山鳥喧喧
노호는 막 잠이 들려 하는데	老胡方瞌睡
콧대는 뻗어서 하늘 찌르네[27]	鼻孔謾撩天
49년의 설법 아무도 몰라주기에	四十九年人不識
공연히 누런 잎 들고 돈이라 하였다네[28]	空拈黃葉謂金錢

---

26 상보象寶: 전륜성왕轉輪聖王이 보유한 일곱 가지 보물(七寶) 중 하나로 아름답고 뛰어난 능력을 지닌 코끼리를 가리킨다. 칠보는 윤보輪寶·상보·마보馬寶·주보珠寶·여보女寶·거사보居士寶·주병신보主兵臣寶 등을 가리킨다.『中阿含經』권14(大1, 512a3) 참조.

27 노호는 막~하늘 찌르네: 각각 노호(세존)의 침묵과 외도의 찬탄에 상응한다.

28 누런 잎~돈이라 하였다네:『涅槃經』에 근거하며, 중생을 가르치기 위한 일시적인 방편이라는 뜻으로 선가에서 자주 인용되는 비유이다. 세존의 침묵이나 뛰어난 말 운운한 것이나 모두 하나의 방편으로서 화두가 된다. 40권본『大般涅槃經』권20(大12, 485c10), "마치 어린아이가 소리 내어 울 때 부모가 버드나무 누런 잎을 들고 말하기를 '울지 마라, 울지 마라! 내가 돈을 줄게.'라고 하면, 어린아이가 그것을 보고서 진짜 돈이라는 생각을 하고 울음을 그친다. 그러나 이 버드나무 잎은 실제로 돈은 아닌 것이다.(如彼嬰兒啼哭之時, 父母卽以楊樹黃葉, 而語之言, '莫啼, 莫啼! 我與汝金.' 嬰兒見已, 生眞金想, 便止不啼, 然此楊葉實非金也.)";『南泉普願禪師語要』古尊宿語錄 12(卍118, 295a11), "그러므로 강서의 노숙(馬祖道一)은 '마음도 아니고 부처도 아니며 중생도 아니다.'라고 하였던 것이니, 마조가 비록 '마음이 곧 부처'라고 하였지만 이는

【내려놓아라!】   【放下著!】

대홍 보은의 송 2 又頌

말 있음이나 말 없음이나 묻지 않았거늘	不問有言無言
분분하게 다투며 빈주먹 속을 오인하네[29]	茫茫競認空拳
구름 걷혀 분명히 부처님 보았다 하지만	雲開決定見佛
아득히 멀어 십만 팔천 리 거리에 있다네[30]	迢迢十萬八千
임제와 덕산이여, 손 오므리지 말 일이니	臨際德山休縮手
가까이 오라, 그대들에게 한 푼 주겠노라[31]	來來乞汝一文錢

임시적인 말로서 빈손에 누런 잎을 들고 돈이라 말하여 어린아이의 울음을 그치게 하기 위한 방편설이었다.(故江西老宿云, '不是心, 不是佛, 不是物.' 先祖雖說, '卽心卽佛.' 是一時間語, 空拳黃葉, 止啼之說.)"

[29] 말 있음이나~속을 오인하네 : 말이 있거나 없거나 애초에 실질한 뜻이 없는데 굳이 그렇게 오해한다는 말. 위의 주석과 같은 맥락이지만, 아무것도 들지 않은 손을 쥐어 주먹을 만들고 무엇인가 있는 것으로 오인하게 만든다는 뜻에서 미묘한 차이가 있다. 임제臨濟는 "빈손으로 쥔 주먹이나 달을 가리키는 손가락에서 진실로 '있다'는 분별을 일으킨다.(空拳指上生寔解)"라고 하였는데, 빈주먹은 『大寶積經』권90(大11, 519a7) 등에 나오는 비유이다. 『臨濟錄』(大47, 502b26) 참조. 『大智度論』권43(大25, 375a14), "있지 않은 것에 집착하므로 무명이라고 한다. 비유하자면 빈손으로 주먹을 쥐고 어린아이를 속일 적에 어린아이는 빈손에 무엇이 있다고 집착하기 때문에 있다고 여기는 것과 같다.(著無所有故, 名爲無明. 譬如空拳, 以誑小兒, 小兒著故, 謂以爲有.)"

[30] 십만 팔천~거리에 있다네 : 본래는 사바세계와 정토의 거리가 먼 것을 나타내는 말이지만, 아득히 먼 거리를 상징적으로 가리킨다. 십만은 십악十惡, 팔천은 팔사八邪에 각각 상응하며, 이러한 사악함이 정토와 멀어지게 한다는 뜻이다. 『阿彌陀經』(大12, 346c10), "부처님께서 장로 사리불에게 말씀하셨다. '이곳에서 서쪽으로 십만억 불국토를 지나면 극락세계가 있다. 그 불국토에는 아미타부처님이 계시는데 지금도 법을 설하고 계신다.'(佛告長老舍利弗, '從是西方, 過十萬億佛土, 有世界名曰, 極樂. 其土有佛, 號阿彌陀, 今現在說法.')"; 『觀無量壽佛經義疏』권상(大37, 284b27), "서방과의 거리가 십만 팔천 리라고 하였는데 여기서 사축(四天竺)을 서방으로 잘못 쓴 것이다. 경에 '이곳에서 서쪽으로 십만억 불국토를 지나면 극락세계가 있다.'고 하였으나 어찌 십만 팔천 리에 그칠 뿐이겠는가! 간략하게 일단을 들어 말한 것일 뿐이다.(西方去此, 十萬八千里, 此亦誤以四竺爲西方也. 經云, '從此西方, 過十萬億佛土, 有世界名曰, 極樂.' 豈止十萬八千乎! 略指一端.)"

[31] 임제와 덕산이여~푼 주겠노라 : 임제와 덕산이 손을 오므리고 무엇인가 있는 듯이 속

【어리석은 척해서 무엇 하려는가?】[32]　　　　　　　【放憨作麼?】

천의 의회天衣義懷**의 송** 天衣懷頌

두 칼날 보호하려다 둘 모두 꺾이니	雙鋒覆護兩俱摧
미혹의 구름 이로부터 활짝 걷혔다네[33]	迷雲從此豁然開
겁초의 방울[34]을 거두어들인 다음에	收得劫初鈴子後
한 번 가볍게 흔들자 천둥 울리는 듯[35]	輕輕一振動雲雷

이고 있지만, 그것을 간파하고 아무것도 없는 그들의 빈손에 한 푼 쥐여 주겠다는 말이다. 곧 그들의 전략을 알아차렸다는 뜻을 나타낸다.

32 편자의 착어. 아무것도 모르는 바보인 듯한 언행을 보임으로써 상대의 반응을 보는 조사선의 수법을 평가하는 말 중 하나. 이 송의 핵심적인 뜻을 압축한 말로서, 빈손의 속임수와 동일한 맥락이다. 『圜悟語錄』 권13(大47, 771b18), "어떤 학인이 원오에게 말하였다. '그래도 화상께서 이 기틀을 활용하고자 한다는 것을 알 수 있습니다.' '그대에게 나의 속마음을 들켜 버렸구나.' '노련하고 대단하신 분께서 점점 더 어리석은 듯한 모습을 보이시는군요.' '무슨 말이냐?' '그래도 그대로 하시도록 허용할 수는 없습니다.' '오히려 그대가 나를 떠보기 위하여 어리석은 척하는구나.'(進云, '也知和尚要用此機.' 師云, '也被闍黎識破.' 進云, '老老大大, 轉見放憨.' 師云, '道什麼?' 進云, '也不可放過.' 師云, '却是爾放憨.')"

33 두 칼날~활짝 걷혔다네 : 두 칼날은 말이 있는 것과 말이 없는 것. 이 두 가지를 귀한 것으로 잘 가려서 보호하려다 진상이 드러나면서 그에 대한 집착과 미혹이 사라졌다는 말.

34 겁초劫初의 방울 : 『大寶積經』 권95(大11, 538a14)에 나오는 금령金鈴. 여기서는 세존의 양구良久를 비유한다. "그때 선순 보살은 새벽에 사위성에 들어가 교화를 펼치며 오가다가 겁초 시기 염부제閻浮提의 금령을 주웠다. 그 방울의 값어치는 염부제 전체보다 더 귀했다.(爾時, 善順菩薩, 於其晨朝, 入舍衛城, 遊化往來, 得劫初時閻浮金鈴. 其鈴價直過閻浮提.)"라고 하였는데, 선순 보살은 이 방울을 사위성에서 가장 빈곤한 사람에게 주겠다고 말하며 돌아다녔다. 그 사람은 바로 어떤 것에도 만족할 줄 모르는 바사닉왕波斯匿王이었다. 이 왕에게 그것을 주고 탐욕의 허망함을 깨우쳐 주었다는 이야기이다.

35 겁초의 방울을~울리는 듯 : 제1구와 제2구의 뜻이 제3구와 제4구에 거듭 나타난다. 두 칼날이 꺾인 상황은 '있음'과 '없음'이 분화分化되지 않은 겁초와 같다. 모든 차별을 넘어선 겁초의 방울이 흔들리자 미혹의 구름 속에서 천둥이 울리듯이 있음과 없음을 넘어선 소식이 들렸다는 상징이다.

자수첩의 송 資壽捷頌

할 일이 없어 짐 짊어지고 검문에 들어섰더니	無事擔頭入劍門
슬픈 바람 애처로운 안개에 절로 넋이 상하네	風悲霧慘自傷魂
세상의 흉악한 짓 저지르는 자 생각해 보노라니	思量世上行兇者
낱낱이 모두 사라졌고 자손도 끊어져 버렸더라	箇箇相亡絕子孫

법진 수일法眞守一의 송[36] 法眞一頌

말 없거나 말 있거나 묻지 않는다 하니	不問無言及有言
앉아서 성패 살피지만 편안할 뿐이로다	坐觀成敗自安然
선타객은 잠깐 틈에 귀착할 곳 알았으니	仙陀瞥爾知宗墮
세존께서 채찍 들었다고 누가 말하는가	誰謂世尊曾擧鞭

곤산 찬원崑山贊元의 송[37] 崑山元頌

용 비늘에 갈기털 뚜렷하나 변화하기엔 부족하여	鱗鬣[1]分明化未全
물결 따라 헤엄치다 때로는 바닥 깊이 잠긴다네	忽隨波浪或沈淵
시절이 되어 딱 알맞은 바람과 천둥을 만난다면	時來得遇風雷便
안개 흩어지고 구름 걷혀 하늘을 뚫고 오르리라	霧散雲開透碧天

1) ㉭ '鬣'은 의미상 '鬣'과 통한다.

---

36 본칙의 문답을 순탄하게 따르는 송이다. 제1구는 외도, 제2구는 세존의 양구를 나타내며, 제3구의 선타객은 세존께서 아무 대답 없었지만 그 상황에서 어떤 의미인지 알아차리는 외도를 가리킨다.

37 용의 형상을 하고 있으면서도 제대로 변하지 못하여 아직 물고기의 신세이지만, 적절한 때가 되면 푸른 하늘을 뚫고 용이 되어 올라가리라는 내용을 담은 송. 말이 있는 것과 말이 없는 것을 모두 벗어나 종지에 접근해 있기에 외도는 세존의 가르침을 만나 미혹의 구름을 걷어 내고 핵심을 뚫을 수 있다는 취지이다.

보녕 인용保寧仁勇의 송 保寧勇頌

길 지나다 밤 되면 거친 풀숲에 묵지만	經過遇夜宿荒草
눈을 뜨면 환하게 날이 밝아 버린다네	開得眼來天大曉
텅 빈 마음에 맨발로 노래하며 돌아오니	空心赤脚唱歌歸
길 위에 나그네들은 벌써 적지 않다네	路上行人已不少

설두 법녕雪竇法寧의 송 雪竇寧頌

구담에게 물었지만 대답은 전혀 없었는데	問着瞿曇摠不酬
잠깐 틈에 분별 사라져 절로 고개 돌리네	瞥然情盡自迴頭
구름 걷히고 부처 뜻 알고 보니 본래 청정했던 것을	雲開見佛元無染
비로소 평생 억지로 찾았던 것 후회하누나	始悔平生作意求

불적기의 송 佛跡琪頌

파순[38]이 부처님께 물어 의심 풀고자 하더니	波旬問佛決情疑
양구하고 말 없으시자 묘한 경계에 도달하네	良久無言深造微
준마의 달리는 힘은 둔한 말의 발걸음과 다르니	驥足不同駑馬步
옥 채찍 휘두르는 그림자에 나는 듯이 달리네	玉鞭揮影疾如飛

숭승공의 송 崇勝珙頌

외도는 있음과 없음으로 교묘한 말 늘렸으나	外道有無增巧言
세존은 말없이 깊고도 아득한 경지에 드셨네	世尊良久入深玄

---

[38] 파순波旬 : ⓢ pāpīyas. 수행을 방해한 마왕魔王. 악자惡者·악중악中惡·극악極惡 등으로 한역한다. 『注維摩詰經』권4(大38, 365b13), "승조僧肇의 해설 : 파순의 한역어는 살자殺者 또는 극악極惡이다. 사람의 선근善根을 끊는 원인이 되므로 '살자'라 하고, 부처님을 거스르고 승도를 어지럽히는 죄로서 이보다 더 큰 조목이 없기 때문에 '극악'이라 한다.(肇曰, 波旬, 秦言, 或名殺者, 或名極惡. 斷人善根, 因名殺者, 違佛亂僧, 罪莫之大, 故名極惡也.)"

옹기와 종의 혼동[39] 어찌 하루아침의 말이리오	甕鐘豈是一朝語
근거 없는 분별[40]로 또 천고의 진실에 응하네[41]	杓卜還應千古傳
비단 같은 봄꽃은 피었다가는 다시 떨어지고	似錦春花從拆落
그림쇠 같은 가을 달은 기울었다가 다시 차네	如規秋月任虧圓
채찍 본 일이 잠자리 함께한 것과 같지 않다면	見鞭若不同牀臥
찬탄인들 어찌 이불 속 뚫린 줄 아는 것이리오[42]	稱讚焉知被裏穿

원오 극근圜悟克勤**의 송** 圜悟勤頌

말이 있거나 없거나 묻지 않고서	不問有無言
말 이전의 경계에서 질문 세웠네	言前立問端
양변을 모두 짓눌러 앉아 버리니	兩邊俱坐斷
하늘까지 닿은 칼 하나 번득인다	一劍[1)]倚天寒

---

39 옹기와 종의 혼동 : 종소리를 듣고도 옹기 두드리는 소리로 착각한다는 말이 숨어 있다. 세존께서 양구로써 진실을 모두 들려주었음에도 분별로 더듬어 왜곡한다는 뜻이다. "사태를 진실하게 듣지 못하면, 종소리를 옹기 두드리는 소리라 여긴다.(聽事不眞, 喚鐘作甕.)"라는 관용적인 말에 근거한다. 『宏智廣錄』권5(大48, 68b15), 『虛堂錄』권2(大47, 1000b2), 『密菴語錄』(大47, 968a23) 등 참조. 『無門關』7則 「評唱」(大48, 294a1), "조주는 입을 벌려 쓸개를 보이고 심장과 간을 드러내 보였으나, 그 학인은 사태를 진실하게 듣지 못하여 종소리를 옹기 두드리는 소리라 착각했다.(趙州, 開口見膽, 露出心肝 ; 者僧, 聽事不眞, 喚鐘作甕.)"

40 근거 없는 분별(杓卜) : 표복杓卜은 점의 일종으로 국자를 물에 띄우고 멈추는 방향으로 치는 점이다. 본서 5칙 주 59 참조.

41 근거 없는~진실에 응하네 : 천고의 세월 동안 전해진 진실을 헛된 분별로 알아맞히려 한다는 뜻.

42 채찍 본~아는 것이리오 : 마지막 두 구절은 외도가 채찍의 그림자를 보고 달리는 천리마와 같았다고 한 세존의 말씀과 세존의 양구에 대한 외도의 찬탄을 각각 나타낸다. 외도의 이 두 가지 모습이 세존의 의중을 알아차리고 진실로 부합된 것이라면 깨달음의 경지가 동일해야 한다는 비유이다. "같은 침상에 자지 않는다면 어떻게 이불이 뚫어진 것을 알겠는가?(不同床臥, 焉知被底穿?)"라는 구절은 『圜悟語錄』권9(大47, 754a3), 『大慧語錄』권9(大47, 816b15) 등에 나오는 비유로서 동일한 경지에 들어가 있지 않으면 진실로 알 수 없다는 뜻이다.

채찍 그림자 움직이기도 이전에	鞭影未動
언덕 지나고 도시도 넘어갔구나[43]	歷塊過都
자비의 문은 벌써 활짝 열렸으니	慈門旣開
비탈 있어도 수레바퀴 소리 없네[44]	陵有轢無
하늘까지 솟은 콧구멍도 꿰어 버렸거늘	遼天鼻孔須穿却
그 누가 바람처럼 빠른 천리마란 말인가[45]	誰是追風天馬駒

1) ㉮ '劔'이 갑본에는 '釼'으로 되어 있다. 이하 동일.

불감 혜근佛鑑慧懃의 송 佛鑑懃頌

세존께서는 마치 청동 거울인 듯하여	世尊恰似靑銅鏡
빈방에 걸려서 가을 달처럼 참 맑구나[46]	掛向虛堂秋月淨
겉과 속 치우침 없이 싸늘히 간담 비추니	表裏無私照膽寒
높거나 낮거나 낱낱이 모두 비친다네	高低一一皆相映

불안 청원佛眼淸遠의 송 佛眼遠頌

밝은 해가 하늘에 걸려 있음과 없음 다 비추건만	杲日連天照有無
누가 잘 가셔서 가부좌 틀고 고요히 있다 하는가[47]	孰云善逝坐跏趺

---

43 언덕 지나고 도시도 넘어갔구나(歷塊過都) : 『漢書』 「王襃傳」에 "도시를 지나고 나라도 넘어서 달리는 모습이 마치 언덕 하나를 지나는 것과 같았다.(過都越國, 蹶如歷塊.)"라는 구절에서 비롯되었으며, 대단히 빠르다는 뜻으로 쓰인다. 또는 그러한 말인 준마駿馬를 가리킨다.

44 자비의 문은~소리 없네 : 세존이 양구로 보이신 자비의 문으로 들어가면 되기에 비탈에서 오르거나 내리는 것과 같이 말이 있느니 없느니 다툴 일이 사라졌다는 말.

45 하늘까지 솟은~천리마란 말인가 : 아무리 대단한 인물도 세존의 양구 앞에서는 어쩔 도리가 없기 때문에 천리마와 같이 재빠르게 그 뜻을 알아차렸다고 평가할 만한 사람도 있을 수 없다는 뜻이다. 원오의 안목으로 보면, 세존의 마지막 말씀은 외도에 대한 칭찬을 가장하여 뚫고 나갈 수 없는 하나의 관문으로 설정된 것이다.

46 세존께서는 마치~참 맑구나 : 빈방의 맑은 거울은 비출 대상이 없으니, 말 있음과 말 없음을 넘어서 홀로 밝은 경계를 나타낸다.

| 이제 당시의 실상 알고자 하는가 | 如今要見當年事 |
| 삿됨과 바름 가려 왔으나 여전히 도중에 있었다네[48] | 邪正猶來在半途 |

장령 수탁長靈守卓의 송 長靈卓頌

외도의 거친 마음 험난하거나 평탄하거나 다 익숙하여	外道麤心慣險夷
노호의 채찍 그림자에 핵심 꽂는 송곳 드러내었네	老胡鞭影露針錐
나그네라도 동쪽 관문에서 토끼 주울 수만 있다면	行人拾得東門兎
그 누가 뛰어난 개 길들이느라 정력을 허비하리오	誰管韓獹精力疲

육왕 개심育王介諶의 송 育王諶頌

말이 있는 것도 묻지 않고	不問有言
말 없는 것도 묻지 않는다 하자	不問無言
세존께서 큰 자비 베푸시어	世尊大慈
내게서 미혹의 구름 걷어 주시네	開我迷雲
미혹의 구름이 걷히고 나니	迷雲旣開
남김없이 감파해 버렸도다	勘破了也

---

47 누가 잘~있다 하는가 : '잘 가셨다'라는 말은 부처님의 십호十號 중 하나인 '선서善逝'를 말한다. 여기서는 이중의 의미로 쓰였다. 부처님께서 말 있음과 말 없음을 모두 비추어 아는 작용을 펼치고 있기에 저편으로 잘 가셔서 가부좌를 튼 채로 고요한 경계만 지키고 있지 않다는 뜻이다. 선서와 짝이 되는 칭호는 '여래如來'이며, 교화를 위해 이편으로 오셨다는 뜻이다. 이 구절에서는 선서와 여래의 칭호에 들어 있는 뜻을 보완적 관계로 보았다.

48 삿됨과 바름~도중에 있었다네 : 삿된 것과 바른 것을 가려내기는 했지만 여전히 번뇌가 모조리 사라진 궁극적인 목적에는 미치지 못한다는 뜻이다.

대혜 종고 大慧宗杲의 송 大慧杲頌

굳게 닫힌 두 곳의 관문 아무리 쳐도 열리지 않아	兩處牢關擊不通
티끌만큼도 흔들지 못하고 스스로 종지 어그러뜨렸네[49]	纖塵不動自乖宗
불현듯 업의 거울 가루가 되도록 부순다면	忽然業鏡百雜碎
황면의 구담일지라도 자취를 잃어버리리라	黃面瞿曇失却蹤

죽암 사규 竹菴士珪의 송 竹庵珪頌

미혹과 깨달음의 해골 앞에서	迷悟髑髏前
부질없이 또 채찍을 드셨구나[50]	徒勞更擧鞭
다만 계구계[51]를 지킬 뿐이니	只持雞狗戒
조사선을 배우지는 못했다네[52]	不學祖師禪

본연거사의 송 本然居士頌

| 외도가 말과 침묵을 한 쌍으로 꿰어서 오자 | 外道雙穿語默來 |
| 세존은 한 번에 틀어 숫구멍 열어 주셨네[53] | 世尊一捘頂門開 |

---

49 굳게 닫힌~종지 어그러뜨렸네 : 말 있음과 말 없음이 두 관문이다. 삿되거나 바르거나 또는 있거나 없거나 시비와 우열을 나눌 수 없다. 어느 한편을 지지하는 입장에 선다면 단단히 걸린 관문은 조금도 흔들리지 않을 것이다. 그것을 가리켜 종지에 어긋난다고 하였다.

50 미혹과 깨달음의~채찍을 드셨구나 : 세존에 대하여 읊은 구절. 미혹과 깨달음을 분별하는 의식이 남아 있는 이상 향상을 기대할 수 없는데 거듭 방편을 내렸다는 말.

51 계구계雞狗戒 : 계계雞戒와 구계狗戒를 합한 말. 닭이나 개의 흉내를 내는 것. 잘못된 계를 올바른 계라고 믿고 수행하는 계금취戒禁取의 일종이다. 계계는 전생에 닭이었다고 하여 하루 종일 외발로 서서 고행하는 것이며, 구계는 자신이 전생에 개였다고 여겨서 집 밖에서 지내고 인분을 먹는 등 개의 행동을 흉내 내는 고행을 하는 것인데, 이렇게 함으로써 천상에 태어날 수 있다고 믿는다. 『大智度論』 권22(大25, 226a15) 참조.

52 다만 계구계를~배우지는 못했다네 : 외도에 대하여 읊은 구절. 있음과 없음을 모두 관문으로 설정하는 조사선을 모른다는 말.

53 외도가 말과~열어 주셨네 : 여기서 번역한 숫구멍은 정문頂門으로 정문정안頂門正眼

애석하다, 평범한 말은 공연히 살만 쪘기에	可憐凡馬空多肉
힘껏 채찍 휘둘러 천둥 같은 소리 울렸다네	費盡鞭聲如疾雷
후인들아, 깊숙한 구덩이에 주저앉지 말고	後人莫向深坑坐
함정의 동굴이면 무엇이건 부수어야 하리라	任是窟穴須打破

열재거사의 송 悅齋居士頌

설두는 삼경에 정오의 해가 떴다 한 격이고	雪竇三更日卓午
운문은 정오에 삼경의 종 울린다 한 격일세	雲門日午打三更
결국 채찍 그림자라 한 일은 상관하지 말고	畢竟不干鞭影事
모든 사람들이 촛불 끄고 어둠 속을 걸으리	大家滅燭暗中行

법안 문익法眼文益**과 백장 도상**百丈道常**의 문답**

법안에게 백장 도상 화상이 법문을 청하면서 꺼낸 말을 마치기도 전에 법안이 말하였다. "그만두어라, 그만두어! 그대는 세존께서 아무 말도 없었던 경계를 알고자 하는 것인가?" 백장이 이 말을 듣고 깨달았다.

法眼, 因百丈常和尙請益, 敍語[1]未終, 眼曰, "住住! 汝擬向世尊良久處會耶?" 丈從此悟入.

1) ㉐ '語'가 갑본에는 '話'로 되어 있다.

설화

○ 백장 도상 화상이 법문을~알고자 하는 것인가 : 저 도상 화상이 저울의 기준점을 착각하여 실물이 있다고 알지 않을까 염려했기 때문이니,

---

을 줄인 말이다. 이는 제3의 눈이며 진실을 꿰뚫어 보는 지혜의 눈이다. 두 가지 관문으로 던진 외도의 질문에 대하여 양구로써 외도의 눈을 뜨게 해 주었다는 뜻이다.

그의 의식(意根)이 말뚝처럼 한곳에 굳게 서 있지 않도록 하려는 의도이다.[54]

○ 이 말을 듣고 깨달았다 : 세존의 이 양구를 벗어나서(離) 이해했다는 뜻인가? 아니면 이 양구 그대로(卽) 이해했다는 뜻인가?[55]

法眼 : 因百丈常和尙請益云云者, 恐他常和尙錯認定盤星故, 意乃不令他意根椿立也. 從此悟入者, 離此良久會, 卽此良久會?

오조 사계五祖師戒의 평

"대단한 세존께서도 아난에게 한 장의 판결문으로 처분받으셨구나.[56]" 또다시 말을 꺼내었다. "그대는 무엇을 물었는가?"[57]

五祖戒云, "大小世尊, 被阿難一狀領過." 又出語云, "汝何所問?"

[설화]

○ 대단한 세존께서도~판결문으로 처분받으셨구나 : 외도뿐만 아니라 세존도 잘못이 없다고 하지 않을 수 없다. 그러므로 세존을 대신하는 말을 꺼내어 "그대는 무엇을 물었는가?"라고 반문했던 것이다. 이 말은 아난이 질문한 말에 대한 응답이다. 이렇게 대답했더라면 세존의 양구는 한계가 없는 의미가 되었을 것이라는 뜻이다.

---

54 세존의 양구를 저울의 기준점에 비유한 것이며, 그 양구에 대한 백장 도상의 한편으로 치우치고 경직된 이해를 차단하기 위해 법안이 그와 같은 질문을 던졌다는 뜻이다.
55 마지막에 백장 도상이 깨달았다고 한 말에 대하여 또 하나의 관문을 세워 처리한 해설이다.
56 한 장의 판결문으로 처분받으셨구나(一狀領過) : 둘 이상의 죄목 또는 여러 사람의 죄를 같은 죄로 처결하였다는 말. 여기서는 세존과 외도가 동죄同罪라는 뜻으로 쓰였다.
57 아난의 질문에 대해 오조 사계 자신이라면 이렇게 대답했을 것이라는 뜻이다.

五祖云, 大小世尊云云者, 非但外道, 世尊亦未免無過也. 故出世尊語云, "汝何所問?"也. 此語, 答阿難語也. 伊麼答, 則世尊良久, 直得無限.

현각玄覺의 징
"도대체 어느 지점에서 세존은 채찍을 드셨단 말일까?"

玄覺徵, "什麼處是世尊擧鞭處?"

설화
○ 세존께서 채찍을 든 것을 헤아려 따진 것인가? (그것이 아니고) 만약 채찍을 들었다면 어디서 그것을 더듬어 찾을 수 있었겠는가라는 반문이다.

玄覺: 世尊擧鞭處, 推徵耶? 若是擧鞭處, 向什麼處摸搽?

운거 청석雲居淸錫의 평
"알고자 하는가? 지금 방으로 돌아간 것은 또한 누구인가?"

雲居錫云, "要會麼? 如今歸堂去, 復是阿誰?"

설화
○ '지금 방으로 돌아간 것'이라 한 말은 곧 세존이 양구로 보이신 경계이다. 지금 방으로 돌아간 경계는 모색할 도리가 없다는 뜻이다.

雲居云, 如今歸堂去地, 卽是世尊良久處也. 則如今歸堂去地, 沒摸索也.

설두 중현雪竇重顯**의 염 1**

"선덕들이여! 미혹의 구름이 걷히고 부처님의 뜻을 분명히 알았다면 누가 되었건 동참하도록 허용하겠는가? 만약 함께 자세히 알았다면 세상의 종사들이 모두 외도의 반려자가 되겠지만, 만약 각자 서로 인증印證[58]한 경계가 아니라면 동토의 납승이 서천의 외도만도 못할 것이다."

雪竇顯拈, "諸禪德! 迷雲旣開, 決定見佛, 還許他同參也無? 若共相委知, 則天下宗師, 並爲外道伴侶 ; 如各非印證, 則東土衲僧, 不如西天外道."

> [설화]

○ '누가 되었건(他)'이란 모든 사람을 가리키고, 동참이란 외도가 동참한다는 뜻이다.
○ 만약 함께 자세히 알았다면 : 구름이 걷히면서 부처님의 뜻을 안 외도의 경계와 같다는 말이다.
○ 세상의 종사들이 모두 외도의 반려자가 되겠지만 : 지금 자세히 안 것이 바로 외도의 견해라는 뜻이다.
○ 만약 각자 서로~서천의 외도만도 못할 것이다 : 만약 알지 못한다면 어떻게 오늘날과 같은 일[59]이 있겠느냐는 뜻이다.

---

58 인증印證 : 하나의 마음이 다른 마음에 도장을 찍듯이 그대로 증명해 준다는 말. '인가印可'와 같은 말이다. 마음으로써 마음을 찍는다는 이심인심以心印心 또는 마음으로 마음에 전한다는 이심전심以心傳心의 맥락과 통한다. 하나의 경계를 인가해 주는 선종의 방식이다. 『傳心法要』(大48, 382a15), "부처님이 가섭에게 법을 전한 이래로 마음으로 마음에 도장을 찍었으니 전하는 마음과 받는 마음이 다르지 않았다. 사물에 도장을 찍으면 찍히더라도 법이 되지 않으며, 허공에 도장을 찍으면 찍히더라도 무늬가 생기지 않는다. 그러므로 마음으로 마음에 도장을 찍음으로써 전하는 마음과 받는 마음이 다르지 않았던 것이니 찍는 마음과 찍히는 마음을 모두 알기 어려우므로 얻은 자가 적은 것이다. 그러나 마음이라 해도 마음은 없고 얻었다 해도 얻음이 없다.(自如來付法迦葉已來, 以心印心, 心心不異. 印著物, 卽印不成法, 印著空, 卽印不成文. 故以心印心, 心心不異, 能印所印, 俱難契會, 故得者少. 然心卽無心, 得卽無得.)"

雪竇: 他則諸人也. 同參者, 外道同參也. 若共相委知者, 如外道雲開見佛也. 天下宗師至伴侶者, 今日委知是外道見解也. 如各非印證云云者, 若不委知, 何有今日事?

설두 중현의 염 2
"삿된 것과 바른 것을 구분하지 못한 잘못은 채찍의 그림자에서 비롯된다." 운문 종고雲門宗杲는 "삿된 것과 바른 것을 제대로 양분한 까닭은 다름 아닌 채찍의 그림자에서 비롯된다."라고 하였다.[60]

又拈, "邪正不分, 過由鞭影." 雲門杲云, "邪正兩分, 正由鞭影."

【설화】
○ 설두 중현의 염은 오늘 깨달았다 하더라도 잘못이 없을 수 없다는 뜻이다. 운문 종고의 말은 만일 오늘 깨달은 것이 아니라면 어떻게 본래부터 있었던 일을 알겠느냐는 뜻이다.

又拈, 邪正不分云云者, 今日悟去, 不得無過也. 邪正兩分云云者, 若非今日悟去, 爭知本有之事.

법운악法雲岳의 염
"먼저 쏜 화살은 그래도 가벼웠지만, 나중에 쏜 화살은 깊숙이 박혔다."[61]

---

59 오늘날과 같은 일 : 오늘날까지 불도가 전수되어 부단히 이어지고 있는 현상을 가리킨다.
60 설두는 외도의 잘못에 대하여 부처님께서 양구良久로 보인 실마리(채찍의 그림자) 때문이라고 하였다. 반면에 동일한 실마리에 근거하여 외도가 바른 것과 삿된 것을 알았다고 한 운문 종고의 말을 대칭시켰다.
61 『碧巖錄』의 착어와 평창에서 원오 극근이 즐겨 쓰며, 『大慧語錄』 권16(大47, 881a26),

法雲岳拈, "前箭猶輕, 後箭深."

(설화)

○ 세존의 양구가 먼저 쏜 화살이라면 '세상의 뛰어난 말'이라 운운한 말은 나중에 쏜 화살이라는 뜻인가? (그렇지 않다.) 외도가 앞서 던진 질문이 먼저 쏜 화살이고, 마지막에 내뱉은 찬탄이 나중에 쏜 화살이라는 뜻이다.[62]

法雲: 世尊良久, 是前箭, 如世良馬云云, 是後箭耶? 外道前頭問, 是前箭; 後頭讚嘆, 是後箭也.

동선제東禪齊의 염

"어떤 부분이 외도가 깨달은 경계일까? 대중 가운데 어떤 이들은 '세존께서 말없이 있었을 때가 바로 세존이 채찍을 들어 드러낸 경계와 같다.'라고 말한다. 이러한 설명이 그 뜻을 온전히 터득한 데서 나온 것일까?"

東禪齊拈, "什麼處是外道悟處? 衆中道, '世尊良久時, 便是世尊擧鞭處.' 伊麼話會, 還得已不?"

(설화)

○ 문구에 드러난 그대로 뜻을 알 수 있다.

『無門關』15則「頌」(大48, 295a10) 등에도 나오는 구절이다.

[62] 외도가 오히려 세존을 시험하기 위한 화살처럼 날카로운 화두를 쏘았다는 해설이다. 모든 공안에서 그렇듯이 여기서도 세존과 외도 사이에 미리 우열을 결정해 놓으면 화두로서의 묘미를 포착하지 못한다. 법운의 염 자체에서 두 가지로 갈라질 수 있는 불분명한 뜻을 이렇게 볼 수 있는 것은 『說話』 저자의 안목에 기인한다.

東禪: 文見可知.

취암 수지翠嵒守芝의 평
"대단하신 세존도 외도에게 그 자리에서 속고 말았다. 가령 외도가 '저로 하여금 깨닫게 하셨다.'라고 말은 하였으나 그는 꿈에도 (부처님의 뜻을) 보지 못했던 것이다. 꿈에도 본 적이 없었는데 어떻게 깨달았던 것일까?"

翠嵒芝云, "大小世尊, 被外道當面塗糊. 只如外道云, '令我得入.' 要且未夢見在. 旣不曾夢見, 爲甚却悟去?"

설화

○ 대단하신 세존도~꿈에도 (부처님의 뜻을) 보지 못했던 것이다 : 세존의 양구와 외도의 깨달은 경계를 모두 마음에 두지 않는다는 뜻이다.
○ 어떻게 깨달았던 것일까 : 만일 채찍의 그림자를 보지 않았다면 어떻게 깨달은 경계가 있었겠는가? 그러므로 깨달을 것이 전혀 없다는 도리를 깨달았다(悟無所悟)는 뜻이다.[63]

翠巖云, 大小世尊至未夢見在者, 世尊良久, 外道悟去處, 俱不存也. 爲甚却悟去者, 若不見鞭影, 何有悟處? 然則悟無所悟也.

낭야 혜각瑯琊慧覺의 평
"아는 곡조와 비슷하다고 생각하여 막 들으려고 하는데, 다시 바람에

---
[63] 세존께서 제시한 것에는 처음부터 깨달음의 대상이 될 만한 어떤 것도 없었다는 뜻. 외도는 바로 무엇인가 있는 듯이 설정한 세존의 이러한 함정을 알아차렸다는 해설이다.

날려 다른 곡조가 되는구나."[64]

琅琊覺云, "依俙似曲纔堪聽, 又被風吹別調中."

> 설화

○ 아는 곡조와 비슷하다고 생각하여 막 들으려고 하는데 : 세존이 말없이 계셨던 경계가 사람들에게 대단히 많은 의혹을 일으키게 만들었다는 뜻이다.
○ 다시 바람에 날려 다른 곡조가 되는구나 : 적지 않게 쓸모없이 되어 버렸다는 말이다.

琅琊云, 依俙云云者, 世尊良久處, 不妨敎人疑着也. 又被云云者, 郞當不少也.

양기 방회楊岐方會의 평

"세존은 자신을 거두고 상대의 의중에 따랐고, 외도는 차려 준 밥을 먹

---

[64] 고변高騈의 시 〈風箏〉에 나오는 구절. 조사선에서는 자신이 미리 알고 있는 관념과 유사한 것처럼 보여서 그렇게 이해하려 하면 곧바로 다른 뜻으로 변한다는 말로 쓰인다. 양구와 침묵 등에 대하여 일정한 뜻에 근거하여 알려 하거나 그 어떤 것으로 포착하려 해도 본질적으로 다른 것으로 바뀌어 버리고 만다는 뜻이다. 깨달음·미혹, 진여·무명 등 어떤 사유의 구도도 쓸모없게 만드는 화두의 본질에 기인한다. 『北夢瑣言』권7, "고변이 어느 날 악기 연주하는 소리를 듣다가 가락에 변화가 있는 것을 알고서 〈풍쟁〉이라는 제목의 시에 그 뜻을 다음과 같이 실었다. '고요한 밤 거문고 소리가 푸른 하늘에 울려 퍼지니, 평범한 가락을 오가는 바람결에 맡기는구나. 아는 곡조와 비슷하다고 생각하여 막 들으려고 하는데, 다시 바람에 날려 다른 곡조가 되려 하네.'(高騈, 一日聞奏樂聲, 知有改移, 乃題風箏寄意曰 : '夜靜絃聲響碧空, 宮商信任往來風. 依稀似曲才堪聽, 又被移將別調中.')"; 『景德傳燈錄』권25 「天台德韶傳」(大51, 408a15), "그렇다면 대천세계 전체가 동일한 진여의 성품이라는 말이로군요.' '아는 곡조와 비슷하다고 생각하여 막 들으려고 하는데, 다시 바람에 날려 다른 곡조가 되려 하는구나.'(問曰, '恁麼卽大千同一眞如性也.' 師曰, '依俙似曲才堪聽, 又被風吹將別調中.')"

고 감사의 뜻으로 예찬하였다."

楊歧會云, "世尊, 輟己從人 ; 外道, 因齋慶讚."

[설화]

○ 자신의 뜻을 거두고 상대의 의중에 따랐다 : 진실한 의도가 아니라는 뜻이다.
○ 차려 준 밥을 먹고 감사의 뜻으로 예찬하였다 : 우연히 무늬가 새겨진 것[65]에 불과했다는 뜻이다.

楊歧云, 輟己從人, 則非實意也. 因齋慶讚, 則偶爾成文也.

취암 가진翠嵓可眞의 평

"육합六合[66]과 구유九有[67]에 사는 스님과 도사 그리고 고관대작들[68]이 하

---

65 우연히 무늬가 새겨진 것 : "벌레가 나무를 갉아 먹다가 우연히 무늬를 새긴 것과 같다.(如蟲蝕木, 偶爾成文.)"라는 구절이다. 본서 14칙 주 15 참조.
66 육합六合 : 하늘과 땅 그리고 사방. 천하 또는 우주 전체의 공간을 말한다. 구유九有가 불교의 세계관이라면 육합은 중국의 전통적인 세계관에서 나온 개념이다. 『莊子』「齊物論」, "육합 밖의 세계를 성인은 그대로 두고 언급하지 않으며, 육합 안의 세계에 대해서도 성인은 말은 하지만 시비를 따지며 논쟁하지 않는다.(六合之外, 聖人存而不論 ; 六合之內, 聖人論而不議.)"
67 구유九有 : 구유정거九有情居 또는 구중생거九衆生居의 줄임말로 구거九居·구문九門이라고도 한다. 중생이 머무는 아홉 가지 세계를 말한다. 욕계欲界·색계色界·무색계無色界 등의 삼계三界 중 선정禪定의 깊이에 따라 색계와 무색계를 사선천四禪天과 사무색천四無色天으로 나누고 욕계는 하나로 삼아 모두 아홉 가지가 된다. 곧 욕계오취지欲界五趣地, 이생희락지離生喜樂地(色界初禪), 정생희락지定生喜樂地(色界第二禪), 이희묘락지離喜妙樂地(色界第三禪), 사념청정지捨念淸淨地(色界第四禪), 공무변처지空無邊處地(無色界第一定), 식무변처지識無邊處地(無色界第二定), 무소유처지無所有處地(無色界第三定), 비상비비상처지非想非非想處地(無色界第四定) 등을 가리킨다.
68 스님과 도사 그리고 고관대작들(緇黃靑紫) : 스님들의 가사는 치복緇服이라 하고, 도사는 황관黃冠을 쓰며, 공경公卿들은 청자색을 두른 옷을 입는 각각의 외형적 특징에

나하나 서로 뒤섞여 모두들 말하기를 '말없이 있으셨다(良久)'거나 '자리에 기대고 계셨다(據座)'라거나 '대답하지 않으셨다(不對)'라고 하지만, 요는 모두 옳지 않다." 또한 여러 선사들이 평가한 말을 제기하고 다시 말하였다. "아! 설령 추자鶖子[69]와 만자滿慈[70]가 지혜를 운용하거나 뛰어난 말을 퍼뜨리며 신통한 작용을 부린다고 한들 무슨 이익이 있겠는가?"

> 翠嵒眞云, "六合九有, 緇黃靑紫, 一一交參, 咸言, '良久,' '據座,' '不對.' 要且不是." 又擧諸家拈了, 復云, "於戲! 假如鶖子滿慈, 運智擒辭, 馳神作用, 何益之有?"

설화

○ 세존이 말없이 있었던 경계는 지혜를 운용하거나 뛰어난 말을 퍼뜨리며 신통한 작용을 부린 것이 아니었다. 분별할 수 있는 것일지언정 어찌 말없이 있었다거나 자리에 기대고 있었다거나 대답하지 않았다거나 하며 헤아릴 수 있겠는가! 이전의 수많은 선사들이 평가하여 제기한 말 중에 혹은 억누르거나 추켜세우기도 하고 혹은 주거나 빼앗기도 한 것들을 가리켜 '지혜를 운용하거나 뛰어난 말을 퍼뜨리며 신통한 작용을 부린 것'이라 한 것이다.

○ 추자는 사리불이고, 생각을 내달리게 하는 작용(馳神作用)이란 신통을

따라 이렇게 부른다.
69 추자鶖子 : 사리불舍利弗. ⓢ Śāriputra, ⓟ Sāriputta. 사리보달라奢唎補怛羅라고도 한다. 부처님 십대제자 중 지혜가 가장 뛰어나 '지혜제일智慧第一'이라 한다. '추鶖'는 어머니의 이름이고, '자子'는 그 아들이라는 뜻이다. 『飜譯名義集』 권1(大54, 1063b2), 『一切經音義』 권26(大54, 478b23) 등에 따르면, 어머니의 밝고 맑은 눈이 황새(鶖)나 백로(鷺)의 눈과 같아서 이렇게 불렀다고 한다.
70 만자滿慈 : 부루나富樓那. ⓢ Pūrṇa, ⓟ Puṇṇa. 부처님 십대제자 중 설법이 가장 뛰어나 '설법제일說法第一'이라 한다. 사리불과 마찬가지로 어머니의 이름에서 따온 것이다. 『一切經音義』 권23(大54, 450c11) 참조.

나타낸다. 만자는 부루나이고, 지혜를 운용하며 뛰어난 말을 퍼뜨리는
것은 설법을 나타낸다.[71]

翠巖云, 若是世尊良久處, 非運智擒辭, 馳神作用也. 可擬議, 豈可良久據
座不對商量哉! 前之數家拈提, 或抑或揚, 或與或奪, 是運智擒辭, 馳神作
用也. 鷲子, 則舍利弗也. 馳神作用, 是神通也. 滿慈, 則富樓那也. 運智擒
辭, 卽說法也.

도오 오진道吾悟眞의 평
"세존의 척안隻眼[72]은 삼계 전체를 걸림 없이 보고, 외도의 두 눈동자는
인도 전체[73]를 꿰뚫어 본다."

道吾眞云, "世尊, 隻眼通三界 ; 外道, 雙眸貫五天."

설화

○ 세존의 척안 : 정수리에 달린 척안이다. 곧 말없이 있었던 경계가 바로
그 하나의 척안이다.
○ 삼계 전체를 걸림 없이 본다 : 속속들이 보는 작용을 모두 갖추었다는
말이다.
○ 외도의 두 눈동자는 인도 전체를 꿰뚫어 본다 : 말이 있는 것과 말이

---

71 사리불을 신통한 작용에, 부루나를 지혜를 운용하여 말을 퍼뜨린 것에 상응하는 것으
로 해설하였다. 본문의 번역은 지혜는 지혜제일인 사리불에, 말을 퍼뜨린 것은 설법제
일인 부루나에 상응하고, 이 두 가지를 모두 신통한 작용으로 묶어서 풀었다.
72 척안隻眼 : 일척안一隻眼 또는 정문정안頂門正眼과 같다. 육신의 두 눈 이외에 진리를
꿰뚫어 보는 제3의 눈 곧 지혜의 눈(慧眼)을 가리킨다.
73 인도 전체(五天) : 오천축五天竺과 같다. 고대 인도(天竺)는 동·서·남·북과 중앙 등
다섯 부분으로 나뉘어 오천축이라 불렸다.

없는 것, 이는 또한 본체와 작용을 나타내는 두 구절이 아니며, 단견斷見(말이 없음)과 상견常見(말이 있음)에 집착하여 분별하는 외도의 견해를 가리킨다. 인도 전체를 꿰뚫어 본다는 말은 갖춘 것이 속속들이 남김이 없었다는 뜻이다.

道吾云, 世尊隻眼者, 頂門隻眼也. 則良久處, 是一隻眼也. 通三界者, 徹底具足也. 外道雙眸云云者, 有言無言, 此亦非體用二句, 外道所見, 斷常二見分別也. 貫五天, 則具足徹底也.

천복 본일薦福本逸의 상당

"조사의 도는 넓고도 크도다! 요즈음 이후로 그 거대한 기강이 추락하려 하고 있다. 왜 그런가? 가령 2천 년 전에 외도가 부처님께 '말이 있는 것도 묻지 않고 말이 없는 것도 묻지 않을 때는 어떻게 하시겠습니까?'라고 물었던 예를 보자. 근래에 선을 수행하는 무리들 중에 어떤 자는 '세존께서 말없이 있으셨다(良久)'고 하고, 어떤 자는 '세존께서 묵묵히 계셨다(默然)'고 하며, 어떤 자들은 '세존께서 대답하지 않으셨다(不對)'고 하고, 어떤 자들은 '세존께서 자리에 기대어 가만히 계셨다(據座)'고 하지만, 그 이유를 다시 한번 묻는 순간 좁은 소견을 드러내고 만다. '자리에 기대어 가만히 계셨다'고 말한 자는 정면에서 자세히 드러낼 뿐 더 이상 달리 할 일이 없었다는 뜻이라 하고, '대답하지 않으셨다'고 말한 자는 눈앞에서 시끄럽게 떠들고 있으면서 (말이 있음과 말이 없음에 대해) 묻지 않는 것을 뛰어나다고 하니 그 말이 스스로 모순에 떨어진 것이므로 대답하지 않았다고 하며, '묵묵히 계셨다'고 말한 자는 궁극적인 이치는 아득히 깊어서 언어로 표현할 길이 끊어지고 갖가지 조건이 단번에 사라져야 비로소 도와 하나가 된다는 뜻이라 하고, '말없이 있으셨다'고 말한 자는 그 외도로 하여금 지혜의 빛을 돌려 스스로 비춤으로써 본래면목을 볼 수 있도록 하고자 했기에 말없이 있으셨다고 그 이유를 말한다. 이와 같은 말들은 가슴 깊은 곳에서 나온 것으로서 생사윤회의 근본 바로 그것이니, 어찌 세존께서 내려 주신 자비로운 가르침과 외도가 깨달은 경계를 꿈엔들 알았겠는가! 오늘 밤 바로 지금, 다행히 좋은 법회를 맞이하였다. 오래 참구한 선수행자들은 이미 말로 드러내기 이전의 경지에 놓여 있겠지만, 후진의 초심자들이야 어찌 의론이 없을 수 있겠는가! 말이 있는 것도 묻지 않고 말이 없는 것도 묻지 않을 때는 어떤가? 세존께서는 그 외도에게 무슨 말을 했던가? 한번 들어 보기 바란다. 만약 제대로 들어 보인다면 무너진 기강을 다시 정비하고 청정한 대중에게 공양할 수 있을 뿐만 아니라 또한 총림에 쓸 만한 사람이 있고 현명한 사람이 드물게 세상에 출현하였다는 사실도 보일 수 있을 것이다. 그런 사람 있는가, 있는가?" 잠깐 침묵하다가 말하였다. "저 외도를 보면 오랫동안 삿된 종지를 익혀 아견我見에 깊이 집착하였음에도 살짝 드러난 시퍼런 칼날[74]을 보고 귀착점을 바로 알아차렸던 것이다. 당시에 외도가 찬탄하며 '세존께서 대자대비하신 가르침으로'라고 운운하였고, 세존께서는 '뛰어난 말은 채찍의 그림자만 보고도 달리는 것과 같다.'라고 하였으니, 이것이 벌써 복잡한 말을 모두 해 버린 꼴이 되었다. 현명한 여러분에게 묻겠다. 세존께서 채찍의 그림자를 드리운 곳은 어느 부분이었을까? 만일 제대로 대답한다면 외도와 함께 동참할 수 있다고 인정하겠지만, 바르게 대답하지 못한다면 이 땅의 선 수행하는 무리들이 서천의 외도만도 못하다고 하리라."

薦福逸上堂云, "乃祖之猷, 廣矣大矣! 殆玆而來, 宏綱將墜. 何也? 只如

---

74 시퍼런 칼날(鋒鋩) : 날카롭게 절단하거나 찌르는 칼과 같이 번득이는 기봉機鋒. 본분을 드러내는 핵심적인 수단을 말한다. 『圜悟語錄』 권16(大47, 791a3), "칼날을 조금도 상하지 않고 자유롭게 거두어들이고 놓아 버리는 바로 이것이 남전南泉이 써먹던 본분의 식량이었다.(不犯鋒鋩, 收放自在, 是南泉本分草料.)"

二千年前, 外道問佛, '不問有言, 不問無言時, 如何?' 邇來禪徒, 或云, '世尊良久.' 或云, '世尊默然.' 或云, '世尊不對.' 或云, '世尊據座.' 試詢其由, 互呈管見. 謂據座者, 卽覿面相呈, 更無餘事; 謂不對者, 卽現前口喃喃地, 大好不問, 其話自墮, 是以不對; 謂默然者, 至理幽玄, 名言路絶, 諸緣頓泯, 方合於道; 謂良久者, 欲使他迴光自照, 得見本來面目, 是以良久. 如斯語話, 出在胸襟, 正是生死根本, 何曾夢見世尊垂慈, 外道悟處! 今夜今時, 幸遭嘉會. 久參禪德, 置在言前; 後進初機, 豈無議論! 不問有言, 不問無言時, 如何? 世尊向他道什麼? 試請擧看. 若也擧得, 非唯再整頹綱, 供養淸衆, 亦表叢林有人, 賢者閑出. 有麼, 有麼?" 良久云, "看他外道, 久習邪宗, 深着我見, 鋒鋩小露, 落處便知. 當時讚歎云, 世尊大慈大悲, 〈至〉見鞭影而行, 已是葛藤了也. 敢問諸賢. 甚處是世尊垂鞭影處? 若也道得, 許共外道同參; 若道不得, 此土禪流, 不如西天外道."

설화

○ '자리에 기대어 가만히 계셨다'고 말한 자와 '말없이 있으셨다'고 말한 자는 구체적인 상황(今日)에서 근기에 적절하게 주신 가르침(對機)이라는 견해이고, '대답하지 않으셨다'고 말한 자와 '묵묵히 계셨다'고 말한 자는 근기에 적절하게 주신 가르침이 아니라는 견해이다. 이것을 두고 '서로 좁은 소견을 드러내고 만다.'라고 한 것이다.

○ 그 아랫부분은 글에 그대로 드러나 있으니, 다만 세존께서 채찍 그림자를 드리운 곳은 어느 부분이었는지를 보여 주고자 한 것이다.

薦福: 謂據座者云云謂良久者, 今日對機也. 謂不對者云云謂默然者, 不對機也. 此所謂互呈管見也. 下如文, 只要見, 什麼處世尊垂鞭影處.

대위 모철大溈慕喆의 염

"외도는 보배 거울을 감추어 두었고 세존께서는 몸소 그것을 높이 들어 보여 주시니, 빽빽이 펼쳐진 존재가 (그 거울에) 환하게 다 드러나고 모든 현상이 뚜렷하게 나타난다. 또한 아난은 금종金鍾을 거듭 쳐서 사부대중이 함께 듣게 하였다. 비록 그렇기는 하지만 그것은 마치 두 마리 용이 여의주를 가지고 노니는 것[75]과 같았으니, 다른 지혜로운 자의 위엄 있고 사나운 기개를 키워 준 결과가 되었다."

> 大溈喆拈, "外道, 懷藏寶鏡 ; 世尊, 親爲高提, 森羅顯煥, 萬像歷然. 又得阿難金鍾再擊, 四衆共聞. 雖然如是, 大似二龍玩珠, 長他智者威獰."

[설화]

○ 두 마리 용은 세존과 아난을 말한다. 여의주는 외도가 깨달은 경계이다.
○ 지혜로운 자 : 어찌 (외도) 스스로가 (스스로를) 지혜로운 자라 한 말이겠는가?[76]

> 大溈 : 二龍則世尊阿難也. 珠則外道悟處也. 智者, 豈自謂歟?

천동 정각天童正覺의 상당

이 공안을 제기하고 말하였다. "한 구절에 훌쩍 뛰어넘으니 뛰어난 말

---

[75] 두 마리~노니는 것(二龍玩珠) : 이룡쟁주二龍爭珠와 같은 뜻.『碧巖錄』65則「本則 評唱」(大48, 196a8)에서와 같이 '爭'으로 되어 있는 문헌도 있다. 세존과 아난이 드러낸 방식은 달랐지만 득실과 우열은 나누어지지 않는다. 조주의 다음 문답과 취지가 통한다.『趙州語錄』古尊宿語錄 14(卍118, 321a13), "두 마리 용이 여의주를 다투는데 어떤 놈이 여의주를 얻습니까?' '잃은 놈도 줄어든 것이 없고, 얻은 놈도 그것을 써먹을 일이 없다.'(問, '二龍爭珠, 誰是得者?' 師云, '失者無虧, 得者無用.')"
[76] 세존과 아난의 문답으로 인해 외도들이 채찍의 그림자만 보고도 달리는 뛰어난 말, 즉 지혜로운 자들로 여겨지게 되었다는 의미이다.

이 채찍 그림자를 본 격이다. 도道는 말과 침묵을 모두 넘어서고, 이치는 모난 것과 둥근 것에 모두 합일한다. 도끼를 휘두르는 미묘한 솜씨[77]는 손님과 주인이 모두 기특하게 여기고, 바퀴를 깎는 탁월한 기술은 부자 사이에도 전하지 못한다.[78] 효상爻象[79]을 지니고 있으면서 거북 등껍질을

---

77 도끼를 휘두르는 미묘한 솜씨 : 『莊子』「徐无鬼」의 이야기에 따른다. 초나라의 도읍인 영郢에 흙 바르는 사람(郢人)이 자기 코에 파리 날개만큼 얇게 백토를 바르고 장석匠 石에게 깎아 내도록 시켰다. 장석이 바람 소리가 나도록 도끼를 휘둘렀지만, 영인郢 人은 그 소리를 듣기만 하고 꼼짝없이 있었고, 코를 조금도 상하지 않고 백토만 떨어져 나갔다. 송나라의 원군元君이 이 이야기를 듣고 장석을 불러 자기에게도 그 솜씨를 보여 달라고 부탁하였지만 장석은 그 기술의 근원이 되는 영인이 죽었기에 더 이상 할 수 없다고 말하였다. 장자는 이 이야기를 하면서 자신도 장석과 마찬가지로 마음을 알아주는 친구인 혜자惠子가 이 세상을 떠나 속뜻을 나눌 사람이 없어졌다고 한탄하였다. 그래서 후대에 '영인'은 자신을 알아주는 사람(知己)이라는 뜻으로 쓰인다.

78 바퀴를 깎는~전하지 못한다 : 『莊子』「天道」에 나오는 조백糟粕(술 찌꺼기)의 비유를 들고 있다. 제나라 환공桓公과 목수인 윤편輪扁 사이의 대화에서 나온 말이다. "제나라 환공이 당상堂上에서 글을 읽는데 편扁이라는 이름을 가진 수레바퀴 만드는 자가 당하堂下에서 수레를 깎다가 망치와 끌을 놓고는 올라와서 물었다. '공께서 읽는 책은 누구의 말입니까?' '성인의 전적이다.' '그 성인이 살아 있습니까?' '이미 죽었다.' '그렇다면 공께서 읽으시는 것은 옛사람이 먹다 남은 술 찌꺼기에 불과합니다.' '과인이 독서를 하는데 수레 만드는 목공 주제에 어찌 이러니저러니 할 수 있는가! 그 말에 일리가 있으면 괜찮지만 그렇지 못하면 너는 죽은 목숨이다.' '신은 신의 일로 그것을 입증해 보겠습니다. 수레를 깎을 때 너무 헐거우면 수레축이 잘 들어가기는 하지만 견고하지 않고, 너무 빡빡하면 힘들어서 잘 들어가지 않습니다. 헐겁지도 빡빡하지도 않게 하여 손에도 익고 마음에도 부합은 하지만 입으로는 말할 수 없으니 그 사이에 절묘한 도리가 있는 것입니다. 신은 저의 아들에게도 이 도리를 가르칠 수 없고 신의 아들 역시 저로부터 전수받을 수 없습니다. 그래서 칠십이 된 늙은 몸으로 아직까지 몸소 수레를 깎고 있습니다. 옛사람들도 전하지 못하는 것에 대해서는 그대로 두고 죽어 버렸습니다. 그러하니 공이 읽는 것은 고인이 먹다 남긴 술 찌꺼기에 불과할 뿐인 것입니다.'(齊桓公, 讀書於堂上, 輪扁斲輪於堂下, 釋椎鑿, 上問, '敢問公之所讀何言邪?' 公曰, '聖人之言也.' 曰, '聖人在乎?' 公曰, '已死矣.' 曰, '然則君之所讀, 古人糟粕矣.' 公曰, '寡人讀書, 輪人安得議乎! 有說則可, 無說則死.' 扁曰, '臣也以臣之事觀之. 臣斲輪, 徐則甘而不固, 疾則苦而不入. 不徐不疾, 得之於手, 而應於心, 口不能言, 有數存焉於其間. 臣不能喩臣之子, 子亦不能受於臣. 是以行年七十而老斲輪. 古之人與其不可傳者死矣. 然則君之所讀者, 古人之糟粕矣.')

79 효상爻象 : 여섯 가지 효(六爻)가 섞여서 이루어진 괘卦가 나타내는 사물의 형상. 『周易』「繫辭傳」下, "효爻란 이것을 본뜬 것이고, 상象이란 이것을 모양대로 따른 것이

가지고 점치려 하지 마라. 시비에 떨어지자마자 본분사는 영원히 멀어질 것이다."

天童覺上堂, 舉此話云, "一句超然, 良馬影鞭. 道出語默, 理合方圓. 運斤之妙, 賓主可憐 ; 斲輪之伎, 父子不傳. 莫將爻象兮, 相求龜殼. 纔落是非兮, 底事驢年."

설화

○ 세존이 말없이 있으셨던 경계는 말없이 있으셨던 것에 한정되지 않는다는 뜻이다. 삼구三句를 분별할 수 있다면, 한 촉의 화살이 허공 멀리 날아갈 것이다.[80] 삼구가 곧 일구요, 일구一句가 곧 삼구이다.[81]

天童 : 世尊良久處, 非但良久. 三句可辨. 一鏃遼空. 三卽一, 一卽三也.

불인 지청佛印智淸의 상당

이 공안을 제기하고 말하였다. "이것은 2천 년 전에 남겨 두었던 공안

다. 효상은 괘 안에서 움직이고, 길흉은 밖으로 드러난다.(爻也者, 效此者也 ; 象也者, 像此者也. 爻象動乎內, 吉凶見乎外.)"
[80] 한 촉의 화살은 일구一句를 나타내므로 하나의 구절이 삼구를 꿰뚫고 허공 멀리 날아간다는 뜻이 된다. 여기서 일구는 양구良久이며, 이것이 양구에 한정되지 않고 나머지 세 구절까지 모두 꿰뚫는 구절이 된다. 삼구는 앞서 제기한 '자리에 기대어 가만히 앉아 있던 것(據座)', '대답하지 않으신 것(不對)', '묵묵히 계셨던 것(默然)' 등 나머지 세 가지 구절을 가리킨다. 설두 중현과 원오 극근 등이 공안의 평창에서 사용했던 말이다. 『建中靖國續燈錄』 권28 「雪竇重顯章」(卍136, 376a8), 『圜悟語錄』 권18(大47, 796c15), 『碧巖錄』 100則 「本則 評唱」(大48, 223c3) 등 참조.
[81] 본서 915칙에 나오는 흠산欽山과 양 선객良禪客의 문답이 나타내는 취지와 같다. 곧 "흠산에게 양 선객이 물었다. '한 촉의 화살이 세 개의 관문을 부수는 경지는 어떤 것입니까?' '관문 안의 주인을 내보내 보라.'(欽山因良禪客問, '一鏃破三關時, 如何?' 師云, '放出關中主看.')" 양 선객의 물음에 대하여 설화에서는 "삼구를 뚫고 나갔다.(透出三句)"라고 해설하였다.

이거늘 오늘날 좌선하는 각자의 자리[82]에서 어찌 전혀 알지 못하는가? 옛날부터 종사들은 많았고 그 사이에 분석과 평가[83]도 적지 않았다. 어떤 사람은 '대단하신 세존께서 말을 두 토막으로 가르셨다.'라고 하였고, 어떤 사람은 '대단하신 세존께서 용의 머리에 뱀 꼬리와 같이 끝을 흐리셨구나.'라고 하였다. 또한 어떤 사람은 '어떤 부분이 세존께서 채찍을 든 경계인가?'라고 묻고는 말없이 있는 자세를 취했고, 다른 사람은 '어떤 부분이 외도가 깨달은 경계인가?'라고 물은 다음 '혀를 오므려라!'라고 하였다. 이와 같이 뛰어난 견해로 비록 작가의 면모를 남김없이 보여 주기는 했지만, 초암에 머무르면서 여전히 문밖에 사는 신세를 벗어나지 못한 것을 어쩌랴![84] 그런 까닭에 나, 지해가 오늘 도의 중심축[85]을 군더더기 없이 드러내어 여러분이 마음대로 점검하도록 맡기려 한다. 여러 선덕禪德들은 가로로 집어 들었다 거꾸로 휘두르는 걸림 없는 솜씨를 부리고, 외도는 사람과 다른 존재로 태어나 살아가면서[86] 어둠을 틈타서 갔다가 밝

---

82 좌선하는 각자의 자리(三條椽下) : 세 개의 서까래 아래. 승당僧堂 안에서 좌선하거나 밥을 먹거나 자는 각 수행자들의 개인 자리 곧 단위單位를 나타낸다. 단위란 이 자리 위에 각자의 명단名單이 있는 데서 붙여졌다. 위로 세 개의 서까래가 덮여 있는 정도의 너비라는 뜻이다. 또한 좌상 판의 길이가 6척, 판의 두께는 1척이므로 합하여 칠척단전七尺單前이라 하며, 이 두 말을 합하여 '3조의 서까래와 7척의 단전'이라고 쓰는 것이 보통이다. 『碧巖錄』25則 「頌 評唱」(大48, 166c23), "그대들이 알았다면 연화봉의 암주와 동참하겠지만 그렇지 않다면 3조의 서까래 아래와 7척의 단전에서 자세히 참구해 보라.(爾諸人若見得, 與蓮花峰庵主同參. 其或未然, 三條椽下, 七尺單前, 試去參詳看.)"
83 분석과 평가(批判) : '비批'는 분석分析, '판判'은 평가·논평論評·단정斷定 등의 뜻을 나타낸다.
84 『法華經』권2 「信解品」(大9, 18a28), "(집 나갔다 돌아온 아들에게) 집안에 출입하는 온갖 물건을 모두 관리하도록 하지만, 여전히 대문 밖에 살면서 초암에서 머문다.(諸物出入, 皆使令知, 猶處門外, 止宿草庵.)"
85 도의 중심축(玄樞) : 현추玄樞는 본래 북두칠성 또는 북두칠성의 첫 번째 별을 가리킨다. 의미가 확장되어 도의 심오한 이치를 파악하는 핵심적 요소를 나타낸다. 마치 문을 여닫는 중심이 되는 지도리와 같아서 모든 변화가 일어나는 근거를 말한다.
86 사람과 다른~태어나 살아가면서(異類中行) : 비록 번뇌가 모두 사라져 윤회를 벗어났

을 때 돌아오는 기량을 보였다.[87] 세존은 칼날 위의 일[88]을 마음껏 시행했지만, 또한 아난이 던진 질문이 있었으니 그것은 어떻게 할 것인가? 알겠는가? 연뿌리에서 뽑은 가는 실로 수미산을 당겨 넘어뜨리고, 개자씨가 굴러 천둥을 울리고 번개를 친다."

佛印淸上堂, 擧此話云, "此是二千年前, 所留公案, 如今三條椽下, 孰不聞知? 從上宗師旣多, 其間批判不小. 有云, '大小世尊, 話作兩橛.'; 有云, '大小世尊, 龍頭蛇尾.'; 又有云, '什麽處是世尊擧鞭處?' 便作良久勢; 又有云, '什麽處是外道得入處?' 便云, '縮却舌頭!' 如斯妙解, 雖盡作家, 爭奈止宿草庵, 未免猶居門外! 所以智海, 今日略發玄樞, 要與諸人恣意點檢. 諸禪德, 橫拈倒用, 外道, 却句[1]異類中行, 暗去明來. 世尊, 乃弄劍鋒上事, 更有阿難問處, 又且如何? 還知麽? 藕絲掣倒須彌, 芥子輥轟雷電."

1) ㉘ '句'가 갑본에는 '向'으로 되어 있다. ㉢ '向'으로 바로잡아 번역하였다.

[설화]

○ 어떤 사람이 '말을 두 토막으로 가르셨다.'라고 한 말과 또한 '대단하신 세존께서 용의 머리에 뱀 꼬리와 같이 끝을 흐리셨구나.'라고 한 말 : 억눌러 부정한 것이다.

어도 반드시 모든 중생들의 삶 속에서 깨달은 경지를 펼치며 살아가는 보살행菩薩行을 가리킨다. '이류異類'란 아직 궁극적인 깨달음을 얻지 못한 중생의 무리를 가리킨다. 위산 영우潙山靈祐에서 남전 보원南泉普願을 거쳐 장사 경잠長沙景岑 등에게로 이어지는 이류중행은 조동종曹洞宗에서 체계화한 선종의 사상이다. 본서 219칙 참조.

87 어둠을 틈타서~기량을 보였다 : 외도의 깨달은 기량을 자유롭게 펼쳤다는 긍정적인 평가이다.

88 칼날 위의 일(劍鋒上事) : 조금의 빈틈도 허용하지 않는 본분사本分事. 언어와 사유에 의존하는 모든 방편을 잘라 없애는 본분의 칼날에서 벌이는 지엄한 일을 가리킨다. '검인상사劍刃上事'라고도 하며 본분사와 맞대면하여 뛰어난 수단을 발휘하는 것을 이르기도 한다.

○ 또한 '어떤 부분이 세존께서 채찍을 든 경계인가?'라고 한 말과 '어떤 부분이 외도가 깨달은 경계인가?'라고 한 말 : 견해를 지지한 긍정이다.

○ '초암에 머무르면서'라고 운운한 말 : 끈끈하게 속박된 것과 같으니, 외도도 (그러한 속박을 향하여) 마구 내달렸다는 뜻이다.

○ 처음에 '말이 있는 것도 묻지 않고, 말이 없는 것도 묻지 않겠습니다.'라며 물었던 것도 깨달은 경계이기에 '사람과 다른 존재로 태어나 살아가는 이류중행異類中行'이라 평가한 것이다. 세존께서 말없이 있으셨던 것도 외도가 깨달은 경계를 인정한 것이기에 '어둠을 틈타서 갔다가 밝을 때 돌아오는 기량을 보였다.'라고 하고, '(세존께서는) 칼날 위의 일을 마음껏 시행했다.'라고 평가하였다. 아난이 외도의 깨달은 경계를 자유롭게 드러낸 말을 평가하여 '개자씨가 굴러 천둥을 울리고 번개를 친다.'라고 한 것이니, 이는 어느 편에도 얽매이지 않는 활발한 작용을 나타낸다. 어느 편에도 얽매이지 않는 활발한 작용이기 때문에 '수미산을 당겨 넘어뜨린다.'라고 한 것이다. 수미산은 세존이 말없이 있었던 경지를 가리킨다.

佛印 : 有云, '話作兩橛', 又'大小世尊, 龍頭蛇尾'者, 抑下也. 又云, '什[1]麽處, 是世尊擧鞭處', '什麽處, 是外道得入處'者, 扶見也. 正[2]宿草庵云云者, 猶是粘着, 亦是外道走殺也. 初問, '不問有言, 不問無言', 又悟處, 是異類中行也. 良久, 又許他悟處, 是暗去明來, 弄釖[3]刃上事也. 阿難弄見外道悟處, 是芥子輥緜雷電, 則無方活用也. 旣無方活用故, 掣倒須彌. 須彌, 言世尊久良[4]處也.

1) ㉧ '什'이 병본에는 '甚'으로 되어 있다. 이하 동일. ㉨ 통용자이므로 이하에서는 교감주를 붙이지 않는다. 2) ㉧ '正'이 을본·병본에는 '止'로 되어 있다. ㉨ '止'로 바로잡아 번역하였다. 3) ㉧ '釖'이 병본에는 '劒'으로 되어 있다. 이하 동일. 4) ㉧ '久良'이 을본·병본에는 '良久'로 되어 있다.

취암 사종翠嵓嗣宗**의 염**

"세존이 하늘 가득 덮는 거대한 그물을 펼쳐서[89] 중생이라는 물고기를 건져 내셨다. 그중에는 사람을 죽인 경우도 있고, 또한 사람을 살린 경우도 있다. 만일 상서로운 기린과 같이 걸출한 사람이라면 반드시 자기 자신만의 살림살이[90]를 가져야 한다."

翠嵓宗拈, "世尊布縵天大網, 撈攦衆生. 其中却有殺人處, 亦有活人處. 若是瑞獸麒麟,[1] 須別有箇生涯處始得."

1) ㉮ '麒麟'이 갑본에는 '猉獜'으로 되어 있다.

설화

○ 말없이 있으셨던 세존의 경계는 말없이 있으셨던 것임은 물론 그곳에는 활발한 작용도 있었다. 이렇게 죽이는 수단과 살리는 수단을 모두

---

89 하늘 가득~그물을 펼쳐서(布縵天大網) : 포만천대망布縵天大網은 장만천망張幔天網, 포만천망布幔天網, 개천개지蓋天蓋地 등이라고도 한다. 드넓은 하늘을 다 뒤덮는 장막이라는 뜻으로 그 무엇도 빠져나갈 틈이 없이 주도면밀하게 펼치는 수단을 비유하기도 한다.

90 자기 자신만의 살림살이 : 이를 별유생애別有生涯라고 한다. 남들의 수단을 빌려 쓰거나 그 견해에 지배되지 않는 자신만이 독창적인 선기禪機를 말한다. 불조佛祖의 방편일지라도 이에서 벗어나지 못하고 그 안에 주저앉으면 부림을 당하기 때문이다. 원오극근圜悟克勤이 이 뜻에 부합하는 방향을 제시한다. 『圜悟語錄』 권14 「示華藏明首座」(大47, 777c1), "만일 본색本色을 추구하는 진정한 수행자라면 반드시 남들이 남긴 분별을 넘어서고 견해도 벗어나 자신만의 살림살이를 가져야 하는 법이다. 결코 괴어 흐르지 않는 물속에서 살아갈 도리를 만들지 말아야 비로소 조사들이 닦아 놓은 진실한 업을 계승할 수 있다. 이에 이르면 반드시 스승을 넘어서 향상하는 본분사가 있음을 알아야 하니, 배움에 성실하였던 유하혜柳下惠가 끝내 스승의 자취를 좇으며 답습하지 않았다는 이야기가 그 대표적인 사례이다. 그러므로 옛사람이 '한 구절에 딱 맞아떨어지는 말이 만겁 동안의 속박이 된다.'라고 한 것이니, 그 얼마나 진실한 말씀인가!(若是本色眞正道流, 要須超情離見, 別有生涯. 終不向死水裏作活計, 方承紹得他家基業. 到此須知有向上事, 所謂善學柳下惠, 終不師其跡. 是故, 古人道, '一句合頭語, 萬劫繫驢橛.' 誠哉!)"

갖추었기에 '하늘을 가득 덮는 거대한 그물'이라 한다. 그렇더라도 여전히 세존의 그물 안에 걸려 있는 꼴이니 반드시 뚫고 나와야 한다는 뜻이다. 뚫고 나온 다음에는 어디로 갈 것인가?

翠巖:良久處, 非但良久, 亦有活用. 是殺活具足, 所謂漫天大網. 雖然, 猶是網內, 直¹⁾須透出. 透出向什麽處去?

---
1) ㉘ '直'이 병본에는 '卽'으로 되어 있다.

원오 극근圜悟克勤의 염

"외도는 삿된 것으로 인하여 바른 것을 깨우쳤고, 세존은 적의 누대樓臺를 살핀 다음 그에 적절하게 대응하는 누대를 쌓았으며, 아난은 옆에서 지켜보는 일을 제대로 하지 못하여 세존을 끌고 가 온몸에 진흙과 물을 묻히게 만든 격이었다. 산승의 견해에 따른다면, 외도가 '말이 있는 것도 묻지 않고 말이 없는 것도 묻지 않겠습니다.'라고 하는 소리를 듣자마자 곧바로 때려 줄 것이며, 아난이 '외도는 무엇을 증득하였기에 깨달았다고 말한 것입니까?'라고 던진 질문에 대해서까지도 그 말을 꺼내는 순간에 때려 줄 것이다. 왜 그런가? 사람을 죽이려면 반드시 살인도殺人刀를 써야 하고, 사람을 살리려면 반드시 활인검活人劒을 써야 하기 때문이다.[91]"

---

91 원오의 이 말은 살살과 활활 중 어느 한편에 치우치지 않고 이 두 가지 수단을 자유자재로 활용하여 살에서 활로, 활에서 살로 원활하게 전환하는 선법을 말한다. 원오가 다른 곳에서 한 다음의 말에 그 뜻이 보인다. 『圜悟語錄』권14(大47, 778b6), "금강의 바른 도장으로 확고하게 찍고, 금강왕의 보검을 휘둘러 본분의 수단으로 활용한다. 그런 까닭에 '사람을 죽이려면 반드시 살인도를 써야 하고, 사람을 살리려면 반드시 활인검을 써야 한다.'고 하는 것이다. 사람을 죽였다면 반드시 다시 살려야 하며, 일단 살렸다면 반드시 다시 죽여야 하니, 만약 어느 하나의 수단만 있을 뿐이라면 한편으로 치우치는 잘못에 떨어질 것이다.(以金剛正印印定, 揮金剛王寶劍, 用本分手段. 所以道, '殺人, 須是殺人刀 ; 活人, 須是活人劍.' 旣殺得人須活得, 旣活得須殺得, 若只孤單, 則偏墮也.)"

圜悟勤拈, "外道, 因邪打正 ; 世尊, 看槊[1]打槊[2] ; 阿難, 不善傍觀, 引得世尊, 拖泥帶水. 若據山僧見處, 待他道, '不問有言, 不問無言.' 和聲便打, 及至阿難問, '外道有何所證, 而言得入?' 亦和聲便打. 何故? 殺人, 須是殺人刀 ; 活人, 須是活人釖."

1) ㉭ '槊'는 '槊'의 오기이다. 2) ㉭ '槊'는 '槊'의 오기이다.

설화

○ 곧바로 때리다 : 그에게 본분의 식량[92]을 준 것이니, 앞과 뒤가 동일하지 않았기 때문이다. 외도가 '말이 있는 것도 묻지 않고 말이 없는 것도 묻지 않겠습니다.'라고 한 소리를 듣고서 그 때문에 때리는 것은 사람을 죽이는 칼이다. 반면 아난이 '외도는 무엇을 증득하였기에 깨달았다고 말한 것입니까?'라고 한 질문을 듣고서 그 때문에 때리는 것은 사람을 살리는 칼이다.

圓悟 : 便打者, 與他本分草料, 所以前後不同也. 因外道不問有言云云, 故便打, 是殺人刀. 因阿難問, 外道有何云云, 故便打, 是活人釖也.

불감 혜근佛鑑慧懃의 상당

이 공안을 제기하고 말하였다. "후대의 선객禪客들이 모두들 '세존께서

---

92 본분의 식량(本分草料) : 오로지 본분만 살리고 다른 방편은 모조리 쓸어 없애기 때문에 이렇게 말한다. 간접적으로 우회하는 말과 분별의 방편이 전혀 통하지 않는 화두의 관문이 대표적인 본분의 식량이다. 그것이 본분으로 인도하는 근본적 수단이기 때문이다.『書狀』「答曾侍郞狀」第二書(大47, 917b21), "선지식이 총명한 의식으로 사량분별을 벗어난 경지에서 본분의 식량을 보여 주면 흔히 그것이 눈앞에 던져져 있음에도 알아차리지 못하고 '옛날부터 덕이 있는 성인들은 실체가 있는 법을 사람들에게 주었다.'고 착각한다. 가령 조주의 방하착放下著이나 운문의 수미산須彌山과 같은 종류의 화두가 그것이다.(乍聞知識, 向聰明意識, 思量計較外, 示以本分草料, 多是當面蹉過, 將謂'從上古德, 有實法與人.' 如趙州放下著, 雲門須彌山之類, 是也.)"

당시에 대답하지 않으셨다'라 하거나 혹은 '세존께서 당시에 묵묵히 계셨다'라고 하며, 혹은 '말없이 있으셨다'라고 하거나 '자리에 기대어 가만히 계셨다'라고 말한다. 이와 같이 이치를 가지고 떠드는 말은 모두 식정識情에서 나온 분별이다. 그것으로 세존께서 자비를 드리워 채찍을 보여 준 경지를 알고자 하면 멀어도 아주 먼 것이다. 지금 여러분에게 묻겠다. 말해 보라! 세존께서는 결국 그에게 무슨 말을 하였을까?" 잠깐 침묵하다가 말하였다. "단지 지극히 분명하게 드러나 있기 때문에 도리어 알아차리는 것을 느리게 한다."

> 佛鑑勤上堂, 擧此話云, "後來禪客皆云, '世尊當時不對.' 或云, '世尊當時默然.' 或云, '良久.' 或云, '據座.' 如斯理論, 皆是識情分別. 要見世尊垂慈, 示鞭之處, 遠之遠矣. 卽今敢問諸人, 且道! 世尊畢竟向他道什麼?" 良久云, "只爲分明極, 翻令所得遲."

[설화]

○ 세존께서 '대답하지 않으셨다'거나, '자리에 기대어 가만히 계셨다'거나, '말없이 있으셨다'거나, '침묵하고 계셨다'라고 한 말들은 지극히 분명하기만 했을 뿐 모두 세존의 의중과 일치하지 못했기 때문에 도리어 알아차리는 것을 느리게 했다는 뜻이다.

> 佛鑑: 謂世尊不對據座良久默然, 是分明極, 皆不契世尊意故, 飜令所得遲也.

죽암 사규竹庵士珪의 상당

어떤 학인이 물었다. "외도가 부처님께 '말이 있는 것도 묻지 않고 말이 없는 것도 묻지 않을 때는 어떻습니까?'라고 묻자 세존께서 말없이 있으셨다고 하는데, 그 의중은 어떤 것입니까?" "눈 위에 또다시 서리가 덧붙여 내린 격이다." "세존께서 '마치 세상의 뛰어난 말이 채찍 그림자만 보고도 달리는 것과 같다.'라고 하셨는데, 그것은 또 어떤 뜻입니까?" "착각을 가지고 착각을 대응한 수법[93]이다."

> 竹庵珪上堂, 僧問, "外道問佛, '不問有言, 不問無言時, 如何?' 世尊良久意, 作麼生?" 師云, "雪上更加霜." 進云, "世尊道, '如世良馬, 見鞭影而行.' 又作麼生?" 師云, "將錯就錯."

[설화]

○ 외도의 질문이 '눈 위'이고, 세존이 말없이 있으셨던 것은 '서리가 덧붙여 내린 것'이다. 말없이 있으셨던 것이 착각이며, 다시 채찍 그림자를 보고 달린 것은 착각 속의 또 다른 착각이다.

> 竹庵 : 外道問是雪上, 世尊良久是加霜. 良久是錯也, 又見鞭影而行, 錯中錯也.

백운 지병白雲知昺의 염

"바람이 스치면 풀잎은 눕고,[94] 메아리는 소리에 따라 온화하다.[95] 비유

---

93 착각을 가지고~대응한 수법(將錯就錯) : 세존의 말씀은 아난이 외도가 무엇을 깨달았는지 물은 것에 대한 응답이다. 아난의 질문이 하나의 착각이었고, 세존도 또 다른 착각을 가지고 대답했다는 뜻이다. 의도적으로 상대를 착각으로 이끌어 시험하는 선문답의 속성이 잘 드러난다. 아난이 말한 '깨달음'이라는 핵심어가 실속이 없는 화두라는 점을 알아챈 세존이 거기에 또 하나의 착각으로 채찍 그림자를 덧붙인 격이다. 그것은 눈 위에 서리가 내린 형상처럼 불필요하게 덧붙여진 것이라는 풀이이다. 양자가 모두 관문關門을 설정하고 있어서 그 말 그대로 믿고 들어가면 함정에 빠지게 된다. 이러한 착각을 포착해 내지 않으면 문답의 말들은 모두 속박이 될 뿐이다.
94 『論語』「顏淵」, "군자의 덕은 바람과 같고, 소인의 덕은 풀잎과 같다. 풀잎에 바람이 불

하자면 뛰어난 말이 채찍 그림자만 보고도 달리는 것과 같다고 하니, 세존의 낯가죽 두께가 세 치는 되겠구나."

白雲恁拈, "風行草偃, 響順聲和. 譬如良馬見鞭影, 世尊面皮厚三寸."

설화

○ 메아리는 소리에 따라 온화하다 : 마땅히 '소리는 온화하고 메아리는 순하다.'라고 해야 한다. 소리는 근본이고 메아리는 지말이니, 소리가 온화하기 때문에 메아리가 순한 것이다. 곧 본체를 따라 작용을 일으킨다는 뜻이다. 바람은 형체는 없지만 힘이 있으니 주인이요, 풀잎은 형체는 있지만 힘이 없으니 손님이다. '바람이 스치면 풀잎은 눕는다.'는 것은 작용을 거두어 본체로 돌아간다는 뜻이다. 그러므로 아무 말이 없이 있으셨던 경계가 이미 이와 같았는데, 여기에 '뛰어난 말이 채찍 그림자만 보고도 달리는 것과 같다.'라고 하였으니 특별히 참신하게 구성은 했지만 대단히 큰 잘못이었다는 말이다.

면 풀잎은 반드시 눕는다.(君子之德風, 小人之德草, 草上之風, 必偃.)"

95 운봉 문열雲峰文悅의 말이다. 『雲峰語錄』古尊宿語錄 41(卍118, 690b18), "교教에 '쟁론이 있으면 생사이고, 쟁론이 없으면 열반이다.'라고 한 말을 제기하고 운봉이 평가했다. '바람이 스치면 풀잎이 눕고 메아리는 소리를 따라 온화하게 되니, 성인에게서 구하지도 말고 자신의 마음을 중시하지도 마라. 남겨 둘 만한 개자씨 하나도 없더라도 여전히 쟁론의 법을 다투는 것이다. 그렇다면 쟁론이 없는 법이란 어떤 것인가?'(擧, 敎中云, '有諍則生死, 無諍則涅槃.' 師云, '直得風行草偃, 響順聲和, 不求諸聖, 不重己靈. 無纖芥可留, 猶是爭諍法. 且作麽生是無諍底法?')" 형상이 곧아야 그림자도 반듯하다는 형직영단形直影端과도 통한다. 『法苑珠林』 권33(大53, 544b26), "비유컨대 소리가 조화로우면 메아리가 순하고 형상이 곧으면 그림자도 반듯한 것과 같으니, 인과의 이치란 반드시 그러하며 귀신에게 받는 것과는 상관없다.(譬若聲調響順形直影端, 因果之理必然, 非關鬼神之授.)"; 『圜悟語錄』 권2(大47, 719b6), "마음이 편안하면 생각도 여유롭고, 메아리는 소리를 따라 온화하다.(心寧意泰, 響順聲和.)"

白雲 : 響順聲和者, 應云, '聲和響順.' 聲則本, 響則末, 聲和故響順, 則從 體起用也. 風則無形而有力, 主也 ; 草則有形而無力, 賓也. 風行草偃, 則 攝用歸體也. 然則良久處, 早已如是. 又云, '如世良馬云云而行.' 特地新 成, 大殺漏逗.

밀암 함걸密庵咸傑의 거

"황면노자는 인간과 천계의 스승(人天師)으로서 외도에게 가볍게 질문을 받고는 흠집투성이의 상처를 입고 말았다.[96] 외도는 좋은 것과 나쁜 것을 구분하지도 못하면서 또다시 '대자대비하신 가르침으로 저에게서 미혹의 구름을 걷어 주시고 저로 하여금 깨닫도록 하셨습니다.'라고 하였지만, 이는 꿈속에서 꿈 이야기를 하는 바로 그 꼴이었다. 외도가 떠난 다음 아난이 '외도는 무엇을 증득하였기에 깨달았다고 말한 것입니까?'라고 물었고, 세존께서 '세상의 뛰어난 말은 채찍의 그림자만 보고도 달리는 것과 같다.'라고 대답하였다." 밀암이 할喝을 내지르고 말하였다. "어디에서 오락가락하고 있는가? 황면노자가 당시에 이 하나의 할을 내질렀다면 후손들이 세상에서 쓸려 없어지는 지경에 이르지는 않았을 것이다. 대중 가운데 황면노자의 주인이 되어 줄 사람 있는가? 있다면 나와서 나, 오거와 한번 만나 보자." 잠깐 침묵하다가 "훔!" 하고 소리쳤다.

密庵傑擧此話云, "黃面老子, 爲人天師, 被外道輕輕問着, 便見七穿八穴. 外道不識好惡, 更言 '大慈大悲, 開我迷雲, 令我得入.' 正是夢中說夢. 外道去後, 阿難問, '外道有何所證, 而言得入?' 世尊云, '如世良馬見鞭影而行.'" 師喝云, "向什麼處去來? 黃面老子, 當時若下得這一喝, 兒孫未至掃

---

96 흠집투성이의 상처를 입고 말았다(七穿八穴) : 칠천팔혈七穿八穴은 말 그대로 온통 구멍투성이라는 뜻 외에 철저하게 돌파하다, 사방팔방으로 자유자재로 통한다는 의미로도 사용된다.

土. 衆中莫有爲黃面老子, 作主底麼? 出來與烏巨相見." 良久云, "吽!"

> 설화

○ 할 : 향상하는 하나의 통로[97]이다.
○ 훔 : 한마디의 진언[98]이다.

---

[97] 향상하는 하나의 통로(向上一竅) : 지금까지의 한계를 넘어서는 결정적인 한마디의 화두. 궁극적인 이치를 드러내는 말을 보여 주어도 항상 그것마저 타파하고 내보이는 또 하나의 수단이 있어야 한다. 이것은 고·하와 선·악과 유·무 등 모든 양단의 가치와 등급을 완전히 하나로 부수어 버리고 더 이상 나아갈 수 없는 극한에서 열리는 통로이므로 화두의 관문과 다르지 않다. 『嘉泰普燈錄』 권9(卍137, 153a16), "만일 무사無事라 여기고 헤아리면 바로 일천제一闡提의 무리에 떨어질 것이고, 불법이라 생각하고 이해한다면 이 또한 특별히 새로운 조목(생각)을 덧붙이는 것에 불과하다. 이제 반드시 향상하는 하나의 통로를 열어젖히고 온갖 성인들의 말씀을 짓눌러 버린 다음 자신만의 보배를 꺼내 보여야 비로소 그곳에 납승의 본질적인 수단이 있는 것이다.(若作無事商量, 正落闡提群隊 ; 若作佛法領解, 又是特地新條. 而今, 直須撥開向上一竅, 坐斷千聖舌頭, 運出自己家珍, 始有衲僧巴鼻.)"; 『佛照光和尚語』續古尊宿語要 5(卍119, 92b6), "깊은 도리도 이야기하지 않고 미묘한 의미도 말하지 않으니, 이것이 바로 나, 육왕이 가지고 있는 본분의 식량이다. 공안이 눈앞에 실현되어 타파해야 할 관문(諸訛)이 전혀 없는 그대로 옳으니, 사성四聖과 육범六凡을 모두 한 번에 비춘다. 설령 이렇게 알아차리더라도 덧붙여 '향상하는 하나의 통로'가 더 남아 있다는 것을 알아야 한다.(不談玄, 不說妙, 此是育王本分草料. 見成公案沒諸訛, 四聖六凡俱一照. 直饒恁麼承當, 更須知有向上一竅.)"; 『圜悟語錄』 권4(大47, 729a5), "고정된 격을 벗어난 참된 가르침과 분명히 나타난 바른 안목으로 소리와 색을 마음대로 부리며 보는 것을 떠나고 듣는 것까지 끊은 경지는 삼현三賢과 십지十地(十聖)도 모르고 신통변화로도 헤아리지 못한다. 향상하는 하나의 통로를 열어젖히고 위음왕불威音王佛 이전의 경계 전체를 움켜잡으니 설령 달마대사가 인도로부터 온다고 해도 손발을 쓸 여지가 없을 것이다. 이 경계에서 또다시 마음이라거나 경계라거나, 얻었다거나 잃었다거나 하며 말로 드러낼 수 있겠는가?(格外眞乘, 當陽正眼, 騎聲蓋色, 離見絶聞, 非三賢十聖所知, 非神通變化所測, 撥開向上一竅, 威音已前, 把斷封疆, 直饒達磨西來, 也無措手足處. 到這裏, 更說心說境, 說得說失, 得麼?)" '할'은 하나의 무의미한 외침이기 때문에 모색할 여지가 없는 것이기도 하지만, 바로 그 이유로 그동안의 모든 언설을 차단하고 새로운 전기를 열어 주는 관문이 되기도 한다.

[98] 한마디의 진언(一道眞言) : 밀교의 다라니를 가리키며, 조사선에서 어떤 말로도 번역되지 않고 소리 그대로 진실을 전한다는 진언(다라니)의 속성을 원용하여 화두를 가리키는 말로 쓰인다. 어떤 말과 개념으로도 통하지 않는 화두의 본질을 나타낸다. 본서 250칙 '운문 문언의 거 1' 설화 주석 참조.

密庵 : 喝者, 向上一竅也. 咦者, 一⁾道眞言也.

---
1) ㉑ '一'이 병본에는 없다.

17칙 세존조달世尊調達

본칙 조달[1]이 부처님을 비방한 죄 때문에 산 채로 지옥에 떨어지자 세존께서 마침내 아난을 보내어 "그대는 지옥에서 편안한가?"라고 묻도록 하였다. 조달이 대답하였다. "저는 비록 지옥에 있지만 삼선천三禪天[2]의 즐거움을 누리고 있습니다." 부처님이 다시 아난을 보내어 물으셨다. "그대는 그곳에서 벗어나고 싶은가?" 조달이 "세존께서 오시면 이곳에서 벗어날 것입니다."라고 대답하자, 아난이 말하였다. "부처님은 삼계 전체의 가장 큰 스승[3]이신데 어찌 지옥에 떨어질 이유가 있겠는가?" "부처님께서 지옥에 떨어질 이유가 없을진대 내가 어찌 지옥에서 벗어날 이유가 있겠는가!"

---

1 조달調達 : ⓢ Devadatta. 제바달다提婆達多 또는 제바제바 등이라고도 음사한다. 부처님 재세 시에 오역죄五逆罪를 저지르고 승단을 파괴하며 부처님과 대적한 악한 비구. 천열天熱·천수天授·천여天與 등이라 한역한다. 부처님 숙부인 곡반왕斛飯王의 아들로 아난阿難의 형제이다. 감로반왕甘露飯王·백반왕白飯王 또는 선각 장자善覺長者의 아들이라는 설도 있다. 어린 시절부터 부처님과 함께 공부하면서 경쟁하다가 부처님의 성도 이후 출가하여 점차로 악한 마음을 품게 되었다.

2 삼선천三禪天 : 색계色界의 사선천四禪天 중 제3천. 제삼정려第三靜慮 또는 제삼선第三禪이라고도 한다. 제이선第二禪의 기쁨을 벗어나 다시 고요하고 묘한 즐거움이 일어나므로 이희묘락지離喜妙樂地라고도 한다. 조달이 삼선천의 즐거움을 누리고 있다는 것을 무명 혜경無明慧經은 '사활死活의 차이도 구분할 줄 몰랐다.'고 평가하였다. 『無明慧經語錄』 권2(卍125, 33a3), "부처님은 호오好惡의 차별도 알지 못했고, 조달은 사활의 차이를 구분할 줄 몰랐다. 느닷없이 고의로 냄새나는 대변을 뿌려 세상 사람들로 하여금 '이것은 무엇인가?'라고 따지도록 만들었으니, 물가에 가서 목이 마르다고 소리치는 것과 흡사하였다. 아, 법굴에 감추어 둔 발톱과 이빨이여! 그 위세를 아무도 막지 못하는구나.(世尊不識好惡, 調達不知死活. 驀地故將生屎潑, 致令天下問如何, 大似臨河而呌渴. 咦, 法窟爪牙! 威稜莫遏.)"

3 삼계 전체의~큰 스승(三界大師) : 『央掘魔羅經』 권2(大2, 522a18), 『正法念處經』 권27(大17, 158c29) 등에 나오는 말. 『慈悲道場水懺法科註』(卍129, 431a1), "석가모니불은 사바세계의 교주이시며 삼계 전체의 가장 큰 스승이시므로 본사本師라 한다.(釋迦佛, 爲娑婆敎主, 三界大師, 故曰本師.)"

世尊, 因調達謗佛, 生身入地獄, 遂令阿難傳問, "你在地獄安否?" 云, "我雖在地獄, 如三禪天樂." 佛又令阿難傳問, "你還求出不?" 云, "待世尊來便出." 阿難云, "佛是三界大師, 豈有入地獄分?" 云, "佛既無入地獄分, 我豈有出地獄分!"

[설화]

- 이 공안은 『보은경報恩經』[4]의 문구에 근거한다.
- 조달 : 온전한 명칭은 제바달다提婆達多이고, 한역하면 천열天熱이다. 그가 태어날 때 모든 천중天衆의 마음이 다 같이 놀라서 격동했기(熱) 때문에[5] 그에 따라 붙인 이름이다.
- 조달이 부처님을 비방한 죄 때문에 산 채로 지옥에 떨어졌다 : 『보은경』에서는 "제바달다는 헤아릴 수 없이 많은 겁의 세월 동안 언제나 세존을 해치고자 하여 세존께서 성불하고 나서도 그 몸에 피를 낸 죄를 저질러 산 채로 지옥에 떨어졌다."[6]라고 하였다.
- 이 공안의 대의는 선善이라면 (부처님이나 조달이나 양편 모두) 속속들이 선이고 악惡이라면 (양편 모두) 속속들이 악하여 선을 벗어나서 악이 없고 악을 벗어나서 선도 없다는 것이다.
- 무의자無衣子의 송[7]

---

[4] 『보은경報恩經』: 『大方便佛報恩經』을 가리킨다. 이 책, 권4(大3, 142b25)에 나오는 이야기이지만 본 공안과 일치하지는 않는다. 경에서는 부처님이 자비의 대광명을 시방세계에 비추어 하늘뿐만 아니라 아래로 18지옥에 있는 제바달다의 몸까지 비추자 그 몸의 모든 고통이 편안하게 되었다는 이야기이다.
[5] 『飜譯名義集』 권1(大54, 1062c3) 참조.
[6] 『報恩經』 권4(大3, 148b7) 참조. 불신佛身에 피를 내는 것(出佛身血)은 살모殺母·살부殺父·살아라한殺阿羅漢·파승파僧과 함께 무간지옥無間地獄에 떨어지는 오역죄 중 하나이다.
[7] 『從容錄』 76則 「評唱」(大48, 275c11), "王荊公觀俳優, 詩云, '諸優戱場中, 一貴復一賤. 心知本自同, 所以無欣怨.'"과 『觀楞伽經記』 권8(卍26, 41a17), 『憨山老人夢遊集』 권14(卍127, 403b6), 『林間錄』 권2(卍148, 621b11) 등에 왕안석王安石(1021~1086)의 시

여러 배우의 연극 배역을 보노라니

한 번은 귀한 역 또 한 번은 천한 역

그들이 본래 같음 맘속으로는 아니

이런 까닭에 기쁨도 원망도 없다네

곧 천당과 지옥은 한 사람이 옷을 바꾸어 입은 무대에 불과하므로 (운문 종고는) "스스로 술병 들고 막걸리를 사러 갔다가, 도리어 베적삼을 입고 나타나서 술집 주인 노릇을 하는 격이다."[8]라고 말한 것이다.

[調達] 此話, 報恩經文. 調達, 具云提婆達多, 此云天熱. 以其生時, 諸天心皆驚執[1]故, 因以名焉. 調達謗佛, 生身入地獄, 本經云, "達多, 於無量劫, 常欲害世尊, 以至成佛, 出佛身血, 生身入獄." 此話大義, 善到底, 惡到底, 善外無惡, 惡外無善. 無衣子頌云,

諸優戲場中, 一貴復一賤.

心知本來同, 是故無欣怨.

則天堂地獄, 一人衣變故, "自携瓶去沽村酒, 却着衫來作主人."

1) ㉮ '執'이 을본·병본에는 '熱'로 되어 있다. ㉯ '熱'로 바로잡아 번역하였다.

로 실려 있다. 제2구는 이백(701~762)의 〈中山孺子妾歌〉 가운데 "귀했다가 다시 천해지기도 하니, 하늘에 달린 일이지 어찌 자신으로 말미암은 것이겠는가.(一貴復一賤, 關天豈由身.)"라는 구절에서 이보다 앞서 보이기도 한다.

8 송나라 때 시인 황정견黃庭堅(1045~1105)의 칠언율시 〈寄清新二禪師頌〉 가운데 경련頸聯 시구(自携瓶去沽村酒, 幻著衫來作主人.)이다. 손님으로 술을 사러 갔다가 옷을 바꿔 입고 이번에는 주인으로서 손님을 대접한다는 말로, 이 공안에서는 손님과 주인이 고하의 차별이 없이 자유자재로 자리를 맞바꾸듯이 세존과 제바달다 그리고 지옥에 떨어지거나 벗어남의 차별도 모두 무화無化되는 평등의 관점을 나타낸다.

취암 가진翠嵓可眞의 염

"실상에 딱 들어맞는 말이 그렇게 딱 들어맞는 입에서 나왔다."[9]

翠嵓眞拈, "親言出親口."

[설화]

○ 실상에 딱 들어맞는 말이 그렇게 딱 들어맞는 입에서 나왔다 : 속속들이 악한 조달의 면모를 가리킨다.

翠巖 : 親言出親口者, 調達惡到底.

운문 종고雲門宗杲의 시중

이 공안을 제기하고 말하였다. "지옥에서 벗어날 이유가 없는 이상 또한 지옥에 떨어질 이유도 없으니, 누구를 석가노자라 하고 누구를 제바달다라 하겠으며 무엇을 지옥이라 하겠는가? 알겠는가? 스스로 술병 들고 막걸리를 사러 갔다가, 도리어 베적삼을 입고 나타나서 술집 주인 노릇을 하는 격이다."

雲門杲示衆, 擧此話云, "旣無出分, 又無入分, 喚什麽作釋迦老子, 喚什麽

---

[9] 과불급이 없이 핵심에 들어맞는다는 뜻. 원문의 '친親'은 조금도 간격이 없이 친밀하게 부합한다는 말이다. 『大慧語錄』권3(大47, 822c24), "어떤 학인이 물었다. '과거의 마음도 얻을 수 없고, 현재의 마음도 얻을 수 없으며, 미래의 마음도 얻을 수 없다는 말은 어떤 뜻입니까?' '실상에 딱 들어맞는 말이 그렇게 딱 들어맞는 입에서 나온 것이다.' '그 뜻대로 받아서 유지하는 방법은 무엇입니까?' '그 말대로 받아서 유지하기만 한다면 결코 속지 않을 것이다.'(僧問, '過去心不可得, 現在心不可得, 未來心不可得時, 如何?' 師云, '親言出親口.' 進云, '未審如何受持?' 師云, '但恁麽受持, 決不相賺.')" 자기 일은 자기 입에서 나온다, 혹은 자기 입을 통해 자신의 말을 하는 법이라는 맥락으로 쓰이기도 한다.

作提婆達多, 喚什麼作地獄? 還委悉麼? 自携餅去沽村酒, 却着衫來作主人."

18칙 세존지시世尊指屍

본칙 세존 재세 시에 일곱 명의 현녀賢女가 시다림屍多林[1]에 갔었는데, 한 현녀가 시체를 가리키며 다른 자매들에게 물었다. "시체는 여기 있는데 주인은 어디로 갔을까?" 그중 한 자매가 대답하였다. "무슨 말이냐, 도대체 무슨 말이냐?" 나머지 모든 현녀들이 자세히 관찰하고 나서 각각 그 진실과 하나가 되어 깨달았다. 제석帝釋이 감동하여 꽃을 뿌리며 말하였다. "성스러운 자매들이여, 필요한 것이 무엇인가? 내가 죽을 때까지 그것을 공급해 줄 것이다." 현녀들이 대답하였다. "우리 집에는 네 가지 필수품(四事)[2]과 일곱 가지 보물(七寶)은 모두 갖추어져 있는데, 오로지 세 종류의 물건이 필요할 뿐입니다. 첫째로 필요한 것은 뿌리 없는 나무 한 그루, 둘째는 그늘도 볕도 들지 않는 땅 한 뙈기, 셋째는 메아리가 울리지 않는 골짜기 한 곳입니다." 제석이 말하였다. "필요한 물건은 무엇이 되었건 내가 모두 가지고 있지만 세 종류와 같은 물건은 나도 참으로 구할 도리가 없다." 현녀들이 "당신에게 이것이 없다면 어떻게 남들을 구제할 수 있겠습니까?"라고 반문하자 제석이 마침내 그녀들과 함께 부처님께 가서 여쭈었다. 부처님께서 말씀하셨다. "교시가憍尸迦[3]야, 나의 제

---

1 시다림屍多林 : 시신을 매장하거나 버리던 숲. ⓢ Śītavana, ⓟ Sīta-vana. 시타림尸陀林(屍陀林)·시다파나림尸多婆那林·시마사나림尸摩賒那林·심마사나림深摩舍那林 등으로 음사하며, 한림寒林이라고 한역한다. 중인도 왕사성王舍城의 북쪽에 위치한다. 뒤에는 죄인들의 거처가 되었다. 『起世因本經』 권8(大1, 403a4), 『大寒林聖難拏陀羅尼經』(大21, 908b14), 『一切經音義』 권31(大54, 511b21) 등 참조.
2 네 가지 필수품(四事) : 생활에 반드시 필요한 네 가지 공양물이라는 뜻에서 '사사공양四事供養'이라고도 한다. 의복·음식·침구·의약 등을 말한다. 침구는 방사 곧 거주할 집과 같다. 『增壹阿含經』 권13(大2, 610a13), "나라의 인민들이 네 가지 필수품을 공양하여 의복·음식·침구와 병을 치료하는 의약 등이 모자람이 없었다.(國土人民, 四事供養, 衣被·飮食·床臥具, 病瘦醫藥, 無所乏之.)"; 『維摩經略疏垂裕記』 권2(大38, 729b21), "네 가지 공양물이란 방사·의복·음식·의약 등이다.(四事, 卽房舍·衣服·飮食·醫藥也.)"
3 교시가憍尸迦 : ⓢ Kauśika, ⓟ Kosiya의 음사어. 제석을 가리킨다. 제석이 인간세계에

자들 중에서 대아라한일지라도 이 뜻을 이해하지 못하며, 오직 대보살이라야 이 뜻을 이해할 수 있다."

世尊, 因七賢女, 遊屍多林, 一女指屍, 謂諸姉曰, "屍在者裏, 人向甚處去?" 中有一姉[1]云, "作麽, 作麽?" 諸姉諦觀, 各各契悟. 感帝釋散花云, "唯願聖姉, 有何所須? 我當終身供給." 女云, "我家, 四事七珍, 悉皆具足, 唯要三般物. 一要, 無根樹子一株; 二要, 無陰陽地一片; 三要, 叫不響山谷一所." 帝釋云, "一切所須, 我悉有之, 若三般物, 我實無得." 女云, "汝若無此, 爭解濟人?" 帝釋遂同往白佛, 佛言, "憍尸迦, 我諸弟子, 大阿羅漢, 悉皆不解此義, 唯有諸大菩薩, 乃解此義."

---
1) ㉥ '姉'가 갑본에는 '婦'로 되어 있다.

설화

- 이 공안은 『칠현녀경七賢女經』의 문구에 근거한다고 하지만, 대장경에는 보이지 않는다.
- 일곱 명의 현녀 : 이들은 모두 여러 대국의 공주들이다. 꽃놀이하는 시절을 맞아 수많은 사람들이 각각 노니는 장소로 바삐들 가서 한창 즐겁게 놀던 중에 한 자매가 말하였다. "나는 너희들과는 같이 있어도 다른 여러 사람들과 함께할 수는 없다. 속된 세상에서 노닐면서 세속적 즐거움을 누리기보다는 차라리 여러 자매들과 함께 시다림에 놀러 가련다." 다른 여러 자매들이 말하였다. "그곳은 온통 시체로 더럽혀진 장소인데 무슨 좋은 일이 있겠느냐?" 그중 한 자매가 "그래도 가 보면 틀림없이 좋은 일이 있을 것이다."라 말하고, 숲에 이르러서는 시체를 가리키며 모든 자매들에게 "시체는 여기 있는데 주인은 어디로 갔을

살았을 때 가졌던 성씨이다.

까?"라고 물었던 것이다.
● 시다림 : 한역하여 한림寒林이라 한다. 그곳을 지나가는 사람은 누구나 몸이 으스스해지고(寒) 털이 곤두서지 않는 일이 없으므로 한림이라 한다.

[指屍] 此話, 七賢女經文. 又藏乘無文. 七賢女, 並是諸大國王之女. 遇賞花之節, 百千人衆, 各各奔趨所遊之處, 以爲取樂中, 有一女云, "我與汝等, 不可亦同衆人. 遊賞塵寶, 取其世樂, 却同諸姊, 遊屍多林." 諸姊曰, "彼處, 皆是死屍汚穢之處, 有何好事?" 一姊曰, "且去, 必有好事." 旣至林間, 指屍謂諸姊曰, '屍在這裏'云云. 屍多林, 此云寒林. 凡其過者, 無不寒身毛堅, 故云寒林.

● 다른 자매들에게 "시체는 여기 있는데 주인은 어디로 갔을까?"라고 던진 질문 : 마치 "옛날의 성인들은 다들 어디로 갔을까?"[4]라는 질문과 같으니, 이런 종류의 문답은 자못 많다. 이렇게 물은 뜻은 간 곳이 있다는 말인가, 간 곳이 없다는 말인가? 만일 간 곳이 있다고 한다면 그는 머무는 국토가 어디에도 없는데 어디서 그를 만난단 말인가? 만일 간 곳이 없다고 한다면 그는 일정하게 머무는 국토가 없다는 뜻이니 어디선들 그를 만나지 못할 것인가?
● 무슨 말이냐, 도대체 무슨 말이냐 : 제방의 선사들은 오위설五位說 중 어느 편에도 치우치는 병통이 없는 겸대兼帶[5]를 예로 들어서 양변을 남

---

4 본서 1153칙 본칙 참조. 671칙 본칙 가운데 덕산 선감德山宣鑑과 수곽 시자守廓侍者 사이의 문답에도 나온다.『景德傳燈錄』권23「石門慧徹傳」(大51, 396a26), "'옛날의 성인들은 다들 어디로 갔습니까?' '노주가 등롱에 걸려 있구나.'(問, '從上諸聖, 什麼處去也?' 師曰, '露柱掛燈籠.')"

5 겸대兼帶 : 조동종曹洞宗의 오위설 중 다섯 번째. 정위正位에도 떨어지지 않고 편위偏位에도 떨어지지 않지만 두 가지를 모두 보존하는 지위이다. 여기서는 시체의 주인이 간 곳이 있는지(有) 없는지(無) 양변 어디에도 치우치지 않는 견해를 대변하는 본보기로

김없이 깨끗하게 깎아 없애고 "좌측에도 떨어지지 말고 우측에도 떨어지지 말고 정면을 향해 가라."라고 말한다. 내가 생각하기로는 이러한 견해는 타당하지 않다. 왜 그런가? "무슨 말이냐, 도대체 무슨 말이냐?"라고 한 것은 앞의 질문에 대한 긍정적인 응답[6]이기 때문이다. 긍정적인 응답인 이상 어느 곳에서나 그를 만날 수 있다는 뜻이며, 어느 곳에서나 그를 만날 수 있다면 마땅히 "천당에 올라가지 않았으면 지옥에 떨어졌겠지."라고 말해야 할 것이다. 어떤 부류의 사람들은 이렇게 말하는 소리를 듣고는 '온몸을 진흙물로 더럽히는 짓'[7]이라고 여기며 잘못이라 비판한다. 하지만 위대한 보살의 행실은 결국 이것을 궁극적인 법도로 삼는다는 사실을 그들이 전혀 모르는 탓이다. 이것이 그 자매들이 자세히 관찰하여 터득한 경지이기 때문에 제석의 처소에서 세 종류의 물건을 찾았으며, 뿌리 없는 나무 한 그루를 먼저 요구했으므로 진정 극문眞淨克文의 상당에서 그렇게 평가했던 것이다.

謂諸姊曰云云者, 如"從上諸聖, 向什麼處去?" 此類頗多. 伊麼問意, 有去處耶? 無去處耶? 若道有去處, 渠無國土, 何處逢渠? 若道無去處, 渠無國土, 何處不逢渠? 作麼作麼者, 諸方以五[1])位, 家[2)]無病, 兼帶例之, 刮削淨盡道, "不落左不落右, 正面而去." 以愚料之, 則此論不然. 何者? 作麼作麼者, 應喏[3)]也. 旣是應喏, 處處逢渠, 旣是處處逢渠, 合道, "不上天堂, 卽入

제기한 것이다. 『曹山語錄』(大47, 527a7), "검대란 여러 가지 인연과 어울려 응하지만 그 중 어떤 것에도 떨어지지 않으니, 오염도 아니고 청정도 아니며, 정위도 아니고 편위도 아닌 것이다.(兼帶者, 冥應衆緣, 不隨諸有, 非染非淨, 非正非偏.)"

6 앞의 질문에~긍정적인 응답 : "어디로 갔을까?"라는 물음에 '어딘가 반드시 간 곳이 있다'는 뜻으로 응답했다는 말.
7 온몸을 진흙물로 더럽히는 짓(拖泥帶水) : 말로 표현할 수 없는 사항인 줄 알면서도 상대를 가르치기 위하여 자세한 방편으로 설명하여 스스로 깨달음의 영역에서 한 단계 내려앉는 것을 말한다. 바로 다음에 '보살의 행실' 운운한 말과 통한다.

地獄."有一般漢, 聞伊麽說, 便以爲拖泥帶水罪之. 殊不知, 大菩薩行李,
畢竟以此爲極則也. 此諸姊諦觀而得意處故, 於帝釋處, 索三般物, 以樹子
爲先故, 眞淨文上堂云云.

1) ㉑ '五'가 을본에는 없다. 2) ㉑ '家' 다음에 을본에는 '家'가 있다. 3) ㉑ '喏'가 병본에는 '諾'으로 되어 있다. 이하 동일. ㉒ 통용자이므로 이하에서는 교감주를 붙이지 않는다.

- 제석이 꽃을 뿌렸다 : 반야를 잘 말하였기 때문에 비 내리듯 무수하게 꽃을 뿌려 찬탄한 것이다.
- 성스러운 자매들이여~공급해 줄 것이다 : 지극한 공경의 뜻을 나타낸 말이다.
- 우리 집에는 네 가지 필수품(四事)과~골짜기 한 곳입니다 : 제방의 선사들은 또 이 세 종류의 물건에 대하여 이렇게 분석하여 말한다. "나무는 번뇌의 열기를 서늘히 식혀 줌을 뜻으로 삼으니 본체의 구절을 비유하고, 땅은 모든 것을 실어 나름을 뜻으로 삼으니 작용의 구절을 비유하며, 골짜기는 텅 비었으면서 만물에 응함을 뜻으로 삼으니 중간의 구절을 비유한다." 이 말은 치우치는 병통이 없는 겸대의 경계로서 본래부터 갖추고 있는 세 종류의 면목을 나타내는가? 이 또한 타당하지 않다. 반야다라般若多羅[8] 존자는 나무 아래에서 입적하셨는데, 의론한 대중들이 "후손들에게 나무 그늘을 드리워 주셨다."[9]라고 말하였다. 또한 탐원耽源은 국사의 무봉탑無縫塔[10]에 대하여 읊은 게송에서 '그림자

---

8 반야다라般若多羅 : 선종의 인도 법계상 27조. 달마대사의 스승이다.
9 『景德傳燈錄』 권2 「僧伽難提傳」(大51, 212b27), "존자가 법을 전하고 나서 오른손으로 나무를 잡고 입적하자 대중이 의론한 끝에 말하였다. '존자께서 나무 아래에서 입적하셨으니, 정녕 후손들에게 나무 그늘을 드리워 주시려는가?'(尊者付法已, 右手攀樹而化, 大衆議曰, '尊者樹下歸寂, 其垂蔭後裔乎?')"
10 무봉탑無縫塔 : 하나의 층도 없이 한 덩어리로 이루어진 탑. 달걀 모양으로 되어 있어서 난탑卵塔이라고도 한다. 층층이 이은 흔적(縫)이 없기 때문에 '무봉'이라 한다. 이는

없는 나무'를 '유리 궁전'과 대칭시켰다.[11] 여기서 나무 그늘이 모든 것을 덮어 주는 특성은 작용의 구절을 말하고, 땅이 견고하게 움직이지 않는 성질은 본체의 구절을 나타내며, 골짜기의 비유는 이전의 뜻과 같다. 그것은 마치 보화普化가 시끌벅적한 저잣거리에서 요령을 울리며, "분명한 태도로 다가오면 분명하게 때리고, 무분별한 태도로 다가오면 무분별하게 때리며, 사방팔면에서 무리 지어 다가오면 회오리바람처럼 휘돌리며 때리리라."[12]라고 한 말과 같으니, 법의 순서를 세우면서 확정된 법도를 따르지 않는 방식이다. 뿌리 없는 나무(無根樹), 그늘도 볕도 들지 않는 땅(無陰陽), 소리 질러도 메아리가 울리지 않는 골짜기(叫不響) 등의 뜻은 그 구절 그대로 알면 그만이다.[13] 그렇다면 작용의 구절을 들고는 작용이라고만 부를 뿐 작용 이외에 여타의 것은 없고, 본체의 구절을 들고는 본체라고만 부를 뿐 본체 이외에 여타의 것은 없다. 작용의 구절과 본체의 구절 하나하나에 상대할 짝이라곤 전혀 없다면 어디에 다시 중간의 구절이 있다고 별도로 자리를 마련하겠는가? 그러므로 보화가 언젠가 "분명한 태도로 다가와도 때리고, 무분별한 태도로 다가와도 때리리라."[14]라고 했던 말은 이와 같은 뜻일 뿐

아무런 조작도 가하지 않은 본래면목本來面目을 상징하는 말이기도 하다.
11 탐원耽源은 국사의~궁전과 대칭시켰다 : 국사는 남양 혜충南陽慧忠을 가리킨다. 당나라 숙종이 혜충과 그 제자인 탐원 사이에 무봉탑을 두고 펼쳤던 본분의 문답. 본서 146칙 본칙 참조. 숙종이 국사에게 입적한 다음에 필요한 물건을 묻자 국사가 무봉탑 하나를 지어 달라고 하였다. 숙종이 탑의 모양을 물었지만 국사가 침묵으로 답했고, 숙종이 그 뜻을 묻자 국사는 자신의 법을 이어받은 탐원에게 알아보라고 하였다. 입적한 뒤 탐원에게 조서를 내려 묻자 탐원이 4구의 게송으로 답했는데, 그 제3구와 제4구에 '그림자 없는 나무'와 '유리 궁전'을 대칭시킨 것을 가리킨다.
12 『臨濟錄』(大47, 503b20). 일정한 법도에 얽매이지 않고, 마주하고 있는 상대의 태도나 그때마다 다르게 발생하는 조건에 따라 적절하고 걸림 없이 대응하는 방식을 나타낸다. 상대가 뚜렷한 차별의 언행(明頭)으로 다가오면 그와 똑같이 돌려주고, 평등하고 무차별한 언행(暗頭)으로 오면 그에 따라 똑같이 돌려주는 것이 그 예가 된다.
13 이들 구절은 그 자체로 완결된 하나의 화두이기 때문에 그 의미를 덧붙일 어떤 상대도 있을 수 없다는 말.

이다. 장산 법천蔣山法泉이 "교시가여, 아는가 모르는가? 하늘꽃 두세 송이 더 바치거라."라고 읊은 게송은 시인들이 구절을 짓는 형식에 따르지 않고 이러한 도리에 맞추었던 것이다.

帝釋散花者, 善說般若故, 雨[1]花讚歎. 唯願聖姊云云者, 敬之至也. 我家四事云云一所者, 諸方又判此三般物云, "樹以淸涼熱惱爲義, 喩體句; 地以運載一切爲義, 喩用句; 谷以虛而應物爲義, 喩中間句." 此是無病兼帶處, 本具地三般面目耶? 此亦不然. 般若多羅尊者, 樹下歸寂, 議者曰, "垂蔭後裔." 又耽源頌國師無縫塔, 以無影樹對瑠[2]璃殿, 則樹蔭覆一切, 用句; 地堅牢不動, 體句; 谷喩同前. 如普化於鬧市裏振鈴云, "明頭來明頭打, 暗頭來暗頭打, 四方八面來旋風打." 立法次第, 不循軌則. 無根樹, 無陰陽, 叫不響意, 從可知已. 然則擧用句而但喚作用, 用外無餘; 擧體句而但喚作體, 體外無餘. 旣用句體句, 一一絶諸待對, 則於何處, 更有中間句, 別作位乎? 故普化有時云, "明頭來也打, 暗頭來也打." 如是而已. 蔣山泉頌云, "憍尸迦知不知, 更獻天花三兩枝." 非詩家之句法, 盖得諸此義也.

1) ㉮ '雨'가 병본에는 '兩'으로 되어 있다. 2) ㉮ '瑠'가 병본에는 '琉'로 되어 있다.
㉺ 통용자이므로 이하에서는 교감주를 붙이지 않는다.

- 필요한 물건은 무엇이 되었건~나도 참으로 구할 도리가 없다 : 제석도 꽃을 뿌리며 찬탄할 뿐 어쩔 도리가 없다는 뜻이다.
- 당신에게 이것이 없다면 어떻게 남들을 구제할 수 있겠습니까 : 궁극적인 구절(末後句)로 남들에게 자세히 가르친 것이다.
- 부처님께서 "교시가야, 나의 제자들 중에서 대아라한일지라도 이 뜻을 이해하지 못하며"라고 한 말씀 : 아라한은 무번뇌無煩惱라 한역한다. 비

14 『景德傳燈錄』 권10 「普化傳」(大51, 280b14).

록 모든 번뇌가 이미 사라졌지만, 그들도 이러한 공안에 대해서는 꿈에도 알 수 없다는 뜻이다.
- 오로지 대보살이라야 이 뜻을 이해할 수 있다 : 이것은 문수나 보현과 같은 대인大人[15]만이 알 수 있는 경계라는 뜻이다. 마치 "밝음과 어둠이 뒤섞이고 걸림 없이 죽이고 살리는 기틀이니, 이 대인의 경계를 보현만이 안다네."[16]라고 읊은 게송의 취지와 같다. 옛사람은 이렇게 결정적인 순간(時節)에 도달하여 속에 품은 생각을 참지 못하여 크게 입을 벌리고 있는 힘껏 "한산寒山은 손뼉을 치고, 습득拾得은 껄껄대고 웃는구나."[17]라고 말하였다.

---

15 대인大人 : 불보살의 다른 명칭. 『法華義疏』 권6(大34, 531c2), "(보살은) 궁극적인 과(佛果)의 법을 구하므로 대인이라 하니, 이는 과법을 따라 붙인 이름이다.(以求大果法, 故名大人, 從果法立名也.)"; 『八大人覺經疏』(卍59, 228a9), "대인이란 무엇인가? 보살은 대도심大道心의 중생이라 일컫고, 여래는 대각大覺의 세존이라 일컫는다. 각覺이란 깨달아서 증득하여 안다는 뜻이다. 남보다 먼저 깨달았거나 뒤에 깨달았거나 스스로 깨닫고 남들을 깨닫도록 하는 것을 대인의 깨달음이라 한다. 범부나 이승의 경계를 훌쩍 뛰어넘어 오로지 스스로 깨달은 자라는 뜻이다.(大人者, 菩薩, 稱爲大道心衆生 ; 如來, 稱爲大覺世尊. 覺者, 覺悟證知也. 先覺後覺, 自覺覺他, 名大人覺. 高出凡夫二乘, 唯自覺者.)"
16 영암주영암주永庵主의 게송 중 제1구와 제2구. 『五燈全書』 권37 「積翠永庵主章」(卍140, 863b2) 참조. 나머지 두 구절은 "같은 가지에서 태어났지만 같은 가지에서 죽지 않는다고 하니, 암자 안의 꼿꼿한 수행자를 뒤집어질 정도로 웃기는구나.(同條生不同條死, 笑倒庵中老古錐.)"이다.
17 서로의 속뜻을 아는 사람들끼리 언어를 넘어서 주고받는 선기禪機를 말한다. 『嘉泰普燈錄』 권9 「建隆原章」(卍137, 148b18), "어떤 학인이 물었다. '예전에 대각세존께서 바라나국에서 사제四諦의 법륜을 굴리셨습니다. 스님께서도 오늘 개당하셨는데, 어떤 법륜을 굴리시려는지요?' '모든 강에 동일한 달이 잠겨 있고, 집집마다 모두 봄을 맞이했다.' '법륜이 구르는 경계를 통달한 자들은 모두 알고, 전단나무를 사를 때 향기로운 바람이 사방에 두루 퍼지는 격이로군요.' '한산은 손뼉을 치고, 습득은 껄껄대고 웃는구나.'(僧問, '大覺世尊, 昔於波羅奈國, 轉四諦法輪. 建隆今日開堂, 未審轉那箇法輪?' 曰, '千江同一月, 萬戶盡逢春.' 云, '法輪轉處, 達者皆知 ; 旃檀爇時, 香風匝地.' 曰, '寒山拊掌, 拾得呵呵.')" 임제종의 세 가지 웃음(濟宗三笑) 중 '서로 바른 종지에 부합하여 보이는 웃음' 곧 상부정종소相符正宗笑에 해당한다. 『吾家宗旨纂要』 권상(卍114, 516b14), "첫째, 상부정종소이다. 가령 질문과 대답이 서로 부합하여 피차가 어김없이 합일하는 경우와 같다. 한산은 손뼉을 치고 습득은 껄껄대고 웃는 것과 같은 부류를

一切所須云云者, 帝釋但散花讚嘆而已. 汝無此物云云者, 末后爲人曲折地也. 佛云憍尸迦至此義者, 阿羅漢, 此云無煩惱. 雖然諸漏已盡, 若是這箇公案, 夢也[1]未夢見在. 唯有諸云云義者, 此是文殊普賢大人境界. 如云"明暗相參殺活機, 大人境界普賢知." 古人到者時節, 忍俊不禁, 大開口盡力道, "寒山撫掌, 拾得呵呵."

---

1) ㉑ '夢也'가 병본에는 없다. ㉓ 번역은 이에 따랐다.

장산 법천蔣山法泉의 송 蔣山泉頌

한림 속에서 홀연히 그들을 만났지만	寒林裏忽逢伊
제석은 보시하려다 늦어진 때 한탄하네	帝釋行檀恨已遲
세 물건 찾아본들 어디에 있으리오	三物索來何處有
도리어 자매들 두 눈썹 찌푸리게 했네[18]	却令諸姉皺雙眉
교시가여, 아는가 모르는가	憍尸迦知不知
하늘꽃 두세 송이 더 바치거라[19]	更獻天花三兩枝

【설화】

○ 게송에 드러난 그대로이다.

蔣山: 頌已出.

법진 수일法眞守一의 송 法眞一頌

시다림 속에서 어울려 노닐 때	屍陁林裏共遊時

말한다.(一者, 相符正宗笑. 如問答相符, 彼此契合. 寒山撫掌, 拾得呵呵之類.)"
18 세 물건~찌푸리게 했네 : 그에게 주어진 세 마디 말 그대로일 뿐, 다시 찾을 도리는 없다. 제석이 이 뜻을 몰랐기 때문에 자매들은 두 눈썹을 찌푸렸다는 뜻.
19 하늘꽃 두세~더 바치거라 : 이전에 꽃을 바친 경계보다 더 깊은 본래의 뜻을 자매들이 세 물건에 담아 전했다는 말.

여래의 향상기[20] 모두 깨우쳤네	同悟如來向上機
세 물건은 천인이 주지 못하니	三物天人不能與
오직 보살이라야 귀착점 안다네	只應大士始知歸

설화

○ 글에 다 드러나 있어 알 수 있다. 대사는 대보살들을 가리킨다.

法眞 : 文見可知. 大士, 諸大菩薩.

열재거사의 송 悅齋居士頌

세 물건 예전에 벌써 받았으니	三物昔曾受
지금 집어내면 알 수 있겠는가	拈來會得不
오늘은 둥글게 차지 않았지만	今宵圓未滿
내일 밤 중추절엔 보름달 되리	明夜是中秋

설화

○ "고향에서는 손님처럼 멀다고 의혹의 눈길 보내더니, 나라를 떠나고 나서 도리어 친하다고 여긴다."[21]라는 말과 통하는 뜻이다.

---

20 향상기向上機 : 불조佛祖의 경지 또는 그 이상으로 향상하는 기틀. 곧 궁극의 경지로 이끄는 화두를 말한다. 여기서 제시된 '세 가지 물건'이라는 관문이 바로 향상기이다.
21 진정 극문眞淨克文의 말. 『寶峰眞淨語錄』古尊宿語錄 43(卍118, 730b15), "법좌에 올라앉아 '신령한 광명이 홀로 빛나며 주관과 대상으로부터 멀리 벗어났도다. 몸통째 참되고 변함없는 이것이 남김없이 드러났으나 어떤 문자에도 속박되지 않는구나. 이는 백장 대지 선사가 제기한 말인데, 대중은 어떻게 생각하는가?'라 말한 뒤 잠깐 침묵하다가 '고향에서는 손님처럼 멀다고 의혹의 눈길 보내더니, 나라를 떠나고 나서 도리어 친하다고 여기네.'라 하고 한 소리 크게 내지른 다음 법좌에서 내려왔다.(上堂, '靈光獨耀, 逈脫根塵, 體露眞常, 不拘文字. 此是百丈大智禪師擧揚, 大衆作麼生?' 良久云, '在家疑是客, 別國却爲親.' 喝一喝, 下座.)"

悅齋義, 在家疑是客, 別國却疑¹⁾親云云也.

1) ㉠ '疑'는 爲의 오자이다. 주 21 참조.

진정 극문眞淨克文의 상당

"옛날 인도에 살던 일곱 명의 현녀賢女가 시다림에 놀러 갔다가 시체 한 구를 보았다. 동생이 언니에게 '시체는 이곳에 있는데, 주인은 어디로 갔나요?'라고 물었다. 언니가 '동생, 동생!' 하고 불렀고 동생이 '예!'라고 응답하자 언니가 말하였다. '어디에 있는가?' 이때 허공에서 꽃이 흩날리자 현녀들이 '허공에서 꽃을 뿌리는 자는 누구입니까?'라고 물었고 이런 소리가 들려왔다. '나는 제석인데, 성자聖者들이 반야에 대해 훌륭하게 설하는 소리가 나의 천궁을 감동시켜 특별히 꽃을 뿌리는 것이다. 성자들아, 어떤 필요한 물건을 바라느냐? 내가 공급해 주리라.' 현녀가 제석에게 말하였다. '특별히 필요한 물건은 없고 다만 뿌리 없는 나무 한 그루를 가지고자 합니다.' '나의 천궁에는 어떤 종류의 물건이건 다 있지만 그대들이 바라는 뿌리 없는 나무는 없다.' 현녀가 '제석이시여!' 하고 불렀고 제석이 '그래!'라고 응답하자 '바로 이것은 무엇입니까?'라고 물었다. 제석은 마침내 몸을 숨기고 말았다." 진정 극문이 이렇게 이 공안을 제기한 다음 말하였다. "대중이여, 말해 보라! 제석이 현녀의 말을 이해하고서 숨었을까? 아니면 이해하지 못하여 숨었을까?²² 또한 제석이 '반야에 대해 훌륭하게 설하여 나의 천궁을 감동시켰다.'라 말하였고, 또한 '뿌리 없는 나무는 없다.'라는 말도 하였다. 대중들이여, 어떻게 밝혀야 성녀의 본의를 등지지 않을까? 만약 모르더라도 제석의 안목을 등져서는 안 된다. 나, 귀종에게도 하나의 무위진인無位眞人²³이 있다. 그놈은 멍청하고 어리석은

---

22 제석이 현녀의~못하여 숨었을까 : '제석이 몸을 숨겼다'라는 말이 본칙에는 애초에 없었다. 이 말을 덧붙인 의도는 바로 이렇게 "이해하고서 숨었을까? 이해하지 못하여 숨었을까?"라는 질문을 던져 양단의 분별을 차단하는 관문의 형식을 만들기 위한 것이다.

데 발을 절뚝거리며 절박하게 걷는다. 또 이렇게 시간이 지나가고 말았구나." 한 소리 크게 내질렀다.

眞淨文上堂云, "西天昔有七女, 遊屍陁林, 見一死屍. 妹問姉曰, '屍在這裏, 人在什麼處?' 姉曰, '妹, 妹!' 妹應喏, 姉曰, '在什麼處?' 於是空中散花. 女曰, '空中散花者誰?' 應曰, '我是帝釋, 見聖者善說般若, 感我天宮, 特來散花. 聖者, 欲何所須? 我當供給.' 女曰, '別無所須, 只要个無根樹子.' 帝釋曰, '我天宮, 無種不有, 若要無根樹子卽無.' 女曰, '帝釋!' 帝釋應喏, 女曰, '這个是什麼?' 帝釋遂隱去." 師云, "大衆, 且道! 帝釋是會了隱去? 不會了隱去? 又道, '善說般若, 感我天宮.' 又道, '無無根樹子.' 大衆, 且作麼生明得, 不辜負聖女? 若也不會, 不得辜負帝釋. 歸宗亦有箇無位眞人, 憨憨癡癡, 跛跛挈挈, 且伊麼過時." 喝一喝.

설화

○ 다만 뿌리 없는 나무 한 그루를 가지고자 합니다 : 이는 본칙에서 "무슨 말이냐, 도대체 무슨 말이냐?"라고 반문한 말에 담긴 소식이다. 그러므로 본래 산골짜기와 땅 한 떼기라는 두 물건은 없었던 것이다.
○ 바로 이것은 무엇입니까 : 남에게 가르쳐 줄 경우 속속들이 모두 일러주는 방식이다.
○ 제석은 마침내 몸을 숨기고 말았다 : 오로지 물러나 몸을 숨겨야만 했다는 뜻이다. 그러므로 "이해하고서 숨었을까? 아니면 이해하지 못하여 숨었을까?"라고 물었다.

---

23 무위진인無位眞人 : 지위에 얽매이지 않는 참된 사람. 상하의 지위를 자유롭게 오가며 자신의 본분을 전개하는 경지에 오른 사람을 가리킨다. 임제臨濟의 말이다. 무위진인을 추어올리는 듯하다가 마른 똥막대기(乾屎橛)의 지위로 다시 끌어내리는 방식에 무위진인의 진실이 있다. 본서 617칙 본칙 참조.

○ 나, 귀종에게도 하나의 무위진인이 있다~한 소리 크게 내질렀다 : 앞에서 제시한 뜻을 거듭 밝혔다. 앞의 소식을 알고자 하는가? 그것은 전적으로 무위진인에 관한 언급이었다. 그런 이유로 한 소리 크게 내지른 것이다.

眞淨 : 只要箇¹⁾無根樹子云云者, 此乃作麽作麽處消息故, 本無山谷與地兩物也. 這箇是什麽者, 爲人須爲徹也. 帝釋遂隱去者, 只合退身隱去也. 故云, "會了隱去? 不會了隱去?" 歸宗亦有箇無位眞人云云者, 上意重明也. 要見前頭消息? 全是無位眞人也, 故喝一喝.

1) ㉯ '箇'가 병본에는 없다.

장로 종색長蘆宗賾의 상당

이 공안을 제기하고 말하였다. "대중들이여, 제석은 현녀에게 질문 하나를 받고는 3천 리 뒤로 달아나고 말았다.²⁴ 당시에 뿌리 없는 나무가 필요하다는 소리를 듣고서 다만 '이곳은 시다림이다.'라고 말하고, 그늘도 볕도 들지 않는 밭이 필요하다는 소리를 듣고서는 '봄이 되면 풀이 저절로 푸르다.'라고 응답하고, 소리쳐도 메아리가 울리지 않는 산골짜기가 필요하다는 소리를 듣고서는 '돌은 큰 것은 크고 작은 것은 작다.'라고 말했더라면, 일곱 현녀들이 순순히(拱手) 아무 대꾸도 못한 채 항복했을 뿐만 아니라 제석에게도 얽매인 몸을 반전시킬 길이 있었을 것이다. 말해 보라! 무슨 뜻인가? 일곱 현녀의 견해에 근거하여 판단하면 그들은 아직

---

24 3천 리~달아나고 말았다 : 본분의 도리에 대해 어떤 방편도 허용하지 않고 조금도 양보하지 않아서 아무도 그 선기禪機와 맞서 대적할 수 없다는 뜻을 나타낸다. 『此菴守淨禪師語』續古尊宿語要 5(卍119, 72a16), "조주가 대중에게 '종사宗師 노릇을 하는 사람은 반드시 본분사로써 학인을 가르쳐야 한다.'라고 한 말을 제기하고, 이렇게 평가하였다. '본분사에 대하여 말하자면 나도 3천 리 뒤로 달아나야 할 지경이다.'(擧趙州示衆云, '夫爲宗師者, 須以本分事接人.' 師云, '若論本分事, 老僧倒退三千里.')"

가시나무 숲에서 벗어나지 못한 상태였다. 그렇다면 가시나무 숲에서 벗어나는 한 구절은 어떻게 말해야 할까?" 잠깐 침묵하다가 말하였다. "서로 부르고 서로 응답하며 집으로 돌아갈 적에, 집집마다 봄빛이 가득하구나."

> 長蘆賾上堂, 擧此話云, "大衆, 帝釋被賢女一問, 直得倒退三千里. 當時, 若要無根樹子, 但道者箇是屍多林 ; 若要無陰陽田地, 但道春來草自靑 ; 若要叫不響山谷, 但道石頭大底大小底小, 非但七賢女拱手歸降, 亦乃帝釋有轉身之路. 且道! 何也? 據七賢女見處, 自未出得荊棘林在. 秖如出荊棘[1]林一句, 作麼生道?" 良久云, "相喚相呼歸去來, 萬戶千門正春色."
>
> 1) ㉯ '棘'이 갑본에는 '蕀'으로 되어 있다.

설화

○ 세 구절의 의미를 특별히 가려내어 보니, 뿌리 없는 나무나 그늘도 볕도 들지 않는 땅이라는 말에 잘못이 적지 않다. 그러므로 "집집마다 봄빛이 가득하구나."라고 한 말이 어찌 "무슨 말이냐, 도대체 무슨 말이냐?"라고 던진 반문의 숨은 뜻을 더욱 분명하게 드러낸 것이 아니겠는가?

> 長蘆 : 特地分辨三句, 又無根無陰陽, 漏逗不少也. 故萬戶千門正春色, 豈非發揚作麼作麼耶?

19칙 세존합환世尊合歡

본칙 세존에게 흑씨黑氏라는 범지梵志[1]가 신통력을 부려 좌우 두 손에 합환나무와 오동나무 꽃을 각각 한 송이씩 들고서 공양을 올렸다. 부처님께서 "선인仙人이여!" 하고 불렀다. 범지가 "예!" 하고 대답하자 부처님께서 말씀하셨다. "내려놓아라!" 범지가 마침내 왼손의 꽃 한 송이를 내려놓았다. 부처님께서 다시 "선인이여!" 하고 부른 뒤 말씀하셨다. "내려놓아라!" 범지가 다시 오른손의 꽃 한 송이를 내려놓았다. 부처님께서 다시 "선인이여, 내려놓아라!"라고 말씀하시자 범지가 말하였다. "세존이시여, 저의 몸은 지금 텅 비었거늘 다시 무엇을 내려놓으라 하십니까?" 부처님께서 "나는 그대에게 손에 든 꽃을 놓으라고 하지 않았다. 그대는 마땅히 밖의 육진과 안의 육근과 중간의 육식[2]을 놓아 버려야 한다. 한꺼번에 다 버려서 버릴 것이 더 이상 남아 있지 않은 그 자리가 바로 그대가 생사윤회를 벗어나는 경지이다."라고 하였다. 범지가 이 말을 듣자마자 무생인無生忍[3]을 깨달았다.【판본에 따라 약간 차이가 있지만 대체는 동일하다.】

世尊, 因黑氏梵志運神力, 以左右手, 擎合歡梧桐花兩株來供養. 佛云, "仙人!" 梵志應喏. 佛云, "放下着!" 梵志遂放下左手一株花. 佛又召仙人, "放下着!" 梵志又放下右手一株花. 佛又云, "仙人, 放下着!" 梵志云, "世尊, 我今空身而住, 更敎放下箇什麼?" 佛云, "吾非敎汝放捨其花. 汝當放捨外

---

1 범지梵志 : ⓈBrāhmaṇa의 한역어. 음사어는 바라문婆羅門. 출가한 바라문 또는 재가 바라문을 가리킨다.
2 밖의 육진과~중간의 육식 : 육진六塵과 육근六根과 육식六識. 육진은 여섯 가지 인식 대상의 경계 곧 색色·성聲·향香·미味·촉觸·법法을 가리킨다. 이 대상을 인식하는 주관의 여섯 가지 기관을 육근이라 하는데, 안眼·이耳·비鼻·설舌·신身·의意를 말한다. 육식은 이들 인식 기관과 대상이 어울려 만들어 내는 여섯 가지 식, 곧 안식眼識·이식耳識·비식鼻識·설식舌識·신식身識·의식意識을 가리킨다.
3 무생인無生忍 : 모든 존재가 생성도 소멸도 없다는 이치. 무생법인無生法忍이라고도 한다.

六塵內六根中六識. 一時捨却, 無可捨處, 是汝免生死處." 梵志於言下, 悟無生忍.【有本小異大同.】

> 설화

- 이 공안이 『통명집通明集』에는 다음과 같이 전한다.[4] "옛날에 흑씨라는 범지가 다섯 가지 신통을 얻은 뒤 항상 설산에서 법을 설하여 제석과 염라천자閻羅天子[5]를 감동시키고 온갖 천신들도 항상 와서 설하는 법을 들었다. 어느 날 설법을 마쳤을 때 염라천자가 범지를 보고는 울었다. 범지가 '대왕이시여, 어째서 저를 보고 우십니까?'라고 묻자 염라천자가 대답하였다. '제가 스승을 살펴보건대 법을 잘 설하시기는 하지만 7일 뒤에 목숨이 다하여 제가 다스리는 세계(지옥)에 와서 갖가지 고통을 당하게 되겠기에 우는 것입니다.' 범지가 두려워 지옥에 떨어지는 화를 면하고자 하였으나 방법이 없었다. 설산의 여러 천신들이 범지에게 말하였다. '이 어려움에서 벗어나고자 한다면 오로지 대각세존만이 당신을 여기서 벗어나도록 해 주실 수 있습니다.' '세존이라는 분은 어떤 사람입니까?' '어찌 모른단 말씀이오? 그분은 정반왕淨飯王의 태자로서 19세에 출가하고 30세에 도를 완성하여 인간계와 천계의 스승이 되셨기에 그 명호를 부처님(佛)이라 합니다. 부처님은 대보살들과 팔부용신八部龍神들에게 항상 법의 수레바퀴를 굴려 주시고, 모든 중생을 제도하십니다.' 범지가 듣고 나서 '내가 이렇게 속된 몸을 하고서 어떻게 할 수 있겠는가?'라며 끊임없이 울부짖었다.[6] 범지는 다시금 '나는 부처님

---

4 경전적 근거는 『黑氏梵志經』(大14, 967a5)이다.
5 염라천자閻羅天子: ⑤ Yama. 염마대왕閻魔大王·염마왕·염마 등이라고도 한다. 지옥을 관장하는 주신主神이다.
6 『黑氏梵志經』(大14, 967b8)에서 "몸이 속인의 형상에 가라앉아 있는데 어떻게 (부처님을) 알 수 있겠는가?(身沈俗人, 安能知之?)"라고 범지가 한탄한 부분에 해당한다.

을 찾아가 뵈리라. 하지만 무엇으로 공양을 올릴까?'라고 거듭 생각한 끝에 신통력을 부려 합환나무와 오동나무의 꽃 두 송이를 좌우 두 손에 하나씩 들고서 허공으로 날아가 세존 앞에 이르러 공양을 올렸다."

[合歡] 此話, 通明集云, "昔黑氏梵志, 得五神通, 常在雪山說法, 感帝釋閻羅天子, 洎諸天神, 常來聽法. 一日說法畢時, 閻羅天子, 目視梵志而泣. 志曰, '大王, 如何視吾而泣?' 天子曰, '吾觀於師, 善能說法, 七日之後命終, 當來吾界, 受諸苦痛, 是以泣[1]也.' 志惶怖, 求免無門. 雪山諸天神, 謂梵志曰, '欲免斯難, 唯有大覺世尊, 乃能爲你,[2] 免得此難.' 志曰, '世尊者, 何人?' 天神曰, '豈不聞乎? 淨飯王太子, 十九出家, 三十成道, 爲人天師, 其名曰佛. 爲諸大菩薩, 八部龍神, 常轉法輪, 度一切衆生.' 志聞已, 連聲叫曰, '我是俗身何?' 復作思惟, '我往見佛, 將何供養?' 乃運神力, 執合歡梧桐花兩株, 左右手各擎, 飛空而至, 向世尊前, 供養云云."

1) ㉒ '泣'이 을본에는 '位'로 되어 있다. 2) ㉒ '你'가 병본에는 '爾'로 되어 있다.

- 범지 : 정행淨行이라 한역한다.[7]
- 합환화合歡花 : 두 종류의 꽃 이름인가? 아니다. 소동파蘇東坡의 『물류상감지物類相感志』에 이렇게 전한다. "합환수合歡樹는 섬돌 앞 정원에 심기도 하는데, 사람들이 서로 헤어지지 않도록 하려는 뜻이다. 혜강嵇康[8]이 관사官舍 앞에 이 나무를 심었더니 오동나무처럼 가지와 잎이 무성해져 서로 뒤얽혔지만, 날마다 바람이 불 때면 어느덧 저절로 풀어져 서로 이어지지 않았다."
- 세존이 "내려놓아라", "내려놓아라"라고 두 차례 걸쳐 한 말 : 두 손에

---

7 『華嚴經探玄記』 권18(大35, 462c19), "바라문이란 범지요 정행이다.(婆羅門者, 梵志, 淨行.)"
8 혜강嵇康 : 위진魏晉 시대의 일곱 명사名士 중 한 사람.

들고 있는 꽃을 내려놓으라는 말이 아니었는데, 범지는 말 그대로 내려놓았으므로 세 번째로 "나는 그대에게 손에 든 꽃을 놓으라고 하지 않았다."라고 말한 것이다.

● 버릴 것이 더 이상 남아 있지 않은 그 자리가 바로 그대가 생사윤회를 벗어나는 경지이다 : 다른 곳에서 "돌려보낼 근원이 있는 것은 무엇이나 당연히 그대 자신이 아니지만, 그대에게서 다른 곳으로 돌려보내지 못하는 그것은 바로 그대가 아니라면 누구이겠는가?"[9]라고 한 말과 같은 뜻이다. 그러나 육근·육진·육식을 벗어나서 별도로 버리려 해도 버리지 못하는 경계란 있지 않으니, 육근·육진·육식 이 세 가지 자체가 모두 여래장如來藏이 지니는 미묘한 진여의 본질이다.

● 무생인 : 어떤 움직임도 없는 이치를 '무생無生'이라 하고, 지혜로운 마음이 이 경계에 안주하는 것을 '인忍'이라 한다. 또한 '무생'은 진여의 이치이고, '인'은 지혜이다.[10]

---

9 물질적 요소로 구성된 신체나 모든 대상 경계는 흩어져 돌아갈 곳이 있지만, 인식 주관은 그 자체 이외에 돌아갈 귀착처가 없다. 바로 이렇게 돌아갈 곳이 별도로 없는 본질이 자기 자신의 참된 모습이라는 뜻이다. 『楞嚴經』에 나오는 구절이며 전후의 맥락은 다음과 같다. 『楞嚴經』권2(大19, 111b8), "만약 밝음으로 돌아간다면 밝지 않을 때는 더 이상 어두움을 볼 도리가 없다. 비록 밝음과 어둠 등 갖가지로 차별되지만 보는 주체에는 차별이 없다. 돌려보낼 근원이 있는 것은 무엇이나 당연히 그대 자신이 아니지만, 그대에게서 다른 곳으로 돌려보내지 못하는 그것은 바로 그대가 아니라면 누구이겠는가? 곧 그대의 마음은 본래 미묘하고 밝고 맑다는 사실을 알아야 한다. 그대 스스로 어리석어 그 근본을 해쳐 윤회를 받고 생사의 굴레에 빠져 항상 떠도는 것이다. 그러므로 여래는 그 실상을 가리켜 연민할 만한 존재라 한다.(若還於明, 則不明時, 無復見暗. 雖明暗等種種差別, 見無差別. 諸可還者, 自然非汝;不汝還者, 非汝而誰? 則知汝心本妙明淨. 汝自迷悶, 喪本受輪, 於生死中, 常被漂溺. 是故, 如來名可憐愍.)";『首楞嚴義疏注經』권2(大39, 848a13), "여덟 가지 대상 경계는 돌아갈 곳이 있지만 그대의 보는 작용은 그렇지 않다. 그대의 어디로도 돌아가지 못하는 그 본질이 바로 그대의 진실이다. 이것이 진실이 아니라면 어떤 것이 진실이란 말인가?(八境可還, 自非汝見. 汝不還性, 正是汝眞. 此若非眞, 孰爲眞耶?)"

10 '무생無生'은 근원적 진리이고 '인忍'은 그것을 깨달은 주관의 이상적 경계를 말한다. 『仁王經疏』권2(大33, 468b13), "무생이라는 말은 진리 그 자체를 가리키고, 지혜로 그

梵志, 此云淨行也. 合歡花者, 二種花名耶? 非也. 東坡, 物類相感誌[1]云, "合歡樹, 或樹之於階庭, 使人不相離. 嵇康, 植於舍前, 其樹似梧桐枝葉柔繁, 互相交結, 每日風來, 輒自開解, 不相牽綴." 世尊云 "放下着", "放下着"者, 非謂放下兩手[2]花, 而梵志隨言放下故, 第三度云, "吾非教汝放舍[3]其花"云云. 無可捨處云云免生死處者, 如他處云, "諸可還者, 自然非汝; 不可[4]還者, 非汝而誰?" 然非離根塵識外, 別有捨也捨不得處. 根塵識三, 皆如來藏妙眞如性. 無生忍者, 無諸動作之理, 曰無生, 慧心安於此, 曰忍. 又無生則眞如理, 忍則智也.

1) ㉾ '誌'는 '志'의 오식이다. 2) ㉾ '手'가 병본에는 '樹'로 되어 있다. 3) ㉾ '舍'가 병본에는 '捨'로 되어 있다. 이하 동일. ㉾ 두 글자는 통용되나 여기서는 '捨'로 씀이 옳다. '捨'로 바로잡아 번역하였다. 4) ㉾ '可'는 『楞嚴經』에 따라 '汝'의 오식으로 본다.

심문 담분心聞曇賁의 송 心聞賁頌

두 손에 들고 온 꽃을 모두 내려놓고	兩手持來都放下
빈 몸으로 서서 또 의심하며 헤아리네	空身立地更疑猜
육근 육진 육식 찾을 수 없는 그 자리	根塵識界無尋處
고마운 봄바람에 흐드러지게 꽃 피었네	多謝春風爛熳開

설화

○ 육근·육진·육식 등 세 가지가 모두 여래장이 지니는 미묘한 진여의 본성이라는 뜻이다.

心聞: 根塵識三, 皆如來藏妙眞如性之義也.

진리를 깨닫는 것을 무생인이라 한다.(言無生者, 謂卽眞理, 智證眞理, 名無生忍.)

자수 회심慈受懷深의 상당

이 공안을 제기하고 말하였다. "석가노자는 토끼를 보고 매를 풀어놓을 줄만 알았을 뿐, 머리를 풀숲에 들이밀고 스스로 잡는 방법은 모르셨다. 산승이 다시 그대들에게 자세히 설명해 줄 터이니, 만약 내 말을 알아듣는다면 조사 문하에 작으나마 쉼터 하나를 만드는 격이 되리라. 그치고 그치고 또 그쳐서 모두 내려놓아라! 헤아릴 수 없는 겁의 세월 이래로 신령한 본성이 악에 물들어, 탐욕과 애착이 먹구름처럼 검은 줄만 알더니, 한 줄기 광명은 전혀 모르는구나. 그치고 그치고 또 그쳐서 모두 내려놓아라! 덧없는 삶에 쓸데없이 도모할 필요 없으니, 영화와 부귀도 모조리 헛되게 사라져, 결국은 무생無生의 이치를 누리는 즐거움만 있을 뿐이로다."

慈受深上堂, 舉此話云, "釋迦老子, 只知見兔放鷹, 不覺鑽頭入草. 山僧更爲你注破, 若會得, 且於祖師門下, 做箇小歇之場. 休休休放下着! 無量劫來靈性惡, 只知貪愛黑如雲, 一段光明都昧[1]却. 休休休放下着! 浮生不用多圖度, 榮華富貴揔成空, 到頭唯有無生樂."

1) ㉯ '昧'가 갑본에는 '眛'로 되어 있다.

설화

○ 석가노자는 토끼를 보고~그치고 또 그쳐서 모두 내려놓아라 : 병통만 제거했을 뿐 법은 제거하지 않았다는 뜻이다. 이처럼 석가노자께서 해주신 말씀은 골수에 사무치도록 남김 없었기에 한 점도 덧붙일 필요가 없는 명필의 붓글씨[11]와 같다는 말이다.

---

11 한 점도~명필의 붓글씨(文不加點) : 본서 5칙 주 86 참조.

慈受：釋迦老子, 至休休放下着云云者, 但除其病, 而不除法也. 然則釋迦老子道得處, 徹骨徹髓, 文不加點也.

20칙 세존촉루世尊髑髏

본칙 세존께서 기바耆婆[1]가 소리와 그 울림을 잘 분별하는 것을 아시고 무덤 사이에 이르러 해골 다섯 개를 보고 그중 하나를 두드리며 물으셨다. "이 해골의 주인은 어디에 태어났는가?" "지옥에 태어났습니다." 또 하나를 두드리며 물으셨다. "이 해골의 주인은 어디에 태어났는가?" "축생에 태어났습니다." 다시 하나를 두드리며 물으셨다. "이 해골의 주인은 어디에 태어났는가?" "아귀에 태어났습니다." 또 하나를 두드리며 물으셨다. "이 해골의 주인은 어디에 태어났는가?" "인간에 태어났습니다." 다시 하나를 두드리며 물으셨다. "이 해골의 주인은 어디에 태어났는가?" "하늘에 태어났습니다." 세존께서 별도로 또 하나를 두드리며 물으셨다. "이 해골의 주인은 어디에 태어났는가?" 기바는 그것이 태어난 곳은 알지 못했다.

世尊, 因耆婆善別音響, 至一塚間, 見五箇髑髏, 乃敲一云, "此生何處?" 婆云, "此生地獄." 又敲一云, "此生何處?" 婆云, "此生畜生." 又敲一云, "此生何處?" 婆云, "此生餓鬼." 又敲一云, "此生何處?" 婆云, "此生人道." 又敲一云, "此生何處?" 婆云, "此生天道." 世尊又別敲一云, "此生何處?" 婆罔知生處.

설화

● 『오분율』에 이렇게 전한다.[2] "세존께서 기바가 소리와 그 울림을 잘 분

---

1 기바耆婆 : ⓢ Jīva. 탁월한 의술을 지닌 부처님의 제자. 약왕藥王 또는 의왕醫王이라고 일컬어졌다. 기역耆域·기역祇域·기바祇婆 등이라고도 음사하며, 한역어는 활活·명명命·고활固活·능활能活·갱활更活·수명壽命 등이다.
2 『五分律』 권20(大22, 134a10) 이하의 내용으로 본칙과 같다. 다만 이곳 설화에서는 중간

별하는 것을 아시고 몇 리를 함께 걷다가 어떤 무덤 사이에 이르러 하나의 해골을 보고 두드리시면서 물었다. '이 해골의 주인은 어디에 태어났느냐?' 기바는 그것이 태어난 곳을 알지 못했다. 세존께서 말씀하셨다. '이것은 아라한의 해골이기 때문에 태어날 곳이 없다.'[3]" 곧 이 교의를 인용하여 공안으로 삼았다.

[髑髏] 五分律云, "世尊因耆婆云云, 又行數里, 至一塚間, 見一箇髑髏敲之云, '此生何處?' 耆婆罔知生處. 佛言, '此是阿羅漢髑髏, 無有生處.'" 則此敎義, 引以爲話.

- 기바 : 기역耆域이라고도 한다. 그는 부처님 숙부의 아들로 사다함과斯陀含果[4]를 얻었고 음향音響의 근본과 그것이 드러나는 지말의 특징을 잘 분별하였다.
- 별도로 또 하나를 두드렸다 : 다섯 개 중 하나이다. 앞의 다섯 번은 (부처님께서) 구체적인 경계와 교섭한 마음이었기 때문에 (기바가) 각각에 대하여 태어난 곳을 알았지만, 마지막은 부처님 자신만이 자유자재로 활용하는 자수용삼매自受用三昧[5]에 들어간 것이므로 태어난 곳을 몰랐던 것이다. 또한 다섯 개의 해골 하나하나가 모두 하늘에 있으면 하

을 생략하고 마지막에 아라한의 해골에 대한 문답을 강조하여 말하고 있다. 본칙에 그것이 분명히 드러나지 않았기 때문이다.
3 40권본 『大般涅槃經』 권33(大12, 561c2), "아라한은 태어날 곳이 없거늘 어찌 고행하여 삼십삼천에 태어난다고 말하겠는가?(阿羅漢者, 無有生處, 云何而言, 苦得生於三十三天?)"
4 사다함과斯陀含果 : 성문聲聞이 성취하는 사과四果 중 두 번째. 욕계欲界 구지九地의 사혹思惑(또는 修惑) 중 앞의 6품을 끊고 뒤의 3품이 그대로 남아 있는 상태를 말한다. 나머지 3품의 사혹 때문에 욕계의 인간과 육욕천六欲天에 와서 한 번 태어나 생을 받게 되므로 '일래과一來果'라고도 한다.
5 자수용삼매自受用三昧 : 자신이 깨달은 것을 스스로 마음껏 누리는 법신의 경계로서 다른 사람이 알 수 없다. 자증삼매自證三昧라고도 한다.

늘과 같고 인간에 있으면 인간과 같고, 저곳에 있으면 저곳과 같고 이곳에 있으면 이곳과 같기 때문에 각각의 것들이 태어난 곳을 알 수 있다. 비록 인간과 하늘 그리고 저곳과 이곳에 모두 함께하기는 하지만, 요는 그것들과 하나로 합하지는 않기 때문에[6] 태어나는 곳을 모르는 것이다. 그러므로 장산 법천의 염에서 그렇게 짚은 것이다.

耆婆, 亦云婆[1])耆域. 佛叔父之子, 得斯陁含果, 善別音響本末之相. 別敲一者, 五箇中一箇也. 則前五度涉境心故, 各知生處, 後入自受用三昧故, 罔知生處. 又五箇[2)髑髏, 一一是在天同天, 在人同人, 在彼同彼, 在此同此, 故各知生處. 雖然人天彼此, 要且不與他合故, 罔知生處. 故蔣山泉拈云云.

---

1) 㸾 '婆'는 첨자이다. 2) ㉺ '箇'가 병본에는 '个'로 되어 있다. ㉭ 통용자이므로 이 하에서는 교감주를 붙이지 않는다.

대각 회련大覺懷璉의 송 大覺璉頌
윤회의 여러 갈래나 하늘에 태어난다 하다가　　　　　或生諸道或生天

---

6 하늘에 있으면~않기 때문에 : 굉지 정각宏智正覺의 말을 활용하였다. 이것은 육긍 대부陸亙大夫와 남전南泉의 문답에 대한 굉지의 평가에 나오는 일부분이다. 본서 233칙 '천동 정각의 상당' 참조. 인간과 하늘을 비롯하여 모든 윤회의 길로 자유자재로 오가지만 그 어느 곳에도 머물지 않는다는 뜻이다. 바로 아래에서 송으로 읊은 대각 회련大覺懷璉이 다른 곳에서 그 의미를 이렇게 보여 준다. 『續傳燈錄』권5「大覺懷璉傳」(大51, 495a14), "그런 뒤에 하늘에 있으면 하늘과 같고 인간에 있으면 인간과 같으며, 승에 있으면 승과 같고 속에 있으면 속과 같으며, 범부에 있으면 범부와 같고 성인에 있으면 성인과 같게 되는 것이다. 모든 곳에 자유자재로 출몰하지만 그 어느 곳에도 그를 묶어 두지 못하고 이름이나 형상으로 그를 나타낼 수도 없다. 왜 그런가? 그는 모든 법을 건립할 수 있지만 요는 어떤 법도 그 자신은 아니기 때문이다. 그에게 앞과 뒤의 구별이 없는 이상 무엇보다 그의 자리를 부질없이 안배해 줄 필요가 없다.(然後, 便能在天同天, 在人同人, 在僧同僧, 在俗同俗, 在凡同凡, 在聖同聖. 一切處出沒自在, 並拘檢它不得, 名邈他不得. 何也? 爲渠能建立一切法故, 一切法要且不是渠. 渠旣無背面, 第一不用妄與安排.)"

다른 해골 하나 두드리자 어쩔 줄 몰랐다네 別箇敲來却罔然
누구라서 기바가 몰랐던 그 시체의 주인이 誰信耆婆不知處
시다림7에서 알몸으로 자고 있다 믿으리오8 尸多林內赤身眠

장산 법천蔣山法泉**의 염**
"기바가 '태어난 곳을 모르겠다.'고 한 말은 그만두자. 다름 아닌 석가 노인조차도 절실하게 그의 행방을 찾았던 것이다."

蔣山泉拈, "耆婆不知生處, 且置. 便是釋迦老人, 且款款地尋伊."

> 설화

○ 비록 인간과 하늘 그리고 저곳과 이곳에 모두 함께하기는 하지만, 요는 그것들과 하나로 합하지는 않는다는 뜻이다. 다섯 해골의 주인은 누구나 모두 이와 같다. 그러므로 법 하나하나가 모두 이와 같다는 말이다.

蔣山 : 雖然人天彼此, 要且不與他合之義也. 五箇髑髏, 箇箇皆如此. 然則法法皆如比[1]也.

1) ㉠ '比'가 을본·병본에는 '此'로 되어 있다. ㉡ '此'로 바로잡아 번역하였다.

---

7 시다림尸多林 : 본서 18칙 주 1 참조.
8 누구라서 기바가~있다 믿으리오 : 어느 곳이나 자유롭게 출몰하는 그 해골 주인의 모습을 상징적으로 나타내었다. 주 6에 붙인 대각 회련의 말에 그 뜻이 보인다.

21칙 세존장조世尊長爪

본칙 세존과 장조長爪[1] 범지가 논쟁을 하던 중에 장조가 "저의 논리로 만약 진다면 제 스스로 목을 베겠습니다."라고 맹세하였다. 세존께서 말씀하셨다. "그대의 논리는 무엇을 근본으로 삼느냐?" "제 논리는 일체를 받아들이지 않는 것(一切不受)을 근본으로 합니다." "그 논리는 받아들이는가?" 여기서 범지가 옷소매를 털고 떠났는데, 도중에 세존의 말씀을 알아차리고 제자들에게 말하였다. "나는 돌아가서 목을 베어 세존께 사죄드려야겠다." "스승께서 인천의 대중 앞에서 아주 적절하게 승리를 거두셨거늘 무슨 이유로 목을 베겠다고 하십니까?" "나는 차라리 지혜로운 사람 앞에서 목을 베어 버릴지언정 지혜롭지 못한 사람들 앞에서 승리를 거두지는 않겠다." 이어서 범지가 스스로 탄식하며 말하였다. "나의 논리는 두 측면에서 잘못[2]이 있다. 내 논리를 받아들인다면 잘못된 부분이 크고 분명하게 드러나고, 그 논리를 받아들이지 않는다면 잘못된 부분이 미세하고 흐릿하게 드러난다. 모든 인계와 천계의 이승二乘은 누구도 내 논리의 모순을 알지 못하지만, 다만 대각세존과 보살들만은 내 논리의 모순을 아신다." 범지가 부처님이 계시는 곳으로 돌아가 "저의 논리는 두 측면에서 잘못이 있으므로 목을 베어 세존께 사죄드리고자 합니다."라고 하자 부처님께서 말씀하셨다. "나의 법에 이와 같은 처사는 없다. 그대는 마땅히 마음을 돌려 불도를 좇아 출가해야만 한다." 이에 (자신을 따르던) 500

---

1 장조長爪 : ⓢ Mahākauṣṭhila, Mahākoṣṭhila, ⓟ Mahākoṭṭhita, Mahākoṭṭhika. 마하구치라摩訶俱絺羅·마하구슬지라摩訶瑟祉羅·구치라俱絺羅 등이라 음사하고, 대슬大膝·대주大住·다수多睡 등이라 한역한다. 사리불舍利弗의 외삼촌이라는 설도 있다. 나면서부터 손톱이 길었으므로 '장조'(ⓟ Dīghanakha)라 불렸다. 불법에 귀의하기 전 외도 시절의 주장에 따라 불건립무정외도不建立無淨外道라 불리기도 한다. 말솜씨를 타고나 부처님의 십대제자 중에 문답제일問答第一이라는 호칭을 얻었다.
2 잘못(負墮) : 잘못된 논리나 이론. 또는 그것 때문에 논쟁에서 패하는 것. 화타話墮와도 통한다. 자신의 말이나 논리 안에 이미 모순을 내포하고 있다는 뜻이다.

명의 무리까지 한꺼번에 부처님께 몸을 던져 출가하였고, 각자 불과佛果를 증득하는 경지에 올랐다.【판본에 따라 약간 다르지만 대체로 같다.】

世尊, 因長爪梵志索論義, 約曰, "我義若墮, 我自斬首." 世尊曰, "汝義以何爲宗?" 梵志曰, "我義以一切不受爲宗." 世尊曰, "是見受不?" 梵志拂袖而去, 至中路乃省, 謂弟子曰, "我當迴去, 斬首謝世尊." 弟子曰, "我師, 於人天衆前, 幸當得勝, 何以斬首?" 梵志曰, "我寧於有智人前斬首, 不於無智人前得勝." 乃自嘆云, "我義有兩處負墮. 是見若受, 負門處麤 ; 是見不受, 負門處細. 一切人天二乘, 皆不知我義墮, 唯有大覺世尊, 與諸菩薩知我義墮." 迴至佛所云, "我義兩處負墮, 故當斬首, 以謝世尊." 佛言, "我法中無如是事. 汝當迴心, 向道出家." 於是五百人, 一時投佛出家, 各得果證.【有本大同小異.】

설화

- 『대지도론』의 문구에 근거한다.[3]
- 장조 : 조금도 쉬지 않고 공부하여 손톱 깎을 틈도 없었기 때문에 (손톱이 길어) 장조라 불렀다. 장조는 마하구치라摩訶拘絺羅이며 사리불舍利弗의 외삼촌이다. 그는 모든 법을 받아들이지 않는 것을 근본으로 삼았으니, 단견斷見에 집착하는 외도였다.
- 그 논리는 받아들이는가 : 사사로움도 없고 꾸밈도 없는 지혜로써 마구니와 외도를 핍박하여 굴복시키는 말솜씨인가? 침묵하고 있는 경계

---

[3] 『大智度論』 권1(大25, 62a3), "부처님께서 '장조여! 그대는 모든 법을 받아들이지 않겠다고 하였는데, 그 논리는 받아들이는가?'라고 물으셨다. 부처님께서 이렇게 물으신 뜻은 '그대가 이미 삿된 견해의 독약을 마시고 지금 그 독기를 뿜어내면서 모든 법을 받아들이지 않는다고 말했는데, 바로 그대 자신의 논리는 받아들이는가?'라는 말씀과 같다.(佛問, '長爪! 汝一切法不受, 是見受不?' 佛所質義, 汝已飲邪見毒, 今出是毒氣, 言一切法不受, 是見汝受不?')"

(良久)와 같은 종류인가? 한칼에 두 동강을 낸 말이다.
- 잘못된 부분(負門處) : 의지하는 방도(依負之門)라는 뜻이 아니라, 위의 문구에서 '(두 측면에서) 잘못이 있다(負墮)'라는 뜻과 같다.
- 내 논리를 받아들인다면~미세하고 흐릿하게 드러난다 : 일체를 받아들이지 않는다고 말해 놓고서 자신의 이 논리만은 받아들인다면, 이 때문에 잘못된 부분이 크고 분명하게 드러난다. 이러한 모순은 인계와 천계의 이승도 알 수 있다. 자신의 이 논리도 받아들이지 않는다면 겉보기에는 승리를 거둔 듯이 보이지만 스스로 설 근거가 없게 되므로 잘못된 부분이 미세하게 드러난다. 이는 오로지 대각세존과 보살들만이 알 수 있는 사실이다. 그들은 받아들이거나 받아들이지 않거나 어떤 편에도 속박되지 않고 벗어나 있으므로 자연히 삿된 주장(宗)은 그 자리에서 떨어져 나가 버린다.⁴

[長爪] 智度論文. 長爪者, 學不休止, 無暇剪爪故, 號長爪. 長爪者, 摩訶¹⁾拘絺羅, 舍利弗之舅也. 一切不受爲宗, 斷見外道也. 是見受否者, 無私自然之智, 拶伏魔外之辨耶? 良久處一般耶? 一刀兩斷也. 負門處者, 非依負之門, 上文負墮之義. 是見若受負門處麤至細者, 旣曰一切不受, 而受是見故, 負門處麤大. 此則人天二乘, 亦知之. 是見不受, 其迹似得勝, 自無立處故, 負門處微細. 此唯大覺世尊, 與諸菩薩知之者也. 旣受不受透脫故, 自然邪宗, 當下撲落.

1) ㉯ '訶'가 병본에는 '阿'로 되어 있다.

천의 의회天衣義懷의 송 天衣懷頌
그 논리 받아들이면 가풍 무너뜨리고　　　　　是見若受破家門

---
4 논쟁에 패배하고 만다는 비유적 의미.

받아들이지 않으면 누구와 논쟁하리오	是見不受共誰論
멜대⁵ 부러져 양편 물건 떨어지자	區擔蕠折兩頭脫
한 터럭 끝에 세상 전체 다 드러나네⁶	一毛頭上見乾坤

법진 수일 法眞守一의 송 法眞一頌

일체를 받아들이지 않는 가풍 뽐냈지만	一切不受逞家風
그 한마디 말 둘로 쪼개 양편 모두 쳤네⁷	片言雙破兩頭攻
붉은 깃발⁸ 빼앗기고 돌이켜 본 그 자리에서	赤幡奪了迴光處
맹세 이전에 자기 논리 패했음을 비로소 알았네	始信言前墮已¹⁾宗

1) 옝 '已'는 '己'의 오자이다.

무용 정전 無用淨全의 송 無用全頌

| 그 논리 받아들이는 순간 눈에 가루 붙고⁹ | 是見受時眼着屑 |

---

5 멜대(區擔): 어깨에 걸치고 양쪽 끝에 물건을 매달아 운반하는 용도로 쓰는 막대기.
6 멜대 부러져~다 드러나네: 받아들이거나 받아들이지 않는 양편 모두를 물리치는 그 자리에 진실이 고스란히 드러난다는 말.
7 그 한마디~모두 쳤네: '그 논리는 받아들이는가?'라는 세존의 한마디 말이 장조가 자신의 논리를 받아들여도 받아들이지 않아도 모두 모순이 되는 상황으로 몰아넣었다는 말.
8 붉은 깃발(赤幡): 외도의 상징물이다. 이것을 빼앗겼다는 말은 마치 자기 부대를 상징하는 깃발을 적에게 패하여 빼앗겼다는 것과 같다. 곧 자신의 주장이 상대에게 꺾여 논쟁에서 졌다는 뜻이다. 『景德傳燈錄』권12 「淸化全付傳」(大51 p.297c9), "'외도인 제바 제바의 종지는 어떤 것입니까?' '붉은 깃발이 왼편에 있다.'(問, '如何是提婆宗?' 師曰, '赤幡在左.')"; 『人天眼目』권2 「雪竇頌提婆宗」(大48, 313a13), "제바의 종지여, 제바의 종지여! 붉은 깃발 아래 맑은 바람 일어나네.(提婆宗, 提婆宗! 赤旛之下起淸風.)"
9 눈에 가루 붙고: "금가루가 비록 귀하다고는 하나 눈에 붙으면 이물질에 불과하다."라는 상용구를 축약하여 활용한 말. 아무리 소중한 이론이나 주장이라 해도 집착하면 도리어 장애로 전락하고 만다는 비유이다. 여기서는 어떤 견해도 받아들이지 않는다는 원칙을 고수하여 수긍하면 그것 자체가 모순이 되어 장애로 변한다는 뜻이다. 『臨濟錄』(大47, 504a1), "금가루가 비록 귀하다고는 하지만, 눈에 떨어지면 눈을 가리는 이물질이 된다.(金屑雖貴, 落眼成翳.)"; 『景德傳燈錄』권7 「惟寬禪師傳」(大51, 255b2), "'더러운 것이라면 생각에 두어서는 안 되겠지만 청정함도 생각에 두지 말아야 옳습니까?' '마

받아들이지 않으면 일은 더욱 어긋난다네	見如不受事猶乖
도둑의 몸 드러내고[10] 부질없이 돌아보더니	賊身旣露徒迴首
귀신처럼 헛된 얼굴과 머리를 한곳에 묻었네[11]	鬼面神頭一處埋

> 설화

○ 세 게송의 취지는 모두 글에 그대로 드러나 있다.

三頌, 皆文見.

치 눈동자에 작은 이물질이라도 머물면 안 되는 것과 같다. 금가루가 비록 진귀한 보배이지만 눈 속에 붙으면 병이 된다.'(又問, '垢卽不可念, 淨無念可乎?' 師曰, '如人眼睛上, 一物不可住. 金屑雖珍寶, 在眼亦爲病.')"

[10] 도둑의 몸 드러내고(賊身旣露) : 자신의 본질이 모조리 드러났다는 비유. 자신의 숨은 의도가 상대에게 드러나거나, 스스로 다른 사람의 의중을 꿰뚫어 보았다는 뜻으로도 쓰인다. 『五祖法演語錄』 권1(大47, 651a1), "법좌에 올라앉아 다음 기연을 제기하였다. 약산이 상당법문을 하지 않은 지 오래되자 주사主事가 아뢰었다. '대중들이 오래전부터 화상의 가르침을 그리워하고 있습니다.' '북을 울려라!' 대중들이 (북소리를 듣고) 집합하자마자 약산은 곧바로 방장으로 돌아갔다. 주사가 약산에게 말하였다. '화상께서 대중에게 법을 설해 주겠다고 약속하고서 무슨 이유로 한마디도 베풀지 않으셨습니까?' '경에는 경에 정통한 스승(經師)이 있고, 논으로 보면 논에 밝은 스승(論師)이 있는 법인데, 어찌 (선사禪師인) 노승의 행위를 이상하게 여기는가?' 오조 법연이 평가한다. '비록 자신의 생각에 막혀 남까지 방해하는 짓이었지만 도둑의 몸이 벌써 드러난 것을 어쩌랴! 여러분은 약산의 생각을 알고자 하는가? 한가롭게 경전을 들고 소나무에 기대어 서서 나그네를 보면 웃으며 「어디서 오시오?」라고 묻는다.'(上堂, 擧, 藥山久不上堂, 主事報云, '大衆久思和尙示誨.' 山云, '打鼓著!' 大衆方集, 山便歸方丈. 主事云, '和尙許爲衆說法, 何故一言不措?' 山云, '經有經師, 論有論師, 爭怪得老僧?' 師云, '雖然以己妨人, 爭柰賊身已露! 諸人要識藥山麼? 閑持經卷倚松立, 笑問客從何處來.')"; 『人慧語錄』 권1(大47, 815b2), "도적의 몸은 이미 드러났으니 그대로 놓아주어서는 안 된다. 대체로 종사로서 시비를 결단할 때는 반드시 학인의 안목을 열어 주어야 하며, 오로지 맹목적인 방이나 할을 시행해서는 안 된다. 말해 보라! 저 두 스님에게 어떤 잘못이 있었는가?(已露賊身, 不可放過. 大凡宗師, 決斷是非, 要得開人眼目, 不可一向盲枷瞎棒. 且道! 這兩箇老漢, 有甚麼過?)"

[11] 귀신처럼 헛된~한곳에 묻었네 : 자신의 허망한 논리와 주장을 모두 버리고 불도에 귀의한 것을 말한다.

22칙 세존헌악 世尊獻樂

본칙 세존께서 건달바왕乾闥婆王[1]이 바치는 음악을 들으셨다. 그때 산하대지가 온통 거문고 소리를 내었고 가섭은 일어나 춤을 추었다. 건달바가 부처님께 물었다. "가섭은 아라한으로 모든 번뇌가 이미 사라지지 않았습니까? 그런데 어째서 이렇게 번뇌의 찌꺼기가 남아 있을 수 있습니까?" 부처님께서 말씀하셨다. "진실로 남은 번뇌의 찌꺼기는 없으니 법을 비방하지 말거라." 건달바가 다시 거문고를 세 번 연주하자 가섭도 세 번 춤을 추었다. 건달바가 말하였다. "가섭이 저렇게 춤을 추고 있는데, 어찌 아니라고 하십니까?" "진실로 춤을 춘 적이 없느니라." "세존이시여, 어째서 망언을 하십니까?" "망언을 하는 것이 아니다. 그대가 거문고를 타면 산하대지와 목석이 온통 거문고 소리를 내었다. 그렇지 않느냐?" "그렇습니다." "가섭 또한 그러하다. 그런 까닭에 진실로 춤을 춘 적이 없다." 건달바가 그 말씀을 믿고 받아들였다.

世尊, 因乾闥婆王獻樂, 其時山河大地盡作琴聲, 迦葉起舞. 王問佛, "迦葉豈不是阿羅漢, 諸漏已盡? 何更有餘習?" 佛云, "實無餘習, 莫謗法也." 王又撫琴三徧, 迦葉亦三度作舞. 王云, "迦葉作舞, 豈不是?" 佛云, "寔不曾作舞." 王云, "世尊, 何得妄語?" 佛云, "不妄語. 汝撫琴, 山河大地木石, 盡作琴聲. 豈不是?" 王云, "是." 佛云, "迦葉亦復如是. 所以寔不曾作舞." 王乃信受.

---

[1] 건달바왕乾闥婆王 : ⓢ Gandharva-rājā, Gandharvendra. 음악의 신(樂神, 伎樂神, 歌神). 불법을 수호하는 팔부중八部衆 가운데 하나. 제석천帝釋天을 섬기고 부처님께서 설법하는 곳에 나타나 음악을 연주하며 찬탄한다.

> 설화

● 『대수긴나라왕소문경』의 글에는 이렇게 전한다.[2] "부처님께서 왕사성에서 1만 2천 명의 비구들과 함께 계셨다. 이때 긴나라왕이 여러 곡조를 연주하였지만, 특히 유리로 만든 거문고를 여래 앞에 들고 나와 참으로 잘 탔다. 거문고를 퉁기는 순간 삼천대천세계에 있는 산과 강과 대지 그리고 초목과 숲들이 다 함께 여섯 가지로 진동[3]하였다. 그것은 마치 술에 흠뻑 취한 사람이 앞으로 꼬꾸라졌다 뒤로 자빠졌다 하며 스스로 몸을 주체하지 못하는 것과 같았다. 이때 모든 위대한 성문聲聞과 대가섭大迦葉까지도 몸을 주체하지 못하여 어린아이가 춤을 추는 듯하였다. 부처님께서 긴나라왕에게 '이 거문고로 76명의 긴나라 무리를 조복시켜 보리菩提에 머물도록 하여라.'라고 말씀하셨다."

[獻樂] 大樹緊那羅王所問經文云, "佛在王舍城中, 與諸比丘萬二千人俱. 爾時, 緊那羅王, 作諸妓樂, 以瑠璃琴, 在如來前, 善自調琴. 當鼓琴時, 三千大千世界所有, 山河大地, 草木叢林, 悉皆六種震動, 猶如有人極爲醉酒, 前却顚倒, 不能自持. 爾時, 諸大聲聞, 及大迦葉, 不能持身, 猶如小兒舞. 佛言大緊那羅王, '以此琴調伏七十六緊那羅衆, 令住菩提.'"

---

2 이하는 『大樹緊那羅王所問經』 권1(大15, 370c18) 이하의 내용을 축약하였는데, 마지막에 '76명의 긴나라 무리를 조복시켜 보리에 안주시켰다.'라는 구절은 같은 책, 권2(大15, 374a21)에 해당한다.
3 여섯 가지로 진동(六種震動) : 부처님이 설법할 때나 신통을 보이실 때, 어떤 사람이 빼어난 공덕을 세웠거나 또는 상서로운 조짐이 있을 때 여섯 가지로 진동하는 모습. 동動·기起·용涌·진震·후吼·격擊 등을 가리킨다. 『金光明經文句記』 권6(大39, 154b2), "육종진동 중에서 동·기·용 등 세 가지는 눈에 보이는 형상이고, 진·후·격 등 세 가지는 귀에 들리는 소리이다. 형상과 소리에서 간략하게 두 가지만 말하여 '진동震動'이라 한다.(六種震動者, 謂動起涌三種是形, 震吼擊三種是聲. 今於形聲略言其二, 故言震動.)" 『長阿含經』 권14(大1, 94a9), 『法華經』 권2(大9, 2b12), 80권본 『華嚴經』 권16(大10, 85c13) 등 참조.

● 도리천忉利天의 신들이 음악이 필요하다는 생각을 하고 있었는데, 이 건달바왕에게는 남다른 능력이 있었기에 천신들의 생각을 알아차리고 그곳에 가서 즐겁게 연주해 주었다. 이러한 사연 때문에 서역西域에서는 음악을 하는 사람들을 건달바라 부른다.[4]
● 건달바 : 한역하면 심향성尋香城[5]이다. 칠보산七寶山에 사는 악신樂神이 하나 있었는데, 그의 이름이 건달바이다.
● 음악을 바쳤다 : 『좌전』의 "처음으로 육우六羽를 바쳤다."[6]라는 구절에 대하여 "바쳤다(獻)는 말은 연주하였다(奏)는 뜻이다."라고 주석을 붙였다.
● 이 공안의 대의를 나타내는 '가섭이 춤을 추었다.'라는 구절은 가섭이 무수하게 거듭하는 윤회의 삶(五百生) 동안 악사樂師였던 적이 있었는데 그 습기習氣가 아직 제거되지 않았다는 뜻인가? 가섭은 "삼계三界의 오욕五欲[7]을 나는 벌써 끊어 버렸기 때문에 음악이 내 마음을 동요시킨 적이 없으니, 이는 보살의 수승하고 미묘한 오욕일 뿐이다. 나는 이 일에서 스스로 안주할 수 없었다."라고 대답하였다.[8] 그러므로 산과 강과

---

4 『請觀音經疏闡義鈔』권4(大39, 1003a3).
5 심향성尋香城 : '심향'이라는 말의 유래는 다음과 같다. 건달바는 천신들이 음악을 생각하는 순간 향기로써 그 기운을 감지하고 향기를 찾아(尋香) 그곳으로 간다고 한다. 『一切經音義』권1(大54, 316a15), "심향성【고역은 건달바성이다. 한자와 범어가 다르기는 하지만 내용은 동일하다. 『유가론』에 이렇게 전한다. '음악은 지상에서는 동방의 지국천왕持國天王에 속하지만 항상 상계上界의 천신들과 음악을 연주한다. 업감業感의 힘이 있기 때문에 천신들이 음악을 떠올리기만 해도 그 순간 이 심향신(건달바신)은 멀리서 그 하늘나라의 향기를 맡고 감응하여 향기를 따라 그곳으로 달려가 갖가지 음악을 연주한다.'】(尋香城【古譯名乾闥婆城. 唐梵雖殊, 其實一也. 瑜伽論云, '音樂在地, 屬東方持國天王, 常與上界諸天奏樂. 以業感力故, 但諸天思憶樂時, 此尋香神, 即感遙聞彼天香氣, 尋香赴彼, 奏諸音樂.'】)"
6 육우六羽는 고대 제후諸侯의 악무樂舞이다. 여섯 열列을 두고 매 열마다 여섯 명이 깃털(羽)을 들고 춤을 춘다. 출전은 『左傳』隱公 五年이다.
7 오욕五欲 : 색욕色欲·성욕聲欲·향욕香欲·미욕味欲·촉욕觸欲 등 다섯 가지 욕망. 곧 색·성·향·미·촉 등 다섯 가지 대상 경계에 집착하여 일으키는 욕망을 말한다.
8 『大智度論』권11(大25, 139b21)의 다음 이야기에 근거한다. 견다라왕甄陀羅王(緊那羅王)이 8만 4천의 견다라 무리를 이끌고 부처님의 처소에 와서 거문고를 타면서 노래를 불러 부처님께 공양하였다. 이때 수미산과 모든 수목과 인민과 금수들이 다 함께 춤을

대지가 춤을 추었던 것과 마찬가지로 진실로 춤을 춘 적이 없다고 한 것이다.

忉利諸天, 意隨[1] 音樂, 此乾達婆王, 有異相故, 卽知天意, 往彼娛樂. 因是事故, 西域名樂人, 爲乾達婆. 乾達婆, 此云尋香城. 七寶山間, 有一樂神, 名乾達婆. 獻樂者, 左傳, "初獻六羽." 註云, "獻者, 奏也." 此話大義, 迦葉作舞者, 迦葉五百生, 曾作樂人來, 習氣未除故耶? 迦葉云, "三界五欲, 我已斷竟, 曾不動心, 此是菩薩勝妙五欲. 吾於此事, 不能自安." 故山河大地, 作舞一般, 寔不曾作舞.

1) ㈜ 『請觀音經疏闡義鈔』에 따라 '隨'는 '須'로 바로잡는다.

무진거사의 송 無盡居士頌

건달바왕의 음악 가락 조화로우니	乾闥婆王樂韻和
음광[9] 존자가 덩실덩실 춤을 추네	飮光尊者舞婆娑
무수한 생의 습기가 거듭 흔들어	多生習氣重拈弄
바다 솟구치고 산 흔들려도 상관 마라	海湧山搖莫管他

〖설화〗

○ '타他'는 습기를 가리킨다. 그러므로 춤을 춘 것은 산과 강과 대지와 마찬가지였다는 뜻이다.

추었는데, 부처님 곁의 대중은 물론 대가섭에 이르기까지 모두 자리에 편히 앉아 있지 못하였다. 바로 그때 천수보살天須菩薩이 가섭에게 "노련하고 12두타頭陀의 법에 가장 능하신 분께서 어째서 자리에 편안하게 앉아 계시지 못합니까?"라고 물었는데, 이에 대하여 가섭이 "삼계의 오욕은 나를 동요시킬 수 없다."라고 운운하였다. 여기서 인용된 구절은 지의智顗가 『大智度論』의 이야기에 근거하여 『維摩經玄疏』 권3(大38, 539b21)에서 기술한 대의이다.

9 음광飮光 : 가섭(Ⓢ Mahākāśyapa)의 한역어.

無盡: 他指習氣. 然則作舞, 山河大地一般.

수산주修山主와 화산 무은禾山無殷의 문답

수산주가 화산에게 물었다. "건달바왕이 음악을 연주하자 수미산은 험하게 치솟고 바닷물도 아득히 솟구치게 되었는데, 가섭이 춤을 추었다는 것은 어떻게 이해해야 합니까?" "가섭은 과거세에 악사로 지냈던 이래로 습기가 아직 제거되지 않았기 때문이다." "수미산은 험하게 치솟고 바닷물도 아득히 솟구쳤다는 말은 또 무슨 뜻입니까?"[10] 여기서 화산은 문답을 그만두었다. 법안法眼이 화산을 대신하여 말하였다. "이것이 바로 습기이다."

修山主問禾山, "乾闥婆王奏樂, 直得須彌岌峇,[1] 海水騰波, 迦葉作舞, 作麼生會?" 山云, "迦葉過去, 曾作樂人來, 習氣未除." 修云, "須彌岌峇, 海水騰波, 又作麼生?" 禾山休去. 法眼代云, "正是習氣."

---
1) ㉠ '峇'이 '嶪'으로 되어 있는 곳도 있다.

---

10 『景德傳燈錄』에는 수산주修山主와 취암翠巖 간의 문답으로 실려 있는데, 수산주가 '수미산과 대해의 바닷물도 습기를 제거하지 못했단 말인가요?(須彌大海莫是習氣未斷否?)'라고 묻자 취암이 대답이 없었다고 되어 있다. 『景德傳燈錄』 권27 「諸方雜擧徵拈代別語」(大51, 435a17) 참조. 아라한인 가섭은 당연히 번뇌를 끊었을 것인데 어찌하여 가락에 맞춰 춤을 추는가라든지, 가섭이 오욕을 끊었는가 아닌가라는 의문에 이미 분별의 찌꺼기가 남아 있었기에 부처님은 '진실로 춤을 춘 적이 없다.'라고 한 것이며, 법안이 화산을 대신해 '이것이 바로 습기'라고 한 말도 이러한 맥락에서 평한 것이다.

23칙 세존대집世尊大集

본칙 세존께서 모든 성중聖衆을 이끌고 제육천第六天[1]에 가시어 『대집경大集經』[2]을 설하셨다. 부처님께서 타방과 이 국토 그리고 인간과 천상의 모든 마魔와 범梵[3]과 사나운 귀신들에게 명하기를 빠짐없이 집합하여 부처님의 부촉付囑[4]을 받고 정법을 옹호하라고 하셨다. 설령 오지 않는 자가 있더라도 사천왕이 뜨거운 무쇠 바퀴를 날리면서 뒤를 쫓아 집합하도록 만들었다. 다 모이고 난 다음에는 부처님의 명을 따르지 않는 자가 하나도 없었으니, 각자 정법을 옹호하리라는 큰 서원을 일으켰다. 하지만 한 명의 마왕만은 세존께 이렇게 말씀드렸다. "구담이시여! 저는 모든 중생이 성불하여 중생의 세계 전체가 텅 비고 중생이라는 이름 자체가 남아 있지 않은 다음에야 깨달음을 성취하겠다는 마음을 일으키려 합니다."

世尊, 將諸聖衆, 往第六天, 說大集經. 佛勅他方此土, 人間天上, 一切魔梵, 獰惡鬼神, 悉皆集會, 受佛付囑, 擁護正法. 設有不赴者, 四天門王, 飛熱鐵輪, 追之令集. 既集會已, 無有不順佛勅者, 各發弘誓, 擁護正法. 唯

---

1 제육천第六天 : 욕계欲界의 여섯 번째 천, 곧 타화자재천他化自在天. 마왕魔王이 다스리는 천으로 그의 궁전이 있다. 『三彌勒經疏』(大38, 322b12), "마왕이라는 말은 욕계의 제육천을 가리킨다.(言魔王者, 欲界第六天也.)"; 『過去現在因果經』권3(大3, 639c17), "그때 제육천에 있는 마왕의 궁전이 자연히 흔들렸다.(時, 第六天, 魔王宮殿, 自然動搖.)"
2 『대집경大集經』: 『大方等大集經』([S] Mahāvaipulyamahā-saṃnipāta-sūtra)을 가리킨다. 권19~권21의 보당분寶幢分에서 마왕인 파순을 조복한 이야기가 나온다.
3 마魔와 범梵 : 욕계의 제육천을 가리키는 마천魔天과 색계色界의 범천梵天. 또는 욕계의 주인인 마왕과 색계의 주인인 범왕梵王을 가리키는 말이기도 하다. 『俱舍論記』권3(大41, 61a21), "마는 타화자재천의 마를 가리키고, 범이란 범왕을 말한다.(魔, 謂他化自在天魔 ; 梵, 謂梵王.)"
4 부촉付囑 : 불법을 전해 단절되지 않도록 하여 후세에 계속 이어 가도록 당부하는 부처님의 말씀.

有一魔王, 謂世尊曰, "瞿曇! 我待一切衆生成佛, 盡衆生界空, 無有衆生名字, 我乃發菩提心."

【설화】

- 이 공안은 『관불삼매경觀佛三昧經』[5]의 문구에 근거한다.
- 제육천 : 타화자재천他化自在天[6]이다.
- 『대집경』에서 "마왕들이 세존과 대립한 논쟁은 한두 가지에 그치지 않는다. 그러나 그들은 모두 부처님의 명을 그대로 따라 스스로 돌아보고 대심大心[7]을 일으켰으니 불도를 추구하려는 마음을 일으키지 않은 자가 하나도 없었다."[8]라고 한 말에 근거하여 생각해 보면, 근래의 선장禪匠들이 이 구절을 빌려 와 공안으로 삼은 이유는 다만 더욱 높은 뜻으로 드러내고자 하였기 때문이다.[9] 이통현李通玄 장자의 『화엄론』에는 "『대집경』은 정법의 수호를 근본 취지로 삼았기 때문에 욕계의 위와 색계의 아래에 보방寶坊[10]을 세워 인계와 천계의 대중을 집합시켰다."[11]라고 하

---

5 『관불삼매경觀佛三昧經』: 『觀佛三昧海經』([S] Buddhadhyānasamādhisāgara-sūtra)이라고도 한다. 이 책, 권2(大15, 651a19)에 유사한 내용이 나오지만 일치하지는 않는다.
6 타화자재천他化自在天 : [S] Paranirmitavaśavarti-deva. 욕계의 여섯 가지 천 곧 육욕천六欲天 중 가장 상위에 있는 천. 나머지 다섯 가지는 사천왕천四天王天・도리천忉利天・야마천夜摩天・도솔천兜率天・화락천化樂天 등이다. 마왕이 주인이므로 마왕마천魔天이라 한다. 『雜阿含經』 권29(大2, 207c1), 『阿毘曇甘露味論』 권상(大28, 966c14) 등 참조.
7 대심大心 : 깨달음을 성취하리라는 마음. 대보리심大菩提心과 같다.
8 이 구절은 『大集經』이나 여타의 경론에서도 찾을 수 없다. 『大方等大集經』 권52 「諸魔得敬信品」(大13, 346a25), "백억의 모든 마구니 무리는 모두 함께 부끄러워하는 마음을 일으키고 또한 모두 자리에서 일어나 합장하고 부처님께 아뢰었다. '저희들은 모두 부처님의 정법을 지키겠노라고 마음을 일으켰습니다. 무성한 삼보의 종자가 세 정기(땅과 중생과 법의 정기)를 늘려서 모든 중생에게 안치하고 그들이 선한 도에 머물도록 하겠으며 중생을 위하고자 모든 악행을 그치겠나이다.'(百億諸魔衆, 皆共生慚愧, 亦悉從座起, 合掌白佛言, '我等皆發心, 護持佛正法. 熾然三寶種, 增長三精氣, 安置諸衆生, 令住於善道, 爲諸衆生故, 休息一切惡.')"
9 본칙 마지막에 '마음을 일으키지 않은 마왕의 말을 덧붙인 것'에 더욱 높은 뜻으로 드러내고자 하는 뜻이 있다고 본 해설이다.

였고, 『보요경』에서는 "육욕천 이하는 모든 마구니의 경계이다."¹²라고 하였다.

● 마魔 : 온전한 음사어는 마라魔羅¹³이다. 『능엄환해楞嚴環解』에 "마라를 한역하여 살자殺者 또는 탈자奪者라고도 한다. 지혜의 생명(慧命)을 죽이거나, 선한 법을 빼앗기 때문이다."¹⁴라고 하였다.

● 범梵 : 한역하여 이귀離鬼라 한다. 귀鬼는 사람이 죽었을 때 부르는 말이다. 신神에 대하여 『역易』에 "깊고 아득하여(幽冥) 헤아리지 못하는 것을 '신'이라 한다."¹⁵라고 한다.

● 구담瞿曇 : 한역하여 지최승地最勝¹⁶이라 한다.

● 중생衆生 : 온갖(衆) 인연이 화합하여 발생(生)했기 때문에 이렇게 부른다.¹⁷

---

10 보방寶坊 : 보배로운 승방僧坊. 설법을 하기 위하여 사방에 경계가 지어진 장소를 가리킨다. 사찰을 아름답게 수식하는 말이기도 하다. 아래 주석 참조.
11 『新華嚴經論』권2(大36, 727b28). 이 말은 『大集經』권5(大13, 28b29)에 "그때 세존께서는 특별히 욕계와 색계 중간에 있는 대보방의 사자좌에 앉아 대중들에게 둘러싸인 채 설법하셨다.(爾時, 世尊, 故在欲色二界中間, 大寶坊中, 師子座上, 與諸大衆圍繞說法.)"라고 하는 등의 경문에 따른다.
12 이 구절의 출전은 『普曜經』이 아니라 『出曜經』권9(大4, 656c26)이다. "육욕천 이하는 모든 마구니의 경계이다. 갖가지 고뇌가 도를 닦으려는 마음을 막기에 누구도 무위無爲의 경지에 이르지 못하도록 한다.(六天已下, 皆是魔界. 多諸苦惱, 閉塞道心, 不令至無爲之處.)"
13 마라魔羅 : ⑤·ⓟ Māra. 마라摩羅와 같고, 한 글자로 '마魔(磨·摩)'라고 한 것은 모두 줄인 음사어이다.
14 계환戒環의 『楞嚴經要解』권17(卍17, 867b14)의 내용이다. 다른 한역어로 탈명奪命·능탈명자能奪命者·장애障礙·악마惡魔 등이 있다.
15 『周易』「繫辭傳」上의 말인데, '幽冥'은 '陰陽'이다.
16 지최승地最勝 : 지상에서 가장 뛰어난 사람이라는 뜻. 구담은 ⑤ Gautama·Gotama, ⓟ Gotama의 음사어. 본래는 부처님의 성씨이지만, 부처님만 가리키는 말로도 쓰인다. 주로 외도들이 부처님을 부를 때 쓰는 호칭이다. 교담미憍曇彌·교답마喬答摩·구담씨瞿曇氏·구답마答摩·교달마嬌怛麼 등으로도 음사하고, 한역어는 멸악滅惡·우분종牛糞種·지종地種·니토泥土·암우暗牛 등이다.
17 『楞嚴經講錄』권4(卍90, 24a7).

또한 온갖(衆) 윤회의 세계에서 태어나므로(生) 중생이라 한다.
● 마왕이 '저는 모든 중생이 성불하여 중생의 세계 전체가 텅 비고 중생이라는 이름 자체가 남아 있지 않은 다음에야~'라고 하였는데 중생의 세계가 텅 비는 일도 있을 수 없고, '나는 그런 다음에야 깨달음을 성취하겠다는 마음을 일으키려 합니다.'라는 말도 성립할 수 없는 일이다. 이는 어떤 경우라도 깨달음을 성취하려는 마음을 일으키지 않겠다는 뜻이다. 진실한 부처(眞佛)에게는 출현도 없고 몰락도 없으며, 정법에는 흥성도 없고 쇠퇴도 없는 법이니, 마왕이 그렇게 한 말이야말로 진실로 정법을 옹호한 것이다.

[大集] 此話, 觀佛三昧經文. 第六天者, 他化自在天也. 按大集經云, "魔王與世尊, 抗論非一. 然皆從順佛勅, 迴發大心, 未有不發心者." 而今禪匠, 借此節爲話, 但欲發揚耳. 李長者論云, "大集經, 以守護正法爲義故, 在於欲界上色界下, 安立寶坊, 集諸人天." 普耀[1]經云, "六[2]欲已下, 皆是魔界." 魔, 其[3]云魔羅. 楞嚴環解云, "魔羅, 此云, 殺者, 亦云, 奪者. 謂能殺慧命, 能奪善[4]法故也." 梵, 此云, 離鬼. 鬼者, 人死曰鬼. 神者, 易曰, "幽冥不測之謂神." 瞿曇, 此云, 地最勝. 衆生者, 衆緣和合而生故, 又衆處受生, 故云衆.[5] 魔王云, 我待一切云云者, 衆生界空, 無有是處, 我乃發菩提心, 亦無有是處, 則不發菩提心到底. 眞佛無出沒, 正法無興衰, 則魔王伊麼道, 眞實擁護正法也.

---
1) ㉠ '耀'는 '曜'와 통한다. 『景德傳燈錄』에도 '耀'로 되어 있다. 2) ㉮ '六'이 을본에는 '云'으로 되어 있다. 3) ㉮ '其'가 을본에는 '且'로 되어 있다. 4) ㉮ '善'이 병본에는 '正'으로 되어 있다. 5) ㉠ '衆' 다음에 '生'이 탈락되었다.

천의 의회天衣義懷의 상당
이 공안을 제기하고 말하였다. "위기를 당하고도 변하지 않아야 참된 대장부일 것이다. 여러분! 결정적인 전기가 되는 한마디를 어떻게 해야 부처님(黃面瞿曇)[18]의 막힌 숨통을 터 줄 수 있을까?[19] 평상시에 써먹던 신통과 미묘한 작용 그리고 지혜와 뛰어난 말솜씨도 이 문제와 마주하고는 조금도 부려먹을 수 없다. 염부제[20]의 대지에 사는 모든 사람 중에서 부처님을 사랑하지 않는 자가 없지만 이 경계에 이르고 보면 누가 부처이고 누가 마왕이란 말인가? 가려낼 수 있는 사람 있는가?" 잠깐 침묵하다가 말하였다. "마왕을 알고자 하는가? 눈을 뜨면 밝은 세상이 보인다. 부처를 알고자 하는가? 눈을 감으면 어둠만 보일 뿐이다.[21] 마왕과 부처의 콧구멍을 주장자로 한꺼번에 꿰어 버렸다."

---

18 황면黃面과 구담瞿曇 모두 부처님을 가리킨다. 세존이 탄생한 가비라위성迦毘羅衛城은 예전에 황두黃頭 선인仙人이 살았던 데에서 가비라迦毘羅(黃色)라는 이름이 붙여진 것이며 이후 석가세존을 이르는 말로도 쓰이게 되었다.

19 문답하는 진영 중 어느 한편이 이길 수 있도록 반전을 일으키는 한마디가 막힌 숨통을 터 주는 수단과 같으므로 이렇게 말한다. 곧이어 공안의 핵심을 집어내겠다는 의중을 드러낸다. 『碧巖錄』40則「本則 著語」(大48, 178a6), "대장부로서 당시에 결정적인 전기가 되는 한마디 말을 하였다면, 남전의 숨통을 끊었을 뿐만 아니라 세상 납승들의 막힌 숨통을 터 주었을 것이다.(大丈夫, 當時下得一轉語, 不唯截斷南泉, 亦乃與天下衲僧出氣.)"

20 염부제閻浮提： Ⓢ jambu-dvīpa. 수미산의 사대주四大洲 중 남쪽에 있어서 남염부제라고도 한다. 인간이 살고 있는 사바세계를 가리킨다. 이곳에는 부처님을 친견하고(見佛), 법을 들으며(聞法), 출가하고(出家), 도를 성취하는(得道) 등 네 가지 뛰어난 인연이 있다.

21 『楞嚴經』권1(大19, 107c11)에서 아난이 부처님께 드린 질문에 나오는 말을 활용하였다. 마왕이나 부처나 모두 눈으로 인식하는 대상일 뿐 전혀 차별이 없다는 뜻을 나타내기 위한 인용이다. "저는 지금 부처님과 마주 보고 있는데, 눈을 뜨면 밝은 세상이 보이니 이를 두고 밖을 본다 하고, 눈을 감으면 어둠만 보일 뿐이니 이를 두고 안을 본다 합니다. 이 뜻은 어떤 것입니까?(今我對佛, 開眼見明, 名爲見外； 閉眼見暗, 名爲見內, 是義云何?)" 설당 도행雪堂道行은 눈을 감거나 뜰 때 나타나는 밝음과 어둠은 보이는 대상(見境)이라는 점에서 차별이 없다고 풀었다. 『雪堂道行和尙語』續古尊宿語要6(卍119, 133b1), "이 학인은 상像이 이미 이루어져 있는데 어째서 옛날의 빛이 없어지는지에 대하여 의문이 든 것이다. 마치 사람이 눈을 뜨면 밝음을 보고 눈을 감으면 어둠을 보는 것과 같다. 보통 생각으로는 '눈을 감으면 전혀 보이는 것이 없다.'라고 말한다. 이것은 밝음과 어둠이 비록 다르지만 모두 보는 대상이라는 점에서는 같다는 뜻을 전혀 모르는 견해이다.(此僧疑像旣成, 何以無昔日之光? 如人開眼見明, 合眼見暗. 常情便謂, '合眼竝無所見.' 殊不知, 明暗雖二, 均是見境.)"

天衣懷上堂, 擧此話云, "臨危不變, 眞大丈夫. 諸仁者! 作麽生着得一轉語, 與黃面瞿曇出氣? 尋常, 神通妙用, 智慧辯才, 到此摠使不着. 盡閻浮大地人, 無不愛佛, 到者裏, 何者是佛, 何者是魔? 還有人辨得麽?" 良久云, "欲識魔麽? 開眼見明. 欲識佛麽? 合眼見暗. 魔之與佛, 以拄杖一時穿却鼻孔."

[설화]

○ 마왕을 알고자 하는가~어둠만 보일 뿐이다 : 마왕과 부처의 경계를 자재하게 번갈아든다는 뜻이다.[22]
○ 마왕과 부처의 콧구멍을 주장자로 한꺼번에 꿰어 버렸다 : 마왕과 부처를 모두 마음에 담아 두지 않겠다는 뜻이다.[23]

天衣 : 欲識佛魔云云者, 魔佛交互也. 以拄杖至鼻孔者, 乃魔佛並不存也.

운문 종고雲門宗杲**의 거**

이 공안과 더불어 천의 의회의 상당을 제기하고 말하였다. "천의노한이 이렇게 내린 비판[24]은 대단히 뛰어난 점이 있다. 비록 그렇기는 하지만 말을 두 토막으로 갈라놓는 잘못에서 벗어나지는 못했다. 만일 '누가

---

[22] 마왕과 부처 모두 차별에 따라 만들어진 대상 경계일 뿐 차이가 없기 때문에 이 둘 사이를 마음대로 오간다는 뜻이다. 앞의 주석 참조.
[23] 부처와 마왕을 모두 내치는 초석 범기楚石梵琦의 말과 같은 취지이다. 『楚石梵琦語錄』권4(卍124, 104b13), "마왕의 세계에 들어갈 수도 있고 부처의 경지에 들어갈 수도 있다. 그런 다음에 부처와 마왕을 모두 내치고, 범부와 성인을 모두 마음에 두지 않으며, 열반의 경지를 취하지도 않고 생사의 세계에 살지도 않으니, '나는 일대사를 마쳤다.'라고 말하는 것이다.(亦可入魔, 亦可入佛. 然後, 佛魔俱遣, 凡聖不存 ; 不取涅槃, 不居生死, 道'我大事了畢'.)"
[24] 비판批判 : 공안에 대하여 내리는 분석과 평가. '비批'는 분석, '판判'은 판정 또는 논평論評이다. 『禪林寶訓音義』(卍113, 264b2), "비판이란 글이 잘된 곳이나 중요한 곳에 점을 찍고서 평하는 말이나 주해注解를 달고 분석 비평하는 것이다.(批判, 批點分判.)"

부처이고 누가 마왕이란 말인가?'라는 부분에서 말을 그쳤더라면 틀림없이 남들에게 곰곰이 의문을 갖도록 만들었을 것인데,[25] 도리어 '마왕을 알고자 하는가? 눈을 뜨면 밝은 세상이 보인다. 부처를 알고자 하는가? 눈을 감으면 어둠만 보일 뿐이다.'라고 말하였기에 잘못이 적지 않았다. 더 나아가 '마왕과 부처의 콧구멍을 주장자로 한꺼번에 꿰어 버렸다.'라고 한 말은 눈 위에 서리를 더한 것처럼 쓸모없었다. 나, 묘희가 다시 황면노자를 대신하여 결정적인 전기가 되는 한마디를 하겠다. 그 마왕이 '중생의 세계가 텅 비고 중생이라는 이름 자체가 남아 있지 않은 다음에야 저는 깨달음을 성취하겠다는 마음을 일으키려 합니다.'라고 하는 순간 그에게 '자칫 그대를 마왕이라고 잘못 부를 뻔했구나!'[26]라고 말해 주리라. 나의 이 말에는 두 가지 모순된 점이 있다. 누군가 점검해 낸다면 그에게 납승의 안목을 갖추었다고 인정해 주리라."

雲門杲擧此話, 連擧天衣懷上堂. 師云, "天衣老漢, 恁麼批判, 直是奇特. 雖然如是, 未免話作兩橛. 若向何者是佛, 何者是魔處, 便休去, 不妨使人疑着, 却云, '欲識魔麼? 開眼見明; 欲識佛麼? 合眼見暗.' 郞當不少. 又云, '魔之與佛, 以拄杖一時穿却鼻孔.' 雪上加霜. 妙喜, 却爲黃面老子, 代一轉語. 待遮魔王道, '衆生界空, 無有衆生名字, 我乃發菩提心.' 只向他道, '幾乎錯喚你作魔王!' 此語有兩負門. 若人點檢得出, 許你具衲僧眼."

---

25 그 의문 자체로 공안의 진실은 다 실현되었다는 말. 부처와 마왕 양편에 모두 의문을 붙임으로써 더 이상 나아갈 수 없는 곳에 이르렀다. 이제는 여기에 붙이는 말은 모두 쓸모없는 혹에 불과하게 된다. 이처럼 공안상의 모든 언어는 처음부터 끝까지 의문으로 남아야 하고 의문으로 읽어야 하며 의문으로 유도해야 한다.

26 물초 대관物初大觀은 천의와 대혜의 평을 아울러 다음과 같이 평가하였다. 『物初大觀語錄』(卍121, 174b1), "옳다면 옳았으니 큰 도적을 마주치고 용감했던 것이다. 문제는 황면노자(부처님)가 설정한 울타리를 벗어나지 못하여 천의와 대혜까지 연루시켜 해명의 말을 모두 써먹게 했다는 점이다.(是則是, 遇大敵勇. 要且, 出不得黃面老子圈繢, 累他天衣妙喜, 費盡分疎.)"

>[!설화]

○ 천의 의회가 "마왕을 알고자 하는가~어둠만 보일 뿐이다."라고 한 말에는 여전히 자취[27]가 남아 있기 때문에 그렇게 말한 것(잘못에서 벗어나지 못했다)이다.
○ "마왕과 부처의 콧구멍을 주장자로 한꺼번에 꿰어 버렸다."라고 한 천의 의회의 말은 (부처와 마왕이라는) 자취를 털어 없애기 위한 의도였다. 하지만 마치 코를 막고 향을 훔친 것[28]과 같았기 때문에 대혜는 "눈위에 서리를 더한 것처럼 쓸모없었다."라고 평가한 것이다.
○ 자칫 그대를 마왕이라고 잘못 부를 뻔했구나 : '무엇을 가리켜 마왕이라 부를 것이며, 무엇을 가리켜 부처라 부를 것인가?' 이 말은 앞의 "자칫 그대를 마왕이라고 잘못 부를 뻔했구나!"라는 말과 같다.
○ 두 가지 모순된 점이 있다 : 마왕과 부처를 말한다. 비록 마왕과 부처는 두 가지가 아니라 하더라도 여전히 부처와 마왕이라는 이름이 남아 있기 때문에 반드시 점검하여 밝혀내야 한다는 뜻이다.

雲門 : 天衣懷云, 欲識佛魔云云[1)]者, 猶有痕朕故也. 魔之與佛云云鼻孔, 乃拂迹之談. 如掩鼻偸香故, 雲門如是云云也. 幾乎錯至魔王者, 喚什麽作魔王, 喚什麽作佛耶? 此語者, 前"幾乎錯喚你[2)]作魔王!"之語也. 有兩負門者, 魔與佛也. 雖然魔佛無二, 猶有佛魔[3)]之名, 直須點撿[4)]得出.

1) ㉦ '云' 다음에 병본에는 '至'가 있다.   2) ㉦ '你'가 병본에는 '爾'로 되어 있다.   ㉡

---

27 자취(痕朕)란 비판할 여지를 가리킨다. 곧 그것을 실마리로 삼아 일정하게 내린 비판에 대하여 또다시 비판할 수 있는 틈을 말한다.
28 코를 막고~훔친 것(掩鼻偸香) : 코를 막으면 향의 냄새가 나지 않아 남들도 맡지 못할 것으로 착각하여 자기 스스로 속는 어리석음을 말한다. 마왕과 부처라는 자취를 없애려 한 말이 도리어 또 다른 하나의 자취가 된 꼴이 마치 자기 코는 막았으나 향의 냄새가 풍겨 남들에게 들통나고 마는 것과 같다는 비유이다. 귀를 막고 방울을 훔친다는 엄이투령掩耳偸鈴과 같은 말이다. 『雪竇語錄』권3(大47, 688b7), 『從容錄』48則「頌評唱」(大48, 258a10).

통용자이므로 이하에서는 교감주를 붙이지 않는다. 3) ㉭ '佛魔'가 병본에는 '魔佛'로 되어 있다. 4) ㉭ '撿'이 병본에는 '檢'으로 되어 있다. 이하 동일. ㉮ 통용자이므로 이하에서는 교감주를 붙이지 않는다.

한암 혜승寒嵒慧升의 보설

이 공안과 더불어 천의 의회의 상당을 제기하고 말하였다. "나중에 대혜노인이 그 핵심을 집어내어 '천의노한이 이렇게 내린 비판은 대단히 뛰어난 점이 있다.~그에게 납승의 안목을 갖추었다고 인정해 주리라.'라고 말하였다. 대혜가 이렇게 공안을 평가한 말뜻에 대하여 그대들은 이해하는가? 나에게 하나의 비유가 있다. 가령 어떤 사람이 비린내 나는 작은 생선을 가지고 있다가 무수하게 많은 개미를 끌어들이게 되었지만 그 당사자는 어떻게 막을 방도가 없었다. 그런데 평소에 불살생계를 지키고 있는 어떤 사람이 만일 그 광경을 살펴보고서 '나는 결코 당신에게 끓는 물을 뿌리도록 하지는 못하겠습니다.'라고 말하였다고 하자. 형제들이여! 만일 내가 이렇게 든 비유를 이해한다면 대혜가 '자칫 그대를 마왕이라고 잘못 부를 뻔했구나!'라고 한 말도 이해할 수 있을 것이다. 또한 '자칫 그대를 마왕이라고 잘못 부를 뻔했구나!'라는 말을 이해한다면, 그 마왕이 '중생의 세계 전체가 텅 비고 중생이라는 이름 자체가 남아 있지 않은 다음에야 저는 깨달음을 성취하겠다는 마음을 일으키려 합니다.'라고 한 말도 이해할 수 있을 것이다. 만약 이렇게 이해한다면, 지금 눈앞에 나타나 있는 한 무리의 대중이 모두 제육천에서 인간과 인간이 아닌 중생들과 함께 각자 정법을 지키겠다는 큰 서원을 일으켰다는 사실도 알게 될 것이다. 이는 그렇다 하고, 만일 어떤 대단한 사람이 나타나 정면에서 나를 후려쳐 때린 다음 '나이도 드신 분이 친숙한 일에 대해 도리어 이렇게 허황된 소리를 하십니까?'라고 말하더라도 그를 이상타 여겨서는 안 된다.[29]"

---

29 자신의 말에도 집착의 자취가 남아 있기 때문에 누군가에 의해 부정되더라도 당연하

寒嵓升普說, 舉此話, 連擧天衣懷上堂, 師云, "後來, 大慧老人拈云, '天衣老漢, 伊麽批判, 〈至〉具衲僧眼.' 大慧伊麽說話, 你諸人, 還會得麽? 我有一箇譬喩. 如人有些子腥膻之物, 引得千萬箇蟻子來, 其人正無如奈何. 忽有一人, 素持不殺戒, 看見, 乃云, '我又不敢敎你使湯潑也.' 兄弟! 若會得寒嵓伊麽譬喩, 便會得, 大慧云, '幾乎錯喚你作魔王!' 若會得, '幾乎錯喚你作魔王!', 便會得, 他魔王道, '待衆生界空, 無有衆生名字, 我乃發菩提心.' 若伊麽會得, 便見卽今現前一衆, 同在第六天, 與人非人等, 各發弘誓, 護持正法. 是則如是, 忽有箇漢出來, 被他劈口摑云, '老老大大, 却來者裏, 說脫空也.' 怪他不得."

공수 종인空叟宗印의 거

이 공안과 더불어 천의 의회와 묘희(대혜)의 염을 제기하고 말하였다. "묘희노한이 이렇게 내린 비판도 대단히 뛰어난 점이 있다. 비록 그렇기는 하지만 어떻게 해야 말을 두 토막으로 갈라놓은 잘못에서 벗어나겠는가?[30] 만약 '자칫 그대를 마왕이라고 잘못 부를 뻔했구나!'라는 부분에서 말을 그쳤더라면 틀림없이 남들에게 곰곰이 의문을 갖도록 만들었을 것인데, 도리어 '나의 이 말에는 두 가지 모순된 점이 있다.'라고 말하였기에 잘못이 적지 않다. 더 나아가 '누군가 점검해 낸다면 그에게 납승의 안목을 갖추었다고 인정해 주리라.'라고 하였으니, 눈 위에 서리를 더한 것처럼 쓸모없었다. 옛 성인이 잘못한 부분은 천의 의회에게 붙잡혔고, 천의가 잘못한 부분은 묘희에게 붙잡혔으며, 묘희가 잘못한 부분은 나, 육

다는 뜻.
[30] 대혜가 천의 의회를 평가했던 방식 그대로 대혜에게 적용하여 되돌려 주고 있다. 이하도 마찬가지이다. 『從容錄』 100則 「評唱」(大48, 292a5) 등에 나오는 "도둑의 말을 타고 도둑을 뒤쫓고, 도둑의 창을 빼앗아 도둑을 죽인다.(騎賊馬趕賊, 奪賊槍殺賊.)"라는 수법의 전형이다.

왕이 무기 하나 건드리지 않고 바로 그 소굴에 들어가 붙잡아 버렸다.[31] 지금 나, 육왕을 붙잡을 사람 있는가? 만약 있다면 아직 납승의 바른 안목을 갖추지 못한 것이며, 만약 없다면 각자 방으로 돌아가거라.[32] 눈을 뜨고 졸고 있구나!"

空叟和尙擧此話, 連擧天衣懷妙喜拈, 師云, "妙喜老漢, 與麽批判, 亦甚奇特. 雖然如是, 寧免話作兩撅? 若向幾乎錯喚你作魔王處, 便休去, 不妨令人疑着, 却云, '此語有兩負門.' 郞當不少. 又云, '若人撿點得出, 許你具衲僧眼', 雪上加霜. 古聖郞當處, 被天衣懷捉敗 ; 天衣郞當處, 被妙喜捉敗 ; 妙喜郞當處, 被育王不犯干戈, 只就窠子裏捉敗. 今日莫有捉敗育王底麽? 若有, 未具衲僧正眼 ; 若無, 各自歸堂. 開眼瞌睡!"

[설화]

○ '나의 이 말에는 두 가지 모순된 점이 있다.'라고 말하였기에 잘못이 적지 않다 : 비록 점검해 내어 밝히더라도 또다시 점검해 낼 부분이 남아 있기 때문이다.

○ 눈 위에 서리를 더한 것처럼 쓸모없었다 : 점검해 내어 밝히거나 점검해 내지 못하거나, 안목을 갖추었거나 안목을 갖추지 못했거나 어느 경우에도 자취는 여전히 남아 있기 때문이다.

---

31 『莊子』에 나오는 사마귀·매미·참새·사냥꾼 등의 먹이사슬처럼 이어지는 관계와 같다. 본서 2칙 주 125 참조. 아무리 탁월한 비판일지라도 또 하나의 비판으로 열려 있지 않으면 그 대상이 되는 화두는 사구死句로 떨어진다. 그것은 확정된 결론이며 화두를 경직된 관념으로 몰아넣기 때문이다.

32 자신을 붙잡을 사람이 있어도 인정하지 않고 없어도 인정하지 않음으로써 간명하게 사구의 올가미에서 벗어났지만, 그가 예부터 써 오던 관문의 틀을 빌려 왔다는 점은 뚜렷하다. 이러한 유를 두고 "도적의 몸은 벌써 드러났다.(賊身已露)"라고 한다. 본서 21칙 '무용 정전의 송' 및 주 10 참조.

○ 만약 있다면~각자 방으로 돌아가거라 : (있어도 없어도) 어느 한편이 낫거나 못하다는 차별이 없다는 뜻이다.
○ 눈을 뜨고 졸고 있구나 : 눈을 뜨고 있으면서 눈을 감고 있는 꼴이다. 밝음인가, 어둠인가? 곧 부처도 마왕도 점검할 여지가 남아 있다는 뜻이다.[33] 한암寒巖의 보설에 나타난 대의도 이 말과 마찬가지이다.

空叟 : 此語有兩負門, 郎當不少者, 雖然點撿得出, 亦有點撿得出地分故也. 雪上加霜者, 點撿得出, 點撿不出, 具眼不具眼, 痕朕猶在故也. 若有至各自歸堂者, 是無得失也. 開眼瞌睡者, 是開眼合眼. 明耶, 暗耶? 則佛也魔也, 還有點撿分也. 寒巖普說大義, 此語一般也.

---

33 천의 의회가 상당에서 '눈을 뜨면~어둠만 보일 뿐이다.'라고 말하며 마왕과 부처를 한꺼번에 꿰었다고 한 부분에 근거한 해설이다. 부처건 마왕이건 어느 편도 완결된 의미가 없기 때문에 점검할 여지가 있다고 평한 것이다.

24칙 세존노모世尊老母

본칙 성 동쪽에 사는 어떤 노파는 부처님과 한 세대에 태어나 함께 살면서도 부처님을 보려고 하지 않았다. 부처님께서 오는 모습을 볼 때마다 곧바로 회피하였지만 고개를 돌리고 외면하는 어떤 경우에도 회피하지 못하였다. 손으로 얼굴을 가리면 열 손가락과 손바닥 그 어디에서도 부처님이 보였다.

城東老母, 與佛同生一世, 而不欲見佛. 每見佛來, 卽便迴避, 迴頭轉面, 皆避不得, 以手掩面, 十指掌中, 悉皆見佛.

설화

● 『관불삼매경』에 다음과 같이 전한다.[1] "옛날에 부처님께서 세상에 출현하셨을 때, 왕사성王舍城 동쪽 수달 장자須達長者의 집에 매우 부지런히 집안일을 하는 비지라毘胝羅라는 늙은 여자 종이 살았다. 장자가 부처님과 스님들을 초청하여 공양을 베풀려고 하였지만 그 늙은 여자 종은 인색하여 부처님과 스님들을 싫어하는 마음으로 이렇게 혼잣말을 하였다. '언제나 되어야 부처라는 이름이 들리지 않을까?'[2] 늙은 여자 종은 부처님 얼굴을 보자마자 놀라서 털끝이 곤두선 채 즉시 달아났다. 개

---

1 『觀佛三昧海經』 권6(大15, 675c16).
2 위의 책, 권6(大15, 675c22)에는 "이렇게 말하고 나서 다시 다음과 같이 악한 소원을 일으켰다. '언제나 되어야 부처라는 이름이 들리지 않고, 법이라는 이름이 들리지 않으며, 삭발하고 가사를 입은 사람들이 보이지 않을까?'(作是語已, 復發惡願, '何時當得不聞佛名, 不聞法名, 不見剃髮染衣之人?')"라고 되어 있다. 본래는 과거세의 원한 때문에 한탄조로 터져 나온 말이지만, 간화선사의 안목으로 노파를 재구성하면 마치 조주 종심趙州從諗이 "불佛이라는 한 글자조차도 나는 듣고 싶지 않다.(佛之一字, 吾不喜聞.)"라고 한 말뜻과 같다. 아래 설화에서 "대장부에게는 스스로 하늘을 찌를 듯한 기개가 있다."라고 푼 것도 같은 맥락이다. 『趙州語錄』古尊宿語錄 13(卍118, 313b7·324b14) 참조.

구멍으로 빠져나가 사방의 문을 모두 닫았으나 정문만은 열려 있었다. 여자 종은 즉시 부채로 얼굴을 덮어 스스로 가렸지만 부처님이 그 앞에 서시자 부채는 거울과 같이 되어 가로막을 방도가 없었다. 고개 돌려 동쪽을 보면 그곳에 부처님이 계시고 남·서·북 각 방위도 그와 같았다. 고개 들어 올려 보면 위에 부처님이 계시고, 고개 숙여 바닥에 엎드리면 땅이 부처님으로 변하였으며, 손으로 얼굴을 가리면 열 손가락 끝에 부처님이 나타났다."

[老母] 觀佛三昧經云, "昔佛出時, 王舍城東, 須達長者家, 有一老婢, 名毗胝羅, 甚勤家業. 長者請佛及僧供給, 老婢慳貪, 嫌佛及僧, 而作是言, '何時當得不聞佛名字?' 老婢才見佛面, 心驚毛竪, 卽時逃走. 從狗竇而出, 卽閉四門, 唯正門開. 婢卽時以扇覆面自障, 佛在其前, 其扇如鏡, 無所障礙. 回頭東視, 東方有佛, 南西北方, 亦復如是. 擧頭仰看, 上方有佛 ; 低頭伏地, 地化爲佛 ; 以手掩面, 十指頭上, 便現化佛."

● 부처님과 한 세대에 태어나 함께 살면서도 부처님을 보려고 하지 않았다 : 세존께서 과거세 수 겁劫 전에 국왕이었을 때 늙은 여자 종은 시녀였는데, 왕이 그녀의 침소에 간 적이 없어 시녀는 원한을 품고 목숨을 마쳤다. 이 때문에 한 세대에 태어나 함께 살면서도 믿지 않았던 것이다. 이 이야기를 끌어들여 공안으로 삼았다.
● '부처님을 보려고 하지 않았다.'는 것은 대장부에게는 스스로 하늘을 찌를 듯한 기개가 있으니,[3] 갈 만한 곳에 이르러야 간다는 뜻이며, '열 손가락과 손바닥 그 어디에서도 부처님이 보였다.'는 것은 부처님과 조

---

3 『景德傳燈錄』권29 동안 상찰同安常察의 「十玄談」 중 「塵異」(大51, 455b16)에 "대장부에게는 본디 하늘을 찌르는 기개가 있으니, 여래가 간 길도 따라가지 마라.(丈夫自有衝天志, 莫向如來行處行.)"라고 한 말의 취지와 같다. 노파의 행위를 긍정하는 관점이다.

사가 말씀으로 전한 가르침을 마치 태어날 때부터 맺은 원수처럼 여기고 그것과 머리와 이마를 부딪치며 대결한다는 뜻이다.
- 또한 '부처님을 보려고 하지 않았다.'는 것은 종일토록 깨달음을 등지고 번뇌의 경계와 어울리는 꼴이며, '열 손가락과 손바닥 그 어디에서도 부처님이 보였다.'는 것은 종일토록 번뇌의 경계를 등지고 깨달음과 하나가 된다는 뜻이다. 손은 근본무명을 나타내고, 열 손가락과 손바닥은 십사十使의 번뇌를 상징한다. 그러나 이 해설은 염송가[4]가 드러내 보이는 도리는 아니다.

同生一世云云者, 世尊往劫爲國王, 老婢爲侍女, 王不幸, 女含怨命終故, 同生一世不信. 引以爲話. 不欲見佛者, 丈夫自有衝天志, 至行處行. 十指掌中云云見佛者, 佛祖言敎, 如生寃家, 與他撞頭磕額也. 又不欲見佛者, 終日背覺合塵. 十指云云見佛者, 終日背塵合覺. 手根本無明, 十指掌, 十便[1)]煩惱. 然此一說, 非拈頌家發揚之義.

1) ㉾ '便'이 을본·병본에는 '使'로 되어 있다. ㉾ '使'로 바로잡아 번역하였다.

설두 중현雪竇重顯의 거

"여러 상좌들이여, 그는 비록 일개 노파에 불과하지만 대장부의 근원을 뚜렷이 지니고 있었다. 회피하는 일이 점점 어렵다는 사실을 알게 된 이상 말을 삼키고 숨소리도 죽일 수밖에 없었으리라. 지금 부처님을 보려고 하지 않는 사람에게는 그러도록 허용하겠지만 결코 손으로 얼굴을 가리지는 마라. 왜 그런가? 밝은 눈을 가진 사람이 그 모습을 보게 되면 설두 문하에서는 노파선老婆禪[5]을 배우도록 했다고 오해할 것이기 때문이

---

4 염송가拈頌家 : 공안에 대하여 교리적 해설이 아니라 본분의 화두를 참구하는 안목으로 핵심을 집어내거나 송으로 풀어내는 사람을 가리킨다.
5 노파선老婆禪 : 여기서는 '그 노파의 언행에 숨은 선禪의 징표'를 가리킨다. 본래는 할

다."⁶

雪竇顯擧此話云, "諸上座, 他雖是箇老婆, 宛有丈夫之作. 旣知迴避稍難, 不免吞聲飮氣. 如今不欲見佛, 卽許你, 切忌以手掩面. 何以?¹⁾ 明眼底覷着, 將謂雪竇門下, 敎你學老婆禪."

1) ㉭ 여기서 '以'는 '故'와 같다.

설화

○ '회피하는 일이 점점 어렵다는 사실을 알게 된 이상' 이하의 구절은 '부처를 본들 무슨 잘못이 있겠는가?'라는 뜻이다. 노파선은 부처를 보려고 하지 않는 것을 말한다.

雪竇 : 旣知回避稍難已下, 見佛有什麽過? 老婆禪, 卽不欲見佛.

장산 법천蔣山法泉의 염

"이 노파는 기개는 대단하였지만 회피하는 유일한 길을 알지는 못했다.⁷ 여러분은 회피하는 그 길을 알고 있는가? 만약 안다면 그 사람은 노파의 선을 이해한다고 인정해 주리라."

───

머니가 손자에게 처음부터 자세하고 친절하게 설명해 주듯이 세세한 방편으로 학인들에게 일러주는 선禪, 곧 지나치게 언어로 풀어서 설명하기 때문에 언어 이전의 미묘한 경계를 깎아 먹는 선을 비판조로 이르는 말이다. 『雲門廣錄』 권중(大47, 565c14), "운문이 공양 시간을 알리는 북소리를 듣고 '그대들은 노파선을 아는가?'라고 한 다음 '북소리로 불렀으니 밥 먹으러 가세.'라고 대어하였다.(師聞齋鼓聲云, '爾還識得老婆禪麽?' 代云, '鼓聲喚喫飯去.')" 그 시간에 울리는 북소리는 밥을 먹으라는 의미 이외에 다른 어떤 소식도 아니므로 아무리 꼬치꼬치 친절하게 설명하여도 이보다 더 자세히 전할 수는 없다. 노파선의 의미를 활용한 절묘한 응답이다.
6 대장부의 기개를 지닌 노파이지만 그를 흉내 내는 사람은 그 기개와 어긋난다는 말.
7 꼴도 보기 싫은 부처님이 온다는 소리를 듣고 화가 치밀었지만 피하는 방법을 몰랐다는 말.

蔣山泉拈, "者婆子也甚慷慨, 只是不知迴避一路. 諸人還知迴避路麼? 若也知得, 許你會老婆禪."

설화

○ 부처를 보려고 하지 않는 견해를 끝까지 밀고 나가면 노파의 선을 이해할 수 있다는 뜻이다.[8]

蔣山 : 不欲見佛到底, 則便會得老婆禪.

장령 수탁長靈守卓의 상당

이 공안을 제기하고 말하였다. "석가노인이 베푸신 뛰어난 자비의 방편은 남들과 비교하여 대단히 달랐다. 비록 그렇기는 하지만 결국 그 속뜻을 얻었는가? 알고 싶은가? 이미 회피할 곳이 더 이상 없다면 합장하고 부처님의 존안을 뵙고는 하나의 향과 하나의 촛불로 공경할 일이니 무슨 어려움이 있겠는가? 어렵지 않으니, 공왕空王[9]의 궁전에서 스스로 살펴보라."

---

8 대체로 부처에 집착하는 견해에 따라 그것에 속박된다는 의미이다. 『정선 휴정』「선가귀감」(맺음80, p.247), "대장부는 부처나 조사 보기를 마치 원수를 보듯이 한다. 부처에 집착하여 구하면 부처에 얽매이고 조사에 집착하여 구하면 조사에 얽매이게 될 것이니, 구하는 것은 무엇이나 괴로움이 되고 말기에 아무 일 없는 것만 못하다.(大丈夫, 見佛見祖如寃家. 若著佛求, 被佛縛 ; 若著祖求, 被祖縛, 有求皆苦, 不如無事.)" '부처에 집착하여' 이하의 구절에 대한 주석에 임제의 말에 근거한 구절이라 밝히고 다음과 같이 첨가하였다. 『臨濟錄』(大47, 499c21), "그대가 만일 부처를 구한다면 부처라는 마구니에 사로잡힐 것이고, 만일 조사를 구한다면 조사라는 마구니에 사로잡힐 것이다. 그대가 구하는 일이 있기만 하면 무엇이나 괴로움이 되고 말기에 아무 일도 없는 것만 못하다.(爾若求佛, 卽被佛魔攝 ; 爾若求祖, 卽被祖魔縛. 爾若有求皆苦, 不如無事.)"

9 공왕空王 : 공겁空劫에 나타난 최초의 부처님. 공왕불空王佛 또는 위음왕불威音王佛이라고도 한다. 어떤 말로도 표현되지 않고 어떤 조짐도 나타나기 이전의 경계를 상징한다. '공왕의 궁전'이 바로 그것이다. 이 경계의 자아를 본래면목이라 한다.

長靈卓上堂, 擧此話云, "釋迦老人, 一等慈悲方便, 也甚奇怪. 雖然如是, 畢竟還爲得伊也無? 要會麽? 旣無迴避處, 合掌見尊顔, 一香兼一火, 恭敬又何難? 也不難, 空王殿裏自家看."

설화

○ 석가노자가 베푸신 자비의 방편을 밝혔다.
○ 모든 사람은 하나의 향과 하나의 촛불로 합장하고 공경해야 한다는 뜻이다. 석가노자는 어디에 계실까? 공왕의 궁전에서 떠나지 않았다.[10]

長靈:明釋迦老子慈悲方便也. 諸人須是一香一火, 合掌恭敬始得. 且釋迦老子在什麽處? 不離空王殿裏.

---

10 마지막 구절에 대한 해설이다.

25칙 세존보안世尊普眼

[본칙] 보안보살[1]이 보현보살을 보려 하였으나 볼 수 없자 세 차례 선정禪定에 들어가 삼천대천세계를 두루 살피며 보현을 찾았지만 그래도 볼 수 없었다. 이 일로 부처님을 친견하고 아뢰자 부처님께서 말씀하셨다. "그대가 고요한 삼매에서 한 생각을 일으키기만 한다면 곧바로 보현을 보게 될 것이다." 보안이 이 말씀에 따라 한 생각을 일으키자마자 곧바로 보현이 허공에서 여섯 상아가 달린 흰 코끼리에 올라타고 있는 모습을 보았다.

世尊, 因普眼菩薩, 欲見普賢, 不能得見, 乃至三度入定, 徧觀三千大千世界, 覓普賢, 不能得見. 而來白佛, 佛言, "汝但於靜三昧中起一念, 便見普賢." 普眼於是, 纔起一念, 便見普賢向空中乘六牙白象.

[설화]
● 『화엄경』 「십정품十定品」의 문구에 근거한다.[2] 이통현 장자의 『신화엄경

---

1 보안보살普眼菩薩 : ⓢ Samanta-netra-boddhisattva. 『華嚴經』에 출현하고, 『圓覺經』에는 「普眼菩薩章」이 있다. 『圓覺經略疏』 권상(大39, 530a15), "보안보살은 이 법문으로 말미암아 몸과 마음에 실체가 없고 인식주관인 근식根識과 그 대상인 진경塵境, 세간과 출세간, 자신의 몸과 타인의 몸을 비롯한 모든 것이 청정하여 법계에 두루 가득 차고 모든 부처님과 두루 같다는 도리를 관찰하도록 한다. 관행觀行이 성취되어 단번에 이와 같은 경계를 보니, 이것이 참된 보안普眼이다. 이는 자비와 지혜를 포함하니, 모든 법의 청정함을 두루 보는 것은 대지大智의 보안이고, 중생의 성불成佛을 두루 보는 것은 대비大悲의 보안이다.(普眼菩薩, 由此法門, 令觀身心無體, 根識塵境, 世及出世, 自身他身, 一切清淨, 遍滿法界, 普同諸佛. 觀行成就, 頓見如此境界, 是真普眼也. 此含悲智, 謂普見諸法清淨, 是大智普眼 ; 普見衆生成佛, 是大悲普眼.)"
2 80권본 『華嚴經』 권40(大10, 211c29)에 나오지만, 이 공안의 관건이 되는 '한 생각을 일으킨다'라는 구절은 나오지 않는다. 설화에서 인용한 『新華嚴經論』의 상념想念이 '한 생각'과 상응하는데, 이는 '세간에 전개하는 작용(用)'을 나타낸다.

론』에 이렇게 전한다. "어째서 보지 못했을까? 보안은 십지十地[3]의 보살로서 세간을 벗어난 지혜와 자비가 매우 뛰어나고, 그 삼매는 모두 세간법世間法을 벗어나 있다. 반면에 보현은 십일지十一地[4]의 보살로서 등각等覺의 지위에서 보살행을 펼치며 항상 세간에 있으면서 세간을 벗어나려는 마음이 없이 삼매의 고요함(寂)과 세간에 전개하는 작용(用)이 자유자재하여 세간을 벗어나기만 하는 삼매와는 상응하지 않기 때문이다. 이러한 이유로 보지 못했던 것이다. 어째서 볼 수 있었는가? 보안이 상념想念을 지니고 있었기 때문에 볼 수 있었던 것이니, 이는 본체를 돌려 작용을 일으켰기 때문이다."[5] 두 보살의 경계가 같지 않았기 때문에 보지 못한 것이고, 동일한 경계이기 때문에 볼 수 있었다는 뜻이다. 이 이야기를 끌어와 공안으로 삼은 것이다.

[普眼] 華嚴經, 十定品文. 李長者論云, "何故不見? 普眼, 是十地菩薩, 出

---

3 십지十地 : 보살 52계위 중 제41위부터 50위까지를 말한다. 52위란 십신위十信位(초위~10위), 십주위十住位(11위~20위), 십행위十行位(21위~30위), 십회향위十迴向位(31위~40위), 십지위十地位(41위~50위) 그리고 51위인 등각等覺과 52위인 묘각妙覺 등을 말한다. 이 십지는 제1 환희지歡喜地, 제2 이구지離垢地, 제3 발광지發光地, 제4 염지焰地, 제5 난승지難勝地, 제6 현전지現前地, 제7 원행지遠行地, 제8 부동지不動地, 제9 선혜지善慧地, 제10 법운지法雲地 등이다.
4 십일지十一地 : 위의 보살 십지 다음의 지위이므로 십일지가 된다. 보살 52계위 중에서는 제51위, 또는 41계위 중 제41위와 같은 말이다. 보살로서는 최고의 지위에 도달한 경지로서 무명의 번뇌를 아직 다하지는 않았으나, 한 번의 생생만 지나면 묘각위妙覺位에 들어가 불지佛地에 도달한다. 이런 의미에서 일생보처보살一生補處菩薩이라고도 한다. 『新華嚴經論』 권26(大36, 902a27), "제8지부터 제10지까지 세 지위에 이르면 자비와 지혜가 원만해져 중생에게 맡겨 두면서도 그들에게 이익을 주니, 조작이 없는 무공용無功用이 비로소 극치에 이르게 된다. 제11지에 이르면 교화의 이익을 받는 중생들이 사는 평등한 하나의 법계에서 그들의 근기와 시절에 따라 무수한 색신을 나타내어 이익을 받지 못할 중생이 없을 것이니, 애써 하지 않아도 저절로 작용하고 억지로 조작하지 않아도 자연스럽게 응한다.(至第八地, 第十地, 悲智圓滿, 任物利生, 無作方終. 至第十一地, 所利衆生, 等同法界, 隨根隨時, 現色身, 無生不利, 不爲而用, 不作而應.)"
5 『新華嚴經論』 권29(大36, 922b29~c10)의 문구에서 중간을 생략하고 인용하였다.

世智悲增勝, 所有三昧, 皆出世法. 普賢, 是十一地菩薩, 等覺行門, 常在世間, 出世心亡, 寂用自在, 與出世三昧, 不相應故, 是以不見. 何故得見? 普眼, 爲存想念, 是以得見, 以迴體起用故." 則境界不同故不見, 同一境界故得見. 引以爲話者.

- 옛사람[6]은 "한 생각이 일어나기 전에는 납승이 몸을 편히 하고 마음을 보존하는 경계가 아니며,[7] 한 생각이 일어나자마자 용이 물을 만나고 호랑이가 산에 사는 것과 같으리라. 온몸으로 이렇게 오고 온몸으로 이렇게 간다."라고 말하였다. 곧 한 생각을 일으키는 바로 그때가 납승이 몸을 편히 하고 마음을 보존하는 경계인 것이다.
- 또한 "보현의 몸이 지닌 특징은 허공과 같으니, 진여에 의지하여 머물고 별도로 국토가 없다네. 중생들의 마음에서 바라는 그대로 따르며, 보신普身 등 일체의 몸을 시현한다."[8]라고 한다. 곧 보현을 볼 수 있을 때도 보현이고, 보현을 볼 수 없을 때도 보현이라는 말이다.
- 운거 효순의 염의 의미를 공안의 뜻을 끌어와 풀면, 곧 보안은 한 생각도 일으키지 않았고, 세존은 한 생각을 일으켰으며, 보현은 중간에 서

---

6 대혜 종고大慧宗杲를 가리킨다. 이하의 인용문은 『大慧語錄』 권4(大47, 828b27)에 나오는데, 대의는 통하지만 문장에 차이가 있다.
7 『大慧語錄』에는 "한 생각도 일으키지 않으면 여러분이 목숨을 던질 경계가 아니다.(不起一念, 未是諸人放身命處.)"라고 되어 있다.
8 80권본 『華嚴經』 권7(大10, 34a4). 마지막 구절이 경문에는 "보신 등 일체의 몸을 시현한다.(示現普身等一切)"라고 되어 있다. '보신'이란 모든 곳에 두루 응하여 다양하게 나타내는 불신佛身을 가리킨다. 『華嚴經疏鈔』 권25(大36, 191a29), "그 여래의 몸에 이미 보리신·원신·화신·법신·지신 등을 갖추고 있다면 백 가지 몸이나 천 가지 몸이 있겠지만, 그 하나하나의 유가 다른 몸이 다시 각각 그 나머지 다양한 몸을 모두 거두어들이므로 '보신 등 일체의 몸을 시현한다.'라고 한다.(其如來身上, 既具菩提身願身化身法身智身等, 則有百身千身, 一一類身, 復各攝多故, 云'示現普身等一切'也.)" 이통현은 이 대목에 대하여 『新華嚴經論』 권13(大36, 807a14)에서 "머물러도 머무른 흔적이 없이 모든 부처님과 중생이 동일한 마음의 지혜이니, 본성의 진여라는 법계에 머문다.(住無所住, 與一切諸佛衆生同一心智, 住性眞法界.)"라고 해설한다.

있었으니 이것이 부처님 한 분에 두 명의 보살이 보여 준 면목이라는 것이다.
● 여섯 상아가 달린 흰 코끼리 : 코끼리의 위의는 아름답다. 여섯 상아는 육바라밀을 나타낸다. 흰색은 하나의 빛깔을 상징한다. 허공은 하나의 진실한 법계를 말한다.

古云, "一念未生, 未是衲僧安身立命處 ; 一念才生, 如龍得水, 似虎靠山. 全體伊麽來, 全體伊麽去." 則才起一念處, 衲僧安身立命處. 又 "普賢身相如[1)]虛空, 依眞而住非國土, 隨諸衆生心所欲, 普現身色等一切."[2)] 則得見普賢時普賢也, 不見普賢時普賢也. 雲居拈義, 引以爲話義, 則普眼不起一念, 世尊起一念, 普賢中間, 則一佛二菩薩面目. 六牙白象者, 象威儀可觀. 六牙, 表六波羅蜜. 白, 一色也. 虛空, 一眞法界.

1) ㉠ '如'가 을본에는 '與'로 되어 있다. 2) ㉠ '普現身色等一切'가 『華嚴經』에는 '示現普身等一切'로 되어 있다.

운거 효순雲居曉舜의 염

"여러분, 어떻게 이해하는가? 나는 '보안이 세존을 밀어 넘어뜨렸고, 세존은 보안을 밀어 넘어뜨렸다.'라고 하겠다. 말해 보라! 보현은 어디에 있을까?"

雲居舜拈, "諸仁者, 作麽生會? 雲居道, '普眼推倒世尊, 世尊推倒普眼.' 你道! 普賢在什麽處?"

[설화]

○ 세존과 보안이 서로 밀어 넘어뜨렸다 : 볼 때는 앞에 있었는데 문득 뒤에 놓이게 되었다는 뜻인가? (아니다.) 보안의 관점에서 보면 보안이

세존을 밀어 넘어뜨렸고, 세존의 관점에서 보면 세존이 보안을 밀어 넘어뜨린 것이기에 그 하나하나가 모두 보현이다. 신부가 나귀를 타고 시어머니가 아래에서 고삐 끌고 가는 꼴과 같다.[9]

雲居：世尊普眼, 互相推倒, 瞻之在前, 忽而在後耶? 以普眼看, 則普眼推倒世尊；以世尊看, 則世尊推倒普眼, 一一是普賢也. 則新婦騎驢阿家牽也.

---

[9] 세존과 보안을 상하의 차별로 확정할 수 없다는 뜻을 화두로 제시한 것이다. 수산 성념首山省念의 말에서 비롯한다. 수산이 "부처란 무엇입니까?"라는 질문에 대답한 말이다. 신정 홍인神鼎洪諲은 "신부가 나귀를 타고 시어머니가 아래에서 끌어 주니 누가 아랫사람이고 누가 윗사람인가?"라고 읊었다. 본서 1320칙 및 『禪林僧寶傳』 권14(卍137, 498b15) 참조.

26칙 세존포발世尊布髮

본칙 세존께서 과거세에 수행하시던 시기에 머리털을 풀어 헤쳐 진흙탕 길을 덮고 연등불燃燈佛[1]께 꽃을 바쳤다. 연등불께서 머리털이 풀어 헤쳐진 곳을 보고 마침내 대중을 물리고 바닥을 가리키며 "바로 이 터가 절 하나를 짓기에 적절하겠구나."라고 하셨다. 그때 대중 가운데 현우賢于라는 장자가 푯말을 가지고 가리키신 터에 꽂으며 말하였다. "절을 이미 다 세웠습니다." 그때 천신들이 꽃을 뿌리며 "이 사람에게는 큰 지혜가 있구나!"라고 찬탄하였다.

世尊, 因地, 布髮掩泥, 獻花於燃燈. 燃燈見布髮處, 遂約退衆, 乃指地云, "此一方地, 宜建一刹." 時衆中有一賢于長者, 持標於指處挿云, "立刹已竟." 時諸天, 散花讚云, "遮子有大智矣!"

설화
● 『인과경』의 문구에 다음과 같이 전한다.[2] "세존께서 과거세에 녹의선인

---

1 연등불燃燈佛 : ⓢ Dīpaṃkara. 제화갈라提和竭羅・제원갈제洹竭 등이라 음사하며, 등광여래燈光如來・보광불普光佛・정광불錠光佛 등이라고도 한역한다. 과거세에 석가모니불의 인행 때 수기를 주었던 부처님이다.
2 『過去現在因果經』 권1(大3, 621c25)에 실린 내용과 가까우나 등장인물이나 상황 등이 일치하지는 않는다. 대체로는 『太子瑞應本起經』 권상(大3, 472c18~473a29)의 내용을 축약한 것으로 보인다. 세존이 과거세에 보살로서 이름은 유동儒童이었을 때 길을 가다가 한 마을에서 도사道士 500명을 만나 도의道義를 논하고 설해 주자 그들은 기뻐하였고 세존이 떠날 때에는 각자 은전銀錢 한 닢씩을 주며 전송하였다. 정광불定光佛(연등불)이 성안에 오신다는 이야기를 마을 사람에게 듣고서 뵙고 공양하고자 하던 세존은 때마침 구이瞿夷라는 이름의 왕가王家의 딸을 만나 500은전을 모두 내주고 그녀가 가지고 있던 꽃(靑蓮華) 일곱 송이를 얻게 된다. 정광불을 만나 꽃을 뿌리고 수기를 받은 것이나 진흙탕 길을 옷(鹿皮衣)으로 덮어 드린 일화도 실려 있다. 또한 유사한 이야기가 『大乘本生心地觀經』 권1(大3, 295c18)에도 나온다. "과거세 (부처님이) 마납선인摩納仙人이었던 시기에 머리털을 풀어 헤쳐 연등불께 공양을 올렸다. 이러한 정진의 인연 때

鹿衣仙人으로서 수행을 하던 시기에 공양물이 없어 10만 전으로 왕가의 꽃 다섯 송이를 사서 연등불께 공양하려 하였다. 그때 왕가의 딸이 '저는 몸과 마음이 쇠약해져 가까이 가서 공양할 수 없습니다. 꽃 두 송이를 더 드릴 터이니 선인께서 이 일곱 송이의 꽃을 들고 가서 공양하십시오.'라고 말하였다. 그때 연등불이 나라 안으로 들어오자 국왕과 대신들이 친견하러 몰려와서 귀한 꽃으로 공양하였다. 국왕들이 공양한 꽃은 모두 땅으로 떨어졌지만, 선인이 공양한 꽃만은 허공에 머물러 있었다. 연등불께서 그 뜻을 아시고 정수리를 쓰다듬으며 말하였다. '그대는 91겁이 지난 다음에 성불하리니 명호는 석가라 하리라.' 그때 연등불이 걸어가려는 순간 벌써 사슴 가죽 옷(鹿衣)을 벗어 땅에 깔아 드렸지만 옷이 미치지 못한 부분이 있자 머리털을 풀어 헤쳐 진흙탕 길을 덮었다."

[布髮] 因果經文云, "世尊, 因地, 鹿衣仙人時, 無供養之物, 以十萬錢, 買得王家五莖花, 供養然¹⁾燈佛. 是時王家女云, '我身心疲劣, 不能親近供養. 更與二莖花. 仙人持此七莖花供養.' 是時, 然燈佛, 入於國內, 國王大臣傾來, 以名花²⁾亦供養. 諸國王所供名花, 皆墮地, 唯仙人所供名花, 住於空中. 然燈知其意, 摩頂云, '汝於九十一劫, 當得作佛, 號曰釋迦.' 爾時, 然燈佛行次, 旣脫鹿衣掩地, 地有不及處, 布髮掩泥."

---
1) ㉘ '然'이 병본에는 '燃'으로 되어 있다. 이하 동일.   2) ㉘ '花'가 병본에는 '華'로 되어 있다.

● 이통현 장자의 『신화엄경론』에 이렇게 전한다.³ "머리털은 미세한 만행

문에 8겁 동안 생사의 바다를 뛰어넘었다.(昔爲摩納仙人時, 布髮供養然燈佛. 以是精進因緣故, 八劫超於生死海.)"
3 이 논서에 보이지 않는 글이며, 다른 문헌에서도 검색되지 않는다.

萬行을 비유하고, 진흙탕 길은 번뇌의 음습하고 탁한 기운을 비유한다. 여래는 수행하는 단계에서 미세한 만행을 쌓았기 때문에 번뇌의 음습하고 탁한 기운을 덮을 수 있었다. 이와 같은 공덕을 드러내고자 머리털을 풀어 헤쳐 진흙탕 길을 덮었던 것이다. 번뇌의 음습하고 탁한 기운이 맑아지자 여래의 궁전이 그 자리에 나타났다." 이러한 뜻을 끌어와서 공안의 뜻으로 삼았다.

- 머리털을 풀어 헤쳐 진흙탕 길을 덮다 : 정성의 극치이자 공경의 극치를 나타낸다. 이는 "믿음은 도의 근원이요 공덕의 모태이니, 모든 선한 법을 길러 낸다."[4]라고 하였듯이 한결같이 믿는 마음 그대로 절을 짓기에 적절하다는 뜻일까? (아니다.) 음습하고 탁한 기운이 모두 사라지면 여래의 궁전은 그 자리에 나타난다는 뜻이다.
- 현우賢于라는 장자가 푯말을 꽂고 한 말 : 무의자無衣子의 다음 게송과 서로 통하는 구절이다.[5]

진흙탕 길 덮으니 진흙탕 길 더욱 드러나고
터를 가리켜 보이니 그 터 다시 오염되었네
게다가 푯말을 꽂는 사람까지 있을 줄이야
아주 적절한 한바탕의 웃음거리일 뿐이로다

長者論云, "髮喩微細萬行, 泥喩煩惱濕濁. 如來因地積集微細萬行, 能掩於煩惱濕濁. 欲表如是功德故, 布髮掩泥. 煩惱濕濁旣淨, 如來宮殿, 當處現前." 引以爲話義. 布髮掩泥, 誠之至也, 敬之至也. 信爲道源云云, 至善根,[1] 則當一片信心, 云宜立梵刹耶? 濕濁旣盡, 則如來宮殿, 當處現前. 賢

---

4 60권본『華嚴經』권6(大9, 433a26), "信爲道元功德母, 增長一切諸善法."
5 『眞覺國師語錄』「補遺」(韓6, 48b16).

于持摽²⁾摽云云者, 通對無衣子頌云,

掩泥泥又露, 指地地還汚.

況有揷摽人, 好一場笑具!

---

1) ㉠ '根'은 '法'의 오기이다. 2) ㉯ '摽'가 병본에는 '標'로 되어 있다.

대각 회련大覺懷璉의 송 大覺璉頌

머리 풀어 진창 덮고 습기를 막으려 하는데	解髮掩泥圖禦濕
등광⁶은 여전히 진흙을 온몸으로 끌고 있네	燈光依舊却拖泥
고개 돌려 다시 좋은 절 세우라 말씀하시자	迴頭更道修名刹
지팡이로 표시했지만 동서도 가리지 못하네	杖子摽來不辨西

설화

○ 머리 풀어 진창 덮고 습기를 막으려 하는데 : 다만 습기를 막으려 했을 뿐이라는 뜻이다. 하지만 연등불이 세상에 나타나 진흙을 끌고 물을 묻혀 온몸을 더럽힌 격이었으므로 그 아래에서 하나하나 모두 끊어 버렸던 것이다.

大覺 : 解髮至濕者, 但禦濕而已. 又然燈出世, 拖泥帶水故, 下一一絶斷.

협산 선회夾山善會의 문답

협산에게 어떤 학인이 물었다. "옛사람이 머리털을 풀어 헤쳐 진흙탕 길을 덮은 의도는 어떤 일을 도모하려는 것이었습니까?" "아홉 개의 태양⁷을 쏘아 모두 떨어뜨리고, 하나의 화살통⁸은 그대로 남겨 두었다. 그

---

6 등광燈光 : 연등불의 다른 이름.
7 아홉 개의 태양(九烏) : '오烏'는 태양에 산다는 삼족오三足烏이며, 이것으로 태양을 상징한다. 전설에 따르면, 활쏘기의 달인 예羿가 열 개의 태양 중 아홉 개를 떨어뜨리고

한 발의 화살이 땅에 떨어져서 세상이 어둡지 않게 되었다."

夾山因僧問, "古人布髮掩泥, 當爲何事?" 山云, "九烏射盡, 一翳猶存. 一箭墮地, 天下不黑."[1)]

1) ㉠ 『五燈會元』 권5(卍138, 187a1), 『五燈嚴統』 권5(卍139, 267b3), 『五燈全書』 권10(卍140, 341b6) 등에는 '不黑'이 '點黑'으로 되어 있다.

[설화]

○ 아홉 개의 태양을~하나의 화살통은 그대로 남겨 두었다 : 하나의 절을 나타낸다. 틀림없이 (화살이) 땅에 떨어져 세상이 어둡지 않게 된 것이다.
○ 하나의 화살통 : 쏘았던 한 발의 화살이다. 요임금 때에 열 개의 태양이 한꺼번에 동쪽에 떴다고 한다. 어떤 책에는 요임금 때 아홉 개의 태양이 한꺼번에 나타났다고 한다.

夾山 : 九烏至翳者, 一利也. 須是[1)]墜地, 天下不黑. 一翳, 則一所射地箭也. 堯時十日並生東. 一本, 堯時九日並現也.

1) ㉑ '是'가 병본에는 '㝎'로 되어 있다.

밀암 함걸密庵咸傑의 상당

태사太師 순왕循王 충렬忠烈[9]을 위하여 법좌에 올라앉아 이 공안을 제기

하나만 남겼다고 한다. 『淮南子』, "요임금 때 열 개의 태양이 한꺼번에 떠서 초목이 모두 말라 죽자 요임금이 예에게 명하여 열 개의 태양을 쏘도록 하였는데 아홉 개를 맞혀 아홉 태양 모두 죽었다.(堯時, 十日幷出, 草木焦枯, 堯命羿仰射十日, 中其九烏皆死.)"
8 화살통(翳) : 예翳는 화살을 담는 통. 화살통에 남은 한 발의 화살을 가리킨다.
9 태사太師 순왕循王 충렬忠烈 : 장준張俊(1086~1154)을 가리키는 것으로 보인다. 자字는 백영伯英. 북송 말기에 여러 전란을 진압하며 공을 세웠으나 후에는 금나라와의 화의를 주장한 진회秦檜의 편에 서서 명장 악비岳飛에게 무고한 누명을 씌워 죽이는 음모에 가담했다는 오명을 남겼다. 송나라 고종이 그의 사후에 순왕에 추봉追封하고 충렬이

하고 말하였다. "대중이여, 연등불이 가리킨 곳에는 떨어지는 물방울마다 얼음이 되고, 현우가 푯말을 꽂는 순간에 천관天關이 회전하고 지축地軸이 돌았다. 여기서 알아차리면 옛날에 석가가 앞서 깨달은 것도 아니고, 지금의 태사가 나중에 깨달을 것도 아니다. 만일 그렇지 못하다면 내가 거듭 해 주는 설명을 다시 들어 보라. 가시나무 베어 없애고 가람伽藍을 세우니, 칠불七佛[10]이 항상 이곳에 와서 참석하노라. 땅은 언제나 변함없고 하늘은 영원히 지속되어 공덕이 추락하지 않으니, 하늘 꽃은 늘 비오듯 어지럽게 쏟아진다."

密庵傑, 爲大[1]師忠[2]烈王陞座, 擧此話云, "大衆, 燃燈指處, 滴水氷生 ; 賢于揷時, 天迴地轉. 於斯見得, 古釋迦不先, 今太師不後. 其或未然, 更聽重下注脚. 芟除荊棘立伽藍, 七佛常來此處參. 地久天長功不墜, 天花時復雨 毿毿."

1) ㉯ '大'는 '太'의 오기이다. 2) ㉯ 『密菴語錄』(大47, 963b7)에는 '忠' 앞에 '循' 자가 있다.

【설화】

○ '떨어지는 물방울마다 얼음이 된다.'는 말은 본체를 가리키고, '천관天關이 회전하고 지축地軸이 돌았다.'는 말은 작용을 나타낸다. 현우가 푯말을 꽂았던 움직임이 작용이 아니라 연등불이 가리켰던 동작에 본래부터 작용을 갖추고 있었던 것이다. 그러므로 석가가 앞서 깨달은 것도 아니니 바로 지금의 소식이고, 태사가 나중에 깨달을 것도 아니니 옛날 그대로인 것이다.

○ 가시나무 베어 없애고~이곳에 와서 참석하노라 : 본체를 말한다.

라 시호를 내렸다. 『宋史』「張俊傳」.
10 칠불七佛 : 본서 서문 주 68 참조.

○ 땅은 언제나 변함없고~하늘 꽃은 늘 비 오듯 어지럽게 쏟아진다 : 작용을 가리킨다.

密菴 : 滴水氷生則體, 天迴地轉則用. 非賢于揷處是用, 然燈指處本具用也. 然則釋迦不先卽今, 大¹⁾師不後卽古. 芟除荊棘²⁾云云至此處參, 言其體也. 地久天長云云, 言其用也.

1) ㉭ '大'는 병본에 '太'로 되어 있다. 2) ㉭ '棘'은 병본에 '棘'으로 되어 있다.

27칙 세존건찰世尊建刹[1]

본칙 세존께서 대중과 함께 길을 가시던 중 한 조각 땅을 가리키며 "이 터가 절을 짓기에 적절하겠구나."라고 말씀하셨다. 제석천이 풀 한 줄기를 들고 땅에 꽂으며 "절을 이미 다 지었습니다."라고 말하자 세존께서 미소 지으셨다.

世尊, 與衆行次, 指一片地云, "此地宜建梵刹." 帝釋將一莖草, 揷於地上云, "建梵刹已竟." 世尊微笑.

설화
- 『본생경』에 다음과 같이 전한다.[2] "그때 제석천이 풀 한 줄기를 들고 땅에 꽂자 절이 되었고, 여기에 니다사泥多寺라는 이름을 붙였다. 그다음에 멀거나 가까운 곳에서 다들 부처님의 교화에 귀의하였고, 제석천은 곧바로 도리천으로 돌아갔다."
- 이 공안에서 '한 조각 땅을 가리키며'라고 운운한 말은 앞의 공안과 대동소이하다.
- 무엇도 가리지 않고 손 가는 그대로 집었지만 쓰기에 딱 들어맞는다는 뜻이다.[3]
- 무의자의 송[4]

　　세존은 걸으면서 절로 팔이 흔들린 꼴이요

---

1 본서 26칙에 이어지는 공안이다.
2 불확실한 전거이다. 이는 주로 공안집과 선어록에 나올 뿐, 경전적 전거는 명확하지 않다.
3 이 공안에 대한 굉지 정각宏智正覺의 게송을 활용한 해설. 『宏智廣錄』 권2(大48, 18c23) 및 아래의 송 참조.
4 『眞覺國師語錄』「補遺」(韓6, 48b20).

제석은 골짜기의 메아리처럼 이에 응했다네
만약 그 이상 절을 찾아 다시 헤매었더라면
그대는 벌써 깊은 구덩이에 떨어진 줄 알라

[建刹] 本生經云云, "時帝釋將一莖草, 挿於地上, 卽成梵刹, 名泥多寺. 然後遠近, 皆投佛化, 帝釋卽還忉利天." 此話, 指一片地云云, 則與前話, 大同小異. 不揀甚麽, 信手拈來用得親. 無衣子云,
世尊因行掉臂, 帝釋如谷響應.
若也尋求梵刹, 知君已墮深坑.

천동 정각天童正覺의 송 天童覺頌

온갖 풀마다 무한한 봄소식 들어 있으니[5]	百草頭上無邊春
손 가는 대로 집어도 쓰임에 딱 들어맞네	信手拈來用得親
장륙금신[6]에는 무수한 공덕 모여 있으니	丈六金身功德聚
무심하게 손을 맞잡고 속세로 들어가노라	等閑携手入紅塵
육진六塵 세계에선 주인 노릇 하지만[7]	塵中能作主
교화 벗어난 곳에선 본래 손님이라네[8]	化外自來賓

---

5 온갖 풀마다~들어 있으니 : 한 포기 풀마다 봄소식이 온전히 들어 있다는 말. 꽃 한 송이가 무한한 봄소식을 전한다는 '일화설무변춘一華說無邊春'과 같은 뜻이다. 낱낱의 현상에 본분이 남김없이 실현되어 있기 때문에 억지로 가려낼 필요가 없다.
6 장륙금신丈六金身 : '장륙'은 1장丈 6척尺, '금신'은 불신佛身에 대한 미칭. 부처님의 실제 크기로 인식되어 불상을 조성할 때 입상立像은 장륙으로 조성하는 것이 보통이다. 이 게송에서는 하찮은 풀 한 줄기와 장륙금신이 걸림 없이 거래되는 무차별의 세계가 드러나는데, 다음의 뜻과 통한다. 『密菴語錄』(大47, 969c13), "한 줄기 풀을 집어서 장륙금신을 만들고, 장륙금신을 집어서 한 줄기의 풀을 만든다.(拈一莖草, 作丈六金身 ; 拈丈六金身, 作一莖草.)"
7 육진六塵 세계에선~노릇 하지만 : 『從容錄』4칙 「頌 著語」(大48, 230a15), "하루아침에 권력을 손에 쥐었다.(一朝權在手)"
8 교화 벗어난~본래 손님이라네 : 위의 책, "명령이 행해질 때를 눈여겨보아야 한다.(看

어디서나 살림살이 분수에 맞게 넉넉하니⁹	觸處生涯隨分足
기량이 남들만 못하다고 불평할 일 없다네¹⁰	未嫌伎倆不如人

설화

○ 글에 나타난 그대로이다.

天童:文見.

무진거사의 송 無盡居士頌

대나무 한 줄기 다듬어 절¹¹을 세우고	一竿修竹立精藍
바람은 초명¹²을 해남에 거두어들이네	風卷蠛蠓入海南
더러운 물 뿌려 두 번째 단계¹³로 떨어져 버리니	惡水潑來成第二
둔한 근기는 모르고 지나치며 앞뒤의 절¹⁴ 묻누나	鈍根蹉過問前三

取令行時)"
9 어디서나 살림살이~맞게 넉넉하니 : 위의 책, "다른 사람에게서 얻은 것이 아니다.(不從人得)"
10 기량이 남들만~일 없다네 : 위의 책, "낯빛에 부끄러운 기색이 없다.(面無慚色)"
11 절(精藍) : 정람精藍은 절을 가리키는 명칭 중 하나. 승사僧舍·정사精舍 등과 같다.
12 초명蠛蠓 : 모기 눈썹에 둥지를 틀고 산다는 벌레. 지극히 미세한 생물을 비유한다. 『抱朴子』外篇 권3, "초명은 모기 눈썹 속에 진을 치고 살면서 하늘을 두루 날아다니는 대붕을 비웃는다.(蠛蠓屯蚊眉之中, 而笑彌天之大鵬.)"
13 두 번째 단계 : 근본인 제일의第一義에서 멀어진 제이의第二義를 말한다.
14 앞뒤의 절 : 전삼前三은 '전삼삼후삼삼前三三後三三'을 줄인 말이다. 본래는 대중의 수가 앞뒤로 가득 차 있다는 말이지만, 여기서는 눈앞에 실현된 가람을 두고서 어리석게 절이 어디에 있는지를 묻는다는 뜻으로 활용되었다. 무착 문희無著文喜가 오대산五臺山에서 문수보살과 나눈 문답에 나오는 구절이다. 본서 1436칙에 나온다. 대중의 수가 얼마나 되느냐는 질문에 대해 '전삼삼후삼삼'이라 대답하였다. 『山堂僧洵禪師語』續古尊宿語要 4(卍119, 9a16), "하안거를 시작하면서 말하였다. '상相이 없는 대가람에 안거하면서 앞에 있는 대중의 수와 뒤에 있는 대중의 수에 대하여 따지지 마라. 이 안에서는 한 생각도 일으키는 것을 허용하지 않으니, 용과 뱀 그리고 원숭이와 새가 뒤섞인 채로 바로 이렇게 해 나갈 뿐이다. 용과 뱀이 혼잡되고 범부와 성인이 함께 머무

[설화]

○ 대나무 한 줄기 다듬어~해남에 거두어들이네 : 작용에 대하여 밝혔다.
○ 더러운 물 뿌려~ 앞뒤의 절 묻누나 : 작용의 문으로 마구 내달렸으므로 그렇게 말한 것이다. 그러므로 일정한 법도에 얽매이지 않는다는 뜻이다.

無盡：一竿脩竹云云至入海南者, 明其用也. 惡水至問前三者, 向用門走殺故, 伊麽道也. 然則不存軌則也.

───────────────

는 것이다.'(結夏云, '安居無相大伽藍, 莫問前三與後三. 箇裏不容生一念, 龍蛇猿鳥自相參, 便與麽去. 龍蛇混雜, 凡聖同居.')"

28칙 세존탄금 世尊彈琴

본칙 부처님께서 어떤 사미에게 물었다. "너는 속가에 살던 옛날에 무슨 일을 하였느냐?" "거문고 타는 것을 좋아했습니다." "줄이 느슨하면 어떠하더냐?" "울리지 않습니다." "줄이 팽팽하면 어떠하더냐?" "소리가 끊어집니다." "느슨함과 팽팽함이 알맞게 조화되면 어떠하더냐?" "맑은 소리가 골고루 퍼졌습니다." "도를 배우는 것도 그러하다."

佛問一沙彌, "汝處于家, 昔爲何業?" 曰, "愛彈琴." 曰, "絃緩如何?" 曰, "不鳴." 曰, "絃急如何?" 曰, "聲絶矣." 曰, "緩急得中如何?" 曰, "淸音普矣." 佛言, "學道亦然."

설화

- 『성도기成道記』에 다음과 같이 전한다. "부처님께서 세상에 계실 때 억이億耳라는 부유한 장자의 아들이 부처님께 몸을 맡기고 출가하였다. 그는 도를 구하기 위해 부지런히 고행하다가 다리에 피가 흐르는 지경에까지 이르렀으나 얻은 결과가 조금도 없자 불도를 등지려고 하였다. 부처님께서 그 마음을 아시고 물었다. '너는 속가에 살 때 무슨 일을 하였느냐?' 그가 (위와 같이) 대답하자 부처님께서 '도를 배우는 것도 그와 같다.'고 하시고는 '급하게 하면 피로해지고 느슨하게 하면 게을러지니 두 가지가 적절하게 조화가 되어야 도를 이룰 수 있다.'라고 말씀하셨다. 억이가 가르침을 받들고 수행하여 아라한과를 증득하였다."[1]

---

1 『雜阿含經』 권9(大2, 62c15)에서 다음처럼 제시한 수행의 요지에 근거한다. "부처님께서 다시 이십억이二十億耳([S] Śroṇakoṭiviṁśa)에게 물었다. '거문고 줄을 잘 조율하는 방법은 어떤 것인가? 줄이 느슨하지도 팽팽하지도 않게 한 뒤에야 묘하고 조화로우며 아름다운 음이 나오지 않는가?' '그렇습니다, 세존이시여.' 부처님께서 이십억이에게 말씀하셨다.

- 경조부京兆府의 유관惟觀 선사가 말하였다. "범부는 무명에 빠져 있고 이승은 집착한다. 이 두 가지 병을 벗어나야 진실한 수행이라 한다. 진실한 수행이란 지나치게 애달아해도 안 되고 소홀히 해서도 안 된다. 지나치게 애달아하면 집착에 가까워지고, 소홀히 하면 무명에 떨어진다."[2]
- 대혜大慧가 말하였다. "불법이란 마치 거문고 줄을 조율하는 방법과 같으니, 팽팽함과 느슨함이 알맞게 조화되어야 곡조가 비로소 이루어진다."[3]

[彈琴] 成道記云, "佛在世時, 有一大富長者子, 名億耳, 投佛出家. 爲求道故, 精勤苦行, 乃至足下血流, 實無所得, 欲返[1]佛道. 佛知之, 問曰, '汝在于家, 曾爲何業?' 答曰, '云云', 至'亦然.' '急則疲倦, 緩則懈怠, 得中則成道矣.' 億耳奉敎, 證阿羅漢果." 京兆府惟觀禪師云, "凡夫無明, 二乘執着, 離此二病, 是名眞修. 眞修者, 不得勤, 不得忘. 勤則近於執着, 忘則落於無明." 大慧云, "佛法如調絃之法, 繁緩得中, 曲調方成."

1) ㉿ '返'이 을본·병본에는 '反'으로 되어 있다.

지비자의 송 知非子頌

느슨하면 소리 없고 팽팽하면 다급하며	緩卽無聲急卽促
종자기 죽었단 소리에 백아가 통곡하네[4]	子期云亡伯牙哭

'정진을 지나치게 급히 하면 도거와 후회(悼悔)를 증가시키고, 정진을 지나치게 느리게 하면 해이하고 태만하게 만든다. 그러므로 그대들은 평등하게 닦고 익혀서 마음을 거두어들여야 한다. 집착하지 말고 게으르지 말며 상을 취하지도 마라.'(世尊復問, '云何善調琴絃? 不緩不急, 然後發妙和雅音不?' 答言, '如是, 世尊.' 佛告二十億耳, '精進太急, 增其悼悔;精進太緩, 令人懈怠. 是故, 汝當平等修習攝受. 莫著, 莫放逸, 莫取相.')

2 『景德傳燈錄』 권7 「惟寬傳」(大51, 255b5).
3 『書狀』 「答林判院狀」(大47, 936b27).
4 춘추시대 초나라에 살았던 거문고 연주의 대가 백아伯牙는 자신의 음률을 가장 잘 알아주는 종자기鐘子期와 절친하였다. 백아가 거문고를 연주하는 숨은 뜻은 산수山水와 어

| 어찌 줄 없는 거문고의 곡조만 하리오 | 爭似無絃彈一曲 |
| 궁상각치우의 오음 모두 갖추고 있구나 | 宮商角徵諸音足 |

[설화]

○ 백아가 통곡하네 : 자신의 소리를 알아주는 벗(知音)이 없기 때문에 비록 연주를 하더라도 소용이 없다는 뜻이다.
○ 어찌 줄 없는 거문고의~모두 갖추고 있구나 : 느슨함과 팽팽함이 적절히 조화가 되면 무생곡無生曲[5]이라 할 만하다.

知非:伯牙哭者, 無知音故, 雖得無用處也. 爭似無絃云云者, 緩急得中, 則可謂無生曲也.

울리며 유유자적하게 노니는 데 있었다. 종자기는 바로 이러한 백아의 마음을 알고 있었던 것인데, 그 종자기가 죽자 거문고를 부수고 죽을 때까지 퉁기지 않았다고 한다. 『祖庭事苑』권1(卍113, 5a5), "자기와 백아 : 『여씨춘추』에 이렇게 전한다. 백아는 거문고를 잘 탔고 자기는 잘 알아들었다. 백아가 마음으로 높은 산을 그리며 거문고를 타면 자기는 '높디높아 태산과 같구나!'라고 응하였고, 마음으로 흐르는 물을 그리며 거문고를 타면 '아득히 넓은 모양이 마치 장강長江이나 황하黃河와 같구나!'라고 응하였다. 백아가 떠올리는 생각마다 자기는 틀림없이 알아차렸다. 백아가 태산의 북쪽을 지나다가 폭우를 만나 바위 아래 머무는데 슬픈 느낌이 들어 거문고를 탔다. 장마 내리는 절조를 지어내는가 하면 다시 산이 무너지는 음조를 연출하였는데 연주할 때마다 종자기는 순식간에 그 소리의 정취를 알아채었다. 백아가 거문고를 던지고 감탄하여 말하였다. '훌륭하다! 그대는 제대로 듣는구나! 뜻으로 내 마음을 고스란히 그려 내니 내가 어떻게 소리를 비밀로 숨기겠는가!'(子期·伯牙:呂氏春秋曰, 伯牙善琴, 子期善於聽, 伯牙志在高山, 子期曰, '峩峩兮若太山!' 志在流水, '洋洋兮若江河!' 伯牙所念, 子期必得之, 伯牙游太山之陰, 逢暴雨, 止於巖下, 心悲乃鼓琴, 作淋雨之操, 更造崩山之音, 每奏, 子期輒窮其趣, 伯牙捨琴而嘆曰, '善哉! 子聽! 志想像於吾心, 吾何逃聲哉!')"

5 무생곡無生曲 : '무생'이란 생성도 없고 소멸도 없는 무생무멸無生無滅의 줄임말로서 공空의 도리를 나타내는 대표적인 용어이다. 줄 없는 거문고는 어떤 소리도 나기 이전의 경계이지만, 소리로 치면 바로 이것이 오음五音을 빠짐없이 갖추고 느슨함과 팽팽함이 가장 잘 조화된 진리의 소리라는 해설이다.

29칙 세존부대世尊不對

본칙 세존께 어떤 외도[1]가 "모든 법은 변함없이 존재합니까?"라고 묻자 세존께서 아무 대꾸도 하지 않으셨다. 다시 "그것들은 무상합니까?"라고 묻자 이 또한 대답하지 않으셨다. 외도가 세존께 물었다. "세존께서는 모든 지혜(一切智)[2]를 갖추고 계시면서 어째서 대답하지 않으십니까?" "그대가 던진 질문은 모두 무의미한 말(戱論)이기 때문이다."

世尊, 因有異學問, "諸法是常耶?" 世尊不對. 又問, "是無常耶?" 亦不對. 異學曰, "世尊具一切智, 何不對?" 世尊曰, "汝之所問, 皆爲戱論."

설화
- 출전은 『심인집心印集』이다.[3]
- 외도가 '모든 법은 변함없이 존재합니까, 무상합니까?'라고 했던 질문은 단견斷見과 상견常見이다.
- 아무 대꾸도 하지 않으셨다 : 수행의 덕이 없는 사람[4]에게는 대답을 하

---

1 외도(異學) : 이학異學은 불교와 다른 학설 또는 그것을 익혀 신조로 삼는 사람을 가리킨다. 외도外道와 병렬 관계로 거론되는 것으로 보면 완전히 동일한 개념은 아니지만 혼용하기도 한다.
2 모든 지혜(一切智) : 『瑜伽師地論』 권38(大30, 498c27), "모든 계계와 모든 사사와 모든 품류에 대하여 그리고 어떤 때가 되었거나 걸림 없이 작용하는 지혜를 일체지라 한다.(於一切界·一切事·一切品·一切時, 智無礙轉, 名一切智.)"; 『大莊嚴論經』 권1(大4, 259a22), "육사외도의 무리를 비롯하여 지혜를 갖추었다는 그 나머지 지자들이 모두들 일체지를 깨우친 사람이라 자칭하지만 이는 모두 헛된 말이다. 오직 불세존만이 일체지이니 이는 참으로 헛되지 않다.(六師之徒, 及餘智者, 咸自稱爲一切智人, 斯皆妄語. 唯佛世尊, 是一切智, 誠實不虛.)" 본서 11칙 주 1 참조.
3 미상의 전거이다. 이 공안은 『聯燈會要』 권1(卍136, 442b15) 등 선 문헌에 보인다. 경전적 근거는 없으며 창안된 공안이다.
4 수행의 덕이 없는 사람(麤人) : 세간에 안주하여 수행할 뜻이 없는 사람. 『楞嚴經指掌疏』 권9(卍24, 718a17), "세간의 추인이란 세속을 벗어날 마음이나 미세하고 묘한 수행

지 않는다는 뜻일까? (아니다.) 하늘 높이 치솟은 장검[5]은 아주 작은 티끌도 허용하지 않는다는 뜻이다.
- 그대가 던진 질문은 모두 무의미한 말(戲論)이기 때문이다 : 대혜는 이렇게 말하였다.[6] "있다는 구절은 쓸데없이 덧붙이는 증익방增益謗[7]이며, 없다는 구절은 부질없이 덜어 내는 손감방損減謗이고, 있지도 않고 없지도 않다는 구절은 상위방相違謗이며, 있기도 하고 없기도 하다는 구절은 희론방戲論謗이다."[8]
- 무의자의 송

  법이 상주하는지 무상한지 물었지만
  세존은 두 가지 다 대답하지 않았네
  눈썹 사이 흰 터럭에서 나온 빛으로
  대천세계 전체 강렬히 쏘아 비출 뿐

이 없는 자라는 뜻이다.(世間矗人者, 無出世心, 及細妙行.)"
5 하늘 높이 치솟은 장검(倚天長劍) : 본분을 엄격히 지키며 여타의 어떤 권위와 방편도 허용하지 않고 모두 잘라 없애는 늠름한 면모를 상징한다. 『大慧語錄』 권9(大47, 849b10), "온갖 성인도 달아날 길을 모르니, 하늘 높이 치솟은 장검이 몰아붙이는 기세가 오싹하구나.(千聖不知何處去, 倚天長劍逼人寒.)"
6 대혜의 말에서는 찾을 수 없다. 설화 작자의 인용 오류인 듯하다.
7 증익방增益謗 : 방謗이란 '잘못된 견해'를 말한다. 곧 잘못되어 비방을 받을 만한 모든 견해나 주장 따위를 가리킨다. 증익방이라 하면 증익하는 오류라는 뜻이다.
8 『攝大乘論釋』에 나오는 4구에 대한 부정에 기초한다. 『攝大乘論釋』 권12(大31, 244a3), "모든 법은 언설로 표현될 수 없기 때문이다. 언설로 표현될 수 없는 법에 대해 무리하게 언설을 내세우므로 '희론'이라 한다. 언설에는 네 종류가 있는데 그것이 곧 네 가지 방謗이다. 있다고 말하면 증익방이고, 없다고 말하면 손감방이며, 있기도 하고 없기도 하다고 말하면 상위방이고, 있는 것도 아니고 없는 것도 아니라고 말하면 희론방이다. 보살이 무분별지를 얻으면 언설로 그 경지를 나타낼 수 없기 때문에 무희론 또는 무분별이라 한다.(諸法無言說故. 於無言說中, 强立言說, 故名戲論. 言說有四種, 卽是四謗. 若說有, 卽增益謗 ; 若說無, 卽損減謗 ; 若說亦有亦無, 卽相違謗 ; 若說非有非無, 卽戲論謗. 菩薩得無分別智, 不可以言說顯示故, 稱無戲論無分別.)"

[不對] 心印集出. 異學問, '諸法是常耶, 無常耶'者, 斷常二見也. 不對者, 豈人不對耶? 如倚天長釼,¹⁾ 纖塵不立也. 汝之所問云云者, 大慧云, "有句, 是增益謗 ; 無句, 是損減謗 ; 非有非無, 是相違謗 ; 亦有亦無, 是戲論謗." 無衣子云,

問法常無常, 世尊俱不對.

眉間白毫光, 照耀大千界.

1) ㉾ '釼'이 병본에는 '劒'으로 되어 있다. ㉾ '劒'이 맞다.

열재거사의 송 悅齋居士頌

서리 내린 뒤 울타리 가의 귤 노랗게 익자	霜後籬邊橘子黃
사람들은 법 가운데 왕[9]이 그것이라 전하네	人傳便是法中王
삼현이니 삼요니 일체 무엇이라 말하지 말라	三玄三要都休說
한 점이라도 붙이면 단견이나 상견에 떨어지리	一點還曾落斷常

【설화】

○ 법 가운데 왕 : (귤을 칭송하자니) 무리하게 도리를 지어내어 '법 가운데 왕'이라 말하니,[10] 마치 "산과 강 그리고 대지가 법왕의 몸을 온통 다 드러내었다."[11]라고 하는 말과 같다.

---

9 법 가운데 왕(法中王) : 본서 2칙 주 131 참조.
10 『楚辭』「九章」〈橘頌〉, "세상에서 가장 아름다운 나무, 귤나무는 남쪽 땅 풍토에 맞네.(后皇嘉樹, 橘徠服兮.)" 후황가수后皇嘉樹라 하든 또는 다른 어떤 말로 귤을 표현하더라도 그 말 자체가 귤을 말해 주지는 못한다. 그처럼 불법이건 그 무엇이건 어떤 말로 규정하고 설명하여 나타낸다면 모두 희론이 되고 만다. 세존이 대답하지 않은 의미를 이와 같이 읊은 것이다.
11 홍수洪壽 선사가 천태 덕소天台德韶 국사 문하에서 깨닫고 지은 오도송의 구절이다. 『五燈會元』권10「興教洪壽章」(卍138, 376a17), "국사와 함께 대중 울력을 하던 중 나르던 땔나무가 바닥에 떨어지는 소리를 듣고 게송을 지었다. '여기저기 흩어져 있는 것 다른 것이 아니니, 종횡 어느 곳에나 하찮은 것은 없도다. 산과 강 그리고 대지 전체여, 법왕의 몸을 온통 다 드러내었구나.'(同國師普請次, 聞墮薪有省, 作偈曰, '撲落非他

○ 삼현이니 삼요니~단견이나 상견에 떨어지리 : 더욱 높이 한 수를 놓으라[12]는 소리이다. 삼현三玄[13]과 삼요三要[14]를 빠짐없이 갖추었다고 말하면, 이 또한 무리하게 조작해 낸 도리이다. 왜 그런가? 낱낱의 법마다 단견이나 상견에 떨어져 있지 않아서 한 점도 속일 수 없기 때문이다.

悅齋 : 法中王者, 强作道理, 謂云法中王也. 如云, "山河及大地, 全露法王身"也. 三玄三要云云者, 更高一着. 道三玄三要具足, 此亦强作道理. 何也? 法法不落斷常, 謾他一點不得也.

物, 縱橫不是塵. 山河及大地, 全露法王身.')"
12 더욱 높이~수를 놓으라(更高一着) : 지금까지 주어졌던 말과 생각을 모조리 버리고 한 걸음 더 나아가 착안하라는 뜻이다.
13 삼현三玄 : 임제 의현臨濟義玄(?~867)이 학인을 이끌 목적으로 제시한 방법 중 하나. 본체 중의 깊은 도리(體中玄), 구절 중의 깊은 도리(句中玄), 깊은 도리 중의 깊은 도리(玄中玄) 등을 말한다. 『五家宗旨纂要』 권하 「雲門三句條」(卍114, 555a9)에 삼구三句를 설명하면서 삼현의 도리를 밝힌 글이 실려 있다. 그 밖에 『圓頓成佛論』(韓4, 728b17), 『禪家龜鑑』(韓7, 645b17) 등 참조.
14 삼요三要 : 임제 의현이 학인을 이끌기 위하여 설정한 기틀 중 하나. 삼현과 필연적인 짝이 된다. 한 구절에는 반드시 삼현을 갖추어야 하고 하나의 현玄에는 반드시 삼요를 갖추는 방식으로 모든 선어禪語에는 삼요와 삼현이 동시에 구현되어야 한다고 보는 관점이다. 본서 631칙 본칙과 주석, 826칙 '본연거사의 염' 참조.

30칙 세존니구世尊尼拘

본칙 세존께서 니구율尼拘律[1] 나무 아래 앉아 있을 때 상인 둘이 다가와 물었다. "지나가는 수레를 보셨습니까?" "보지 못했습니다." "바퀴 소리는 들었습니까?" "듣지 못했습니다." "선정에 들어 계셨습니까?" "선정에 들어 있지 않았습니다." "잠을 자고 계셨습니까?" "자고 있지 않았습니다." 상인이 "훌륭하도다, 세존이시여! 깨어 있으면서도 보지 않으시는구나."라 감탄하고서, 마침내 흰 모직(白氎) 두 필을 바쳤다.

世尊, 在尼拘律樹下坐次, 有二商人問, "還見車過不?" 曰, "不見." 曰, "還聞不?" 曰, "不聞." 曰, "莫禪定不?" 曰, "不禪定." 曰, "莫睡眠不?" 曰, "不睡眠." 商人嘆曰, "善哉, 世尊! 覺而不見." 遂獻白氎兩段.

설화

● 『장아함경』의 경문에 근거한다.[2]

---

1 니구율尼拘律 : ⓢ nyagrodha, ⓟ nigrodha, ⓣ ña-gro-dha. 니구율다尼拘律陀 · 니구로다尼俱盧陀 · 낙구다諾瞿陀 · 니구다尼拘陀 · 니구류尼拘類 · 니구루다尼拘樓陀 등으로도 음사한다. 한역하여 무절無節 · 종광縱廣 또는 고견수高堅樹 · 용수榕樹 등이라 한다. 버드나무처럼 나뭇가지가 밑으로 늘어져 자라며, 가지와 잎사귀가 아주 무성하여 열대지방의 폭염을 피하는 데 적절한 그늘이 진다. 과거칠불過去七佛 중 제6불 가섭불迦葉佛이 이 나무 아래에서 성도하였기 때문에 도량수道場樹 또는 보리수菩提樹라고도 한다. 『長阿含經』 권1(大1, 2b3), 『修行本起經』 권상(大3, 461a5), 『大智度論』 권8(大25, 115b16) 참조.

2 『大般涅槃經』 권상(大1, 198a3)에 근거하여 축약한 이야기이며, 『長阿含經』에는 보이지 않는다. 나무라고만 했지 니구율수라는 말도 공안상의 창안이다. "그때 세존께서 불가사에게 이르셨다. '나는 옛날 아차마촌의 한 나무 아래에서 꼿꼿이 앉아 사유思惟에 들어 있었다. 그때 어떤 상인들이 500대의 수레를 끌고 내 앞을 지나갔지만 나는 선사禪思에 들어 느끼지도 못하고 듣지도 못하였으며 상인 무리가 지나가고 한참이 지나서야 나는 비로소 선정禪定에서 나왔다.' …… 상인들이 다시 물었다. '세존께서는 잠들어 있었습니까? 아니면 멸진정에 들어 있었습니까?' 내가 다시 대답하였다. '나는 조금 전에 잠

- 니구율 : 한역하면 무절無節이다.[3] 동방의 버드나무와 같은 종류로서 이름은 다르지만 이 나무의 실제 모습은 한가지이다.[4]
- 이 공안은 "이렇게 보고 듣는 그대로는 참으로 보고 들은 것이 아니지만, 그대에게 드러내 보일 별다른 소리와 색도 없다."[5]라는 뜻이다. 곧 보고 듣는 그 순간에 보고 듣는 작용에 떨어지지 않는다는 말이다.
- 흰 모직 두 필 : 보고 들으면서 보지도 듣지도 않은 공덕에 대한 대가이다. 흰색은 하나의 순수한 색을 나타낸다. 흰 모직에 대한 『조정사원』의 풀이는 이렇다. "풀이름이며 산지는 고창국高昌國이다. 그 면화를 따다가 짜서 베를 만든다."[6] 모포毛布라고도 한다.
- 무의자의 송[7]

해탈에 이르는 길 알고자 하는가
감각기관과 대상 만나지 않도록 하라

들었던 것도 아니고 선정에 들었던 것도 아니며 다만 선사에 들어 있었으므로 듣거나 볼 여지가 없었던 것입니다.' 그 상인들이 나의 이 말을 듣고 결국 기특하다는 생각을 일으키고 이전에 없었던 일이라 찬탄하면서 '좌선의 힘은 이와 같이 할 수도 있군요.'라고 말하였다.(爾時世尊, 告弗迦娑, '我於往昔, 在阿車摩村, 於一樹下, 端坐思惟, 時有商人, 五百乘車, 經我前過, 而我禪思, 不覺不聞, 諸商人等, 經過良久, 我方出定.'……商人又問, '世尊爲眠? 爲是入於滅盡定耶?' 我又答言, '我向不眠, 亦非入定, 但在禪思, 故無聞見.' 彼諸商人, 聞我此言, 極生奇特, 歎未曾有, 而作是言, '坐禪之力, 乃能如此.')"

3 『一切經音義』권10(大54, 363c12), "니구다['니구로다'라 해야 옳다. 한역하면 무절 또는 종광수라 한다.](尼拘陀【應云, 尼拘盧陀. 此譯云, 無節, 亦云, 縱廣樹.】)"
4 『宋高僧傳』권1(大50, 711a21).
5 삼평 의충三平義忠(718~872)의 게송에 나오는 구절. 『祖堂集』「三平義忠章」(高45, 268b5), "이렇게 보고 들은 그대로는 참으로 보고 들은 것이 아니지만, 그대에게 드러내 보일 별다른 소리와 색도 없다네. 이 경계에서 할 일이 아무것도 남아 있지 않다는 도리를 알아차린다면, 본체와 작용을 나누건 나누지 않건 상관이 없으리라.(卽此見聞非見聞, 無餘聲色可呈君, 箇中若了全無事, 體用無妨分不分.)"
6 『祖庭事苑』권1(卍113, 17a18). 이어서 "또 파리국에서도 나는데, 거친 것은 고구라 하고 고운 것은 백첩이라 한다.(又出婆利國, 粗者名古具, 細者名白氎.)"라고 하였다.
7 『眞覺國師語錄』「補遺」(韓6, 48c1).

눈과 귀 보고 듣는 작용 끊으면
소리와 색 시끄럽고 넓게 펼쳐지리라

[尼拘] 長阿含經文. 尼拘律, 此云, 無節. 如此方楊柳木, 名雖不同, 此樹體一般也. 此話意, "卽此見聞非見聞, 無餘聲色可呈君," 則當見聞, 不落見聞. 白氀兩段者, 見聞非見聞之酬價. 白一色也. 白氀, 祖庭云, "草名, 出高昌國. 採其花, 織成爲布." 亦名毛布. 無衣子頌云,
欲知解脫道? 根境不相到.
眼耳絶見聞, 聲色鬧浩浩.

열재거사의 송 悅齋居士頌

네 다리 바닥에 붙은 듯한 노구담이시여[8]	四稜着地老瞿曇
대단히 분명하게 나침반이 되었구나	忒煞分明爲指南
길거리의 장사꾼이라고 비웃지 마라	莫笑道邊商販客
양극단 어디에도 기울지 않을 줄 아노라[9]	也知不向兩頭擔

〔설화〕

○ 네 다리 : 사구四句를 나타낸다. 유구有句니 무구無句니 운운한다면 소리

---

[8] 네 다리~듯한 노구담이시여 : 세존이 자신의 입장을 요지부동하게 지키고 있다는 뜻이다. 사릉착지四稜着地는 본래는 의자의 네 다리가 바닥에 붙어 있는 모양을 나타낸다. 안정된 상태 또는 한곳에 경직되어 있는 상태를 말한다. 수레의 모습도 그 수레의 소리도 보거나 듣지 못했고, 선정에 들어 있던 것도 아니고 잠이라는 혼침惛沈에 빠져 있던 것도 아닌 네 가지를 '사릉'에 빗댄 것이다. 색과 소리 두 가지만 대표적으로 들었지만, 이 두 가지로써 육경(色聲香味觸法)을 모두 들어 가리킨 것이다. 누구에게도 무엇에도 구속되지 않고 자신의 입장을 확고하게 지켰기에 나침반이 되었다고 하였다. 노구담老瞿曇은 세존을 가리킨다. '노老'는 경칭, '구담'에 대해서는 본서 23칙 주 16 참조.
[9] 양극단 어디에도~줄 아노라 : 선정에 들었거나 잠에 빠졌거나 양극단에 치우치지 않으면서 세존의 경지를 점검했던 솜씨를 말한다.

와 색은 소리와 색이 아니라는 뜻이다.
○ 제3구 : 이리저리 자유롭게 풀어놓는 방법이다.[10]

悅齋 : 四稜者, 四句也. 有句無句云云, 則聲色非聲色也. 第三句, 橫說竪說門也.

선문염송집 권제1

禪門拈頌集卷第一[1)]

1) ㉮ 이하 갑본에는 다음과 같은 글이 더 실려 있다. '대덕대선사 태호, 경자년(1240), 신축년(1241), 임인년(1242), 계묘년(1243). 갑류. 명안, 각우, 혜현, 신선, 각홍, 혜해, 인묵, 성간, 혜은, 학계, 덕화, 혜장, 인기, 덕경, 지일, 사묵.'(此下甲本有下文. '大德大禪師太湖, 庚子, 辛丑, 壬寅, 癸卯. 甲類. 明眼, 覺祐, 慧玄, 信禪, 覺弘, 慧海, 印默, 性侃, 慧誾, 學戒, 德和, 慧藏, 印己, 德問, 智日, 思默.')

선문염송설화 권제1

禪門拈頌[1)]說話卷第一[2)]

1) ㉮ '頌' 다음에 병본에는 '集' 자가 있다. 2) ㉮ 이하 을본에는 다음과 같은 글이 더 실려 있다. '영간설주대선사 설암 추붕. 대선사 월저 도안, 매곡 사인, 중혼 민기, 무용 수연. 초교대선사 혜현. 교정재교대선사 원조. 삼교대석사 지안. 영모겸도감 상기. 영모 의헌. 서사화주 천신. 본사질 나인, 인천, 수안, 종안, 상린, 도학, 계행, 청우, 민정, 행익. 조연 달진. 황필징. 별좌 탄일. 화주본사의 문에 쾌快 자, 준俊 자, 하夏 자, 거巨 자, 관冠 자, 여如 자, 찬贊 자, 연演 자, 오悟 자, 시時 자, 응應 자, 등登 자, 단端 자, 삼三 자, 운雲 자, 향香 자, 한翰 자가 새겨져 있다. 지전 신익, 한성. 삼강. 쾌준, 쾌언. 주지 태수. 강희 46년 정해년(1707) 7월 모일, 전라도 팔영산 능가사 개간.'(此下乙本有下文. '領幹設主大禪師雪巖秋鵬, 大禪師月渚道安, 梅谷思印, 中昏敏機, 無用秀演. 初校大禪師慧玄. 校正再校大禪師圓照. 三校大釋師志安. 領募兼

---

10 두 상인의 말을 부처님과 비교하여 하천한 수준으로 보지 않고 하나의 대화를 완성하는 불가결한 요소로 수용하는 방법을 말한다.

都監尙機. 領募義軒. 書寫化主天信. 本寺秩懶忍, 印天, 守安, 宗眼, 尙璘, 道學, 戒行, 淸雨, 敏淨, 幸益. 助緣達眞, 黃必澄. 別座坦日. 化主本寺門削快字俊字夏字巨字冠字如字贊字演字悟字時字應字登字端字三字雲字香字翰字. 持殿信益, 翰性. 三綱快俊, 快彥. 住持太修. 康熙四十六年丁亥七月日全羅道八影山楞伽寺開刊.') 이하 병본에는 다음과 같은 글이 더 실려 있다. '인출시주. 상궁 을해생 홍씨 묘혜월, 상궁 무진생 황씨 법혜월, 상궁 병술생 김씨 대지행, 상궁 정유생 문씨 묘정행, 상궁 정축생 김씨 반야행, 상궁 서씨 발심화, 상궁 기축생 원씨 덕원행, 상궁 정해생 김씨 수혜월, 상궁 무술생 홍씨 화경월, 상궁 을유생 이씨 천심화, 상궁 임오생 박씨 정명화, 상궁 갑신생 이씨 대자월, 상궁 계유생 유씨 최승화, 상궁 계유생 이씨 백련화, 상궁 병자생 홍씨 대원각, 상궁 병술생 김씨 반야화, 상궁 임진생 매씨 개화행, 상궁 임인생 한씨, 청신녀 정유생 양씨 무등화, 청신녀 무술생 김씨 묘련화, 청신녀 임오생 주씨 정성화, 청신녀 무술생 최씨 불성인, 청신녀 정유생 권씨 묘원혜, 청신녀 신축생 차씨 묘지혜, 청신녀 신사생 함씨 묘원혜'(丙本有下文. '印出施主. 尙宮乙亥生洪氏妙慧月, 尙宮戊辰生黃氏法慧月, 尙宮丙戌生金氏大智行, 尙宮丁酉生文氏妙淨行, 尙宮丁丑生金氏般若行, 尙宮徐氏發心華, 尙宮己丑生元氏德圓行, 尙宮丁亥生金氏修慧月, 尙宮戊戌生洪氏華鏡月, 尙宮乙酉生李氏天心華, 尙宮壬午生朴氏正明華, 尙宮甲申生李氏大慈月, 尙宮癸酉生劉氏最勝華, 尙宮癸酉生李氏白蓮華, 尙宮丙子生洪氏大圓覺, 尙宮丙戌生金氏般若華, 尙宮壬辰生梅氏開華行, 尙宮壬寅生韓氏, 淸信女丁酉生梁氏無等華, 淸信女戊戌生金氏妙蓮華, 淸信女壬午生朱氏正性華, 淸信女戊戌生崔氏佛性忍, 淸信女丁酉生權氏妙圓慧, 淸信女辛丑生車氏妙智慧, 淸信女辛巳生咸氏妙願慧.')

전라도 각수 충률.
경중 이화립이 쓰다.

全羅道刻手忠律.
京中, 李華立, 書.

향산총섭 학관, 향산총섭 각징, 향산총섭 희량, 향산총섭 현집, 향산총섭 지운. 통정대부 해정. 가선대부 신변, 가선대부 법성, 정훈익, 김질원, 홍언, 성오, 운계, 담해, 계한, 인감, 성일, 두안, 보견, 청숙, 설언, 내명, 계은, 신잠, 정응, 실상, 쌍익, 혜궤, 쌍정, 쌍조, 지영, 천기, 득평, 종선, 설인, 자열, 시평, 청변. 의민거사, 의명선녀, 신혜거사, 백수청거사. 백옥호선녀, 운일, 학흠, 내흡, 지흡, 법률, 현식, 태운, 처휴, 영휘, 지감, 극달, 수밀, 혜택, 대헌, 신원, 사신, 승밀, 학성, 홍언, 취흠, 득영, 도즙, 영휘, 경률, 묘경, 의형, 일형, 자영, 상취, 수침, 혜평, 탁준, 명숙, 건운, 보희, 탑변, 일현, 법혜, 의흡, 응선, 성륜, 사월, 사진, 학령, 신한, 시승, 천우, 법량, 의종, 학명, 태진, 조영, 계홍, 응세, 태청, 혜란, 도영, 천유, 계상, 성륜, 영신, 덕행, 혜장, 성징, 쌍신, 평책, 일준, 극름, 보형, 사혜, 천묵.

香山摠攝學觀, 香山摠攝覺澄, 香山摠攝義亮, 香山摠攝玄緝, 香山摠攝智雲. 通政大夫海淨. 嘉善大夫信卞, 嘉善大夫法性, 鄭勛翌, 金質元, 弘彦, 性悟, 雲戒, 湛海, 桂寒, 印鑑, 性日, 斗安, 寶堅, 清淑, 雪彦, 乃明, 桂言, 信岑, 挺應, 實相, 雙益, 慧机, 雙正, 雙照, 知英, 天機, 得平, 宗先, 雪印, 自悅, 時平, 清卞, 義敏居士, 義明善女, 信慧居士, 白水清居士. 白玉毫善女, 雲日, 學欽, 乃洽, 智洽, 法律, 玄植, 太云, 處休, 靈輝, 智監, 克達, 守密, 慧澤, 大憲, 信元, 思信, 勝密, 學性, 弘彦, 取欽, 得英, 道楫, 英輝, 敬律, 妙瓊, 義洞, 一洞, 自英, 尙翠, 秀琛, 惠平, 卓俊, 明淑, 乾運, 普熙, 塔卞, 一玄, 法慧, 義洽, 應禪, 性倫, 思月, 思進, 學令, 信閑, 時勝, 天雨, 法亮, 義宗, 學明, 太眞, 祖英, 戒弘, 雄世, 太淸, 惠蘭, 道英, 天裕, 戒尙, 聖倫, 英信, 德行, 慧藏, 性澄, 雙信, 平策, 一俊, 克凜, 寶洞, 思惠, 天默.

강희 21년(1682) 계해년(1683) 여름 공초, 가을 경천이 쓰다.

康熙二十一年, 癸亥夏, 攻草, 秋上, 京倩, 書.

갑자년(1684) 여름에 시역겸수교 동공 월저 도안

甲子夏, 始役兼讎校, 董工, 月渚道安.

선문염송 염송설화 회본 권2
| 禪門拈頌拈頌說話會本 卷二 |

선문염송 혜심 집
禪門拈頌 慧諶 集

염송설화 각운 찬
拈頌說話 覺雲 撰

선문염송집 권제2
禪門拈頌集 卷第二

대각세존석가문불 서천응화현성부
大覺世尊釋迦文佛 西天應化賢聖附

선문염송설화 권제2
禪門拈頌[1]說話 卷第二

1) ㉮ '頌' 다음에 병본에는 '集'이 있다.

31칙 문수악검 文殊握劍

본칙 영산회상靈山會上의 비구 500명이 숙명통宿命通[1]을 발휘하여 각자 과거세에 부모를 죽인 죄를 보고서 저마다 의심을 품었기에 깊고 깊은 법을 깨달을 수 없었다. 그때 문수가 부처님이 부리는 신통력에 따라 칼을 쥐고 부처님께 달려들자 부처님께서 문수에게 이르셨다. "멈추어라, 멈추어! 법도를 거스르는 죄를 저질러서는 안 되니 나를 해치지 말라. 내가 반드시 해를 당해야 한다면 해를 좋게 받아들여 주겠다. 문수사리여! 그대는 본래부터 나와 남의 구별이 없었는데 마음속으로 나와 남의 구별이 있다고 변별하였을 뿐이다. 마음속에서 이러한 견해를 일으키는 순간 내가 틀림없이 해를 당할 것이니 이것을 가리켜 '해를 주는 것'이라 한다." 이에 500비구들은 본심을 스스로 깨닫고 그것이 꿈이나 허깨비와 같다는 진실을 분명히 알고서 함께 소리 내어 이렇게 찬탄하였다. "문수는 큰 지혜를 갖춘 보살로서 법의 근원을 깊이 통달하였으나 스스로 손에 날카로운 칼을 쥐고 여래의 몸을 향해 달려들었다. 칼처럼 부처님도 그러하시어[2] 하나의 상相이며 두 가지 차별이 없도다. 상도 없고 발생하는 것도 없거늘 이 중에서 어떻게 죽인단 말인가!"

靈山會上, 有五百比丘, 發宿命通, 各見過去殺父母罪, 各各懷疑, 於甚深法, 不能證入. 爾時, 文殊承佛神力, 握劍¹⁾逼佛, 佛告文殊. "住住! 不應作逆, 勿得害吾. 吾必被害, 爲善被害. 文殊師利! 爾從本已來, 無有我人, 但

---

1 숙명통宿命通 : 육신통의 하나. 과거세를 도는 신통력을 말한다. 줄여서 숙통이라고 하며, 숙주지宿住智·숙명명宿命明이라고도 한다. 자기나 다른 사람의 과거세의 운명을 기억하여 아는 뛰어난 지혜를 가리킨다.
2 칼처럼 부처님도 그러하시어 : 이것저것 가리지 않고 무엇이든 잘라 내는 칼처럼 부처님도 나와 남을 차별하는 모든 분별을 잘라 없애고 일상一相을 지킨다는 뜻. 또는 뒤의 '법진 수일의 송'처럼 칼집에 있는 그대로 무차별의 일상이라는 뜻이기도 하다.

以內心, 見有我人. 內心起時, 吾必被害, 卽名爲害." 於是, 五百比丘, 自悟 本心, 了如夢幻, 同聲讚曰, "文殊大智士, 深達法源底, 自手握利劍, 持逼 如來身. 如劍佛亦爾, 一相無有二. 無相無所生, 是中云何殺!"

1) ㉘ '劍'이 갑본에는 '釼'으로 되어 있다. 이하 동일.

[설화]

- 『보적경』의 경문에 근거한다.[3]
- 칼을 쥐고 부처님께 달려들자 : 500비구들이 각자 과거세에 부모를 죽인 죄를 보고 법을 깨달을 수 없었으므로 죄의 본질이 본래 공空이라는 이치를 그들로 하여금 알아차리도록 하고, 그뿐만 아니라 부처라는 견해와 법이라는 견해[4]도 세우지 않도록 하기 위한 행위이다.
- 거스르는 죄 : 오역죄를 말한다. 부모를 죽이는 죄, 아라한을 죽이는 죄, 삼보를 불태우는 죄, 부처님 몸에 피를 흘리게 하는 죄, 승단의 화합을 깨뜨리는 죄 등이 그것이다.
- 법신은 평등하여 나와 남의 구별이 없으나 마음속으로 그러한 견해를 일으키는 순간 나와 남이라는 분별이 생길 뿐이다. 이러면 벌써 평등한 본원인 불성에 해를 입힌 결과인데, 어찌 반드시 칼을 들고 난 다음에야 해를 준다고 하겠는가!

[握劍] 寶積經文. 握劍逼佛者, 五百比丘, 各見過去殺父母罪, 不能證入

---

3 『大寶積經』 권105 「神通證說品」(大11, 590b11)에 근거하여 덧붙였으며 완전히 일치하지 않는다.
4 부처라는 견해와 법이라는 견해(佛見法見) : 『圓悟語錄』 권8(大47, 750c6), "결코 불법을 가지고 이해를 조작하려 하지 않으며, 또한 부처라는 견해와 법이라는 견해도 결코 일으키지 않는다. 부처라는 견해와 법이라는 견해조차 일으키지 않거늘 어찌 게다가 세간의 집착된 분별을 일으켜 망령되게 갖가지 업에 얽매이겠는가!(終不肯將佛法作解會, 亦終不起佛見法見. 佛見法見, 尙自不起, 何況更起世間情想分別, 妄緣諸業!)"

故, 罪性本空之義, 令他會取, 不止此也, 佛見法見, 亦不立也. 逆者, 五逆也. 殺父母, 殺阿羅漢, 焚燒三寶, 出佛身血, 破和合僧也. 法身平等, 無有我人. 但以內心起時有我人, 已害平等本源佛性, 何必握劍然後爲害也!

해인 초신海印超信의 송 海印信頌

칼 들고 자비심 일으켜 대중의 의심 풀어 주고	持劍興悲決衆疑
성인과 범부의 차별 쓸어 없애니 남아 이름에 걸맞네	聖凡蕩盡稱男兒
허공에다 칼 휘둘러 부질없이 힘만 낭비했으니	空中揮劍徒施力
동쪽 마을 평범한 노인[5]에게 한껏 비웃음 샀네	笑殺東村王老師

설화

○ 칼 들고 자비심 일으켜~한껏 비웃음 샀네 : 성인과 범부라는 차별을 쓸어 없애고 500대중의 의심을 풀어 준 대목이 바로 '자비심을 일으켰다.'는 말에 해당한다. 비록 성인과 범부라는 분별을 쓸어 없앴지만 동쪽 마을의 평범한 노인조차도 그 경계를 인정하지 않는 것은 어쩔 수 없다는 뜻이다. 이는 한층 더 높은 한 수를 두라는 말인가? 크게 한 걸음 더 내디디라는 말인가? 진실을 말하자면, 이상의 뜻을 헤아려서 더욱 넓히라는 말이다.

海印 : 持劍至王老師者, 聖凡蕩盡, 而令五百衆決疑, 是興悲也. 雖然聖凡蕩盡, 爭奈東村王老不肯也. 則更高一着耶? 闊一步耶? 其實推而廣之也.

---

[5] 동쪽 마을 평범한 노인(東村王老師) : 동쪽 마을에 사는 왕씨 노인. 왕씨는 흔한 성씨이므로 평범하고 어디서나 만날 수 있는 사람이라는 뜻을 가진다. '왕 노사'는 남전 보원南泉普願을 가리키기도 하지만, 여기서는 어느 한 사람을 특별히 가리킨 말이 아니다. 왕씨 노인이 인정하지 않고 비웃는다면 세상 그 누구도 인정하지 않는다는 취지가 이 구절에 들어 있다.

법진 수일法眞守一의 송 法眞一頌

문수가 여래께 달려들던 그날	文殊當日逼如來
오백 성문들의 눈 활짝 열렸네	五百聲聞眼豁開
칼처럼 부처님도 그렇다는 말 알고 싶은가	欲會如劒佛亦爾
청사가 칼집에서 광풍 천둥처럼 우는구나[6]	靑蛇匣裏吼風雷

불인 지청佛印智淸의 송 佛印淸頌

문수가 칼 들고 여래께 달려들자	文殊仗劍逼如來
오백 성문의 불안佛眼이 열렸도다	五百聲聞佛眼開
칠성검[7]의 광채 번득이는 그곳에	直得七星光焰上
십신조어[8]께서 연화대에 앉으셨네[9]	十身調御坐蓮臺

---

6 청사가 칼집에서~천둥처럼 우는구나 : 청사靑蛇는 보검의 이름이다. 칼집에서 뽑아 휘두르면 모든 차별을 잘라 없애지만, 칼집에 있는 그 자체로도 나와 남 등의 모든 차별을 벗어난 일상一相을 엄하게 견지한다는 뜻을 지닌다. 『大愚守芝語錄』 古尊宿語錄 25(卍118, 480b1), "금강왕의 보검이라면 바른 안목으로도 엿보지 못할 것이니, 엿보면 목숨을 잃는다. 송으로 그 뜻을 밝힌다. '간장干將의 주물 솜씨가 아니라면, 어떻게 사기四氣의 불림을 관장할 것인가? 칼집 속의 청사가 시퍼런 빛을 내며 울다가, 요사한 자를 만나면 편의에 따라 휘두른다네……'.(若是金剛王寶劍, 不敢正眼覻著, 覻著卽喪身失命. 乃有頌云, '不是干將鑄, 那關四氣吹? 匣內靑蛇吼, 逢妖任便揮…….')" 간장은 명검을 만든 것으로 유명한 오나라의 도장刀匠이다. 『人天眼目』 권3 「克符道者」(大48, 314c19), "정중편. 한밤중 맑은 못에 둥근 달 떠오르고, 문수의 칼집에서 울리는 청사의 울부짖음에, 비로자나불 놀라 살던 곳을 벗어났네.【다른 곳에는 고관으로 되어 있다.】(正中偏. 半夜澄潭月正圓, 文殊匣裏靑蛇吼, 驚得毘盧出故園.【一作故關.】)" 천동 정각天童正覺을 사사하고 명암暗明의 선지禪旨를 돈오하고 그 법을 이어받았다는 자득 혜휘自得慧暉의 「自得暉五轉位」 가운데 '갑내청사후匣內靑蛇吼'에 딸린 게송이 있다. 『永覺元賢廣錄』 권27(卍125, 729a14), "날 아직 밝지 않았는데 보검 비껴들어, 마귀와 부처라는 차별 깨끗이 씻어 내 뼛속까지 시리게 하네. 칼집 속에서 은은하게 빛을 발할 때, 납자들 무리여 바른 눈을 가지고 보아야 하리.(寶劍橫斜天未曉, 洗淸魔佛逼人寒. 匣中隱隱生光處, 衲子徒將正眼看.)"

7 칠성검七星劍 : 칠성七星이라고도 한다. 북두칠성의 문양이 새겨져 있는 옛날의 보검. 『吳越春秋』 「王僚使公子光傳」 참조.

8 십신조어十身調御 : 십신十身과 조어調御, 두 가지 모두 부처님을 나타낸다. 이 둘을

황벽 희운黃檗希運의 문답

황벽에게 어떤 학인이 물었다. "문수가 부처님에게 칼을 집어 든 뜻은 무엇입니까?" "500보살들이 숙명통의 지혜를 얻어 과거생의 업장을 보았다고 한다. 여기서 500이란 오음五陰으로 이루어진 우리의 몸이 그것이다. 과거생을 본 업장 때문에 부처를 구하거나 보리와 열반을 구하려 했던 것이다. 이런 까닭에 문수가 지해智解의 칼을 들고 부처를 보려는 마음을 해치고자 하였으므로 '그대가 잘 해쳐 보라.'고 한 것이다." "칼이란 무엇을 나타냅니까?" "마음의 속박을 푸는 수단[10]이 바로 칼이다." "마음의 속박을 푸는 수단이 칼이라면 부처를 보려는 이 마음은 끊을 수 있습니다. 그렇다면 보려는 것을 끊는 그 마음은 어떻게 제거할 수 있습니까?" "그대는 무분별의 지혜를 가지고 견해에 얽매인 이 분별심을 끊어 버려야 한다." "가령 부처를 보거나 부처를 구하려고 애쓰는 마음은 무분별의 지혜라는 칼로 끊어 버린다 하더라도 엄연히 남아 있는 그 지혜의 칼은 어찌합니까?" "만일 무분별의 지혜로 있다는 견해와 없다는 견해를 해친다면, 무분별의 지혜 또한 얻을 수 없다." "지혜로써 다시 지혜를 끊지 못하고, 칼로써 다시 칼을 자르지 못합니다." "칼이 스스로 칼을 해쳐서 칼과

'십신조어'라는 식으로 하나로 쓰는 용례는 경론에 없지만, 선 문헌에는 빈번하게 보인다. 80권본『華嚴經』권38(大10, 200b5)에 따르면, '십신'은 보리신菩提身·원신願身·화신化身·역지신力持身·상호장엄신相好莊嚴身·위세신威勢身·의생신意生身·복덕신福德身·지신智身·법신法身 등을 가리킨다. '조어'는 부처님의 십호十號 중 하나인 조어장부調御丈夫([S] Damya-sārathi)의 줄임말이다. 마부가 말을 잘 다루듯이 부처님은 여러 가지 방편으로 중생을 잘 다루어 수도에 전념하도록 한다는 뜻이다.
9 칠성검의 광채~연화대에 앉으셨네 :『頌古聯珠通集』권28(卍115, 346b18), "용은 고요한 맑은 못에 숨었고, 구름은 둥글게 뜬 밝은 달을 거두어들였네. 칠성검의 광채 찬란한데, 누가 미생전의 면목을 알아차릴까.【대홍 수수大洪守遂의 송】(龍臥碧潭靜, 雲收皓月圓. 七星光燦爛, 誰薦未生前.【大洪遂】)";『人天眼目』권1「汾陽頌(幷)總」(大48, 302a17), "제1현. 비춤과 작용을 동시에 펼치다. 칠성검의 광채 찬란하니, 만 리에 전쟁의 연기 멈추었네.(第一玄. 照用一時全. 七星光燦爛, 萬里絶塵烟.)"
10 『莊子』「在宥」, "마음의 속박을 풀고 정신의 집착을 벗어나 모든 생각 털어 내고 텅 비운다.(解心釋神, 莫然無魂.)"

칼이 서로 해친다면 칼 또한 얻을 수 없으며, 지혜가 스스로 지혜를 해쳐서 지혜와 지혜가 서로 해친다면 지혜 또한 얻을 수 없다. 어미와 자식이 모두 상하는 이치 또한 이와 같은 것이다."

黃蘗因僧問, "文殊執劒於瞿曇, 如何?" 師云, "五百菩薩, 得夙命¹⁾智, 見過去生業障. 五百者, 卽你五陰身是. 以見此夙命障故, 求佛求菩提涅槃. 所以文殊將智解劒, 害此有見佛心故, 故言, '你善害.'" 云, "何者是劒?" 師云, "解心是劒." 云, "解心旣是劒, 斷此有見佛心. 秪如能斷見心, 何能除得?" 師云, "還將你無分別智, 斷此有見分別心?" 云, "如作有見有求佛心, 將無分別智劒斷, 爭奈有智²⁾劒在何?" 師云, "若無分別智, 害有見無見, 無分別智, 亦不可得." 云, "不可以智更斷智, 不可以劒更斷劒." 師云, "劒自害劒, 劒劒相害, 卽劒亦不可得 ; 智自害智, 智智相害, 卽智亦不可得. 母子俱喪, 亦復如是."

1) ㉙ '夙命'은 '宿命'과 통한다. ㉟『宛陵錄』古尊宿語錄 3(卍118, 194b2)에 '宿命'으로 되어 있다. 2) ㉙ '智'는 갑본에 '知'로 되어 있다.

설화

○ 500보살들이~보리와 열반을 구하려 했던 것이다 : 과거생의 업장을 벗어나고자 하였으므로 부처를 구하고 보리와 열반을 구한다는 뜻이다. 이것은 불도로 들어가는 최초의 문이다.
○ 이런 까닭에 문수가 지해智解의 칼을 들고~마음의 속박을 푸는 수단이 바로 칼이다 : 부처를 구하고 보리와 열반을 구하려는 것이 부처를 보려는 마음이므로 반드시 이를 해쳐야 한다. 이것이 지해의 칼이므로 '마음의 속박을 푸는 수단이 칼'이라고 말한 것이다. 이것은 큰 지혜가 겉으로 드러나 수행이 지극한 경지에까지 이른 것을 말한다.
○ 마음의 속박을 푸는 수단이 칼이라면~그 마음은 어떻게 제거할 수 있

습니까 : 속박을 푸는 주체로서의 마음이 여전히 남아 있기 때문에 이 또한 반드시 제거해야 한다는 뜻이다.

○ 그대는 무분별의 지혜를 가지고 견해에 얽매인 이 분별심을 끊어 버려야 한다 : 끊는다는 마음 또한 제거한다는 뜻이다. 무분별의 지혜는 무위無爲와 무사無事를 원만하고 지극하게 성취했다는 뜻이다. '견해에 얽매인 이 분별심'은 앞서 말한 견해를 끊어 버리는 마음 또한 마음의 속박을 푸는 것이라 한다.

○ 가령 부처를 보거나 부처를 구하려고 애쓰는 마음은 ~그 지혜의 칼은 어찌합니까 : 여전히 무분별의 지혜가 남아 있다는 뜻이다. 여기서 '지혜의 칼'이라 한 말은 무분별이라는 지혜의 칼이다. 부처를 구하려는 마음은 앞에서 부처를 구하거나 보리와 열반을 구하려는 마음이고, '있다는 견해'는 앞에서 말한 마음의 속박을 푸는 것에 해당한다.

○ 만일 무분별의 지혜로 있다는 견해와 없다는 견해를 해친다면, 무분별의 지혜 또한 얻을 수 없다 : 무분별의 지혜가 있는 듯하지만 무분별의 지혜 또한 있을 수 없다는 뜻이다. 이 중에 있다는 견해는 분별심이 있다는 것이며, 없다는 견해는 분별심이 없다는 것이다.

○ 지혜로써 다시 지혜를 끊지 못하고, 칼로써 다시 칼을 자르지 못합니다 : 지혜의 칼이 두 종류가 있는 듯하지만 그렇지 않다는 뜻이다.

○ 칼이 스스로 칼을 해쳐서 칼과 칼이 서로 해친다면~이와 같은 것이다 : 칼에 두 종류가 있는 듯하지만 사실은 하나라는 뜻이다. 무분별의 지혜 또한 있을 수 없다는 뜻이다.

黃蘗 : 五百至涅槃者, 要離宿命障故, 求佛求菩提涅槃也. 此則入道初門也. 所以文殊將智解劒, 至師云解心是劒者, 求佛求菩提涅槃, 是有見佛心, 故須害却. 是智解劒, 故云, 解心是釼[1]也. 此則大智發現, 行李極到也. 解心旣是劒, 至何能除得者, 能解心猶在故, 亦須除却也. 還將你[2]無分別智云云者, 能斷之心, 亦除却. 無分別智, 則無爲無事圓極成就也. 此有見分別心者, 前能斷見心, 亦云解心也. 如作有見有求佛心云云者, 猶有無分別智在. 此云智劒者, 無分別智劒也. 有求佛心, 則前之求佛求菩提涅槃心. 有見則前之解心也. 若無分別智, 害有見無見云云者, 似有無分別智, 亦無無分別智可得也. 此中有見, 卽有分別心也, 無見卽無分別心也. 不可以智更斷云云者, 似有二種智劒故也. 劒自害劒, 劒劒相害云云者, 似有二種, 其實一也. 亦無無分別智可得也.

1) ㉘ '釼'이 병본에는 '劒'으로 되어 있다. 이하 동일. 2) ㉘ '你'가 병본에는 '爾'로 되어 있다. 이하 동일.

향림 징원香林澄遠의 문답

향림 징원에게 어떤 학인이 물었다. "문수는 칼을 잡고서 어떤 사람을 죽이려 하였습니까?" 향림이 말하였다. "궁극적으로 깨친 사람은 깨쳤다는 생각도 없다." "궁극적으로 깨친 사람은 깨쳤다는 생각도 없다는 말은 무슨 뜻입니까?" "일단 나타나지만 다시 나타나지는 않는다."

香林遠因僧問, "文殊仗劒, 擬殺何人?" 師云, "了人無了意." 云, "如何是了人無了意?" 師云, "出頭又不出頭."

설화

○ 깨쳤다는 생각도 없다 : 결코 남을 죽이는 일이 없다는 뜻이다.
○ 일단 나타나지만 다시 나타나지는 않는다 : 나타난 것 같지만 나타나지 않았다는 말이다. 곧 죽인 일이 있는 듯이 보이지만 죽인 일이 없다는 뜻이다.

香林 : 無了意者, 更無殺地人也. 出頭又不出頭者, 似出頭而不出頭, 則似有殺而無殺也.

설두 중현雪竇重顯의 상당[11]

어떤 학인이 물었다. "문수가 칼을 들었던 의도는 무엇입니까?" "나이 팔십 노승이 쓸데없이 관정灌頂[12]을 받는구나."[13] "저는 그 뜻을 모르겠습니다." "온 바다에 파도가 잠잠하니 달빛만 더욱 밝구나."[14]

---

11 학인의 질문에 대하여 분별로 이해할 수 없는 몰자미沒滋味의 활구活句로 응답하였다. 설두의 말을 특별한 상징이나 의미로 분석하는 순간 그 구절은 사구死句가 된다.
12 관정灌頂 : 제왕의 즉위식이나 태자의 지위를 공인할 때 행하였던 고대 인도의 의식. 바닷물을 정수리에 뿌려 축복을 내리는 형식이다. 이 의식을 본떠서 제자가 스승의 지위를 잇거나 수행자가 법을 계승할 수 있는 법왕자法王子의 지위에 오르면 법이라는 물(法水)로 그 경지를 인정한다. 『灌頂經』권1(大21, 497b8), "스승이 오른손에 법수를 들고 제자의 정수리에 붓는다. 아난아! 이러한 인연 때문에 관정장구灌頂章句라 한다. 그 이유는 왕의 태자가 왕위를 계승할 때 법에 따라 마땅히 물로써 그의 정수리에 붓는 의식을 행한 다음에 나라를 다스리는 대사를 이끌어 가는 것처럼 우리의 법 또한 그와 같다.(師以右手持法水, 灌弟子頂上. 阿難! 以是因緣故, 名灌頂章句. 所以然者, 如王太子, 紹王位時, 法應以水灌其頂上, 然後統領治國之事, 我法亦爾.)" 60권본 『華嚴經』권27 「十地品」(大9, 576c15)에는 보살 십지菩薩十地 중 제9 선혜지善慧地에서 제10 법운지法雲地로 들어갈 때 부처님이 지혜의 물(智水)을 정수리에 뿌려 법왕자의 직분을 준다고 한다. 같은 책, 권8 「菩薩十住品」(大9, 445a1)에는 보살 십주 중 제9주를 법왕자, 제10주를 관정주라 하였다. 『頂生王因緣經』권1(大3, 393b22) 참조.
13 동강洞江의 대비 한 장로大悲閑長老와 대혜大慧의 일화에서 비롯한 구절이다. 한閑 장로는 복주福州 민현閩縣 반야정사般若精舍에 머물렀는데, 84세에 반야정사와 한 줄기 물을 사이에 두고 위치한 양서암洋嶼菴에 있던 대혜를 찾아가 참구하여 깨달음을 얻었다. 민중閩中 사람들이 이 일을 비웃으며 "팔십 늙은이가 쓸데없이 관정을 받고는, 이제야 인생길 어렵다고 하는구나. 물 건너 양서암 자욱한 연기 속에, 예전 그대로 늙은 어부 낚싯대 잡고 있네.(八十老翁閑灌頂, 只說如今行路難. 海門洋嶼煙波裏, 依舊漁翁把釣竿.)"라고 하였다. 이에 대혜는 이 게의 4구를 각각 첫 구절로 삼아 4수의 게를 지어 비웃은 사람들에게 돌렸다. 4수의 제3구는 '총림의 눈먼 칠통들에게 말을 전하노라.(寄語叢林瞎漆桶)'로 모두 똑같다. 『雲臥紀譚』권하(卍148, 27b8) 참조. 여기서는 지혜의 보살인 문수가 팔십이나 넘어 참구하여 인가를 받은 한閑 장로처럼 부질없는 일을 하였다는 민중 땅 사람들의 관점을 활용하여 한 말이다. 하지만 설두가 이 구절을 인용한 것은 불신력佛神力을 이어받아 보여 준 문수의 노숙한 경계를 짚은 것이다.
14 관휴貫休가 지은 〈道情偈三首〉 중 첫 수에 나오는 구절과 유사하다. "공동 노인은 하나가 하나임에 몰두하였고, 황매의 참된 늙은이는 없음도 없다는 진실 물리쳤네. 소나무 뿌리 내린 바위에 홀로 앉았으니, 사해는 끝이 없고 둥근 달만 오롯이 떴어라.(崆峒老人專一一, 黃梅眞曳卻無無. 獨坐松根石頭上, 四溟無限月輪孤.)"

雪竇顯上堂, 僧問, "文殊仗劒意, 如何?" 師云, "八十老僧閑灌頂." 進云, "學人不會." 師云, "四溟無浪月輪孤."

[설화]

○ 뜻이 분명하지 않다.

雪竇 : 未詳.

천의 의회天衣義懷의 소참

이 공안을 제기하고 '칼처럼 부처님도 그러하시다.'라는 구절에 이르러 주장자를 집어 들고 "잘 살펴보라! 문수보살이 즐률나무 주장자로 변하여 산승의 손안에 있다."라고 한 뒤 잠깐 침묵하다가 말하였다. "그대들이 만일 가까이 다가서면 이 주장자가 다시 금강왕의 보검[15]으로 변할 것이며, 그대들이 만일 물러난다면 덕산의 방棒과 임제의 할喝로 변할 것이다.[16] 채주蔡州의 곳곳이 굽지 않은 기와가 부서지고 봄날 얼음이 녹듯이 무너졌구나." 주장자로 선상을 쳤다.

天衣懷小參, 擧此話, 〈至〉如劒佛亦爾, 拈起拄杖云, "看看! 文殊菩薩, 變

---

15 금강왕의 보검 : 모든 분별을 잘라 없애는 종사의 수단을 상징한다. 『人天眼目』 권2(大48, 311b21), "금강왕의 보검이란 단칼에 휘둘러 모든 망상분별을 잘라 내는 것이다.(金剛王寶劍者, 一刀揮斷一切情解.)"; 『五家宗旨纂要』 권상(卍114, 513a13), "금강왕의 보검이란 그 예리한 칼날을 대적할 상대가 없다는 말이다. 만약 학인을 만났는데 그의 손과 발이 집착의 덩굴로 친친 묶여 있으면서도 그릇된 견해를 버리지 못하고 있다면 곧바로 그것을 절단하여 달라붙지 못하게 하는 것이다. 조금이라도 사유분별에 물들면 목숨을 잃지 않을 수 없기 때문이다.(金剛寶劍者, 言其快利難當. 若遇學人, 纏脚縛手, 葛藤延蔓, 情見不忘, 便與當頭截斷, 不容粘搭. 若稍涉思惟, 未免喪身失命也.)"
16 다가서면 목숨을 잃고 물러나도 방과 할을 당하는 진퇴양난의 관문이 바로 부처님의 의중이라는 말이다.

作栲栳木拄杖, 在山僧手裏." 良久云, "你若近前, 却變作金剛王寶劍 ; 你若退後, 却變作德山臨際. 蔡州箇箇, 瓦解氷消." 以拄杖擊禪牀.[1]

1) ㉘ '牀'이 갑본에는 '床'으로 되어 있다. ㉠ 통용자이므로 이하에서는 교감주를 붙이지 않는다.

설화

○ 문수보살이 즐률나무 주장자로 변하여 산승의 손안에 있다 : 즐률은 천태산에서 구한 한 자루의 주장자라는 뜻이다.

○ 그대들이 만일 가까이 다가서면~덕산의 방棒과 임제의 할喝로 변할 것이다 : 만일 가까이 다가서면 목숨을 잃을 것이며, 물러나면 덕산의 방을 맞을 것이라는 뜻이다. 왜 그런가? 바른 법령을 알아차리지 못했기 때문이다. 그렇다면 임제의 근본적인 작용(大用)을 알아차리기는 하였으나 그 근본적인 작용이 눈앞에 나타났어도 그것이 일정한 법도에 얽매이지 않는다는 뜻은 몰랐기 때문에 할을 당하지 않을 수 없다는 뜻이다.

○ 채주蔡州의 곳곳 : 채주는 도적의 소굴이다.[17] (채주를 무너뜨리듯이) 모든 사람에게서 끈끈한 집착을 풀고 결박을 제거해 주었다는 뜻이다.

天衣 : 文殊菩薩至手裏者, 栲栳,[1] 得自天台地一條柱杖也. 你若近前至德山臨濟者, 若近, 則喪身失命 ; 若退, 則便被德山棒. 何以故? 不會正令故也. 然則會臨濟大用也, 亦不知, 大用現前, 不存軌則故, 未免一喝也. 蔡州箇箇者, 蔡州則賊穴. 與一切人, 解粘去縛故.

1) ㉘ '栳'가 을본·병본에는 '栗'로 되어 있다.

---

17 『雪竇語錄』권1(大47, 670c3), "채주에 천 개 만 개로 도둑의 소굴이 즐비하지만, 그것을 때려 부수는 것은 잠깐 사이에 달렸을 뿐이다.(蔡州千箇萬箇, 打破只在須臾.)"

밀암 함걸密庵咸傑의 거

"남에게 가르침을 주려면 속속들이 다 내주어야 하고, 죽이려거든 반드시 피를 보아야 한다. 문수는 팔의 기력을 모두 써먹었지만, 문제는 이 칼이 어디서 왔는지를 몰라서 부처님까지 자신의 잘못에 연루시켰다는 점이니, 온몸이 입이라고 해도 할 말이 없을 것이다. 500비구들이 그렇게 깨달았다고 한다면 쏜살과 같이 지옥에 떨어질 것이다. 만일 바다를 발로 차서 뒤집고 수미산을 거꾸로 엎어 버리며, 운문의 부채가 훌쩍 범천梵天으로 뛰어올라 가 제석천의 콧구멍을 틀어막고, 동해의 잉어는 이것을 한 방 맞더니 물동이를 기울인 듯이 비를 쏟아 붓는다면,[18] 또한 어떻게 헤아리겠는가?" 잠깐 침묵하다가 말하였다. "가락(三臺)[19]에 맞추어 춤을 춘 다음부터 박자 하나하나가 본래 모두 노래가 되었다."[20]

密庵傑擧此話云, "爲人須爲徹, 殺人須見血. 文殊費盡腕頭氣力, 要且, 不知此劍來處, 帶累釋迦老子, 通身是口, 也分疎不下. 五百比丘, 伊麼悟去, 入地獄如箭射. 忽若踏飜大海, 趯倒須彌, 雲門扇子, 踍跳上梵天, 塞著帝釋鼻孔. 東海鯉魚打一棒, 雨似盆傾, 又作麼生商量?" 良久云, "自從舞作三臺後, 拍拍元來惣是歌."

> 설화

○ 남에게 가르침을 주려면~피를 보아야 한다 : 그 아래 글에서 이 뜻이

---

18 『雲門廣錄』권중 古尊宿語錄 16(卍118, 354b9), "운문이 부채를 집어 들고 말하였다. '부채가 훌쩍 삼십삼천에 뛰어올라 제석천의 콧구멍을 틀어막고, 동해의 잉어는 이것을 한 방 맞더니 물동이를 기울인 듯이 비가 쏟아지는구나. 알겠는가?'(師拈起扇子云, '扇子勃跳上三十三天, 築著帝釋鼻孔, 東海鯉魚打一棒, 雨似盆傾相似. 會麼?')"
19 가락(三臺) : 본서 2칙 주 74 참조.
20 낱낱의 언행이 본분을 드러내는 작용이 아닌 것이 없다는 뜻. 활발한 작용의 본질을 드러내는 말이다. 『天聖廣燈錄』권25 「承天辭確章」(卍135, 853a8), "'도란 어떤 것입니까?' '박자마다 모두 법령이다.'(進云, '如何是道?' 師云, '拍拍是令.')"

드러난다.[21]
○ 문수는 팔의 기력을 모두 써먹었지만~쏜살과 같이 지옥에 떨어질 것이다 : 하나하나의 언행에 잘못이 없을 수 없다는 뜻이다.
○ 바다를 발로 차서 뒤집고 수미산을 거꾸로 엎어 버리며 : 산에 오를 바에는 꼭대기까지 이르러야 하고, 바다에 들어갈 바에는 바닥까지 이르러야 한다.[22] 문수가 칼을 들었던 것과 500비구가 깨달았다는 말도 발로 차서 뒤집고 거꾸로 엎어 버려야 하며, 범천에 사는 제석천의 콧구멍도 수미산으로 틀어막아야 한다. 그러므로 동해의 잉어가 한 방을 맞고 물동이를 기울인 듯이 비를 쏟아 붓는 바로 그 경계 속에서 가락에 맞추어 춤을 추어 박자마다 모두 노래가 된 것이다. 이것이 바로 위에서 "남에게 가르침을 주려면 속속들이 다 내주어야 하고, 죽이려거든 반드시 피를 보아야 한다."라고 한 구절의 뜻이다. 이제 비로소 이 칼의 유래를 알게 되었지만, 이것이 어찌 사람을 살리는 칼이겠는가! 그러므로 잘못이 없을 수 없는 것이다.[23]

---

21 그 이하의 모든 구절에 속속들이 남김 없는 소식을 담고 있다는 의미이다. 그렇다면 '운문의 부채가 훌쩍 범천梵天으로 뛰어올라 가 제석천의 콧구멍을 틀어막고'라는 등의 구절에 무슨 속속들이 전하는 소식이 분명히 있다는 말일까? 더 이상 풀이할 논리가 없는 그 구절 그대로에 남김 없는 소식이 들어 있기 때문이다. 본서 1칙 주 53 참조.
22 더 이상 갈 수 없는 경계에까지 이르러야 한다는 말. 『黃龍慧南語錄』(卍120, 204a4), "산에 오를 바에는 꼭대기까지 이르러야 하고, 바다에 들어갈 바에는 바닥까지 이르러야 한다. 산에 오르면서 꼭대기에 도달하지 않으면 우주의 드넓음을 모르고, 바다에 들어가면서 바닥에 도달하지 않으면 검푸른 물의 깊이를 알지 못한다. 기왕에 드넓음을 알고 깊이도 안 이상, 발로 한 번 차서 모든 바다를 다 뒤집어엎고, 주먹으로 한 번 후려쳐서 수미산을 거꾸러뜨렸노라. 손에 잡은 것을 모조리 뿌리쳐 버리고 아무도 모르게 본가에 도달하면, 참새와 까마귀가 잣나무 사이에서 지저귀리라.(登山須到頂, 入海須到底. 登山不到頂, 不知宇宙之寬廣 ; 入海不到底, 不知滄溟之淺深. 旣知寬廣, 又知淺深. 一踏踏翻四大海, 一摑摑倒須彌山. 撒手到家人不識, 雀噪鴉鳴柏樹間.)" 마지막에 '참새와 까마귀가 지저귄다.(雀噪鴉鳴)'는 구절은 '산은 푸르고 물은 맑다.(山靑水綠)'는 구절과 짝을 이루어 쓰이기도 한다.
23 사람을 죽이는 살인검殺人劍만 있고, 사람을 살리는 활인검活人劍은 없다는 뜻이다. 죽이거나 살리는 두 길을 자유자재로 오가야 하는데, 긍정의 활인검은 없고 부정의 살

密菴：爲人須爲澈云云者, 下文現此意也. 文殊費盡至如箭射者, 一一不得無過也. 踏飜至須彌者, 登山須到頂, 入海須到底也. 文殊仗劍, 五百比丘悟去處, 也須踏飜趯倒也, 有梵天帝釋鼻孔, 又須彌墼着. 然則東海鯉魚打一棒, 雨似盆傾, 這裏舞作三臺, 拍拍是歌. 此上爲人須爲澈, 殺人須見血之義也. 方知此劍之來處, 豈活人劍耶! 故不得無過.

인검에 편중되어 있다는 뜻이다. 이 평가는 반드시 비판으로 볼 수는 없고 이 공안의 주안점을 밝힌 것이다. 『大慧語錄』 권13(大47, 866c18), "날카로운 칼을 쓸 것도 없이 단지 '마음도 아니고 부처도 아니며 중생도 아니다.'라는 구절만 있으면 충분하다. 만일 이 구절에서 의심을 벗어난다면 세상 어디로나 마음대로 돌아다닐 것이다.(且不用利劍, 只有箇不是心, 不是佛, 不是物. 若向這裏, 疑情脫去, 天下橫行.)"라고 대혜大慧가 한 말도 이 공안의 핵심이 살인검과 같은 부정의 방법에 있다고 본 안목이다.

32칙 문수여자 文殊女子[1]

본칙 문수가 부처님들이 모여 계신 곳에 도착했는데 마침 부처님들이 각자 계시던 곳으로 돌아가고 한 여인만이 부처님 가까이 앉아 삼매에 들어 있었다. 문수가 부처님께 여쭈었다. "어째서 이 여인은 부처님 가까이 앉아 있는데, 저는 그렇지 못합니까?" 부처님께서 문수에게 "네가 이 여인을 깨워서 삼매에서 일어나도록 하여 직접 물어보거라."라고 하자 문수가 여인의 주위를 세 바퀴 돌고 나서 손가락을 한 번 튕겼고【혹은 세 번이라고도 한다.】여인을 범천梵天까지 밀어 올리며 자신의 신통력을 있는 대로 부렸으나 선정에서 불러내지 못했다. 세존께서 말씀하셨다. "설령 무수한 문수가 애를 써도 이 여인을 선정에서 불러낼 수 없을 것이다. 하방에 42항하사 국토를 지난 곳에 사는 망명보살罔明菩薩[2]이라면 이 여인을 선정에서 불러낼 수 있을 것이다." 잠깐 사이에 망명보살이 땅에서 솟아 나와 세존께 절을 올리자 세존께서 그녀를 선정에서 불러내 보라고 명하셨다. 망명보살이 손가락을 한 번 튕기자 여인은 마침내 선정에서 빠져나왔다.【다른 판본과 대동소이하다.】

世尊, 因文殊, 至諸佛集處, 値諸佛各還本處, 唯有一女, 近彼佛坐, 入於三昧.[1)] 文殊乃白佛, "云何此女得近佛坐, 而我不得?" 佛告文殊, "汝但覺此女, 令從三昧起, 汝自問之." 文殊遶女三匝, 鳴指一下,【或云三下.】乃托至梵天, 盡其神力, 而不能出. 世尊云, "假使百千文殊, 亦出此女定不得. 下

---

1 여인을 선정에서 불러낸 망명보살과 무수한 신통을 부렸어도 불러내지 못한 문수보살, 이렇게 대칭시킨 두 보살 중 누구도 무능하지 않고 누구도 뛰어나지 않다는 점이 이 공안의 관건이다.
2 망명보살罔明菩薩 : 보살 십지 중 초지初地인 환희지歡喜地의 보살. 망상분별을 버린 보살이다. 밀교에서는 현겁賢劫 16존에 속하는 존자로 밀호는 방편금강方便金剛 또는 보원금강普願金剛이다.

方過四十二恒河沙國土, 有罔明菩薩, 能出此定." 須臾罔明大士, 從地涌
出, 作禮世尊. 世尊勅令出定, 罔明鳴指一下, 女遂出定.【有本大同小異.】

1) ㉑ '眛'가 갑본에는 '昧'로 되어 있다.

설화

● 『제불요집경』의 경문에 이렇게 전한다.³ "그때 천왕여래天王如來가 욕계
와 색계의 중간에 보방寶坊⁴을 세우고 『대집경』을 설하였다.⁵ 문수가 미
륵에게 '함께 천왕부처님이 계신 곳으로 돌아갑시다.'라고 하자 미륵이
'문수여! 어떤 여래가 되었건 색色과 상相으로 보지 마십시오.'라 하고
는 사양하고 가지 않았다. 문수가 아주 짧은 찰나에 천왕부처님의 처
소에 도달하였으나 여래께서 은밀하게 신통력을 부려 문수를 두 개의
철위산⁶ 중간⁷에 떨어뜨렸다. 문수는 자신이 누구에게 들렸다가 떨어

---

3 『諸佛要集經』 권하(大17, 763a9) 이하의 내용을 축약했으며, 세부적인 문구들은 상응하
지 않는 부분이 많다.
4 보방寶坊: 본서 23칙 주 10 참조.
5 『大方等大集經』 권5(大13, 28b29)를 비롯하여 이 경의 각 권 도입부에 서술되는 말이며,
『諸佛要集經』에는 보이지 않는다.
6 철위산鐵圍山: 구산팔해九山八海의 하나. 고대 인도의 세계관에서 수미산須彌山을 둘
러싸고 있는 아홉 개의 산 중 가장 마지막에 위치한 산이다. 칠금산七金山의 마지막이
자 구산 중 여덟 번째 산인 니민달라尼民達羅 바깥에 염부제를 비롯한 사대주가 있고
그 주위를 감싸고 있는 짠물의 바다를 둘러싸고 있는 산이 바로 철위산이다. 삼천대천
세계三千大千世界를 가장 바깥에서 감싸고 있는 철위산을 대철위산이라 하고, 소천계
小千界를 둘러싸고 있는 철위산을 소철위산이라 한다. 『彰所知論』 권상 『器世界品』(大
32, 228a23), "이와 같이 사주와 칠산 그리고 묘고산과 철위산, 욕계의 육천과 초선천 등
을 사주계라 한다. 천 개의 사주계가 소천계를 이루는데 이는 소철위산이 감싸고 있다.
이 천 개의 소천계가 중천계中千界를 이루는데 이는 중철위산이 감싸고 있다. 이 천 개
의 중천계가 삼천대천세계를 이루는데 이는 대철위산이 감싸고 있다. 이와 같이 백억의
사주계를 모두 철위산이 감싸고 있다.(如是四洲, 七山, 妙高, 輪圍, 欲界六天, 幷初禪等,
謂四洲界. 一數至千, 爲小千界, 一小鐵圍山圍遶 ; 此小千界, 一數至千, 爲中千界, 一中
鐵圍山圍遶 ; 此中千界, 一數至千, 爲三千大千世界. 一大鐵圍山圍遶. 如是有百億數, 四
洲界等, 皆悉行布鐵圍山等.)"; 『法華經』 권6(大9, 54a21), "또한 예를 들면 토산·흑산·
소철위산·대철위산 등을 비롯한 열 개의 보산이 있지만, 이렇게 여러 산 중에 수미산이

졌는지 스스로 알아차리지 못하였으나 부처님께서 그를 불러 다시 부처님의 처소로 돌아갔고, 마침 다른 부처님들도 각자 계시던 곳으로 돌아갔다. (이하 생략)"
● 세존이 곧 천왕여래이다. 문수는 여인을 선정에서 불러낼 수 없었는데, 망명이 불러낸 이유는 무엇인가? 문수는 이 여인으로 인하여 깨달음을 이루겠다는 마음을 일으켰고 여인은 망명으로 인하여 깨달음을 이루겠다는 마음을 일으켰으니, 스승은 제자를 움직일 수 있지만 제자는 스승을 움직일 수 없기 때문이다. 이것은 교설의 자취에 들어 있는 원인과 결과의 관계이며, 그것을 끌어와 공안으로 삼은 것이다.

[女子] 諸佛要集經文云, "爾時, 天王如來, 於色欲二界中間, 安立寶坊, 說大集經. 文殊告彌勒曰, '可共歸詣天王佛所.' 彌勒曰, '文殊! 莫以色相見諸如來.' 辭而不行. 文殊如伸臂頃, 到天王佛所, 如來微現神力, 貶向二鐵圍山. 文殊, 不自覺知, 爲誰所擧, 佛召之, 還至佛所, 値諸佛各還本處云云." 則世尊, 卽天王如來也. 文殊出女子定不得, 罔明出定, 何也? 文殊, 因此女子, 發菩提心 ; 此女, 因罔明, 發菩提心, 則師能動資, 資不能動師. 此則敎迹因果, 引以爲話.

● 여러 종사宗師들의 염拈과 송頌이 가리키는 취지가 다음과 같이 각기 다

가장 뛰어난 것처럼, 『법화경』도 이와 같으니 여러 경전 중에 가장 으뜸이다.(又如土山黑山, 小鐵圍山大鐵圍山, 及十寶山, 衆山之中, 須彌山爲第一, 此法華經, 亦復如是, 於諸經中, 最爲其上.)"
7 『楞嚴經集註』권8(卍17, 426a10)에 따르면 두 개의 철위산은 두 개의 금강산金剛山과 같으며, 이 두 산의 중간으로 아득히 깊고 어두워 해와 달 그리고 천신이 비칠 수 없는 곳에 8대 지옥이 있고, 그 하나의 지옥마다 또 16개의 지옥이 있다고 한다. 이로써 보면 문수가 떨어진 장소는 그 지옥 중 하나로 해석된다. 그러나 『諸佛要集經』권하(大17, 763a26)에는 천왕여래가 삼매에 들어 신족통神足通을 부려 문수를 철위산 꼭대기에 옮겨 놓았다고 되어 있다.

르다.

- 취암 가진과 귀종사 황룡 혜남이 주고받은 문답의 뜻 : 여인이 선정에 들어 있을 때는 검소한 상태로부터 사치스러운 상태로 들어간 것과 같다. 이것은 황금을 땅에 깔고 백은을 벽에 장식한 격이니, 곧 누각이 겹겹이 중첩된 화장세계[8]의 자라장紫羅帳 속에 진주를 뿌리는 경계이다.[9] 여인이 선정에서 나왔을 때는 사치스러운 상태로부터 검소한 상태로 들어간 것과 같다. 이것은 산은 산이고 물은 물이며,[10] 주장자는

---

8 화장세계華藏世界 : 연화장세계蓮華藏世界의 줄임말.『華嚴經』의 교주인 비로자나불의 원행에 따라 청정하게 장식된 세계이다. 또는『梵網經』권하(大24, 1003c29)에 제시된 연꽃 속에 펼쳐진 세계를 가리키기도 한다. 곧 천 개의 꽃잎이 달린 연꽃의 중대中臺에 앉아 있는 비로자나불이 천 개의 꽃잎 하나마다에 석가불이 되어 천 개의 세계를 이루는 중중무진重重無盡한 세계를 말한다.『華嚴經疏鈔』권23(大36, 175a19), "자재自在라는 말은 세 종류의 세간이 각각 나머지 두 세간에 서로 침투하여 하나가 됨으로써 숨거나 드러나며 겹겹이 중첩되지만 모두 장애가 없다는 뜻이다. 그러므로 화장세계의 게송에서 '화장세계에 있는 티끌이여! 하나하나의 티끌 안에 법계가 나타나네. 보배 광명이 구름처럼 모인 부처님을 나타내니, 이것이 바로 여래의 국토가 자재함이로다.'라고 한다.(言自在者, 三種世間, 互相卽入, 隱顯重重, 皆無礙故. 故華藏偈云, '華藏世界所有塵! 一一塵中見法界. 寶光現佛如雲集, 此是如來利自在.')";『太古語錄』권하(韓6, 683c11), "바다와 같이 넓고 깊은 화장세계를 단번에 드러내니, 화장세계는 겹겹이 중첩되어 끝이 없다. 내가 일찍이 듣고 보아 이제 그 말씀을 믿게 되었으니, 가거나 노닐거나 밟거나 그 어느 순간에도 화장세계를 보노라.(頓現華藏世界海, 華藏世界重重無盡. 我曾聞見今乃信, 行也遊也踏也看.)"

9 자라장紫羅帳 속에~뿌리는 경계이다 : 자라장은 자색의 엷은 명주로 짠 휘장으로 군주나 귀인이 있는 장소를 나타낸다. 이곳에 진주를 뿌린다는 말은 화려한 곳을 더욱 사치스럽게 만들어 시종일관 그 입장을 바꾸지 않는다는 뜻을 비유한다. 흥화 존장興化存獎의 말로 유명해져 선가에서 널리 활용하는 구절이 되었다. 본서 757칙, "내 듣자 하니 전랑(長廊)에서도 할喝을 내지르고 후가後架에서도 할을 내지르는데, 그대들은 그처럼 아무렇게나 할을 내지르지 마라. 설령 나, 흥화에게 할을 내질러 삼십삼천까지 올려놓았다가 다시 바닥으로 떨어뜨려 나에게 한 점의 숨도 남아 있지 않을지라도 깨어나 숨이 돌아온 다음에는 그대들에게 '아직 멀었다!'라고 말하리라. 왜 그런가? 나는 자라장 안에다 진주를 뿌린 적도 없는데, 그대들과 함께 허공에 대고 아무렇게나 할을 내질러 무엇 하겠는가?(我聞前廊也喝, 後架裏也喝, 你莫胡喝亂喝. 直饒喝得興化, 上三十三天, 卻撲下來, 一點氣也無, 待穌息後, 向你道, '未在!' 何故? 興化未曾向紫羅帳裏撒眞珠, 與你諸人, 在虛空裏亂喝作麼?)";『景德傳燈錄』권12「興化存獎傳」(大51, 295b4).

원래 나무로 만들어진 것이고, 백반은 원래 쌀알로 지어졌으며, 사고師
姑[11]는 원래 여인이 비구니가 된 것이라는 등의 말과 통한다.
● 천의 의회·운거 원우·원오 극근·백운 지병 등이 제기한 염拈의 뜻 :
여인의 이름은 '모든 분별을 떠났다'는 뜻의 이의離意이고, 그녀가 들
어간 삼매는 '두루 비치는 달이 때 묻지 않은 광명을 발하는 것과 같은
삼매'라는 뜻의 보월이구광명삼매普月離垢光明三昧 곧 여래如來의 대정大
定[12]이다.

諸宗師家, 拈頌所指各別. 翠巖歸宗問答意, 則女子入定時, 從儉入奢, 黃
金爲地, 白銀爲壁, 則樓閣重重花藏界, 紫羅帳裡撒眞珠也. 女子出定時,
從奢出儉, 山是山水是水, 柱杖元來木頭造, 白飯元是米粒做, 師姑元是女
人做. 天衣懷, 雲居祐, 圓悟勤, 白雲昺, 拈意, 則女子名離愛,[1] 所入三昧,
名寶[2]月離垢光明三昧, 卽如來大定.

1) ㉠『諸佛要集經』권하(大17, 763a10)에 따라 '愛'는 '意'로 바로잡아 번역하였다.
2) ㉠『諸佛要集經』권하(大17, 763a10)에 따라 '寶'는 '普'로 바로잡아 번역하였다.

● 문수가 선정에서 불러내지 못했다 : 한 폭으로 펼쳐진 푸른 하늘은 문

---

10 『宛陵錄』(大48, 385c13) 등에 나오는 구절. 천차만별의 현상을 차별 그대로 긍정하는
    입장이다.
11 사고師姑 : 법랍과 덕이 높은 비구니를 이르는 말.『金剛經註解』권4(卍38, 965a8),
    "승은 비구라 하고 사고는 비구니라 하며, 거사는 우바새라 하고 도고는 우바이라 한
    다.(僧謂之比邱, 師姑謂之比邱尼, 居士謂之優婆塞, 道姑謂之優婆夷.)"
12 대정大定 : 여래의 세 가지 덕 중 하나. 여래의 세 가지 덕은 대정大定·대지大智·대비
    大悲이다. 대정은 맑고 밝은 본체, 대지는 모든 것을 두루 관하는 작용, 대비는 중생을
    구제하려는 마음이다. 대정은 번뇌를 끊는 공덕이 있기 때문에 단덕斷德이라 하고, 나
    머지 둘은 각각 지덕智德과 은덕恩德이라 한다. 이것은 조작하는 어떤 마음도 없기 때
    문에(無作意) 여인의 이름인 이의離意와 같은 의미를 가진다.『攝大乘論釋』권13(大
    31, 248a22), "모든 장애를 다 떠난 분이 제불諸佛이며, 그들이 과원만전果圓滿轉을 얻
    어 어떤 상도 나타내지 않는 경지가 곧 단덕이다.(已離一切障人, 卽是諸佛, 能得此轉,
    一切相不顯現, 卽是斷德.)"

수의 경계로서,[13] 항상 선정에 들어가 있거늘 어찌 다시 불러내겠는가?
- 망명은 여인을 선정에서 불러냈다 : 망명은 무명無明을 뜻한다. 온갖 파도가 다투어 일어나는 것은 보현의 침상으로서,[14] 항상 선정에서 빠져나와 있거늘 어찌 다시 들어가겠는가?
- 그렇다면 문수와 망명은 좌와 우가 되고 여인과 구담은 중간이 된다. 그런데 장산 법천의 송에서는 여인과 문수를 각각 좌와 우에 배치하고 망명을 중간으로 보았다. 또한 각범의 평에서는 여인이 선정에서 불려 나온 측면만 제기하여 중생이 나날이 활용하는 도리를 밝혔을 뿐이다.

文殊出不得者, 一亙靑空, 是文殊境界, 恒入何更出? 罔明出定者, 此云無明, 千波競起, 是普現床榻, 恒出何更入? 然則文殊罔明爲左右, 女子瞿曇爲中間. 蔣山泉頌, 則女子文殊爲左右, 罔明爲中間. 覺範法語, 則但擧女子出禪, 明衆生日用而已.

천의 의회 天衣義懷의 송 天衣懷頌

문수는 범천까지 밀어 올렸지만	文殊托上梵天
망명은 가볍게 손가락 퉁겼다네	罔明輕輕彈指
여인과 황면구담이 저들을 보니	女子黃面瞿曇
하나는 넘어지고 하나는 일어섰구나[15]	看他一倒一起

---

13 구봉 도건九峯道虔이 한 말을 바꾸어 인용하였다. 『景德傳燈錄』 권16 「九峯道虔傳」(大51, 329a20), "온갖 파도가 다투어 솟아오르는 것은 문수의 경계요, 한 폭으로 펼쳐진 맑은 하늘은 보현의 침상이다.(千波競涌, 是文殊境界 ; 一亙晴空, 是普賢床榻.)"
14 위의 주석 참조.
15 하나는 넘어지고 하나는 일어섰구나 : 넘어지고 일어서는 두 갈래는 승패의 양상이 아니라 단순한 차별일 뿐이다. 삼매에 든 여인과 부처님은 이들 차별을 평등하게 바라보고 있는 증인과 같다. 본서 452칙 '대혜 종고의 송', 567칙 '천동 정각의 송' 등에 보인다.

장산 법천蔣山法泉**의 송** 蔣山泉頌

어떤 눈으로도 그 까닭 가려내지 못하니[16]	千眼莫辨來由
홀로 앉아 있는 이것 무슨 삼매인가	孤坐是何三昧
문수가 뛰어나게 솜씨 부려 보았지만	文殊着力雖多
여인이 멋대로 들었던 선정 대단했네	女子隨邪亦殺
망명이 걸어 놓은 빗장 누가 알리오	罔明關楔有誰知
비 스친 봄 산 눈썹먹 뿌린 듯 짙푸르네	雨過春山如潑黛

석문 원이石門元易**의 송** 石門易頌

앉아서 흰 구름 뒤덮은 뭇 봉우리 차지하고 있자니	坐擁群峯覆白雲
꾀꼬리 울어도 깊은 골짜기서 봄이 온 줄 몰랐네[17]	鸎啼深谷不知春
바위 앞에 어지러이 꽃비 내리자	嵒前花雨紛紛落
꿈에서 깨어 비로소 오랜 벗 알아본다[18]	夢覺初迴識故人

운거 원우雲居元祐**의 송** 雲居祐頌

| 무수한 문수도 나오게 하지 못했는데 | 百千文殊出不得 |

---

16 어떤 눈으로도~가려내지 못하니 : 여기서 '눈'은 관세음보살의 천안千眼이다. 그 천 개의 눈 중 어느 것으로도 알 수 없다는 뜻이다.
17 흰 구름~줄 몰랐네 : 깊은 삼매에 들어 있는 입정入定으로 문수가 대면했던 경계를 상징한다.
18 바위 앞에~벗 알아본다 : 삼매에서 빠져나온 출정出定으로 망명이 대면했던 경계를 상징한다. 그 여인의 입정과 출정은 망명이나 문수의 영향을 받았다고 할 수 없으며 입정하여 숨고(隱) 출정하여 드러내며(顯) 자유롭게 오가는 삼매의 본질을 나타낸다. 문수와 망명이 끼어들어 출정을 시켰다면 삼매의 자유자재한 속성은 훼손된다. 『華嚴經疏』 권16(大35, 625a19), "미세한 티끌은 색의 무수한 차별상(色相)에 대응하니 대부분 물질로 구성된 세계에 한정하는 개념이다. 몸과 함께 그 속에서 입정하고 출정하면서 삼매가 완벽하게 성숙되어 숨거나 드러내거나 자유자재로 할 수 있음을 나타내기 때문이며, 그러한 입정이나 출정 등이 어떤 경계에서도 장애가 없음을 총괄하여 꿰뚫어 보는 것이기도 하다.(微塵是色相, 多約器界, 竝身在中, 入定出定, 爲顯三昧純熟, 隱顯自在故, 亦通觀彼入出定等, 卽於境無礙也.)"

망명은 조금도 힘쓰지 않고 해냈다네[19]	罔明不費纖毫力
저녁놀 한 마리 들오리와 나란히 날고	落霞與孤鶩齊飛
가을 강물은 먼 하늘과 같은 빛깔이다[20]	秋水共長天一色

불타 법손佛陀法遜의 송 佛陀遜頌

신통을 모두 펼쳤어도 어쩔 수 없었건만	逞盡神通不奈何
가볍게 손가락 퉁겨 힘 많이 쓰지 않았네	輕輕彈指不消多
진흙 소는 바다에 들어가 용이 되었는데	泥牛入海成龍去
절름발이 자라 여전히 그물에 걸려 있네[21]	跛鼈依前滯網羅

불인 지청佛印智淸의 송 1 佛印淸頌

문수사리는 일이삼이고	文殊師利一二三
망명보살은 오륙칠이네[22]	罔明大士五六七
안타깝다, 황면의 노구담이여	可憐黃面老瞿曇
여인 위해 갖은 애만 썼다네	爲他女子費心力

---

19 무수한 문수도~않고 해냈다네 : 십지보살이 하지 못했던 것을 어떻게 초지보살이 해냈을까? 이는 능력의 유무를 따지는 문제가 아니라 화두로 설정된 관문이다. 처음부터 초지와 십지의 차별은 표면적인 허상에 불과하며 출정시키거나 못하거나 양자는 별 차이가 없는 그 자리에서 참구하도록 설정되어 있다. 『無門關』 42則 「評唱」(大48, 298b8), "말해 보라. 문수는 과거칠불의 스승이었는데 어찌하여 여인을 선정에서 불러내지 못했으며, 망명은 초지보살이거늘 어째서 도리어 불러낼 수 있었는가?(且道! 文殊, 是七佛之師, 因甚出女人定不得;罔明, 初地菩薩, 爲甚却出得?)"

20 저녁놀 한~같은 빛깔이다 : 문수와 망명이 대립하는 듯하지만 조화롭게 어울려 하나의 공안을 완성하고 있는 취지를 상징한다. 제3구와 제4구는 왕발王勃의 「滕王閣序」에 나오는 구절이다. 본서 33칙 '불안 청원의 소참' 마지막 구절 참조.

21 진흙 소는~걸려 있네 : 용이 된 진흙 소와 그물에 걸린 자라 사이에 우열이나 지위의 차별이 있다고 생각한다면 화두의 효용은 사라진다. 뒤의 '원오 극근의 송' 설화 참조.

22 문수사리는 일이삼이고 망명보살은 오륙칠이네 : 다르지만 맞바꾸어도 되는 차이이다.

불인 지청의 송 2 又頌

한 방의 주먹으로 황학루 쓰러뜨리고	一拳拳倒黃鶴樓
한 번의 발길질로 앵무주를 뒤집는다[23]	一踢踢翻鸚鵡洲
망명이 몸소 선정에서 나오게 한 경지 알고 싶은가	欲識罔明親出定
청산 움직이지 않고 강물 길이 흐르노라[24]	靑山不動水長流

설두 법녕雪竇法寧의 송 雪竇寧頌

영리한 자가 어리석은 체하고	悄者賣憨
못난 놈이 벗어나는 흉내 내었네[25]	獃郞作脫
살아 있을 때 죽을 줄 알고	活中解死
죽었을 때 살아나야 하는 법[26]	死中能活
사람들이 유래에 근거하지 않고	今人不本箇來由

---

23 한 방의~앵무주를 뒤집는다 : 황학루와 앵무주는 양자강과 한수漢水가 만나는 무한武漢의 명소이며 한시의 소재로도 많이 쓰인다. 당나라 최호崔顥(704~754)의 〈黃鶴樓〉가 대표적이다. "옛사람이 이미 황학을 타고 떠났으니, 이곳은 텅 비고 황학루만 남았구나. 황학은 한 번 가면 다시 돌아오지 않을 테니, 흰 구름만 영원토록 허공을 떠돌겠구나. 맑게 갠 시냇가에 한양의 나무들은 뚜렷이 드러나고, 향기로운 풀은 앵무주에 무성하다. 날은 저무는데 고향은 어디메인고? 물안개가 강물에 번져 나의 시름 더하네.(昔人已乘黃鶴去, 此地空餘黃鶴樓. 黃鶴一去不復返, 白雲千載空悠悠. 晴川歷歷漢陽樹, 芳草萋萋鸚鵡洲. 日暮鄕關何處是? 煙波江上使人愁.)" 본서 607칙 '백운 수단의 송' 주석 참조.
24 청산 움직이지~길이 흐르노라 : 청산은 문수, 강물은 망명과 상응한다. 각자 특징이 다른 자연물처럼 두 보살이 차별되게 견지하는 입장을 나타낸다. 차별 그대로 무차별이라는 이념이나 차별 그대로 옳다는 분별로 유도하는 구절이 아니라, 모든 이념과 분별이 막힌 활구活句 자체이다.
25 영리한 자가~흉내 내었네 : 문수는 무능했고 망명이 능할 것이라는 예상되는 집착의 소굴을 뒤집었고, 나아가 출정케 하지 못하는 어리석음이나 삼매에서 벗어나도록 하는 재주나 모두 위장에 불과한 것으로 읊었다. 본칙에 매겨진 값 하나하나가 모두 교란하는 개념으로서의 효와 訛였기 때문이다.
26 살아 있을~하는 법 : 입정入定에 출정出定의 도리가 있고, 출정에도 입정의 도리가 있다. 따라서 각각에 뿌리내리고 고수해도 잘못이 없다.

직접 만나 일을 결판냈다 하누나²⁷   也道親逢做始末

불적기의 송 佛跡琪頌
가부좌 틀고 묵묵히 자금산 마주하니   跏趺默對紫金山
안타깝게도 문수는 출정케 하지 못했네   惆悵文殊出定難
망명이 뒤이어 구출해 내지 않았더라면   不得罔明從後救
지금껏 더욱 흐리멍덩하게 있었으리라   至今應是更瞞肝[1]

1) ⑳ '肝'는 '頂'의 오자인 듯하다.

숭승공의 송 崇勝珙頌
여인이 선정에 들어갔던 이유는 무엇인가   女人入定復何因
영취산의 높은 기상²⁸ 어찌 말로 다 하리오   鷲嶺巍巍豈可論
묘덕²⁹은 그때 칼 빼 들지 말았어야 했으니   妙德此時休仗劍
망명이 부처 없는 세상에 존자로 칭송되네   罔明無佛處稱尊
구름 그림자만이 아니라 안개로 더 어둡고   雲陰不獨霧重黟
퍼붓는 비에 더하여 천둥은 더욱 세차도다   雨暴仍兼雷更犇
평상 펼치고자 하나 터 없다고 하지 마라   莫言展榻[1]殊無地
산 구경하노라면 별도의 문 있음 알게 되리³⁰   須信看山別有門

---

27 사람들 이~결판냈다 하누나 : 입정은 오로지 입정으로만 알고 출정은 단지 출정으로만 알아서 처음부터 끝까지 문수와 망명이 어느 한편에 굳어져 있다고 착각한다는 말.
28 영취산의 높은 기상 : 말로 표현할 수 없는 부처님의 경계.
29 묘덕妙德 : 문수는 문수사리文殊師利(ⓢ Mañjuśrī)의 줄인 음사어이고, 묘덕은 그에 대한 한역어이다.
30 평상 펼치고자~알게 되리 : 마지막 두 구절은 송나라 때 유충순劉忠順(987~1061)의 시〈留題資聖寺宗己嘉遁居〉에 나오는 구절과 흡사하다. "절은 으슥하고 암자 더욱 협소한데, 이곳에 피해 살아도 명성은 높구나. 평상 펼치고자 해도 터라곤 없지만, 산 바라보자니 별도의 문이 있구나. 조수가 밀려와 채소밭에 공양하고, 구름은 성곽 마을 저 멀리 지나네. 여래장의 실상 남김없이 깨쳤으니, 바람이 깃발 흔드는 대로 맡겨 두리라.(院幽庵更小, 嘉遁稱名尊. 展榻殊無地, 看山別有門. 潮來供菜圃, 雲過隔城村. 了

1) ㉠ '楫'이 갑본에는 '檝'으로 되어 있다.

자수 회심慈受懷深의 송 慈受頌
세차게 흐르는 장강의 물결 은빛처럼 빛나고 　　長江輥底浪如銀
가을날 핀 흰 마름꽃과 붉은 여뀌 새롭구나 　　　秋日白蘋紅蓼新
작은 배 저 언덕에 도달치 못할까 저어 마라 　　莫怪扁舟難到岸
배 저어 가는 것 노 잡은 사람 손에 달렸다네[31] 　行船由在把梢人

조계명의 송 曹溪明頌
넋 나간 듯한 여인 불러도 돌아보지 않자 　　　女子如癡喚不迴
문수는 범천의 우레 우렁차게 울렸다네 　　　　文殊轟動梵天雷
망명이 손 들어 가볍게 손가락 퉁기니 　　　　　罔明擧手輕彈指
이 소리에 어리둥절 선정에서 나왔다네 　　　　底事茫然出定來

원오 극근圜悟克勤의 송 圜悟勤頌
삼매[32]는 허공과 같아 　　　　　　　　　　　大定等虛空
확 트였거늘 핵심 가려낼 이 누구인가 　　　　　廓然誰辨的
여자와 구담이시여 　　　　　　　　　　　　　女子與瞿曇

畢如來藏, 任他風動幡.)"
31 배 저어~손에 달렸다네 : 입정과 출정의 주도권은 모두 삼매에 든 그 여인의 몫이요, 문수와 망명은 장강의 물결과 가을날 화초처럼 한가한 배경일 뿐 뱃사공의 역할은 아닙니다.
32 삼매(大定) : 어떤 삼매인지 분명하지 않다. 강승회康僧會는 소정小定과 대정을 시일의 차이로 대칭시키면서 다른 어떤 상념도 없이 오로지 하나의 경계에 집중하기 때문에 모두 일선一禪이라 하였다. 『安般守意經』「康僧會序」(大15, 163a19), "소정은 3일이요, 대정은 7일이다. 고요하여 다른 상념이 없고 죽은 듯이 담박하니 이를 일선이라 한다.(小定三日, 大定七日, 寂無他念, 怕然若死, 謂之一禪.)"

법령 따라 어떻게 다스리고 곧게 할까[33]	據令何調直
사자가 기상을 떨치니	師子奮迅兮
하늘을 흔들고 땅을 휩쓰는 듯	搖乾蕩坤
코끼리가 머리 휘돌리나	象王迴旋兮
다른 어떤 힘에도 도움 받지 않는다네[34]	不資餘力
누가 이겼고 누가 졌는가	孰勝孰負
누가 삼매에서 나왔고 누가 들어갔는가	誰出誰入
비 그치고 구름이 걷히니	雨散雲收
푸른 하늘에 밝은 해로다	靑天白日
그대는 모르는가	君不見

---

33 다스리고 곧게 하다(調直) : 이 말은 삼매를 그 작용의 측면에서 설명한 말이다. 번뇌를 잘 다스려 거짓이 없이 곧은 상태로 이끈다는 뜻에서 삼매를 조직정調直定이라 한다. 『維摩經略疏』권2(大38, 591a26), "번뇌가 없는 무루無漏의 경계를 일으키고 갖가지 삿된 견해를 끊어 없애는 것을 가리켜 조직정이라 한다.(能發無漏, 斷諸邪見, 名調直定)"; 『摩訶止觀』권2(大46, 11a24), "수행법은 많지만 간략하게 말하면 네 가지가 있다. 첫째는 항상 앉아서 하는 상좌常坐, 둘째는 항상 움직이면서 하는 상행常行, 셋째는 앉아 있기도 하고 움직이기도 하는 반행반좌半行半坐, 넷째는 움직이지도 않고 앉아 있지도 않는 비행비좌非行非坐이다. 이들을 모두 삼매라고 하는 까닭은 번뇌를 조복시키고(調) 삿된 견해가 사라진(直) 선정이기 때문이다.(行法衆多, 略言其四. 一常坐, 二常行, 三半行半坐, 四非行非坐. 通稱三昧者, 調直定也.)"; 『信心銘』(大48, 376c27), "마음이 평등한 경계에 딱 들어맞아, 조작해 낸 분별이 모두 그치고, 여우 같은 의심이 깨끗이 사라지면, 바른 믿음이 갖추어져 곧아지리라.(契心平等, 所作俱息, 狐疑盡淨, 正信調直.)"

34 사자가 기상을~받지 않는다네 : 망명이 손가락을 퉁기는 소리에 의지하여 여자가 삼매에서 깨어난 것이 아니라 그것과 무관하게 스스로 출정했다는 말. 사자처럼 웅장한 기상을 펼친 문수의 동작도 마찬가지이다. 두 보살이 대조되는 외형으로 묘사되어 있지만 출정을 못 시킨 측면으로 보자면 둘은 평등하다. 아래 설화의 풀이처럼 양자의 승패와 우열은 가를 수 없다. 마치 대매와 마조의 대립하는 언사가 그러한 관계인 것과 같다. 『大慧語錄』권5(大47, 830b3), "학인이 대혜에게 물었다. '대매는 마음이 부처라 하였고, 마조는 마음도 아니고 부처도 아니라 하였는데 어느 편이 옳은지요?' '옳다면 양편 모두 옳고, 옳지 않다면 양편 모두 옳지 않다.'(僧問, '大梅, 卽心是佛 ; 馬祖, 非心非佛, 阿那箇是?' 師云, '兩箇俱是, 兩箇俱不是.')"

망아지가 세상 사람 모두 짓밟아 버리니[35]   馬駒踏殺天下人
임제는 아직 낯도둑의 솜씨는 아니라네[36]   臨濟未是白拈賊

[설화]

○ 삼매는 허공과 같아~어떻게 다스리고 곧게 할까 : 여인과 구담이 삼매에 들어서도 법령을 따르고 있다는 뜻을 밝혔다.
○ 사자가 기상을~땅을 휩쓰는 듯 : 문수가 여인을 선정에서 불러내지 못한 의미를 밝혔다.
○ 코끼리가 머리 휘돌리나~도움 받지 않는다네 : 망명이 여인을 선정에서 불러낸 의미를 밝혔다.
○ 누가 이겼고~누가 들어갔는가 : 문수와 망명 사이에 우열이 없다는 뜻이다.
○ 비 그치고~밝은 해로다 : 삼매는 허공과 같다는 첫 구절의 뜻이다.
○ 망아지가 세상 사람~낯도둑의 솜씨는 아니라네 : 앞서 나온 사자와 코끼리가 어찌 이렇지 않겠느냐는 뜻이다.

圓悟 : 大定至何調直者, 明女子瞿曇, 大定中據令也. 師子奮迅云云者, 明文殊出不得也. 象王廻旋云云者, 明罔明出得也. 孰勝至誰入者, 文殊罔明, 無優劣也. 雨散至白日者, 大定等虛空之義也. 馬駒踏殺云云者, 前之師子象王, 豈非此也.

---

35 망아지는 마조 도일馬祖道一을 가리킨다. 본서 161칙 본칙 설화 주석, 165칙 '설두 중현의 염' 설화 주석 참조.
36 임제의 할도 마조의 솜씨에는 비교가 되지 않는다는 본래의 뜻을 확장하였다. 곧 이 공안이 전하는 취지는 어떤 것과도 비교되지 않을 정도로 뛰어나다는 말이다. 낯도둑에 대해서는 본서 2칙 주 58 참조.

불안 청원佛眼淸遠의 송[37] 佛眼遠頌

나오게 했거나 그렇게 못했거나	出得出不得
본래 이 선정을 떠나지 않았다네	初不離是定
성자도 범부의 분별을 일으키고	聖者起凡情
범부라도 성자가 되는 법이라네	凡人而乃聖
세로로 휘두르고 가로로 빼 들며[38]	倒用與橫拈
삿됨도 받치고 바름도 드러내네	扶邪及顯正
봄비 내리고 봄바람 부니 대사립 서늘하고	春雨春風竹戶凉
꽃 지고 새 우는데 봉우리마다 고요하구나[39]	落花啼鳥千峯靜

불감 혜근佛鑑慧懃의 송 佛鑑懃頌

세존께서 성내고 문수 기뻐하는데	世尊嗔文殊喜
망명은 가볍게 손가락 퉁기는구나	罔明輕輕彈指
눈먼 나귀 무리 지어 신라 지나고	瞎驢逐隊過新羅
더듬는 혀가 삼천 리까지 퍼졌다네[40]	吃嘹舌頭三千里

---

37 출정出定케 했거나 못했거나, 성인이나 범부, 삿됨과 바름 등 모든 양상을 무차별로 수용하는 관점에서 자유자재한 활용에 대하여 읊은 게송.

38 세로로 휘두르고~빼 들며 : 주장자를 마치 칼처럼 마음껏 빼어 들거나 휘두르는 모습을 통하여 한편에 고착되지 않고 자유롭게 오가는 활발한 작용을 묘사한다. 『黃龍慧南語錄』(大47, 632a14), "법좌에 올라앉아 주장자를 잡고 '가로로 잡았다가 세로로 휘두르며 미륵의 눈동자를 젖혀 열고, 밝은 모습으로 갔다가 어두운 모습으로 돌아왔다가 마음껏 하며 조사의 코를 후려쳐 떨어뜨리라. 바로 이럴 때는 목건련과 사리불일지라도 숨을 삼키고 목소리도 내지 못할 것이니 임제와 덕산이 껄껄대고 크게 웃을 것이다. 말해 보라! 무엇을 두고 웃는 것일까? 돌!'이라 한 뒤 법좌에서 내려왔다.(上堂, 拈拄杖云, '橫拈倒用, 撥開彌勒眼睛；明去暗來, 敲落祖師鼻孔. 當是時也, 目連鶖子, 飮氣吞聲；臨濟德山, 呵呵大笑. 且道! 笑箇什麼? 咄!' 下座.)"

39 봄비 내리고~봉우리마다 고요하구나 : 제1구와 제2구에서 읊은 뜻을 자연물에 의탁하여 시적으로 형상화하였다. 봄에 비 내리고 바람 불며, 꽃이 지고 새 우는 지극히 자연스러운 현상을 통해 눈앞에 분명히 현전現前해 있는 세계를 그대로 드러내었다.

40 눈먼 나귀~리까지 퍼졌다네 : 바로 앞도 분간하지 못하는 나귀가 멀리 신라를 지나

대혜 종고大慧宗杲**의 송** 大慧杲頌

나오게 했거나 그렇지 못했거나	出得出不得
이 선정은 바른 선정 아니었다네[41]	是定非正定
망명과 문수여	罔明與文殊
궁색한 목숨 결국 잃어버렸구나[42]	喪却窮性命

죽암 사규竹庵士珪**의 송** 竹庵珪頌

문수가 부리는 신통에 기대지 말고	不假文殊神通
망명이 손가락 퉁기기 바라지 마라	休要罔明彈指
바로 그러는 순간 영산의 회중에서	爾時靈山會中
여자는 선정으로부터 불려 나오리라	女子從定而起

목암 법충牧庵法忠**의 송** 牧庵忠頌

| 저울추 우물에 떨어뜨려 | 秤錘落井 |
| 오직 저울대만 남았다네[43] | 只有秤衡 |

고, 더듬는 혀로 내뱉은 말이 아득히 울려 퍼진다는 뜻. 『雲門廣錄』권상(大47, 552b3), "'생사의 근원에 대해서는 따지지 않겠습니다. 눈앞의 삼매란 어떤 것입니까?' 더듬는 혀로 내뱉은 말이 삼천 리까지 울려 퍼진다.'(問, '生死根源卽不問. 如何是目前三昧?' 師云, '吃嘹舌頭三千里.')"

41 이 선정은~선정 아니었다네 : 여인의 선정이 실實이 아니라 하나의 관문關門이었다는 말. 그것은 망명과 문수의 대립되는 반응을 이끌어 내기 위하여 설정한 기틀이라는 안목이다.

42 망명과 문수여~결국 잃어버렸구나 : 망명과 문수가 그 허상의 선정 앞에서 출정을 시도했기 때문에 성공했거나 실패했거나 여인과 부처님께 속아 목숨을 빼앗기는 꼴이 되었다는 말. 이 경우 여인의 선정은 하나의 법령과 같아서 그대로 받아들이면 그만이고 그에 대한 다른 어떤 시도도 헛짓거리로 전락한다. 『頌古聯珠通集』권19(卍115, 237b9), "개에게 불성이 없다고 말함으로써, 마갈의 법령 고스란히 제기했다네. 그 칼날을 범하려 덤벼드는 순간, 궁색한 목숨 결국 잃어버리리라.【잠암 혜광潛菴慧光의 송】(狗子無佛性, 全提摩竭令. 纔擬犯鋒鋩, 喪却窮性命.【潛菴光】)"

43 저울추 우물에~저울대만 남았다네 : 선정에서 불러내는 편과 그렇지 못한 편 중 어느

대립하며 자신만 생각하니	兩兩相憶
물건 나누자 공평치 않네[44]	分物不平
저울추를 건져 올리자마자	方始取出秤錘
문득 다시 저울대 잃었네	忽又失却秤衡
이웃집에 가 빌려 왔건만	始去隣家借覓
저울대에는 눈금이 없구나	衡上不曾釘星
그쳐라, 그쳐	休休
무거운 것 무거운 대로 두고	重者從他重
가벼운 것 가벼운 대로 두라[45]	輕者從他輕

설화

○ 무거운 것 무거운 대로 두고, 가벼운 것 가벼운 대로 두라 : 문수는 문수일 뿐이고, 망명은 망명일 뿐이며, 구담과 여인 또한 그러하다는 뜻이다.

牧菴 : 重者從他重, 輕者從他輕, 文殊但文殊, 罔明但罔明, 瞿曇女子亦然.

천산여의 송 泉山念頌

여인의 몸으로 선정에 들어간 순간	女子身中入定時

편이 옳은지 시비를 가릴 기준이 없다는 말. 애초에 분별의 틀을 벗어나 있었기 때문이다.

44 대립하며 자신만~공평치 않네 : 한편이 옳고 상대는 그르다는 분별을 말한다. 이하 '저울대에는 눈금이 없구나.'라는 구절까지는 양편을 대립시켜 헤아리는 어떤 인식 수단도 통하지 않는 화두의 속성을 나타낸다.

45 무거운 것~대로 두라 : 선정에서 불러낸 망명이나 그렇지 못했던 문수나 그 자체로 각각 시비를 벗어난 완결된 화두를 이루는 요체이다. 그대로 둘 뿐 분별의 눈금으로 계량하지 않는다. 설화의 해설도 그렇듯이 부처님을 비롯한 모든 등장인물이 평등의 극치를 누린다.

복두의 두 끈이 양 눈썹 끝에 걸렸도다⁴⁶	幞頭兩脚掛雙眉
쥐 놀래고자 고양이 그림 그렸다가	由來畫猫¹⁾要驚鼠
한 번에 찢어발기니 모든 쥐 속았네⁴⁷	一朝擘破鼠渾欺

1) ㉘ '猫'가 갑본에는 '貓'로 되어 있다.

심문 담분心聞曇賁의 송 心聞賁頌

도인들은 연화루⁴⁸ 두지 않으니	山家不置蓮花漏
한밤처럼 달게 자며 전혀 모르네	夜裏酣眠摠不知
문득 꿈 깨어 새소리 듣고서야	驀地夢迴聞鳥叫
날 밝은 지 오래된 줄 아는구나	方知天曉已多時

자항 요박慈航了朴의 송 慈航朴頌

고운 겉모양이 우둔한 자질 감싸지 않는 법이요⁴⁹	姸皮不褁癡骨

---

46 복두의 두~끝에 걸렸도다 : 머리에 복두를 쓰고 끈을 단단히 조여서 바싹 당긴 남자의 모습이다. 여기에는 선정에 든 바로 그때 여인이 남자가 되었다는 뜻이 들어 있다. 남자에서 여자로 자유자재하게 출입하는 『華嚴經』의 삼매를 활용하였다. 80권본 『華嚴經』 권15(大10, 78a26), "노년의 몸으로 바른 선정에 들어갔다가 여인의 몸으로 선정에서 나오고, 여인의 몸으로 바른 선정에 들어갔다가 남자의 몸으로 선정에서 나온다.(老年身中入正定, 善女身中從定出, 善女身中入正定, 善男身中從定出.)"
47 쥐 놀래고자~쥐 속았네 : 불러냈거나 불러내지 못했거나 모두 쥐를 속이는 고양이 그림과 같았다는 말. 쥐들이 그 그림을 실물로 오인했다가 찢어 버리는 순간 속았다고 아는 것처럼 출정을 두고 벌인 문수와 망명의 대립은 모두 관문을 구성하는 두 측면이며 그들의 능력과는 상관없다.
48 연화루蓮花漏 : 고대의 시계. 이조李肇의 『唐國史補』 권중에 따르면, 여산 혜원廬山慧遠(334~416)이 얇은 구리 조각으로 연꽃 모양의 그릇을 만들어 물을 채우고 바닥에 구멍을 뚫어 물이 떨어지게 고안함으로써 시각을 알리는 시계를 제작했다고 한다. 이것이 물시계의 시초라 한다. 『佛祖統紀』 권26(T49, 262c9), 『釋氏稽古略』 권2(T49, 788a26) 등에는 여산 혜원의 제자 혜요慧要가 만들었다고 되어 있기도 하다.
49 고운 겉모양이~않는 법이요 : 오호십육국 시대에 남연南燕의 마지막 왕인 모용초慕容超(재위 405~410)와 얽힌 일화에서 나온 말이다. 모용초의 아버지는 전연前燕의 북해왕北海王 모용납慕容納인데 전진前秦의 부견苻堅에게 패망하였다. 모용초는 나라를

웃는 낯에야 어찌 성나 치켜든 주먹을 먹일 수 있으리	笑面寧受嗔拳
황면구담이 저지른 잘못이여	黃面瞿曇漏逗
십만 팔천 리 거리로 아득히 멀어졌구나	迢迢十萬八千

한암 혜승寒嵒慧升의 송[50] 寒嵒升頌

한 빛깔의 봄기운이 황제의 동산에 돌아오자	一色春歸上苑時
산뜻한 꽃과 고운 꽃받침 가지마다 가득하네	鮮葩艶萼滿枝枝
복숭아꽃 붉고 오얏꽃 희고 장미 자줏빛인데	桃紅李白薔薇紫
동군[51]에게 물었으나 전혀 알지 못하더라	問着東君摠不知

송원 숭악松源崇嶽의 송 松源頌

불러냈거나 불러내지 못했거나	出得出不得
허깨비의 소굴에 굴러떨어지리	攧落精靈窟
어디에선들 풍류 즐기지 못하랴	何處不風流
조사에게도 묘한 비결은 없다네[52]	祖師無妙訣

다시 세우기 위해 모친과 함께 이곳저곳을 떠돌아다녔다. 신분을 감추기 위해 미친 행세를 하고 구걸을 하였는데 진秦의 요서姚緖가 그가 남다른 인물임을 알아보고 조카인 요흥姚興에게 만나 보라 하였다. 하지만 모용초가 철저하게 자신의 본모습을 숨기고 보여 주지 않아 요흥은 그의 천한 모습만 보고서 숙부에게 '아름다운 외모는 우둔함을 감싸고 있지 않다(妍皮不裹癡骨)라는 속담은 허튼소리였습니다.'라고 하였다. 외모가 아름다운 사람은 내면에 지혜도 갖추었기 마련이라는 이 속담은 본래는 겉과 속이 일치함을 뜻한다.『晉書』「慕容超載記」참조.

50 출정하여 갖가지 차별 현상을 누리는 측면과 입정하여 차별에 대한 어떤 분별도 일으키지 않는 측면을 대비시킨 송.
51 동군東君 : 봄을 관장하는 신. 본서 6칙 주 38 참조.
52 어디에선들 풍류~비결은 없다네 : 양단이 모두 허용되지 않으면서 동시에 어느 곳에서나 본분의 풍류를 펼칠 수 있는 바로 이것 이상의 묘책은 없다는 뜻이다.

개암붕의 송 介庵朋頌

하늘빛 어두침침한 오늘	今日天色暗曚昧
강신이 해신의 모임에 갔다네	江神去赴海神會
거센 바람에 늙은 나무 뿌리째 뽑히고	狂風拔出老樹根
파도는 바위에 부딪혀 가루처럼 부서지네	浪打石頭如粉碎

밀암 함걸密庵咸傑의 송 密庵傑頌

불러낸 것이 불러내지 못한 것만 못한데	出得何如未出時
눈먼 나귀 무리 지어 온전한 기틀 잃었다네[53]	瞎驢成隊喪全機
지금 바다 물결 숫돌처럼 평평히 잠자거늘	而今四海平如砥
갈댓잎은 바람 맞아 어지럽게 울리는구나[54]	蘆管迎風撩亂吹

본연거사의 송 本然居士頌

한바탕 벌인 연극[55]에 내력이 있으니	一場雜劇有來由
관객의 웃음 틀림없이 그치지 않으리라	只要傍人笑不休
문득 빗방울 떨어져 분칠 다 지워지니	忽地雨淋粧粉盡
부끄러워할 일 아님에도 부끄러워한다	不堪羞處也堪羞

열재거사의 송 悅齋居士頌

문수는 자신에게 매우 사치스러웠고	文殊爲我忒殺奢

---

53 불러낸 것이~기틀 잃었다네 : 여인을 삼매에서 불러내면 그렇지 못한 것보다 뛰어난 능력인 듯이 설정된 관문에 속는다는 말. 출정을 두고 갈라진 문수와 망명의 차이는 그것 그대로 각각 온전한 기틀이지만, 눈먼 나귀와 같은 무리들이 선정에서 불러내는 기량을 탁월한 것으로 여겨 그것을 망가뜨린다는 뜻이다. 출정이 입정 상태만 못하다고 한 제1구는 그러한 무리들의 고루한 견해를 대치할 목적에서 제시되었다.
54 제1구와 제3구, 제2구와 제4구가 각각 호응한다.
55 처음부터 '여인을 선정에서 불러내 보라.'고 하였지만, 문수와 망명에게 역할을 미리 정해 주었던 부처님이 이 가상의 무대를 연출한 것이다.

망명은 자신에게 매우 검소하였다네	罔明爲我忒煞儉
사현휘[56]의 글귀를 떠올리게 만드니	令人還憶謝玄暉
'맑은 강물 비단 같다' 말할 줄 아네[57]	解道澄江淨如練

오운 지봉五雲志逢의 염

"문수만 이 선정에서 불러내지 못했을 뿐 아니라 어쩌면 여래일지라도 이 선정에서 불러낼 수 없었으리라. 그렇다면 교설의 뜻은 어떻게 이해해야 할까?"

五雲拈, "不唯文殊不能出此定, 但恐如來也出此定不得. 只如敎意, 怎生體解."

설화

○ 여인의 선정은 잡을 여지가 없는 쇠망치[58]와 같다는 소식을 밝혔다. 곧 교설에 들어 있는 조사의 뜻을 말한다.

五雲 : 明女子定似無孔鐵鎚也. 則敎中祖意也.

협산 자령夾山自齡의 염

"이 공안에 대해 분명히 알지 못할 난점은 없다. 문수는 어째서 불러내

---

[56] 사현휘謝玄暉 : 남제南齊 때 시인 사조謝朓(464~499). 현휘는 자이다. "맑은 강물 비단 처럼 깨끗하다.(澄江淨如練)"라는 구절은 사현휘의 시 〈晚登三山還望京邑〉에 나온다.
[57] 제3구와 제4구는 이백李白이 지은 〈金陵城西樓月下吟〉의 구절인데, 앞뒤의 구절이 도치되었다. 위의 사현휘의 시 구절을 전고典故로 지었으며 절창으로 꼽힌다.
[58] 잡을 여지가 없는 쇠망치(無孔鐵鎚) : 자루를 꽂을 구멍이 없는 통째의 쇠망치. 여인의 선정은 분별로 잡을 여지가 전혀 없는 하나의 화두로 제시된 것이라는 말. 문수는 물론 여래라도 모두 어찌할 도리가 없다. 그 어떤 위대한 인물의 능력과 수단도 통하지 않는 난제를 뜻한다. 본서 417칙 본칙 설화 주석 참조.

지 못했고 망명은 어째서 불러낼 수 있었을까?[59] 여러분이 만일 세차게 흐르는 물길이나 재빠르게 휘두르는 칼날과 같은 눈썰미를 가지고 있다면, 이 한 떼거리 사람들이 저지른 잘못[60]을 알 뿐만 아니라 헤아릴 수 없이 많은 부처와 조사가 나타나더라도 작가들에게 그 본색을 간파당하리라는 사실도 알게 될 것이다. 만일 푸른색과 누런색을 가려내지 못하고 삿된 것과 바른 것을 구분하지 못한다면, 오로지 '여인을 선정에서 불러낸다.'라는 말에서 찾을 방도만 돌아볼 뿐이리니, 현사가 비판했던 말[61]이 그것이다."

夾山齡拈, "者公案, 無不委知, 文殊爲什麽出不得, 罔明爲什麽出得? 諸人儻具奔流度刃底眼, 非但見者一隊漢敗闕, 乃至河沙祖佛出來, 也被作家

---

[59] 이 공안의 핵심은 바로 이 의문 자체라는 말. 이 의문이 이 공안의 처음이자 끝이며, 난점이면서 동시에 타파해야 할 분명한 목표라는 뜻이다.
[60] 등장하는 모든 인물들이 이 공안을 완결하는 데 맡고 있는 역할을 말한다. 그것을 왜 '잘못'이라고 할까? 겉으로는 잘잘못을 뚜렷하게 나누고 있는 듯하지만 사실은 그렇지 않기 때문이다. 전광석화와 같이 빠른 눈을 붙이고 있다면 처음에 제시한 그 의문을 즉시 간파하게 되는데, 결과적으로 이 공안에서 감추어 둔 중심 장치가 발각되어 잘못과 같이 귀결된다.
[61] 화두를 간파하는 요령을 모르고 "오로지 주어진 말에서 찾으려고 마주하고 있을 뿐이다."라고 한 현사 사비玄沙師備의 말을 가리킨다. 『玄沙廣錄』권상(卍126, 355b3), "현사가 어느 날 무(蘿蔔) 하나를 들고 학인에게 물었다. '이 무를 그대는 어떻게 생각하느냐?' 일정한 기간 동안 100여 사람이 이 질문에 대답을 하였으나 모두 현사의 취지와 일치하지 못했다. 그 뒤 원창元昌이 '제가 먹었습니다. 화상이시여!'라고 말하자 현사가 '무엇을 먹었느냐?'라고 물었다. '무를 먹었습니다.' 현사가 '알았구나, 알았어!'라고 인정하고 또 이렇게 말하였다. '내가 얼마 전에 그대들에게 물었던 것은 바로 먹을거리였는데, 그대들이 이해하지 못하고 오로지 주어진 말에서 찾으려고 마주하고 있을 뿐이니 무슨 깨달을 기약이 있겠는가! 나는 이제 그대들에게 곧바로 「말을 들었으면 그 근본을 이해해야 한다.」라고 말할 것이다. 먹을 수 있으면 먹는 것이고, 쓸 수 있으면 쓰는 것이다.'(師一日拈起蘿蔔, 問僧, '者箇蘿蔔, 你作麽生?' 前後可百餘人下語, 悉皆不契. 後有元昌對云, '某喫. 和尙!' 師云, '喫什麽?' 昌云, '喫蘿蔔.' 師云, '知得, 知得!' 師又云, '我比來問你諸人, 是箇喫底物, 是你不會了, 只管覓對話, 有什麽了期! 我今直向你道,「承言須會宗.」喫是喫底, 用是用底.')" 같은 책, 권하(卍126, 375b5)에도 동일한 취지가 보인다.

覷破. 其或靑黃不辨, 邪正不分, 只管去覓女子出定, 玄沙道底."

> [설화]

○ 핵심이 되는 뜻은 오운 지봉의 염과 마찬가지이다. 현사가 했다는 말은 미상이다.[62]

夾山 : 大義, 與五雲拈一般也. 玄沙道底, 未詳.

취암 가진翠嵓可眞과 황룡 혜남黃龍慧南의 문답

취암 가진이 귀종사 혜남 화상의 회중에서 수좌로 지내고 있을 때, 혜남이 물었다. "듣자 하니 수좌는 늘 여자출정女子出定 화두를 학인들에게 제기한다고 하던데 사실인가?" "그런 일은 없었습니다." "사치스러우면서 검소하지 않고, 검소하면서 사치스럽지 않은 법인데,[63] 어째서 그런 일이 없었다고 하는가?" "본분을 추구하는 납승일지라도 소금이나 간장이 부족해서는 안 될 것입니다."[64] 혜남이 고개를 돌려 시자를 불러서 말하였다. "전좌典座[65]에게 내일은 흰죽만 끓이라고 일러라."[66]

---

62 현사의 말은 앞의 주석과 같은 전거를 가진다.
63 사치스러우면 시종일관 사치스럽고, 검소하면 철저하게 검소할 뿐이라는 말. 선정에 들어가면(사치) 결코 불러내는 일이 없이 선정에 들 뿐이고, 삼매에서 불려 나와 일상에서 활용하면(검소) 그것 그대로 진실한 경계를 구현할 뿐이라는 뜻이다. 선정에 들어 있거나 그렇지 않거나 양자의 차별이 없으므로 문수나 망명을 부정하면 둘 모두 부정하고 긍정하면 둘 모두 긍정하는 입장이다.
64 아무 맛도 없는 몰자미沒滋味를 고수하기만 하면 아무도 접근할 수 없기 때문에 소금과 간장으로 맛을 내듯이 방편을 쓰지 않을 수 없다는 말.
65 전좌典座 : 대중의 공양을 담당하며 밥을 짓는 반두飯頭와 죽을 끓이는 갱두羹頭 등의 소임을 관리하는 직책. 『禪院淸規』 권3 「典座」(卍111, 892b15), "전좌는 주방을 관리하면서 그곳에서 죽과 밥을 먹을 때 그 음식이 대중과 달라서는 안 된다. 아침과 점심 두 때의 음식이 준비되면 먼저 승당을 바라보며 분향하고 예배를 올린 다음 공양할 음식을 보낸다.(典座, 係廚中喫粥飯, 所食不得異衆. 二時食辨, 先望僧堂, 焚香禮拜訖, 然後發食)"; 『永平淸規』 권상 「典座敎訓」(大82, 320c4), "근래에 큰 사원에는 반두와 갱두의

翠嵓眞, 在歸宗南和尙會中, 爲首座時, 南問, "承聞, 首座常將女子出定話爲人, 是不?" 眞云, "無." 南云, "奢而不儉, 儉而不奢, 爲什麽道無?" 眞云, "若是本分衲僧, 也小他鹽醬不得." 南迴首喚侍者, "報典座, 明日只煮白粥."

> [설화]

○ 그런 일은 없었습니다 : 실제로 없었다는 말은 아니다. 그렇게 학인들에게 제기한 적은 있었지만, 그렇게 생각한 적은 없었다(그것이 반드시 옳다고 여기지는 않았다)는 뜻이다.
○ 사치스러우면서 검소하지 않고, 검소하면서 사치스럽지 않은 법인데 : 취암 가진 수좌가 깨달은 경계이다.
○ 소금이나 간장이 부족해서는 안 될 것입니다 : (그 화두는) 아무 맛도 없다는 뜻이다.
○ 내일은 흰죽만 끓이라고 일러라 : 수좌가 이미 소금과 간장을 가지고 있기 때문이다.

翠巖云無者, 非實無也. 伊麽爲人, 未曾伊麽也. 奢而不儉云云者, 眞首座悟處也. 少他鹽醬不得者, 無滋味也. 明日只煮白粥者, 首坐已備鹽醬故.

소임을 둔다. 이들은 전좌의 명에 따라 움직인다.(近來大寺院, 有飯頭羹頭. 然而是典座所使也.)"
66 소금과 간장이 필요하다고 하여 방편을 허용한 취암의 입장에 대하여 아무 맛도 없는 본분의 화두를 그대로 고수하는 입장으로 대칭시켰다. 이 문답을 제기한 후에 허당 지우虛堂智愚가 취암을 대신해서 다음과 같이 한 말이 있다. 『虛堂錄』 권6(大47, 1026b13), "은혜를 저버린 사람에게는 빚을 탕감해 주지 않는다.(代云, '負心人不放債.')" 취암은 취암대로 자신이 가지고 있는 소금과 간장이라는 방편을 그대로 간직하겠다는 취지의 대어이다.

영소무英邵武와 취암 가진의 문답

취암 가진이 "여자가 선정에서 불려 나온 뜻은 무엇인가?"라고 던진 질문에 영소무(寶峰洪英)가 손을 뻗어 자신의 무릎을 두드린 다음 떠났다. 취암이 웃으며 말하였다. "수저를 파는 장돌뱅이에 불과하구나. 아직 멀었다."[67]

英邵武, 因翠嵓眞問曰, "女子出定意旨, 如何?" 師引手搯其膝而去. 眞笑曰, "賣匙箸客. 未在."

[설화]

○ 뜻이 분명하지 않다.

○ 손을 뻗어 자신의 무릎을 두드린 다음 떠났다 : 그것이 바로 여자가 선정에서 불려 나온 뜻이라는 것을 말한다.

○ 수저를 파는 장돌뱅이에 불과하구나. 아직 멀었다 : '소금을 몰래 매매하는 자'[68]라고 하는 말과 같다. 그 뜻은 본분을 추구하는 납승이라면 소금이나 간장이 부족해서는 안 된다는 말이다.

---

67 『指月錄』권27(卍143, 595b12), 『佛祖綱目』권36(卍146, 683b5) 등에는 영소무가 취암 가진의 무릎을 두드렸고 취암은 그가 정황에 들어맞게 대응했다고 하여 매우 칭찬해주었다고 전하는데, 『宗門拈古彙集』권1(卍115, 534a6), 『宗鑑法林』권2(卍116, 34b3) 등의 공안집에서는 '客'을 '漢'으로 바꾸고 칭찬한 부분을 누락시켜 취암이 여전히 그의 경계를 인정하지 않았다는 뜻으로 설정하고 있다. 객客은 객상客商 또는 객판商販의 뜻이다. 『智證傳』(卍111, 220a9), "나(慧洪覺範)는 영소무가 한 생각도 일으키지 않아서 앞뒤로 이어지던 망상의 경계를 단절한 자라고 생각한다.(予以謂英邵武, 可謂一念不生, 前後際斷者耶.)"; 『敎外別傳』권9(卍144, 221b11), "가진은 본래 근기에 따라 변설을 할 줄 알고 틀에 박힌 방식에서 벗어나 있었으므로 그를 크게 칭찬한 것이다.(眞自是知其機辯, 脫略窠臼, 大稱賞之.)"

68 소금을 몰래 매매하는 자(販私鹽漢) : 옛날 중국에서 소금은 정부에서 전매권을 가지고 있었고 민간의 거래는 금지되어 있었다. 따라서 사고파는 사람 이외에는 알지 못하는 밀매매 형태로 이루어졌으므로 두 사람만 알고 다른 사람은 알 수 없다는 뜻을 비유한다.

英邵 : 未詳. 引手搯¹⁾其膝而去者, 意謂那箇是女子出定意旨也. 賣匙筯客
未在者, 如云販私鹽漢, 意謂若是本分衲僧, 少鹽醬不得也.

1) ㉘ '搯'가 병본에는 '拍'으로 되어 있다.

천동 정각天童正覺의 염

"고요하거나 움직이거나 모두 당사자의 자유로운 변화이다. 기러기의 털이 가볍지만 가볍다 여기지 않고, 태산이 무겁지만 무겁다 여기지 않는다. 부처님의 코가 내 손아귀에 들어와 있다[69]는 사실을 아는가?"

天童覺拈, "若定若動, 當人變弄. 鴻毛輕而不輕, 大山重而非重. 還知老瞿曇鼻孔在我手裏麼?"

설화

○ 고요하거나 움직이거나 : 선정에 든 것과 선정에서 나온 것을 말한다.
○ 당사자의 자유로운 변화이다 : 하나로 모으거나 다양하게 열어 놓거나[70] 모두 나에게 달려 있으니, 집어 들거나 던져 버리거나 또한 누구에게서 나온 것이겠는가?

---

69 부처님의 관문이 나타내는 핵심을 모조리 포착하고 있다는 말.
70 하나로 모으거나(捏聚)~열어 놓거나(放開) : 날취捏聚는 다양한 차별을 반죽하여 하나로 모으는 것, 방개放開는 무수한 차별 세계로 열어 놓는 것을 말한다. 하나는 파정把定과 같이 어떤 것도 허용하지 않고 잡아들이는 부정의 작용이고, 다른 하나는 방행放行과 같이 모든 것을 허용하여 열어 놓는 긍정의 작용이다. 이 두 가지는 종사들이 적재적소에 자유자재로 활용하는 수단이다. 『雪竇禪師語』續古尊宿語要 2(卍118, 891b17), "석가모니부처님은 이미 입멸하셨고, 미륵부처님은 아직 출현하시지 않은 바로 오늘, 불법은 여기 나, 취봉에게 맡겨져 있다. 모든 것을 허용하여 열어 놓는 방식과 하나로 모으는 방식이 모두 이 안에서 비롯된다. 모두 열어 놓으면 종횡 어느 곳으로나 마음대로 할 것이니 이곳의 도량과 골짜기를 빈틈없이 채운 모든 존재가 다 불법이다. 하나로 융합하면 천하의 노화상들이 모두 나의 주장자 끝에 있으니 한번 찔러서 시험해 볼 가치도 없다.(釋迦已滅, 彌勒未生, 正當今日, 佛法委在翠峰. 放開捏聚, 總由者裏. 放開也, 七縱八橫, 是處塡溝塞壑 ; 捏聚也, 天下老和尙, 盡在拄杖頭, 不消一䇿.)"

○ 기러기의 털이 가볍지만~무겁다 여기지 않는다 : 가볍거나 무겁거나 이 또한 나에게 달려 있다는 뜻이다. 그러므로 앉아서 승패를 바라보고 있는 그 자리에는 구담조차도 들어설 여지가 없기 때문에 '내 손아귀에 들어와 있다.'라고 말한 것이다.

天童 : 若定若動者, 入定出定也. 當人變弄者, 捏聚放開都在我, 拈來抛去更由誰? 鴻毛輕而不輕云云者, 輕重亦在我也. 然則坐觀勝敗地, 瞿曇自無立處, 故云, '在我手裡.'

각범 혜홍覺範慧洪의 평[71]

"경전에 제시된 여인의 출정 인연에 대하여 총림의 평가가 대단히 많다. 도안道眼이 명백하여 작가의 뜻을 몸소 알아차린 사람이 아니라면 누구도 밝힐 수 없다. 대우 수지大愚守芝 선사는 언제나 학인들에게 '문수는 과거칠불의 스승이었거늘 어째서 이 여인을 선정에서 불러내지 못했으며, 망명보살은 어떻게 하방세계에서 올라와 손가락 퉁기는 한 번의 소리로 선정에서 불러낼 수 있었을까?'라고 물었다. 대답하는 자가 아무도 없자 스스로 대신하여 '중은 절에 들어가 잠을 자고, 도둑은 방비가 허술한 집에 침입한다.'라고 말하였다. 나는 그 말이 좋아서 다음과 같은 게송을 지어 기록해 두었다.

선정에서 불러내려면 손가락 퉁기면 될 뿐
불법 수행에 어찌 시간 들일 필요 있으랴
나, 이제 쓰고자 하면 곧바로 쓰고
망명과 문수는 상관하지 않으리라

---

[71] 각범 혜홍의 『林間錄』 권하(卍148, 627b4) 참조.

운암 화상이 이 게송을 보고 다음 날 법좌에 올라 앞의 공안을 제기하고 말하였다. '문수와 망명의 견해에 우열의 차이가 있는가? 만일 없다고 한다면 문수는 어떤 이유로 여인을 선정에서 불러내지 못했을까? 바로 지금 행자가 법고를 두드리자 대중이 함께 법좌 앞에 모였는데, 이는 망명이 여인을 선정에서 불러낸 것과 같은가, 다른가?' 잠깐 침묵하다가 말하였다. '모르는가? 불성의 도리를 알고자 한다면 마땅히 시절인연을 관찰해야 한다.'[72] 그는 또 다음과 같은 게송을 남겼다.

> 불성은 타고난 그대로의 현상이거늘
> 누가 별도로 스승이 있다고 하는가
> 망명이 손가락 튕긴 바로 그 자리요
> 여자가 선정에서 불려 나온 순간일세
> 터럭만큼의 힘도 허비하지 않았거늘
> 어찌 고안한 생각 움직인 적 있던가
> 중생이 모두 평등하거늘
> 날마다 사용하면서도 의심만 많구나"

覺範云, "敎中有女子出定因緣, 叢林商略甚衆. 自非道眼明白親見作家, 莫能明也. 大愚芝禪師, 每問僧曰, '文殊是七佛之師, 爲什麽出此女子定不得, 罔明菩薩, 下方而至, 但彈指一聲, 便能出定?' 莫有對者, 乃自代曰, '僧投寺裏宿, 賊入不良[1]家.' 予滋愛其語, 作偈記之曰, '出定只消彈指, 佛

---

[72] 불성의 도리는 눈앞의 현상을 넘어선 경계에 있지 않고 그때마다의 시절에 드러나 있다는 『涅槃經』의 '시절형색時節形色'이라는 말에 따른다. 36권본 『大般涅槃經』 권26(大12, 777a3), "우유 중에 낙酪이 있는 것과 같이 중생과 불성의 관계 또한 이와 같다. 불성을 알고자 한다면 마땅히 시절의 형색을 관찰해야 한다. 그러므로 나는 '일체중생이 모두 불성을 가지고 있어서 진실로 허망하지 않다.'라고 설한다.(乳中有酪, 衆生佛性, 亦復如是. 欲見佛性, 應當觀察時節形色. 是故我說'一切衆生, 悉有佛性, 實不虛妄.')"

法豈用功夫? 我今要用便用, 不管罔明文殊.' 雲菴和尙見之, 明日陞座, 用
前語, 乃曰, '文殊與罔明見處, 有優劣也無? 若言無, 文殊何故出女子定
不得? 只如今日, 行者擊動法鼓, 大衆同到座前, 與罔明出女子定, 是同是
別?' 良久曰, '不見道? 欲識佛性義, 當觀時節因緣.' 亦有偈曰, '佛性天眞
事, 誰云別有師? 罔明彈指處, 女子出禪時, 不費纖毫力, 何曾動所思? 衆
生摠平等, 日用自多疑.'"

1) ㉮ '良'이 『林間錄』에는 '愼'으로 되어 있다.

[설화]

○ 본칙 설화에 이미 나온 말이다.
○ 중은 절에 들어가 잠을 자고, 도둑은 방비가 허술한 집에 침입한다 : 같은 족속끼리 서로 어울리는 법이다. 문수는 큰 지혜를 갖추었기 때문에 불러내지 못했고, 망명은 밝은 지혜가 없었기 때문에 불러낼 수 있었다는 뜻이다.

覺範 : 語話中已出. 僧投至家者, 類類相從. 文殊大智故, 出不得 ; 罔明無明故, 出得.

운문 종고雲門宗杲**의 시중**

"또한 어떤 부류들은 옛사람의 공안을 헤아린 끝에 '바느질과 같은 공력이 드는 공부'[73]라 하거나 '귀한 집 자제들의 선禪'[74]이라 여긴다. 예를 들면, 여자출정 화두에서 '문수는 과거칠불의 스승이거늘 어째서 여자를 선정에서 불러내지 못했을까?'라는 의문을 헤아린 끝에 '문수는 여자와 인연이 없었기 때문이다.'라고 해답을 내리고, '망명은 초지보살이거늘

---

73 한 올마다 꿰듯이 차근차근 분별의 공을 들여야 하는 공부라는 말.
74 자신들처럼 고상한 자들이나 할 수 있다는 뜻.

어째서 여자를 선정에서 불러낼 수 있었을까?'라는 의문에 대해서는 '여자와 인연이 있었기 때문이다.'라고 해답을 내리고서 '원통한 일에는 그것을 초래한 우두머리가 있고, 남에게 빚을 졌으면 갚아야 할 주인이 있는 법이다.'라고 결론을 짓는 따위를 가리킨다.

또 어떤 자들은 헤아린 끝에 '문수는 어떤 마음도 먹지 말았어야 했는데 그렇지 못했던 까닭에 불러내지 못했고, 망명은 사사로운 생각이 없었기 때문에 불러낼 수 있었다.'라고 말한 다음, '마음 쓸 여지가 조금이라도 있으면 반드시 잘못되고, 사사로운 생각 없이 구할 때 도리어 진실에 가깝게 된다.'라고 결론을 짓는다.

또 어떤 자들은 헤아린 끝에 '문수는 어째서 여자를 선정에서 불러내지 못했을까?'라는 질문에 '칼자루[75]가 여자의 손안에 쥐어져 있었기 때문이다.'라 하고, '망명은 어째서 불러낼 수 있었을까?'라는 질문에는 '벌레가 나무를 갉아 먹다가 우연히 문양을 새긴 꼴에 불과하다.'라고 대답하거나 '바람의 방향에 따라 불을 붙인 격이었다.'라고 하거나 '여자를 어떻게 할 수 있겠는가!'라 말하기도 한다.

심하게 잘못된 견해에 물든 자는 심지어 선정에 들어가 있는 시늉을 하거나 선정에서 빠져나온 몸짓을 취하기도 하며, 상대의 몸을 한 번 밀치거나 손가락을 한 번 퉁기기도 하고, '아이고' 하며 몇 번 곡소리를 내거나 '엎드려 바라건대 받아 드소서.'[76]라고 하거나 옷소매를 털고 가는 따위의 언행을 하기까지 한다. 냉정하게 살펴보면 몹시도 당황스러울 뿐이다."

---

75 칼자루(杓柄) : 표병杓柄은 물이나 술 등의 액체를 뜨는 국자 자루를 가리키는 말이나 방편을 펼치는 핵심적인 수단이라는 뜻으로 쓰인다.
76 엎드려 바라건대 받아 드소서(伏惟尙饗) : 제문祭文의 마지막 부분에 붙이는 상용 구절이다. 혼령이 차려진 제물을 받아 드시라고 기원하는 뜻이다.

雲門杲示衆云云, "又有一種, 商量古人公案, 謂之針線工夫, 又謂之郎君子弟禪. 如商量女子出定話云, '文殊, 是七佛之師, 爲什麼出女子定不得?' 云, '文殊, 與女子無緣.' '罔明, 是初地菩薩, 爲什麼出得女子定.' 云, '與女子有緣.' 下語云, '寃有頭債有主.'; 又有商量道, '文殊不合有心, 所以出不得; 罔明無意, 所以出得.' 下語云, '有心用處還應錯, 無意求時却宛然.'; 又有商量道, '文殊, 爲什麼出女子定不得?' '杓柄在女子手裏.' '罔明, 爲什麼出得?' '如蟲禦木.' 又云, '因風吹火.' 又云, '爭奈女子何!' 邪解甚者, 至於作入定勢, 又作出定勢, 推一推, 彈指一下, 哭蒼天數聲, 伏惟尙饗, 拂袖之類. 冷地看來, 慚惶殺人."

백운 지병白雲知昺의 염

"망상에 얽힌 견해를 때려 부수고, 그물이나 새장과 같은 속박을 잘라 내어라! 석가와 여자는 각자 한 손을 내놓았고, 문수와 망명은 제각각 그 한 토막씩을 얻었다."[77]

白雲昺拈, "打破情解, 截斷羅籠! 釋迦與女子, 各出一隻手; 文殊與罔明, 每人得一橛."

---

[77] 공안 전체의 뜻을 완결하는 데 모두 제각각의 몫을 하나씩 평등하게 나누어 가지고 있다는 뜻이다.

33칙 세존자자 世尊自恣

[본칙] 세존께서 자자일自恣日[1]을 맞았다. 문수가 세 곳에서 하안거를 보냈다는 소리를 듣고 가섭【어떤 판본에는 '우파리優波離[2]라고 한다.】이 백추[3]를 울려 대중에게 알리고 쫓아내려고[4] 하였는데, 백추를 칠 망치를 잡자마자 헤아릴 수 없이 많은 문수가 나타났다. 가섭이 자신의 있는 힘을 다해 보았으나 백추를 시행할 수 없었다. 세존께서 마침내 가섭에게 "그대는 무수한 문수 중에 어떤 문수를 몰아내려고 하는가?"라고 물었으나 가섭은 대답하지 못했다.【다른 본과 대동소이한 내용이다.】

世尊, 因自恣日, 文殊三處過夏, 迦葉【一本, 優波離.】欲白椎擯出, 纔拈椎, 乃見百千萬億文殊. 迦葉盡其神力, 椎不能擧. 世尊遂問迦葉, "汝擬貶那箇文殊?" 迦葉無對.【有本大同小異.】

---

1 자자일自恣日 : 안거를 마치는 날, 안거 90일 동안 각자가 범한 과실을 대중 앞에서 드러내고 참회함으로써 스스로 기쁨을 일으키는 것을 자자自恣(S pravāraṇā, P pavāraṇā)라 한다. 견見·문聞·의疑 등 삼사三事에 대한 자신의 허물을 고백하는 날이다. 『十誦律』 권23(大23, 166a5), 『釋氏要覽』 권3(大54, 299a7), 『祖庭事苑』 권6(卍113, 162a12) 등 참조. 이 공안은 하안거 기간 동안 돌아다녀서는 안 되는 금족禁足의 계율을 어긴 문수와 법도에 따라 그에게 벌을 주려는 가섭을 대비시켜 관문을 설정하였다.
2 부처님의 십대제자 중 우파리는 계율을 조금도 범하지 않고 잘 지켰으므로 지계제일持戒第一이라는 별명이 붙어 있다. 계를 범한 문수에 대하여 그 반대편에 배치하기 적절한 성격이기 때문에 가섭과 혼용한 것으로 보인다.
3 백추白椎 : 백추白槌라고도 한다. 대중에게 어떤 행사가 있다는 것을 알리기 위하여 치는 종 곧 건추犍槌를 말한다. 또는 여기서 보이듯이 종을 울려 대중에게 알린다(白)는 말로도 쓰인다.
4 쫓아내다(擯出) : S pravrājana, nāśana, P pabbājana, nāsana. 멸빈滅擯·빈벌擯罰·구출驅出 등이라고도 한다. 계율을 범한 비구나 사미 등에 대하여 교단에서 축출하여 대중과 함께 살지 못하도록 단죄하는 방법. 『十誦律』 권15(大23, 106b26), 『四分律』 권41(大22, 860b9) 등 참조.

> [!NOTE]
> 설화

- 『보협인다라니경』[5]의 문구이다.
- 자자 : 스스로(自) 자신의 허물을 진술하고, 대중의 결정에 맡긴다(恣)는 뜻이다. 『수경手鏡』에 "자신의 허물을 남들이 결정하는 그대로 맡긴다."[6]라고 정의하였다.
- 세 곳 : 안거 3개월 중 한 달은 왕후의 궁전, 또 한 달은 동자의 학당, 마지막 한 달은 창녀들의 방에서 보낸 세 곳의 장소를 말한다. 이는 각각 탐·진·치를 가리킨다. 세 곳에서 거주하면서 궁 안의 500여인과 학당의 500동자와 창녀촌의 500창녀들로 하여금 아뇩보리阿耨菩提에서 물러나지 않고 최고의 바른 도에 머무르도록 하였던 것을 말한다.
- 세 곳에서 하안거를 보냈다 : 탐욕 그대로 도이고, 성냄(瞋恚)과 어리석음(癡) 또한 그렇다. 이와 같은 세 가지 현상에 헤아릴 수 없이 많은 불법이 갖추어져 있으니, 세상 전체가 금색세계[7]이고 세상 전체가 바로 문수사리이다. 탐·진·치라는 삼독三毒이 진실에 부합하고 본성과 일치하는 것이 문수와 보현의 대인경계[8]인 것이다.
- 가섭 : 마하가섭이 아니라 세 명의 가섭[9] 중 하나이다.

---

5 『寶篋印多羅尼經』에는 나오지 않는 내용이며, 『大方廣寶篋經』 권중(大14, 474a20)의 잘못이다.
6 종밀宗密의 『盂蘭盆經疏』 권하(大39, 510b22) 등에도 나오는 말이다.
7 금색세계金色世界 : Ⓢ suvarṇa-loka. 문수보살이 거처하는 정토淨土이다. 60권본 『華嚴經』 권4 「如來名號品」(大9, 418b19), "동방으로 십불찰미진수국十佛刹微塵數國을 지나 금색이라는 이름의 세계가 있는데, 그곳 부처님의 명호는 부동지不動智이고 보살의 이름은 문수사리이다.(東方過十佛刹微塵數國, 有世界名金色, 佛號不動智, 有菩薩字文殊師利.)"
8 대인경계大人境界 : 대인 곧 불보살이 증득하여 그들만이 알 수 있고 행할 수 있는 경계. 경론에는 보이지 않는 용어이며 선종 문헌에 '문수와 보현의 대인경계'라는 구절로써 선禪의 극치를 나타내는 뜻으로 빈번하게 나타난다. 『雲門廣錄』 권하 古尊宿語錄 18(卍118, 393b16), 『圜悟語錄』 권9(大47, 753a8) 등 참조.
9 세 명의 가섭 : 부처님의 십대제자이자 선종의 초조인 마하가섭과 차별되는 소승의 가섭 3형제. 곧 우루빈라가섭優樓頻螺迦葉과 나제가섭那提迦葉과 가야가섭伽耶迦葉을

● 어떤 판본에 '우파리가 백추를 울려 대중에게 알리고 쫓아내려고 하였
으나 그렇게 할 수 없었다.'라고 한 말 : 대인경계는 소승인이 헤아릴
수 있는 것이 아니니, 여기에 담긴 선禪의 뜻이 어떤 것인지 던진 질문
이라는 말이다.

[自恣] 寶篋印多羅尼經文. 自恣者, 自陳己過, 恣任僧擧. 手鏡云, "自己之
過, 恣他所擧也." 三處者, 一月王后宮, 一月童子學堂, 一月婬女舍坊, 卽
貪瞋癡也. 三處居住, 令宮中五百女人, 學堂五百童子, 舍坊五百婬女, 不
退阿耨菩提, 住於無上正道云云. 三處過夏者, 貪欲卽是道, 恚癡亦復然.
如是三事中, 其無量佛法, 則偏界是金色世界, 遍界是文殊師利. 貪瞋癡三
毒, 稱眞稱性, 文殊普賢大人境界也. 迦葉, 非摩訶迦葉, 三迦葉中之一也.
一本云, 優婆¹⁾離, 欲白槌擯出而不得者, 大人境界, 非小乘人而能測量, 禪
義何也.

1) ㉮ '婆'가 병본에는 '波'로 되어 있다.

● 가섭이 백추를 울려 문수를 쫓아내려고 하였다 : 만송 행수萬松行秀는
"내가 대중을 관찰해 보니 마치 맑디맑은 바닷물과 같이 계율을 어기
지 않았으나 오직 문수만이 안거의 법도를 깨뜨리고 대중의 질서를 무
너뜨렸다. 가섭은 총림의 규율을 관장하고 있었으므로 문수의 허물을
보고 넘어갈 수 없었던 것이다."[10]라고 하였고, 또한 "부처님까지 하나
로 묶어 단번에 모두 내쫓고, 가섭만 홀로 남겨 법당을 지키게 하라."[11]

가리킨다. 이들은 불법에 귀의하기 이전에 불을 섬기는 외도(事火外道)였다. 『佛本行集
經』 권40(大3, 849c7),『過去現在因果經』 권4(大3, 649c9) 등 참조.
10 『請益錄』1則(卍117, 813b2). "가섭은 총림의~없었던 것이다.(迦葉旣掌叢林規矩, 見伊
破夏敗羣, 不可放過.)"라는 부분만 일치하고, 이 또한 만송의 평창이 아니라 굉지 정각
의 염고에 해당한다.
11 위의 책(卍117, 813b17).

라고 하였다. 곧 부처도 때리고 조사도 때릴 것¹²이니 도를 깨우친 사람 앞에서 거짓을 말하지 말라는 뜻이다.

● 헤아릴 수 없이 많은 문수가 나타났다 : 부처도 안착시키고 조사도 안착시키는 것이니 납승의 배 속은 바다와 같이 넓다는 뜻이다. 그러므로 세 곳에서 하안거를 보냈다는 말에서 세 곳에 담긴 뜻이 없지 않으니, 황도皇都에 있는 황제의 수레, 먼지 날리는 황도의 거리,¹³ 높은 봉우리의 정상¹⁴ 등을 말한다. 이것은 대인의 경계에 밝음과 어둠이 뒤섞여 있다는 뜻이다.

● 가섭이 백추를 시행할 수 없었다 : 만송 행수는 "애초에 진실한 종풍宗風을 우뚝 세우려고¹⁵ 했던 것이지만, 방편으로 부처와 조사를 붙들어두어도 무방하다. '꽃을 다치게 하지 않으면 꿀은 더욱 많이 만들어진다.'¹⁶라는 말을 모르는가?"¹⁷라고 하였다. 만송이 이렇게 한 말은 가섭을 연루시켜 본래의 말을 두 토막으로 갈라놓은 격이다. 원오 극근圜悟克勤의 송과 천동 정각天童正覺의 염의 뜻에 따르면, 가섭이 백추를 시행할 수 없었던 것을 두고 한편으로는 가섭이 손해를 보았고(落節) 한편으로는 용기가 없었던 것(無膽)이라 판단했으니, 이렇게 평가해야 옳다.

---

12 부처도 때리고~때릴 것(佛也打, 祖也打.) : 부처가 되었건 조사가 되었건 그 어디에도 얽매이지 않고 본분을 고수하는 입장을 나타낸다. 본서 672칙 본칙 설화 참조.
13 황도의 거리(紫陌) : 황도 곧 도성 외곽의 도로.
14 황도皇都에 있는~봉우리의 정상 : 뒤의 '고목 법성의 상당'에 나오는 말.
15 진실한 종풍宗風을 우뚝 세우려고(壁立眞風) : 절벽처럼 우뚝 솟아 아무도 오르지 못하는 경계. 어떤 방편과 수단도 통하지 않는 본분의 종풍을 나타낸다.
16 『法句經』 권상 「華香品」(大4, 563b2), "벌이 꽃에 모여들지만, 꽃의 색깔과 향기를 해치지 않고, 다만 꿀을 채취해 가듯이, 어진 사람이 마을에 들어감도 그러하네.(如蜂集華, 不嬈色香, 但取味去, 仁入聚然.)" 당나라 때 시인 나은羅隱의 〈蜂〉이라는 시도 있다. "평지이든 산꼭대기이든, 한없는 풍광을 다 차지하고서, 온갖 꽃에서 꿀을 모았으니, 누구를 위해 고생하고 누구를 달게 해 주려는 것인지 모르겠어라.(不論平地與山尖, 無限風光盡被佔, 採得百花成蜜後, 爲誰辛苦爲誰甛.)"
17 『請益錄』 1則「評唱」(卍117, 813b18).

● 무의자無衣子의 송이다.[18]

> 세 곳을 다니며 안거를 보낸 문수여
> 무수한 금색세계를 다 드러내었구나
> 말미가 흐릿했던[19] 계봉의 늙은이여[20]
> 공연히 선가에 비웃음만 일으켰도다

이 게송을 살펴보면 가섭이 백추를 시행할 수 없었던 까닭을 알 수 있다.

迦葉欲白槌擯出者, 萬松云, "吾觀大衆, 如海澄淸, 唯文殊破夏破羣. 迦葉旣掌叢林規矩, 又不可放過." 又云, "和瞿曇, 一時擯出, 獨留迦葉看堂." 則佛也打, 祖也打, 眞人面前, 休說假也. 乃見百千萬云云者, 佛也安, 祖也安, 衲僧肚裏如海寬. 然則三處過夏地, 三處義不無. 皇都帝輦, 紫陌紅塵, 高岑頂上也. 此是大人境界明暗相叅. 迦葉槌不擧者, 萬松云, "旣圖壁立眞風, 不妨權留佛祖. 不見道, '花又不損, 蜜又得成.'" 萬松伊麽道, 累他迦葉, 話作兩橛. 若據圓悟天童義, 則以迦葉不下此槌, 爲落節, 爲無膽, 此論始得. 無衣子頌云,
三處安居妙吉祥! 刹塵金色界全彰.
有頭無尾雞峰老! 空惹禪家笑一場.
看此頌則知迦葉槌不擧.

---

18 『眞覺國師語錄』「補遺」(韓6, 48c5).
19 말미가 흐릿했던(有頭無尾) : 머리만 있고 꼬리는 없다는 말. 처음에 망치를 들기는 했지만 결국은 누구도 물리치지 못한 것을 가리킨다.
20 계봉의 늙은이여(雞峰老) : 가섭을 가리킨다. 가섭이 계족산雞足山에서 미륵을 기다리며 부처님께서 전수한 가사를 지키고 있다가 입적한 인연에 따라 이렇게 부른다.

원오 극근圜悟克勤**의 송**[21] 圜悟勤頌

큰 코끼리는 토끼 다니는 샛길로 다니지 않으니[22]	大象不遊兎徑
제비와 참새가 어찌 큰 기러기의 뜻을 알리오[23]	鷰雀安知鴻鵠
법령을 시행함은 실현된 가풍과 완연히 같았고	據令宛若成風
과녁에 적중함은 날아오는 화살촉 입에 문 듯 훌륭했네[24]	破的渾如嚼鏃
세계 전체가 문수요	徧界是文殊
온 누리가 가섭이로다	徧界是迦葉
서로 각각 엄연히 구별되거늘	相對各儼然
망치 들어 누구를 벌주려는가	擧椎何處罰
한 번 잘 찔러 주었다	好一剳
금색두타[25]가 거듭 손해 보았군[26]	金色頭陁曾落節

---

21 문수와 가섭 사이에 우열을 짓지 않고 평등하게 보는 관점의 송. 제1구부터 제6구까지 한 구절씩 각각 문수와 가섭에 대한 묘사이다. 즉 1구·4구·5구는 문수, 2구·3구·6구는 가섭에 대한 서술이다.
22 큰 코끼리는~다니지 않으니 : 영가 현각永嘉玄覺의 말.『證道歌』(大48, 396c27).
23 제비와 참새가~뜻을 알리오 :『史記』권48「陳涉世家」.
24 과녁에 적중함은~듯 훌륭했네 : 자신을 맞히려고 날아온 화살을 두 입술로 물어 방어하는 것. 제자에게도 전하지 않는 마지막 남은 비책을 가리킨다.『朝野僉載』·『西陽雜俎續集』등에 나오는 이야기이다. 여기서는 문수가 가섭의 공격을 무난히 방어한 것을 나타낸다. 본서 278칙 '법진 수일의 송' 주석 참조.
25 금색두타金色頭陁 : 마하가섭摩訶迦葉을 말한다. 금색가섭金色迦葉이라고도 한다. 과거세에 수행을 할 때 단금사鍛金師였던 가섭이 금색으로 된 비바시불毘婆尸佛의 사리탑이 낡은 것을 보고 어떤 여인과 함께 이것을 수리한 공덕으로 91겁劫 동안 온몸이 금빛이었다는 데서 붙여진 이름이다. 두타라는 명칭은 가섭이 출가한 후 12두타頭陀를 잘 행하여 부처님으로부터 두타제일頭陀第一이라는 찬탄을 받은 것에서 유래한다.『佛祖統紀』권5(大49, 169b19),『佛祖歷代通載』권3(大49, 496b16) 참조.
26 망치 들어~손해 보았군 : 문수를 쫓아내고자 백추를 칠 망치를 들었으나 수없이 많은 문수를 보고 시행하지 못했고, 이어 부처님의 질문에도 답하지 못했던 것을 가리킨다. 이 공안에서 가섭은 이것저것 다 해결하는 영웅이 아니라 이렇게 소리쳐 놓고 미해결로 꼬리를 내리는 역할이다. 묘기를 부리는 문수와 구차한 가섭을 대비하여 배치하면서 둘 모두가 공안의 묘미를 살리고 있다.

설화

○ 큰 코끼리 : 문수의 대인경계를 말한다. 이것은 가섭이 헤아릴 수 있는 경계가 아니므로 토끼가 다니는 샛길로 가지 않는다고 한다. 토끼가 다니는 샛길이란 가섭을 가리킨다.
○ 큰 기러기 : 가섭이 바른 법령을 높이 제기한 것을 말한다. 이는 문수가 알아맞힐 수 있는 경지가 아니므로 '제비와 참새가 어찌 알리오.'라 말한 것이다. 제비와 참새란 문수를 가리킨다.
○ '법령을 시행함은 실현된 가풍과 완연히 같았고'는 가섭에 대한 묘사이고, '과녁에 적중함은 날아오는 화살촉 입에 문 듯 훌륭했네.'라는 것은 문수에 대한 묘사이다. 그러므로 세계 전체가 문수이어서 문수 이외에 가섭이 없고, 온 누리가 가섭이어서 가섭 이외에 문수가 없다는 뜻이다.

圜悟 : 大象, 言文殊大人境界, 非迦葉所能測量故, 不遊兔[1]徑. 兔徑迦葉也. 鴻鵠, 言迦葉高提正令, 非文殊所可弋邀,[2] 故言燕雀安知. 燕雀文殊也. 據令云云者, 謂迦葉也 ; 破的云云者, 謂文殊也. 然則遍界是文殊, 文殊外無迦葉 ; 遍界是迦葉, 迦葉外無文殊也.

1) ㉮ '兔'이 갑본에는 '兎'로 되어 있다. 이하 동일. ㉯ '兎'로 바로잡아 번역하였다. 이하 동일. 2) ㉮ '邀'은 '射'의 오자이다.

설두 법녕雪竇法寧**의 송** 雪竇寧頌

가섭은 당시에 장부다운 기개가 부족하였으니	迦葉當時未丈夫
망치 내려놓고 수많은 문수를 어쩌지 못했다네	下椎不奈萬文殊
조사이건 부처이건 모조리 쫓아냈어야 했거늘	要須祖佛都盧遣
말해 보라, 우리 문하에 할 수 있는 자 있는가	且道吾門着得無

심문 담분心聞曇賁의 송 心聞賁頌

세계마다 대상마다 나타나기 어렵지 않거늘	刹刹塵塵現不難
우파리는 어찌 그다지 그에게 속았을까	波離[1]何苦被渠謾
당시에 잘 따져 첩자[27]를 가려냈다면	當時若論收姦細
고타마를 부처님이라 여기지 않았으리라	莫把瞿曇做佛看

1) ㉠ '波離'가 『頌古聯珠通集』 권3(卍115, 29b11)에는 '頭陀'로 되어 있다.

열재거사의 송 悅齋居士頌

문수가 무수한 몸 두루 나타내 보이니	文殊徧現百千身
결국 아무도 진짜 문수 알지 못했다네	畢竟無人識得眞
대단히 고맙게도 분양이 가리켜 냈으니	多謝汾陽爲指出
'중양 9일에 국화가 새롭다.'[28]라고 하네	重陽九日菊花新

해인 초신海印超信의 염

"말라 버린 바닷길을 알려면 그곳을 다녀 본 사람이라야 한다."[29]

海印信拈, "欲知旱海[1]路, 須是去來人."

1) ㉠ '旱海'는 '瀚海', '澣海' 등으로도 쓴다. 특정 지역 일대를 가리키기도 하지만 일

---

27 첩자(姦細) : 간세姦細는 간사한 사람이라는 뜻으로, 정세를 염탐하기 위해 숨어 들어온 첩자를 말한다.
28 분양 선소汾陽善昭의 말이다. 음력 9월 9일은 양수陽數이자 극수極數인 9가 겹치는 날로서 중양절重陽節이라 하고, 국화절菊花節이라고도 한다. 『汾陽語錄』(大47, 597b7), "삼현과 삼요로는 실상을 분별할 수 없으니, 뜻을 터득하고 말을 잊어야 도와 쉽게 가까워진다네. 한 구절에 분명히 만상을 다 아우르니, 중양 9일에 국화가 새롭구나.(三玄三要事難分, 得意忘言道易親. 一句分明該萬象, 重陽九日菊花新.)"
29 해인 초신의 말로는 찾을 수가 없고 낭야瑯琊와 자수慈受의 어록에 보인다. 『瑯琊語錄』古尊宿語錄 46(卍118, 786b2), 『慈受懷深廣錄』(卍126, 554b1) 참조. '산길을 알고 싶다면 그 길을 지나다녀 익숙하게 아는 사람에게 물어봐야 한다.(要知山上路, 須是去來人.)'라는 말과도 통한다. '須是'가 '須問'으로 되어 있는 곳도 있다.

반적으로 '사막'을 뜻한다.

[설화]

○ 문수와 가섭의 경계는 깨달은 자라야 알 수 있다는 뜻이다.

海印義, 文殊迦葉境界, 證者方知.

해인 초신의 상당

이 공안을 제기하고 말하였다. "대중에게 청하니, 이에 대하여 결정적인 전기가 되는 한마디를 해 보라! 만일 제대로 말한다면 가섭 당시뿐만 아니라 그 후대 사람들의 우두머리가 될 수 있으리라."【참!】[30]

又上堂, 擧此話云, "請大衆, 於此下一轉語看! 若也道得, 非唯迦葉當時, 亦作後人領袖."【參!】

[설화]

○ 대중에게 청하니~한마디를 해 보라 : 제대로 말할 줄 아는 사람은 어떻게 말해야 하는지 그 방법을 찾아낸다는 뜻이다.

又上堂, 請大衆至轉語者, 解道得地人, 索得作麼生道得.

고목 법성枯木法成의 상당

이 공안을 제기하고 말하였다. "여러분, 가섭 사형은 호랑이 머리에 올

---

[30] 참참 : '할喝'과 마찬가지로 한 소리 크게 내지르는 말로서 주로 문어에 쓰인다. 여기서는 편집자가 주의를 환기하기 위하여 쓴 말이다.

라탈 줄만 알았을 뿐 호랑이 꼬리를 손에 넣을 줄은 몰랐다.[31] 당시에 남김없이 법을 시행했다면,[32] 무슨 수없이 많은 문수를 들먹이겠는가? 황면노자(부처님)조차도 발을 들여놓을 여지가 없었을 것이다. 만일 지금 누군가 나, 향산에게 '당신이 올여름 안거를 보낸 곳은 어디인가?'라고 묻는다면, 나는 그에게 '한 달은 황도에 있는 황제의 수레에 있었고, 다른 한 달은 먼지 날리는 황도의 거리에 있었으며, 마지막 한 달은 우뚝 솟은 봉우리의 정상에 있었다.'라고 대답할 것이다. 지금 여기에 금색두타가 당한 굴욕을 씻어 줄 자 있는가? 있다면 어찌 나를 만나러 나오지 않는가?" 잠깐 침묵하다가 말하였다. "감옥에 갇혀 지혜를 기르는 잘못[33]을 저지를 뻔했구나."

枯木成上堂, 擧此話云, "諸仁者, 迦葉師兄, 只解騎虎頭, 不解收虎尾. 當時盡法而行, 說什麽百千文殊? 和者黃面老漢, 也無措足之地. 如今或有人問香山, '仁者, 今夏安居何處?' 香山對他道, '一月在皇都帝輦, 一月登紫陌紅塵, 一月在孤峯頂上.' 如今還有爲金色頭陁, 雪屈出者麽? 何不出來, 與香山相見?" 良久云, "洎合停囚長智."

---

31 가섭이 문수를 때리려고 시작만 했다가 마무리를 맺지 못한 것을 가리키는 비유. 수미收尾는 결말을 맺어 마무리한다는 뜻이다. 이 평가도 공안상에서 가섭이 가지는 역할을 나타낼 뿐 폄하하는 뜻은 없다. 『景德傳燈錄』 권12 「臨濟傳」(大51, 299c11)에서 앙산仰山이 임제臨濟를 평가하는 말 중에, 같은 책, 권26 「瑞鹿本先傳」(大51, 427b19) 등에 나오는 말이다.

32 남김없이 법을 시행했다면(盡法而行) : 예외 없이 법 그대로 엄격하게 시행하여 문수가 되었건 부처가 되었건 모두 물리치는 파주법把住法이다. '부처가 와도 때리고 조사가 와도 때리는(佛來也打, 祖來也打.)' 수단을 말한다. 바로 뒤의 '천동 정각의 염'에도 비슷한 표현이 나온다.

33 감옥에 갇혀~기르는 잘못(停囚長智) : 분별에 몰두하여 쓸모없는 지혜만 늘리는 잘못에 빠진다는 말. 『全唐詩』 권876 「佛書引語」에 이 말이 실려 있다. 정류장지停留長智라고도 하는데 오래 머물러 있다 보면 문제를 해결할 새로운 방법을 생각해 낼 수 있다는 뜻으로도 쓰인다. 즉 어려움에 직면해 있을 때 해결책도 있다는 말이다. 『雪竇語錄』 권2(大47, 682c4), 『大慧語錄』 권4(大47, 828a18) 등 참조.

> 설화

○ 가섭 사형은~호랑이 꼬리를 손에 넣을 줄은 몰랐다 : 법령을 시행하지 못했기 때문이다.
○ 만일 지금 누군가 나, 향산에게~라고 대답할 것이다 : 교화의 방편으로 보여 준 증득과 교화이다.
○ 지금 여기에 금색두타가 당한 굴욕을 씻어 줄 자 있는가 : 금색두타의 입장을 떠받쳐서 드러낸다는 뜻인가? (아니다.) 각자 자신의 입장을 확고히 하라는 뜻이다.
○ 감옥에 갇혀 지혜를 기르는 잘못을 저지를 뻔했구나 : 후한 광무제[34] 때 살았던 두독杜篤의 자는 계아季雅인데, 죄를 지어 옥에 갇혀 있던 중 대사마大司馬 오한吳漢의 죽음을 맞이하였다. 광무제는 유학자들에게 조문(誄)을 지으라는 조칙을 내렸는데, 두독이 옥에서 지은 조문이 가장 뛰어났다. 광무제가 훌륭하다고 칭찬하며 상을 내리고 형벌을 풀어 주었다. 본래 속박에서 벗어날 길이 있다는 말이다.

枯木 : 迦葉師兄, 至收虎尾者, 令不行故也. 或有人問香山, 至孤峯頂上者, 化門證化也. 還有, 至雪屈者麼者, 扶見金色頭陁立處耶? 自固立處也. 洎合停囚長智者, 後漢元帝[1]時, 杜篤, 字季雉,[2] 有罪囚獄, 會司馬[3]吳漢夢.[4] 高祖帝,[5] 詔諸儒誄[6]之, 篤獄中文辭[7]最高. 帝異[8]之, 優賞贖刑. 言自有出身之路也.

1) ㉮ '元帝'가 을본·병본에는 '光武'로 되어 있다. ㉯ 『後漢書』 권110 上 「杜篤傳」에 따라 '光武'로 바로잡는다. 2) ㉯ 『後漢書』 권110 上 「杜篤傳」에 따라 '雉'는 '雅'로 바로잡는다. 3) ㉯ 『後漢書』 권110 上 「杜篤傳」에 따라 '司馬'는 '大司馬'로 바로잡는다. 4) ㉯ 『後漢書』 권110 上 「杜篤傳」에 따라 '夢'은 '薨'으로 바로잡는다. 5) ㉯ 『後漢書』 권110 上 「杜篤傳」에 따라 '高祖帝'는 '光武'로 바로잡는다. 6) ㉯ 『後漢書』

---

34 광무제光武帝 : 후한의 초대 황제(재위 25~57년). 자는 문숙文叔. 묘호는 세조世祖. 광무는 시호이다. 이름은 유수劉秀로 전한의 고조 유방劉邦의 9세손이다.

권110 上「杜篤傳」에 따라 '謀'는 '誅'로 바로잡는다. 7) ㉠『後漢書』권110 上「杜篤傳」에 '文辭'는 '爲誅辭'로 되어 있다. 8) ㉠『後漢書』권110 上「杜篤傳」에 '異'는 '美'로 되어 있다.

천동 정각天童正覺의 염[35]

"금색두타는 생각은 있었지만 그것을 펼칠 담력이 없었다. 당시에 법령을 남김없이 시행했다면,[36] 헤아릴 수 없이 많은 문수는 말할 것도 없고, 바로 황면구담[37]까지도 쫓아내 버릴 수 있었을 것이다. 만약 이와 같이 했다면, 진실한 가풍을 우뚝하게 세웠을 뿐만 아니라[38] 또한 후세인들로 하여금 우리 납승 문하에 저들 쓸모없는 부처와 조사가 붙어 있을 수 없다는 사실을 알게 했을 것이다."[39]

天童覺拈, "金色頭陁, 有心無膽. 當時盡令而行, 莫道百千萬億文殊, 秪者黃面瞿曇, 也與擯出. 若能如是, 不唯壁立眞風, 亦令後人知, 我衲僧門下着你閑佛祖不得."

설화

○ 글에 다 드러나 있다.

---

35 내쫓아서 법령을 시행하는 가섭의 입장을 긍정하여 그것을 더욱 확장하는 관점에서 내린 평가이다. 옳다면 가섭과 문수가 모두 옳고, 잘못이라면 이들 둘이 모두 잘못이다. 이러한 일종의 평등한 관점에 따르기 때문에 어느 편에도 기울지 않으며 승부가 갈라지지 않는 것에 화두의 특징이 나타난다. 뒤의 '원오 극근의 염'과 유사한 뜻이다.
36 법령을 남김없이 시행했다면(盡令而行) : 사사로운 감정 없이 법조문 그대로 시행하는 것처럼 누구도 예외 없이 본분의 입장에서 처리한다는 말.
37 황면구담黃面瞿曇 : 부처님을 가리킨다. 황면노자黃面老子와 같은 말.
38 진실한 가풍을~뿐만 아니라 : 『請益錄』1則(卍117, 813a11)에서 만송 행수萬松行秀는 이 구절에 "땀 냄새 악취가 심하군.(是甚汗臭氣)"이라고 착어하였다.
39 또한 후세인들로~했을 것이다 : 위의 책, "그대 안목이 옹색함을 알겠다.(知君眼窄)"

天童 : 文見.

장로 종색長蘆宗賾의 거

이 공안을 제기한 다음 주장자를 집어 들고서 말하였다. "지금 시방과 삼세가 모두 주장자 끝에 매달려 있다. 모든 곳에 문수사리가 있고 모든 곳이 석 달 안거하는 장소라 하는구나!⁴⁰ 대가섭이 놓아주었다 사로잡았다 했던 기량은 참으로 볼만하였지만, 문수사리가 하는 그대로 방임한 결과가 되었다. 만일 나, 신라라면 그렇게 하지 않았을 것이니, 곧바로 한 장의 판결문에 두 죄인의 죄목을 함께 적어 처리해 버렸을 것이다.⁴¹" 주장자로 선상을 때렸다.

> 長蘆賾擧此話, 乃拈起拄杖云, "如今十方三世, 摠在拄杖頭上. 一切處, 文殊師利 ; 一切處, 三月安居! 大迦葉, 雖然縱奪可觀, 放過文殊師利. 若是新羅卽不然, 直須一狀領過." 擊禪床.

[설화]

○ 주장자를 집어 들고서~주장자로 선상을 때렸다 : 가섭의 경계가 시방과 삼세 전체이지만 바로 이 주장자 끝에 있는 것에 불과하다면, 문수

---

40 모든 것이 주장자 끝에 있으므로 그 말도 바르지 않다는 냉소적 비판.
41 한 장의~버렸을 것이다 : 가섭도 문수도 모두 처음 시작한 일을 마치지 못한 이유로 공범이 되었다. 마찬가지 이유로 상을 내리려면 모두에게 평등하게 주어야 한다. 어느 편에도 기울지 않고 공평하게 처리하는 안목과 화두를 수용하는 방식이 나타나는 말이다. 대혜 종고大慧宗杲가 부처와 도적을 화두로 삼아 처분 내린 다음의 예에도 잘 나타난다. 『大慧語錄』권7(大47, 839a21), "도적은 선한 사람이 그렇게 되는 것이고 부처는 악한 사람이 그렇게 만들어지는 것이다. 부처와 도적 그리고 선한 사람과 악한 사람은 이 두 마디를 벗어나지 못한다. 알겠는가?' 불현듯 주장자를 잡아 눈앞에 한 획을 그으며 말하였다. '건창 지방은 종이가 귀하니, 한 장의 판결문에 두 죄인의 죄목을 함께 적어 처리한다.'('賊是善人爲, 佛是惡人做. 佛賊善惡人, 不出這兩簡. 還會麼?' 驀拈拄杖, 面前畫一畫云, '建昌紙貴, 一狀領過.')"

의 경계 또한 그와 다를 것이 없다는 뜻이다. 그렇다면 '모든 곳에 문수사리가 있고 모든 곳이 석 달 안거하는 장소'라는 말도 잘못이 없지 않으며, 대가섭 또한 잘못이 없지 않다는 뜻이다. 그러므로 '한 장의 판결문에 두 죄인의 죄목을 함께 적어 처리해 버렸을 것이다.'라고 말한 것이다. 이것을 벗어나서 그 이상 높이 착안하라는 말인가? 주장자를 집어 들고 말했던 경계가 바로 그와 같다는 뜻이다.

長蘆: 拈起柱杖云云者, 迦葉境界, 盡十方三世, 在這裏, 則文殊境界, 更無第二也. 然則, '一切處, 文殊師利 ; 一切處, 三月安居.' 未得無過, 大迦葉, 亦未得無過. 故云, '一狀領過也.' 此外謂更高一着耶? 拈柱杖處如是.

원오 극근圓悟克勤의 염

"종은 치지 않으면 울리지 않고, 북은 두드리지 않으면 소리 나지 않는다. 가섭이 관문을 틀어막고 지키는 입장이었다면, 문수는 온 세상 전체를 깔고 앉아 있었던 격이다. 바로 그 당시에 아주 좋은 한바탕의 불사가 펼쳐졌지만, 안타깝게도 잘못을 봐주고 그냥 넘어가 버렸다. 석가노자가 '어떤 문수를 쫓아내려고 하는가?'라고 말했을 때, 곧바로 망치 한 방을 내리치고서 그가 어떻게 마무리하는지 살펴야 했다."

圜悟勤拈, "鍾不擊不響, 皷不打不鳴. 迦葉旣把斷要津, 文殊乃十方坐斷. 當時好一場佛事, 可惜放過一着. 待釋迦老子道, '欲擯那箇文殊?' 便與擊一槌, 看他作麽生合殺."

설화

○ 종은 치지 않으면~소리 나지 않는다 : 문수와 가섭이 한편은 북을 두드리고 다른 한편은 비파를 울리며 잘 어울렸다는 뜻이다.

○ 가섭이 관문을~깔고 앉아 있었던 격이다 : 두 사람의 견지가 모두 잡을 여지가 없는 쇠망치[42]와 같다는 뜻이다. 그러나 금색두타(가섭)가 손해를 본 것은 어쩔 수 없었기 때문에 '안타깝게도 잘못을 봐주고 그냥 넘어가 버렸다.'라고 한 것이다.

圓悟 : 鍾不擊云云者, 文殊迦葉打鼓弄[1)]云云也. 迦葉至坐斷者, 一等無孔鐵槌也. 爭奈金色頭陁落節, 故云, '可惜放過.'

1) ㉠ 보통 '打鼓弄琵琶'와 같이 쓰인다. '琵琶'를 넣어 번역하였다.

원오 극근의 소참

"문수보살은 한 번의 하안거 기간 동안 세 곳에서 여름을 지냈다. 한 달은 마구니의 궁전에 있었고, 또 다른 한 달은 장자의 집에서 보냈으며, 마지막 한 달은 창녀촌에 있었다. 세 곳에서 여름을 지냈으면서 다시 세존의 회중에 들어와 해제를 맞이한 것은 대단히 공평하지 못한 처사였다. 그런 까닭에 가섭은 백추를 울려 대중에게 알리고 문수를 쫓아내려고 하였으나, 이러한 생각이 들자마자 회중에는 수많은 석가와 수많은 문수와 수많은 가섭과 수많은 망치가 있는 것을 보았다. 가섭은 이러한 광경을 보고는 눈을 멍하게 뜨고 입이 벌어지고 말았다.[43] 왜 그랬을까? 한도

---

42 문수와 가섭이 서로 대립되는 듯이 설정되어 있다. 그러나 관문을 견지하고 아무도 통과하지 못하게 지키고 있는 가섭과 세상 누구도 운신하지 못하도록 눌러앉아 있는 문수의 방식은 모두 '자루 꽂을 구멍 없는 쇠망치'와 같다. 본서 32칙 주 58, 417칙 본칙 설화 주석 참조.

43 눈을 멍하게~벌어지고 말았다(目瞪口呿) : 눈앞에서 분명히 보고 있는 장면이지만 어떤 수단도 부릴 수 없는 상태를 가리킨다. 언어로도 표현할 수 없고 생각으로도 헤아릴 수 없는 궁극적인 경지를 묘사한다. 원오는 다른 곳에서도 이 표현을 즐겨 쓴다. 『圜悟語錄』 권1(大47, 718a18), 권2(大47, 721a12), 『碧巖錄』 57則 「本則 著語」(大48, 191a7) 등 참조. 『仰山語錄』(大47, 586b3), "농부의 소를 몰아가고, 배고픈 사람의 밥을 빼앗는 이것이 바로 선대로부터 내려온 발톱과 이빨과 같은 수단이다. 그 아라한이 허다하게 많은 신통과 묘용을 갖추었지만 앙산의 면전에 이르러서는 눈을 멍하게 뜨고

를 벗어난 사람[44]에게는 한도를 벗어난 견해가 있고 한도를 벗어난 작용이 있기 때문이다. 비록 금색두타라 할지라도 이 경계에 이르러서는 손을 오므리지도 못하고 손을 펼 수도 없었던 것이다. 그렇다면 이러한 순간은 크고 원만한 깨달음 안에 있을까? 아니면 크고 원만한 깨달음 밖에 있을까? 사방으로 막힘없이 통하는 작자라야 증명할 수 있다. 왜 그런가? 이것은 문수와 보현의 대인경계이기 때문이다. 만약 문수와 보현의 경계를 참구한다면, 끝이 없는 향수해香水海[45] 전체와 헤아릴 수 없고 티끌의 수만큼 많은 불국토가 모두 안거하는 장소여서 끝없이 무수한 몸을 나타내어 곳곳에서 가거나 머무르거나 앉거나 누워도 방해받지 않고 조금도 손을 쓸 필요가 없는 경지에 이르게 될 것이다. 바로 이러한 때에 본분의 소리를 알아듣는 자라면 제기해 주는 순간 곧바로 알아차릴 것이다. 나, 천녕이 대중과 함께 비록 90일 동안 안거를 보냈지만, 그 궁극적인 까닭을 여러분은 알겠는가? 여러분이 만약 꼭대기부터 밑바닥까지 꿰뚫었다면 그것은 문수와 보현의 경계일 것이며, 꼭대기부터 밑바닥까지 꿰뚫지 못했다면 그것은 가섭의 경계일 것이다.[46] 그렇다면 문수와 가섭의 경계를 벗어나서 원인을 거두고 결과를 맺는 한 구절은 어떻게 말하겠는가? 알

입은 벌어진 채 아무 말도 할 수 없는 지경이 되었던 것이다.(驅耕夫之牛, 奪飢人之食, 是從上爪牙. 這羅漢, 具許多神通妙用, 到仰山面前, 直得目瞪口呿.)"
44 한도를 벗어난 사람(過量人) : 모든 분별의 한도를 벗어나 범부와 성인의 경계를 자유자재하게 출입하며 본분을 발휘하는 경지에 이른 사람. 원오는 다른 부분에서도 이 말을 쓴다. 『圜悟語錄』 권10(大47, 757a6), "산승이 하나의 소식을 드러냈지만, 한도를 벗어난 사람이라면 이렇게 한도를 벗어난 본분사와 하나가 된다는 사실을 알아야 한다.(山僧露箇消息去, 也須知過量人, 契此過量事.)"
45 향수해香水海 : 향기로운 물로 가득 찬 바다. 세계에는 아홉 개의 산과 여덟 개의 바다가 있는데 그 중앙에 수미산이 있고, 주변에는 여덟 개의 산과 여덟 개의 바다로 둘러싸여 있다. 여덟 번째 바다만 짠물이며, 그 나머지는 모두 공덕수功德水로 채워져 맑고 향기로운 덕이 있으므로 향수해라 한다. 『俱舍論』 권11(大29, 57b29) 참조.
46 설화에 설명되듯이 이는 원오가 고의적으로 가섭을 낮추고 문수를 올려서 우열을 갈라놓았을 뿐 실제로 그렇다는 뜻은 아니다. 우열이 없는 곳에서 우열을 나누는 선사들의 장치이다.

겠는가? 90일 동안의 공부를 이제 모두 채웠으니 포대를 활짝 풀고 나와 각자 마음껏 돌아다녀라.[47]"

又小參云, "文殊菩薩, 一夏三處度夏. 一月在魔宮, 一月在長者家, 一月在婬坊. 旣三處度夏, 却入世尊會中解制, 極爲不平. 所以, 迦葉欲白槌擯出文殊, 纔擧此念, 見會中有無量釋迦, 無量文殊, 無量迦葉, 無量揵槌. 迦葉旣見伊麼, 直得目瞪口呿. 何故? 過量人, 有過量見, 有過量用. 雖金色頭陁, 到者裏, 縮手不得, 展手不去. 只如伊麼時, 是大圓覺裏耶? 大圓覺外耶? 須是通方作者, 始能證明. 何故? 此是文殊普賢大人境界. 若叅得文殊普賢境界, 則盡無邊香水, 無量無數微塵佛利, 悉爲安居處, 乃至現無邊身, 處處行住坐卧, 亦不相妨, 亦不犯手. 正當伊麼時, 若是知音者, 擧起便知. 所以天寧, 雖與大衆, 九十日安居, 畢竟諸人還知麼? 諸人, 若透頂透底去, 卽是文殊普賢境界; 若不透頂透底去, 卽是迦葉境界. 離却文殊迦葉, 收因結果一句, 作麼生道? 還委悉麼? 九十日功今已滿, 豁開布袋各優遊."

[설화]

○ 문수의 대인경계를 나타내었다.
○ 문수와 가섭의 경계를 벗어나서 원인을 거두고 결과를 맺는 한 구절은 어떻게 말하겠는가 : 바로 이전에 문수가 우월하고 가섭이 열등한 듯이 말했기 때문이다. 우열의 차별을 떠나는 것은 원인이고, 우열의 차

---

47 안거하는 90일 동안은 어디도 다니지 못하도록 규정된 금족禁足이 풀린 것을 말한다. 안거를 맺는 것을 '포대 속으로 들어간다'고 하며, 해제를 '포대를 풀고 나온다'라고 하는 말은 모두 금족과 관련된다. 원오가 결제상당에서 "원숭이가 포대로 들어갔다.(猢猻入布袋)"라고 한 비유나, 대혜가 해제 때 "포대의 매듭을 오늘 풀었다.(布袋結頭, 今日開.)"라고 한 표현에 그 예가 보인다. 『圜悟語錄』 권8(大47, 748a15), 『大慧語錄』 권8(大47, 843b3).

별이 없는 것이 결과이다.
○ 90일 동안의 공부를~마음껏 돌아다녀라 : 이전 그대로 움직이는 것이 바로 문수와 보현의 경계이다.

> 又小參, 現文殊大人境界也. 離却文殊迦葉云云者, 前云文殊迦葉, 似有優劣故. 離却優劣是因, 無優劣是果也. 九十日功云云者, 依舊是文殊普賢境界也.

불안 청원佛眼淸遠의 소참

하안거를 마치는 날 소참 때 이 공안을 제기하고 말하였다. "대중들이여! 당시에 안타깝게도 그대로 하도록 허용하여 기꺼이 보잘것없는 법을 즐기는 자가 되고 말았다. 만약 이 망치 한 방을 내리쳤다면 문수는 말할 것도 없고 석가노자일지라도 몸을 보전할 길이 없었을 것이다. 여러분, 이 망치 한 방이 귀착되는 뜻을 알겠는가? 만약 안다면, 온 세상의 모든 중생과 사생육도四生六道[48]까지 한꺼번에 굽지 않은 기와가 부서지고 봄날 얼음이 녹듯이 털끝만큼의 흔적도 볼 수 없게 사라질 것이다. 만약 어떤 납승이 나와서 '화상께서 그렇게 손을 써 주시기 바랍니다.'라고 말한다면, 그에게 '움직이는 것은 고요하게 있는 것만 못하니, 한 번 봐주고 넘어간다.[49]'라고 대답할 것이다. 왜 그런가? 저녁놀은 한 마리 들오리와 나란히 날고, 가을 강물은 아득한 하늘과 같은 빛깔이다.[50]"

---

[48] 사생육도四生六道 : 사생은 태생胎生·난생卵生·습생濕生·화생化生 등 윤회의 세계에 출생하는 네 가지 방식, 육도는 지옥地獄·아귀餓鬼·축생畜生·아수라阿修羅·인간人間·천상天上 등을 윤회하며 태어나는 여섯 가지 세계를 말한다.

[49] 한 번 봐주고 넘어간다(放過一着) : 방과일착放過一着은 바둑을 둘 때 상대가 잘못 둔 수를 한 수 물러 준다는 말. 상대가 잘못 반응한 것을 한 번 눈감고 넘어간다는 뜻으로 전화되었다. 여기서는 직접 손을 써 달라는 요청에 잘못된 점이 있지만 방편으로 한마디 해 준다는 뜻이다.

佛眼遠解夏小叅, 擧此話云, "大衆! 當時可惜放過, 甘爲樂小法者. 若下得者一椎, 莫道文殊, 假使釋迦老子, 亦無容身之處. 諸人, 還知者一椎落處麼? 若知得, 盡大地一切衆生, 四生六道, 一時瓦解氷消, 無絲毫可見. 或有箇衲僧出來道, '請和尙試下手看.' 卽向他道, '動不如靜, 放過一着.' 何故? 落霞與孤鶩齊飛, 秋水共長天一色."

[설화]

○ 털끝만큼의 흔적도 볼 수 없게 사라질 것이다 : 망치 한 방을 내리쳐 법령을 남김없이 시행해야 한다는 뜻이다.
○ 움직이는 것은 고요하게 있는 것만 못하다 : 이 망치 한 방을 내리치는 행위 또한 움직이는 것이니, 상대의 잘못을 한 번 봐주고 넘어가는 것이 더 낫다는 뜻이다. 그러므로 문수와 가섭은 '저녁놀은 한 마리 들오리와~'라고 운운한 시구의 내용처럼 서로 어울리는 관계이다.

佛眼小叅, 無絲毫可見者, 下一椎令盡行始得. 動不如靜者, 下這一椎, 亦是動也, 不如放過一着也. 然則文殊與迦葉, 是落霞與云云也.

운문 종고雲門宗杲**의 상당**

하안거를 시작하는 날, 법좌에 올라앉아 말하였다. "문수는 세 곳에서 안거를 보냈고, 지공誌公은 한가로운 화상이 아니었으며,[51] 가섭은 바른

---

50 왕발王勃의 「滕王閣序」에 나오는 구절. 선어록에 빈번하게 인용된다. 우열이 없는 양자가 전체의 조화를 성립시키는 서로의 입장을 가지고 있다는 의미로 쓰인다. 저녁놀과 들오리, 가을 강물과 하늘이 서로 다르게 자신의 모습을 가지면서 동일한 풍경 안에 서로 어울리듯이 가섭과 문수도 이 공안의 진실을 드러내는 각자의 역할을 가지고 있다. 본서 32칙 주 20 참조.
51 지공誌公은 한가로운 화상이 아니었으며 : 지공은 주장자 끝에 가위를 달고 다녔던 금릉 보지金陵寶誌를 가리킨다. 『空谷集』12則 「評唱」(卍117, 545b11), "머리털은 몇 치

법령을 시행하고자 하였으나 눈앞에서 귀신을 보는 신세[52]를 면하지 못했다. 말해 보라! 나, 경산의 문하에서 지금의 일은 어떠한가? 법좌에서 내려오면 모두들 세 번 절[53]을 한다."

雲門杲, 結夏上堂云, "文殊, 三處安居; 誌公, 不是閑和尙; 迦葉, 欲行正令, 未免眼前見鬼. 且道! 徑山門下今日事, 作麼生? 下座後, 大家觸禮三拜."

【설화】

○ 문수는 세 곳에서~귀신을 보는 신세를 면하지 못했다 : 문수와 지공과 가섭 등 그 누구도 하는 그대로 방임하지 않겠다는 뜻이다.
○ 지공誌公은 한가로운 화상이 아니었다 : '한가로운 화상이 아니었다고 한다면 여러 곳을 마구 돌아다녔던 까닭이 무엇이었을까?'라는 뜻이다.
○ 모두들 세 번 절을 한다 : 문수와 가섭에게 무슨 허물이 있겠는가? 그들은 숲속에 들어가도 풀잎 하나 흔들지 않고, 물에 들어가도 물결을 일으키지 않는 언행을 시행했다는 뜻이다.

가량 기르고 항상 맨발로 다니면서, 석장 하나를 들었는데 그 끝에 가위와 한 척 크기의 거울을 걸고, 한두 척 길이의 비단을 매달았다.(髮長數寸, 常跣足行, 執一錫杖, 頭挂剪刀及尺鏡, 懸一二尺帛子.)"; 『圜悟語錄』 권17(大47, 795c11), "지공은 한가한 화상이 아니었으니, 가위가 언제나 침상 머리에 놓여 있었다.(誌公不是閑和尙, 剪刀只在臥床頭.)" 잘 때도 늘 무엇이건 잘라 없애는 가위를 두듯이 한 치의 빈틈도 없이 법령을 엄하게 시행한다는 뜻.
52 눈앞에서 귀신을 보는 신세(眼前見鬼) : 이리저리 의심을 하느라 사리에 맞는 행동을 하지 못했다는 말이다.
53 세 번 절(觸禮三拜) : 좌구坐具를 접어 바닥에 놓고 그곳에 이마를 대고 올리는 절을 말한다. 아랫사람이 윗사람에게 촉례삼배를 올리면 윗사람은 답례로 촉례일배를 한다. 좌구를 다 펼치고 세 번 올리는 대전삼배大展三拜와 비교하여 약식의 절이라 하여 약배略拜·즉례卽禮·속례速禮 등이라 부른다. 『百丈淸規』 권3(大48, 1124a13) 참조.

雲門:文殊三處至見鬼者, 皆不放過也. 誌公不是閑和上[1]者, 不是閑和上,
爲什麽亂走之義也. 大家觸禮三拜者, 文殊迦葉, 有什麽過? 入林不動草,
入水不揚波也.

1) 㘞 '上'이 병본에는 '尙'으로 되어 있다. 이하 동일.

밀암 함걸密庵咸傑의 거

이 공안과 더불어 훗날의 존숙들이 '망치 한 방을 내리쳤어야 했는데 도리어 상대가 하는 그대로 놓아두어 기꺼이 소승인이 되고 말았다.'[54]라고 한 염拈을 제기한 다음 말하였다. "존숙들이 이렇게 평가한 말은 맹인이 코끼리를 더듬고 제각각의 느낌을 말하는 꼴이다.[55] 나는(傑上座) 올해 여름 장산蔣山에서 하안거를 시작해서 포선褒禪에서 하안거를 중도에 그만두고[56] 화장華藏에서 하안거를 마쳤다.[57] 말해 보라! 문수와 같은가, 다른가? 만약 같다고 한다면 그에게 진실을 꿰뚫어 보는 하나의 눈[58]이 붙어 있다고 인정해 줄 것이며, 만약 다르다고 말하더라도 그에게 진실을 꿰뚫어 보는 하나의 눈이 붙어 있다고 인정해 줄 것이다. 만일 남의 말에

---

54 장로 종색·원오 극근·불안 청원 등의 견해에 나타난다.
55 맹인이 코끼리를~말하는 꼴이다(盲人摸象):『長阿含經』권18(大1, 128c11), 40권본 『大般涅槃經』권32 「師子吼菩薩品」(大12, 556a8) 등에 나오는 비유. 맹인들이 각자 손으로 감촉한 부분만 가지고 코끼리의 온전한 모습을 추정하는 것을 비유로 들어 자신의 집착에 근거하여 내세우는 허망한 주장과 분별을 나타내고 있다.
56 하안거를 중도에 그만두고(破夏):『禪林象器箋』권3(禪藏, 158)에 "금족의 규정을 지키지 않고 수행처 밖으로 벗어나 돌아다니는 것.(不守禁足之制, 出界外遊者.)"이라고 정의하였다.
57 장산蔣山에서 하안거를~하안거를 마쳤다 : 장산은 자금산紫金山이라고도 하는데 강소성에 있는 산, 포선산褒禪山은 안휘성에 있는 산을 가리키는 것으로 보인다. 화장華藏은 어디인지 알 수 없다.
58 진실을 꿰뚫어~하나의 눈(一隻眼) : 일척안一隻眼은 원래 하나의 눈 곧 외눈박이를 가리키지만, 진리를 꿰뚫어 보는 탁월한 안목 또는 뛰어난 식견이나 견해를 가진 사람을 가리킨다. 두 개의 육안肉眼과 다르다 하여 제3의 눈이라 하고, 정문안頂門眼·정안正眼·활안活眼·명안明眼 등이라고도 한다.

속지 않는 자가 나타나 '장로이시면서도 이다지 모호한 입장[59]이시군요.'
라고 한다면, 다만 그에게 '모호함 속에 분명한 점이 있다.'라고 대답할
것이다. 절박하게 (나의 게송을) 들어라![60]

> 세 곳으로 장소 옮겨 가며 시빗거리를 예정하였으니
> 딱딱하게 굳은 마음 한 터럭도 바꾸지 못하는구나
> 모호하게 뒤섞인 말[61] 누구에 의지하여 이해할까
> 무쇠 이마와 구리 머리의 사람도 눈썹 찌푸리리라"[62]

密庵傑擧此話, 連擧後來尊宿拈, '好一槌, 又却放過, 甘作小乘人.' 師云,
"尊宿伊麽, 也是盲人摸象. 傑上座, 今夏蔣山結夏, 褒禪破夏, 華藏終夏.
且道! 與文殊, 是同是別? 若道是同, 許他具一隻眼; 若道是別, 也許他具
一隻眼. 忽有箇不受人瞞底出來道, '長老也好淈溳.' 只向他道, '淈溳中有
箇分曉處.' 急須聽取! '三處移場定是非, 頑心全不改毫釐. 胡言漢語憑誰
會? 鐵額銅頭也皺眉.'"

---

59 다르다고 해도 인정하고 동일하다고 해도 인정하는 입장을 비판하는 말이다. 그러나 이러한 설정 자체가 하나의 화두이며, 동일성과 차이성을 모두 하나의 몰자미沒滋味로 귀착시키는 화두 참구의 관점에 따른다.
60 제1구는 문수, 제2구는 가섭의 입장을 나타낸다. 제3구는 문수와 가섭을 평등하게 아우른 밀암의 화두, 제4구는 총괄적으로 문수나 가섭 그리고 밀암 자신의 화두는 아무리 탁월한 지혜를 가지고도 분별하지 못하는 속성을 갖고 있다는 뜻을 전한다. 한편 제1구와 제2구는 오조 법연五祖法演의 말을 활용한 것이다. 『五祖法演語錄』 권2(大 47, 657b6), 古尊宿語錄 21(卍118, 428b7) 참조.
61 모호하게 뒤섞인 말(胡言漢語) : 외국인이 말하는 중국어. 또는 외국어와 중국어가 뒤섞여 무슨 뜻인지 알아들을 수 없는 말. 이래도 옳고 저래도 옳고, 이래도 틀리고 저래도 틀리다는 식으로 제시되는 화두를 가리킨다. 이 말에는 밀암이 이 공안을 평가하기 위해 동일성과 차이성으로 제기한 또 하나의 화두가 압축되어 있다.
62 무쇠 이마와~눈썹 찌푸리리라 : '무쇠 이마와 구리 머리'는 냉정하여 그 무엇에도 흔들리지 않는 경지를 성취한 사람을 나타낸다. 아무리 높은 경지에 이른 사람도 분별로는 알아차릴 수 없다는 뜻이다.

> 설화

○ 올해 여름 장산蔣山에서~화장華藏에서 하안거를 마쳤다 : 앞에서 '한 달은 황도에서 보냈고, 다른 한 달은 황도의 먼지 나는 거리에서 지냈다.'라고 한 말과 같다. 그렇다면 문수의 경우와 같은가, 다른가? 같다고 해도 되고 다르다고 해도 된다.
○ 게송의 제1구 : 세 곳으로 안거 장소를 이전했기 때문에 시빗거리를 남겼다는 뜻이다.
○ 게송의 제2구 : 철저하게 완고하고 어리석다는 뜻이다.
○ 게송의 제3구 : 외국 땅을 다니는 동시에 중국 땅을 내달린 것을 가리킨다. 외국어와 중국어가 모두 증득과 교화를 나타내는 말이다.
○ 게송의 제4구 : 비록 무쇠 이마와 구리 머리라 하더라도 어찌할 수 없다는 말이다.

密菴 : 今夏蔣山, 至華藏終夏者, 上一月皇都, 一月紫陌之義也. 然則與文殊, 同耶別耶? 同亦得, 別亦得也. 三處移場云云者, 三處移傳故, 有是非也. 頑心云云者, 徹底頑愚也. 胡言云云者, 指胡地上行, 漢地上走. 胡漢亦證化也. 鐵額云云者, 雖是鐵額銅頭, 奈何不得也.

34칙 세존법륜世尊法輪

본칙 세존께서 열반에 드시려 할 때 문수가 세존께 법의 바퀴를 다시 굴려 달라고 청하자 세존께서 꾸짖으며 말씀하셨다. "문수여, 나는 49년 동안 세상에 머물면서 한 글자도 말한 적이 없다. 그대가 다시 법의 바퀴를 굴려 달라고 청하니, 이 말은 내가 법의 바퀴를 굴린 적이 있다는 뜻이냐?"[1]

世尊, 臨入涅槃, 文殊請佛, 再轉法輪, 世尊咄云, "文殊, 吾四十九年住世, 未曾說一字, 汝請再轉法輪, 是吾曾轉法輪耶?"

설화
- 이 공안의 취지는 처음부터 법의 바퀴를 굴리지 않았다는 점이다.
- 열반 : 원적圓寂이라 한역한다. 원만(圓)하지 않은 덕이 없고, 고요하게 소멸하지(寂) 않은 장애가 없다는 뜻이다.[2]
- 바퀴(輪) : 『조정사원』에는 "바퀴란 비유로써 한 말이다. 마치 왕의 보배수레가 걸림 없이 굴러가는 것과 같다."[3]라고 한다. 옛사람은 "아함阿含 12년, 방등方等 8년, 21년 동안 설한 반야般若, 또한 『법화경』과 『열반경』 8년, 그리고 『화엄경』은 아함을 설했던 시기와 같다."[4]라고 하였다.

---

1 이것과 온전히 일치하는 이야기는 『景德傳燈錄』 권12 「道巘傳」(大51, 297a20)과 공안집들에 수록되어 있지만 경전에는 보이지 않는다. 다만 '한 글자도 설하지 않았다.'라고 한 『楞伽經』 권4(大16, 506c4) 등의 설이 의미상 통한다.
2 『大乘法界無差別論疏』(大44, 65a11), "열반은 원적이라 한역한다. 갖추지 않은 덕이 없는 것을 원이라 하고, 사라지지 않은 장애가 없는 것을 적이라 한다.(涅槃, 此云圓寂. 謂德無不備曰圓, 障無不盡稱寂.)"
3 『祖庭事苑』 권7(卍113, 221a6).
4 누구의 말인지는 알 수 없다. 천태종에서 부처님의 교설을 화엄시華嚴時·아함시阿含時·방등시方等時·반야시般若時·법화열반시法華涅槃時 등 오시五時로 구분한 것과 같다.

또한 어떤 고덕古德은 "언설을 떠난 진실한 본체에 의지하여 언설의 본래 작용을 나타내고, 언설의 본래 작용에 의지하여 언설을 떠난 진실한 본체를 나타낸다. 본체 그대로 작용이므로 종일토록 침묵해도 침묵한 적이 없고, 작용 그대로 본체이므로 종일토록 말해도 말한 적이 없다."[5]라고 하였다.

[法輪] 此話, 最初不轉法輪也. 涅槃, 此云圓寂. 無德不圓, 無障不寂也. 輪者, 祖庭云, "輪, 以喩言之, 如王寶輪, 運轉無礙也." 古人云, "阿含十二方等八, 二十一載談般若, 法花涅槃, 又八年, 華嚴同在阿含時." 又古德云, "依離言之眞體, 現言說之本用 ; 依言說之本用, 現離言之眞體. 體卽用故, 終日默未嘗默 ; 用卽體故, 終日說未嘗說."

지비자의 송 知非子頌

부처님이 문수의 말 꾸짖으셨으니	佛咄文殊言
세간에 49년 머물며 설법하였지만	住世七七年
법의 바퀴 굴린 적 없다고 하시며[6]	法輪未曾轉

『法華經授手』 권7(卍51, 859a6), "40년이란 무엇인가? 설법송에 따르면, '아함 12년 방등 8년, 22년 동안 반야 설했다네. 법화는 반야 이후에 설했기에, 40여 년이라 하노라.'라고 한다.(四十年者, 說法頌云, 阿含十二方等八, 二十二年般若談, 法華在般若後說, 故云四十餘年.";『四敎儀備釋』 권상(卍102, 143a3), "여래의 49년 설법을 총괄하여 오시를 읊은 송이 된다. '아함 12년 방등 8년, 22년 동안 반야 설했다네. 법화와 열반이 함께 8년이요, 화엄은 성도 후 최초 삼칠일 설했다네.(如來四十九年說法, 總成五時頌曰, 阿含十二方等八, 二十二年般若談, 法華涅槃共八年, 華嚴最初三七日.)";『敎觀綱宗』「通別五時論」(大46, 937b22), "오히려 아함 12년, 방등 8년이라는 망설이 와전되었다.(尚自訛傳阿含十二方等八之妄說)"『四敎儀註彙補輔宏記』 권상(卍102, 277b3).

5 누구의 말인지 알 수 없다.
6 세간에 49년~없다고 하시며 :『景德傳燈錄』 권12「道巘傳」(大51, 297a20), "세존께서 열반에 드시기 직전에 문수가 부처님께 다시 법륜을 굴려 달라고 청하자 세존께서 문수를 꾸짖으며 말씀하셨다. '내가 세상에 출현하여 49년 머무는 동안 한 글자도 남에게 전한 적이 없었음에도 그대가 나에게 다시 법륜을 굴려 달라고 청하니, 내가 법륜을 굴린

인연 따라 노란 잎 펼쳤을 뿐이요[7]　　　　　黃葉隨因緣
진리 보는 나의 바른 안목만은　　　　　　　唯吾正法眼
가섭이 금란과 함께 받았다 하시네[8]　　　　迦葉得金襴[1)]

1) ㉣ '襴'이 갑본에는 '欄'으로 되어 있다.

[설화]

○ 글에 드러난 그대로이다.

知非子頌, 文見.

적이 있다고 잘못 생각하고 있구나.'(世尊臨入涅槃, 文殊請佛再轉法輪, 世尊咄文殊言, '吾四十九年住世, 不曾一字與人. 汝請吾再轉法輪, 是謂吾曾轉法輪也.')」;『肇論新疏』권 상(大45, 210c28), "법륜을 굴렸지만 굴리지 않았으니 49년 동안 한 글자도 설하지 않으셨다.(轉而不轉, 四十九年, 不說一字.)"

7 노란 잎(黃葉)은 방편의 교설을 상징한다. 노란 잎을 돈이라 속여 우는 아이를 달랜다는 『大般涅槃經』「嬰兒行品」에 나오는 비유에서 비롯한다. 본서 2칙 주 102 참조.

8 '금란'은 금란가사金襴袈裟를 말한다. 법을 전수받았다는 징표가 된다. 『景德傳燈錄』 권1 「釋迦牟尼佛傳」(大51, 205c3)에 따르면, 부처님께서 금루승가리의金縷僧迦梨衣를 가섭에게 전해 주면서 자씨불慈氏佛(彌勒佛)이 세상에 출현할 때까지 잘 간직하도록 당부했다고 한다(復告迦葉, '吾將金縷僧迦梨衣, 傳付於汝, 轉授補處, 至慈氏佛出世, 勿令朽壞.'). 또한 같은 책 「摩訶迦葉傳」(大51, 206b5)에 "가섭이 승가리의를 지니고 계족산 雞足山에 들어가 미륵불이 세상에 출현하기를 기다렸다.(持僧伽梨衣, 入雞足山, 候慈氏下生.)"라고 한다. 본서 81칙 본칙 주석 참조.

35칙 세존녹야世尊鹿野

[본칙] 세존께서 열반에 드시려 할 때 대중에게 말씀하셨다. "처음 녹야원[1]에서 마지막의 발제하[2]까지 그 두 기간 사이에 한 글자도 말한 적이 없다."[3]

世尊, 臨入涅槃, 告大衆云, "始從鹿野苑, 終至跋提河, 於是二中間, 未曾說一字."

[설화]

● 『대당서역기』에 다음과 같이 전한다.[4] "녹야원은 바라나국波羅奈國에 있다. 석가께서 수행 단계(因地)에서 보살행을 닦고 있을 때 사슴왕으로

---

1 녹야원鹿野苑 : ⓢ Mṛgadāva. 부처님이 성도한 후 처음으로 설법하신(初轉法輪) 장소. 바라나시 북부에 있다.
2 발제하跋提河 : 아리라발제하阿利羅跋提河(ⓢ Hiraṇyavatī)의 줄임말. 중인도 쿠시나가라에 있는 강 이름이다. 부처님이 이 강의 서안에서 열반에 드셨다.
3 '한 글자도 말한 적이 없다'라는 설은 『大般若經』과 그 주석서 『大智度論』 그리고 『楞伽經』 등에 보인다. 『大般若經』 권499(大7, 540b29), "나는 일찍이 이 깊고 깊은 반야바라밀다와 상응하는 도리에 대해서는 한 글자도 말한 적이 없고, 그대도 듣지 못했다.(我嘗於此甚深般若波羅蜜多相應義中, 不說一字, 汝亦不聞.)"; 『大智度論』 권54(大25, 448b29), "보살은 처음 발심하여 성불하기까지 그 사이에 일체의 법에 대해 설한 것도 없고 들은 것도 없었다. 모든 관찰이 소멸하고 언어가 끊어졌으므로 설할 수 없으며, 설할 수 없으므로 들을 수 없고, 들을 수 없으므로 알 수 없으며, 알 수 없으므로 모든 법에 대해 받아들이는 것도 집착하는 것도 없었으니 곧 열반에 들어간 것이다.(菩薩初發心, 乃至得佛, 於其中間, 一切法無說無聞. 諸觀滅故, 語言斷故, 不可說, 不可說故, 不可聽, 不可聽故, 不可知, 不可知故, 於一切法, 無受無著則入涅槃.)"; 『楞伽經』 권4(大16, 506c4), "법은 문자를 벗어나 있기 때문이다. 그러므로 대혜야, 부처님과 모든 보살은 한 글자도 설하지 않고 한 글자도 답하지 않는다. 왜 그런가? 법은 문자를 벗어난 것이기 때문이다.(法離文字故. 是故, 大慧, 我等諸佛, 及諸菩薩, 不說一字, 不答一字. 所以者何? 法離文字故.)"
4 『大唐西域記』 권7(大51, 906a13) 전후의 이야기이지만 일치하지 않고, 『釋迦如來成道記註』 권상(卍130, 219b5)에서 인용한 『大唐西域記』의 내용을 그대로 재인용한 것이다.

몸을 바꾸어 나타났다. 당시 석가는 선한 사슴왕(善鹿王)이라 불렸고, 제바달다提婆達多는 악한 사슴왕(惡鹿王)이었다. 두 사슴왕은 각각 500의 무리를 거느리고 같은 숲에 함께 머물렀다. 국왕은 이 숲을 사슴을 기르기 위한 동산으로 보시하였다. 이런 까닭에 석가께서 이 터에 과거세의 인연이 있다는 것을 알아보시고 가장 먼저 이곳에 와서 법을 설함으로써 그 터를 보시한 은혜에 보답했던 것이다."

- 발제 : 구시라拘尸羅[5]라고도 하며, 각성覺城이라 한역한다. 니련泥蓮[6]이라고도 하며, 유금有金 또는 불착락不着樂이라 한역한다.
- 석가께서는 성도한 다음 처음으로 법의 바퀴를 굴려 교진여憍陳如[7] 등 다섯 비구를 제도하였다.
- 이 공안은 종일토록 말하여도 한 글자도 말한 적이 없다는 취지를 나타낸다.

[鹿野] 西域記云, "鹿野苑, 在波羅奈國. 釋迦, 因地修菩薩行時, 化身爲鹿王, 名善鹿王, 提婆[1)]達多, 爲惡鹿王. 各有五百眷屬, 同止一林. 國王施此林, 爲養鹿園, 所以釋迦觀此土, 有昔因緣, 首來說法, 報其地恩." 跋提, 或云拘尸羅, 此云覺城. 或云泥蓮, 此云有金, 亦云不着樂. 釋迦成道, 初轉法輪, 度憍陳五比丘也. 此話, 終日說而未嘗說一字也.

1) ㉘ '婆'가 병본에는 '波'로 되어 있다.

열재거사의 송 悅齋居士頌
40여 년이 되도록 쌓았던 공으로　　　　　　　　　四十餘年積累功

---

5 구시라拘尸羅 : Ⓢ Kuśingara, Ⓟ Kusinārā, 발제하가 있는 성성 이름이다.
6 니련泥蓮 : Ⓢ Nairañjanā, Ⓟ Nerañjarā, Nirañjarā의 음사어. 니련선하尼連禪河라고도 한다.
7 교진여憍陳如 : 아야교진여阿若憍陳如의 줄임말. Ⓢ Ājñāta-Kauṇḍinya, Ⓟ Aññā-Koṇḍañña의 음사어이다. 다섯 비구 중 가장 먼저 아라한이 된 부처님의 첫 제자이다.

거북 털과 토끼 뿔[8] 허공에 가득하네	龜毛兎角滿虛空
한겨울 눈[9] 점점이 쏟아져 내리나	一冬臘雪垂垂下
타오르는 화로에 떨어진 격이로다	落在紅爐烈焰中

〔설화〕

○ 49년 동안의 설법이 불타는 화로에 떨어지는 한 점의 눈과 같아서 진실로 남아 있지 않지만 전혀 없는 것도 아니라는 뜻으로 한 말이다.

悅齋 : 四十九年說, 烘爐上一點雪, 非實有非都無云云也.

지해 지청智海智淸의 상당

이 공안을 제기하고 말하였다. "대각세존께서는 비록 한 시기에만 적절한 방편[10]을 주셨지만 후세 사람들은 '법을 설했을 뿐 본래 말이 없었

---

8 거북 털과 토끼 뿔(龜毛兎角) : 실체가 전혀 없어서 구할 수 없는 것. 36권본 『大般涅槃經』 권32(大12, 819b17), "불성이 비록 없다고 하더라도 토끼 뿔과 같지 않다. 왜 그런가? 거북 털과 토끼 뿔은 비록 헤아릴 수 없이 많고 뛰어난 방편을 부려도 생겨날 수 없지만 불성은 생겨날 수 있기 때문이다. 이런 이유로 비록 없지만 토끼 뿔과 같지 않다. 그러므로 불성은 있는 것도 아니고 없는 것도 아니며, 있기도 하고 없기도 하다.(佛性雖無, 不同兎角. 何以故? 龜毛兎角, 雖以無量善巧方便, 不可得生, 佛性可生. 是故, 雖無不同兎角. 是故, 佛性非有非無, 亦有亦無.)"
9 한겨울 눈(臘雪) : 원래는 동지부터 입춘 사이에 내리는 눈을 가리킨다.
10 한 시기에만 적절한 방편(一期方便) : 일정한 시기와 상황에만 효용이 있는 방편. 따라서 이러한 조건이 사라지면 함께 버려야 한다. 『大慧語錄』 권13(大47, 864a25), "평상시에 배우는 자들을 보면 눈앞에 인식되는 대상들의 존재를 진실한 것으로 인정하고 지견을 구하며 머리로 이해하려는 경우가 많아서 망상을 쉴 틈이 없기에 어쩔 수 없이 겁겁의 시간 밖을 알아차리도록 하였던 것이다. 그러나 진실에 따라 말하자면 이 한 구절도 이미 많은 말을 한 것이나 다름없다. 이것은 한순간에 효용이 있는 방편일 뿐이니 마치 손가락으로 달을 가리켜 보여 주면 달을 보아야 하고 손가락을 실제인 듯이 착각해서는 안 되는 것과 같다.(尋常見學者, 多認目前鑑覺, 求知見覺解會, 無有歇時, 不得已敎人向劫外承當. 據實而論, 這一句, 已是多了. 此是一期方便, 如指月示人, 當須看月, 莫認指頭.)"

다.'는 취지를 알지 못하였으니, 지금 다시 '처음 녹야원에서부터 마지막 발제하에 이르기까지 두 시기 사이의 50년 동안 세간에 출현하신 적이 없었다.'라고 말하는 것이 더 나으리라. 여러분, 이 여래의 장륙금신丈六金身[11]도 오온五蘊으로 이루어진 중생의 몸을 벗어나지 않는다. 과거에 이미 이와 같았던 이상 지금인들 어찌 그렇지 않겠는가! 알겠는가? 남종과 북종의 조사들도 모두 이와 같으니, 천상과 인간에서 또 누구에게 묻겠는가?" 불자로 선상을 쳤다.

智海淸上堂, 擧此話云, "大覺世尊, 雖是一期方便, 後人不了, 秖說法本無言, 而今不如更道, '始從鹿野苑, 終至跋提河, 中間五十年, 未嘗出於世.' 諸人, 者如來丈六金身, 不離群生五蘊. 昔旣若爾, 今何不然! 還會麽? 南宗北祖皆如此, 天上人間更問誰?" 以拂子擊禪床.

[설화]

○ 대각세존께서는~라고 말하는 것이 더 나으리라 : 중생의 본분에 천 길의 절벽이 우뚝 솟아 있기에[12] 더 이상 세상에 출현하여 그들을 교화할 필요가 없다는 뜻이다.

智海上,[1) 大覺至出於世者, 衆生分上, 壁立千仞, 更無出世敎化也.
1) ㉮ '上' 다음에 '堂' 자가 탈락된 듯하다.

---

11 장륙금신丈六金身 : 본서 27칙 주 6 참조.
12 천 길의~솟아 있기에(壁立千仞) : 당당히 독립하여 어디에도 의지하지 않는 풍모를 나타낸다. 『圜悟語錄』 권9(大47, 755a26), "사람마다 본분에 천 길의 절벽이 우뚝 솟아 있고, 각각의 눈앞에 커다란 보배 광명이 비친다. 그렇다면 어디에도 얽히지 않는 한 구절을 어떻게 말할까? 산기슭의 봉우리가 거꾸로 섰고, 석순에는 남몰래 가지가 돋아난다.(人人分上, 壁立千仞 ; 各各面前, 飛大寶光, 且不落貪緣一句, 作麽生道? 麓峰頭倒卓, 石笋暗抽枝.)"

상방 일익上方日益의 거

"이미 한 글자도 설한 적이 없다고 한다면 5천여 권의 대장경[13]은 무엇으로부터 생긴 것인가?[14] '다만 개념과 문자를 빌려서 중생을 이끌었던 것일 뿐이다.'[15]라고 한 말을 모르는가? 그러나 작은 마을 안에서 사슴을 가리켜 말이라 속이는 일은 눈감아 줄 수 있지만, 사방으로 트인 큰길에서 양의 머리를 내걸고 개고기를 팔아먹는다면 잘 비추어 돌아보아야 한다.[16] 알겠는가? 남이 잘되도록 도와주는 자는 드물고 남을 망치는 자는 많은 법이다.[17]"

---

13 5천여 권의 대장경 : 대장경의 권수에 대하여 가장 조직적으로 체제가 완비된『開元釋敎錄』이 정리한 결과에 따르면 1,076부 5,048권이다. '대장경 5천여 권' 또는 '일체경 5천여 권'이라는 말은 이를 가리킨다.『圓覺經略疏』「裴休 序」(大39, 523c26), "경·율·논 삼장의 글이 중국에 전해진 수는 5천여 권에 달한다.(今夫經律論三藏之文, 傳于中國者, 五千餘卷.)"

14 『碧巖錄』「序文」(大48, 139b9), "대장경 5천여 권은 모두가 미래세의 중생을 위한 부처님의 말씀을 담은 것이다. 진실로 말을 잊고 그 본래의 뜻을 얻으려면 부처님께서도 곧바로 입을 닫았어야 할 것인데, 무슨 까닭으로 이와 같이 많은 말씀을 하시게 되었을까?(大藏經五千餘卷, 盡爲未來世設. 苟可以忘言, 釋迦老子, 便當閉口, 何至如是叨叨?)"

15 『法華經』에 나오는 말.『法華經』권1「方便品」(大9, 8a17), "시방세계의 불국토에 오직 일승법만 있고 이승도 없고 삼승도 없으나 부처님의 방편설은 제외한다. 이는 단지 개념과 문자를 빌려서 중생을 인도한 것일 뿐이다.(十方佛土中, 唯有一乘法, 無二亦無三, 除佛方便說. 但以假名字, 引導於衆生.)"

16 지록위마指鹿爲馬와 현양두매구육懸羊頭賣狗肉은 동일한 맥락이다. 겉으로 나타내는 지시와 진실이 부합하지 않는 경우를 비유한다. 모든 부처와 조사의 언어를 이와 같이 보아야 한다는 의미가 내포되어 있다. 부처와 조사가 펼치는 어떤 설법이나 언행이든 임시방편의 수단으로서 발휘된 것일 뿐임을 상징한다. 한 글자도 설한 일이 없기 때문에 설했다면 그것은 거짓이 된다.『五燈全書』권100「印持敬章」(卍141, 957b13), "소참 때 말하였다. '불법이라는 두 글자는 설한 도리도 없고 전한 방법도 없으니, 사슴을 가리켜 말이라 하고 옆구리에 주먹을 돌려주는 것이다. 나, 천왕 인지경은 오늘 주먹을 돌려줄 사람을 찾고 있다. 있는가, 있는가?' 잠깐 침묵하다가 말하였다. '그래도 소머리를 억지로 눌러서 여물을 먹여서는 안 된다.'(小參, '佛法二字, 無說無傳, 指鹿爲馬, 肋下還拳. 天王今日, 覓個還拳底. 有麽, 有麽?' 良久曰, '也不得按牛頭喫草.')"

17 부처나 조사들이 말로써 전하는 형식에 미혹되면 안 된다는 뜻이다. 이것은 모든 화두를 수용하는 근본적인 태도와 밀접하게 관련된다. 그들이 고의로 사람을 망친다기보

上方益擧此話云, "既不曾說箇一字, 五千餘卷, 從何而得? 不見道? '但以假名字, 引導諸衆生.' 然雖如是, 三家村裏, 指鹿爲馬, 不妨; 若是十字街頭, 懸羊頭賣狗肉, 却須照顧始得. 會麽? 成人者少, 敗人者多."

설화

○ 이미 한 글자도~중생을 이끌었던 것일 뿐이다 : 49년 동안 한 글자도 설한 적이 없었다는 뜻이다.
○ 작은 마을 안에서 : 경계가 비좁고 작다는 말이다.
○ 사슴을 가리켜 말이라 속이는 일 : 중생을 미혹시켜 잘못 이끈다는 뜻이다.
○ 사방으로 트인 큰길에서~잘 비추어 돌아보아야 한다 : 범부의 법을 말한다.
○ 남이 잘되도록~망치는 자는 많은 법이다 : 세존께서 사슴을 가리켜 말이라 하였으니 이것이 남을 망치는 일이다.

上方 : 既不曾至衆生者, 四十九年未曾說一字也. 三家村裏者, 境界窄小也. 指鹿爲馬者, 疑誤衆生也. 十字街頭云云者, 凡夫法也. 成人者少云云者, 世尊指鹿爲馬, 是敗人也.

다는 언어로 전할 수 없는 경계를 가리키는 임시 설정의 언어에 미혹되는 당사자들이 스스로 속아서 자멸하는 것과 같다. 『聯燈會要』 권18 「國淸行機章」(卍136, 731a2), "옛 부처가 세상에 출현하여 남이 잘되도록 도와준 일은 드물었고, 달마대사가 인도로부터 와서 전한 소식을 듣고 스스로 망가지는 경우가 많았다. 삼승십이분교의 깊고 미묘한 말이 모두 갈고리나 오랏줄과 같은 속박에 불과하다. 부처와 조사가 제기하여도 도달하지 못하는 경지에서 격을 벗어난 기틀을 보여 주고, 부처나 조사가 입을 열 수 없는 경지에서 아무 뜻도 없는 말을 설하는 것이다.(古佛出世, 成人者少 ; 祖師西來, 敗己者多. 三乘十二分敎, 玄言妙語, 盡是鐃鉤搭索. 向佛祖提撕不到處, 提格外機 ; 向佛祖開口不得處, 說無義語.)" 대부분의 문헌에는 '敗己者多'가 '敗人者多'로 되어 있다.

36칙 세존마흉世尊摩胸

본칙 세존께서 열반에 드시기에 앞서 열린 법회 때 손으로 가슴을 문지르고 대중에게 말씀하셨다. "그대들은 최상의 황금색(紫磨金色)으로 빛나는 나의 몸을 잘 살펴보고 충족할 때까지 우러러보아 후회를 남기지 않도록 하라. 만약 내가 멸도했다고 여긴다면 나의 제자가 아니요, 내가 멸도하지 않았다고 여기더라도 또한 나의 제자가 아니다." 그때 이루 헤아릴 수 없이 많은 대중이 모두 그 뜻을 어김없이 깨달았다.

世尊, 於涅槃會上, 以手摩胸告衆曰, "汝等善觀吾紫磨金色之身, 瞻仰取足, 勿令後悔. 若謂吾滅度, 非吾弟子 ; 若謂吾不滅度, 亦非吾弟子." 時百萬億衆, 悉皆契悟.

설화
- 가슴을 문지르고 대중에게 말씀하셨다 : 다른 곳에는 "가슴에서 빛이 흘러나왔다."라고 되어 있다. 또 소疏에서는 "중도의 바른 본질을 나타낸다."라고 해설한다.[1]
- 최상의 황금색(紫磨金色)으로~후회를 남기지 않도록 하라 : 이 본분사를 알아차리려면 아주 세밀하게 살펴야 한다는 뜻이다.
- 만약 내가 멸도했다고 여긴다면 나의 제자가 아니요 : 하나의 그 무엇은 길이길이 신령하여 하늘과 땅을 온통 뒤덮고 있기 때문에 "내가 멸도했다고 여긴다면 나의 제자가 아니다."라고 한 것일까?

---

1 두 가지 인용 모두 전거가 불분명하다. 『楞嚴經直解』 권1(卍89, 582a8), "가슴 앞에서 빛이 흘러나온다고 하니, 대체로 모든 견해를 마음으로 귀착시킨다는 뜻을 나타낸다. 그 빛에 보배와 같이 무수한 빛을 갖추고 있다는 말은 모든 견해는 본각의 참된 지혜로서 헤아릴 수 없이 많은 공덕을 갖추고 있음을 나타내려는 의도이다.(今於胸前放光, 蓋表會見歸心之意, 其光具百寶色者, 意表見爲本覺眞智, 具無量功德也.)"

- 내가 멸도하지 않았다고 여기더라도 또한 나의 제자가 아니다 : 온몸의 뼈는 다 함께 허물어져 흩어지는 것[2]이기 때문에 "내가 멸도하지 않았다고 여기더라도 또한 나의 제자가 아니다."라고 한 것일까?
- (모두 아니다.) 현재 나의 색신色身이 바로 변함없는 몸(常身)[3]이자 법신法身이라는 뜻이다.
- 이루 헤아릴 수 없이 많은 대중이 모두 그 뜻을 어김없이 깨달았다 : 무엇을 깨달았는가? '멸도하였다'는 말은 생성하고 소멸한다는 뜻인가? 또 '멸도하지 않았다'는 말은 생성하지도 않고 소멸하지도 않는다는 뜻인가? 적멸寂滅의 열반을 증득하여 중생을 제도하였고, 또한 상주불변과 무상의 도리도 깨우쳤다는 뜻이다. 사조四祖는 "무수히 많은 법문이 어느 것이나 마음으로 귀착되고, 갠지스강의 모래알처럼 셀 수 없고 미묘한 덕이 모두 마음의 근원에 의존한다."[4]라고 말하였다.

[摩胸] 摩胸告衆者, 他處"胸藏放光." 疏云, "表中道正性." 善觀吾云云者, 如承當這箇事, 大須審細. 若謂吾滅云云者, 一物長靈, 盖天盖地故, 謂"吾滅度云云"耶? 若謂不滅云云者, 百骸俱潰散云云故, 謂"吾云云"耶? 吾今色身, 卽是常身法身也. 百萬億衆云云者, 悟得箇什麼? 滅度者, 生滅耶? 不滅度者, 不生滅耶? 證滅度生, 又常無常亦得. 四祖云, "百千法門, 同歸方寸 ; 河沙妙德, 摠在心源."

---

2 조주 종심趙州從諗의 문답에 나오는 말. 죽음 또는 죽은 다음에 육신이 허망하게 사라지는 현상을 말한다. 『趙州語錄』古尊宿語錄 13(卍118, 318a11), "어떤 학인이 조주에게 물었다. '온몸의 뼈가 다 함께 허물어져 흩어져도 하나의 그 무엇은 길이길이 변치 않고 신령하다는 것은 어떤 뜻입니까?' '오늘 아침에 또 바람이 부는구나.'(問, '百骸俱潰散, 一物鎭長靈時, 如何?' 師云, '今朝又風起.')" 본서 469칙 본칙에도 나온다.
3 변함없는 몸(常身) : 40권본 『大般涅槃經』권2(大12, 372a17)에 따르면 상신常身은 법신 또는 '번뇌가 없는 몸', '금강의 몸', '한계가 없는 몸' 등과 같은 말이다.
4 『景德傳燈錄』권4「法融傳」(大51, 227a18).

심문 담분心聞曇賁의 송 心聞賁頌

한평생 지나도록 종적 알지 못했는데	平生已是不知蹤
마지막에 까닭 없이 또 가슴 두드리네	末後無端更點胸
수많은 인천의 대중들이 여기서 깨닫고	百萬人天從此悟
눈 치켜떴지만 황금빛 얼굴 못 보았다네	擡眸不見紫金容

[설화]

○ 또 가슴 두드리네 : 세존께서 이렇게 내려 준 지시도 참으로 아무런 까닭이 없었다[5]는 말이다.
○ 수많은 인천의 대중들이~황금빛 얼굴 못 보았다네 : 깨달을 대상조차도 없다는 이치를 깨달았다는 뜻이다.

心聞：更點胸者, 世尊伊麼指示, 也大無端也. 百萬人天至金容者, 悟無所悟也.

운봉 문열雲峯文悅의 염

"이처럼 고황膏肓[6] 입구에서는 약 기운이 발산되기에 충분하지 못하였다. 내가 오늘 죽은 말을 살리려는 어리석은 의사[7]가 되고자 하는데, 여

---

[5] 아무런 까닭이 없었다(無端) : 세존이 양단을 모두 잘라 버린 질문을 맞이하고 결론을 도출하지 못하기 때문에 '까닭이 없다'고 하며, 달리 말하면 어떤 논리나 이론적인 틀로도 포착할 수 없는 문제이기 때문에 '종잡을 수 없다'는 의미이기도 하다. 그 말이 궁극일 수 있지만 어디서 왔는지 유래를 찾을 수 없기 때문이다. 대의로 보면 은산철벽銀山鐵壁의 화두와 통한다.『宗門拈古彙集』권13(卍115, 668a18), "금속원이 말한다. '단하가 목불을 불살랐으니 종잡을 수 없구나, 종잡을 수 없어!'(金粟元云, '丹霞燒木佛, 無端, 無端!')"
[6] 고황膏肓 : 심장 하부의 작은 비계를 '고膏'라 하고, 가슴 위의 얇은 막을 '황肓'이라고 한다. 이 사이에 있는 부위에 병이 들면 침도 들지 않고 어떤 약을 써도 효과가 없다고 하여 불치병을 대표하는 말로 쓰인다.
[7] 죽은 말을~어리석은 의사(死馬醫) : 어리석거나 뜻을 바로 이해하지 못하는 자들에게

러분은 살가죽 밑에 흐르는 피가 있기는 한가?"

> 雲峯悅拈, "然則膏肓之門, 不足以發藥. 雲峯今日, 且作死馬醫, 爾等諸人, 皮下有血麽?"

> 설화

○ 고황 입구 : '모두 어김없이 깨달은 경계'는 마치 고황에 든 불치병과 같아서 벗어날 수 없다는 뜻이다.
○ 여러분은 살가죽 밑에 흐르는 피가 있기는 한가 : 만약 활발한 선기禪機가 있는 사람이라면 끝내 이렇게 불필요한 수단을 쓰지 않을 것이라는 말이다.

> 雲峯 : 膏肓之門者, 悉皆契悟處, 如病在膏肓難離也. 爾等諸人云云者, 若是活漢, 終不伊麽也.

개암붕介庵朋의 거

이 공안과 더불어 운봉 문열의 염을 제기하고 말하였다. "운봉이 이렇게 공안에 대하여 평가한 말은 심하게 양민을 억압하여 천민으로 만들고, 오랑캐를 업신여기고 한족을 속인 격이다. 나, 보은은 오늘 그대들이 궁구하여 속속들이 밝힐 것이라고 보증하겠다. 왜 그런가? 사람마다 살가

더욱 쉬운 방편을 써서 가르쳐 주는 종사. 또는 죽은 말을 살려 내는 것처럼 뛰어나고 활발한 선기禪機를 가진 선사가 스스로를 겸손하게 이르는 말로도 쓰인다. 여기서는 운봉 자신이 불필요한 방편을 이미 쓰고 말았다는 뜻이다. 『景德傳燈錄』권19 「雲門文偃傳」(大51, 356c29), "삼승십이분교에서 이러저러한 말을 거침없이 하고 천하의 노화상은 이리저리 종횡무진으로 설법을 하였으니, 나에게 바늘 끝과 칼끝을 뽑아내는 도리를 말해 보라. 그렇게 말하더라도 죽은 말을 치료하는 짓일 뿐이다.(三乘十二分敎, 橫說竪說; 天下老和尙, 縱橫十字說, 與我捻針鋒許說底道理來看. 恁麽道死馬醫.)"

죽 밑에 흐르는 피가 있고, 저마다 눈 안에는 힘줄이 있기 때문이다. 비록 그렇기는 하지만 다만 마음이 움직여서는 안 된다. 움직인 다음에는 어떻게 할까? 그대의 나귀 다리[8]를 부러뜨리리라."

介庵朋擧此話, 連擧雲峰悅拈云, "雲峰伊麽說話, 大殺壓良爲賤, 欺胡謾漢. 報恩今日, 保任汝等究得徹去. 何故? 人人皮下有血, 箇箇眼中有筋. 然雖如是, 只是不得動著. 動著後如何? 打折你驢脚."

[설화]

○ 그대들이 궁구하여 속속들이 밝힐 것이라고~눈 안에는 힘줄이 있기 때문이다 : 이와 같이 맞이한 순간에 궁구하여 속속들이 밝혀낸다면 활발한 선기가 있는 사람이라 할 만하다는 뜻이다.
○ 다만 마음이 움직여서는 안 된다~나귀 다리를 부러뜨리리라 : 만약 몸을 옮기고 발걸음을 내딛는다면 궁구하여 속속들이 밝혔다고 할 수 없다는 뜻이다.

---

8 나귀 다리(驢脚) : 주견 없이 주인이 끄는 손길에 따라 여기저기 돌아다니는 꼴을 비유하는 말로 보이지만 의미가 뚜렷하지 않다. 본서 640칙 본칙과 '대혜 종고의 상당' 참조. 『宗鑑法林』권23(卍116, 313a4), "학인이 찾아오는 모습을 보고는 도명道明 선사가 말하였다. '공안은 어디나 눈앞에 실현되어 있음에도 이렇게 돌아다니니 그대가 30방 맞을 잘못을 했지만 용서해 준다.' '저는 이렇게 삽니다.' '산문 앞의 금강신장은 어째서 주먹을 들고 있느냐?' '금강신장도 늘 그와 같을 뿐이죠.' 도명이 때리고 말하였다. '이 남의 말이나 훔쳐 흉내 내는 놈아.'……다시 말하였다. '비록 구멍 없는 피리가 모직 박자판을 만났지만 오음이 조화롭게 펼쳐지고 육률도 잘 어울린다. 하지만 자세히 살펴보면 옆에서 지켜보는 사람이 비웃지 않을 수 없다.' 잠깐 침묵하다가 말하였다. '조금도 움직이지 마라! 움직이면 그대의 나귀 다리를 부러뜨리리라.'(見僧來乃曰, '現成公案, 放汝三十棒.' 曰, '某甲如是.' 師曰, '山門頭金剛, 爲甚麽擧拳.' 曰, '金剛尙乃如是.' 師便打曰, '者掠虛漢.'……又云, '雖然無孔笛, 撞著氎拍板, 直是五音調暢, 六律和諧. 檢點將來, 未免旁觀者哂.' 良久云, '不得動著! 動著, 打折你驢脚.')"

个菴云云, 汝等究得至眼中有筋者, 當伊麽時, 若究得徹去, 可謂話¹⁾漢也. 只是不得動着云云者, 若移身轉步, 不得名爲究得徹去也.

1) ㉮ '話'는 '活'의 오기인 듯하다.

자항 요박慈航了朴의 소참

이 공안을 제기하고 "석가노자는 견해가 한편으로 치우치고, 남을 제도하는 범위도 넓지 못하셨다."라고 말한 뒤 불자를 꼿꼿이 세우고 대중에게 말하였다. "그대들은 최상의 황금색으로 빛나는 자항노인의 몸을 잘 살펴보고 충족할 때까지 우러러보아 후회를 남기지 않도록 하라. 오늘은 있지만 내일이면 없을 것이다. 만약 자항이 멸도한다고 여긴다면 자항의 제자가 아니고, 자항이 멸도하지 않는다고 여기더라도 자항의 제자가 아니다. 홀연히 정수리가 갈라지고 마음의 눈이 열리면 세상 전체의 유정·무정을 두루 모아 그들 모두 평등하게 성불하게 하리라. 그런 다음에 나, 졸암拙庵은 이 보사保社⁹에 들어오지 않을 것이다.¹⁰ 왜 그런가? 다투면 부족하고 양보하면 남기 때문이다.¹¹"

慈航朴小參, 擧此話云, "釋迦老子, 見處偏枯, 度人不廣." 乃擧起拂子, 召大衆云, "汝等諦觀慈航老人紫磨之身, 瞻仰取足, 無令後悔. 今日卽有, 明日卽無. 若謂慈航滅度, 非慈航弟子 ; 若謂慈航不滅度, 亦非慈航弟子. 忽頂門裂心眼開, 普請大地有情無情, 悉皆平等成佛. 然後, 拙庵却不入此保社. 何故? 爭之不足, 讓之有餘."

---

9 보사保社 : 옛날 향촌에서 가까이 사는 몇몇 집들이 상호 부조하는 조직 또는 조합을 가리키는 말. 서로 의지하며 돕는다(依保)는 뜻에 따라 이렇게 부른다. 뜻이 바뀌어 공동생활을 영위하는 승단僧團 또는 절을 뜻하게 되었다.
10 이 보사保社에~않을 것이다 : 보사의 안과 밖으로써 멸도했다는 생각도, 멸도하지 않았다는 생각도 모두 내세우지 않겠다는 표현이다. 본서 758칙 본칙과 본칙 설화 참조.
11 『淮南子』 권11 「齊俗訓」, "夫民有餘卽讓, 不足則爭. 讓則禮義生, 爭則暴亂起."

> [설화]

○ 석가노자는 견해가 한편으로 치우치고 : 오로지 법신만 가리켜 낸 듯이 보였기 때문이다.

○ 불자를 꼿꼿이 세우고~자항의 제자가 아니다 : 파괴되는 색신에 대하여 이와 같이 말한 것이다. 그러므로 세상 전체의 유정·무정이 모두 평등하게 성불한다는 말은 이렇게 불자를 꼿꼿이 세운 경계가 나타내는 소식이다.

○ 이 보사保社에 들어오지 않을 것이다 : 이 한계에도 속하지 않는다는 뜻이다.[12]

○ 다투면 부족하고 양보하면 남기 때문이다 : 보사에 들어오지 않겠다는 말의 뜻이다.

慈航: 釋迦至偏枯者, 似乎但指出法身故也. 擧起拂子, 至佛[1]滅度, 亦非慈航弟子者, 當敗壞地色身, 伊麽道也. 然則大地有情無情, 悉皆平等成佛, 卽此擧拂子處消息也. 却不入此保社者, 亦不在此限也. 爭之至有餘者, 不入保社之義也.

---
1) ㉠ '佛'은 '不'의 오기이다.

---

[12] 『大慧語錄』 권5(大47, 830b12), "'오늘은 12월 초하루, 일 년이 이달로 마치려 하는구나. 과거·현재·미래가 손가락 퉁기는 한순간 속으로 단번에 들어간다.' 마침내 불자를 들고 말하였다. '단지 이것만은 이 보사에 들어오지 않는다. 어째서 이와 같은가? 모르는가? 만상의 주인이 되고 사계절의 흐름을 따라 변화하지 않기 때문이다.'(乃云, '今朝臘月初一, 一年此月將訖. 過去現在未來, 彈指一時頓入.' 乃擧拂子云, '只有這箇, 不入這保社. 爲甚麽如此? 不見道? 能爲萬象主, 不逐四時凋.')"

37칙 세존쌍부世尊雙趺

본칙 세존께서 사라쌍수娑羅雙樹 사이에서 열반에 드신 지 7일이 지나서야 대가섭이 뒤늦게 와서 관 주위를 세 바퀴 돌자 세존께서 관 밖으로 두 발을 내보이셨다. 이에 가섭은 절을 올렸고, 대중은 모두 어리둥절하였다.

世尊, 在婆羅雙樹, 入般涅槃, 已經七日, 大迦葉後至, 遶棺三匝, 世尊槨示雙趺. 迦葉作禮, 大衆罔措.

설화
- 사라娑羅[1] : 고원高遠 또는 견고堅固라고 한역한다.
- 쌍수雙樹 : 네 쌍의 여덟 그루 나무로서 사방의 한 쌍이 모두 하나는 시들고 다른 하나는 번성하였다. 번성한 나무는 상常 등을 비유하고, 시든 나무는 무상無常 등을 비유한다.[2] 여래께서는 그 가운데서 북쪽으로 머리를 두고 누워 열반에 드셨는데, 나무가 모두 학처럼 흰색으로 변

---

1 사라娑羅 : ⓢ śāla, ⓟ sāla의 음사어. 과거칠불過去七佛 중 세 번째인 비사부불毘舍浮佛(ⓟ Vessabhū)이 이 나무 아래에서 정각正覺을 성취하였고, 석가모니불은 네 쌍의 사라수 사이에서 열반에 들었다. 『一切經音義』 권23(大54, 451a11), "사라는 한역하여 고원高遠이라 한다. 그 숲의 나무가 높고 꼿꼿하여 다른 숲보다 위로 솟아나 있기 때문이다. 견고堅高라고 한 옛날 번역은 잘못된 것이다. 이는 사라와 파라婆羅의 발음 강세가 비슷한 점에서 비롯한다.(娑羅者, 此云高遠. 以其林木森端, 出於餘林之上也. 舊翻云堅固者, 誤. 由娑羅之與婆羅聲勢相近.)"; 『大般涅槃經義記』 권1(大37, 617b24) "견고림堅固林이라는 말은 여래의 진신眞身이 견고하여 어떤 것으로도 파괴할 수 없다는 뜻을 나타낸다.(堅固林者, 表示如來眞身, 堅固不可破壞.)"
2 상常·낙樂·아我·정淨 등 사법四法과 그 대칭이 되는 무상無常·무락無樂·무아無我·무정無淨 등 사법을 각각 상징한다. 40권본 『大般涅槃經』 권30(大12, 544c24), "동방의 한 쌍은 무상을 무너뜨려 상을 획득하고, 내지 북방의 한 쌍은 부정을 무너뜨려 정을 획득한다.(東方雙者, 破於無常, 獲得於常, 乃至北方雙者, 破於不淨, 而得於淨.)"

하였다.³ 이것은 진상眞常·진락眞樂·진아眞我·진정眞淨 등을 비유한다.
● 대가섭이 뒤늦게 와서 :『열반경』에는 다음과 같이 전한다.⁴ "가섭과 여러 제자들이 기사굴산耆闍崛山에서 바른 삼매(正定)에 들어 있었는데, 삼매에 들어 있던 중에 하늘과 땅이 갑자기 어두워졌고 해와 달은 빛을 잃었으며 새와 짐승이 슬피 우는 광경을 보았다. 그들은 세존께서 입적하셨다고 판단하고 부처님을 공경하는 마음 때문에 허공으로 날아서 가지 못하고⁵ 길을 찾아 빠르게 걸어서 7일을 꽉 채워 구시성에 도달하고 보니 세존께서 열반에 드시고 이미 7일이 지난 뒤였다. 가섭이 게송으로 말하였다.⁶

세존께서 어찌 이다지도 빠르게 열반에 드셨는가
큰 자비심으로 남아서 나를 기다릴 수 없었던가
내 이제 여래의 정수리에 경건하게 절을 올리고
또 공경하는 마음으로 여래의 가슴에 절 올리며
다시 위대한 성인의 손에 경건하게 절을 올리고
또 공경하는 마음으로 여래의 허리에 절 올리며
또 공경하는 마음으로 여래의 배꼽에 절 올리고
다시 깊은 마음으로 부처님 발에 절을 올리거늘

---

3 나무가 모두~흰색으로 변하였다 : 열반에 드시자 사라수림沙羅樹林 전체가 흰색으로 변했다는 말로 하여 사라수림을 학림鶴林·백학림白鶴林·백림白林·곡림鵠林 등이라고도 한다. 『大般涅槃經』 권1(大12, 369b18), "그때 구시나성의 사라수 숲 전체가 흰색으로 변하여 마치 백학과 같았다.(爾時, 拘尸那城, 娑羅樹林, 其林變白, 猶如白鶴.)"
4 『大般涅槃經後分』 권하(大12, 908b11)에 근거한다.
5 위의 경에는 "허공으로 날아 여래의 처소에 가지 못했다.(不敢飛空往如來所)"라고 되어 있다. 신통력으로 허공을 날아다니는 것을 말한다. 『大智度論』 권5(大25, 97c23)에는 목적지에 도달하는 네 종류의 신통력 중 하나로 들고 있다. 곧 "첫째는 몸이 날아서 가는 것으로 마치 새처럼 장애가 없다.(一者, 身能飛行, 如鳥無礙.)"라고 한다.
6 이 게송은 제2구와 3구 사이의 중간이 생략되어 있다.

어떤 까닭으로 부처님의 열반을 보지 못했는가
제가 공경하게 절 올린 곳에 나타나 주시옵소서

그때 세존께서 관 밖으로 두 발을 내보이시자 천 개의 바큇살 문양(千輻輪相)[7]에서 빛이 흘러나와 시방세계를 고르게 비추다가 다시 관으로 들어간 다음 이전처럼 관은 단단히 닫혔다."

[雙趺] 娑羅, 此云高遠, 亦云堅固. 雙樹者, 四雙八隻, 四方皆悉一枯一榮. 榮喩常等, 枯喩無常等. 如來於中北首而臥, 入涅槃, 盡爲鶴色, 喩眞常眞樂眞我眞淨. 迦葉後至者, 涅槃經云, "迦葉與諸弟子, 在耆闍崛山, 入于正定, 於正定中, 乃見天地斗暗, 日月無光, 鳥獸悲呼. 決定世尊入寂, 以敬佛故, 不敢飛行, 尋路疾行, 正滿七日, 至拘尸城, 世尊入滅, 已經七日. 迦葉說偈曰, '世尊滅度一何速! 大悲不能無[1])待我? 我今敬禮如來頂, 爲復敬禮如來胸, 爲復敬禮大聖手, 爲復敬禮如來腰, 爲復敬禮如來臍, 爲復深心禮佛足, 因何不見佛涅槃? 唯願示我敬禮處.' 爾時世尊, 槨示雙趺, 從千輻輪相放光, 徧照十方世界, 還[2])自入棺, 封閉如舊."

1) ㉠ '無'는 경에 '留'로 되어 있다. 2) ㉮ '還'이 병본에는 없다.

● 관 밖으로 두 발을 내보이셨다 : 자명慈明[8]이 이 부마李駙馬[9]에게 부친 편지에 두 발을 그려 넣은 일이 있었다.[10] 이는 왕래하며 만난다는 뜻

---

7 천 개의 바큇살 문양(千輻輪相) : 부처님의 삼십이상호 중 하나. 40권본『大般涅槃經』권28(大12, 534c24), "법에 맞는 재물을 공양하고 공급하였는데, 이러한 행위가 인연이 되어 발바닥에 천폭륜상이 생기게 되었다.(以如法財供養給給, 以是業緣, 得成足下千輻輪相.)"
8 자명慈明 : 석상 초원石霜楚圓(986~1039)의 호.
9 이 부마李駙馬 : 부마는 관직명으로 부마도위駙馬都尉의 약칭. 석문 온총石門蘊聰(谷隱蘊聰)의 재가 제자이자 『天聖廣燈錄』의 편자인 이준욱李遵勖(?~1038)을 가리킨다.
10 『石霜楚圓語錄』(卍120, 182a2), "장로과 개인이라는 두 대사가 도위都尉의 편지를 가지

인가? 아니면 사람마다 발꿈치 아래에 가라앉지도 않고 들뜨지도 않는[11] 한 가닥의 살길이 있다는 뜻인가? 신령한 근원[12]은 맑고 고요하여 옛날도 없고 지금도 없으며, 미묘한 본체는 밝디밝거늘 어떻게 태어나고 어떻게 죽는단 말인가? 그런 까닭에 니련하[13] 부근에서 관 밖으로 두 발을 내보이셨고, 웅이산 앞에서 일찍이 짚신 한 짝을 남겼던 것이다.[14] 이것이 바로 세 번째로 마음을 전한 일이다.

● 세 곳에서의 전심傳心[15]에 대한 헤아림은 대단히 많다. 오悟·수修·증證

고 석상石霜의 처소에 찾아왔다. 석상이 답장을 하면서 편지지 뒷면에 두 발을 그리고 발 아래에 두 대사의 이름을 써서 도위에게 부치자 도위가 다시 게송으로 답장하였다. '검은 말 타고 천 리를 달려오자, 황금의 관(金槨)에서 두 발을 보이시네. 인천의 대중 모두 헤아리지 못하는데, 붉은 수염의 오랑캐(부처님)에게 인사를 올리네.'(因章介二大師, 持都尉書至師. 師有書復, 於書後畫兩隻脚, 脚下書二大師名, 寄都尉, 都尉復以頌答, '黑毫千里餘, 金槨示雙趺. 人天都不測, 珍重赤鬚胡.')

11 가라앉지도 않고 들뜨지도 않는(不沈不掉) : 지관止觀을 방해하는 혼침昏沈과 도거掉擧 등 두 가지 병통이 없다는 뜻. 혼침[S] styāna)은 마음을 가라앉게 하여 관觀([S] vipaśyana)을 방해하는 마음 작용(心所)이고, 도거는 마음을 들뜨고 불안정하게 만들어 지止([S] śamatha)를 방해하는 마음 작용이다.
12 신령한 근원(靈源) : 심령心靈. 넓은 의미의 마음을 나타낸다.
13 니련하泥蓮河 : 니련선하尼蓮禪河([S] Nairañjanā, [P] Nerañjarā)를 가리킨다. 부처님께서 출가한 뒤 갠지스강의 지류인 이 강 부근에서 6년 동안 고행하였다.
14 웅이산 앞에서~남겼던 것이다 : 『景德傳燈錄』권3 「菩提達磨傳」(大51, 220b4), "달마대사가 입적하던 그해(495년) 12월 28일, 웅이산에서 장례를 치르고 정림사에 탑을 세웠다. 3년 뒤에 위나라의 송운宋雲이 왕명을 받고 서역으로 사신으로 갔다가 돌아오는 길에 총령에서 달마대사를 만났는데, 손에 신발 하나를 들고 옷자락을 펄럭이며 홀로 가고 있었다. 송운이 '스님! 어디를 가십니까?'라고 물으니 '서천으로 가네.'라 하고, 다시 '그대의 임금(孝明帝)은 이미 세상을 떠나셨네.'라고 하였다. 송운이 그 말을 듣고 황급하게 달마대사와 작별하고 동쪽으로 달려와 조정에 일의 결과를 보고할 때 효명제는 이미 죽었고 후사를 이어 동혼후東昏侯가 즉위한 상태였다. 송운이 그 일을 상세히 아뢰니 임금이 명령하여 달마대사의 무덤을 파 확인해 보도록 하였는데, 빈 관 안에 짚신 하나만 남아 있었다.(其年, 十二月二十八日, 葬態耳山, 起塔於定林寺. 後三歲, 魏宋雲, 奉使西域廻, 遇師于葱嶺, 見手攜隻履, 翩翩獨逝. 雲問, '師何往?' 曰, '西天去.' 又謂雲曰, '汝主已厭世.' 雲聞之悲然, 別師東邁, 暨復命, 卽明帝已登遐矣, 逮孝莊卽位. 雲具秦其事, 帝令啓壙, 唯空棺一隻革履存焉.)"
15 세 곳에서의 전심傳心(三處傳心) : 부처님이 가섭에게 세 장소에서 세 차례에 걸쳐 법을 전했다는 선종의 설. 이것이 가섭을 선종 전등傳燈의 초조初祖로 설정하는 근거가

등 세 가지 기준을 가지고 단계별로 짝을 지우는 자들도 있는데, 오·수·증은 곧 점차로 향상하는 수행 과정에 해당된다. 이는 쌓인 번뇌의 기운을 조금씩 다스리는 일이며 교敎의 틀을 벗어나서 별도의 방법으로 전하는 교외별전敎外別傳의 일은 아니다. 더구나 교문敎門에 따르면 궁극적으로 원인과 결과가 모두 사라진 경지를 극치의 법도로 여기는데, 이로써 보면 종문(禪門)의 비조(가섭)가 도리어 교문을 깨닫는 근기에도 미치지 못한다고 하여 오·수·증이야말로 이루어야 할 목적으로 생각하는 결과가 된다. 그러니 어떻게 석가노자를 교외별전의 표준이라 수긍할 수 있겠는가? 자신의 종지를 스스로 무너뜨려 놓고서 더 나아가 부처님을 비방하고 조사를 헐뜯는 격이다.

또한 본체(體)와 작용(用)과 중中이라는 삼구의 틀에 삼처를 배대하는 사람도 있지만 나는 그 방법은 옳지 않다고 본다. 삼구는 본보기가 되는 법도이다. 하지만 진실로 교외별전이라면 거기에는 삼구도 곧바로 사라져 오히려 옳지 않거늘 하물며 본보기가 되는 법도를 벗어나지 못한 것이야 말할 여지가 있겠는가!

또한 최초구와 말후구와 중간구로써 삼처에 짝을 짓는 사람도 있다. 옛사람이 "말후구를 알고자 한다면, 아무것도 발생하지 않은 시기에서 살펴라."[16]라고 하였다. 곧 최초구와 말후구는 같지 않지만 그 핵심은

된다. 『禪家龜鑑』(韓7, 635b11), "세 곳이란 다자탑 앞에서 앉아 계시던 자리를 반 나누어 앉도록 하신 것이 첫 번째요, 영산회상에서 꽃을 들어 보이신 것이 두 번째요, 사라쌍수 아래에서 관 밖으로 두 발을 내어 보이신 것이 세 번째이다. 가섭이 선의 등불을 별도로 바로 받았다는 말은 이것을 가리킨다.(三處者, 多子塔前分半座, 一也 ; 靈山會上擧拈花, 二也 ; 雙樹下槨示雙趺, 三也. 所謂迦葉, 別傳禪燈者, 此也.)" 자리를 나누어 앉도록 하신 분반좌分半座는 『中本起經』 권하 『大迦葉始來品』(大4, 161a19)·『大梵天王問佛決疑經』 권상 『初會法付囑品』(卍87, 606b17), 꽃을 들어 보이신 염화미소拈花微笑는 『大梵天王問佛決疑經』 권상 『初會法付囑品』(卍87, 606a6), 곽시쌍부槨示雙趺는 『佛般泥洹經』 권하(大1, 174a5) 등에 각각 나온다.

16 누구의 말인지 알 수 없다. 다만, 초종 혜방超宗慧方이 고산 신안鼓山神晏과 태원 부상좌太原孚上座의 문답을 평가한 다음과 같은 말이 있다. 『超宗慧方禪師語錄』(卍120,

동일하다. 따라서 이미 최초구를 전했다면 그만이지 다시 그것으로써 말후구를 밝힌다는 논리는 타당하지 않다. 게다가 중간구를 덧붙였는데【贅는 음이 취觜이고 풍결병風結病을 뜻한다. 남자가 여자 집에 붙어사는 것을 '贅'라 한다.】이는 어떤 구절이란 말인가?

또한 현전現傳과 밀전密傳을 가지고 짝을 지우는 사람도 있지만, 무슨 근거로 이러한 말이 있는지 알 수 없다. 현교現敎와 밀교密敎라는 말은 들어 보았지만 현전과 밀전이라는 말은 들어 보지 못했는데, 이 삼처전심에 대하여 현전이라 하면 어떤 소식을 전한다는 뜻이며 밀전이라 하면 어떤 소식을 전한다는 뜻인가?

또한 보통 하는 말로 "세존과 가섭은 곳곳에서 만나는 사이였는데 어찌 세 곳에 한정될 뿐이겠는가?"라고도 한다.

이렇게 근거 없는 이야기들은 애매모호하기 짝이 없다. 삼처전심은 천하의 공론이지 어떤 한 사람이 실마리를 조작해 낸 설이 아니다.

● 원오圜悟가 승勝 수좌에게 준 법어에서 "석가모니께서 다자탑 앞에서 당신의 자리를 가섭에게 나누어 앉게 하였을 때 벌써 심인心印을 친밀하게 전수했던 것[17]이며, 그 뒤 꽃을 들어 보이신 것은 두 번째 거듭된 공안이었다."[18]라고 운운하였다. 이는 정통 법맥法脈을 부처님께서 간절하게 직접 전했다는 사실을 분명히 입증하기 위한 말이었다. 임제로부터 이어진 적통의 후손(嫡孫)인 원오가 어찌 망령되게 거짓으로 떠도는 말을 하려 하였겠는가! 그러므로 앞서 들었던 말들은 옳지 않으니

269a12), "부 상좌가 비록 놓아주기도 붙잡아 들이기도 능수능란하였다고는 하나 핵심은 부모로부터 태어나기 전의 본래면목을 알지 못했다는 점이다. 고산의 말후구가 없었다면 구덩이에 빠질 뻔하였다.(師云,'孚上座雖然能縱能奪, 要且未識父母未生時鼻孔. 皷山若無末後句, 洎合墮坑落塹.')"

17 친밀하게 전수했던 것(密授) : 스승이 제자에게 직접 전수한다는 말. '밀密'은 조금의 떨어짐도 없이 친밀하다는 뜻, 또는 서로 수수하는 두 사람 이외에 다른 누구도 알 수 없도록 비밀리에 전한다는 말이다. 경지를 점검받고 직접 인가하는 전통을 가리킨다.

18 『圜悟語錄』권16「示勝首座」(大47, 786c22) ; 본서 4칙에서 이미 나왔다.

이들 견해를 제외하고 어떻게 생각해야 할 것인가? 이제 남들의 비난과 혐오를 피하지 않고 해설을 달아 보겠다.[19]

梛示雙趺者, 慈明, 寄李駙馬書中, 畵雙足, 則往來相見之意耶? 人人脚跟下, 有不沈不掉[1]地一條活路耶? 靈源湛寂, 無古無今, 妙體靈明, 何生何死? 所以泥蓮河畔, 梛示雙趺 ; 熊耳山前, 曾留隻履. 此是第三傳心. 三處傳心, 商量甚衆. 有以悟修證三程, 節配之者, 悟修證, 乃進修者. 鍊治習氣之事, 非敎外別傳之事. 且約敎門, 畢竟亡因果爲極則, 而謂宗門鼻祖, 返不及敎門之機, 而以悟修證爲能事. 釋迦[2]老子, 肯以爲敎外別傳之標准歟? 旣以自壞其宗, 而又謗佛謗祖. 又有體用中, 三句配之者, 余以爲不可. 三句, 是矩模也. 若是敎外別傳, 三句斯亡, 尙猶不可, 而況未離矩模者哉! 又有以最初句, 末後句, 中間句, 配之者. 古人云, "要識末[3]后句, 看取未生時." 則特最初末後不同, 其實一也. 旣以傳得最初句, 又以明得末後句, 無有是處. 且贅【音䘺風結病也. 男附女家, 曰贅.】於中間者, 復是何句耶? 又有以現傳密傳配之者, 不知何據而有此語. 只聞有現敎密敎, 末[4]聞現傳密傳, 於此三處傳心, 現傳者, 傳什麼消息 ; 密傳者, 傳什麼消息? 又有一般地道, "世尊迦葉, 處處相見, 奚啻三處?" 此無稽之談, 莽鹵之甚. 三處傳心, 天下之公論, 非一人造端之說也. 圓悟示勝首坐法語云, "釋迦文, 多子塔前分座, 已密授此印. 爾後拈花, 是第二重公案"云云. 此爲明證勤親傳正脉. 爲臨濟嫡孫, 豈肯妄爲無實游言乎! 然則前所說旣不是, 除此外, 且作麼生? 今不避譏嫌, 下注脚去也.

1) ㉘ '掉'가 병본에는 '棹'로 되어 있다. 2) ㉘ '釋迦'가 을본에는 '迦葉'으로 되어 있다. 3) ㉘ '末'가 병본에는 '末'로 되어 있다. ㉘ '末'로 바로잡아 번역하였다. 4) ㉘ '末'이 병본에는 '末'로 되어 있다. ㉘ '末'로 바로잡아 번역하였다.

---

19 이하는 각 구절에 대한 착어著語 형식의 해설이다.

- 세존께서 다자탑 앞에서 인계와 천계의 대중에게 법을 설해 주셨다 : 한 사람은 허虛로 전했는데 모든 사람이 실實이라고 잘못 전하는 격이다.[20]
- 가섭이 뒤늦게 도착하였다 : 정신 차려라!
- 세존께서 당신의 자리를 나누어 앉도록 하였다 : 착각이다![21] 남을 죽이려면 반드시 살인도殺人刀를 써야 하는 법인데, (그렇게 하지 못했으니) 잘못이 적지 않다.[22] 비록 그렇기는 하지만, 이 함정[23] 속에 들어가서 뚫고 나와야 비로소 교외별전의 정통 법맥이 가섭의 분수를 벗어나지 않았다는 사실을 알게 된다.
- 대중은 모두 어리둥절하였다 : 인계와 천계의 헤아릴 수 없이 많은 대중뿐만 아니라 삼세의 부처님들과 역대의 조사들도 틀림없이 어리둥절하였을 것이다. 삼세의 모든 부처님들과 역대의 조사들만 그렇다고 말하지 마라! 당사자인 석가와 가섭일지라도 틀림없이 어리둥절하였을 것이다.

世尊在多子塔前, 爲人天說法, 一人傳虛, 萬人傳實. 迦葉後到, 惺惺着!

---

20 한 사람은~전하는 격이다(一人傳虛, 萬人傳實.) : 선어禪語를 이해하는 주요한 관점이 드러나는 상용 구절. 부처님의 설은 모두 허虛의 속성을 지니고 있어서 포착할 근거가 없는 화두이지만, 그것을 듣는 대중은 모두 실實의 본질이 들어 있는 소중한 말씀으로 받아들여 속고 만다는 뜻이다. 본서 98칙 '백운 법연의 상당' 주석 참조. 『天聖廣燈錄』 권21 「天睦契滿章」(卍135, 811b2), "가섭이 부처님의 비밀스러운 심인心印을 몸소 전해 받은 것이나 달마가 인도로부터 중국으로 건너온 것은 허虛가 많고 실實은 적었다.(迦葉親傳, 如來密印, 達磨西來, 多虛少實.)"
21 세존이 자리를 나눈 행위는 위의 착어에 나타난 허虛라는 뜻이다. 이 관점에 따르면, 이것으로써 세존께서 가섭에게 심인을 전했다고 판단하는 것도 허이며 착각이다.
22 세존께서 활인검活人劍을 써서 가섭을 긍정하는 모습을 보였지만, 그것이 전부는 아니었다는 뜻이 숨어 있다.
23 함정(窠窟) : 새들이 사는 보금자리(窠)와 짐승들이 사는 소굴(窟)을 비유로 삼아 사람들이 안착하여 머무는 관념의 함정을 나타낸다. 이 공안에 대한 여러 가지 실實의 선입견이 바로 이 함정이다.

世尊分座令坐, 錯! 殺人須是殺人刀, 漏逗也不少. 雖然如是, 向者窠窟裏透得, 方知別傳正脉沒分外. 大衆罔措者, 非唯人天百萬億衆, 三世諸佛, 歷代祖師, 也須罔措. 莫道三世諸佛, 歷代祖師! 任是釋迦迦葉, 也須罔措.

● 세존께서 영산靈山에 계실 때 하늘에서 네 가지 꽃이 비 오듯이 내렸는데,[24] 한 잎 두 잎을 시작으로 천 잎 만 잎이 어지러이 떨어졌다. 세존께서 꽃을 집어 들고 대중에게 보이셨다(拈花示衆) : 착각이다![25] 남을 살리려면 반드시 활인검活人劒을 써야 하는 법인데 어지럽게 만든 잘못이 적지 않다. 비록 그렇기는 하지만, 복잡하게 얽힌 이 말 속에 들어가 그것을 씹어 부수어야 비로소 정법안장正法眼藏이 가섭에게 전해졌다는 사실을 알게 될 것이다. 가섭이 미소 지었다고 하지만, 지음知音(가섭)이 안 다음에는 또 누가 알겠는가? 정법안장이 이 눈먼 나귀 편에서 소멸할지 누가 알았겠는가?[26] '나에게 정법안장이 있으니 그것을 가섭에게 전한다.'[27]라고 한 부처님의 말씀은 '사오백 가지 꽃과 버들이 핀 마을[28]에, 이삼천 곳곳이 피리와 거문고 소리 울리는 누각이로다.'[29]라는 소식

---

24 『法華經』의 구절이다. 본서 5칙 주 3 참조.
25 앞서의 착어와 마찬가지로 미리 점유하고 있는 실實의 관념으로 접근하는 시도를 차단하려는 의중이 보인다.
26 본래는 임제臨濟가 입적하기 전에 삼성 혜연三聖慧然을 두고 한 말이었지만, 여기서는 가섭이 부처님의 정법안장을 이었다는 사실을 가리킨다. 본서 607칙 '불안 청원의 송' 참조.
27 꽃을 들어 보인 속뜻을 알아본 가섭이 미소로 화답한 뒤 부처님이 한 말.
28 창기娼妓들이 모여 사는 화류항花柳巷 또는 유곽遊廓을 말한다.
29 곳곳이 노니는 장소이듯이 일정한 이념의 틀에 장애를 받지 않고 차별된 모든 곳을 본분을 펼치는 장으로 마음껏 활용한다는 뜻을 나타낸다. 하나로 통일시키지 않고 다양하게 전개하여 모든 것을 긍정하는 방식의 선법이다. 『眞淨克文禪師語』續古尊宿語要 2(卍118, 929b15), "불법을 드러내는 문에는 풀어 주는 방식(縱)도 있고 사로잡는 방식(奪)도 있다. 풀어 주면 사오백 유곽에 이삼천 곳곳이 피리와 거문고 소리 울리는 누각과 같고, 사로잡으면 하늘 위와 하늘 아래에 오로지 나만이 홀로 존귀하다고 선언하는 격이다. 풀어 주지도 않고 사로잡지도 않으면 또 어떻게 하겠는가?(佛法門中, 有縱

이다. '하나로 화합된 상(一合相)³⁰은 포착할 수 없다.'라고 말한 수보리 須菩提는 30방을 맞을 잘못을 저지른 셈이다.³¹

世尊在靈山, 天雨四花, 一片兩片, 千片萬片, 繽紛而下. 世尊拈花示衆, 錯! 活人須是活人釼,¹⁾ 狼籍²⁾也不少. 雖然如是, 向這葛藤裏咬破, 方知正法眼藏付囑有在. 迦葉微笑, 知音知後更誰知? 誰知正法眼藏, 向這瞎驢邊滅却? 吾有正法云云, '四五百條花柳巷, 二三千處管絃樓.' '一合相不可得', 須菩提好與三十捧.

1) ㉑ '釼'이 병본에는 '劒'으로 되어 있다.　2) ㉑ '籍'이 병본에는 '藉'로 되어 있다. ㉓ '藉'로 바로잡아 번역하였다.

● 세존께서 사라쌍수 사이에서~'아이고, 아이고!' 하며 곡을 하는데, 가섭이 뒤늦게 와서 관 주위를 세 번 돌았다 : 도장의 문양이 찍혔다.³² 조

有奪. 縱也, 四五百條花柳巷, 二三千處管絃樓 ; 奪也, 天上天下, 唯我獨尊. 不縱不奪, 又作麽生?)";『此菴淨禪師語』續古尊宿語要 5(卍119, 74a17), "석문 깊고도 그윽하여, 머무르기 좋지만 머물지 않으려네. 몸을 돌려 성황에 들어갔다, 다시금 시끄러운 저자로 가노라. 시끌벅적할 때 적막하게 지내고, 적막한 그 자리에서 번잡한 양주를 바라보노라. 대중이여, 말해 보라. 양주의 빼어난 점이 무엇인가? 들어 보지 못했는가? 수없이 많은 꽃과 버들 늘어진 마을에, 곳곳마다 피리와 거문고 소리 울리는 누각이로다.(石門深且幽, 好住不肯住, 翻身入城隍, 却向鬧市去, 鬧浩浩處冷湫湫, 冷湫湫處看楊州. 大衆, 且道. 楊州有甚好看? 不見道, 四五百條花柳巷, 二三千處管絃樓.)" 동동과 정靜, 소리와 색 등으로써 차별과 무차별의 경계가 다채롭게 펼쳐진 풍광을 표현하였다. 세존이 가섭에게 전하였다는 '정법안장'이 바로 그러한 것으로서, 단일한 개념 안에 가둘 수 없는 뜻임을 나타낸 것으로 보인다.

30 하나로 화합된 상(一合相) : 모든 차별상이 하나로 융합되어 무차별로 어울린 것.『金剛經』특유의 즉卽·비非·명名의 논리에 따라 이 경의 대고중對告衆인 수보리가 한 말이다.『金剛經』(大8, 752b12), "만약 세계가 진실로 존재한다면 그것은 하나로 화합된 상일 것이다. 여래께서 설하신 하나로 화합된 상(卽)은 하나로 화합된 상이 아니다(非). 이것을 가리켜 하나로 화합된 상이라 한다(名).(若世界實有者, 則是一合相. 如來說一合相, 則非一合相, 是名一合相.)"
31 무차별화하는 일합상一合相은 부정 작용을 위주로 하는 탈奪의 방식이기 때문에 무한한 차별로 열어 놓는 종縱의 방식과 대칭시킨 해설이다.

- 상이 당대에 할 일을 다 마치지 못하여 후손들에게 재앙이 미치리라.[33]
- 세존께서 관 밖으로 두 발을 내보이셨다 : 착각이요, 착각이로다![34] 무소가 달빛을 즐기다가 뿔에 무늬가 생겼고, 코끼리는 천둥소리에 놀라 상아에 꽃 그림 새겨진 격이니,[35] 잘못이 적지 않다. 비록 이렇기는 하지만 이 구덩이 속에서 뛰쳐나와야 비로소 다비한 이후의 품品[36]이 세상에 유통되리라는 사실을 알게 될 것이다.
- 가섭이 절을 올렸다 : 왕씨 노파가 마침내 떡을 찔 수 있었다[37]는 말과 같으니, 원통한 일에는 그것을 초래한 우두머리가 있고, 남에게 빚을 졌으면 갚아야 할 주인이 있는 법이다.

---

32 이 상황 자체가 도장의 문양이 찍힌 것처럼 헤아릴 근거를 분명하게 남겨 착각의 단서를 제공했다는 말. 다음 구절과 연결된다.

33 가섭이 관 주위를 세 바퀴 돌았지만 그 의미는 정해지지 않았다. 이처럼 완결되지 않은 사태를 두고 '조상이 할 일을 마치지 못했다.'라고 한다. 이에 대하여 후대 사람들이 이렇게 저렇게 분별하여 무리하게 의미를 부여함으로써 스스로 재앙을 당하게 된다. 본래 분별과 말이 미치지 못하는 관문이었기 때문이다. 본서 2칙 주 133 참조.

34 두 번의 착각이 제시된다. 세존께서 관 밖으로 발을 내보이신 행위가 고의로 지은 착각이고, 그것으로 가섭에게 심인을 전했다는 생각이 또 하나의 착각이다. 조금이라도 안주할 터를 허용하지 않는 수법이다.

35 달빛 받은 강물이 어른거리며 무소의 뿔에 비치고, 번갯불이 코끼리 상아에 새겨진 것이 모두 우연이듯이 세존과 가섭 사이에 확정된 인과관계나 어떤 논리적 필연성도 담고 있지 않다. 석전 법훈石田法薰(1171~1245)이 조주의 끽다거喫茶去 공안에 대해 읊은 송에도 이 구절이 나온다.『石田法薰語錄』권2(卍122, 39b1), "와 보았건 그렇지 않건 모두 차 마시라 하며, 그대에게서 눈에 박힌 헛꽃을 도려내 주었도다. 무소가 달빛 즐기다가 뿔에 무늬가 생겼고, 코끼리는 천둥소리에 놀라 상아에 꽃 그림이 새겨졌네.(曾到未到俱喫茶, 爲君抉出眼中花. 犀因翫月紋生角, 象被雷驚花入牙.)"

36 이후의 품(後品) : 미래세에 면면히 교법이 이어지기를 당부하며(付囑) 법을 전수하는 순간을 말한다.『法華論疏』권하(大40, 825c9), "후품後品이란 촉루품 가운데 부처님이 보살들에게 법을 전하시며 보살들이 정법을 널리 유통하도록 했던 대목이니 법을 수호하는 취지이기도 하다.(後品者, 是囑累品中, 佛付諸菩薩, 令諸菩薩, 弘通正法, 亦是護法也.)"

37 이 구절은 다른 문헌에는 보이지 않는다. 장삼이사張三李四와 같이 평범한 성씨인 왕王씨 노파와 일상적 행위인 떡을 찌는 것을 들어 특별할 것 없고 당연한 일을 표현한 말로 보인다. 바로 이어지는 구절 "원통한 일에는~갚아야 할 주인이 있는 법이다."라는 말도 주요 당사자를 찾아 일을 해결해야 마땅하다는 취지로서 같은 맥락의 뜻이다.

● 대중이 모두 어리둥절하였다 : 동서남북 사방으로 각자 흩어져 돌아가도, 깊은 밤이면 모든 산봉우리에 내려앉은 눈을 누구나 보리라.[38]

世尊在沙羅雙樹下云云, 蒼天蒼天, 迦葉後至, 遶棺三匝, 印文生也. 祖禰不了, 殃及子孫. 世尊槨示雙趺, 錯, 錯! 犀因翫月紋生角, 象被雷驚花入牙, 敗闕也不少. 雖然如是, 向者圈圚裏跳得出, 方知茶毘後品流通去在. 迦葉禮拜, 王婆終是能煎餬, 寃有頭債有主. 大衆罔措, 南北東西歸去來, 夜深同看千巖雪.

해인 초신海印超信의 송 海印信頌

가섭이 뒤늦게 도착했으나	飮光後至
관 밖으로 두 발 보이셨네	槨示雙趺
친밀히 전하셨다고 하지만	雖云密付
흐릿하게 되었을 뿐이라네[39]	剛被塗糊

---

38 설두 중현雪竇重顯이 설봉雪峰과 암두巖頭 사이에 있었던 기연에 대해 읊은 송에 나오는 구절. 설봉에게 어떤 학인이 찾아와 '이것은 무엇입니까?'라고 물었는데 설봉은 아무 대꾸도 하지 않고 돌아갔다. 뒤에 그 학인이 암두를 찾아가자 자신이 일찍이 설봉에게 말후구末後句를 전하지 않았던 것을 후회한다고 하면서, '말후구는 바로 이렇게 드러난 모습 그대로일 뿐이다.(只這是)'라고 한 말을 가리킨다.『聯燈會要』권21「雪峰義存章」(卍136, 787a3). 세존과 가섭 사이에 벌어졌던 인연도 이와 마찬가지로 드러난 그 이상의 심오한 무엇은 없기에 각자 제자리로 돌아가 마주치는 그대로 그와 같은 경계를 알 수 있다는 암시이다. '夜深同看千巖雪' 구절에 대한 다음과 같은 평도 참조할 만하다.『碧巖錄』51則「頌 評唱」(大48, 187a18), "말해 보라. 둘 다 밝은가, 둘 다 어두운가? 같은 가지에서 났는가, 같은 가지에서 죽었는가? 안목을 갖춘 납승이라면 분명히 구분해 보라.(且道. 是雙明雙暗? 是同條生是同條死? 其眼衲僧, 試甄別看.)";『直註雪竇顯和尙頌古』권하(卍117, 519a18), "밤은 어두움이요 눈은 밝음을 나타낸다. 바로 이때 세상 전체가 고스란히 몰려올 것이니 그대는 살펴보라. 무엇이 밝고 무엇이 어두운가?(夜是暗, 雪是明, 正當此時, 四海咸來, 你看. 誰明誰暗?)"

39 친밀히 전하셨다고~되었을 뿐이라네 : 선종사가禪宗史家들이 가섭에게 심인心印을 전한 삼처전심 중 한 사건으로 규정하는 이 사실을 부정하여 내치는 하나의 흔한 소재로 활용하고 있다. 부처님이 친밀하게 전하셨다는 그 이야기를 부정하고 애매모호하

| 누가 흐려 놓았을까 | 孰塗糊 |
| 우습다, 당시 장부답지 못했구나 | 堪笑當時不丈夫 |

[설화]

○ 가섭이~장부답지 못했구나 : 관 주위를 세 바퀴 돌자 세존께서 관 밖으로 두 발을 보이신 그 인연에 무슨 잘못이 있는 듯이 보인다는 뜻이다.

> 海印 : 飮光至不丈夫者, 遶棺三匝, 槨示雙趺, 似乎漏逗故也.

설봉 청료雪峯淸了의 염

"이런 종류의 일은 알고 나면 바로 잊어버려라!"라고 말한 뒤 다시 말하였다. "금색두타(가섭)가 재빠르게 정신을 차리지 않았더라면 심하게 속을 뻔하였다. 황면노자(세존)의 의중을 알고자 하는가?" 선상을 치고서 말하였다. "가루가 되도록 부수어 버려라!"

> 雪峯了拈, "知是般事便休!" 復云, "不是金色頭陀急着精彩, 洎被熱謾. 要見黃面老子麼?" 拍禪床云, "百雜碎!"

[설화]

○ 이런 종류의 일은 알고 나면 바로 잊어버려라 : (세존께서) 대열반에 들어가셨다는 사실을 가리키니, 바로 이런 종류의 일이라고 알 뿐 그 이상 별도로 특별히 알 것은 없다는 뜻이다. 곧 분명하게 밝힐 거리가 없다는 말이다.

○ 금색두타(가섭)가~속을 뻔하였다 : 관 주위를 세 바퀴 돌고 절을 올렸

게 흐려졌을 뿐이라고 한다. 여기에 조사의 본의가 들어 있다.

던 바로 그것을 가리켜 정신을 차렸다고 한다.

o 선상을 치고서~가루가 되도록 부수어 버려라 : 가섭이 세 바퀴 돌았던 의미를 알았으면 그뿐, 어디에 또 황면노자의 의중이 달리 있겠느냐는 뜻이다.

雪峯 : 知是至便休者, 入大涅槃, 是知是般事, 別無特地, 謂無辨白也. 不是至熱謾者, 遶棺三匝及作禮, 是着精彩也. 拍禪床至碎者, 若知得迦葉三匝處, 何處更有黃面老子?

38칙 화엄지혜 華嚴智慧

본칙 『화엄경』의 말씀이다. "내가 지금 모든 중생을 두루 살펴보니 그들 모두 여래가 성취한 지혜와 갖가지 덕을 지니고 있지만, 단지 망상과 집착 때문에 그것을 증득하지 못하고 있을 뿐이다."

華嚴經云, "我今普見一切衆生, 具有如來智慧德相, 但以妄想執着, 而不證得."

설화

- 『화엄경』「여래출현품如來出現品」의 글이다.[1] 청량清凉의 소에 "중생들이 번뇌에 속박되어 있는 원인에 이미 번뇌의 속박에서 벗어난 결과도 갖추고 있다."[2]라고 하였고, 또한 "저들 중생의 원인(번뇌) 속에 있는 결과로서의 지혜(果智)가 모든 부처님의 과지果智이다."[3]라고도 하였다. 지혜가 안에 뿌리내리고 있기에 갖가지 차별된 덕이 밖으로 드러나는 것이다.
- 망상 : 범부의 망상을 가리킨다.
- 집착 : 이승二乘의 집착을 말한다.

---

1 경문과 완전히 일치하지는 않는다. 본칙의 문장은 선가에서 대대로 인용되는 형식이며 80권본 『華嚴經』권51(大10, 272c4)에는 다음과 같이 전한다. "여래의 지혜는 이르지 못하는 곳이 없다. 왜 그런가? 여래의 지혜를 지니고 있지 않은 중생은 하나도 없지만 망상으로 전도되어 집착하는 까닭에 그것을 증득하지 못할 뿐이다. 만약 망상을 떠나면 일체지·자연지·무애지가 눈앞에 나타날 것이다.(如來智慧, 無處不至. 何以故? 無一衆生, 而不具有如來智慧, 但以妄想顛倒執著, 而不證得. 若離妄想, 一切智·自然智·無礙智, 則得現前.)"
2 청량 징관淸凉澄觀의 『華嚴經疏』권49(大35, 880a15)에 "중생이 모두 여래의 지혜를 지니고 있다."라는 구절에 대하여 붙인 해설이다.
3 청량 징관의 『華嚴經大疏鈔』권79(大36, 622b8)에 따르지만 약간 다르다. "자신과 타자가 섞여 서로 침투되어 있는 관계(交徹)는 다음과 같다. 모든 범부의 원인 속에 결과로서의 지혜가 있다는 뜻이니, 저 부처님들이 이미 성취한 과지가 바로 자신의 불성이다.(自他交徹, 謂諸凡夫因中果智, 即他諸佛已成果智, 自身佛性.)"

- 이상의 말을 인용하여 공안으로 삼은 것이다.
- "내가 지금 모든 중생을~덕을 지니고 있지만"이라는 구절에 대해 만송행수萬松行秀는 "곰은 몸을 뒤집어 재주를 넘고, 나귀는 서로 어울려 춤을 춘다."⁴라고 착어를 달았고, 이어서 "단지 망상과 집착 때문에 그것을 증득하지 못하고 있을 뿐이다."라는 구절에 대해서는 "망상과 집착도 싫어하지 않는다."라고 착어를 달았다. 곧 사람이라면 저마다 스스로 법의 즐거움을 누린다는 뜻이다. 만송은 "법계를 두루 거두어 한 덩어리가 된다면, 어찌 번뇌의 경계를 벗어나 별도로 깊고 미세한 경지가 있겠으며, 어찌 먼저와 나중 그리고 앞과 뒤라는 차별이 있겠는가! 부처님이 세상에 출현하시기 이전에도 감소한 적이 없었고, 부처님이 세상에 출현하시어 가리키고 말씀해 주신 뒤에도 덧붙여질 일이 없었다. (그렇다고 한다면) 바다의 한없는 깊이를 기리고 태양의 밝은 빛을 자랑하는 격이다."⁵라고 하였다.

[智慧] 如來現相品文. 淸凉疏云, "衆生在纏之因, 已具出纏之果." 又云, "彼衆生因中果智, 卽他諸佛之果智." 智慧根於內, 德相發於外也. 妄想者, 凡夫忘想. 執着者, 二乘執着也. 引以爲話義. 則我今普見至德相, 萬松著¹⁾語云, "熊飜斤斗, 驢舞柘枝." 但以至證得者, "妄想執着, 也不惡." 則人人

---

4 『從容錄』 67則 「本則 著語」(大48, 269a13). '몸을 뒤집어 재주를 넘는다'는 것은 원래의 상태로 돌아감을 뜻한다. '서로 어울려 춤을 춘다'라는 말은 자지무柘枝舞를 가리킨다. 이는 당나라 서북에 살던 서역西域 석국石國 출신의 민족이 추던 춤이다. 연화대무蓮花臺舞라고도 하는데, 여동女童이 연꽃 모양의 소품 도구에 숨어 있다가 화판花瓣이 열리면 나와 춤을 추는데 모자에는 방울을 달아 춤을 추며 돌 때마다 방울 소리가 난다. 나귀가 자지무를 춘다고 한 것은 이 방울 소리에서 연상한 듯하다. 후대에는 두 사람이 어울려 추었고, 송나라 때는 여러 사람이 무리 지어 추었다. 구양수歐陽修의 『歸田錄』 권2, "상국사 앞에서 곰은 몸을 뒤집어 재주를 넘고, 망춘문 밖에서 나귀는 서로 어울려 춤을 춘다.(相國寺前, 熊翻筋斗 ; 望春門外, 驢舞柘枝.)"
5 『從容錄』 67則 「頌 評唱」(大48, 269c2).

箇箇, 自受法樂也. 萬松云, "旣周法界, 打成一塊, 豈塵勞外, 別有玄微? 豈有前後向背! 佛不出世, 也不曾減；佛出世指示演說, 也不曾添. 譬海之深,[2] 誇日之明."也.

1) ㉘ '著'이 병본에는 '着'으로 되어 있다.   2) ㉠ '深'이 『從容錄』(大48, 269c4)에는 '寬'으로 되어 있다.

천동 정각天童正覺의 송 天童覺頌

하늘이 덮고 땅은 실어 주어서	天盖地載
하나로 뭉치고 한 덩어리 되네	成團成塊
법계를 두루 감싸니 밖이 없고	周法界而無邊
입자[6]에도 들어가니 안이 없다	拚隣虛而無內
깊고 미세한 경계까지 다했거늘	及盡玄微
누가 앞과 뒤를 나누는가	誰分向背
불조가 구업의 빚 갚으러 와서	佛祖來償口業債
남전 왕 노사에게 방법을 물으니	問取南泉王老師
각자가 나물 한 줄기 먹을 뿐이라 하네[7]	人人只喫一莖菜

6 입자(隣虛) : 더 이상 쪼갤 수 없는 가장 미세한 입자. 『首楞嚴經』권3(大19, 117b28), "아난아, 물이 얼음이 되고 얼음이 다시 물이 되는 이치와 같다. 그대는 땅의 본성을 보아라. 큰 것은 대지가 되고 작은 것은 미진이 되며, 인허진은 그 극미인 색변제의 상을 칠등분해 이루어진 것이니, 다시금 인허를 쪼갠 것이 바로 진실한 공의 본성이다.(阿難, 如水成氷, 氷還成水. 汝觀地性, 麁爲大地, 細爲微塵, 至隣虛塵, 析彼極微, 色邊際相七分所成, 更析隣虛, 卽實空性.)";『碧巖錄』22則「垂示」(大48, 162b27), "광대무변하여 포괄하지 않는 경계가 없으며 미세하기는 인허와 같다.(大方無外, 細若隣虛.)"

7 남전 왕~뿐이라 하네 : 『從容錄』67則「頌 評唱」(大48, 269c10), "그런 이유로 남전南泉은 '모두들 나물 한 줄기 먹었으면서 다시 한 줄기 더 찾는다면 쏜살과 같이 지옥에 떨어지리라.'라고 말하였다.(所以南泉道, '大家喫一莖菜, 更覓一莖, 入地獄如箭射.)" 본서 247칙 본칙에 "삼산 지견杉山智堅이 대중 울력으로 고사리를 캐고 있는데, 남전이 한 줄기를 집어 들며 '이것이 공양하기에 딱 좋겠어.'라고 하자, 삼산은 '그것뿐 아니라 온갖 진귀하고 맛좋은 음식일지라도 그는 돌아보지도 않을 것이네.'라고 하였고, 남전은 '그렇다 하더라도 하나하나 맛을 보아야 할 것일세.'라고 하였다."라는 이야기가 실려 있

> 설화

○ 하늘이 덮고 땅은 실어 주어서 : 산악과 같다는 말이다.
○ 하나로 뭉치고 한 덩어리 되네 : 아주 작은 것도 없이 모두 사라졌다는 뜻이다.[8]
○ 법계를 두루 감싸니~안이 없다 : 위의 뜻을 거듭 밝힌 말이다.
○ 깊고 미세한 경계까지~앞과 뒤를 나누는가 : 깊고 미세한 지견으로 앞서 나온 두 종류의 면목을 다하여 앞과 뒤를 나누지 않는다는 뜻이다.
○ 불조가 구업의 빚 갚으러 와서 : 부처와 조사가 세상에 출현하여 시끄럽게 떠들었던 말로 하여 언젠가는 그 빚을 갚지 않을 수 없을 것이라는 뜻이다.
○ 남전 왕 노사에게~한 줄기 먹을 뿐이라 하네 : 사람마다의 본분에는 더 이상 지시해 줄 것이 없다는 말이다.[9]

天童 : 天盖地載者, 如山如獄也. 成團成塊者, 絶毫絶釐也. 周法界至無內者, 上意重明也. 及盡至向背者, 玄微知見, 及盡前二般面目, 不分向背也. 佛祖至業債者, 佛祖出世喃喃説話, 將來未免償債也. 問取至一莖菜者, 人人分上, 更無指點分也.

다. 『建中靖國續燈錄』에는 대우 수지大愚守芝의 말로 되어 있다. 『建中靖國續燈錄』권 4 「大愚守芝章」(卍136, 77b15), "법좌에 올라앉아 말하였다. '불은 나무에서 일으켜지니 다른 곳에서 말미암는 것이 아니며, 푸른색은 쪽에서 나왔으나 물든 것과는 같지 않다. 각자가 하나의 미세한 풀줄기를 함께 나누어 먹으니, 만약 다시 한 줄기를 더 찾아 먹는다면 쏜살과 같이 지옥에 떨어지리라.'(上堂云, '火生於木, 非自佗來, 青出於藍, 不同受染. 人人共喫一莖釐, 若更覓一莖喫, 入地獄如箭射.')" 『直註天童覺和尚頌古』권하 「著語」(卍117, 800b16), "천동은 이전에 '일체를 갖추고 있으나 증명하지 못할까 우려할 뿐이다.'라고 하였다. 그 때문에 왕 노사와 삼산의 지시를 받아들여 반드시 직접 이 경지에 도달해야 마땅하다.(天童先言, '一切具有, 又恐不證.' 故取王老杉山之示, 須要親到此地方可.)"
8 모든 것이 한 덩어리가 되었기 때문이다.
9 다음 착어와 같은 평가이다. 『從容錄』67則 「著語」(大48, 269b13), "더 이상 영위할 일이 남아 있지 않다.(更無餘事可營爲)"

39칙 화엄일체華嚴一切

본칙 『화엄경』의 게송이다. "모든 법은 발생하지도 않고, 모든 법은 소멸하지도 않는다네. 만약 이와 같이 이해한다면, 모든 부처님이 항상 눈앞에 나타나리라."

華嚴經偈云, "一切法不生, 一切法不滅. 若能如是解, 諸佛常現前."

설화
- 청량의 소에 이렇게 말한다.[1] "어떤 법이 발생하지 않고, 어떤 법이 소멸하지 않는가?[2] 미혹되었을 때는 '망법妄法은 발생하지 않고 진법眞法이 소멸하지 않는다'고 여기지만, 깨달았을 때는 '진법은 발생하지 않고 망법이 소멸하지 않는다'고 여긴다." 이통현 장자의 논에는 "미혹되면 모든 마음과 경계가 어느 것이나 고해苦海이고, 깨달으면 모든 마음과 경계가 빠짐없이 바라밀의 문이다. 만일 정각正覺으로 깨닫는다면 무명도 소멸되지 않고 지혜도 발생하지 않는다. 이 때문에 경전에서 '모든 법은 발생하지도 않고~'라고 운운한 것이다."[3]라고 풀었다.
- 선禪의 도리로 보자면, 발생과 소멸이라는 말에서 발생은 발생과 소멸이고 소멸은 발생하지도 소멸하지도 않는 것이다. 그래서 "발생하지도 않고 소멸하지도 않는다.(不生不滅)"라는 말은 생성에도 소멸에도 떨어

---

1 청량 징관淸凉澄觀의 저술에 보이지 않는다.
2 『維摩經』에 나오는 구절. 그 이하의 구절은 출처가 불분명하다. 『維摩經』 권2(大14, 547c15), "'어떤 법이 발생하지 않고, 어떤 법이 소멸하지 않는가?' '불선법이 발생하지 않고 선법이 소멸하지 않는다.'(又問, '何法不生? 何法不滅?' 答曰, '不善不生, 善法不滅.')"
3 이통현李通玄의 『解迷顯智成悲十明論』(大45, 769c2)에 근거하지만 문장에는 약간의 차이가 있다.

지지 않는다는 뜻이다. 발생하지도 소멸하지도 않기 때문에 송에서 둘이 아닌 법문(不二法門)을 말한 것일까? 지나침은 미치지 못함과 같다.

- 모든 법은 발생하지도 않고 소멸하지도 않는다 : 발생하거나 소멸하는 그대로 발생하지도 소멸하지도 않는다. 그러므로 다른 곳에서 "마땅히 범부의 법을 닦아야 한다. 만약 범부법凡夫法과 불법佛法이 하나로 합하지도 않고 서로 흩어지지도 않는다는 도리를 안다면 이를 가리켜 닦고 익힌다(修集)고 한다."[4]라고 한 것이다. 이렇게 한다면 두 가지 차별이 없는 법문(不二法門)이요, 모든 부처님이 항상 눈앞에 나타난다고 할 만하다. 그렇더라도 모든 부처님이 눈앞에 나타난다고 이해한다면 옳지 않고, 몸을 옮기고 발걸음을 떼어 이 생각에서 벗어나더라도 또한 옳지 않다. 옛사람은 "터럭만큼의 차이로 시작해도 결국에는 천 리의 거리로 멀어진다."[5]라고 말하였다.

- 무의자無衣子의 송[6]

봄이 되면 꽃들 여기저기 피어나고
가을 오면 잎이 저절로 떨어지누나
우뚝 아무 일도 없이 앉아 있을 뿐[7]

---

4 『首楞嚴三昧經』 권상(大15, 636a21).
5 예부터 『魏書』 「樂志」, 『漢書』 「司馬遷傳」 등에 나오는 말이며, 『證道歌』(大48, 396c3) 등에 인용된다.
6 『眞覺國師語錄』 「補遺」(韓6, 48c9).
7 우뚝 아무~있을 뿐 : 할 일을 모두 마쳤거나 더 이상 할 일이 없는 무사無事의 경계를 묘사한다. 꽃이 피는 생生이거나 잎이 떨어지는 멸滅이거나 작자가 일삼아 개입할 틈이 없이 그대로 완벽하다. 생멸에 끼어드는 불필요한 간섭이 배제된 무사에 이르러서야 비로소 불생불멸不生不滅이 실현된 장면이 곳곳에 펼쳐진다. 『景德傳燈錄』 권30 〈南嶽懶瓚和尙歌〉(大51, 461c6), "나고 죽고 반복하더라도 걱정 없거늘, 그 이상 무엇을 더 근심하랴? 물에 비친 달그림자 정해진 형체 없듯이, 나는 언제 어디서나 편안할 뿐이라네. 모든 법이 다 그러하니, 본래부터 생멸이란 없도다. 우뚝 아무 일도 없이 앉아 있을 뿐이니, 봄이 오면 풀이 저절로 푸르구나.(生死無慮, 更復何憂? 水月無形, 我常只寧. 萬

거울에 비친 형상엔 개의치 않노라

[一切] 淸凉疏云, "何法不生, 何法不滅? 迷時, 妄法不生, 眞法不滅 ; 悟時, 眞法不生, 妄法不滅." 李長者論云, "迷之, 則一切心境, 摠爲苦海 ; 悟之, 則一切心境, 皆波羅蜜門. 若正覺悟時, 無明不見滅, 智慧不見生. 是故經云云." 禪義, 則生滅者, 生則生滅也, 滅則不生滅也. 而云, "不生不滅." 則不落生滅. 不生滅故, 頌中云不二法門耶? 過猶不及也. 一切法不生不滅者, 當生滅不生滅也. 故他處云, "常[1]修行凡夫法, 若見凡夫法, 不[2]合不散, 是名修集也." 然則可謂之不二法門, 諸佛常現前也. 然若作諸佛現前解, 便不是 ; 若移身轉步, 又却不是. 古人云, "差之毫釐, 失之千里." 無衣子頌云,

春至花爭發, 秋來葉自零.
几[3]然無事坐, 不管鏡中形.

1) ㉠『首楞嚴三昧經』에 따라 '常'은 '當'으로 바로잡는다. 2) ㉠『首楞嚴三昧經』에는 '不' 자 앞에 '佛法'이 있다. 3) ㉮ '几'가 병본에는 '兀'로 되어 있다. ㉠ '兀'로 바로잡아 번역하였다.

지비자의 송 知非子頌

손바닥 밝은 구슬에 비친 그것	掌上有明珠
오랑캐 형상과 한인의 몸이라네[8]	胡形與漢質
오랑캐나 한인이 오지 않아도	胡漢旣不來
밝은 구슬 잃은 적은 없었노라	明珠未嘗失
길상은 법의 문으로 들어가서[9]	吉祥入法門

法皆爾, 本自無生. 兀然無事坐, 春來草自靑.)" 마지막 두 구절이 무의자의 두 구절과 상응한다.
8 이 구절 원문에서 '形'과 '質'은 모두 신체, 곧 구슬에 비추어지는 몸을 나타낸다.
9 길상은 법의 문으로 들어가서 : 길상吉祥은 문수文殊이며, 그가 유마거사維摩居士에게

유마의 방에서 머리 숙였다네	稽首維摩室
말없는 자체로 참된 불이이니	默然眞不二
만법 끝내 하나로 돌아간다네	萬法終歸一

설화

○ 글에 드러난 그대로이다.

知非子頌, 文見.

불이不二의 법을 듣기 위해 찾아간 것을 말한다. 문수(S Mañjuśrī)는 문수사리文殊師利 또는 만수실리曼殊室利라는 음사어를 줄인 명칭이고, 그 한역어는 묘덕妙德·묘길상妙吉祥 등이다.

40칙 법화대통 法華大通

본칙 『법화경』의 말씀이다.[1] "대통지승부처님은 10겁 동안 도량에 앉아 수행하셨으나, 불법이 눈앞에 나타나지 않아 불도를 이루지 못했다."

法華經云, "大通智勝佛, 十劫坐道場, 佛法不現前, 不得成佛道."

설화
- 두 측면을 함께 풀이한다.[2] "처음 한 구절은 깨달음의 결과(果)를 성취한 부처님의 칭호를 들어 보인 것이며, 나머지 세 구절은 (결과를 얻기 위해) 원인(因)을 닦던 시기에 대한 언급이다. 이렇게 원인을 닦는 것에도 두 가지 뜻이 있다. 첫 번째 구절(제2구)은 원인을 행하던 시기의 범위를 나타냈고, 그다음의 두 구절(제3구와 제4구)은 결과가 아직 실현되지 않은 경계를 밝혔다."
- 『법화문구』에는 이렇게 말한다. "석가께서는 6년 동안 고행하면서 갈대싹이 무릎을 뚫을 때까지 앉은 자리를 옮기지 않은 채 도를 이루었고, 미륵은 출가한 바로 그날 도를 이루었다. 그런데 저 대통지승불이 10겁 동안 도량에 앉아 좌선하였으면서도 성불하지 못한 까닭은 법에 뛰어나고 하열한 차별이 있었다거나 근기에 영리하고 아둔한 구분이 있었기 때문이 아니다. 다만 필연적 도리와 맺어지는 순간이 늘어지기도 하고 급박하기도 하며, 결정적 시기에 응하는 때가 길기도 하고 짧기도 한 차이였을 뿐이다."[3] 이것이 바로 선의 도리이다.

---

1 『法華經』 권3 「化城喩品」(大9, 22a26).
2 두 측면을 함께 풀이한다(雙釋) : 본칙 네 구절을 원인과 결과로 대분大分한 두 측면에서 내린 해석.
3 『法華文句』 권7(大34, 98b21)과 동일한 취지이지만 문장의 출입은 있다.

● 구봉 도건九峯道虔 선사는 "마음의 작용(機)은 자리를 바꾸며 서로 의지하는 관계(回互)를 중시하지만 상대에게 물들려 하지는 않고, 말로써 남김없이 다 드러내기를 꺼리지만 전혀 쓰지 않으려 하지는 않는다."⁴라고 말하였다. 그렇다면 대통지승불이 10겁 동안 성불하지 못한 일은 물든 것인가, 단절된 것인가? 10소겁이 지나서야 불법이 눈앞에 나타나자 아뇩보리⁵를 성취하였다. 여기서 10소겁이 지났다는 말은 차별의 편위偏位와 무차별의 정위正位가 자리를 바꾸며 서로 의지한다는 뜻이다. 조산의 법어는 바로 이 뜻이지만, 백장과 임제의 광어廣語에 제시된 뜻은 각각 이와는 다르다. 옛사람은 "교설을 빌려서 종지를 깨닫는다."⁶라고 하였으니 어찌 그러하지 않겠는가!

● 고덕古德은 이 공안을 제기하고 이렇게 해석하였다. "대통은 정定, 지승智勝은 혜慧, 불佛은 성性을 나타낸다. 10겁은 사대四大와 육근六根이 그것이고, 앉았다는 것은 무념無念이며, 도량은 오음五陰을 말한다. 불법이란 법신불法身佛이고, 눈앞에 나타나지 않았다는 말은 법신불이 눈앞에 나타나지 않았다는 뜻이며, 불도를 이루지 못했다는 말은 팔상불八相佛⁷이 되지 못했다는 의미이다. 팔상불이란 삼십이상⁸이 그것이다."

---

4 구봉 도건의 본래 말은 조금 다르다. 『禪林僧寶傳』 권7 「九峯道虔傳」(卍137, 471b3), "말로써 남김없이 다 드러내기를 꺼리지만 전혀 쓰지 않으려 하지는 않고, 마음의 작용은 범촉하기를 꺼려서 오염되려 하지는 않는다.(語忌十成, 不欲斷絶, 機忌觸犯, 不欲染汗.)"

5 아뇩보리阿耨菩提 : 아뇩다라삼먁삼보리阿耨多羅三藐三菩提([S] anuttara-samyak-saṃbodhi)의 줄임말. 그 이상이 없는 바르고 평등한 궁극적 깨달음. 무상정변지無上正徧智 · 무상정등정각無上正等正覺 · 무상정등보리無上正等菩提 · 지진정등각至眞正等覺 등이라 한역한다.

6 『看話決疑論』(韓4, 733a9), "禪門亦有爲密付難堪, 借敎悟宗之者, 說眞性緣起, 事事無碍之法." 이 말은 달마대사의 주장으로 전해지는 이입사행설二入四行說 중 이입理入의 첫머리에 나오는 '자교오종藉敎悟宗'을 가리킨다.

7 팔상불八相佛: 여덟 단계의 성도 과정을 거쳐 완성된 부처님. 본서 1칙 주 9 참조.

8 삼십이상三十二相 : 부처님의 응신應身이나 화신化身에 갖추어진 32종의 뛰어난 형상. 이는 안에서 성취한 갖가지 덕이 몸의 곳곳에 드러난 것이다. 『勝天王般若經』 권7(大8, 723a11) 등에 따르면, 족하평만足下平滿부터 미간백호眉間白毫에 이르는 32가지 상호

[大通] 雙釋云, "初之一句, 舉果佛號 ; 後之三句, 談行因時. 就此行因, 亦有二義. 初一句, 現因時分 ; 後二句, 明果未見." 文句云, "釋迦六年苦行, 蘆芽穿膝, 不移坐成道, 彌勒出家日成道. 彼佛十劫坐道場, 猶未成佛者, 非謂法有勝劣, 機有利鈍. 但緣宜廷促, 應時[1]長短." 則[2]禪義也.[3] 九峯虔禪師云, "機貴回互, 不欲染汚 ; 語忌十成, 不欲斷絶." 如大通智勝云云者, 是染汚, 是斷絶? 過十小劫, 佛法現前, 成阿耨菩提. 言過十小劫者, 偏正回互之旨也. 曹山法語卽此義, 百丈臨濟廣語之意, 亦各別. 古人云, "借敎悟宗"者, 夫豈不然哉! 古德擧此話釋云, "大通, 定也 ; 智勝, 慧也 ; 佛, 性也. 十劫, 四大六根是也 ; 坐者, 無念也 ; 道場者, 五陰也. 佛法者, 法身佛也 ; 不現前者, 法身佛無現前義也 ; 不得成佛道者, 不作八相佛也 ; 八相者, 三十二相是也."

---

1) ㉠ '時'가 『法華文句』에는 '示'로 되어 있다. 2) ㉯ '則'이 을본·병본에는 '也'로 되어 있다. 3) ㉯ '也'가 을본·병본에는 '則'으로 되어 있다.

보녕 인용保寧仁勇의 송 保寧勇頌

삼제[9] 끊어진 순간 범부도 성인도 사라지고	三際斷時凡聖盡
십신[10] 원만한 곳에 무수한 세계 두루 있다네	十身圓處刹塵周
치우침 없이 만물에 응하며 높거나 낮거나 좇다가	無私應物隨高下
아승기대겁[11] 동안의 수행 스치고 지나갔다네	抹過僧祇大劫修

가 제시된다.

9 삼제三際 : 삼세三世와 같은 말. 과거·현재·미래를 가리킨다.

10 십신十身 : 부처님이 성취한 열 가지 몸. 60권본『華嚴經』권26(大9, 565c2)에는 보리신菩提身·원신願身·화신化身·주지신住持身·상호장엄신相好莊嚴身·세력신勢力身·여의신如意身·복덕신福德身·지신智身·법신法身 등이다. 부처님의 무수한 덕을 모두 아우르기 위하여 만수滿數인 '십十'으로 나타내었다.

11 아승기대겁(僧祇大劫) : 아승기겁이란 Ⓢ asaṅkjyeya-kalpa, Ⓟ asaṅkheyya-kalpa의 음사어로서 무수겁無數劫이라 한역하며, 헤아릴 수 없이 긴 시간을 뜻한다. 이 아승기겁을 대·중·소의 3겁으로 구별하여 통칭하는 말이 바로 삼아승기겁이다. 발심發心하여 성불成佛할 때까지 삼아승기백대겁三阿僧祇百大劫의 수행 기간이 필요하다고 한다.

> 설화

○ 대통지승불은 오래전에 불도를 이루었기 때문에 불법이 눈앞에 나타나지 않았다는 것이 대의이다.
○ 삼제 끊어진 순간 범부도 성인도 사라지고 : 시간적으로는 삼제의 흐름을 그치도록 하였다.
○ 십신 원만한 곳에 무수한 세계 두루 있다네 : 공간적으로는 시방 곳곳에 펼쳐져 있다.
○ 치우침 없이~스치고 지나갔다네 : '인연에 따라 감응하여 미치지 않는 곳이 없다.'[12]라고 운운한 말과 상응한다.

保寧大義, 大通智勝佛, 早已成佛道, 佛法不現前也. 三際至盡者, 堅窮三際也. 十身至周者, 橫亘十方也. 無私云云者, 隨緣赴感云云也.

대혜 종고大慧宗杲의 송[13] 大慧杲頌

| 도량에서 좌선한 지 10겁이 지났건만 | 燕坐道場經十劫 |
| 매 순간 처음부터 번뇌 흘러나왔다 하네 | 一一從頭俱漏洩 |

---

12 80권본 『華嚴經』 권6(大10, 30a6)에 나오는 구절로 전후의 구절은 다음과 같다. "부처님의 몸은 법계에 가득 차서 모든 중생 앞에 두루 나타나며, 인연에 따라 감응하여 미치지 않는 곳이 없지만, 항상 이 보리좌菩提座에 앉아 계신다.(佛身充滿於法界, 普現一切衆生前, 隨緣赴感靡不周, 而恒處此菩提座.)" 굉지 정각宏智正覺은 이 경문을 인용한 다음 차별의 편위와 무차별의 정위가 각각 그 자리에서 온전히 진실을 구현하고 있다는 뜻을 보여 준다. 『宏智廣錄』 권4(大48, 52b27), "편위와 정위가 자신의 자리를 벗어난 적이 없으니, 생멸이 없는 경계를 어찌 온갖 말로 물들이겠는가!(偏正不曾離本位, 無生那涉語因緣!)"
13 대통지승불이 무수한 겁의 세월 동안 수행하였음에도 불도를 완성하지 못했다는 말은 분별의 틀에 들어가지 않는 관문이다. 이를 모르고 겉말을 그대로 믿고 분별하는 사람들에 대한 비판이 담긴 송이다. 성불하지 못했기 때문에 언제나 번뇌에 휩싸여 있을 것이라는 생각을 고수하며 이 화두를 모두 이해한 것으로 착각한다. 이는 몽둥이라는 수단으로 달을 딸 수 있으리라고 여기는 착각과 같다. 설화의 해설은 이와 다르다.

| 하나만 지키는 세간의 수많은 사람들이여[14] | 世間多少守株人 |
| 몽둥이 휘둘러 하늘의 달을 따려 하는구나 | 掉棒擬打天邊月 |

죽암 사규竹庵士珪의 송 竹庵珪頌

벼를 심어도 콩의 싹 나지 않거늘	種穀不生豆苗
모래 쪄서야 어찌 밥이 되겠는가	蒸沙豈能成飯
대통지승여래시여	大通智勝如來
한편은 전혀 모르는 사람[15]이로구나	一箇擔板底漢

설화

○ 대혜 종고는 번뇌가 새어 나오는 것을 잘못으로 여겼고, 죽암 사규는 한편은 전혀 모르는 자라는 말로 단죄를 내렸지만 그 핵심은 하나이다. 그러므로 10소겁이 지나서 불법을 눈앞에 나타나게 하려면 편위와 정위가 서로 자리를 바꾸며 의지할 수 있어야 한다.

大慧, 以漏洩爲罪 ; 竹菴, 以擔板漢罪之, 其實一也. 然則過十小劫, 佛法

---

14 그루터기를 지키며 토끼가 걸려 죽기를 기다리는 어리석은 사람(守株人)과 같다는 표현. 일정한 인식의 틀을 고수하며 모든 것에 적용한 결과 실상을 포착하지 못하는 사람을 비유한다. 다음과 같은 고사에 따른다. 송나라의 어떤 농부가 밭을 갈다가 뛰어가던 토끼 한 마리가 그루터기에 걸려 죽는 장면을 본 뒤로 다시 토끼가 걸려들기를 바라며 그 그루터기를 지키고 있으나 토끼는 잡지 못하고 사람들의 비웃음만 샀다. 이를 가리켜 수주대토守株待兔라 한다.『韓非子』「五蠹」참조.『景德傳燈錄』권13「風穴延沼傳」(大51, 304a24), "'옛사람이 건추를 잡거나 불자를 꼿꼿이 세웠던 뜻은 무엇입니까?' '높이 치솟은 봉우리에는 머무는 나그네가 없다.' '그 뜻이 무엇인지 모르겠습니다.' '그루터기를 지키는 사람은 아니니라.'(問, '古人拈槌堅拂, 意旨如何?' 師曰, '孤峯無宿客.' 僧曰, '未審意旨如何?' 師曰, '不是守株人.')";『洞山語錄』「新豐吟」(大47, 515c11), "맑은 바람 부는 달빛 아래서 그루터기를 지키는 사람이여! 재빨리 달리는 토끼는 점차로 멀어지고 봄풀은 파릇하구나.(清風月下守株人! 涼兔漸遙春草綠.)"
15 한편은 전혀 모르는 사람(擔板漢) : 본서 1칙 주 67, 639칙 본칙과 본칙 설화 참조.

現前, 偏正回互始得.

백장百丈의 문답

『백장광어百丈廣語』에는 다음과 같이 전한다. "어떤 학인이 이 공안을 제기하고 물었다. '이 뜻은 어떤 것입니까?' '겁劫이란 막힌다 또는 머문다는 뜻이기도 하다. 한 가지 선善에 머물면 열 가지 선에 막히게 된다. 인도에서는 불佛이라 하고 중국에서는 각覺이라 한역한다. 자기가 본래 갖추고 있는 각성覺性(鑑覺)이 선에 막히게 되면 선한 근기를 가진 사람일지라도 불성이 없는 것과 같다. 그러므로「불법이 눈앞에 나타나지 않아 불도를 이루지 못했다.」라고 한 것이다. 악과 접촉하여 악에 머무는 것을 중생각衆生覺이라 하고, 선에 접촉하여 선에 머무는 것을 성문각聲聞覺이라 하며, 선·악이라는 양변 어느 편에도 머물지 않으면서 그렇게 머무름에 의지하지 않는 방식을 옳다고 여기는 것은 이승각二乘覺 또는 벽지불각辟支佛覺이라 한다. 선·악이라는 양변에 머물지 않을 뿐만 아니라 머무름에 의지하지 않는다는 분별까지도 일으키지 않는 것을 보살각菩薩覺이라 하고, 머무름에 의지하지 않을 뿐만 아니라 머무름에 의지하지 않는다는 분별조차도 일으키지 않아야 비로소 불각佛覺이라 한다. 마치「부처로서 부처에 머물지 않는 것을 참된 복전福田이라 한다.」라고 한 말과 같은 뜻이다.'"

百丈廣語, "僧擧此話問, '此意如何?' 師云, '劫者, 滯也, 亦云住也. 住一善, 滯於十善. 西國云佛, 此土云覺. 自己鑑覺, 滯着於善, 善根人無佛性, 故云,「佛法不現前, 不得成佛道.」觸惡住惡, 名衆生覺 ; 觸善住善, 名聲聞覺 ; 不住善惡二邊, 不依住將爲是者, 名二乘覺, 亦名辟支佛覺 ; 既不住善惡二邊, 亦不作不依住知解, 名菩薩覺 ; 既不依住, 亦不作無依住知解始得, 名爲佛覺. 如云,「佛不住佛, 名眞福田.」'"

> 설화

○ 머무름의 생각이 남아 있는 것을 기준으로 삼으면, 비단 중생각·성문각·이승각뿐만 아니라 보살각일지라도 아직 옳지 않으며 (머무름이 전혀 없는) 불각에 이르러야 옳다는 뜻이다. 불각이란 무엇인가? 불각에도 머물지 않는 경지를 불각이라 한다.

百丈:若有住着,則非但衆生覺·聲聞覺·二乘覺,菩薩覺亦未可,至於佛覺爲可. 佛覺者何? 不住佛覺, 名爲佛覺.

임제臨濟의 문답

임제의 어록에 다음과 같이 전한다. "어떤 학인이 이 공안을 제기하고 물었다. '이 뜻은 어떤 것입니까? 스님의 가르침을 바랍니다.' '대통이란 자기 자신이니, 어느 곳에서나 모든 존재가 본질(性)도 없고 차별된 상相도 없다는 이치에 통달한 것을 대통이라 한다. 지승이란 모든 곳에서 하나의 법도 얻을 수 없다는 도리를 조금도 의심하지 않는 것을 말한다. 불佛이란 마음의 청정한 광명이 법계를 속속들이 꿰뚫고 비추는 것에 붙인 이름이다. 10겁 동안 도량에 앉아 수행하였다는 말은 십바라밀을 가리킨다. 불법이 눈앞에 나타나지 않았다는 말은 부처는 본래 생겨나지 않으며 법도 본래 소멸하지 않거늘 어떻게 다시 눈앞에 나타날 여지가 있겠느냐는 뜻이다. 불도를 이루지 못했다는 말은 부처는 응당 다시 부처가 될 수 없다는 뜻이다. 옛사람은 「부처는 항상 세간에 있지만 세간법에 물들지 않는다.」[16]라고 말하였다.'"[17]

---

16 『如來莊嚴智慧光明入一切佛境界經』권하(大12, 248a3).
17 『臨濟錄』(大47, 502a28).

臨濟廣語, "僧擧此話問, '此意如何? 乞師指示.' 師云, '大通者, 是自己, 於處處, 通達萬法無性無相, 名爲大通. 智勝者, 於一切處, 不疑不得一法, 名爲智勝. 佛者, 心淸淨光明, 透徹法界, 得名爲佛. 十劫坐道場者, 十波羅蜜是. 佛法不現前者, 佛本不生, 法本不滅, 云何更有現前? 不得成佛道者, 佛不應更作佛. 古人云,「佛常在世間, 而不染世法.」'"

[설화]

○ 사람마다 자기 자신이 부처이기에 더 이상 닦아서 부처가 될 여지가 없다는 뜻이다. 아래에서 숭혜 선사가 대답한 뜻 또한 임제의 뜻과 같다. 다만 숭혜의 대답 중에 "다만 그대가 이해하지 못했기 때문에 눈앞에 나타나지 않았던 것이다."라고 한 대답은 앞의 말과 조금 다르다.

臨濟: 明人人自己佛, 更無修成分也. 下崇慧答意, 亦臨濟意. 此中"只爲汝不會, 所以成不現." 前語小異.

숭혜崇慧의 문답

어떤 학인이 숭혜 선사에게 물었다. "대통지승불이란 어떤 것입니까?" "광대한 겁의 세월 동안 막힌 적이 없었으니, 이것이 바로 대통지승불이 아니면 무엇이겠는가?" "어떤 이유로 불법이 눈앞에 나타나지 않았습니까?" "다만 그대가 이해하지 못했기 때문에 눈앞에 나타나지 않았던 것이다. 그러나 그대가 만약 이해했더라도 이룰 수 있는 불도는 없다."

僧問崇慧禪師, "如何是大通智勝佛?" 師云, "曠大劫來, 未曾擁滯, 不是大通智勝佛, 是什麼?" 曰, "爲什麼佛法不現前?" 師曰, "只爲汝不會, 所以成不現前. 汝若會去, 亦無佛道可成."

조산 본적曹山本寂의 거

"겁劫이란 막힌다는 말이니, '완전히 이루었다.'고 하며 '번뇌를 끊었다.'라고도 한다. 다만 모든 길의 입구가 단절된 그 상태일 뿐이다. (성불이라는) 근본적인 결과(大果)를 잊지 못하므로 '확고히 지키며 마음을 기울인다.'라고 하며, 이를 가리켜 '순서대로 이해하면서 귀한 것과 천한 것을 구분하지 않는다.'라고 한다."

曹山本寂, 擧此語云, "言劫者, 滯也, 謂之十成, 亦曰斷滲漏也. 秖是十道頭絶矣. 不忘大果, 故云, '守住耽著.' 名爲取次承當, 不分貴賤."

설화

○ 이 말은 본칙 설화에 이미 나와 있다.

曺溪語, 已出話中.

지문 광조智門光祚의 문답

어떤 학인이 물었다. "대통지승불이란 어떤 것입니까?" "말은 두 번 다시 울리는 법이 없다." "10겁 동안 도량에 앉아 수행한다는 말은 무슨 뜻입니까?" "화는 겹쳐 오게 마련이다." "불법이 눈앞에 나타나지 않았다는 것은 어떤 뜻입니까?" "금가루가 비록 귀하기는 하지만." "불도를 이루지 못했다는 것은 무슨 뜻입니까?" "눈 속에 붙으면 안 된다."

智門祚因僧問, "如何是大通智勝佛?" 云, "言無再響." 僧云, "如何是十劫坐道場?" 云, "禍不單行." 僧云, "如何是佛法不現前?" 云, "金屑雖貴." 僧云, "如何是不得成佛道?" 云, "眼裏著不得."

[설화]

○ 말은 두 번 다시 울리는 법이 없다 : 본원인 자기 자신의 본성에 어찌 지승불이 별도로 있겠느냐는 뜻이다.
○ 화는 겹쳐 오게 마련이다 : 대통지승불 자체가 하나의 화이고, 10겁 동안 도량에 앉아 수행한 것이 또 하나의 화라는 말이다.
○ 금가루가 비록 귀하기는 하지만 눈 속에 붙으면 안 된다 : 불법이 눈앞에 나타나고, 게다가 불도를 이루기까지 한다면 이것이 바로 눈 속에 붙은 금가루와 같다.

智門 : 言無再響者, 本源自性, 豈有智勝佛也. 禍不單行者, 大通智勝佛禍, 十劫坐道場, 又禍[1]也. 金屑雖貴云云者, 佛法現前, 又成佛道, 是眼中金屑也.

1) ㉮ '禍'가 병본에는 '貨'로 되어 있다.

지해 본일智海本逸의 상당

이 공안을 제기하고 주장자를 들어 높이 들었다 한 번 내리치고, "이것이 어찌 불법이 아니란 말인가!"라 말한 뒤 또 한 번 내리치고, "바로 여기서 어찌 불법이 눈앞에 나타나지 않을 것인가! 불법이 눈앞에 나타났다면 불도를 이룬 것인가?"라 하고, 잠깐 침묵하다가 말하였다. "불도를 이루었거나 불도를 이루지 못하였거나 쇠망치로 때려도 부수어지지 않는다. 우습구나, 번뇌에 얽혀 넘어진 영운靈雲이여![18] '어리석은 상태로 달마

---

18 복숭아꽃을 보고 깨달은 영운 지근靈雲志勤을 가리킨다. 『景德傳燈錄』 권11 「靈雲志勤傳」(大51, 285a23), "영운이 위산潙山 문하에 있을 때 도화를 보고 도를 깨달은 뒤 다음과 같은 게송을 지었다. '30년간 칼 찾아 돌아다니던 나그네, 잎 지고 새 가지 돋았던 세월 얼마였던가! 복숭아꽃 한 번 보고 깨우친 뒤로, 지금에 이르기까지 더 이상 의심이 남아 있지 않다네.'(初在潙山, 因桃華悟道, 有偈曰, '三十年來尋劍客, 幾回落葉又抽枝? 自從一見桃華後, 直至如今更不疑.')"

를 만났었구나.'19라고 말하다니."20 한 소리 크게 내지르며 다시 주장자를 높이 들어 내리쳤다.

智海逸上堂, 擧此話, 乃拈拄杖卓一下云, "者个豈不是佛法!" 又卓一下云, "在者裏, 安得不現前! 佛法旣現前, 還得成道麼?" 良久云, "成道不成道, 金椎打不破. 堪笑, 靈雲繚倒! 剛道迷逢達磨."¹⁾ 喝一喝, 復卓一下.

1) ㉠ '磨'가 갑본에는 '麽'로 되어 있다.

[설화]

○ 불도를 이루었거나 불도를 이루지 못했거나 그 하나하나가 불법의 분명한 뜻이다. 곧 어리석은 상태로는 달마를 만나도 쓸모없으니, 이 하나의 할喝이 전하는 소식을 반드시 알아야 한다는 말이다. 앞뒤로 주장자를 높이 들었다 내리친 것과 한 번의 할은 같은 것인가, 다른 것인

19 어리석은 상태로 달마를 만나서 그의 탁월한 면모를 모르고 지나친다는 말. 아직 본분의 소식을 깨닫지 못한 상태에서는 달마와 같은 종사를 만나더라도 그 뜻을 알아차리지 못한다는 말이다. 복숭아꽃을 보고 깨닫기 이전에는 어떤 현상과 마주쳐도 아무런 계기도 맞지 못했다는 뜻이다. 『雪峰語錄』(卍119, 950a3), "'저의 눈은 본래 바른데 스승 때문에 잘못된다면 어떻게 합니까?' '어리석은 상태로 달마를 만났구나.' '저의 눈은 어디에 있습니까?' '도를 얻었다면 스승을 맹목적으로 따르지 않는다.'(問, '我眼本正, 因師故邪時如何?' 師云, '迷逢達磨.' 進云, '我眼何在?' 師云, '得不從師.')"; 『雲門廣錄』 古尊宿語錄 17(卍118, 374a4), "대중에게 '얕게 들으면 깊게 깨닫고, 깊게 들으면 깨닫지 못한다.'라 말하고, 대신 응답하였다. '아직 깨닫지 못한 상태에서 달마를 만났구나.'(示衆云, '淺聞卽深悟, 深聞卽不悟.' 代云, '迷逢達磨.')" 설봉의 답변에서 '迷'와 '得'이 대칭한다.
20 마지막 구절은 설두 중현雪竇重顯의 다음 말과 흡사하다. 『雪竇語錄』 권2(大47, 679c28), "법좌에 올라앉아 말하였다. '하나라고도 결정하지 못하고 두 가지라 해도 안 된다. 상하와 사유 전체를 봄바람이 감싸 안으니 복숭아꽃과 살구꽃이 다투어 피고, 버드나무 가지와 뽕나무 가지는 성급하게 잎을 터뜨린다. 애처롭다, 옛날의 영운 선사여! 고집스레 「어리석은 상태로 달마를 만났다.」라고 말하다니.' 주장자를 집어 들고서 말하였다. '영운의 콧구멍을 여기에 꿰었다.'(上堂云, '一不定, 二不可. 上下四維, 春風包裹, 桃華杏華鬪開, 柳條桑條憋破. 可憐, 昔日靈雲! 剛道「迷逢達磨.」' 師拈起拄杖云, '靈雲鼻孔穿了也.')"

가? 여기서 불도를 이루었다는 말은 금시今時를 가리키고, 불도를 이루지 못했다는 말은 본분本分을 나타낸다.

智海：成道不成道, 一一端的, 則迷逢達摩,¹⁾ 亦剩法, 須識取這一喝始得. 前後卓一下, 與一喝, 是同是別? 此中成道卽今時, 不成道卽本分也.

---

1) ㉘ '摩'가 병본에는 '磨'로 되어 있다.

41칙 열반사문 涅槃四聞

본칙 『열반경』의 말씀이다. "들리는 것을 듣지 않고, 들리지 않는 것을 들으며, 들리는 것을 듣고, 들리지 않는 것을 듣지 않는다."

涅槃經云, "聞不聞, 不聞聞, 聞聞, 不聞不聞."

설화

● 『종경록』에 이렇게 전한다.[1] "부처님의 근본적 깨달음에 따르면 네 종류의 듣는 작용이 있다. 첫째는 들리지 않는 것을 듣고(不聞聞), 둘째는 들리지 않는 것을 듣지 않으며(不聞不聞), 셋째는 들리는 것을 듣지 않고(聞不聞), 넷째는 들리는 것을 듣는다(聞聞). 천태天台는 이것을 다음과 같이 해석한다.[2] '처음 불도에 들어가 도를 깨달은 다음 도 닦는 일을 홀연히 버리면 가질 만한 대상이 없게 되니 이를 듣지 않는다고 한다. 진실하고 밝은 마음이 막힘없이 트여 비추지 못할 대상이 없으면 곧바로 들리는 경계에 놓이게 되므로 이를 들리지 않는 것을 듣는다(不聞聞)고 한다. 깨달음이 이와 같으면 대열반의 즐거움에 든다는 상相도 없게 되므로 들리지 않는 것을 듣지 않는다(不聞不聞)고 한다. 깨달음이 일어나면 미혹이 소멸하므로 들리는 것을 듣지 않는다(聞不聞)고 한다. 고요하지만 항상 비추고 두드리는 소리에 따라 적절하게 응하므로 들리는 것을 듣는다(聞聞)고 한다. 첫째 구절은 지혜를 깨닫는 것이고, 둘째 구절은 이치를 증득하는 것이며, 셋째 구절은 미혹이 단절된 경계를 깨닫는 것이고, 네 번째 구절은 대상에 응하는 경계를 깨닫는 것이다. 이

---

1 『宗鏡錄』 권65(大48, 780b5).
2 천태 지의天台智顗의 제자 장안 관정章安灌頂의 설이다. 『大般涅槃經疏』 권20(大38, 156c5)의 단락을 『宗鏡錄』에서 인용한 것이다.

치(理)가 되었건 현상(事)이 되었건 지혜로 자아와 타자의 차별을 끊고, 처음의 지혜로 얻은 깨달음에 모두 갖추어져 전혀 결함이 없다. 이 하나의 미묘한 깨달음이 넓고 깊은 바다와 같은 열반의 경지를 모두 드러낸다.'" 또한 천태 덕소天台德韶 국사가 상당법문에서 운운한 말과 같다.

● 무의자의 송[3]

바다와 하늘 맞닿아 확 트인 그곳에 달 둥글고
드넓게 펼쳐진 맑은 물결 은하수처럼 반짝이네
작은 배 이리저리 흔들리지 않을까 저어 마라
배 저어 가는 것은 노 잡은 사람 손에 달렸느니

[四聞] 宗鏡云, "約佛妙證, 有四種聞. 一, 不聞聞 ; 二, 不聞不聞 ; 三, 聞不聞 ; 四, 聞聞. 天台釋云, '初入證道, 修道忽捨,[1] 無所可有, 名不聞. 眞明豁開, 無所不照, 卽是於聞, 故名不聞聞. 證得如是, 大涅槃樂, 無有聞相, 故名不聞不聞. 證起惑滅, 故名聞不聞. 寂而常照, 隨扣卽應, 故名聞聞. 初句證智, 二句證理, 三句證斷, 四句證應. 若理若事, 智斷自他, 於初智證中, 具足無缺, 此一妙證, 盡涅槃海.'" 又韶國師上堂云云. 無衣子頌云,
海天空濶月成輪, 浩浩淸波爛似銀.
莫怪扁舟能左右! 行船由在把梢人.
─────────
1) ㉠『宗鏡錄』에는 '捨'가 '謝'로 되어 있다.

천태 덕소天台德韶 국사의 상당

이 공안을 제기하고 말하였다. "들리지 않는 것을 들으니(不聞聞) 진실에 따라 대상에 감응을 일으키고, 들리는 것을 듣지 않으니(聞不聞) 감응

─────────
3 『眞覺國師語錄』「補遺」(韓6, 48c12).

을 거두어 진실로 돌아가며, 들리는 것을 들으니(聞聞) 오로지 감응할 뿐이고, 들리지 않는 것을 듣지 않으니(不聞不聞) 법신은 응결된 듯 고요하여 과거도 미래도 현재도 아니요 달라진 적이 없다. 상좌들이여, 이것이 바로 여래께서 『열반경』을 설하는 법회에서 사람들이 도를 깨닫기를 바랐던 점이다. 여러 성인들이 이 방편문方便門을 내려 주면서 네 구절로 핵심을 가려낸⁴ 까닭은 이와 같이 알리기 위한 것이었다. 그렇다면 어떻게 이 것을 헤아려야 할까? 알고자 하는가? '어떤 조짐도 드러나지 않은 경계로 깊은 작용(機)을 거두어들이고, 이미 변화하여 나타난 만상에 그윽한 움직임⁵을 감춘다. 육합六合의 우주 공간을 총괄하여 마음을 거울처럼 맑게 하고, 과거와 미래를 통일하여 하나의 몸을 이룬다.'⁶ 만약 이와 같이 한 다면 숨을 법이 하나도 없고 나타날 법 또한 하나도 없을 것이다. 어떤 이

---

4 네 구절로 핵심을 가려낸(四句料揀) : 보통 사요간四料揀이라 한다. '요간'이란 잘 헤아려 중요한 요점을 분간해 내는 것을 말한다. 임제臨濟의 사요간이 유명하다. 천태 덕소의 것은 일반적으로 소국사사요간韶國師四料簡이라 한다. 『人天眼目』「韶國師四料簡」권4(大48, 324c9)에 제시되어 있고, 『五家宗旨纂要』권하「韶國師四料簡」(卍114, 562a6)에 덕소의 사요간 각 조목에 대하여 삼산 등래三山燈來가 송을 붙였다. "들리는 것을 듣다.【놓아둔다】 삼산 등래의 송, '모든 구멍에서 갖가지 소리를 전하니, 저것도 없고 이것도 없도다. 귀를 열어 두니, 모든 소리가 그 안에 있네.' ; 들리는 것을 듣지 않다.【거두어들인다】 삼산 등래의 송, '원숭이 울고 새 지저귀며, 꽃잎은 떨어지고 물은 흐르네. 옳다는 소리 그르다는 소리, 그 모두가 진실로 돌아감 또한 그러하다.' ; 들리지 않는 것을 듣다.【밝힌다】 삼산 등래의 송, '오래 묵은 소나무 아래 이르렀다가, 다시 깊은 계곡을 따라 지나가네. 섬돌을 헛디뎌 물속에 빠졌지만, 가는 곳마다 대도大道가 넘쳐흐른다.' ; 들리지 않는 것을 듣지 않다.【어두운 대로 둔다】 삼산 등래의 송, '사방이 모두 고요하고, 팔면에 바람 한 점 통하지 않도다. 약간 코 골고 조는 사이에 천지가 늙었고, 잠깐 목침을 베고 자는 찰나에 주공周公의 꿈 꾸었네.'(聞聞.【放】三山來頌云, '萬籟傳聲, 無彼無此, 放開耳門, 都在裏許.' ; 聞不聞.【收】三山來頌云, '猿嘯鳥吟, 落花流水, 是聲非聲, 歸眞亦爾.' ; 不聞聞.【明】三山來頌云, '剛到長松下, 又從幽澗過. 蹉跎泉石裏, 逐處演摩訶.' ; 不聞不聞.【瞎】三山來頌云, '四方咸闃寂, 八面不通風, 小鼾天地老, 一枕夢周公.')"
5 그윽한 움직임(冥運) : 겉으로 보이지는 않지만 모든 변화와 운동의 근저에 있는 힘. 원강元康의 『肇論疏』권하(大45, 199b25)에 따르면 깊은 작용(玄機)과 그윽한 움직임은 모두 성인의 마음(聖人心)이라 한다.
6 『肇論』「涅槃無名論」(大45, 161a12)의 내용이다.

유로 이와 같을까? 숨거나 나타나는 작용은 근원이 같고 범부와 성인도 근원이 동일하여 결코 별도의 이치는 없기 때문이다. 부처님들이 세상에 출현하시어 방편(權)을 열어 진실(實)을 나타내셨지만 궁극적으로 열어 보일 방편이라는 것은 없다. 만일 이와 같이 분명하게 들여다본다면 어느 곳인들 안락한 장소가 아니겠는가? 만일 마음을 아직 밝히지 못했다면 설령 대장경의 교설을 모두 외운다고 해도 이익 될 것이 없을 것이며 남들에게 질문 하나라도 받게 되면 대답할 방도가 없어 어쩔 줄 모를 것이다. 이는 바로 뿌리를 밝히지 못하여 보거나 듣는 장애가 무너지지 않은 탓이다. 여러 상좌들이여, 아무리 허虛의 방편이 많아도 약간의 실實만 못하다.[7]"

> 天台韶國師上堂, 擧此話云, "不聞聞, 從眞起應 ; 聞不聞, 攝應還眞 ; 聞聞, 但應 ; 不聞不聞, 法身凝寂, 非去來今, 未嘗有異. 上座, 此是如來涅槃會上, 要人悟道. 諸聖垂箇方便門, 四句料揀, 所以如此告報. 且作麽生商量? 欲要會麽? '戢玄機於未兆, 藏冥運於卽化. 惣六合以鏡心, 一去來以成體.' 若如此去也, 未有一法隱, 亦無一法顯. 何故如此? 隱顯同源, 凡聖同源, 更無別理. 諸佛出世, 開權現實, 畢竟無權可開. 若伊麽明徹去也, 何處不是安樂處? 若也心地未明, 縱念得一大藏敎, 亦無所益, 被人窮詰, 摠不奈何. 只爲根脚未明, 見聞不破. 諸上座, 多虛不如少實."

---

[7] 운문 문언雲門文偃 이후 유행한 말이다. 『景德傳燈錄』 권19 「雲門文偃傳」(大51, 358a5), "만일 입문한 지 얼마 되지 않은 후학들이라면 다만 정신을 바짝 차리고 남들의 말을 부질없이 기억에 담아 두지 말 일이다. 아무리 허虛의 방편이 많아도 약간의 실實만 못하니, 앞으로는 스스로 속일 뿐이리라. 그 이상 무슨 일이 더 남아 있는가? 가까이 와서 물어보라.(若是初心後學, 直須著精神, 莫空記人說. 多虛不如少實, 向後只是自賺. 有什麽事? 近前.)"

> 설화

○ '들리는 것을 듣는다'거나 '들리지 않는 것을 듣지 않는다'는 등의 구절은 공안의 문구와 앞뒤의 차례가 일치하지 않는다.
○ 어떤 조짐도 드러나지 않은 경계로 깊은 작용(機)을 거두어들이고 : 들리는 것을 듣지 않는다는 뜻에 해당한다.
○ 이미 변화하여 나타난 만상에 그윽한 움직임을 감춘다 : 들리지 않는 것을 듣는다는 뜻에 해당한다.
○ 육합六合의 우주 공간을 총괄하여 마음을 거울처럼 맑게 하고 : 들리는 것을 듣는다는 뜻에 해당한다.
○ 과거와 미래를 통일하여 하나의 몸을 이룬다 : 들리지 않는 것을 듣지 않는다고 운운한 뜻에 해당한다.
○ 『종경록』의 해석은 수행자의 실천 과정에 근거한다. 곧 부처님의 근본적 깨달음을 밝힘으로써 수행자의 실천 과정을 보여 준 것이다.

天台 : 聞聞云云, 不聞云云, 與話文先後不同也. 戢玄機於未兆者, 聞不聞也. 藏冥運於卽化者, 不聞聞也. 摠六合以鏡心者, 聞聞也. 一去來以成體者, 不聞不聞也云云. 宗鏡釋, 則依人行李. 明佛妙證, 而示人行李也.

죽암 사규竹庵士珪의 상당[8]

"들리는 것을 듣지 않는다고 하니, 바람도 잠잠한데 방울이 울린다. 들리지 않는 것을 듣는다고 하니, 내 마음이 울린 것일 뿐이다.[9] 들리는 것

---

8 본칙의 네 구절에 대한 착어著語 형식의 해설이다.
9 이상의 두 착어는 부법장 제17조 승가난제僧伽難提와 제18조 가야사야伽耶舍耶 사이의 문답에 나오는 말이다. 『天聖廣燈錄』 권4 「僧伽難提章」(卍135, 624a16), "그때 바람이 불어 구리 방울이 울리자 존자가 물었다. '방울이 울렸느냐, 바람이 울렸느냐?' 가야사야가 대답하였다. '바람도 잠잠한데 방울이 울리니, 내 마음이 울린 것일 뿐입니다.' '바람도 잠잠한데 방울이 울렸다면 내 마음은 누가 그렇게 울렸느냐?' '두 가지 모두 고

을 듣는다고 하니, 외로운 원숭이의 울부짖음이 바위에 어린 달빛에 떨어지고,[10] 들리지 않는 것을 듣지 않는다고 하니 혼자의 책 읽는 소리가 한밤의 희미한 등불에 남아 있구나. 여러분은 잘 알겠는가? 이러한 경계와 이러한 순간에 누가 그 뜻을 알리오? 흰 구름 깊이 덮인 곳에 앉아 있는 선승이라네." 불자로 선상을 쳤다.

竹庵珪上堂云, "聞不聞, 非風鈴鳴; 不聞聞, 我心鳴耳; 聞聞, 孤猨叫落中崙月; 不聞不聞, 野客吟殘半夜燈. 諸人還委悉麽? 此境此時誰得意? 白雲深處坐禪僧." 以拂子擊禪床.

[설화]

○ 모든 사람이 보고 듣고 느끼고 알지만, 보고 듣고 느끼고 아는 작용에 떨어져 얽매이지 않는 경지를 밝혔다.

明諸人見聞覺知, 不落見聞覺知也.

요하기 때문에 삼매가 아닙니다.' '훌륭하다, 나의 후사를 이을 자가 그대 아니면 누구란 말인가?'"(時風吹銅鈴聲, 尊者問曰, '鈴鳴耶, 風鳴耶?' 伽耶曰, '非風鈴鳴, 我心鳴耳.' 尊者曰, '非風鈴鳴, 我心誰爾?' 伽耶曰, '俱寂靜故, 非三昧也.' 尊者曰, '善哉, 繼吾嗣者, 非子而誰?')"

10 이하의 착어는 『宗鏡錄』의 저자 영명 연수永明延壽가 지은 게송의 구절을 착어로 활용하였다. 『釋氏稽古略』 권3(大49, 857a19).

42칙 열반이자 涅槃伊字

본칙 『열반경』의 말씀이다.[1] "나의 교의는 범어 이(伊)(𑖀) 자의 세 점과 같다. 첫 번째는 동쪽에 한 점을 찍어 모든 보살의 눈을 밝게 뜨게 하고, 두 번째는 서쪽에 한 점을 찍어 모든 보살의 목숨을 밝혀 주며, 세 번째는 상방에 한 점을 찍어 모든 보살의 정수리를 밝게 한다."[2]

---

1 실담자 이(𑖀) 자의 둥근 세 점을 비유로 삼아 법신·반야·해탈 등 삼덕三德을 밝힌 『大般涅槃經』에 근거하여 암두 전활巖頭全豁이 제기한 화제를 인용한 것이다. 경전의 내용은 다음과 같다. 40권본 『大般涅槃經』 권2(大12, 376c6), "비유하자면 대지와 여러 산의 약초가 중생에게 쓰이는 것과 같이, 나의 법 또한 그러하니 묘하고 좋은 감로의 법미를 내어 중생이 앓는 갖가지 번뇌라는 병을 제거하는 좋은 약이 된다. 나는 이제 일체중생과 나의 자식과 같은 사부대중을 모두 비밀장祕密藏 가운데 머물게 할 것이며, 나 또한 이 가운데 머물며 열반에 들 것이다. 어떤 것들을 비밀장이라고 하는가? 마치 이 伊라는 글자의 세 점과 같다. 세 점이 가로로 나란히 찍혀 있어도 이伊 자가 성립하지 않으며 세로로 찍혀 있어도 이伊 자가 성립하지 않는다. 마치 마혜수라 얼굴의 세 눈과 같아야 이伊라는 글자의 세 점이 성립된다. 점들이 따로 있어도 성립할 수 없으니 나의 법 또한 이와 같다. 해탈의 법도 열반이 아니고 여래의 몸도 열반이 아니며 마하반야 또한 열반이 아니며 세 가지 법이 각각 따로 있어도 열반이 아니다. 나는 이제 이와 같은 세 가지 법에 안주하며 중생을 가르칠 것이다. 그러므로 열반에 드는 경지는 세간의 이 伊 자와 같다고 한다.(譬如大地諸山藥草爲衆生用, 我法亦爾, 出生妙善甘露法味, 而爲衆生種種煩惱病之良藥. 我今當令一切衆生, 及以我子四部之衆, 悉皆安住祕密藏中, 我亦復當安住是中, 入於涅槃. 何等名爲祕密之藏? 猶如伊字三點. 若竝則不成伊, 縱亦不成. 如摩醯首羅面上三目, 乃得成伊三點. 若別亦不得成, 我亦如是. 解脫之法, 亦非涅槃 ; 如來之身, 亦非涅槃 ; 摩訶般若, 亦非涅槃 ; 三法各異, 亦非涅槃. 我今安住如是三法, 爲衆生, 故名入涅槃, 如世伊字.)"

2 주 1에서 밝혔듯이 암두 전활의 상당법어를 인용한 것이다. 암두의 법어 전문은 다음과 같다. 『景德傳燈錄』 권16 「巖頭全豁傳」(大51, 326b18), "암두가 어느 날 법좌에 올라앉아 대중들에게 말하였다. '내가 『열반경』을 칠팔 년 궁구해 보고 세 단의 문장을 가려내니, 납승들의 설화와 유사하다.' 다시 말하였다. '쉬고 쉬어라.' 언젠가 어떤 학인이 나와서 절하고 암두에게 (세 단의 문장에 대해) 들어 줄 것을 청하자 암두가 말하였다. '나의 교의는 마치 범어 이伊 자의 세 점과 같다. 첫 번째는 동쪽에 한 점을 찍어 모든 보살의 눈을 밝혀 주고, 두 번째는 서쪽에 한 점을 찍어 모든 보살의 목숨을 밝혀 주며, 세 번째는 상방에 한 점을 찍어 모든 보살의 정수리를 밝게 한다. 이것이 제1단의 뜻이다.' 다시 말하였다. '나의 교의는 마치 마혜수라가 얼굴을 활짝 열고 제3의 눈을 치켜뜨는 것과 같다. 이는 제2단의 뜻이다.' 또 말하였다. '나의 교의는 마치 도독고와 같아서 한 번

涅槃經云, "吾敎意, 如伊字三點. 第一, 向東方下一點, 點開諸菩薩眼 ; 第二, 向西方下一點, 點諸菩薩命根 ; 第三, 向上方下一點, 點諸菩薩頂門."

> [설화]

- 암두가 "내가 20년 동안 『열반경』을 분석하여 궁구한 끝에 세 종류의 이치를 얻었는데, 그것이 납승들의 설화[3]와 대단히 흡사했다."라고 한 뒤 이 세 가지 말을 제기하였다.
- 첫 번째는 동쪽에~모든 보살의 정수리를 밝게 한다 : 이 부분의 42글자는 경문經文이 아니라 경문에 대한 암두 자신의 생각을 서술한 것이다.
- '이伊'라는 글자 : 지원智圓 법사[4]의 『곡향초谷響抄』[5]에 이렇게 전한다. "범어 이伊 자는 신역본과 구역본에 달리 나온다. 구역본에는 가로와 세로가 단절되어 서로 떨어져 있지만(∴),[6] 신역본에서는 그렇지 않으니 모양이 한자 '하下'의 초서체[7]와 비슷하다(ᚨ)." 또 『청량연의초淸凉演義鈔』에는 다음과 같이 말한다. "어떤 이는 '품品 자와 같다(∴)'고 하고

울릴 때마다 먼 곳이건 가까운 곳이건 그 소리를 듣는 자는 모두 죽는다 또는 함께 죽는다고 한다. 이는 제3단의 뜻이다.'(師一日上堂, 謂諸徒曰, '吾嘗究涅槃經七八年, 覩三兩段文, 似衲僧說話.' 又曰, '休休.' 時有一僧出禮拜, 請師擧, 師曰, '吾敎意, 如伊字三點. 一向東方下一點, 點開諸菩薩眼 ; 第二向西方下一點, 點諸菩薩命根 ; 第三向上方下一點, 點諸菩薩頂. 此是第一段義.' 又曰, '吾敎意, 如摩醯首羅, 劈開面門, 竪亞一隻眼. 此是第二段義.' 又曰, '吾敎意, 猶如塗毒鼓, 擊一聲, 遠近聞者皆喪, 亦云俱死. 此是第三段義.')" 여기에서 제1단은 본서 42칙, 제2단은 43칙, 제3단은 44칙의 본칙에 각각 해당한다.

3 설화說話 : 경전이나 어록에서 불조佛祖가 제기한 모든 인연을 조사선의 안목에서 해설하는 방식.
4 지원智圓 법사 : 송나라 때 승려인 고산 법혜孤山法慧(?~1022)를 말한다. 지원은 법사의 휘諱이다. 천태종에 속하며, 『楞嚴經』 등 10경經을 주석하였다.
5 『곡향초谷響抄』 : 지원 법사의 『楞嚴經』 주석서로 10권이다. 이伊 자와 관련된 『谷響抄』의 내용은 『楞嚴經集註』 권4(卍17, 208a17)와 『楞嚴經集解熏聞記』 권3(卍17, 603b1)에서 확인할 수 있다.
6 『大般涅槃經疏』 권6(大38, 69b6), "舊伊, 橫竪斷絶相離."
7 한자 '하下'의 초서체 : 위의 한 점과 아래 두 점이 모두 하나의 선으로 연결된 글씨 모양 (ᚨ)이다.

어떤 이는 '품 자를 뒤집어 놓은 것과 같다(∴)'고 하는데, 후자의 뜻이 옳다. 범어 이伊 자 중 두 점이 위에 있는 모양이 천인(마혜수라)의 눈(天目)을 비유한다면 두 눈이 하나의 눈 위에 있는 것은 옳지 않다. 여래는 사람들이 이처럼 잘못 이해할까 염려하였기에 천목으로 뒤집어 바꿔 비유(轉喩 : metalepsis)하여 하나의 점과 두 개의 점을 위나 아래로 위치를 확정해서는 안 되며, 다만 가로로 치우쳐서도 세로로 치우쳐서도 안 되며 아울러 있어도 떨어져 있어도 안 된다는 뜻만을 취한 것이다. 만약 하나의 점과 두 개의 점이 위와 아래에 붙는 위치를 확정하여 말한다면 이치에 맞지 않을 뿐만 아니라 원만하고 미묘하게 어울리는 뜻도 얻을 수 없고, 두 가지 비유가 저절로 서로 어긋나게 될 것이다."[8]라고 하였다. 곧 경전의 의미를 취한다면 品 자를 뒤집어 놓은 형태가 옳지만, 본칙에서 '상방에 한 점을 찍는다.'고 한 말로 본다면 하下 자의 초서체 형태가 옳다고 여긴 것이다.

[伊字] 巖頭云, "吾二十年披究涅槃經, 有三段義, 頗似衲僧說話." 遂擧此三話. 第一向東方下一點云云, 四十二字, 非經文, 巖頭述意也. 伊字者, 智圓法師谷響抄云, "西域伊字, 有新舊本. 舊則縱橫, 新則不爾, 狀似此方草書下字." 淸涼演義鈔, "有云, '如品字.' 有云, '如倒品字.' 以後意爲正. 西天伊字二點居上, 天目之喩, 不可二目在一目之上. 如來恐人誤作此解, 故以天目轉喩, 不得定一二上下, 但取不可縱橫及並別耳. 若定說言一二上下, 非唯義理, 不得圓妙, 致令二喩, 自互相違也." 則以經義取之, 如倒品字爲正也, 今云, '上方下一點', 則草書下字爲正.

● 첫 번째는 동쪽에~모든 보살의 정수리를 밝게 한다 : 『심부주心賦註』에

---

[8] 『華嚴經大疏鈔』 권80(大36, 632a1~632a9)의 내용을 발췌 인용하였다.

"동쪽에 찍은 한 점은 법신이니 법신은 덕이 쌓여 있다는 뜻이고, 서쪽에 찍은 한 점은 반야이니 반야는 잘못된 견해를 끊는 덕이라는 뜻이며, 상방에 찍은 한 점은 해탈이니 해탈은 양변에서 벗어나 막히지 않는다는 뜻이다."[9]라고 하였는데, 이와 같이 짝을 지어 본 것인가? 교학에는 자성(性)과 수행(修)이라는 두 가지 문이 있는데 첫째는 자성이요 둘째는 수행이다. 첫째 자성은 법신이고 둘째 수행은 반야이다. 해탈은 법신을 동쪽에 짝지우고 존귀와 비천의 지위를 가리지 않는다. 곧 '동쪽'은 만물의 생장을 주관하니,[10] 가관假觀이고 해탈解脫이며 속제俗諦이다. '모든 보살의 눈을 밝게 뜨게 한다'는 것은 비추는 작용을 눈으로 삼는다는 말이다. '서쪽'은 쌀쌀한 기운으로 죽이는 일을 주관하니,[11] 공관空觀이고 반야이며 진제眞諦이다. '보살의 목숨'이란 공空을 아는 지혜를 목숨으로 삼는다는 말이다. '상방'은 중앙의 방위에 속하며 중관中觀이고 법신이며 중도제中道諦를 나타낸다. '정수리'는 아무도 볼 수 없는 정수리[12]를 가리킨다.

第一向東方, 至頂門者, 心賦註云, "東方[1]一點法身, 法身積聚義故 ; 西方

---

9 세 점을 해탈·법신·반야 등 삼덕三德에 각각 대응시킨 『心賦註』의 말에 대하여 주석을 붙이는 형식으로 되어 있지만 인용 관계가 불분명하다. 『心賦註』 권4(卍111, 126a14), "경전의 문구에서 핵심을 살펴보면 결국 세 점으로 귀착된다. 囝 세 점이란 세간의 ∴라는 글자의 세 점과 같다. 세로로 찍힌 것도 아니고 가로로 찍힌 것도 아니며, 아울러 합해 있지도 않고 별도로 떨어져 있지도 않으니, 곧 해탈·법신·반야를 가리킨다. 법신은 사람마다 반드시 밝은 지혜(靈智)를 가지고 있으므로 반야라고 한다. 만약 반야를 얻으면 모든 것에 대해서 집착이 없어 대상 경계에 속박되지 않으니 이것이 바로 해탈이다.(敎文審的, 終歸三點之中. 三點者, 如世∴字三點. 不縱不橫, 不竝不別, 所謂解脫, 法身, 般若. 夫法身, 卽是人人須有靈智, 故名般若. 若得般若, 則一切處無著, 不爲境縛, 卽是解脫.)"
10 동쪽은 만물이 소생하는 봄의 방위라는 점에 착안한 말이다.
11 서쪽은 시비是非를 관장하며 그릇된 모든 것을 없애는 가을의 방위이다.
12 부처님 팔십종호 중 하나. 살상투(肉髻)로 가려져 정수리가 보이지 않기 때문에 이렇게 말한다. 정상무능견頂上無能見이라고도 한다.

下一點般若, 般若斷德義故 ; 上方下一點解脫, 脫解不滯兩頭故." 如是配
看耶? 敎中有性修二門, 一性二修. 一性法身, 二修般若. 解脫則以法身配
東方, 不辨尊卑, 則東方主生長, 假觀也, 解脫也, 俗諦也. 點諸菩薩眼者,
照了爲眼也. 西方主肅殺, 空觀也, 般若也, 眞諦也. 菩薩命根者, 空慧爲命
根也. 上方, 屬中, 中觀也, 法身也, 中道諦也. 頂門者, 無見頂上也.

1) ㉻ '方' 다음에 '下'가 탈락되었다.

- 그러므로 모든 부처님께서 법을 세울 때 반드시 먼저 진제를 세우고 뒤에 속제를 세우며, 먼저 공空을 세우고 후에 가假를 세우신다. 만약 공과 진제가 없다면 가와 속제는 지혜로 비추어 보는 경계가 아니라 완전히 범부의 허망한 경계에 불과하니, 먼저 가관을 세우는 방식은 모든 부처님께서 법을 세우는 법도가 아니다.
- '밝게 뜨게 한다(點)'는 말은 눈동자를 바꾼다는 뜻이고, 눈이란 법이 공이라는 이치(法空)를 눈으로 삼는다는 뜻이다. 곧 '동쪽에 한 점을 찍어'라고 운운한 말은 가假를 돌려서 공空으로 들어가는 방식을 가리킨다.
- 목숨(命根) : 보살이 세속에 들어갈 때 방편의 지혜와 자비를 목숨으로 삼지 않는 경우가 없다. 곧 '서쪽에 한 점을 찍어'라고 운운한 말은 공空을 돌려서 가假로 들어가는 방식을 가리킨다.
- 상방에 한 점을 찍어~정수리를 밝게 한다 : 공空과 가假를 돌려서 중도中道로 들어가는 방식을 나타낸다.

然諸佛立法, 必先眞而後俗, 先空而後假. 若無空與眞, 假與俗, 不爲智所
照境, 完¹⁾是凡夫妄境, 則先立假觀, 非諸佛立法軌則. 點者, 換却眼睛之
義. 眼者, 法空爲眼. 則向東方下一點云云者, 旋假入空. 命根者, 菩薩入
俗, 無非以方便智悲爲命根. 則向西方下一點云云者, 旋空入假. 向上方下
一點云云者, 旋空假入中道.

1) ㉘ '完'이 병본에는 '宛'으로 되어 있다.

● 그러므로 하나가 공이면 모든 것이 공이니 어떤 가假나 어떤 중中도 공空이 아닌 것이 없고, 하나가 가이면 모든 것이 가이니 어떤 공이나 어떤 중도 가가 아닌 것이 없으며, 하나가 중이면 모든 것이 중이니 어떤 공이나 어떤 가도 중이 아닌 것이 없다.¹³ 또한 다만 법신이라고만 하면 법신이 아니니 법신은 반드시 반야와 해탈을 갖추어야 하고, 다만 반야라고만 하면 반야가 아니니 반야는 반드시 법신과 해탈을 갖추어야 하며, 다만 해탈이라고만 하면 해탈이 아니니 해탈은 반드시 법신과 반야를 갖추어야 한다.¹⁴ 그러므로 가로로 치우치지도 않고 세로로 치우치지도 않으며, 아울러 있지도 않고 떨어져 있지도 않다. 두 점이 아래에 있어도 흐르는 물처럼 세로로 치우치지 않고, 한 점이 위에 있어도 옆으로 퍼지는 불길처럼 가로로 치우치지 않는다. 세 점의 위치가 다르니 아울러 있는 것이 아니고 가는 선으로 서로 이어져 있으니 별도로 떨어져 있는 것이 아니기 때문이다.

然則一空一切空, 無假無中而無¹⁾不空 ; 一假一切假, 無空無中而無²⁾不假 ; 一中一切中, 無空無假而無³⁾不中也. 又直法身非法身, 法身必具般若解脫 ; 直般若非般若, 般若必具法身解說 ; 直解脫非解脫, 解脫必具法身般若. 然則非縱非橫, 非並非別. 二點居下, 非流水之縱 ; 一點在上, 非烈火之橫. 三點不同, 非並 ; 細畫⁴⁾相連, 非別故.

1) ㉖ '無'가 없어야 맞다. 『維摩經文疏』 원문 참조. 2) ㉖ '無'가 없어야 맞다. 『維摩經文疏』 원문 참조. 3) ㉖ '無'가 없어야 맞다. 『維摩經文疏』 원문 참조. 4) ㉖ '畫'은 '劃'과 통용자이다.

13 하나가 공이면~것이 없다 : 천태 지의의 설이다. 『維摩經文疏』 권21(卍28, 232b13).
14 다만 법신이라고만~갖추어야 한다 : 천태 지의의 설이다. 『金光明經玄義』 권하(大39, 9b27), 『宗鏡錄』 권35(大48, 622a14)·권90(大48, 908c18) 등에도 인용되어 있다.

● 『영가집』에 다음과 같이 전한다.[15] "삼제三諦가 하나의 경계이니 법신의 이치가 항상 맑고, 삼지三智가 하나의 마음이니 반야의 광명이 항상 비춘다. 경계와 지혜가 하나로 어울려 합하니 해탈은 근기에 응하여 따르고, 가로로 치우치지도 세로로 치우치지도 않으니 둥글게 위치한 세 점 이伊 자의 흐름이 은근히 하나가 되어 모이는 형상과 같다." 이는 총림의 가장 궁극적인 주장이지만, 암두가 끌어다 공안의 의미로 삼았던 뜻은 아니다. 왜 그런가? 동쪽에 한 점을 찍고 나서 그 방위의 일을 밝히지 않고 불현듯 서쪽의 일을 밝히는 그러한 이치는 결코 없기 때문이며, 서쪽에 한 점을 찍는 것 또한 그와 같다. 이미 동쪽과 서쪽의 점을 서로 의지하여 점 찍고 나서 상방에 점을 찍는 것에 이르러서는 어째서 하방의 일을 밝히지 않고 다만 그 방위의 일만 밝혔던 것일까? 또한 동쪽의 점으로 서쪽의 일을 밝히고 서쪽의 점으로 동쪽의 일을 밝히어 가를 돌려서 공으로 들어가고 공을 돌려서 가로 들어가 짝을 지우고, 상방은 이미 중도에 짝을 지웠다. 또한 한 걸음 물러나 '공과 가를 돌려서 중도로 들어간다.'라고 말하지만 이러한 이치 또한 정해진 일이 없다. 다만 여러 부처님께서 법을 세운 모범적인 법도만 알 뿐 납승의 설화는 모범적인 법도에 얽매이지 않는다는 사실은 몰랐으니, 이것을 가리켜 '언어로 표현하는 형식을 뛰어넘어야 뜻을 얻는다.(越詮得意)'라고 한다.

● 초경招慶이 나산羅山에게 물었다. "암두가 '이렇다고 하면 이렇고, 이렇지 않다고 하면 이렇지 않다.'라고 하였는데, 그 뜻은 어떤 것입니까?" "짝이 되는 두 가지가 모두 밝기도 하고, 또한 두 가지가 모두 어둡기도 하다."[16]

---

15 『禪宗永嘉集』(大48, 391b19).
16 『聯燈會要』 권23 「羅山道閑傳」(卍136, 817b5) 참조. 밝다면 모두 밝고 어둡다면 모두 어두운 이치를 나타낸다. 어느 한편은 밝고 다른 한편은 어둡다면 이伊 자의 세 점처

● 백장은 "밝디밝은 광채가 홀로 빛나며 감각과 대상을 훌쩍 벗어났으니, 진실하고 변함없는 도리가 통째로 드러나 문자에 속박되지 않는다."라고 하였다. 이것이 먼저 작용을 들어 보인 다음에 본체를 들어 보이는 방식이 아니겠는가![17]

永嘉云, "三諦一境, 法身之理, 恒淸 ; 三智一心, 般若之明, 恒照. 境智冥合, 解脫之應隨機 ; 非縱非橫, 圓伊之道玄會." 此爲叢林中極論, 然非巖頭引以爲話之義. 何也? 旣向東方下一點, 不點其方之事, 遽點西方之事, 必無此理, 西方下一點, 亦然. 旣東方西方之點, 交互點却, 及至上方, 因甚不點下方之事, 只點其方之事? 又東方之點, 點西方之事, 西方之點, 點東方之事故, 以旋假入空, 旋空入假, 配之矣, 上方, 則旣以中道, 配之. 還退一步云, '旋空假入中道.' 又無此理. 只知諸佛立法軌則, 不知衲僧說話不存軌則, 此所謂越詮得意也. 招慶問羅山, "巖頭道, '伊麽, 伊麽 ; 不伊麽, 不伊麽.' 意旨如何?" 云, "雙明, 亦雙暗." 百丈云, "靈光獨耀, 至文字."[1] 此非擧用而後擧體耶!

1) ㉠ 원문은 '至'를 써서 생략된 형태를 취하였다. 전문은 다음과 같다. 『景德傳燈錄』권9「古靈神贊傳」(大51, 268a21), "靈光獨耀, 逈脫根塵, 體露眞常, 不拘文字."

장산 찬원蔣山贊元의 거

"나, 천봉[18]이라면 그렇게 말하지 않았을 것이다. 첫 번째는 동쪽에 한 점을 찍어 모든 보살의 눈을 멀게 하고, 두 번째는 서쪽에 한 점을 찍어

럼 하나로 어울리는 평등한 상황이 아니다. 이는 교학에서 일정한 의미로 규정되는 개념에 대한 조사선의 방식을 보인 예이다.
17 작용은 가假와 속俗으로 보고 본체는 공空과 진眞으로 본다면, 위에서 부처님께서 법을 세우는 방식은 반드시 진을 먼저 세우고 가를 뒤에 세운다고 한 말과 순서가 반대가 된다. 이로써 '모범적인 법도'에 얽매이지 않는 조사선의 방식을 드러낸 것이다.
18 천봉天峰 : 장산 찬원 자신을 가리킨다. 『續傳燈錄』권7「蔣山贊元傳」(大51, 507c28) 참조.

모든 보살의 목숨을 잃게 하고, 세 번째는 상방에 한 점을 찍어 모든 보살을 쏜살과 같이 지옥으로 떨어뜨리리라. 대중이여! 이미 명령이 내려졌으니 반드시 시행해야 한다. 나는 하나로 위의 세 가지를 대적하고자 모든 보살의 정수리에 한 점을 찍겠다." 주장자를 높이 세웠다가 한 번 내리쳤다.

蔣山元擧此話云, "天峰卽不然, 第一, 向東方下一點, 瞎了諸菩薩眼 ; 第二, 向西方下一點, 喪了諸菩薩命根 ; 第三, 向上方下一點, 諸菩薩入地獄如箭射. 大衆! 旣有號令, 事須施行. 以一當三, 向諸菩薩頂門上, 下一點去也." 卓拄杖一下.

설화

○ 바른 법령은 마땅히 시행해야 하지만 그 하나하나가 모범적인 법도에 얽매이지 않으니, 어찌 정수리에 붙은 제3의 눈이 아니겠느냐는 뜻이다.

蔣山 : 正令當行, 一一不存軌則, 豈非頂門隻眼也.

43칙 열반마혜 涅槃摩醯

본칙 『열반경』의 말씀이다.[1] "나의 교의는 마치 마혜수라[2]가 얼굴을 활짝 열고 제3의 눈을 치켜뜨는 것과 같다."

涅槃經云, "吾敎意, 如摩醯首羅, 劈開面門, 竪亞一隻眼."

설화

- 『화엄음의華嚴音義』[3]에 다음과 같이 전한다. "마혜수라의 바른 음사는 마혜습벌라摩醯濕伐羅이다. 한역하면 대자재大自在이니, 삼천대천세계[4] 그 어디서나 걸림 없이 자유자재한 경지를 얻었다는 뜻이다."
- 제3의 눈(一隻眼)이란 삼구[5]를 벗어난 한 구절[6]이다.

---

1 본서 42칙과 마찬가지로『大般涅槃經』에 근거하여 암두 전활巖頭全豁이 제기한 법어의 일부를 인용한 것이다. 본서 42칙 주 1, 2 참조.
2 마혜수라摩醯首羅 : Ⓢ Maheśvara, Ⓟ Mahissara. 대자재천大自在天. 본서 8칙 주 15 참조.
3 화엄음의華嚴音義 : 법장法藏(643~712)의 제자 혜원慧苑이 지은『新譯大方廣佛華嚴經音義』를 가리킨다. 보통『華嚴經音義』라고 하며, 고려대장경(32책, No.1064)에 입장되어 있다.『華嚴經音義』권상(高32, 350a8)의 인용이며 글자에 약간의 차이가 있다.『一切經音義』권21(大54, 440c8) 참조.
4 삼천대천세계三千大千世界 : 본서 2칙 주 44 참조.
5 삼구三句 : 본서 1칙 주 61 참조.
6 삼구를 벗어난 한 구절(三句外一句) : 삼구로 정형화된 분별의 틀을 뒤집어엎고 자유롭게 본분을 펼치는 결정적인 한 구절을 가리킨다. 원오 극근圜悟克勤의 다음 법어에 나오는 말이다.『圜悟語錄』권3(大47, 724b4), "첫 번째 구절에서 알아차리면 조사가 목숨을 구걸하고, 두 번째 구절에서 알아차리면 인천人天이 간담이 떨어질 듯 두려워하고, 세 번째 구절에서 알아차리면 호랑이 입속에서도 마음껏 몸을 뒹군다. 길을 따라가며 앞서간 자취를 고수하듯이 법도를 지키는 방법도 옳지 않고, 앞서간 자취를 뜯어고치고 길을 옮기는 시도도 틀리다. 꿰뚫으면 여섯 개의 팔과 세 개의 머리를 지니게 될 것이며(不動明王이나 彌勒菩薩이나 那吒太子 등의 형상), 꿰뚫지 못하더라도 인간과 천상에 태어날 것이다. 생각해 보라! 삼구를 벗어난 한 구절을 어떻게 말해야 할까? 살림살이는 바로 낚싯줄 끝에 달려 있으니, 밝은 달 아래 오호五湖에 조각배 띄우고 낚시질하리라.(第一句下薦得, 祖師乞命 ; 第二句下薦得, 人天膽落 ; 第三句下薦得, 虎口裏橫身. 不

[摩醯] 華嚴音義云, "摩¹⁾醯首羅, 正作摩醯濕伐羅. 此云大自在,²⁾ 於三千大千世界, 得大自在故." 一隻眼者, 三句外一句也.

1) ㉠『華嚴經音義』에는 '摩'가 탈락되어 있다. 2) ㉠『華嚴經音義』에는 이하의 구절이 "謂此天王, 於大千世界中, 得自在故也."라고 되어 있다.

장산 찬원蔣山贊元의 거

이 공안을 제기한 다음 주장자를 꼿꼿이 세우고 말하였다. "이것이 바로 주장자이다. 그렇다면 어떤 것이 눈인가? 잘 살펴보아라! 모든 세계의 유정有情과 비정非情(無情)이 하나같이 주장자 끄트머리에 있는 모습이 마치 아득히 펼쳐진 맑은 하늘에 한 점 구름과 같구나. 여러분, 보았는가? 만일 보았다면 여러분의 눈을 가리게 될 것이고, 만일 보지 못했다면 여러분의 눈 안에 백태가 붙어 있는 탓이다.⁷ 어떻게 해야 옳은가? 산승이 그대들의 눈을 밝혀 주겠노라." 주장자를 세우고 말하였다. "눈을 멀게 해 버렸구나!"⁸

蔣山元擧此話, 乃堅起拄杖云, "這箇是拄杖子, 阿那箇是眼? 看看! 一切世界情與非情, 盡在拄杖頭上, 猶如萬里晴空, 一點雲翳. 諸人, 還見麽? 若也見去, 未免翳了諸人眼;若也不見, 諸人眼裏有翳. 如何卽是? 山僧爲你點却." 卓拄杖云, "瞎了也!"

是循途守轍, 亦非革轍移途. 透得則六臂三頭, 未透亦人間天上. 且道! 三句外一句, 作麼生道? 生涯只在絲綸上, 明月扁舟泛五湖.)"

7 보았다면 본 그것이 눈을 가리는 장애가 되고, 보지 못했다면 보는 눈 자체에 가리는 장애(백태)가 있다. 어떤 해법도 없는 철벽의 경계를 만드는 수법이다.
8 밝혀 주려다가 도리어 멀게 했다는 뜻. 밝혀 준다거나 멀게 했다거나 모두 철벽을 형성하는 선어禪語이다.

설화 9

○ 주장자를 꼿꼿이 세우고~맑은 하늘에 한 점 구름과 같구나 : "인연으로 생겨난 법을 나는 공이라고 설한다."라는 『중론』의 구절에 해당한다.10
○ 여러분, 보았는가~눈을 가리게 될 것이고 : "또한 가명이기도 하다." 라는 구절에 해당한다.
○ 만일 보지 못했다면~백태가 붙어 있는 탓이다 : "또한 중도의 이치이기도 하다."라는 구절에 해당한다.
○ 이상에서 이처럼 삼제三諦 하나하나를 각 부분에 짝지어 놓았다.
○ 주장자를 세우고 말하였다. "눈을 멀게 해 버렸구나!" : 정수리에 붙어 있는 제3의 눈을 멀게 했다는 말이다.

蔣山 : 竪起柱[1]杖, 至一點雲翳者, "因緣所生法, 我說卽是空"也. 諸人還見至諸人眼者, "亦名爲假名"也. 若也不見云云者, "亦名中道義"也. 然則三諦一一安着也. 卓柱杖云瞎了也者, 瞎頂門隻眼了也.

1) ㉾ '柱'가 병본에는 '拄'로 되어 있다. 이하 동일. ㉡ 통용자이므로 이하에서는 교감주를 붙이지 않는다.

---

9 장산 찬원의 법어를 나누어 각 부분을 『中論』의 공空·가假·중中 삼제三諦의 도리에 짝을 맞추어 해설하였다. 『中論』 권4 「觀四諦品」(大30, 33b11), "㉠ 여러 인연으로 생겨난 법을, 나는 무無라 설하니, 이는 또한 가명假名이기도 하고, 또한 중도中道의 이치이기도 하다. ……〈청목靑目의 석釋〉 '여러 인연으로 생겨난 법을 나는 공이라고 설한다.'라고 하였는데, 왜 그런가? 여러 인연이 충분히 갖추어지고 그것들이 화합하여 만물이 생겨나면, 이 만물은 여러 인연에 속하기 때문에 자신의 독립적 본성인 자성自性이 없다. 자성이 없기 때문에 공이며, 공 또한 공이다. 다만 중생을 인도하려는 까닭에 가명으로써 설한 것이다. 유有와 무無라는 양변을 모두 여의기 때문에 중도라고 한다.(衆因緣生法, 我說卽是無, 亦爲是假名, 亦是中道義.……'衆因緣生法, 我說卽是空.' 何以故? 衆緣具足, 和合而物生, 是物屬衆因緣, 故無自性. 無自性故空, 空亦復空. 但爲引導衆生故, 以假名說. 離有無二邊故, 名爲中道.)"
10 위의 주 인용문 참조. 이하도 마찬가지이다.

44칙 열반도독涅槃塗毒[1]

본칙 『열반경』에 "나의 교의는 독 바른 북(塗毒)을 한 번 울릴 때마다 먼 곳이건 가까운 곳이건 그 소리를 듣는 자들은 모두 죽는 것과 같다."[2] 라고 하였다. 암두가 이 공안을 제기했을 때, 소엄 상좌가 "도독고란 어떤 것입니까?"라고 묻자 암두는 두 손으로 무릎을 어루만지고 몸을 구부리면서 말하였다. "한신韓信이 속임수에 빠져 사지死地인 조정에 이른 꼴이다."[3]

---

1 『涅槃經』의 내용을 공안으로 제기하였다. 경전에서 독을 바른 북 곧 도독고塗毒鼓는 번뇌를 죽이는 『涅槃經』 교설의 방편을 가리킨다.
2 경전의 본래 내용은 다음과 같다. 『大般涅槃經』 권9(大12, 661a20), "비유하자면 어떤 사람이 갖가지 독약을 큰 북에 발라 두고 여러 사람들이 있는 곳에서 그 북을 쳐서 소리를 내면 비록 들을 마음이 없이 듣더라도 듣기만 하면 모두 죽는 것과 같다. 그러나 횡사하지 않는 한 부류의 사람은 제외한다. 대승경전인 이 『대반열반경』도 이와 같다. 어느 곳에서나 수행하는 대중들 중에서 이 경전 읽는 소리를 들은 자는 그 마음에 있는 탐욕과 성냄과 어리석음이 소멸하여 남김없이 사라진다. 그들 중에 비록 그 뜻을 생각하고 기억해 둘 마음이 없는 사람이라도 이 대열반의 인연력으로 번뇌를 소멸하여 번뇌의 결박이 저절로 사라지고 사중금四重禁이나 오무간五無間에 떨어질 죄를 범했을지라도 이 경을 다 듣고 나면 무상보리無上菩提를 성취할 인연을 지어 점차로 번뇌를 끊게 될 것이다. 그러나 횡사하지 않는 일천제의 무리는 제외된다.(譬如有人, 以雜毒藥, 用塗大鼓, 於衆人中, 擊令發聲, 雖無心欲聞, 聞之皆死. 唯除一人, 不橫死者, 是大乘典大涅槃經, 亦復如是. 在在處處, 諸行衆中, 有聞聲者, 所有貪欲瞋恚愚癡, 悉皆滅盡. 其中雖有無心思念, 是大涅槃因緣力故, 能滅煩惱, 而結自滅, 犯四重禁, 及五無間, 聞是經已, 亦作無上菩提因緣, 漸斷煩惱. 除不橫死一闡提輩.)"
3 한신韓信이 속임수에~이른 꼴이다(韓信臨朝底) : 토사구팽兔死狗烹의 고사를 남긴 한신의 마지막과 관련된 일에서 나온 말이다. 한고조 유방劉邦의 황후인 여후呂后가 유방이 토벌차 한단邯鄲에 가 있던 때에 한신이 모반을 꾀한다는 소식을 듣고 계략을 써서 한신을 궁궐로 들어오라 하여 참수하였다. '조정에 이르렀다'는 것은 곧 사지死地로 들어섰다는 의미이다. 『祖庭事苑』 권4(卍113, 121b13), "한신이 조정에 이르다 : 한나라 여후는 한신이 모반을 꾀한다는 보고를 받았다. 여후와 소하蕭何 상국은 모략을 써서 한신에게 전하였다. '병이 들었다고는 해도 힘을 내 궁에 들어와 경하하라.' 한신이 조정에 이르자 여후는 무사를 시켜 한신을 포박하고 장락궁長樂宮 종실鍾室에서 참수하였다. 한신이 참수를 당함에 이르러 말하였다. '내가 번쾌樊噲의 말을 들을 필요가 없다고 여기다가 도리어 여자에게 속임을 당하였구나.'(韓信臨朝底 : 漢呂后, 因人告韓信欲反. 后

涅槃經云, "吾教意, 如塗毒鼓擊一聲, 遠近聞者皆喪." 嵒頭, 擧此話時, 有 小嚴上座問, "如何是塗毒鼓?" 師以兩手, 按膝亞身云, "韓信臨朝底."

설화

- 이 공안은 삼승이나 일승으로 아우르지 못하니 반드시 향상하는 길을 알아야 한다는 뜻일까?
- 소엄 상좌가~이른 꼴이다 : 한신이 조정에 이르자 광무廣武[4]가 한신에게 물었다. "장군이라면 어디로 가야 공을 이루겠습니까?" "장군이 조정의 정사에 임하여 천하를 호령하며 우렁차게 한 소리 부르짖으면 그 기개는 대적할 상대가 없는 듯이 대단할 것이니, 제나라로 가도 되고 노나라로 가도 되거늘 어디로 간들 안 될 것이 있겠습니까?"라고 하였다. 곧 동방에 한 점을 찍어도 되고, 서방에 한 점을 찍어도 되며, 상방에 한 점을 찍어도 되고, 마혜수라[5]의 제3의 눈이라도 되니, 그 하나하나가 도독고와 같다[6]는 뜻이다. 『열반경』에 "부처님께서 말씀하시기를

與蕭相國詐謀, 謂信曰, '雖病, 可强入賀.' 信臨朝, 呂后使武士縛信, 斬之長樂鍾室. 信方斬曰, '吾不用噲通, 反爲女子所詐.')"

4 광무廣武 : 초나라와 한나라가 싸울 때 조나라의 모신謀臣이던 이좌거李左車를 가리킨다. 그가 광무군廣武君이라는 벼슬을 받았으므로 이렇게 부른다. 한신과 장이張耳가 조나라를 공격할 때 조나라 권신 성안군成安君 진여陳餘가 광무군의 충고를 듣지 않은 결과 패하였다. 한신은 광무군을 잡아 사사를 받았고, 광무군은 마침내 그에게 책략을 지도하여 연나라와 제나라의 땅을 차지하였다. 『史記』「淮陰侯列傳」참조.

5 마혜수라摩醯首羅 : 본서 8칙 주 15 참조.

6 본칙의 문답 바로 앞에서 암두 전활이 말한 다음의 내용에 기초한 설화이다. 『景德傳燈錄』권16 「巖頭全豁傳」(大51, 326b20), "암두가 말하였다. '나의 교의는 마치 범어 이伊자의 세 점과 같다. 첫 번째는 동방에 한 점을 찍어 모든 보살의 눈을 밝게 뜨도록 하고, 두 번째는 서방에 한 점을 찍어 모든 보살의 목숨의 근원을 밝혀 주며, 세 번째는 상방에 한 점을 찍어 모든 보살의 정수리를 밝게 한다. 이것이 제1단의 뜻이다.' 다시 말하였다. '나의 교의는 마치 마혜수라가 얼굴을 활짝 열고 제3의 눈을 치켜뜨는 것과 같다. 이는 제2단의 뜻이다.' 또 말하였다. '나의 교의는 마치 도독고와 같아서 한 번 울릴 때마다 먼 곳이건 가까운 곳이건 그 소리를 듣는 자는 모두 죽는다. 또는 함께 죽는다고 한다. 이는 제3단의 뜻이다.'(師曰, '吾教意, 如伊字三點. 第一, 向東方下一點, 點開諸菩薩

'마치 훌륭한 의사와 같아서 여러 가지 약을 섞어서 큰 북에 발라 두고 중생이 전투를 할 때 한 번 울리는 순간 먼 곳이건 가까운 곳이건 그 소리를 듣는 자들은 모두 죽는 것과 같다.'고 하셨다."[7]라고 하였다.

[塗毒] 此話, 三一不相攝, 須知向上路耶? 小嚴上座問云云, 韓信臨朝地, 廣武問韓信, "將軍何往而有功?" 韓信曰, "將軍臨朝, 號令天下, 長嘯一聲, 志若無人焉, 適齊也得, 適魯也得, 何往而不可?" 則東方下一點也得, 西方下一點也得, 上方下一點也得, 摩醯首羅一隻眼也得, 一一是塗毒鼓. 涅槃經云, "佛言, '比如良醫, 和合諸藥, 塗其大鼓, 若有衆生, 鬪戰之時, 才擊一聲, 遠近聞者, 皆喪云云.'"

원오 극근圜悟克勤의 송[8] 圜悟勤頌

하늘은 높고 땅은 두꺼우며	天高地厚
물은 드넓고 산은 아득하네	水闊山遙
소하는 처벌할 방도 꾀하고[9]	蕭何制律
한신은 죽음의 조정에 들어갔네	韓信臨朝

眼 ; 第二, 向西方下一點, 點諸菩薩命根 ; 第三, 向上方下一點, 點諸菩薩頂. 此是第一段義.' 又曰, '吾敎意, 如摩醯首羅, 劈開面門, 堅亞一隻眼. 此是第二段義.' 又曰, '吾敎意, 猶如塗毒鼓, 擊一聲, 遠近聞者皆喪, 亦云俱死. 此是第三段義.')" 본서 42칙 주 2 참조.

7 정확히 일치하는 경전의 구절은 없다. 다만 『大般涅槃經』 권5(大12, 394b13)에 따르면, "비유하자면 훌륭한 의사가 여러 가지 약을 화합하여 온갖 병을 잘 치료하는 것과 같다. 해탈 또한 그러하니 그것은 번뇌를 제거할 수 있다. 번뇌를 제거하는 것이 바로 참된 해탈이다.(譬如良醫, 和合諸藥, 善療衆病, 解脫亦爾, 能除煩惱. 除煩惱者, 卽眞解脫.)"라고 하는 단락과 주 2의 내용을 결합하여 변형시킨 것으로 보인다.

8 현상의 차별 그대로 옳기 때문에 번뇌를 없애는 도독고와 같은 방편이 나타나기 이전에 그 진실을 포착해야 한다는 취지의 게송.

9 소하는 처벌할 방도 꾀하고 : 소하蕭何(?~B.C. 193)는 장량張良·한신과 함께 한나라의 삼걸三傑 중 하나. 고조를 도와 천하를 다스리고, 진秦나라의 법을 취사하여 『九章律』을 편찬하였다. 원문 '制律'은 법률을 제정하였다기보다 여후와 함께 한신을 꾀어 죽일 모략을 짰던 일로 보는 것이 타당할 듯하다.

| 독 발라진 북 | 塗毒鼓 |
| 울리기 이전에 알아야 하리 | 未擊已前宜薦取 |

설화

○ 하늘은 높고~조정에 들어갔네 : '이 법이 법의 위치에 머무니 세간의 차별상도 변함없이 머문다.'[10]라는 뜻과 같다. 그렇다면 도독고를 울리는 것과 같은 작용은 도리어 쓸모없는 법이 된다. 그러므로 '도독고가 울리기 이전에 알아야 한다.'라고 한 것이다.

圓悟 : 天高至臨朝者, '是法住法位, 世間相常住'也. 然則如擊塗毒鼓, 反是剩法. 故云, '未擊已前宜薦取.'

---

10 『法華經』「方便品」(大9, 9b10)에 나오는 구절. 하늘과 땅, 물과 산, 소하와 한신이 각각 자신의 차별성을 가지고 서로 다르게 발휘하는 작용 자체에서 법을 실현하고 있다는 말이다.

45칙 원각원각 圓覺圓覺

본칙 『원각경』의 말씀이다.[1] "모든 중생의 갖가지 허깨비와 같은 변화가 모두 여래의 원만하게 깨달은 미묘한 마음(圓覺妙心)에서 나온다."

圓覺經云, "一切衆生種種幻化, 皆生如來圓覺妙心."

설화

- 『규봉소圭峯疏』에서 다음과 같이 주석하였다.[2] "'갖가지(種種)'란 유루법인 오온五蘊·십이처十二處·십팔계十八界 등을 말한다. '모두 ~에서 나온다(皆生)'라고 한 말은 모든 유루법이 본성이 청정하고 진실한 마음에서 나온다는 뜻이니, 진여에 의지하여 허망한 경계가 일어나기[3] 때문이다. '여래如來'라는 말은 이 마음이 비록 성인과 범부가 동일하게 의지하는 근거이지만, 오직 부처님만이 원만하게 증득하였기 때문에 부처님에 한정하여 나타낸 것이다. '원만하게 깨달은(圓覺)'이라는 말은 상相을 벗어났기 때문에 원만(圓)이요, 공허하지 않기 때문에 깨달았다(覺)고 한다. '미묘한 마음(妙心)'이라는 말에서 물들면서도 물들지 않는 경계를 미묘하다(妙)고 하며, 진실하여 신령하게 아는 작용을 마음(心)이라 한다."
- 선禪의 도리로 보자면, 투자投子는 원만하게 깨달은 미묘한 마음에는 앉지도 말고 서지도 말라는 뜻을 전했고, 회당晦堂은 원만하게 깨달은 미묘한 마음 자체를 철저하게 궁구하라는 뜻을 제시하였다.

---

1 『圓覺經』(大17, 914a10).
2 규봉 종밀圭峯宗密(780~840)의 『圓覺經略疏』를 가리킨다. 이하의 인용은 전거와 비교할 때 구절의 순서나 글자에 약간의 차이가 있다. 『圓覺經略疏』 권상1(大39, 537b6).
3 진여에 의지하여~경계가 일어나기(依眞起妄) : 『大乘起信論義記』 권하(大44, 273c29), 『華嚴經探玄記』 권5(大35, 204a21), 『華嚴經疏鈔』 권58(大36, 464c7) 등 참조.

[圓覺] 圭峯疏云, "種種者, 有漏五蘊十二處十八界等. 皆生者, 諸有漏法, 皆從性正[1]眞心而出, 依眞起妄故. 如來者, 此心, 雖凡聖同依, 唯佛圓證故, 約佛標之. 圓覺者, 離相故圓, 非空故覺. 妙心者, 染而不染, 曰妙, 中實神解, 曰心." 禪義者, 投子意, 則圓覺妙心上, 不坐不立, 晦堂意, 則圓覺妙心, 到底也.

1) ㉠ '正'이 『圓覺經略疏』에는 '淨'으로 되어 있다.

투자 의청投子義靑의 거

"산승의 주장자로 말할 것 같으면, 그것(圓覺妙心)으로부터 나오지 않았다. 왜 그런가? 만약 그것으로부터 나왔다면, 어떻게 산승의 손아귀에 있을 수 있겠는가? 존경하는 선수행자들이여! 만약 어디서 나왔는지 안다면 조사와 부처도 여러분의 발꿈치 밑에서 목숨을 구걸하겠지만, 만약 알지 못한다면 산승이 여러분에게 자세히 밝혀 주지 않을 수 없다." 주장자를 던졌다.

投子靑擧此話云, "秪如山僧拄杖子, 且不從彼中生. 何故? 若從彼中生, 爭得在山僧手裏? 諸禪德! 若知生處, 祖佛向諸人脚跟下乞命; 若也不知, 山僧不免與諸人註破." 擲下拄杖.

회당 조심晦堂祖心의 거

"삼세의 모든 부처님도 허깨비요, 대장경의 모든 교설도 허깨비이고, 달마가 서쪽에서 온 것도 허깨비요, 천하의 노화상으로부터 하늘과 땅과 대지 전체 그리고 해와 달과 모든 별들에 이르기까지 모조리 허깨비가 아닌 것은 없다. 그렇다면 미묘한 마음이란 무엇인가?"[4] 잠깐 침묵하다가

4 본칙에서 안팎의 모든 존재가 허깨비와 같이 변화하지만 여래의 미묘한 마음에서 나온

말하였다. "원앙 문양의 자수는 내놓고 마음대로 보도록 하더라도, 황금 자수바늘은 누구에게도 건네주지 마라."⁵

晦堂心學此話云, "三世諸佛是幻, 一大藏敎是幻, 達摩西來是幻, 天下老和尙, 乃至盡乾坤大地, 日月星辰, 無不是幻. 作麽生是妙心?" 良久云, "鴛鴦繡出從敎看, 莫把金針¹⁾度與人."

1) ㉤ '鈝'은 '針'인 듯하다.

다고 하였는데, 이렇게 모든 존재의 근거가 되는 그 미묘한 마음을 화두로 제기하였다.
5 원호문元好問의 〈論詩〉 삼수三首 중 세 번째 시의 두 구절. 황금 바늘은 자수를 놓는 수단으로 비법을 나타낸다. 문제를 제기하면서 그에 대한 결정적인 해답을 보여 주지 않는 수법이 보인다. 『黃龍慧南語錄』(大47, 637a23), 『五祖法演語錄』 권상(大47, 650b17), 『圜悟語錄』 권1(大47, 717c22), 『大慧語錄』 권2(大47, 817b8) 등 참조.

46칙 원각지환圓覺知幻

본칙 『원각경』의 말씀이다.[1] "헛것[2]이라고 아는 순간 그것에서 벗어나게 되니 별도의 수행 방편이 필요치 않고, 헛것에서 벗어난 바로 그 즉시 깨달은 것이니 또한 점차적인 수행 계위가 필요 없다.[3]"

圓覺經云, "知幻卽離, 不作方便, 離幻卽覺, 亦無漸次."

설화
- 『원각경약소圓覺經略疏』에 다음과 같이 푼다.[4] "헛것이라는 것을 알기만 해도 이미 '벗어났다'고 하고, 헛것에서 벗어나게 되면 그것이 바로 원각일 뿐, 이에 이르는 데에 별도의 수행 단계란 없다. 점차로 변화하여 깨닫는다는 것은 마치 어떤 사람이 꿈속에서 몸에 종기가 난 모습을 보고는 의원을 찾아가 약을 구하다가 잠에서 깨어나고서야 꿈이었다고 아는 것과 같으니, 더 이상 무슨 방편을 지어내고자 할 것인가! 만일 방편에 기대어 수행하면서 점차로 벗어나는 것이 진실한 법이라고 한다면 무엇 때문에 환화幻化라 하였겠는가! 진실로 있는 것이라고 집착

---

1 『圓覺經』(大17, 914a20).
2 헛것(幻) : 존재하는 모든 것은 그 자체가 공空이어서 독립적 실체나 자성自性을 갖고 있지 않으며 임시로 이루어진 것(假有)이라는 뜻을 내포한다. 환화幻化·변환變幻 등과도 통한다. 본서 45칙 본칙에서 '허깨비'라 번역한 말과 여기서 '헛것'이라 한 말은 동일하다.
3 점차적인 수행~필요 없다 : 부처가 되기 위한 방편으로서 또는 깨달음을 얻기 위해 차례대로 밟아 올라갈 수행 계위(漸次階位)가 필요 없다는 말. 이 경의 다음 단락에도 그 뜻이 드러난다. 『圓覺經』(大17, 913c3), "여래가 수행 과정(因地)에서 원각圓覺을 닦았다는 말은 그것이 허공에 핀 헛꽃인 줄을 알았기 때문에 생사윤회가 없고, 또한 그 생사윤회에서 받는 마음과 몸도 없다는 뜻이다. 억지로 없애서 그러한 것이 아니라 본성 그대로 없기 때문이다.(如來因地修圓覺者, 知是空花, 卽無輪轉, 亦無身心受彼生死, 非作故無, 本性無故.)"
4 규봉 종밀의 『圓覺經略疏』 권상2(大39, 538c28~539a3).

하면 도리어 망령된 분별이 되고 마니, 이를 어떻게 수행이라 할 수 있겠는가!"

- 선禪의 이치로 보자면 어떻게 이해할 것인가? 이 경전의 말 그대로(卽) 이해한다면 노 젓기를 멈추고 닻줄도 붙들어 매어 배를 항구에 정박하는 격이요, 이 말에서 완전히 벗어나(離) 이해한다면 보림본으로부터 '참된 지혜가 없는 사람'이라는 말을 듣지 않을 수 없을 것이다.[5]

[知幻] 疏云, "但能知之是幻, 已名爲離, 但得離幻, 卽是圓覺, 更無階級. 漸變爲覺, 如人夢見身瘡, 問醫求藥, 覺來旣知是夢, 更欲作何方便! 若待方便, 修之漸離, 卽是實法, 何名幻化! 若執實有, 還是妄計, 何名修行!" 只如禪義, 作麼生會? 若卽此話會, 停橈把纜, 且向灣裏泊船; 若離此話會, 未免被寶林本喚作無智人也.[1]

1) ㉮ '也'가 병본에는 없다.

황룡 사심黃龍死心의 거

"석가노자께서 천 개 만 개의 헤아릴 수 없이 많은 문을 한꺼번에 열어젖혔다. 영리한 사람이라면 제기한 말을 듣자마자 떨치고 일어나 곧바로 떠날 것이다. 만일 머뭇거린다면 그대는 서쪽의 진秦나라로 향하고 나는 동쪽의 노나라로 가 버리는 꼴이 되리라.[6]"

---

5 그대로 따르는 방식(卽)과 완전히 벗어나는 방식(離)을 모두 부정하여 화두를 설정하는 전형이다. 본서 14칙 주 6, 181칙 본칙 주석, 165칙 본칙 설화의 '卽과 離' 부분 참조.
6 서로 반대 방향으로 가기 때문에 만날 일이 전혀 없을 것이라는 뜻. 당나라 때 시인 정곡鄭谷이 지은 칠언절구 이별시〈淮上與友人別〉의 제4구 "그대는 소상으로 나는 진 땅으로 향하네.(君向瀟湘我向秦)"라는 구절과 통한다.『碧巖錄』82則「本則 評唱」(大48, 208b18), "저 학인이 대룡에게 '색신은 부서져 없어지니 무엇이 견고한 법신입니까?'라는 물음에 대룡은 '산에 핀 꽃은 마치 비단을 펼쳐 놓은 듯하고 시냇물은 쪽빛처럼 맑다.'고 하였다. 이는 상대는 서쪽 진나라로 향하고 자신은 동쪽 노나라로 가는 것과 같아 서로 일치점이 없다. 그가 그렇게 하더라도 나는 그렇게 하지 않는다는 뜻이니 저 운

黃龍心擧此話云, "釋迦老子, 千門萬戶, 一時擊開. 靈利漢, 纔聞擧著, 撩起便行. 更若踟躕, 君向西秦, 我之東魯."

(설화)

○ 세존께서 그렇게 전한 바로 그 말씀에 본래부터 골고루 다 갖추고 있다는 뜻이다.

黃龍: 世尊伊麽道處, 本自具足.

보림본寶林本**의 상당**

이 공안을 제기하고 나서 곧바로 주장자를 잡고 말하였다. "주장자가 부처도 되고 조사도 된다. 그대들은 보았는가? 지혜가 없는 사람 앞에서는 말하지 마라!⁷ 그대의 머리를 쳐부수어 산산조각 찢어 버릴 것이다."

寶林本上堂, 擧此話, 驀拈拄杖云, "拄杖子, 成佛作祖去也. 諸人還見麽? 無智人前莫說! 打你頭破百裂."

문과의 견해는 갑절로 상반된다. 저편에서 그렇게 한 까닭은 그래도 알아차리기 쉬우나 이편에서 그렇게 하지 않은 까닭은 도리어 알기 어렵다.(這僧問大龍, '色身敗壞, 如何是堅固法身?' 大龍云, '山花開似錦, 澗水湛如藍.' 一如君向西秦我之東魯. 他旣恁麽行, 我却不恁麽行, 與他雲門, 一倍相返. 那箇恁麽行却易見, 這箇却不恁麽行却難見.)

7 본분本分에 대하여 알지 못하는 사람은 던져 준 그 말에 그대로 예속될 뿐이기 때문에 함부로 말하지 말라는 뜻이다. 『法華經』 권2 「譬喩品」(大9, 16a8), "이 경을 비방하는 자는 그 죄과로 말하자면 겁이 다하도록 하여도 부족하다. 이러한 인연으로 내 그대에게 말하는 것이니 어리석은 이에게는 이 경을 설하지 마라.(謗斯經者, 若說其罪, 窮劫不盡. 以是因緣, 我故語汝, 無智人中, 莫說此經.)"; 『雲門廣錄』 권중(大47, 554c5), "운문이 어느 때인가 주장자로 화로를 한 번 치자 대중들이 영문을 몰라 눈을 두리번거렸다. 이에 운문이 말하였다. '화로가 삼십삼천으로 뛰어올라 갔다. 보았는가? 보았는가?' 대중들의 응답이 없자 운문이 말하였다. '지혜가 없는 사람 앞에서는 말하지 마라! 그대의 머리를 쳐부수어 산산조각 찢어 버릴 것이다.'(師有時, 以拄杖, 打火鑪一下, 大衆, 眼目定動. 師乃云, '火鑪勃跳上三十三天. 見麽? 見麽?' 衆無語. 師云, '無智人前莫說! 打爾頭破百裂.')"

47칙 원각일체圓覺一切

본칙 『원각경』의 말씀이다.[1] "머물러 있는 그 어떤 순간에도 망념을 일으키지 말고, 갖가지 망심을 없애 버리려고 하지도 마라. 망상의 경계에 머무르되 분별을 덧붙이지 말고,[2] 분별이 없는 상태를 진실(열반)이라고 헤아리지도 마라."

> 圓覺經云, "居一切時, 不起妄念, 於諸妄心, 亦不息滅. 住妄想境, 不加了知, 於無了知, 不辨眞實."

설화

- 규봉 종밀圭峯宗密의 소에서는 다음과 같이 푼다.[3] "증득의 지위에 대한 단계적 차별을 나타낸 단락으로 문구의 내용은 둘로 갈라진다. 첫 번째는 각각의 지위에 의지하여 점차적으로 증득하는 방법(依位漸證)을 밝혔고, 두 번째는 마음을 잊고 곧바로 증득하는 방법(忘心頓證)에 대해서 밝혔다. 첫 번째에는 네 가지 단계적 지위가 있다. 첫째 신위信位, 둘째 현위賢位, 셋째 성위聖位, 넷째 과위果位이다. 이는 중생이 미혹된 상태에서 본래의 깨달음으로 돌아가는 네 가지 점차적 계위[4]에 의탁하여

---

[1] 『圓覺經』(大17, 917b9).
[2] 이 구절은 『圓覺經類解』 권3(卍15, 867a11)의 다음 주석을 참고하였다. "분별을 덧붙이지 말라는 것은 이러한 뜻이다. 이렇게 가거나 머물거나 앉았거나 누웠거나, 옷을 입거나 밥을 먹거나, 이 모든 망상의 경계가 모조리 원만한 깨달음의 미묘한 경계이기에 더 이상 '분별'할 수 없다. 이는 축생·아귀·지옥·인·천으로 생멸하며 생사를 반복하는 범부의 경계이다.(不加了知者, 此行住坐臥, 著衣喫飯, 妄想境界, 全是圓覺妙境, 更不可分別. 此是生滅畜生餓鬼地獄人天, 生死凡夫之境界也.)"
[3] 『圓覺經略疏注』 권하1(大39, 554c4, 556b17).
[4] 미혹된 상태에서~점차적 계위(返流四位) : 무명無明에 의해 생사윤회의 흐름에 빠진 상태를 돌이켜 진여적멸眞如寂滅한 본원本源으로 돌아가는 과정을 네 단계로 분류한 것. 시각사위始覺四位·시각반류사위始覺返流四位 등이라고도 한다. 여기서 사위란

시각始覺의 차별된 경계를 밝힌 것이다. 두 번째로 마음을 잊고 곧바로 증득하는 방법은 다음과 같다. 앞의 방법은 교문을 두루 제시함으로 말미암아 근기에 따라 다르게 드러내는 설에 깊이의 차이가 있다. 두 번째는 분별에 의존하기만 한다면 깨달을 기약이 없지 않을까 염려하여 원만한 마음을 단번에 깨달아(圓頓) 마음을 편안하게 하는 방법을 보여 줌으로써 각성覺性에 진실로 의지하여 그대로 따르도록 한 것이다. 전자는 차별상을 인정하여 따르는 방법(隨相)이고, 이것은 차별상을 벗어나는 방법(離相)에 해당한다. 이는 또한 화엄 교학에서 먼저 지위의 차별을 설하고 나서 평등한 인과로써 그 차별상들을 융합하는 방식과 같다.[5] 이것은 경문에 네 마디 단락(節)이 있고 각각의 단락은 (4언의) 두 구절(句)로 구성되어 네 가지 계위(四位)를 나타내는데, 각성에 그대로 따른다는 의미 이외에 마음을 잊고 단번에 증득하는 도리를 별도로 열어 보인 것과 같다. 이는 또한 '마음을 잊고 깨달음으로 들어간다.'라고도 한다."

[一切] 圭峯疏云, "證位階差, 門[1]中二. 初明依位漸證, 二明忘心頓證. 初中四, 一信位, 二賢位, 三聖位, 四果位. 寄現返流四位, 以明始覺分劑.[2] 二忘心頓證者, 前由普示敎門, 就機說有深淺. 今恐存分別, 則悟入無期故, 示圓頓安心, 於覺性[3]眞隨順. 前是隨相, 此當離相. 亦如華嚴, 先說地位差別,[4] 後以平等因果融之也. 如文中有四節, 每節第[5]二句, 則四位. 隨順覺性外, 別開忘心頓證也.[6] 亦云忘心入覺."

1) ㉮ '門'은 '文'의 오기이다.　2) ㉮ '劑'는 '齊'의 오기이다.　3) 『圓覺經略疏』권하 (大39, 556b19)에는 '性'이 '成'으로 되어 있으나 '性'이 옳다.　4) ㉮ 『圓覺經略疏』권

불각不覺 · 상사각相似覺 · 수분각隨分覺 · 구경각究竟覺을 말한다. 『大乘起信論』(大32, 576b18) 참조.

5 이하의 내용은 『圓覺經略疏』에 산발적으로 나오는 구절들을 취합하였다.

하(大39, 556b20)에는 '地位差別'이 '差別位地因果'로 되어 있다.   5) ㉢ '第'는 잘못 덧붙여진 글자이다.   6) ㉣ '也'가 병본에는 없다.

● 머물러 있는 그 어떤 순간에도 망념을 일으키지 마라 : 『원각경약소』에 "망념이란 자기 밖의 법을 대상으로 삼아 끄잡고 집착하는 것이다. 염念은 깨달음에 어긋나므로 일어나게 해서는 안 된다."[6]라고 하였다.
● 갖가지 망심을 없애 버리려고 하지도 마라 : 『원각경약소』에 "진眞을 구하고 망妄을 버리려고 한다면 그림자를 떨어 버리려고 몸을 괴롭히는 꼴이요, 망을 없애고 진을 지키려고 한다면 소리를 크게 내질러 메아리를 없애려는 짓과 같다."라고 하였다.
● 망상의 경계에 머무르되 분별을 덧붙이지 마라 : 『원각경약소』에 "대상 경계는 마음을 따라 드러나는 것이니 원래 자기의 마음일 뿐이다. 만일 분별을 덧붙인다면 보이는 그대로 아는 지각 능력(現量)을 오히려 미혹시킬 뿐이다."라고 하였다.[7]
● 분별이 없는 상태를 진실(열반)이라고 헤아리지도 마라 : 『원각경약소』에 "앎의 주체가 고요하면 바로 진실한 앎이요, 그 진실한 앎은 아는 작용 자체이다. 누가 진실을 아는가? 마치 눈이 눈 자체를 볼 수 없고 칼이 칼 스스로를 자르지 못하는 것과 같다."라고 하였다.[8]
● 어떤 사람은 "머물러 있는 그 어떤 순간에도 망념을 일으키지 말고,

---

6 『圓覺經略疏』(大39, 556b27). 이하는 이 구절에 이어지는 주석이다.
7 『宗鏡錄』 권82(大48, 869b3), "망상의 경계에 머무르되 분별을 덧붙이지 말라는 것은 안팎의 갖가지 경계에 대한 망상이 모두 허망하다는 뜻이니 억지로 분별을 일으켜서 무엇 하겠는가! 취하지도 버리지도 않으면 미묘한 삼매와 상응할 것이다.(住妄想境, 不加了知者, 妄想內外諸境皆空, 何須強生分別! 則不取不捨, 妙定相應.)"
8 『宗鏡錄』 권82(大48, 869b5), "분별이 없는 상태를 진실이라고 헤아리지도 말라는 것은 무분별에 머물러서도 안 된다는 뜻이다. 실도 아니고 허도 아닌 상태에서 마음이 어디에도 의지하지 않는다면 근본의 바른 종지를 얻고 근원의 묘한 성품으로 돌아갈 수 있다.(於無了知, 不辯眞實者, 亦不住無分別, 非實非虛, 心無所寄, 則得本之正宗, 還原之妙性矣.)"

갖가지 망심을 없애 버리려고 하지도 마라.'고 한 앞의 두 단락은 대략적인 뜻을 시간을 기준으로 설명한 것이고, '망상의 경계에 머무르되 분별을 덧붙이지 말고, 분별이 없는 상태를 진실(열반)이라고 헤아리지도 마라.'고 한 뒤의 두 단락은 진실에 딱 들어맞는 뜻을 경계를 기준으로 설명한 것이다."라고 한다. 또 "'머물러 있는~망심을 없애 버리려고 하지도 마라.'라고 한 단락은 내부 경계를 기준으로 한 설명이고, '망상의 경계에~진실(열반)이라고 헤아리지도 마라.'라고 한 단락은 외부의 경계를 기준으로 한 설명이다."라고도 한다. 말 자체는 비록 사事가 이理를 따른다고 할지라도 본질을 드러내는 데 이로움이 없다.

● 옛날의 총림에서는 이 공안에 대하여 이러니저러니 헤아리면서 "네 마디 단락은 마음을 편안히 한 다음에 이러한 형식으로 나타낸 것이다."라 말하고, 스스로 그 뜻을 터득했다고 여기고서 "편안한 마음이 어찌 네 마디 단락을 모두 가리키는 것이겠는가! 오로지 한마디일 뿐이니, 그 한마디란 '머물러 있는 그 어떤 순간에도 망념을 일으키지 마라.'라고 한 것이다. 그 이하의 세 마디 단락은 단지 이 한마디에 대한 주석일 뿐이다."라고 한다. 배우는 이들이 그 설을 익히 들어 온 까닭에 모두들 그 설이 타당하다고 생각하고는 명백히 밝히지도 않아 더욱 흐리멍덩하게 되니 옛날의 총림에서 한 말과 비교할 때 한 가지도 옳은 것이 없다.

居一切時, 不起妄念者, 疏云, "妄念者, 攀緣取着外法也. 念則違覺故, 令不起也." 於諸忘心, 亦不息滅者, 疏云, "若求眞捨妄, 如棄影勞形;若滅妄存眞, 似揚聲止響也." 住妄想云云者, 疏云, "境從心現, 元是自心. 若加了知, 卽迷現量也." 於無了知云云者, 疏云, "能知旣寂, 卽眞實知, 眞實知, 卽知也. 誰知眞實? 如眼不自見, 刀[1]不自割等." 或云, "居一切至息滅,[2] 汎約時也,[3] 住妄想云云者, 眞實的約境." 又云, "居一切時至息滅者, 約內境,住妄想至眞實者, 約外境." 言雖事順於理, 無益. 古叢林商量此話云, "四節, 安心後來有箇是." 自謂得意云, "安心豈謂四節! 只是一節, 一節, '居一切時, 不起妄念.' 下三節, 但註疏此一節耳." 學者習聞其說, 皆以此爲得, 亦無辨白, 尤爲莽鹵, 與古叢林地, 無一可者.

1) ㉔ '刀'가 병본에는 '力'으로 되어 있다. 2) ㉔ '滅' 다음에 을본·병본에는 '者'가 있다. 3) ㉔ '也'가 을본·병본에는 없다.

● 이제 다시금 제방의 점검을 피하지 않고 대롱 구멍같이 좁은 나의 견해나마 간략하게 드러내 보이겠다. 일체중생이 깨달음을 등지고 번뇌와 하나로 합하는 것이 망념妄念이므로 그것이 일어나지 않도록 한 것이니, '유有에 집착하면 유를 깨뜨린다.'고 한 말과 같다. 만약 망妄을 없애고 진眞을 지킨다면 그 병통은 마찬가지이므로 없애 버리려고 하지도 말아야 하니, '공에 머무르면 공을 물리친다.'고 한 말과 같다. 또한 진과 망을 가려내는 것이 분별(了知)이므로 분별을 덧붙이지 말도록 한 것이니, '양변을 모두 세워서는 안 된다.'는 말과 같다. 비록 분별이 없더라도 이 또한 진실은 아니므로 진실이라 헤아려서도 안 되니, '중도中道에도 안주해서는 안 된다.'는 말과 같다. 그러한즉 이렇다고 해도 안 되고, 이렇지 않다고 해도 안 되며, 이렇다거나 이렇지 않다거나 해도 모두 안 된다. 그것은 마치 모기가 무쇠 소에 올라탄 것과 같아서 부리를 꽂을 만한 여지가 전혀 없는 지경과 같다.[9] 뒤에 인용한, 정엄수수淨嚴守遂가 송으로 읊은 내용이 바로 이 뜻이다.

今亦不避諸方檢責, 略呈管見. 一切衆生背覺合塵者, 妄念也, 故令不起,

---

[9] 모기가 무쇠 소를 실제의 소로 착각하여 부리를 꽂고 피를 빨려 하지만 어느 부분도 부리로 뚫을 곳이 없다는 말로써 어떤 수단으로도 전혀 통하지 않는 경계를 비유한다. 본서 204칙 '혼성자의 송' 마지막 구절, 324칙 본칙 마지막 문답 참조.

所謂執有破有. 若滅妄存眞, 其病一也, 故令不息, 所謂居空斥空. 若分別
眞妄是了知, 故令不加, 所謂兩邊俱莫立. 雖無了知, 亦未眞實, 故令不辨,
所謂中道不須安. 然則伊麽也不得, 不伊麽也不得, 伊麽不伊麽摠不得, 如
蚊子上鐵牛, 無你揷觜處故. 淨嚴邃頌云云, 卽此義也.

- 대혜 종고는 "내가 예전에 운문암에 머무를 때 (위의 『원각경』의 경문에 대해) '연 잎사귀(荷葉)'로 시작하는 게송 한 수를 지은 적이 있는데, 단지 이 게송을 『원각경』 경문이 있던 윗자리에 놓고 도리어 그 경문은 옮겨 게송을 쓴 아랫자리에 가져다 놓기만 해도 경전이 바로 게송이요 게송이 오히려 경전 같을 것입니다. 수행인이라면 시험 삼아 이와 같은 방법으로 공부해 보아도 될 듯싶습니다."[10]라고 하였다. 곧 물에 녹아 있는 소금과 물감에 섞여 있는 아교가 분명히 물과 물감 속에 섞여 있기는 하지만 그 형체는 보이지 않는 것처럼[11] 딱 들어맞지는 않지만 비슷한 구절과 비슷한 구석이 전혀 없는 구절이 어우러져 있다. '저녁 놀은 한 마리 들오리와 나란히 날고, 가을 강물은 먼 하늘과 같은 빛깔이다.'[12]라고 하는 것은 비슷한 구석이 전혀 없는 구절이다.

大慧云, "老漢昔居雲門菴,[1] 嘗有頌云, '荷葉云云' 但將此頌, 放在上面, 却
將經文, 移來下面, 經却是頌, 頌却是經. 修行人試如此做工夫看." 則水中
鹽味, 色裏膠精, 決定是有, 不見其形, 相似句與絶相似句. '落霞與孤鶩齊
飛, 秋水共長天一色.' 則絶相似句也.

1) ㉮ '菴'이 병본에는 '庵'으로 되어 있다. ㉯ 통용자이므로 이하에서는 교감주를 붙이지 않는다.

---

10 『書狀』 권29 「答林判院」(大47, 936b22).
11 『景德傳燈錄』 권30 「傅大士心王銘」(大51, 456c28) 등에 나오는 구절.
12 왕발王勃의 「滕王閣序」. 본서 32칙 주 20, 33칙 주 50 참조.

● 만송 행수萬松行秀가 위『원각경』네 단락의 끝마다 '불不' 자를 착어로 붙이고,¹³ 또 말하였다. "'일으키지 마라(不起)', '없애 버리려고 하지 마라(不滅)', '덧붙이지 마라(不加)', '헤아리지 마라(不辨)' 등으로 끝맺는 네 글자로 구성된 여덟 구절의 32글자에 대하여 제방에서는 다들 병통으로 여기지만 나의 문하에서는 이것을 약으로 여긴다. 또한 제방에서 병통이라고 여기는 것을 하나하나 살펴보면 이러하다. '망념을 일으키지 마라.'고 한 말은 말라 죽은 싹과 썩어 문드러진 씨와 같지 않은가? '망심을 없애 버리려고 하지도 마라.'는 말은 병을 키워 몸을 상하게 하는 격이 아닌가? '분별을 덧붙이지 마라.'는 말은 '잠시라도 또렷한 의식이 없으면 마치 죽은 사람과 같다.'¹⁴라는 비판에 적합하지 않겠는가? '진실(열반)이라고 헤아리지도 마라.'고 한 말은 불성을 애매모호하게 만들고 진여를 흐리멍덩하게 하는 짓이 아닌가? 말해 보라! 어떤 것이 약인가? 반드시 천동 정각天童正覺이 수습하여야만 할 것이다." 또 천동 정각의 송을 제기하고 말하였다.¹⁵ "천동의 '막동착莫動着!(움직이지 마라!)'이라는 세 글자를 만송의 '불不'이라는 네 개의 착어로 바꾸면 일자법문¹⁶의 의미에 대하여 바닷물을 먹물 삼아 쓰더라도 다 표현하지 못한다는 것을 알게 될 것이다."라고 하였다.

● 제방에서는 만송의 말에 근거하여 경문을 등지는 말을 하는 경우도 있고 경문을 그대로 긍정하는 말을 하는 경우도 있지만, 그들은 만송이

---

13 『從容錄』45則(大48, 256a6). 본칙의 착어를 말한다. 각 구절마다 모두 '아니다!' 또는 '하지 마라!'라고 부정 또는 금지하는 착어(不)를 붙였다. 이하는 본칙에 이어지는 평창이다.
14 『景德傳燈錄』권14「雲巖曇晟傳」(大51, 315a9), 『洞山語錄』(大47, 517c25) 등에 나오는 말.
15 이하는 천동 정각의 송에 대한 평창이다. 『從容錄』45則(大48, 256a26).
16 일자법문一字法門 : '불不'이라는 글자로 제시된 화두를 가리킨다. 이 한 글자가 형식적으로는 부정을 나타내지만, 부정으로 기울어도 틀리고 긍정으로 기울어도 맞지 않으며, 병통으로 여겨도 안 되고 약으로 여겨도 안 되는 등 어떤 분별도 결정적인 해답으로 허용하지 않기 때문에 '다할 수 없다(不盡)'고 한 것이다.

경문의 뜻과 천동의 뜻을 어떻게 이해하여 이렇게 말한 것인지 모른다. 제방에서는 만송의 뜻을 어떻게 이해하였기에 이렇게 말하는 것일까? 만송이 가리켜 보인 뜻을 알지도 못하고 제방에서 내세운 말도 이것저것 마구 뒤섞여 일정하지 않은 이상 한편의 견해를 가지고서 판단해서는 안 된다. 털끝만큼이라도 어긋난다면 본래의 뜻에서 천 리나 벗어나는 과실이 되지 않겠는가!

萬松下四箇不字. 又云, "'不起' '不滅' '不加' '不辨', 此四八三十二字, 諸方皆以爲病, 我這裏以爲藥. 且諸病者, 不起妄念, 豈非焦芽播[1]種? 不滅妄念,[2] 豈非養病喪軀? 不加了知, 豈非暫時不在, 如同死人? 不辨眞實, 豈非顢頇佛性, 儱侗眞如? 且道! 如何是藥? 須是天童收拾將來始得." 又擧天童頌云, "試將天童'莫動着'三字, 換萬松四箇'不'字, 便見一字法門, 書海墨而不盡." 諸方因萬松語, 又有反着經文, 安着經文之語, 不知萬松如何會經義天童義, 伊麽道. 諸方如何會萬松意, 伊麽道? 今旣不知萬松所指, 諸方所論, 駁雜不一, 不可以一隅判斷. 莫是差之毫釐, 失之千里耶!

1) ㉠ '播'는 '敗'의 오기이다. 2) ㉠ '念'은 '心'의 오기이다.

정엄 수수淨嚴守遂의 송 淨嚴遂頌
문득 풍겨 오는 이웃집 죽순 볶는 냄새에　　　　　忽聞隣家炒筍香
반 년 앓던 병 씻은 듯 나았다네　　　　　　　　半年得病洎身亡
죽순이 이렇듯 좋은 나물이라고 알고 있었으나　　也知便是好蔬菜
천한 이들에게는 조금도 맛보게 하지 않으리라　　不與卑末些子嘗

천동 정각天童正覺의 송 天童覺頌
우뚝하니 당당하며 큰 기세 시원하도다　　　　　巍巍堂堂, 磊磊落落
소란한 곳에도 머리 들이밀고 평온한 곳에도　　　鬧處刺頭, 穩處下脚

발 들여놓네

발목에 묶인 끈 끊어져 내 자유로워졌고[17]   脚下線斷我自由

코끝 진흙 모두 떨어졌으니[18] 그대 깎아 내려   鼻端泥盡君休釽
하지 마라

움직이지 마라   莫動着

천 년 묵은 휴지 조각이니 조합한 약 싸기에나   千年古[1]紙中合藥
알맞으리[19]

---

1) ㉠ '古'는 '故'의 오기이다.

---

17 발목에 묶인~내 자유로워졌고 : 속박이 모두 해체되어 본래의 자기로 돌아온 소식이며 어떤 분별도 필요 없는 완결된 상황이다. 천동 정각은 다른 곳에서도 이 뜻을 전한다. 『宏智廣錄』 권6(大48, 77b13), "늘 오가는 바로 그때 매달린 낭떠러지에서 잡은 손을 놓아 버리듯이 집착을 버리면 붙들릴 여지가 전혀 없고, 발목에 묶인 끈 끊어 버리면 모든 것 훌쩍 넘는 한 걸음을 내디딜 것이다. 부처가 되었건 조사가 되었건 그 누구도 나의 진실하고 묘하게 비추는 이 경지에 이르지 못하니 이를 가리켜 '자기'라 부른다. 이것이 바로 본래의 가업을 잇는 소식이니 사유분별이 조금이라도 섞이는 순간 다시 번뇌 망상의 경계로 흘러들어 가리라.(正行履時, 撒手懸崖, 無可把捉 ; 脚下線斷, 全超一步. 佛佛祖祖, 俱不到我眞實妙照田地, 喚作自己. 箇是紹家業時節, 纔涉思惟, 又屬流轉去也.)"

18 『莊子』「徐无鬼」에 나오는 고사에 근거한 말. 본서 16칙 주 77 참조. 이 이야기에서 최고의 경지에 달한 훌륭한 기술이라는 뜻의 운근성풍運斤成風이라는 말이 나왔다. 『碧巖錄』 48則「頌 評唱」(大48, 184b20) 참조.

19 천 년~싸기에나 알맞으리 : 고지故紙는 오래되어 낡아 빠진 책 종이, 여기서는 『圓覺經』을 가리키는 말이다. 별로 쓸모없어 귀하지 않으니 약 싸는 용도로나 쓰고 말라는 뜻이지만, 동시에 진眞과 망妄 그리고 귀貴와 천賤에 얽매이지 않는 활용을 나타내기도 한다. 『從容錄』 45則(大48, 256a20)에는 이 구절에 대한 착어로 "매우 신통한 효험이 있겠다.(大有神效)"라 하여 또 하나의 관문을 설정했고, 「評唱」(大48, 256a27)에서는 이를 다음과 같이 친절하게 풀었다. "덕산이 '대장경의 교설 전체가 더러운 부위를 닦는 휴지 조각과 같다.'라고 했던 까닭은 이미 깨달은 자가 쇠가죽으로 덧씌운 책가위가 떨어지도록 궁구하며 읽을까 염려했기 때문이다. '천 년 묵은 휴지 조각이니 약 싸기에나 알맞으리.'고 한 이유는 아직 깨닫지 못한 자들에게 (경전의 말씀은) 틀림없이 눈을 가리는 장애물이 되기 때문이다.(德山道, '一大藏敎, 是拭不淨故紙.' 爲已了者, 恐透牛皮也. 千年故紙中合藥者, 爲末了者, 不妨遮眼也.)"

> [설화]

- 우뚝하니 당당하며 큰 기세 시원하도다 : 대인의 자태이니, 모든 사람의 본분이다.
- 소란한 곳과 평온한 곳 : 망념이 일어나는 경계와 일어나지 않는 경계를 말한다.
- 발목에 묶인 끈 끊어져 : 망상분별(情識)이라는 속박의 끈이 영원히 끊어졌다.
- 내 자유로워졌고 : 소란한 곳에서나 평온한 곳에서나 자유자재하다는 뜻이다.
- 코끝 진흙 모두 떨어졌으니 그대 깎아 내려 하지 마라 : 달리 깎아 내 버릴 진眞과 망妄의 차별이 없다.
- 움직이지 마라 : 진이니 망이니 분별하며 동요하지 말라는 뜻이다.
- 천 년 묵은 휴지 조각이니 조합한 약 싸기에나 알맞으리 : 망념을 일으키거나 망념을 일으키지 않거나 매우 좋다.

天童 : 嵬嵬[1]至落落者, 是大人相, 卽人人分上也. 閙處穩處者, 起念不起念也. 脚下云云者, 情識索子永斷也. 我自由者, 閙處穩處自在也. 鼻端泥盡云云者, 別無斲[2]盡地眞妄也. 莫動着者, 莫動着眞妄也. 千年古紙云云者, 起妄念不起妄念恰好.

1) ㉠ '嵬嵬'가 병본에는 '巍巍'로 되어 있다.　2) ㉠ '斲'이 병본에는 '斷'으로 되어 있다.

법진 수일法眞守一**의 송** 法眞一頌

범부 마음 그대로인 걸 성인 마음 구하리오	凡心不息聖何求
밥 먹고 나서 차 한 잔이면 그만이라	飯了山茶自一甌
꽃이야 지거나 피거나 시절에 맡기니	花落花開任時節
몇 해나 지났는지 알아 무엇 하리오	那知世上幾春秋

> 설화

○ 범부 마음~차 한 잔이면 그만이라 : '배움을 끊고 할 일도 사라져 한가롭고 자재한 도인'[20]이라 운운한 말과 통한다.
○ 꽃이야 지거나 피거나~알아 무엇 하리오 : '마음 그치고 망상 제거했기 때문 아니요.'[21]라고 운운한 말과 같다.

法眞 : 凡心不息云云者, 絶學無爲閑道人云云也. 花落花開云云者, 不是息心除妄想云云也.

운문 종고雲門宗杲의 송[22] 雲門杲頌

연꽃 잎사귀 둥글둥글 거울 같고	荷葉團團團似鏡
마름 잎은 뾰족뾰족 송곳과 같네[23]	菱角尖尖尖似錐
버들개지에 바람 부니 털 제기 날리고	風吹柳絮毛毬走
배꽃에 비 내리니 나비 날아가네	雨打梨花蛺蝶飛

---

20 영가 현각永嘉玄覺의 말. 본분사를 모두 마쳐 어디에도 구애받지 않고 자유자재하게 살아가는 사람. 『證道歌』의 첫 구절이다. 『證道歌』(大48, 395c9), "배움을 끊고 할 일이 없는 한가한 도인은 망상을 제거하려 하지도 않고 진실을 구하지도 않는다.(絶學無爲閑道人, 不除妄想不求眞.)"
21 남대 수안南臺守安의 게송 중 제3구. 『聯燈會要』 권26 「南臺守安章」(卍136, 880a8), "남대에서 향 한 개비 피우고 고요히 앉았노라니, 종일토록 꼼짝 않고 세상만사 잊었다네. 마음 그치고 망상 제거했기 때문 아니요, 오로지 할 일 없어 생각하기 좋은 덕이라네.(南臺靜坐一爐香, 終日凝然萬慮忘. 不是息心除妄想, 都緣無事好思量.)"
22 『大慧語錄』 권10(大47, 855a28). 협산 선회夾山善會의 말을 그대로 차용하였다. 『五燈會元』 권5 「夾山善會章」(卍138, 187a15), "학인이 물었다. '정확하게 들어맞지는 않지만 진실에 부합하는 듯한 구절(相似句)이란 어떤 것입니까?' '연꽃 잎사귀는 둥글둥글 거울 같고, 마름 잎은 뾰족뾰족 송곳 같다.'라고 대답하고 다시 물었다. '알겠는가?' '모르겠습니다.' '버들개지에 바람 부니 털 제기 날리고, 배꽃에 비 내리니 나비 날아간다.'(問, '如何是相似句?' 師曰, '荷葉團團團似鏡, 菱角尖尖尖似錐.' 復曰, '會麼?' 曰, '不會.' 師曰, '風吹柳絮毛毬走, 雨打梨花蛺蝶飛.')"
23 연꽃 잎사귀~송곳과 같네 : 둥근 진眞과 뾰족한 망妄의 차별 그대로 잘 어울린 형상.

죽암 사규竹菴士珪**의 송** 竹庵珪頌

손 들어 남극성 잡고	擧手攀南斗
몸 뉘어 북극성에 기댄다	翻身倚北辰
머리 내밀어 하늘 밖 보노라니	出頭天外看
나 같은 사람 누구이런가	誰是我般人

[설화]

○ 헤아릴 수 없는 위대한 사람[24]에 대해 읊은 송이다.

竹菴頌, 沒量大人.

한암 혜승寒嵒慧升**이 본칙 『원각경』의 구절 각각에 대해 읊은 네 수의 송**

寒嵒升分成四頌

○ 거일체시불기망념송 居一切時不起妄念頌

한 생각도 일으키지 않으려 하면	一念不生
매 찰나마다 늘 일어나리라	念念常起
때때로 일어나고 사라지리니	起滅應時
바닥에 떨어진 시루[25]와 같으리라	如甑墮地

---

24 헤아릴 수~위대한 사람(沒量大人) : 과량대인過量大人·과량인過量人·과량지인過量 底人과 같은 말. 선악善惡·범성凡聖·미오迷悟 등의 모든 대립을 벗어나 어떤 분별에도 얽매이지 않고 자유자재한 사람을 가리킨다. 죽암 사규의 이 송은 지통智通의 임종게를 가져온 것이다. 『景德傳燈錄』 권10 「智通傳」(大51, 281a20) 참조.

25 바닥에 떨어진 시루 : 돌아볼 가치도 없는 물건처럼 될 것이라는 뜻. 맹민孟敏의 고사에서 나온 말이다. 『後漢書』 「孟敏傳」에 따르면, 한나라 때 맹민이 태원太原에 머물 적에 시루를 짊어지고 가다가 땅에 떨어뜨렸지만 돌아보지도 않고 가 버렸다. 곽임종郭林宗이 그 광경을 보고 까닭을 묻자 "시루가 이미 깨어졌으니 쳐다본들 무슨 소용이 있겠는가!(甑以破矣, 視之何益!)"라고 대답하였다고 한다. 이미 지나간 일에 대해서는 뒤돌아보아도 소용이 없다는 뜻을 비유한다. 본서 98칙 '천동 정각의 송' 주석 참조.

언뜻 기뻐하다 금방 화내니	瞥喜瞥瞋
같지도 않고 다르지도 않구나	非一非二
같지도 다르지도 않다면	一二旣非
삼제 중 어디에 해당하는가	何該三際
천 개 바위 만 개 골짜기와	千嵓¹⁾萬壑
동쪽 큰길 서쪽 저잣거리	東街西市
눈앞에 다 드러나 있건만	覿面相呈
그중에 무슨 속박 있으리오	有甚巴鼻

1) ㉾ '嵓'이 갑본에는 '岩'으로 되어 있다. ㉠ 통용자이므로 이하에서는 교감주를 붙이지 않는다.

○ 어제망심역불식멸송 於諸妄心亦不息滅頌

마음 본래 일으킨 적 없으나	心本無生
망념 따라 나타날 뿐이로다	乃從妄現
망념과 진실의 양변 떠나면	妄眞二離
그 모두 한 덩어리 된다네	打成一片
바람과 구름을 묶어 두어	繫風縛雲
천둥과 번개 가두려 하는가	關雷鏁電
온통 뒤섞인 채 눈앞에 널렸고	雜然前陳
건들지 않아도 절로 움직인다네	不撥自轉
빠른 물살에 떠내려가는 솜털	急水毬子
몇 사람이나 분간해 낼까	幾人能辨
앞산 집어내어 버리면	拈却案山
바로 이렇게 서로 마주 본다네	只恁相見

○ 주망상경불가요지송 住妄想境不加了知頌

본래 거처하는 곳 없이	本無所住
발길 닿는 그대로 머무노니	隨順而止
푸른 하늘의 조각구름처럼	靑天片雲
얼마나 멀리 떠돌았던가	幾千萬里
연기 없는 불을 사르고	燒無煙火
젖지 않는 물을 길어 온 다음[26]	運不濕水
살림살이 마련하니	活計現成
그건 다리 부러진 솥단지[27]라네	折脚鐺子
향엄의 신통도 이러했음에	但笑香嚴
다만 웃음 지을 뿐이니	神通乃爾
차를 들고 와서	擎得茶來
함께 꿈속에 머물렀다네[28]	同在夢裏

---

[26] 연기 없는~온 다음 : 덧붙이는 분별의 흔적이 없는 것처럼 자취가 남지 않는다는 상징.

[27] 다리 부러진 솥단지(折脚鐺子) : 쓸모없는 것을 비유하는 말. 아무도 가지려 하지 않는 물건을 살림살이로 가져왔지만(망상에 머무르되) 부러진 다리를 붙이지도 않는다(분별을 덧붙이지 않는다).

[28] 향엄의 신통도~꿈속에 머물렀다네 : 위산潙山·앙산仰山과의 다음 인연을 말한다. 『潙山靈祐語錄』(大7, 579b29), "위산이 졸고 있던 차에 앙산이 문안 인사를 하자 얼굴을 돌려 벽을 향했다. 앙산이 물었다. '화상께서는 무슨 까닭에 이러하십니까?' 위산이 일어나 말하였다. '내가 조금 전에 꿈을 꾸었는데 그대가 한번 풀어 보라.' 앙산이 대야에 물을 떠 와 위산에게 세숫물로 건넸다. 얼마 지나 이번에는 향엄이 와서 문안을 여쭈니 위산이 말하였다. '내가 조금 전에 꿈을 꾸었는데 앙산이 해몽을 해 주었다. 그대도 해몽을 해 보아라.' 향엄이 이에 차 한 잔을 달여 오니 위산이 말하였다. '이 둘의 견해가 사리자보다 낫구나.'(師睡次, 仰山問訊, 師便回面向壁. 仰山云, '和尙何得如此?' 師起云, '我適來得一夢, 爾試爲我原看.' 仰山取一盆水, 與師洗面. 少頃, 香嚴, 亦來問訊. 師云, '我適來得一夢, 寂子爲我原了. 汝更與我原看.' 香嚴, 乃點一椀茶來, 師云, '二子見解, 過於鶖子.')" 방거사龐居士의 게송에도 이처럼 일상적 행위와 신통을 연결하는 내용이 있다. 본서 161칙 본칙 설화 참조.

○ 어무요지불변진실송 於無了知不辨眞實頌

본래부터 있지 않다면	從本非有
없는 것에 무엇을 세운단 말인가	於無何立
분명하게 항상 알더라도	了了常知
그러한 분별로는 미칠 수 없네	了知不及
날마다 쓰는 땔나무와 물이요	日用柴水
집에서 늘 먹는 밥이로다	家常飯食
눈 깜박이고 눈동자 굴린다면	眨動眼睛
몸의 반은 황폐해지리라[29]	半身草棘
소양도 알지 못한다 하였고	韶陽不會
노호도 모르겠다 하였으니[30]	老胡不識
결국 어떤 사람이	畢竟何人
믿음의 문으로 들어가겠는가	從信門入

열재거사의 송 悅齋居士頌

| 나한에서 해마다 학인 하나에게 도첩 주었는데[31] | 羅漢一年度一僧 |

---

[29] 눈 깜박이고~반은 황폐해지리라 : 눈 깜박이고 눈동자 굴린다는 말은 골똘히 분별하는 모양을 묘사한다. 이 경지를 분별로 알려 한다면 아무 소득도 없이 몸만 상한다는 뜻이다.

[30] 소양도 알지~모르겠다 하였으니 : 소양韶陽은 광동성 소주부韶州府 곡강현曲江縣의 속칭인 소주韶州로서 이로써 육조 혜능慧能을 지칭한 것으로 보인다. 대유령의 경계에 위치하며 남화산南華山 보림사寶林寺와 대범사大梵寺 등이 있다. 노호老胡는 달마대사를 가리킨다. '불회不會'는 육조 혜능이 "나는 불법을 이해하지 못한다."라고 한 말이다. 본서 98칙 '백운 법연의 상당' 참조. '불식不識'은 양 무제梁武帝가 "짐과 마주하고 있는 자는 누구입니까?"라고 한 질문에 달마대사가 "모르겠습니다."라고 응한 대답이다. 본서 98칙 본칙 참조. 이 두 가지를 하나의 짝으로 선 문헌에 제기된 예가 많다. '불회'와 '불식'은 분별이 없다는 주제를 나타내려고 끌어들인 대표적인 선화禪話이다.

[31] 나한에서 해마다~도첩 주었는데 : '나한'은 나한 계침羅漢桂琛(867~928)을 가리키는 듯하지만 관련된 고사는 찾을 수 없다. 나한을 나한원羅漢院으로 추정할 경우 진정 극문眞淨克文과 관련된 비슷한 법문이 있다. 『眞淨克文語錄』古尊宿語錄 43(卍118,

영남 출신의 행자는 노능32이라네33   嶺南行者是盧能
덕산이라면 불전 짓는 것 허락지 않고서   德山不肯架佛殿
한꺼번에 거두어 종지로 돌려보냈으리라34   一時收拾入宗乘

황룡청黃龍淸**의 상당**

이 공안을 제기하고 말하였다. "석가노자께서 말의 함정에 떨어졌다는 사실도 모르시는구나. 말해 보라! 잘못이 어디에 있는가? 오늘은 요사를 다시 돌고 싶지 않으니 거듭하여 서로 일어나게 하는 수고를 벗어나겠구나."

黃龍淸上堂, 擧此話云, "釋迦老子, 話墮也不知. 且道! 過在什麼處? 今朝
不欲更巡寮, 免見重重相起動."

723b17), "법좌에 올라앉아 말하였다. '두타석은 이끼가 끼어 있고 척필봉은 벽려에 둘러져 있는 그 나한원에서 일 년에 세 명의 행자에게 도첩을 주고 귀종사로 물러나 차를 마신다.'(上堂, '頭陀石, 被苺苔裹 ; 擲筆峰, 遭薛荔纏, 羅漢院, 一年度三箇行者, 歸宗寺裏, 參退喫茶.')"

32 노능盧能 : 육조 혜능. 속성이 노盧씨이므로 붙여진 호칭이다.
33 영남 출신의 행자는 노능이라네 : 앞 구절과 시간적 인과관계나 사실관계로만 보면 모두 성립하지 않는다.
34 덕산이라면 불전~종지로 돌려보냈으리라 : 하나의 방棒으로 일체를 차단하는 방식으로 최고의 인격을 안치할 전당(불전)조차 허용하지 않는 덕산의 종풍을 가리킨다. 망상과 분별을 모두 물리치는 본칙의 숨은 수단을 덕산의 방으로 나타내었다. 『禪林象器箋』권11 「佛殿」(禪藏, 29), "「오가정종찬五家正宗贊」「덕산선감전」에 '덕산은 원에 주석할 때마다 불전은 없애고 법당만 남겨 둘 뿐이었다.'라고 하였다.『전등록』「덕산장」에는 수록되지 않은 기사이다.} 도충이 평가한다. '세인들은 불전을 없애고 법당만 남겨 두는 예가 덕산이 홀로 이를 창안했다고 여기지만, 본래 백장이 세운 뜻이라는 사실을 전혀 모르고 있다.' 『전등록』에 수록된 「선문규식」에는 '불전을 세우지 않고 오직 법당만 세운 까닭은 대대로 이어지는 지위를 떠맡은 이를 존귀하게 여기기 때문이다.'라고 하였다.{「법당」항목에 자세하다.} 대체로 백장이 본래 규정하였어도 제방에서 여전히 불전을 세우지만 덕산이 특별히 백장의 법령에 준하였을 따름이다.(正宗贊, 德山鑒禪師傳云, '師凡住院, 拆卻佛殿, 獨存法堂而已.'{傳燈錄, 德山章, 不載之.} 忠曰, '世謂拆卻佛殿, 獨存法堂, 德山獨有此事, 殊不知本是百丈立意也.' 傳燈所載, 禪門規式云, '不立佛殿, 唯樹法堂, 當代爲尊也.'{詳法堂處.} 蓋雖百丈本規, 諸方猶立佛殿, 而德山特準其令爾.)"

> **설화**

○ 석가노자께서 말의 함정에 떨어졌다는 사실도 모르시는구나 : 걸음마다 한 단계씩 올라갈 줄만 알다가 도리어 말의 함정에 떨어졌다.[35]
○ 말해 보라! 잘못이 어디에 있는가 : 또한 무슨 잘못이 있겠는가!
○ 오늘은 요사를~수고를 벗어나겠구나 : 허공으로부터 아래로 떨어지더라도 또한 처음부터 일어나야 하니, 거듭하여 일어나게 하는 수고를 벗어나지 못한다.[36]

黃龍, 釋迦至不知者, 只解步步登高, 反是話墮也. 且道至麼處者, 又有什麼過! 今朝不欲云云者, 若也從空放下, 又是從頭起, 未免重重起動也.

밀암 함걸密庵咸傑의 상당

이 공안과 더불어 '말라 죽은 나무는 구름 만나 풍성한 잎으로 삼고, 시든 매화는 눈 맞고서 꽃을 피운 듯하네. 죽통을 쳐서 거문고 공명 소리[37]를 흉내 내고, 눈을 얼려 두었다가 동아[38]인 듯이 씹는다. 높고 드넓은 하늘이 비친 가을 강물 위로, 외딴 들오리가 노을과 어울렸네.[39]'라는 설당 도행雪堂道行의 염[40]을 제기하고 말하였다. "석가노자께서 한 짐을 짊어지

---

35 무차별의 높은 경지를 드러내는 말씀만 하다가 도리어 남들을 그 말의 함정에 떨어뜨렸다는 뜻이다.
36 차별의 세계로 내려오더라도 잘못을 벗어나지는 못한다는 말이다.
37 거문고 공명 소리(木響) : 거문고 등의 악기를 퉁길 때 줄을 묶은 나무통에서 공명하며 울리는 소리.
38 동아(冬瓜) : 동과冬瓜는 동고冬苽(冬苽)라고도 한다. 동과라고도 하지만 흔히 '동아'라 부른다. 과실은 원형 또는 긴 원주 형태이며 표면에는 흰 가루나 털이 나 있다. 종자와 외피는 약으로 쓴다.
39 높고 드넓은~노을과 어울렸네 : 왕발王勃의 「滕王閣序」를 활용한 표현이다. 주 12 참조.
40 『宗鑑法林』 권2(卍116, 44a6), 『指月錄』 권1(卍143, 30b4) 등에는 『圓覺經』의 "모든 장애가 고스란히 구경각이로다.(一切障礙卽究竟覺)"라는 구절에 대한 염으로 소개되어 있다.

고 멍청하게 나타났는데 설당 화상과 마주치고는 한 짐을 더 얹고 더욱 어리석어졌다. 나, 상부祥符[41]는 양민을 억눌러서 천민을 만들려는 의도는 없지만,[42] 그래도 흑백은 분명히 가려내야 한다. 생철로 소머리를 주조하여 쟁기를 끌고 다시 갈퀴를 끌게 하니, 지혜로운 자는 웃으며 흔쾌히 받아들이겠지만 어리석은 자는 놀라며 괴이하게 여길 것이다. 예로부터 지금까지 몇 백 년의 세월 동안 또다시 귀문鬼門에서 거듭 점을 치는구나![43]" 갑자기 주장자를 집어 들고 "잘 살펴보라! 석가노자께서 오셔서 여러분에게 '호랑이 머리에 올라타고 호랑이 꼬리를 잡으니, 첫 번째 구절에서 종지를 밝혔다.'고 말씀하는구나."라고 말하고 주장자를 한 번 내리쳤다.

密庵傑上堂, 擧此話, 連擧雪堂拈, '枯樹雲充葉, 凋梅雪作花. 擊筒方[1)]木響, 蘸雪喫冬瓜. 長天秋水, 孤鶩[2)]落霞.' 師云, "釋迦老子, 擔得一擔, 瞢瞳[3)]出來, 撞著雪堂和尙, 添得一擔瞞頂. 祥符不是壓良爲賤, 也要緇素分明. 生鐵鑄牛頭, 牽犁還拽杷, 智者笑欣欣, 愚人驚愧差. 古往今來幾百年, 更向鬼門重貼卦!" 驀拈拄杖云 "看看! 釋迦老子來, 也向諸人道, '據虎頭, 收虎尾, 第一句下明宗旨.'" 卓一卓.

1) ㉠ '方'이 '成'으로 되어 있는 문헌도 있다. 2) ㉯ '鶩'이 갑본에는 '鵞'으로 되어 있다. 3) ㉯ '瞢'이 갑본에는 '瞳'으로 되어 있다.

---

41 상부祥符 : 밀암 함걸이 상부선사祥符禪寺에 주석할 때의 상당법어이므로 자기 자신을 가리키는 사호寺號이다.
42 양민을 억눌러서~의도는 없지만 : 부처님을 억지로 비판하려는 의도가 아니라는 말.
43 귀문鬼門에서 거듭 점을 치는구나(鬼門重貼卦) : 귀문상점괘鬼門上占卦라고도 한다. 귀문鬼門이란 점복占卜상의 관귀효官鬼爻로 재난과 불길을 의미하는 효상爻象이다. 원문의 '첩괘貼卦'란 '점괘占卦'와 같은 말이며 괘상卦象을 보고 길흉화복을 헤아린다는 뜻이다. '귀문에서 거듭 점을 친다.'는 말은 불길한 점괘가 나오는 데서 거듭해서 점을 친다는 뜻으로 '길吉하지 못하다' 또는 '성공하지 못한다'는 비유이다. 알아맞히려고 갖가지 분별을 반복해 보아도 결국은 이룰 수 없다는 말이다.

> 설화

- 말라 죽은 나무는~꽃을 피운 듯하네 : 본체 속에 작용이 있다.
- 죽통을 쳐서~동아인 듯이 씹는다 : 작용 속에 본체가 있다. 또한 죽통은 둥근 모양이다.
- 눈을 얼려 두었다가 동아인 듯이 씹는다 : 같은 색이라는 뜻이다.[44] 곧 이를 가리켜 '높고 드넓은 하늘이 비친 가을 강물 위로, 외딴 들오리가 노을과 어울렸네.'라고 할 만하다. 이는 같은가, 다른가?[45]
- 한 짐을 짊어지고~더욱 어리석어졌다 : 흙탕물을 뒤집어쓴 것과 같으니 허물이 적지 않다는 뜻이다.
- 나, 상부祥符는~흑백은 분명히 가려내야 한다 : 더욱 향상하는 본분사가 요구된다는 뜻이다.
- 생철로 소머리를 주조하여~갈퀴를 끌게 하니 : 앞서 말한 설당의 뜻을 가리키는 말이다.
- 지혜로운 자는~괴이하게 여길 것이다 : 지혜로운 자는 그럴 수 있다고 수긍하는 이야기이지만, 어리석은 자는 수긍하지 못하는 이야기라는 말이다.
- 예로부터 지금까지 몇 백 년의 세월 동안 : 세존으로부터 설당에 이르기까지 얼마나 오랜 세월이 흘렀는가라는 탄식조의 말이다.
- 또다시 귀문鬼門에서 거듭 점을 치는구나 : 석가노자가 이미 귀문에서 점을 쳤는데 설당이 다시 점을 쳤기 때문에 '또다시(更)', '거듭(重)'이라

---

[44] 동아와 얼린 눈은 엄연히 다르지만 그 색은 흰색으로 같다. 동아의 표면은 흰 가루나 털로 덮여 있다. 이 때문에 바로 아래에서 '같은가, 다른가?'라고 물음을 던졌다.
[45] 죽통 소리와 거문고의 공명 소리, 얼린 눈과 흰색의 동아, 푸른 하늘과 그것이 비친 강물, 날아가는 들오리와 어울려 나란히 가라앉는 저녁노을 등의 짝이 하나인지 서로 다른 둘인지를 물었다. 하나라고 하자니 질이 전혀 다르고, 다르다고 하자니 한가지 색이요 동일한 풍경 속에 한 덩어리로 어울려 있다. 어느 편으로도 단정하기 불가능한 그대로 이 질문이 질문으로 남아 있는 한에서 선어禪語로서의 묘미가 있다.

한 것이다. 그러나 '귀문에서 점을 친다'는 말은 정확히 알 수 없고, 재앙을 없애고 복을 부르는 뜻이라 생각된다.
○ 석가노자께서 오셔서~라고 말씀하는구나 : 첫 번째 구절의 소식을 말한다. 이것이 '흑백을 분명하게 가려내야 한다.'라고 한 뜻이다. 일찍이 설당의 말에서 벗어난 적이 없으니 이것이 '양민을 억눌러 천민을 만들려는 의도는 없다.'라고 한 뜻이다.

密菴 : 枯[1]樹至作花者, 體中有用也. 擊筒至冬瓜者, 用中有體也. 又筒卽圓也. 蘸雪喫冬瓜者, 一色也, 則可謂之長天秋水孤落鶩霞, 是一耶是二耶? 擔得一擔至顢頇者, 似乎拖泥帶水, 漏逗不少也. 祥符不是至分明者, 更要向上事也. 生鐵至拽杷[2]者, 前雪堂意也. 智者至愧差者, 智者所肯, 愚人所不肯也. 古往至百年者, 夫自世尊時, 至雪堂中間, 幾百年也. 更向至貼卦者, 釋迦老子, 已是向鬼門貼卦, 雪堂又貼卦, 故云更重也. 然鬼門貼卦未詳, 意禳災招福也. 釋迦至收虎尾云云者, 第一句中消息也. 此爲要分辨緇素也. 未嘗離於雪堂語, 此爲不是壓良爲賤也.

―――――――――
1) ㉠ '枯'가 병본에는 '拈'으로 되어 있다. 2) ㉠ '杷'가 병본에는 '把'로 되어 있다.

48칙 원각가람 圓覺伽藍

본칙 『원각경』의 말씀이다.[1] "크고 원만한 깨달음을 나의 가람으로 삼으니, 몸과 마음이 편안히 평등성지平等性智에 머문다."

圓覺經云, "以大圓覺爲我伽藍, 身心安居平等性智."

설화

● 소疏에서 말하였다.[2] "가람[3]은 중원衆園이라 한역한다. 동산(園)은 대중(衆)이 머무는 곳을 나타낸다. '원만한 깨달음'은 수많은 공덕이 의지하는 근거로서 팔식八識이라는 바다가 맑게 흘러들고 고요한(寂滅) 그 본체가 법계 어디에나 골고루 퍼져 있기 때문에 '크다(大)'는 이름을 붙인다. 네 가지 지혜[4] 중에서 원만한 거울과 같이 비추는 지혜(大圓鏡智)가 그것이다. '몸과 마음이 편안히 머문다.'라는 말에서 '몸'은 오식五識[5]이 의지하는 근거이면서 색근色根이 발생하는 근거이기도 하며, '마음'은 의식意識(제6식)이다. 오식으로 대상(塵)을 받아들이면 의식이 분별함으로써 마음(8식)의 바다를 물들이며 흔들어 그에 따라 파도가 일어나므로 '편안하다'고 하지 않는다. 이제 의식에 분별이 없고 오식도 대상을

---

1 『圓覺經』(大17, 921a23).
2 규봉 종밀의 『圓覺經略疏』 권하(大39, 572c7).
3 가람伽藍 : ⓢ saṃghārāma, ⓟ saṅghārāma, ārāma의 줄인 음사어. 온전한 음사는 승가람마僧伽藍摩이고, 승가람僧伽藍 또는 아람阿藍 등이라고도 한다.
4 네 가지 지혜(四智) : 대원경지大圓鏡智·평등성지平等性智·묘관찰지妙觀察智·성소작지成所作智. 팔식의 오염을 바꾸어 성취하는 지혜 곧 전식득지轉識得智를 말한다. 제8식第八識은 대원경지가 되고, 제7식第七識은 평등성지가 되며, 제6식第六識은 묘관찰지가 되고, 전5식前五識은 성소작지가 된다.
5 오식五識 : 안이비설신眼耳鼻舌身 등 다섯 가지 감각기관인 오색근五色根에 의지하여 일으키는 안식眼識 등 다섯 가지 인식이다. 전5식前五識이라 한다.

제멋대로 받아들이지 않는 이상 의식의 물결이 영원히 고요해져 본체와 하나가 되므로 '편안하다'고 한다. 몸(전5식)이 편안하기 때문에 성소작지成所作智이고, 마음(의식)이 편안하기 때문에 묘관찰지妙觀察智이다. '평등성지'란 무엇인가? 이전에는 네 가지 번뇌[6]와 상응하여 아뢰야식의 종자들을 헤아리며 자기 안에 있는 자아라고 착각한 결과 평등한 이치 중에서 불평등한 견해를 일으켰다. 이제 인식 대상(8식의 종자)의 성품이 고요하고 그것을 인식하는 주체인 제7식도 스스로 하나가 되어 한결같은 성품이 모두 동일하므로 평등한 이치가 된다."

● 다른 설에 따르면 제6식과 제7식의 허물은 수행 과정에서 바뀌고(轉識) 전5식과 제8식의 허물은 깨달음의 결과를 성취하고서 사라진다고 한다. 하지만 이 경전은 돈교頓敎를 종지로 삼기 때문에 먼저 제8식을 바꾸면 전5식과 제6식과 제7식은 바꾸지 않아도 저절로 바뀐다고 설한 것이다.

[伽藍] 疏云, "伽藍者, 此云衆園. 園是衆居處故. 圓覺卽萬德所依, 以八識海澄淸流注, 寂滅體遍法界故, 得名爲大. 於四智中, 卽圓鏡智也. 身心安居者, 身卽五識所依, 色根所發故, 心卽意識. 以五識取塵, 意識分別, 熏動心海, 波浪從生, 故不名安. 今旣意無分別, 五不妄緣, 識浪永寂, 與體一如, 故名安也. 身安故, 成所作智; 心安故, 妙觀察智. 平等性智者, 比[1]以四惑相應, 妄計賴耶, 爲自內我, 於平等理中, 起不平等見. 今旣所緣性寂, 能緣七識自如, 如性皆同, 故平等義也." 他處則六七因中轉, 五八果上亡, 此經是頓敎當宗故, 先轉第八, 而五六七識, 不轉而自轉.

---

6 네 가지 번뇌(四惑) : 사번뇌四煩惱라고도 한다. 제7식인 말나식末那識([S] manas)에서 일으키는 네 가지 근본번뇌인 아치我癡·아견我見·아만我慢·아애我愛를 말한다. 제7식은 아집我執의 근거지로서 제8식의 종자를 아我와 아소我所로 물들여 자타를 차별하는 불평등을 일으키는데, 이것이 정화되어 바뀌면 평등성지가 된다.

1) ㉡『圓覺經略疏』권하(大39, 572c15)에는 '比'가 '此'로 되어 있으나 '比'가 옳다.

● 선의 이치로 보자면, '크고 원만한 깨달음을 나의 가람으로 삼는다.'라고 한 말은 "아는 작용(知)과 고요한 본질(寂)이 다르지 않은 하나의 마음으로써 공空과 유有를 모두 융합하는 중도와 하나가 된다."[7]라는 뜻일까? 이는 교학의 이치와 같아서 여전히 인식 주체와 대상의 차별을 떠나지 못했다. 차라리 "구슬은 스스로 지니고 있는 빛으로 다시 구슬 자신을 비춘다."[8]라고 말하는 것만 못하다. 이 말도 자취를 털어 낸 것일 뿐, 교학의 이치에서 벗어나지는 못했다. 그러나 이것을 벗어나서 별도로 구해도 또한 옳지 않다.

● 옛사람이 말하였다.[9] "이는 바로 여래의 크고 원만한 깨달음이니, 하나의 그 무엇도 지우고 고칠 만한 것은 결코 없다. 처마에 기댄 산 빛이 구름과 맞닿아 더욱 푸르고, 울타리 벗어난 꽃가지는 이슬 맞아 한층 향기롭구나."라고 하였다. 또한 "확 트여 어디에나 퍼진 무수한 세계가 온통 성스러운 가람이요, 눈에 가득 찬 문수보살과 이야기를 나눈다네. 말 듣자마자 부처의 눈을 뜨고 보지 못하고서, 고개 돌려 푸른 산만 바라보는구나."[10]라고 하였다. 이미 원만한 깨달음을 나의 가람으로

---

7 『景德傳燈錄』권30 「五臺山鎭國大師澄觀答皇太子問心要」(大51, 459c9). 지知와 적寂은 각각 혜慧와 정定에 상응한다. 바른 선정禪定에서 이 두 가지가 하나로 어울리는 경계가 실현된다. 지눌知訥이 『修心訣』(大48, 1008a7)에서 "정定이 곧 혜慧이므로 고요하면서도 항상 아는 작용이 있고, 혜가 곧 정이므로 아는 작용을 하면서도 항상 고요하다.(定則慧故, 寂而常知 ; 慧則定故, 知而常寂.)"라고 한 말이 이렇게 이상적인 선정의 경지를 나타낸다.
8 규봉 종밀의 『圓覺經大疏』권중1(卍14, 343a2)에 나오는 구절로 전후의 맥락은 다음과 같다. "본체와 떨어지지 않은 지혜로써 다시 마음의 본체를 비춘다. 이치를 들어 보이고 지혜를 거두어들이면 본체를 비추는 그대로 고요하고, 지혜를 들어 보이고 이치를 거두어들이면 고요하지만 항상 비춘다. 마치 하나의 밝은 구슬과 같으니, 구슬은 스스로 지니고 있는 빛으로 다시 구슬 자신을 비추는 것이다.(以卽體之智, 還照心體. 擧理收智, 照體卽寂 ; 擧智收理, 寂而常照. 如一明珠, 珠自有光, 還照珠矣.)"
9 옛사람은 남명 법천南明法泉이며, 인용문은 『證道歌頌』(卍114, 873b1)의 구절이다.

삼았다면 몸 전체와 마음 구석구석이 모조리 그 자리에서 편안하고 즐거울 것이다. 이것이 바로 평등성지(性智)를 완성하여 진여와 망념이 평등한 경지이다.

禪義者, 以大圓覺爲我伽藍者, 以知寂不二之一心, 契空有雙融之中道耶? 猶是敎義, 未離能所. 不如道, "珠自有光, 光還自照." 此亦拂迹而已, 未出敎義. 然離此外別求, 又却不是. 古人云, "卽是如來大圓覺, 更無一物可雌黃. 倚簷[1]云云." 又云, "廓周沙界聖伽藍, 滿目文殊接話談[2]云云." 旣以圓覺爲我伽藍, 則全身全心, 當下安樂, 卽成性智, 眞妄平等矣.

1) ㉓ '倚簷' 이하 생략된 원문은 다음과 같다. "……山色連雲翠, 出檻花枝帶露香."
2) ㉓ '滿目文殊接話談' 이하 생략된 원문은 다음과 같다. "言下不知開佛眼, 迴頭只見翠山巖."

자수첩의 송 資壽捷[1]頌

원만하게 밝고 진실한 깨달음엔 번성도 쇠퇴도 없으니	圓明眞覺絶榮枯
높거나 낮거나 만물은 하나의 길에 놓여 있다네	萬彙高低處一途
산봉우리의 돌인형은 철마에 올라타고 있는데	嶺上石人騎鐵馬
먼지에 묻힌 풀강아지[11] 금까마귀(태양) 보고 짖는구나	塵中芻狗吠金烏
드넓은 바다에 회오리 일어 천 길 파도 치솟고	風迴巨海千波峻
아득한 하늘 편편이 흩어진 구름 사이로	雲斷長天片月孤

10 본서 1436칙 '명초의 송' 참조. 『廣淸凉傳』 권중 「無著傳」(大51, 1111c22).
11 풀강아지(芻狗) : 짚풀로 엮어 만든 강아지. 고대에 제사를 지낼 때 쓰였다. 쓰고 나서 버리기 때문에 무가치한 존재를 비유하는 말로 쓰인다. 『老子』, "천지는 어질지 않아서 만물을 풀강아지처럼 여기고, 성인은 어질지 않아서 백성을 풀강아지처럼 여긴다.(天地不仁, 以萬物爲芻狗 ; 聖人不仁, 以百姓爲芻狗.)"

조각달만 밝다

　홀로 앉아 쓸쓸히 깊은 밤 마주하고 있노라니　　　獨坐寥寥向深夜

　드문드문 들리던 빗방울이 뜰의 오동나무에　　　又聞踈雨落庭梧
떨어지네

1) ㉱ '揀'은 '捷'의 오기이다.

설화

○ 원만하게 밝고~하나의 길에 놓여 있다네 : 두 경계가 평등하다.
○ 산봉우리의 돌인형은 철마에 올라타고 있는데 : 증득한 다음 교화를 일으킨다.[12]
○ 먼지에 묻힌 풀강아지 금까마귀(태양) 보고 짖는구나 : 교화를 거두어 증득으로 돌아간다.[13]
○ 드넓은 바다에 회오리 일어 천 길 파도 치솟고 : 교화의 작용만 드러냈다.
○ 아득한 하늘 편편이 흩어진 구름 사이로 조각달만 밝다 : 증득만 드러냈다.
○ 홀로 앉아~뜰의 오동나무에 떨어지네 : 다만 일상에서 보고 듣는 현상을 드러냈다.

資壽 : 圓明至一途者, 二際平等也. 嶺上至馬者, 從證起化也. 塵中至烏者, 收化歸證也. 風回¹⁾至峻者, 但明化也. 雲斷至孤者, 但明證也. 獨坐至庭梧者, 但明日用見聞地事也.

1) ㉵ '回'가 병본에는 '廻'로 되어 있다. ㉱ 통용자이므로 이하에서는 교감주를 붙이지 않는다.

---

12 산봉우리의 돌인형은 '높은' 증득의 경지를 나타내며, 이것이 철마를 타고 '낮은' 곳으로 내려오는 것을 교화의 작용으로 본 해석이다.
13 속진俗塵의 먼지에 묻혀 있다가 하늘 '높이' 뜬 태양을 지향하는 것으로써 앞의 구절과 대구로 배치하였다.

원오 극근圜悟克勤의 송 圜悟勤頌

터럭만 한 자취도 남기지 않고	毫髮不留
종횡으로 자유롭게 움직인다네	縱橫自由
경계 밖으로 하늘과 땅 활짝 트였으니	闠外乾坤廓落
온통 감싼 우주[14]에서 편히 노닐리라	大方無外優游
분명하게 조불의 뜻이 나타나 있으니	明明祖佛意
분명하게 드러난 갖가지 현상이네[15]	明明百草頭
의심의 그물 벗겨 버리고	褫破狐疑網
애욕의 물결 끊어 버렸네	截斷愛河流
설령 하늘 돌리는 힘 있더라도	縱有迴天力
그 자리에서 쉬는 것만 하리오	爭如直下休
사방으로 트인 길에 발가벗고 있으니	四衢道中淨躶躶
그것은 풀어놓은 위산의 물소로구나[16]	放出潙山水牯牛

---

14 모든 것을 포괄하여 그것을 벗어난 것이 없는 무궁한 우주를 형용한다.

15 분명하게 조불의~갖가지 현상이네 : 방거사龐居士와 그 딸 영조靈照의 문답에 나오는 구절. '조불祖佛'은 원래 '조사祖師'로 되어 있다. 온갖 풀(百草)은 번뇌 망상으로 뒤덮인 모든 현상을 나타낸다. 번뇌 망상의 세계 자체와 조사의 근본적인 뜻이 다르지 않다는 말이다. 하지만 이 뜻 그대로 이해하면 안 되고 이것을 벗어나서도 안 되는 하나의 빗장이 걸린 화두이다.『龐居士語錄』(卍120, 61b3), "방거사가 하루는 앉아 있다가 영조에게 물었다. '옛사람이「분명하게 드러난 온갖 현상에 지극히 분명하게 조사의 뜻이 나타나 있다.」라고 말하였다. 어떻게 생각하느냐?' '노숙하고 당당하신 분께서 겨우 이런 말씀이나 들먹이시는군요.' '너라면 어떻게 말하겠느냐?' '분명하게 드러난 온갖 현상에 지극히 분명하게 조사의 뜻이 나타나 있습니다.' 이에 방거사가 웃었다.(居士一日坐次, 問靈照曰, '古人道,「明明百草頭, 明明祖師意.」如何會?' 照曰, '老老大大, 作這箇語話.' 士曰, '你作麼生?' 照曰, '明明百草頭, 明明祖師意.' 士乃笑.)" 본서 309칙 본칙 참조.

16 그것은 풀어놓은 위산의 물소로구나 : 죽어서 물소가 되어 신도의 빚을 갚겠다는 위산 영우潙山靈祐의 말. '온갖 현상에 분명하게 드러난 조불의 뜻'과 통한다.『潙山靈祐語錄』(大47, 581c25), "위산이 법좌에 올라앉아 말하였다. '노승은 죽은 뒤에 산 아래에서 한 마리 물소로 태어날 것이다. 왼쪽 옆구리에는「위산승모갑潙山僧某甲」이라는 다섯 자가 씌어 있을 것이다. 그때에「위산의 스님!」하고 부르면「물소요.」라고 답할 것

> 설화

○ 터럭만 한 자취도 남기지 않고 : 행위의 흔적을 남기지 않아 더듬어 찾을 수 없다.
○ 종횡으로 자유롭게 움직인다네 : 근본 작용을 종횡으로 펼쳐도 어디서나 자유롭다.
○ 경계 밖으로~갖가지 현상이네 : 근본 작용을 깊이 있게 밝혔다.
○ 의심의 그물 벗겨 버리고 애욕의 물결 끊어 버렸네 : 일정한 법도에 얽매이지 않는다. '의심(狐疑)'이란 원인과 결과라는 분별에 떨어지는 지견知見이고, '애욕의 물결(愛河流)'이란 중생의 번뇌를 야기하는 원인과 그 결과이다.
○ 설령 하늘 돌리는 힘~쉬는 것만 하리오 : 머리를 굴리며 분별해서는 안 되고 반드시 그 자리에서 모든 작용을 그치고 쉬어야 한다. 그런 뒤에 사람과 다른 존재(異類)가 되어 산다면, 위산潙山의 스님이라고 부를 수도 없고 물소라고 부를 수도 없을 것이다.[17] 만약 물소라고 부른다면 깨끗이 씻은 알몸과 같이 다 드러날 것이요, 만약 물소라고 부르지 않더라도 사방으로 트인 길에 자신을 보이고 있는 것을 어쩌랴?

圓悟 : 毫髮不留者, 不留朕迹, 摸搚不着也. 縱橫自由者, 大用縱橫, 隨處自由也. 闌外至百草頭者, 深明大用也. 褫破至河流者, 不存軌則. 狐疑, 不[1])落因果知見也. 愛河流, 衆生煩惱因果也. 縱有至下休者, 不得回頭轉腦, 直

이요, 「물소야!」하고 부르면 「위산 스님 아무개.」라 답할 것이다. 도대체 무엇이라고 불러야 하겠는가?' 앙산이 나와서 절을 올리고 나갔다.(師上堂云, '老僧百年後, 向山下, 作一頭水牯牛. 左脇下書五字云, 潙山僧某甲. 當恁麽時, 喚作潙山僧, 又是水牯牛 ; 喚作水牯牛, 又是潙山僧. 畢竟喚作甚麼卽得?' 仰山出禮拜而退.)" 남전 보원南泉普願도 이와 같은 말을 남겼다. 모두 이류중행異類中行의 소식을 나타낸다. 본서 204칙 '해인초신의 송' 마지막 구절 참조.
17 위의 주석 참조.

須當下休歇也. 然後, 向異類中行, 喚作溈山僧不得, 喚作水牯牛不得也.
若喚作水牯牛, 淨裸裸²⁾赤洒洒; 若不喚作水牯牛, 爭奈四䮓道中?

1) ㉺ '不'은 잘못 첨가된 글자이다. 2) ㉺ '裸裸'가 병본에는 '躶躶'로 되어 있다.

혼성자의 송 混成子頌

오랜 겁 동안 도끼라곤 없었으나[18]	積劫無斤斧
참된 기틀 이미 본래부터 견고했다네	眞機已自牢
법당에는 문과 창이 다 열렸고	殿堂開戶牖
논밭에는 실오라기 하나 없다네	田地絶絲毫
법좌의 법은 텅 비고 오묘하며	牀座法空妙
담장의 지혜는 아득히 높구나	垣牆智仞高
주지는 누구와 더불어 늙을까	住持誰共老
가사 입은 대중과 겨우 섞였네	贏得混方袍

[설화]

○ 주요한 뜻은 원만한 깨달음 자체가 가람이라는 말이다.
○ 오랜 겁 동안~실오라기 하나 없다네 : 애써 도끼질하여 만들지 않고 본래부터 자연스럽게 이루어졌다. 기틀의 기機는 아마도 기基 자로 짐작된다. '법당'은 본체이고 '문과 창'은 작용이며, '실오라기 하나 없다'는 말은 작용 그대로 본체라는 뜻이다.

---

18 도끼라곤 없었으나(無斤斧) : 나무꾼이 도끼를 필수의 도구로 삼듯이 선사가 지니는 결정적인 방편이나 수단을 상징한다. 어떤 수단도 부릴 필요가 없이 완벽하게 진실이 구현되어 있어 손을 댈수록 어긋나는 경지를 말한다. 제2구와 연결된다. 『頌古聯珠通集』 권34(卍115, 437b7), "목평은 본래 도끼라곤 없었으니, 생살에 어찌 뜸을 떠 상처 내랴! 서래西來의 딱 들어맞는 뜻 곧바로 가리키니, 돌양의 머리는 동쪽을 바라본다고 하누나.[조각 상충照覺常總의 송](木平本自無斤斧, 好肉那堪著灸瘢! 直指西來親切意, 石羊頭子向東看.【照覺總】)"

○ 법좌의 법은 텅 비고 오묘하며 : 모든 법이 텅 비고 고요하다는 뜻이다.
○ 담장의 지혜는 아득히 높구나 : 지혜가 어디에나 빽빽이 들어찼다.
○ 주지는 누구와 더불어 늙을까 : 내가 주지인데 누가 나와 더불어 늙도록 살 것인지 생각한 것이다.
○ 가사 입은 대중과 겨우 섞였네 : 분에 넘치는 가사를 입고 청정한 대중과 섞이면 아무도 함께 살지 않을 것이다.

混成 : 大義, 圓覺伽藍也. 積劫無斤斧云云者, 不勞斤斧, 本自天成也. 機疑是基字. 殿堂卽體, 戶牖卽用, 絕絲毫, 用卽體也. 牀座法空妙者, 諸法空寂之意也. 垣墻智仞高者, 智周密也. 住持誰共老者, 我爲住持, 誰與我共老也. 贏得混方袍者, 濫着方袍, 混于淸衆, 則無人共住也.

보림본寶林本의 상당

"90일 동안의 하안거가 오늘로 첫날을 맞이하는데[19] 중국과 인도에서 나란히 이 제도를 함께한다. 모든 성인의 뜻을 따져 보면 그 또한 다른 목적이 없으니, 첫째는 중생을 보호하고 아끼기 위한 것이고, 다음은 성스러운 법을 닦고 익히기 위한 것이다. 그러므로 정진하는 자들은 용맹하게 부지런히 닦아 이 기간에 많이들 깨달음을 얻는다. 만약 큰마음을 가진 개사開士[20]라면 보살의 수레에 걸터앉아 '크고 원만한 깨달음을 나의 가람으로 삼으니, 몸과 마음이 편안히 평등성지에 머문다.'라고 말할 것이다.

---

19 하안거는 보통 음력 4월 16일부터 7월 15일까지 90일이기 때문에 4월 16일의 상당법문이다.
20 개사開士 : 깨달음의 바른 길을 '열어(開)' 중생을 인도하는 '사부士夫'라는 뜻. 보살菩薩(Ⓢ bodhisattva)의 한역어.『翻譯名義集』권1(大54, 1060b24), "안혜安惠 법사는 '개사는 시사始士'라고 하였다. 형계는 이 말에 대하여 '마음이 처음 열린다(開)는 뜻이며, 처음으로(始) 마음을 일으킨다는 뜻이다.'라고 풀었다.(安師云, '開士, 始士.' 荊溪釋云, '心初開故, 始發心故.')"

여러분에게 묻겠다. 가람 그리고 몸과 마음은 한 가지인가, 서로 다른 두 가지인가? 만약 한 가지라고 하더라도 주관과 대상이 뚜렷이 갈라질 것이며, 두 가지라고 한다면 마음 밖에 법이 있는 결과가 된다. 이 문제를 처리할 사람 있는가? 이것을 밝힌다면 삼세의 부처님들과 함께 안거하고 결코 다른 지역에 멀리 떨어져 있는 일은 없겠지만, 만일 아직 밝히지 못했다면 하루 중 어느 때에든 자세히 궁구해야만 한다."

寶林本上堂云, "九旬休夏, 此日爲初, 東土西天, 並同斯制. 原諸聖意, 其亦無他, 一爲護惜舍生, 次爲修習聖法. 然精進之者, 勇猛勤修, 於此期中, 多獲果證. 若是大心開士, 踞菩薩乘, 便云, '以大圓覺, 〈至〉平等性智.' 敢問諸人. 只如伽藍與身心, 是一是二? 若言是一, 又能所歷然 ; 若言是二, 則心外有法. 還有人定當得麽? 於此明得, 便與三世諸佛, 同處安居, 更無異域 ; 如或未明, 十二時中, 切須字細."

[설화]

○ 가람 그리고 몸과 마음은 한 가지인가, 서로 다른 두 가지인가? 한 가지도 아니고 두 가지도 아니며,[21] 안과 밖의 구별도 없다.

寶林義, 伽藍與身心, 是一是二? 非一非二, 亦非內外也.

---

21 『萬法歸心錄』 권중(卍114, 813a9), "'진심과 본성은 한 가지인가, 두 가지인가?' '한 가지도 아니고 두 가지도 아니다.' '무엇을 가리켜 한 가지도 아니라 하는가? 또 무엇을 가리켜 두 가지도 아니라 하는가?' '본성은 체體이고 진심은 용用이며, 본성은 거울과 같고 진심은 거울의 빛과 같다. 빛은 거울을 떠나지 않고 거울은 빛을 떠나지 않는다.' (問, '眞心本性, 是一是二?' 師曰, '非一非二.' 問, '云何非一? 云何非二?' 師曰, '本性是體, 眞心是用, 本性如鏡, 眞心如光. 光不離鏡, 鏡不離光.')"

곤산 찬원崑山贊元의 상당

"시간은 신속하게 흘러 찰나 찰나 멈추지 않는다. 3월이 막 가는가 싶더니 모르는 결에 4월이 벌써 반이 지났구나. 오늘(4월 16일)은 우리 부처님께서 제도를 세운 날이며 대중이 도를 닦을[22] 때이니 성인이건 범부이건 안거할 장소를 함께 나눈다. 덕 높은 수행자들이여! 세존께서 '크고 원만한 깨달음을 나의 가람으로 삼으니, 몸과 마음이 편안히 평등성지에 머문다.'라고 말씀하셨다." 주장자를 집어 들고서 말하였다. "이것이 바로 가람이다. 시방의 부처님들과 역대의 조사들 그리고 천하의 노화상들이 모두 여기에 계시다. 여러분은 보았는가? 설령 보았다고 해도 이 또한 닻줄을 붙들어 매어 놓고 배를 띄우려는 꼴이다. 세존께서 말씀하실 좋은 기회를 잃어버린 이상 나, 성수도 손해를 보지 않을 수 없구나. 왜 그런가? 선조가 당대에 할 일을 다 마치지 못하면, 그 재앙이 후손에게 미치기 때문이다.[23]" 주장자를 선상에 세웠다.

崑山元上堂云, "時光迅速, 念念不停. 方見三月將殘, 不覺四月已半. 是我

---

22 도를 닦을(嚴道) : 엄도嚴道는 도를 장엄하다 또는 도를 닦는다는 뜻이다. 『華嚴經探玄記』 권17(大35, 433c3), "도를 장엄한다는 말(莊嚴道)은 도행을 닦아 서로 의지하며 꾸며 주기 때문에 붙여진 이름이다.(莊嚴道者, 謂修道行, 互相交飾, 故名也.)"
23 선조가 당대에~미치기 때문이다 : 경전의 그 말씀도 결론이 난 것이 아니기 때문에 곤산이 이렇게 한 말도 그와 똑같이 결정적인 해답을 주어 종결하는 형식이 아니다. 선조인 부처님께서 당대에 모두 마치셨다면 곤산도 그 말씀을 그대로 따르기만 하면 되겠지만 그렇지 않다는 뜻이다. 경전을 수용하는 조사선의 방식이 드러난다. 『宏智廣錄』 권1(大48, 18a7)에 "석가께서는 세상에 출현하면서 자신의 본의를 굽히고 남의 사정을 따랐고, 달마는 서쪽에서 오면서 양민을 억눌러 천민 신분으로 떨어뜨렸다. 석가께서 가사를 가섭에게 전한 것은 옳은 듯하지만 틀렸고, 달마가 법을 신광에게 부촉한 것은 무無를 유有로 여겼던 착각이었다. 다만 선조가 당대에 할 일을 다 마치지 못하였기 때문에 그 재앙이 후손에게 미치도록 하였을 뿐이다.(釋迦出世, 屈己徇人 ; 達磨西來, 壓良爲賤. 衣傳迦葉, 似是而非 ; 法付神光, 將無作有. 祇爲祖禰不了, 致令殃及兒孫.)" 석가와 달마의 주요한 행적에 누구나 아는 그 확고한 소식은 전혀 없고 다양한 비판으로 개방되어 있다.

佛垂制之日, 衆僧嚴道之時, 或聖或凡, 共同安處. 諸高德! 世尊道, '以大
圓覺, 〈至〉安居.'" 師拈起拄杖云, "者箇是伽藍. 十方諸佛, 諸代祖師, 天下
老和尙, 摠在者裏. 諸人還見麽? 直饒見得, 亦是把纜放船. 世尊旣落便宜,
聖壽未免失利. 何也? 相¹⁾禰不了, 殃及兒孫." 以拄杖卓禪牀.

1) ㉯ '相'은 '祖'의 오기이다.

[설화]

○ 주장자를 집어 들고서 '~천하의 노화상들이 모두 여기에 계시다. 여러
분은 보았는가?'라 묻고 이어서 한 말 : 만약 이 안[24]에서 살림을 차리
고 살듯이 궁구한다면 온전히 아는 것이 아니다.

崑山 : 拈起柱杖, 至在這¹⁾裏諸人云云者, 若向這裏作活計, 便不是了也.

1) ㉮ '這'가 '곤산 찬원의 상당' 원문에는 '者'로 되어 있다. ㉯ 통용자이므로 이하에
서는 교감주를 붙이지 않는다.

황룡 오신黃龍悟新의 상당

어떤 학인이 물었다. "크고 원만한 깨달음을 나의 가람으로 삼는다는
말씀에서 가람은 부처님의 가람입니다. 화상의 가람은 어떤 것입니까?"
"더벅머리에 귀는 쫑긋이 솟았다."[25] "저는 잘 모르겠으니, 다시 방편의
말씀을 내려 주십시오." "크고 원만한 깨달음을 나의 가람으로 삼는다."

---

24 '이 안'이란 주장자로써 대신해 보여 준 '가람'을 가리킨다.
25 학인은 황룡 오신의 가람을 물었는데 황룡은 부처의 출산出山 모습으로 답하였다. 『東
坡全集』 권95 〈題王靄畫如來出山相贊〉, "더벅머리에 귀는 쫑긋이 솟은 그 모습, 무
엇을 따라 이곳에 왔던가? 푸른 눈동자에는 예리한 눈꼬리 달렸구나. 샛별 뜨기 전이
라 모든 집 잠들었는데, 외도와 천마는 여전히 악기를 연주하누나. 착각이니 그렇지
않느니 분별해서야, 어찌 그 이상이 없는 보리를 증득하여 등정각을 성취하랴?(頭髼鬆
耳卓朔, 適從何處來? 碧色眼有角. 明星未出萬家眠, 外道天魔猶奏樂. 錯不錯, 安得無上
菩提, 成等正覺?)"

"지금부터 결코 그 말씀을 의심하지 않겠습니다." "대단히 느리구나!" 황룡이 이어서 말하였다. "만일 누군가 90일 하안거를 바꾸어 만년과 통하게 한다면 만년이 곧 90일 하안거가 될 것이고, 누군가 만년을 바꾸어 90일 하안거와 통하게 한다면 90일 하안거가 만년이 될 것이다. 만년이 90일이요 90일이 만년이라면 긴 것을 짧은 것으로 바꾸고 짧은 것을 긴 것으로 바꾼 것이지만, 수의 크기에 떨어지지 않는 사람이 있다는 사실을 아는가? 이것을 안다면 크고 원만한 깨달음을 나의 가람으로 삼아 시방의 성현들이 여기에서 함께 안거하겠지만, 알지 못한다면 일 년에 한 번마다 묶는 끈도 없는데 스스로 속박하는 꼴이 될 것이다."

黃龍新上堂, 僧問, "以大圓覺爲我伽藍, 此是佛之伽藍. 如何是和尙伽藍?" 師云, "頭鬅鬆耳卓朔." 進云, "學人未曉, 乞師再垂方便." 師云, "以大圓覺爲我伽藍." 僧云, "從今日去, 更不疑也." 師云, "且緩緩!" 師乃云, "若人轉得九十日夏, 通於萬年, 萬年, 卽是九十日夏; 若人轉得萬年, 通於九十日夏, 九十日夏, 卽是萬年. 萬年九十日, 九十日萬年, 以長換短, 以短換長, 還知有不落數量者麼? 於此見得, 以大圓覺爲我伽藍, 十方聖賢, 同此安居; 若見不得, 一年一度, 無繩自縛."

설화

○ 더벅머리에 귀는 쫑긋이 솟았다 : 범부인지 성인인지 형상을 구분할 수 없는 바로 그 모습이 가람 안에 있는 사람이다.
○ 크고 원만한 깨달음을 나의 가람으로 삼는다 : 가람과 그 안의 사람 사이에 더 이상 두 번째 것은 없다.
○ 대단히 느리구나 : 비록 결코 의심하지 않는다 하더라도 대단히 느리다.
○ 만일 누군가 90일 하안거를 바꾸어~짧은 것을 긴 것으로 바꾼 것이지만 : 긴 것과 짧은 것이 가지런하고 평평한 관계라야 이것이 바로 수의

크기에 떨어지지 않는 것이다.
○ 이것을 안다면 : 속속들이 밝혀 의심이 남아 있지 않다.
○ 일 년에 한 번마다~스스로 속박하는 꼴이 될 것이다 : 조금도 움직일 도리가 없다.

黃龍 : 頭鬆鬆耳卓朔者, 是凡是聖, 形狀不得, 卽伽藍中人也. 以大圓覺爲我伽藍者, 伽藍與人, 更無第二也. 且緩緩者, 雖然更不疑, 大殺遲緩也. 若人轉得, 至以長換短[1]者, 長短齊平也, 此不落數量也. 於此見得者, 徹底無疑也. 一年一度, 無繩自縛者, 動誕[2]不得也.
─────
1) ㉙ '以長換短'이 아니라 '以短換長'이어야 맞을 듯하다. 2) ㉙ '誕'은 '彈'과 통한다.

49칙 능엄불견楞嚴不見

본칙 『능엄경』의 말씀이다.[1] "세존께서 아난에게 이르셨다. '내가 보지 않을 때 그대는 어찌하여 내가 보지 않는 곳을 보지 못하는가? 만약 내가 보지 않는 곳을 그대가 본다면 자연히 보지 않는다는 바로 그 특징은 아닐 것이요. 만약 내가 보지 않는 경지를 그대도 보지 않는다면 그것은 당연히 사물에 속하지 않을 것이니 어찌 그대 자신이 아니겠는가?'"

楞嚴經, "世尊謂阿難曰, '吾不見時, 何不見吾不見之處? 若見不見, 自然非彼不見之相 ; 若不見吾不見之地, 自然非物, 云何非汝?'"

설화

● 경전의 말씀이다.[2] "아난아! 멀거나 가까운 이 갖가지 사물의 속성이 비록 다르더라도 그것들은 모두 그대의 미세하게 보는 본성이 청정하게 보는 대상이다. 곧 모든 사물의 종류가 스스로 차별된 특수성이 있지만 보는 본성에는 다른 점이 없으니, 이 미세하고 묘하고 밝은 것(精妙明)이 진실로 그대의 보는 본성이다." 계환戒環은 이 경문을 다음과 같이 해석한다.[3] "이전에 아난이 '이것이 나의 진실한 본성인지 어떻게 압니까?'라고 질문한 것에 대하여 이것은 모든 대상 경계가 차별되지만 보는 작용에는 차별이 없다는 뜻을 드러내어 '차별이 없는 그것이 바로 그대의 진실한 본성이다.'라고 대답한 것이다. 이 진실한 본성이 거칠고 혼탁한 대상을 보고도 뒤섞여 물들지 않는 것은 미세한 속성

---

1 『楞嚴經』 권2 「四若章」(大19, 111c1).
2 이하에서는 본칙에 제시된 경문의 전후 맥락을 보여 주고 그에 대한 계환戒環의 해석을 붙였다.
3 『楞嚴經要解』 권3(卍17, 709a1).

(精)이요, 모든 차별과 관계해도 달라지지 않는 것은 묘한 속성(妙)이고, 멀거나 가까운 그 어떤 대상에 도달해도 동일하게 보는 것은 밝은 속성(明)이다. (다음으로) 네 번째는 보는 주체가 사물이 아닌 맥락을 분별한다.⁴"

[不見] 經云, "阿難! 是諸遠近, 諸有物性, 雖復差殊, 同汝見精, 淸淨所矚. 則諸物類, 自有差殊, 見性無殊, 此精妙明, 誠汝見性." 戒環解云, "前問云, '何得知是我眞性?' 此是¹⁾萬境差別, 見無差別, 無差別者, 卽汝眞性. 此之眞性, 攬²⁾矗濁而不染,³⁾ 精也 ; 涉萬殊而不異, 妙也 ; 極遠近而同矚, 明也. 四辨見非物."

1) ⓟ '是'가 『楞嚴經』 원문에는 '示'로 되어 있다. 2) ⓟ '攬'은 '覽'의 오기이다. 3) ⓟ '染'이 계환의 소에는 '雜'으로 되어 있으나 서로 통하는 글자이다.

● 경전의 말씀이다.⁵ "만약 보는 주체가 사물이라면 그대는 내가 보는 인식 자체도 볼 수 있을 것이다." 소疏⁶에서 이 경문을 해석한다. "사물이라야 볼 수 있다는 뜻이다. 이 단락은 위의 경문에서 '모든 사물이 그대 자신은 아니다.(咸物非汝)'라고 한 말씀을 대상으로 취하여 거듭 밝힌 것이다."

● 경전의 말씀이다. "만약 함께 동일한 대상을 보는 경우를 가리켜 '나를 본다.'고 한다면, 내가 보지 않을 때 그대는 어찌하여 내가 보지 않는 곳을 보지 못하는가?" 소에서 이 경문을 이렇게 해석한다. "함께 동일한 대상을 본다는 말은 대상 사물에 따르는 자취이고, 보지 않는다는 말은 대상 사물을 벗어난 본체이다. '나와 그대가 함께 동일한 사물을

---

4 바로 뒤에 이어지는 경문의 취지를 말한다.
5 위에서 이어지는 『楞嚴經』의 경문이다.
6 소疏 : 계환의 『楞嚴經要解』를 말한다.

볼 경우 이것이 바로 내가 보는 인식 자체를 그대가 보는 것이다.'라고 잘못 생각하기도 하지만, 이는 보는 자취일 뿐이다. 내가 사물을 벗어나서 보지 않는 바로 그때 그 본체는 어디에 있단 말인가? 어느 곳에서도 볼 수 없다면 그것은 틀림없이 사물에 속하지 않는 것이다."

經云, "若見是物, 卽汝亦可見吾之見." 疏云, "物則可見, 此攝¹⁾上'咸物非汝'之言, 重辨也." 經云, "若同見者, 名爲見吾, 吾不見之時, 何不見吾不見之處?" 疏云, "同見者, 依物之迹也, 不見者, 離物之體也. 若謂吾汝同見一²⁾物, 是見吾之見, 特迹而已. 當吾離物不見之時, 其體何在? 旣無處可見, 定是非物矣."

1) ㉠ '攝'이 『楞嚴經要解』에는 '躡'으로 되어 있다. 2) ㉯ '一'이 을본·병본에는 '二'로 되어 있다.

- 경전의 말씀이다. "만약 내가 보지 않는 곳을 그대가 본다면 자연히 보지 않는다는 바로 그 특징은 아닐 것이다." 소에서 이 경문을 이렇게 해석한다. "마음대로 분별한다는 뜻이다. 설령 망령된 생각으로 '내가 보지 않는 것을 볼 수 있다.'고 하더라도 결국은 보지 않는다는 그 특징은 아닐 것이라는 뜻이다. 보지 않는다는 그 특징은 눈으로 보는 작용으로 미칠 수 있는 경계가 아니기 때문이다."
- 경전의 말씀이다. "만약 내가 보지 않는 경지를 그대도 보지 않는다면 그것은 당연히 사물에 속하지 않을 것이니 어찌 그대 자신이 아니겠는가?" 소에서 이 경문을 이렇게 해석한다. "보는 작용 그 자체는 사물에 속하지 않는 이상 그것이 진실로 그대의 본성이라는 뜻이다."
- 경전의 의미는 보지 않는 그 경계가 바로 보는 주체의 미세하고 밝은 근원이라는 뜻이다. 이것을 인용하여 공안으로 삼은 이유는 보지 않는 그 경계 또한 그대로 보존하지 않기 위해서이다.

● 또한 "고불古佛⁷께서 나오시기 전부터, 뚜렷한 동그라미 하나 있었네. 석가도 오히려 알지 못했거늘, 가섭이 어찌 전할 수 있었으리오?"⁸라는 게송으로 본칙의 구절에 짝을 지우는 방법은 잘못이다. 공안에 대하여 염拈과 송頌을 다는 사람들에게 이런 도리는 없다.

● 무의자의 송

하늘과 땅 다 아울러도 막막하여 흔적 없고
본체는 허공과 같아서 한계라곤 전혀 없다네⁹
우습다, 남으로 북으로 내달리는 사람들이여

---

7 고불古佛 : 과거세에 출현한 일곱 부처님 곧 과거칠불過去七佛을 말한다. 석가모니불 이전의 먼 과거부터 이들 여러 부처님에 의해 불법이 전해져 왔으며, 비바시불毘婆尸佛·시기불尸棄佛·비사부불毘舍浮佛까지의 세 부처님은 헤아릴 수 없는 먼 과거인 과거장엄겁過去莊嚴劫에 출현하였고, 구류손불拘留孫佛·구나함모니불拘那含牟尼佛·가섭불迦葉佛까지의 부처님은 석가모니불과 같은 현겁現劫에 출현하였다고 한다. 본서 서문 주 68 참조.

8 자각 종색慈覺宗賾의 말.『從容錄』77則「評唱」(大48, 276a11), "천동 정각天童正覺이 자각 종색의『권효문』수편首篇에 나오는 '부모로부터 태어나기 이전부터, 뚜렷한 동그라미 하나(◯) 있었네! 석가도 알지 못했거늘, 가섭이 어찌 전할 수 있었으리오?'라고 한 게송을 들고 평가하였다. '14조인 용수보살이 법좌에서 몸을 숨긴 채 원상을 드러내자, 제바가「이는 존자가 부처님의 체상體相을 드러내어서 우리들에게 보이신 것이다. 이 무상삼매無相三昧의 형태가 마치 보름달과 같으니, 불성의 뜻은 막힘없이 트이고 밝구나.」라고 말하였다. 이는 바로 이 원상을 비유한 것이다.'(師擧, 慈覺勸孝文首篇頌云, '父母未生前, 凝然一相圓! 釋迦猶不會, 迦葉豈能傳?', '十四祖龍樹, 於法座上隱身現◯相, 提婆曰,「此尊者現佛體相, 以示吾輩也. 以此無相三昧形如滿月, 佛性之義, 廓然虛明.」譬此而已.')"

9 하늘과 땅~전혀 없다네 : 이상의 두 구절을 받아서 그 취지에 대한 자신의 이해를 드러낸 초의草衣의 계송繼頌 두 수가 다음과 같이 전한다.『草衣禪課』(『草衣禪師全集』, 亞細亞文化社, 1985, p.405), "하늘과 땅 다 아울러도 막막하여 흔적 없으니, 차라리 흔적 없는 그 속에서 대유大有와 섞이리라. 있는가 없는가 따위는 전혀 상관하지 않으니, 비 내린 뒤 가을 하늘은 씻은 듯 깨끗하구나.(該天括地杳無蹤, 却向無中混大有. 是有是無都不關, 秋空如拭雨過後.) 본체는 허공과 같아서 한계라곤 전혀 없으니, 무수한 국토의 수명 헤아리나 차이 많지 않노라. 본래부터 그 누가 그것과 함께하는 반려였던가? 때마침 허공에서 (보현보살이) 여섯 상아의 코끼리 끌고 오네.(體似虛空勿涯岸, 刹塵校壽不爭多. 從來是誰渠伴侶? 時向空中禦六牙.) 대유는 만물을 구성하는 근원 요소를 말한다.

자신의 눈을 크게 뜨고서도 보지 못하는구나

經云, "若見不見, 自然非彼不見之相." 疏云, "縱辨也. 縱使妄意, 謂能見吾不見者, 終自非是彼不見相, 盖彼不見相, 非見所及." 經云, "若不見吾不見之地, 自然非物, 云何非汝?" 解云, "見旣非物, 則眞汝性." 經義, 不見之處, 卽見精明元也. 引以爲話者, 不見之處亦不存. 又有, "古佛未生前, 凝然一相圓. 釋迦猶未會, 迦葉豈能傳?" 頌配之者, 非. 拈頌家無此義. 無衣子頌云,

該天括地杳無蹤, 體若虛空勿涯岸.
可笑馳南走北人! 大張已¹⁾眼還不見.

---
1) ㉭ '已'는 '己'의 오기이다.

설두 중현雪竇重顯의 송 雪竇顯頌

코끼리 온몸과 소 온몸 보았다 하나 백태 낀 눈은 마찬가지이니¹⁰	全象全牛翳不殊
예로부터 작가들도 모두 이름과 겉모양¹¹만 함께 나누었다네	從來作者共名模
이제 누런 머리의 노인(佛) 보려 하는가¹²	如今要見黃頭老
온 국토와 대상 하나하나에서 뒤져도 반밖에는 보지 못하리¹³	刹刹塵塵在半途

---

10 코끼리 온몸과~눈은 마찬가지이니:『碧巖錄』94則「著語」(大48, 217c13), "반쪽은 눈이 멀었다. 반은 뜨고 반은 닫았군. 울타리에 기대고 벽을 더듬어서 어쩌자는 것인지? 한칼에 두 토막 내어라.(半邊瞎漢. 半開半合. 扶籬摸壁作什麼? 一刀兩段.)"
11 이름과 겉모양(名模) : 명모名模는 명모名摸라고도 한다. 명막名邈이라고도 하는데 이는 명모名貌가 맞다. 물건이나 사람에게 이름을 붙이고 형상화하는 것을 가리킨다.
12 이제 누런~보려 하는가:『碧巖錄』94則「著語」, "돌! 이 오랑캐야! 그 눈먼 놈은 그대 발밑에 있다.(咄! 這老胡! 瞎漢在爾脚跟下.)"

> 설화

○ 코끼리 온몸 : 여러 맹인이 더듬는 코끼리의 각 부위는 코끼리의 온몸이 아니다.[14] 코끼리의 온몸을 보는 것이 바로 깨달음이다.
○ 소 온몸 : 백정이 소를 잡을 때에는 자연스럽게 소의 온몸을 분해하여 없앤다.[15] 여기서 소의 온몸이라 한 말은 미혹을 나타낸다.
○ 백태 낀 눈은 마찬가지이니 : 미혹과 깨달음을 구분하여 다르다고 생각지 마라. 그 모두가 눈 안에 낀 백태와 같기 때문이다. 그러므로 "예로부터 작가들도 모두 이름과 겉모양만 함께 나누었다네."라고 한다.
○ 이제 누런 머리의 노인(佛) 보려 하는가 : 비록 '티끌마다 국토마다 온통 여래'라 말하더라도 여전히 목적지의 도중에 있는 꼴이다. 그러므로 소의 온몸은 낱낱의 현상(塵)을 대상으로 삼는 망령된 견해를 나타내고, 코끼리의 온몸은 보는 주체의 미세하고 밝은 근원을 상징한다. 곧 (코끼리의 온몸은) 티끌마다 국토마다 모조리 여래의 미묘하고 청정하고 밝은 본체라는 뜻이다. 만약 누런 머리의 노인이 지나간 과정을 보고자 해도 묘하고 청정하고 밝은 본체는 여전히 목적지의 도중에 있는 꼴이거늘, 하물며 보는 주체의 미세하고 밝은 근원이야 말할 여지가 있겠는가! 또한 하물며 낱낱의 현상을 대상으로 삼는 망령된 견해야 말할 여지가 있겠는가!

---

13 온 국토와~보지 못하리 : 반은 일부의 진실을 본다는 뜻이 아니라 실상과 전혀 다른 존재를 나타낸다. 『碧巖錄』 94則 「著語」, "발밑에 있는데 못 보고 지나쳤다. 더 이상 산승에게 무엇을 말하라는 것이냐! 당나귀 해가 되면 꿈에서나 볼 수 있을까?(脚跟下 蹉過了也. 更教山僧說什麽! 驢年還曾夢見麽?)"
14 『長阿含經』 권18(大1, 128c1) 등에 나오는 비유. 본서 33칙 주 55 참조.
15 『莊子』 「養生主」에 나오는 이야기. 백정은 소를 잡아 살점과 뼈를 분해할 때 눈으로 보지 않고 신명으로 그 일을 한다고 말하였다. 백정은 소를 외형으로 보이는 소의 온몸으로 여기지 않고 칼날이 자유롭게 움직이는 뼈마디 사이의 빈틈을 본다고 한다. 따라서 앞의 코끼리 온몸을 보는 깨달음과는 달리 소의 외형적 온몸을 보는 것은 미혹이 된다.

雪竇 : 全象者, 衆盲摸象, 則非全象, 見全象則悟也. 全牛者, 包丁解牛, 自[1]) 無全牛, 今云全牛者, 迷也. 翳不殊者, 莫道迷悟, 眼中翳也. 故云, "從來作者共名摸"也. 如今至頭老者, 雖曰塵塵利利, 全是如來, 猶在半途.[2]) 然則全牛, 則緣塵妄見 ; 全象, 則見精明元也. 塵塵利利, 全是如來妙淨明體也. 若要見黃頭老行李處, 妙淨明體, 猶在半途, 況見精明元乎! 況緣塵妄見乎!

---

1) ㉡ '自'가 을본·병본에는 '目'으로 되어 있다.　2) ㉡ '途'가 병본에는 '道'로 되어 있다. ㉠ 통용자이므로 이하에서는 교감주를 붙이지 않는다.

백운 수단白雲守端의 송 白雲端頌

법당 앞 노주 오랫동안 아기 배었는데	堂前露柱久懷胎
성장하고 나니 그 아이 퍽 빼어나구나	長下孩兒頗俊哉
말을 알기도 이전에 시부터 지었으니	未解語言先作賦
한 번에 장원 자리 차지해 버리겠구나	一操便取狀元來

【설화】

○ 법당 앞 노주 오랫동안 아기 배었는데 : 보지 않는 경계에 어떤 방위에도 막히지 않는 활발한 작용이 있다는 뜻이다.

白雲 : 堂前至胎者, 不見之處, 有無方活用也.

천동 정각天童正覺의 송 天童覺頌

바다의 한 방울 물까지 말려[16]	滄海瀝乾

---

16 『直註天童覺和尙頌古』 권하 「著語」(卍117, 806a6), "단절되고 나니 본래부터 없었다.(絶之本無)"

거대한 허공 가득 채웠다네[17]	大虛充滿
납승 콧구멍 긴데[18]	衲僧鼻孔長
고불의 혀 짧구나[19]	古佛舌頭短
구슬 끈 굽이굽이 건널 때[20]	珠絲度九曲
베틀은 겨우 한 번 돈다네[21]	玉機纔一轉
지금 당장 만난다 한들 누가 그를 알아보리오	直下相逢誰識渠
이 사람이 어떤 짝도 맺지 않음 비로소 알겠네[22]	始信斯人不合伴

설화

○ 바다의 한 방울 물까지 말려 : 있는 그대로 없다는 말이다.
○ 거대한 허공 가득 채웠다네 : 없는 그대로 있다는 말이다.
○ 납승의 콧구멍은 움푹 파인 침통처럼 생긴 콧구멍이어서 특별히 장점이 많지 않음에도 굳이 길다고 하였으니 사실상 많은 종류의 장점이 있다는 뜻이다. 고불古佛은 면면히 대대로 이어져 온 고불이며, 그 혀는 광장설상廣長舌相[23]이어서 무수한 장점이 있음에도 굳이 짧다고 하

---

17 위의 책, "되살아나고 보니 본래부터 있었다.(甦之本有)"
18 위의 책, "스스로 알 수 있을 뿐이다.(只可自知)"
19 위의 책, "말로 미칠 수 없다.(非言可及)"
20 위의 책, "이리저리 꺾이고 굽으며 사람을 관통하는 것이 마치 구슬을 꿰는 개미와 같다.(屈曲於人貫通, 如穿珠之絲蟻.)" 구곡주九曲珠를 말한다. 구멍이 굽이굽이 구부러져 통과하기 어려운 보배 구슬(寶珠)이다.
21 위의 책, "향상의 깊은 이치만을 드러냈으니 날줄은 있으나 씨줄이 없는 것과 같다.(只明向上之玄, 如有經而無緯.)"
22 지금 당장~비로소 알겠네 : 위의 책, "당장에 알아차린다면 비로소 본래 하나의 무엇도 없음을 알 것이다.(若肯直下承當, 方知本無一物.)"
23 광장설상廣長舌相 : ⓢ prabhūtajihvatā, prabhūta-tanu-jihvatā, ⓟ pahuta-jivha. 삼십이상 중 하나. 넓고 길고 유연하며 붉고 엷으며 얼굴을 덮고 머리끝까지 이르는 부처님의 혀. 진실한 말을 하고 변설에 한계가 없어 대적할 상대가 없다는 뜻이 들어 있다. 거침없이 말을 잘하는 것을 가리키기도 한다. 80권본『華嚴經』권44(大10, 233a26), "이 보살은 모든 중생을 잘 관찰하여 광장설상으로 그들에게 법을 설해 준다. 그 목소

였으니 알고 보면 무수한 종류의 장점이 없다는 뜻이다.[24]
○ 구슬 끈 굽이굽이 건널 때 : 실을 넣었다 빼어 내고 실을 빼었다가 다시 넣듯이 종횡 어디로나 사방으로 트였다는 말이다.
○ 베틀은 겨우 한 번 돈다네 : 원만한 베틀을 말한다.
○ 지금 당장 만난다 한들~비로소 알겠네 : 홀로일 뿐 어떤 짝도 없으니 모색해도 찾지 못한다는 뜻이다. 오로지 보지 않는 곳만 이와 같은 것이 아니라 궁극의 경지도 이와 같다는 뜻이다.

天童:滄海瀝乾者, 有卽無也. 大虛充滿者, 無卽有也. 衲僧鼻孔, 則針筒鼻孔, 無許多而云長, 則有許多般也. 古佛則綿歷古佛, 舌頭則廣長舌相, 有許多而云短, 則無許多般也. 珠絲度九曲者, 絲來線去, 線去絲來, 縱橫十字也. 玉機云云者, 圓機也. 直下相逢云云者, 獨一無伴, 摸索不着也. 不見之處, 非獨如此, 究竟如是也.

리는 걸림이 없이 시방의 국토에 두루 퍼져서 각자에게 적절한 이해에 따라 듣는 법도 각기 다르도록 한다.(此菩薩, 善能觀察, 一切衆生, 以廣長舌相, 而爲演說. 其聲無礙, 遍十方土, 令隨所宜, 聞法各異.)";『景德傳燈錄』권6「南源道明傳」(大51, 249a19), "어떤 학인이 물었다. '앞서 말씀하신 한마디는 어떤 것인지요?' 도명이 혀를 내밀었다가 삼키며 말하였다. '내게 광장설상이 생긴다면 그대에게 말해 주겠다.'(有僧問, '一言作麽生?' 師乃吐呑云, '待我有廣長舌相, 卽向汝道.')"

24 납승과 고불을 대칭시켜 놓고 상대적으로 납승을 못난 단短으로 놓고 고불을 잘난 장長으로 놓는 일반적 생각을 뒤집어엎어 양자를 평등하게 재단하는 협객의 칼날을 드러내었다. 이러한 선사들의 방식을 가리켜 "길에서 공평치 못한 처사를 보고 칼을 뽑는다."라고 한다. 본서 751칙 '보녕 인용의 상당' 및 그 주석 참조.『碧巖錄』100則(大48, 223c21), "옛날의 협객들은 길에서 공평치 못하게 강자가 약자를 업신여기는 처사를 보면 칼을 휘둘러 강자의 목을 잘라 버렸다. 그런 까닭에 종사들은 눈썹에 보검을 감추고 소매에 쇠망치를 매달고 있다가 그것으로 공평치 못한 사태를 해결했던 것이다.(古有俠客, 路見不平, 以強凌弱, 卽飛劍取強者頭. 所以宗師家, 眉藏寶劍, 袖掛金鎚, 以斷不平之事.)"

담당 문준湛堂文準의 송 湛堂準頌

철저하게 간절했던 부처님의 노파심 老胡徹底老婆心
아난 가르치려 그 생각 더 깊어졌다 爲阿難陀意轉深
한간의 말은 넘실대는 풀밭에서 울고 韓幹馬嘶靑草渡
대숭의 소는 버드나무 그늘에 누웠네[25] 戴嵩牛臥綠楊陰

설화

○ 철저하게 간절했던~그 생각 더 깊어졌다 : 아래에서 그 뜻을 밝힌다.
○ 한간은 말을 잘 그렸고 대숭은 소를 잘 그렸다. 곧 말이 울고 소가 누워 있고, 넘실대는 푸른 풀밭과 버드나무 언덕 등의 풍경에 부처님의 뜻이 없는 것은 아니다. 말 그림이나 소 그림은 진실로 있는 것도 아니요 전혀 없는 것도 아니라는 뜻이다.

湛堂 : 老胡至意轉深者, 下明之. 韓幹[1]善畵馬, 戴嵩善畵牛. 則馬嘶牛臥, 靑草渡綠楊堤, 其意不無. 是畵馬畵牛, 則非實有非都無也.

1) ㉺ '斡'은 '幹'이 맞다.

대혜 종고大慧宗杲의 송 大慧杲頌

황무지 아무도 갈지 않더니 荒田無人耕
갈면 사람들 서로 다투리라 耕着有人爭
바람 불어 연잎 흔들렸거늘 風吹荷葉動
굳이 물고기 지나갔다 여기네[26] 決定有魚行

---

25 한간의 말은~그늘에 누웠네 : 당나라 때 화가 한간韓幹과 그의 제자 대숭戴嵩을 들어 서로 우열을 가릴 수 없는 부처님과 가섭의 경계를 대비하여 나타낸 비유이다. 제3구와 제4구는 각각 이 두 화가가 그린 그림을 묘사한 것이다.
26 바람 불어~지나갔다 여기네 : 『大慧語錄』권17(大47, 883c11)에는 '風吹'가 '無風'으로

> 설화

○ 황무지 아무도 갈지 않더니 : 보지 않는 곳이 바로 황무지와 같다.
○ 갈면 사람들 서로 다투리라 : 이런 말이 드러나기만 하면 모두들 무리하게 도리를 조작한다는 뜻이다.
○ 바람 불어~물고기 지나갔다 여기네 : 바람이 불어 흔들렸을 뿐인데, 틀림없이 물고기가 지나간 흔적이라 생각한다는 뜻이다. 곧 실제로 이러한 말은 없었으니,[27] 어디서 모색하겠냐는 말이다.

大慧: 荒田無人耕者, 不見之處, 是荒田也. 耕着有人爭者, 才有此語, 諸人強作道理也. 風吹至魚行者, 風吹而動, 決定以謂魚行. 則實無此語, 向什麼處摸索?

되어 있다. 이 경우 풀이가 달라진다. 곧 "바람도 불지 않는데 연잎 흔들리니, 틀림없이 물고기가 지나갔으리."라고 한다. 하지만 이것도 생각과 추측일 뿐 확증은 되지 못한다는 점에서 외형과는 달리 대차가 없다. 다른 문헌에서도 이 문구는 판본에 따라 두 갈래로 나뉜다. 가령 『景德傳燈錄』 권23 「洞山守初傳」(大51, 389b26)에는 "'마음이 일어나기 이전에 법은 어디에 있는지요?' 바람 불어 연잎이 흔들렸거늘 틀림없이 물고기가 지나갔다 여기는구나.'(問, '心未生時, 法在什麼處?' 師曰, '風吹荷葉動, 決定有魚行.')"라고 되어 있고, 명본明本에는 '無風'으로 되어 있다. 연잎의 흔들림과 바람과 헤엄치는 물고기 등이 필연적으로 결정되어 있는 관계가 아니듯이 마음과 법에 대하여 미리 결정해 놓은 관념적 분별을 비판적으로 은유한다.

27 실제로 이러한 말은 없었으니(實無此語) : '보지 않은 곳(不見之處)'이라 한 부처님의 말씀이 실제로는 없었다는 뜻. 부처님께서 이 말씀을 하신 것은 분명하지만, 이 말을 진실 그대로 수용하면 안 되고 하나의 화두로 보아야 한다는 관점에서 나온 말이다. 아무리 모색해도 찾을 수 없는 백척간두의 자리로 인도하는 다음 구절도 동일한 취지이다. 본서 184칙 '대홍 보은의 염' 마지막 대목과 그 주석에 이 말의 기원에 관한 기연이 소개되어 있다.

50칙 능엄견견楞嚴見見

본칙 『능엄경』의 말씀이다.[1] "보는 주체를 대상으로 삼아 볼 때 보는 주체는 보는 작용이 아니다. 보는 주체는 여전히 보는 작용을 떠나 있으니 보는 작용으로 미칠 수 있는 대상이 아니다."

楞嚴經云,"見見之時, 見非是見. 見猶離見, 見不能及."

설화
- 소疏에서는 이렇게 제시한다.[2] "보는 주체(見體)의 두 가지 측면을 곧바로 밝힌다. 첫째로 인연을 떠난 본질을 밝히겠다."
- 경전의 말씀이다. "이런 까닭에 아난아, 그대는 이제 마땅히 알아야 한다. 밝음을 볼 때 보는 주체는 밝음이 아니고, 어둠을 볼 때 보는 주체는 어둠이 아니며, 트인 허공을 볼 때 보는 주체는 그 허공이 아니고, 막힌 공간을 볼 때 보는 주체는 그 공간이 아니다." 소에서 이 경문을 해석한다. "밝음·어둠·트인 허공·막힌 공간 등은 모두 인연을 가진 대상(緣塵)에 속하고 각각 보는 주체가 아니다. 둘째로 상相을 떠난 본질을 밝히겠다."
- 경전의 말씀이다. "네 가지 뜻이 성취되었으니, 그대는 또 알아야 한다. 보는 주체를 대상으로 삼아 볼 때 보는 주체는 보는 작용이 아니다." 소에서 이 경문을 해석한다. "'네 가지 뜻이 성취되었으니 그대는 또 알아야 한다.'라고 한 말은 위의 뜻을 결론지으면서 다시 아래의 문장을 제기하겠다는 말이다. 위에서 '보는 주체는 밝음이 아니고 내지는

---

1 『楞嚴經』 권2(大19, 113a17).
2 계환戒環의 『楞嚴經要解』 권4(卍17, 716b3). 이하 '고산고산孤山의 소' 이전까지는 본칙의 경문을 전후로 한 구절과 그에 대한 계환의 해석을 수록하고 있다.

그 막힌 공간이 아니다.'라고 밝힘으로써 뜻이 이미 성취되었으니, 다음으로 '또 알아야 한다. 보는 주체를 대상으로 삼아 볼 때 보는 주체는 보는 작용이 아니다.'라고 한 것이다. 밝음과 어둠이 보는 주체가 아닌 것으로 안다면 비록 보는 주체가 대상의 인연을 떠나 있다는 이치를 깨달았더라도 아직 보는 주체를 본 것은 아니다. 보는 주체를 보는 작용이 보는 주체가 아님을 안다면, 보는 주체가 상을 떠나 있다고 깨달아 진실로 보는 주체를 보게 되는 것이다."

● 경전의 말씀이다. "보는 주체는 여전히 보는 작용을 떠나 있어서 보는 작용으로 미칠 수 있는 대상이 아니다. 그렇거늘 어떻게 또 인연이나 자연 그리고 화합한 상 등이라 말할 수 있겠는가?" 소에서 이 경문을 해석한다. "보는 주체가 여전히 보는 작용을 떠나 있어서 보는 작용이 미칠 수 있는 대상이 아니거늘 하물며 갖가지 말로 미칠 수 있겠는가? 인연을 떠나고 상도 떠나고 언설이 미치지 못하는 바로 이것을 가리켜 '청정한 실상이요 묘한 보리의 길'이라 한다."

[見見] 疏云, "正明見體二, 初明離緣." 見經云, "是故阿難, 汝今當知. 見明之時, 見非是明 ; 見暗之時, 見非是暗 ; 見空之時, 見非是空 ; 見塞之時, 見非是塞." 疏云, "明暗空塞, 皆屬緣塵, 各非見體. 二明離相." 見經云, "四義成就, 汝復應知. 見見之時, 見非是見." 疏云, "四義成就, 汝復云云者, 結成上義, 復起下文也. 上明'見非是明, 乃至非塞', 義旣成就, 次'復應知. 見見之時, 見非是見'也. 盖知明暗之非見, 則雖悟見體離緣, 而未見見體. 知見見之非見, 則悟見體離相, 而眞見見體矣." 經云, "見猶離見, 見不能及. 云何復說, 因緣自然, 及和合相?" 疏云, "見體尙猶離見, 而見不能及, 況諸言說能及乎? 離緣離相, 言說不及, 是謂淸淨實相妙菩提路."

● 고산孤山의 소에서 해석한다.³ "'보는 주체를 볼 때(見見之時)'라는 말에서⁴ 첫 번째 견見은 보는 주체인 능견能見의 진실한 지혜를 가리키고, 두 번째 견見은 보이는 대상인 소견所見의 진실한 이치를 가리킨다." 이는 진실한 지혜로써 진실한 이치와 하나가 되는 때라는 뜻이며,⁵ '보는 주체는 보는 작용이 아니다.(見非是見)'라는 말은 진실한 이치와 하나가 된 진실한 지혜라는 뜻이지, 대상(塵)을 떠난 망견妄見과는 다르다. 앞의 경문에서는 보이는 대상이 아니므로 (밝음 등) 네 가지 대상을 떠났다고 하였고, 여기서는 보는 주체가 아니므로 보는 상相을 떠났다고 한 것이다.

● 앞의 경문에서는 "미세하고 밝은 근원을 보라. 이렇게 보는 작용이 비록 묘하고 미세하고 밝은 마음 자체는 아니지만, 두 번째 달⁶과 같고 물에 비친 달그림자와 같지는 않다."⁷라고 하였고, 여기서는 "보는 주체는 보는 작용이 아니다.(見非是見)"라고 하였다. 앞의 견見은 묘하고 청정하고 밝은 마음으로 본래의 달(眞月)과 같고, 뒤에서 '아니다'라고 부정한 견見은 미세하고 밝은 근원을 보는 작용으로 두 번째 달과 같다. 묘하고 청정하고 밝은 마음조차도 미세하고 밝은 근원을 보는 작용에 속하지 않는다. 그러므로 보는 주체가 여전히 보는 작용을 떠났거늘 대상에 연연하는 망령된 견해로 어떻게 이치에 미칠 수 있겠는가? 그러므로 "보는 작용으로 미칠 수 있는 대상이 아니다.(見不能及)"라고 한 말은 "본래의 달은 두 번째 달이 아니거늘 물에 비친 달그림자가

---

3 회원懷遠의 『首楞嚴經義疏釋要鈔』 권3(卍16, 913b13)에서 인용된 고산 지원孤山智圓의 설이다. 이 책은 송나라 자선子璿의 『楞嚴經義疏注經』 20권에 대한 주석서이다.
4 이 앞에 "무분별의 지혜로 이치와 하나가 될 때라는 뜻이다.(無分別智契理之時也)"라는 구절이 생략되어 있다.
5 『首楞嚴經義疏釋要鈔』에서 생략된 주 4의 내용에 따른다.
6 두 번째 달(第二月) : 눈을 누르면 본래의 달 옆에 있는 것처럼 보이는 또 하나의 달.
7 『楞嚴經』 권2(大19, 111a24).

어찌 본래의 달에 미칠 수 있겠는가?"⁸라고 하는 말과 같다.
● 경전의 뜻은 묘하고 청정하며 밝은 본체가 인연을 떠나고 상을 떠나 있다는 도리를 밝힌 것이지만, 선의 도리로 보면 소리나 색을 떠나서 별도로 묘하고 청정하며 밝은 본체가 있는 것은 아니다.
● 무의자의 송⁹

> 원만하게 밝은 옛 거울¹⁰ 텅 빈 대청에 걸렸는데¹¹
> 오랜 세월 아무도 없어 저 홀로 비추었네
> 본래 청정했던 거울 깨끗한 바탕 오래되자
> 이제는 모두 사라져 번득이는 빛이 막혔네

孤山疏云, "見見之時者, 上見, 是能見之眞智 ; 下見, 是所見之眞理." 以眞智契眞理之時也. 見非是見者, 契眞理之眞智, 非向¹⁾離塵之妄見也. 前非所見故, 離四塵 ; 今非能見故, 離見相也. 上文云, "見精明元. 此見雖非妙精明心, 如第二月, 非是月影", 今云, "見非是見", 上見卽妙淨明心, 如眞月也 ; 下所非者, 卽見精明元, 如第二月也. 妙淨明心, 尙非見精明元, 故見唯²⁾離見, 緣塵妄見, 安能及理? 故云, "見不能及." 猶云, "眞月尙非第二月, 水中之影, 安能及眞?" 經義, 則現妙淨明體, 離緣離相 ; 禪義, 則非離聲

---

8 『首楞嚴經環解刪補記』권상(韓6, 421c3), "고산고산이 말하였다. '본래의 달은 진심眞心을 비유하고, 두 번째 달은 미세한 근원을 보는 작용을 비유하며, 물속에 비친 달그림자는 대상에 연연하여 일으키는 분별을 비유한다.'(孤山曰, '眞月喩眞心, 第二月喩見精, 水中影喩緣塵分別.')" 『楞嚴經義海』권6(永168, 343b7) 참조.
9 『眞覺國師語錄』「補遺」(韓6, 48c15).
10 옛 거울(古鏡) : 보통은 불성이나 본래면목 등을 상징하지만, 여기서는 '보는 주체' 곧 묘하고 청정하며 밝은 본체를 비유한다.
11 원만하게 밝은~대청에 걸렸는데 : 고당高堂에 걸린 밝은 거울이 미세한 것까지 비춘다는 허당현경虛堂懸鏡의 의미를 취하였다. 관직에 있는 사람이 송사를 듣고 판결함에 다른 사심 없이 정직한 마음으로 사리를 밝게 살핀다는 뜻에서 나온 말이다. 『宋史』 「陳良翰傳」참조.

色, 別有箇妙淨明體也. 無衣子頌曰,

圓明古鏡掛虛堂, 歲久無人獨自照.

本是淸鏡舊質良, 如今去盡閑光耀.
___
1) ㉾ '向'이 을본·병본에는 '同'으로 되어 있다. 2) ㉾ '唯'는 '猶'의 오기.

해인 초신海印超信의 송[12] 海印信頌

보는 작용 미치지 않는 그곳에	見不及處
강과 산이 눈 가득 들어찼다네	江山滿目
가는 터럭 하나 보이지 않더니	不覩纖毫
꽃 붉게 피고 버들은 푸르구나	花紅柳綠
그대 모르는가	君不見
백운은 본래 나타났다 사라졌다 할 마음 없고	白雲出沒本無心
도도하게 흐르는 강과 바다 넘치거나 줄어든 적 있는가	江海滔滔豈盈縮

[설화]

○ 보는 작용~버들은 푸르구나 : 이전 그대로 밝음과 어둠 그리고 트임과 막힘이라는 뜻이다.

○ 백운은 본래~넘치거나 줄어든 적 있는가 : 구름은 본래 마음이 없고 강물에도 넘치거나 줄어듦이 없다. 곧 소리와 색은 소리와 색에 그치지 않으니, 나타나거나 사라짐 또는 넘치거나 줄어드는 차이가 있는
___
12 이 송의 소재와 주제를 활용하여 초의草衣가 송 한 수를 남겼다. 『草衣禪課』(『草衣禪師全集』, p.405), "눈 가득 들어찬 강과 산에 아무 견해 두지 않으니, 붉은 꽃과 푸른 버들에도 가는 터럭조차 없구나. 백운은 본래 마음이 없는 것이지만, 중봉을 감추어 높은 자태 드러내지 못하게 하누나.(滿目江山不留見, 花紅柳綠絶纖毫. 白雲本是無心物, 藏着中峰不放高.)"; 『圜悟語錄』 권7(大47, 745c4), "백운은 본래 마음 없는 것이라 허공에서 아무 생각 없이 나타났다 사라진다.(白雲本是無心物, 等閑出沒太虛空.)"

듯하지만 본래 한 몸이 옷을 벗고 다른 옷으로 갈아입는 것과 같다.

海印:見不及至柳綠者, 依前是明暗通塞也. 白雲至盈縮者, 雲本無心, 江無盈縮, 則聲色非聲色, 似有出沒盈縮, 本是一揆也.

숭승공의 송 崇勝珙頌

눈 속 수미산 겹겹이 솟구치고	眼裏須彌重業岌
귀 안 바다는 첩첩의 물결일세	耳中大海疊波瀾
무언동자[13]는 입도 열지 않았는데	無言童子未開口
문밖 천둥소리에 벌써 몸 떨리네	門外雷聲早戰寒

대혜 종고 大慧宗杲의 송 大慧杲頌

봄이 되면 저절로 꽃 피고	春至自花開
가을 오면 다시 잎이 지네[14]	秋來還落葉
누런 얼굴의 노구담이시여	黃面老瞿曇
세 치의 혀 놀리지 마시라[15]	休搖三寸舌

---

13 무언동자無言童子: 말이 없는 동자. 태어날 때 오로지 법만 말하고 그 밖의 세속적인 사안에 대해서는 어떤 말도 하지 말라는 천신들의 당부를 듣고, 침묵하며 수행한 끝에 사선四禪의 경지를 얻었다고 한다. 『大集經』 권12(大13, 74c15) 참조.

14 봄이 되면~잎이 지네: 인식 주체와 그 대상 따위의 범주에 지배되지 않고 목격되는 그대로 한 덩어리인 경계를 보여 줄 뿐이다. 『愚菴智及語錄』 권8(卍124, 358a15), "사람의 마음을 곧바로 가리킨다고 하나 마음은 본래 공이고, 견성하여 부처가 된다고 하나 부처라야 깨닫는 법이다. 봄이 되면 저절로 꽃이 피고, 가을이 오면 다시 잎이 진다. 짚신 바닥이 다 닳고 나서 돌아오니, 바다와 하늘 맞닿은 만 리 지평선에 한 마리 수리가 날아간다.(直指人心心本空, 見性成佛佛乃覺. 春至自華開, 秋來還葉落. 踏破草鞋歸去來, 萬里海天飛一鶚.)"

15 누런 얼굴의~놀리지 마시라: 부처님의 말씀을 진실(實)로 받아들여 속지 않는다는 취지. 위대한 부처님의 말씀뿐만 아니라 자신의 말조차도 확정된 실實이 아닌 변동 가능하고 항상 비판으로 열려 있는 가假라는 조사선의 관점에 따른다. 부처님의 말씀을 가설假說로 보지만 오히려 이것이 그 본의에 활력을 불어넣을 수 있다는 안목이다. 대혜

죽암 사규竹庵士珪의 송 竹庵珪頌

주장자 그 어디에도 구멍 없으니[16]   拄杖頭邊無孔竅
대천사계[17]도 비좁다고 싫어한다네   大千沙界猶嫌小
비바시불[18] 때부터 마음먹었더라도   毗婆尸佛早留心
지금껏 그 묘한 도리 얻지 못하리라[19]   直至而今不得妙

는 다른 곳에서도 이 맥락을 분명히 밝힌다. 『大慧語錄』 권3(大47, 822b23), "이 마음과 이 부처는 모두 가명假名이다. 가명인 이상 대장경 전체의 교설에 보이는 모든 불설이 어찌 진실이겠는가! 진실이 아니라고 하여 석가노자께서 부질없이 두 입술을 열고 세 치 혀를 놀렸다고 할 수도 없다. 결국은 무슨 뜻인가? 좋은 일을 하는 방법만 알면 되었지 군이 어떻게 전개될지는 따지지 마라.(此心此佛, 悉是假名. 旣是假名, 一大藏教所說者, 豈是眞耶! 旣不是眞, 不可釋迦老子, 空開兩片皮, 掉三寸舌去也. 畢竟如何? 但知行好事, 休要問前程.)"

16 손으로 잡거나 뚫고 들어갈 부분이 전혀 없는 주장자. 분별이 통하지 않는 대상이라는 뜻이다. 제3구, 제4구에서 이 뜻을 다시 밝힌다. 『宏智廣錄』 권7 「下火」(大48, 83a23), "살았느니 죽었느니 말하지 마라, 말하지 마라. 본분사는 하나로 뒤섞여 뚫고 들어갈 구멍 전혀 없노라. 망념 사라지면 낚싯바늘 벗어난 물고기요, 헛된 생각 일어나면 그물에 걸린 새와 같다네. 희 상좌여! 아는가, 모르는가? 옳으니 그르니 따지지 말고 한번에 모두 쓸어 없애 버려라. 집에 도착하여 아버지께 나아가니 도리어 고개 돌리고, 달빛 속에서 보일 듯 말 듯하다가 안개에 싸인 숲으로 사라진다.(是生是死不道不道, 箇事渾崙無孔竅. 念盡脫鉤魚, 情起投羅鳥. 喜上座! 了不了? 莫問是非都一掃. 到家就父却回頭, 冷月依俙煙樹杪.)"

17 대천사계大千沙界 : 삼천대천세계三千大千世界와 항하사세계恒河沙世界를 합하여 이르는 말. 삼천대천의 갠지스강의 모래알만큼 헤아릴 수 없이 많은 세계, 곧 우주 안에 있는 모든 세계를 가리킨다. 본서 108칙 '불인 지칭의 송' 참조.

18 비바시불毗婆尸佛 : [S] Vipaśyin, [P] Vipassin. 과거칠불 중 첫 번째 부처님. 광견불廣見佛・승관불勝觀佛・정관불淨觀佛・승견불勝見佛・종종견불種種見佛・종종관불種種觀佛 등이라 한역한다. 『雜阿含經』 권15(大2, 101a14), 『俱舍論』 권18(大29, 95a26), 『華嚴經疏』 권17(大35, 628c8) 등 참조.

19 비바시불 때부터~얻지 못하리라 : 어떤 말과 분별로도 포착하지 못하는 구멍 없는 주장자의 의미와 같다. 『趙州語錄』 古尊宿語錄 14(卍118, 324a1), "어떤 학인이 물었다. '밤에는 도솔천에 올라갔다가 낮에는 염부제로 내려오는데, 그 사이에 어째서 마니주가 나타나지 않습니까?' '무어라 말했느냐?' 그 학인이 다시 묻자 조주가 대답하였다. '비바시불 때부터 마음먹고 궁리했더라도 지금에 이르도록 그 묘한 도리를 얻지 못할 것이다.'(問, '夜昇兜率, 晝降閻浮, 其中爲什麼摩尼不現?' 師云, '道什麼?' 僧再問, 師云, '毗婆尸佛早留心, 直至如今不得妙.')"

열재거사의 송[20] 悅齋居士頌

달빛은 구름과 어울려 희고	月色和雲白
솔바람은 이슬 맞아 차갑다	松聲帶露寒
이렇게 듣고 보지 않는다면	非玆聞見者
무엇이나 빗나간 관찰이리라	一切是邪觀

황룡 조심黃龍祖心의 상당

이 공안을 제기하고 말하였다. "얽매인 몸을 반전反轉시킬 방법이 있는가? 만일 반전시킬 수 있다면 눈앞에서 법문을 듣는 사리闍梨[21]도 없고 법좌에 앉아 있는 이 노승도 없을 것이다. 만약 반전시킬 수 없다면 배워서 익힌 쓸모없는 분별을 가지고 조사의 마음을 매몰시키지 마라."

黃龍心上堂, 擧此話云, "還有轉身處也無? 若能轉得, 目前無闍梨, 座上無老僧; 若也轉不得, 莫將閑學解, 埋沒祖師心."

설화

○ 얽매인 몸을 반전시킨다면 무엇을 가리켜 몸을 반전시킨다고 하는가? 만약 얽매인 몸을 반전시키지 않는다면 몸을 반전시키는 일은 어떻게 할 것이며, 배워서 익힌 쓸모없는 분별이라는 질책에서는 어떻게 벗어나겠는가?

---

20 보는 주체와 그 대상이 하나로 어울려 있는 모양을 제1구와 제2구에서 묘사하였다. 이로써 교설과 다른 납자의 안목을 드러내었다.

21 사리闍梨 : 아사리阿闍梨[S] ācārya)의 약칭. 후생들이 본보기로 따를 수 있는 덕과 지혜를 갖추었다는 뜻에서 궤범軌範이라 한역한다. 본래 고승대덕을 가리키지만, 선 문헌에서는 스승이 제자를 올려 부르는 말로 '사리'라는 호칭이 빈번하게 쓰인다. 『一切經音義』 권22(大54, 441b16), "아사리【궤범이라 한역한다. 범은 스승이라는 뜻이니, 제자들에게 법칙이 된다는 말이다.】阿闍梨【此云軌範. 範卽是師義, 謂與弟子爲法則也.】)"

黃龍 : 若也轉身, 何名轉身? 若不轉身, 轉身何哉, 作麼生免得閑學解之責?

보녕 인용保寧仁勇의 상당

이 공안을 제기하고 주장자를 높이 올렸다가 한 번 내리치고서 말하였다. "보았는가? 저녁놀은 한 마리 들오리와 나란히 날고, 가을 강물은 아득한 하늘과 같은 빛깔이다.[22]"

保寧勇上堂, 擧此話, 卓拄杖一下云, "還見麼? 落霞與孤鶩齊飛, 秋水共長天一色."

[설화]

○ 주장자를 높이 올렸다가 한 번 내리친 것 : '이것이 어찌 묘하고 청정하고 밝은 본체가 아니겠는가?'라는 표현이다.
○ 보았는가 : 자세히 보아야 한다는 뜻이다. 만약 자세히 본다면 '저녁놀은 한 마리 들오리와 나란히 날고'라고 운운한 경지라는 말이다.

保寧 : 卓拄杖一下者, 豈不是妙淨明體? 還見麼者, 直須仔細見始得. 若也仔細見得, 落霞與孤鶩齊飛云云也.

죽암 사규竹庵士珪의 상당

이 공안을 제기하고 말하였다. "떨어진 꽃잎은 애틋한 생각 품고 흐르는 강물을 따라가는데, 흐르는 강물은 무정하게 떨어진 꽃잎을 흘려보낸

---

[22] 보는 주체와 보이는 대상이 다르지만 전체를 이루는 불가분한 짝으로 어울리고 있다는 말. 본서 33칙 '불안 청원의 소참' 마지막 구절 참조.

다.²³ 돌려보낼 근원이 있는 것은 무엇이나 당연히 그대 자신이 아니지만, 그대에게서 다른 곳으로 돌려보내지 못하는 그것은 바로 그대가 아니라면 누구이겠는가?²⁴ 지나가 버린 봄 풍경 찾을 곳 없어 오래도록 잊히지 않더니, 이 깊은 산사에 옮겨 와 있는 줄은 생각지도 못했네.²⁵" 한 소리 크게 내지르고 말하였다. "30년 뒤에 능인能仁²⁶이 남의 집 자식들을 버려 놓았다고 말하지 마라."

竹庵珪上堂, 擧此話云, "落花有意隨流水, 流水無情送落花. 諸可還者, 自然非汝, 不汝還者, 非汝而誰? 長恨春歸無覓處, 不知轉入此中來." 喝一喝 云, "三十年後, 莫道能仁敎壞人家男女."

설화

○ 떨어진 꽃잎은~꽃잎을 흘려보낸다 : 본체에서 작용을 일으키는 도리를 나타낸다.
○ 지나가 버린 봄 풍경~생각지도 못했네 : 작용을 거두어 본체로 돌아가는 도리를 나타낸다.

---

23 남녀 사이에 한편이 상대에 대한 흠모의 정을 품고 있지만 다른 한편은 무정한 관계를 말한다. 돌아가 의지할 근거가 있는 존재와 스스로 근거가 되기에 더 이상 환원할 곳이 없는 존재를 대비하기 위한 비유이다.
24 돌려보낼 근원이~아니라면 누구이겠는가 : 『楞嚴經』권2(大19, 111b9)의 경문이다.
25 지나가 버린~생각지도 못했네 : 백거이白居易의 〈大林寺桃花〉에 나오는 시 구절. "마을은 4월이라 꽃들 다 졌건만, 산사의 도화는 이제 막 피어나는구나. 지나가 버린 봄 풍경 찾을 곳 없어 오래도록 잊히지 않더니, 이 깊은 산사에 옮겨 와 있는 줄은 생각지도 못했네.(人間四月芳菲盡, 山寺桃花始盛開. 長恨春歸無覓處, 不知轉入此中來.)"
26 능인能仁 : 석가모니釋迦牟尼(⑤ Śākya-muni, ⑫ Sakka-muni) 중 '석가'의 한역어. 곧 śākya는 능인·능인능인·능인능인, muni는 유儒·적寂·적묵寂默·적정寂靜 등으로 한역하여, 능적능적·능인적묵能仁寂默·능적묵能寂默 등이 된다. 『金剛經纂要刊定記』 권1(大33, 179a6), "범어 음사인 석가모니는 능인적묵이라 한역한다. 능인이므로 열반에 머물지 않고, 적묵이므로 생사에 머물지 않는다.(梵音釋迦牟尼, 此云, 能仁寂默. 能仁故, 不住涅槃 ; 寂默故, 不住生死.)"

○ 앞의 이야기는 본체이고 뒤의 이야기는 작용이기 때문에 서로 뒤바꾸며 마음껏 드러낸 것이다. 이는 똑같이 묘하고 청정하고 밝은 본체이니, 바로 이 본체 안에 본래부터 이러한 작용이 구비되어 있다는 도리를 밝히고자 한 것이다.
○ 한 소리 크게 내지른 것 : 위음왕불威音王佛이 출현하기 이전[27]의 경지에 있는 것이니 반드시 30년 뒤라야 깨달을 수 있다는 뜻이다. 그러므로 낱낱의 현상이 모두 하나의 할喝과 같다.

竹菴 : 落花有意云云者, 從體起用. 長恨春歸無覓處云云者, 攝用歸體. 前話是體, 後話是用故, 交互弄現也. 一般是妙淨明體, 只要明得體中本具是用也. 喝一喝者, 在威音那畔地, 須是三十年後悟去始得. 然則一一是一喝也.

묘지 종확妙智從廓의 상당

이 공안을 제기하고 말하였다. "대중이여, 석가노자가 온몸을 거꾸러뜨렸구나. 지금 부축하여 일으킬 사람 있는가? 없다면 나, 육왕育王이 목숨을 아끼지 않고 그에게 한 손을 내밀어 주리라." 마침내 주장자를 꼿꼿이 세우고 말하였다. "보았는가? 눈은 팔八 자로 찢어졌고,[28] 코와 입 모두 일그러졌다.[29]"

---

27 위음왕불이 출현하기 이전(威音那畔) : '위음왕이전威音王已前'이라고도 한다. 위음왕불威音王佛(⑤ Bhīṣma-garjitasvara-rāja)은 과거장엄겁過去莊嚴劫 이전 공겁 때의 '최초의' 부처님이다. 『法華經』 권6 「常不輕菩薩品」 참조. 선종에서는 위음왕불보다 이전의 시기(威音王佛已前) 또는 위음왕불 저편(威音那邊)이라는 말로써 어떤 조짐도 나타나기 이전의 경계를 나타낸다. 본래면목本來面目 또는 부모미생전父母未生前이라는 말과도 통한다.
28 양기 방회楊岐方會가 주장자를 들었다가 내리치고 할 한 번 내지른 다음 이 말을 한 상당법문이 있다. 『楊岐語錄』(大47, 643c20) 참조.
29 분노하여 눈을 크게 뜨고 흘기는 모습을 칠각팔각七角八角이라 한다. 원문의 오악五

妙智廓上堂, 擧此話云, "大衆, 釋迦老子, 和身放倒了也. 卽今莫有人扶起麼? 如無, 育王不惜性命, 爲出一隻手." 遂堅起拄杖云, "還見麼? 眼生八角, 頭峭五岳."

설화

○ 석가노자가 온몸을 거꾸러뜨렸구나 : 어디가 온몸이 거꾸러진 곳인가 라는 말이다. 그곳을 보지 못하니, 눈은 팔八 자로 찢어졌고, 코와 입 모두 일그러졌다.

妙智 : 釋迦老子, 和身放倒云云者, 什麼處是和身放倒了也. 處不見, 眼生八角, 頭峭五岳.

嶽은 눈・귀・코・혀・피부 등 오관五官을 나타내며, 거꾸러져서 얼굴(頭)이 일그러진 모습을 형용한 것으로 보인다.

51칙 능엄지견楞嚴知見

본칙 『능엄경』의 말씀이다. "지견에 지견(知)을 세우는 작용은 무명의 근본이요, 지견에 어떤 지견(見)도 덧붙이지 않으면 이것이 바로 열반이다."

楞嚴經云, "知見立知, 卽無明本 ; 知見無見, 斯卽涅槃."

설화
- 경전의 말씀이다.[1] "부처님이 아난에게 이르셨다. '인식 기관과 그 대상[2]은 동일한 근원이요, 속박과 해탈은 다른 점이 없다. (이들을 차별되게 인식하는) 식識의 본성은 허공에 핀 꽃처럼 허망한 것이다. 아난아, 대상으로 말미암아 지견을 일으키고 인식 기관으로 인하여 상相이 생기니, 상과 지견은 독립적인 본성이 없고 교차하여 의지하는 갈대와 같다. 이 때문에 그대가 지금 지견에 지견을 세우는 작용은 무명의 근본이요, 지견에 어떤 지견도 덧붙이지 않으면 이것이 바로 열반으로서 번뇌가 없이 진실하고 청정하거늘 어떻게 이 속에다 다른 것을 또 받아들이겠는가?'"
- 계환戒環은 이 경문을 다음과 같이 해석한다.[3] "인식 기관과 그 대상은 본래 공空이므로 '동일한 근원'이라 하고, 결박과 해탈은 모두 헛것이므로 '다른 점이 없다.'고 하며, 꿈이나 식은 근본이 없으므로 허공에 핀 꽃에 비유한다. (이와 같은 것에 따라) 만물의 경계가 있게 되므로 '대

---

1 『楞嚴經』 권5(大19, 124c6)의 경문으로 본칙 전후의 구절들이다.
2 인식 기관과 그 대상(根塵) : 안眼·이耳·비鼻·설舌·신身·의意 등 육근六根과 그 각각의 대상인 색色·성聲·향香·미味·촉觸·법法 등 육진六塵.
3 『楞嚴經要解』 권9(卍17, 775b14).

상으로 말미암아 지견을 일으키고 인식 기관으로 인하여 상이 생긴다.'라고 한다. 이러한 인식 기관과 그 대상과 식[4]은 비유하자면 하나로 묶인 갈대가 서로 의지하는 모습과 같아서 비록 거칠게나마 형상은 있지만 그 본체는 완전히 공이다. 그러므로 '상과 지견은 독립적인 본성이 없고 교차하여 의지하는 갈대와 같다.'라고 한 것이다. 각자 독립적인 본성(自性)이 없는 이상 인연을 따라 움직이며 변화하므로 지견에서 식으로 분별하는 마음을 세우면 그것에 결박되어 무명의 근본이 되고, 지견에서 보고 느끼는 거짓이 없으면 해탈하여 진실하고 청정한 열반이 된다. 진실하고 청정하다면 어찌 지견을 세울 빈틈이 있겠는가? 그러므로 '어떻게 이 속에다 다른 것을 또 받아들이겠는가?'라고 운운한 것이다."

[知見] 經云, "佛告阿難, '根塵同源, 縛脫無二. 識性虛妄, 猶如空花. 阿難, 由塵發知, 因根有相, 相見無性, 同於交蘆. 是故, 汝今知見立知, 卽無明本 ; 知見無見, 斯則涅槃, 無漏眞淨, 云何是中更容他物?'" 環解云, "根塵本空,[1) 故曰同源 ; 結解俱幻, 故曰無二 ; 夢識無初, 故比空花. 物境成有故, '由塵發知, 因根有相.' 此根塵識, 比如束蘆, 互相依倚, 雖粗有相, 其體全空, 故曰, '相見無性, 同於交蘆.' 旣無自性, 則隨緣轉變, 故於知見, 立識知之心, 則結爲無明之本, 於知見, 無見覺之妄, 則解爲涅槃眞淨矣. 旣曰眞淨, 豈容立知? 故曰, '云何是中更容他物'云云."

---
1) ㉑ '空'은 『楞嚴經要解』에 '眞'으로 되어 있다. '空'이 맞다.

● 고산孤山은 이 경문을 다음과 같이 해석한다.[5] "앞 문장은 지知라는 글

---
4 인식 기관과 그 대상과 식(根塵識) : 육근·육진·육식六識. 이를 합하여 십팔계十八界라 한다.
5 『楞嚴經圓通疏』 권5(卍19, 618b9)에 고산 지원孤山智圓의 이 말이 인용되어 있다.

자를 세우고 견見 자는 생략한 형식이고, 뒤의 문장은 견見이라는 글자를 세우고 지知 자는 생략한 형식이다. 이로써 경전의 두 문구가 서로 의지하여 드러내는 것이다. 지견이 실제로 있다고 집착하면 '지견을 세운다.'고 하며 이것이 곧 망심으로서 생사윤회의 근본이다. 그러므로 '무명의 근본이다.'라고 하는 것이다. 지견에 독립적 본성이 없다는 이치에 통달하면 '지견이 없다.'고 하며 이것이 곧 진심으로서 편안하고 즐겁고 묘하고 늘 변함이 없다. 그러므로 '이것이 바로 열반으로서 번뇌가 없이 진실하고 청정하다.'라고 했던 것이다. 이것이 유일하고 참된 본성이니 더 이상 다른 법은 없다. 그러므로 '어떻게 이 속에다 다른 것을 또 받아들이겠는가?'라고 반문한 것이다."

● 이 경문을 인용하여 공안으로 삼았다. 숭승공의 게송은 지견 그대로 옳고 더 이상 다른 법은 없다는 뜻이다. 지해 본일의 법문은 지견 그대로 옳고 무명도 없고 열반도 없으며, '무명도 없고 열반도 없다.'고 말해서도 안 된다는 뜻이다. 정인 유악의 평은 열반 그대로 조사선의 도리를 이해한다는 뜻이다.[6]

孤山疏云, "上言立知而略見, 下言立見而略知, 經文互彰也. 執知見實有, 名立知見, 此則妄心, 是生死輪迴之本也. 故云, '卽無明本.' 達知見無性, 名無知見, 此則眞心, 安樂妙常. 故云, '斯則涅槃, 無漏眞淨.' 是則唯[1]一眞性, 更無別法. 故曰, '云何是中更容他物云云.'" 引以爲話者, 崇勝義, 卽知見而更無別法. 智海義, 卽知見而無無明, 亦無涅槃, 亦不可道, 無無明無涅槃也. 淨因義, 卽涅槃而會祖師禪義也.

---

6 초의草衣도 조사선의 관점에서 본칙을 송으로 읊었다. 『草衣禪課』(p.405), "어떤 사람과 함께 보고 알랴? 먹을 때 되면 입 벌리고 먹고 추우면 두꺼운 옷이 생각난다네. 결코 천진하고 미묘하다 말해서는 안 되니, 천진하고 미묘하다 말하자마자 어긋나리라.(與什麽人同見知? 飯來張口冷思衣. 不須更說天眞妙, 纔說天眞妙却非.)"

1) ㉠'唯'가 병본에는 '惟'로 되어 있다. ㉡ 통용자이므로 이하에서는 교감주를 붙이지 않는다.

숭승공의 송[7] 崇勝珙頌

지견에 지견을 세운다고 하니	知見立知兮
머리에 머리 덧붙이는 짓이다	頭上安頭
그것이 무명의 근본이라 하니	卽無明本兮
그물 펼치고 낚시 드리웠다네	張網垂鉤
지견에 지견 붙이지 않는다니	知見無見兮
황금 버리고 놋쇠를 주웠구나	棄金拾鍮
이것이 바로 열반이라고 하니	斯卽涅槃兮
기둥에 묶인 원숭이 신세로다[8]	繫柱獼猴

지해 본일 智海本逸의 상당

이 공안을 제기하고 말하였다. "여러분에게 묻겠다. 날마다 하늘과 땅을 보고 산과 물을 보며, 승과 속을 보고 밝음과 어둠을 보며, 배고픔과 목마름을 알고 추위와 더위를 알며, 짠맛과 싱거운 맛을 알고 아름다움과 추함을 아는데, 무엇 때문에 '지견에 지견을 세운다.'고 말씀하셨을까? 또한 어째서 '지견에 지견을 덧붙이지 않는다.'는 도리를 말씀하셨을까? 어떤 것이 열반이고 무엇이 무명인가?" 잠깐 침묵하다가 말하였다. "모르는가? '무명은 찰나 찰나 사라지고, 높거나 낮은 집착도 제거된다네. 마음 관찰하기에 빈틈이 없다면, 어찌 무여열반에 이를 뿐이겠는가?'[9] 알겠는

---

7 본칙의 네 구절에 대하여 각각 착어著語를 다는 형식이다.
8 『大寶積經』권97(大11, 545b8), "소리, 냄새, 맛, 촉각 등에서 애착심을 일으켜 생사윤회하는 꼴이 기둥에 묶여 있는 원숭이 같구나.(於聲香味觸, 而生愛著心, 輪轉生死中, 如獼猴繫柱.)"
9 정진바라밀精進波羅蜜에 대한 부대사傅大士의 송. 『金剛經註解』권1(卍38, 866a5) 참조.

가? 금닭은 알을 품고 은하수로 돌아가고, 옥토끼는 새끼를 배고 자미궁
紫微宮으로 들어간다.[10]"

智海逸上堂, 擧此話云, "敢問諸賢. 每日見天見地, 見山見水, 見僧見俗,
見明見暗, 知飢知渴, 知寒知熱, 知鹹知淡, 知好知醜, 作麽生說知見立知?
又如何說知見無見底道理? 那箇是涅槃, 何者是無明?" 良久云, "不見道?
'無明念念滅, 高下執情除. 觀心如不閒, 何啻至無餘?' 還會麽? 金雞抱子
歸霄漢, 玉兎[1]懷胎入紫微."

1) ㉯ '兎'가 갑본에는 '免'으로 되어 있다. ㉴ '兎'가 맞다.

정인 유악淨因惟岳의 거

"산승이라면 그렇게 말하지 않았을 것이다. 오늘 석가노자와 칼날을
겨루어 그와는 달리 여러분에게 하나의 소식을 전해 주고자 한다." 다시
이 공안을 제기하고 말하였다. "만약 구름과 달이 같다고 한다면 여래선
은 사형이 이해했다고 인정하겠지만, 만일 시냇물과 산이 각기 다르다고
한다면 조사선은 꿈에도 알지 못한 것이다."[11]

淨因岳擧此話云, "山僧卽不然. 今日要與釋迦老子爭鋒, 別爲諸人通箇消
息." 復擧此話云, "若道雲月是同, 如來禪卽許師兄會 ; 若道溪山各異, 祖

---

10 『虛堂集』68則(卍124, 586a4), "동안 도비同安丕 선사에게 어떤 학인이 물었다. '화상
의 가풍은 어떤 것입니까?'【온갖 봉우리 비추는 달을 주지 삼고, 산골짜기 구름을 의발로
삼는다.】'금닭은 알을 품고 은하수로 돌아가고, 옥토끼는 새끼를 배고 자미궁으로 들
어간다.【말에서 찾지 말고 구절 가운데서 구하지 말라.】(僧問同安丕禪師, '如何是和尙家
風?'【住持千嶂月, 衣鉢一溪雲.】安云, '金鷄抱子歸霄漢, 玉兎懷胎入紫微.'【休於言下覓,
莫向句中求.】)" 본서 1173칙 본칙 설화에서는 이를 정위正位와 편위偏位로 풀었다.
11 향엄香嚴의 게송에 대하여 앙산仰山이 평가한 말을 활용하였다. 본서 598칙 본칙 참
조. 이 공안에 나오는 무명과 열반이라는 말을 보고 두 가지가 서로 다르다고 생각한
다면 조사선의 도리에서 벗어난다는 말.

師禪未夢見在."

> 설화

○ 숭승·지해·정인의 평석에 대해서는 본칙 설화에서 이미 풀었다.

崇勝·智海·淨因語, 話中已釋.

황룡 조심黃龍祖心**의 염**

"하늘과 땅과 대지 전체가 모두 상좌들의 눈동자이니 결코 작은 터럭만큼의 단절이나 장애도 없다. 바로 지금 보이면 다만 볼 뿐이고 들리면 들을 뿐이며 갈 때는 다만 갈 뿐이고 앉아 있을 때는 앉아 있을 뿐 어떤 경우에도 움직이지 않는다. 그대가 만일 움직인다면 나는 아침에 인도에 갔다가 저녁에 중국으로 돌아오리라.[12]"

黃龍心拈, "盡乾坤大地, 皆是上座眼睛, 更無纖毫隔礙. 只如今見但見, 聞但聞, 行但行, 坐但坐, 摠不動着. 你若動着, 我則朝到西天, 暮歸東土."

> 설화

○ 하늘과 땅과 대지 전체가~단절이나 장애도 없다 : 지견과 마주쳐도 지견을 세우지 않으면 결코 하나의 그 무엇에 의해서도 단절이나 장애도 없다는 뜻이다. 그렇다면 보거나 듣거나 가거나 앉아 있거나 무슨 단절이나 장애가 있을 것인가?

---

12 아침에 인도에~중국으로 돌아오리라 : 운문 문언雲門文偃이 썼던 말이다. 『雲門廣錄』 권중 古尊宿語錄 16(卍118, 362b5), "만약 불법佛法이라는 두 글자의 뜻을 묻는다면 '동서남북과 종횡 그 어디로나 통하고 아침에 인도로 갔다가 저녁에 중국으로 돌아온다.'고 대답하리라. 그러나 앞으로 이 말을 잘못 들먹이지 마라.(若問佛法兩字, 東西南北, 七縱八橫, 朝到西天, 暮歸唐土. 雖然如此, 向後不得錯擧.)"

○ 어떤 경우에도 움직이지 않는다 : 움직이고자 한다면 곧바로 동서를 마음껏 오갈 것이니 저곳에서나 이곳에서나 뚜렷할 것이라는 뜻이다.

黃龍: 盡乾坤至隔碍者, 當知見不立知見, 更無一物隔碍也. 然則見聞行坐, 有什麽隔碍? 摠不動着者, 欲動着, 則便是東西去來, 彼此完然矣.

52칙 능엄수인楞嚴水因

본칙 『능엄경』의 말씀이다. "발다파라跋陀婆羅[1]는 그 도반인 16명의 개사開士[2]와 함께 스님들이 목욕할 때 이전에 하던 작법대로 욕실에 들어갔다가 홀연히 물의 인연을 깨닫고 미묘한 감촉이 분명히 실현되어 불자주佛子住[3]를 이루었다.[4]"

楞嚴經, "跋陀婆羅, 幷其同伴十六開士, 於浴僧時, 隨例入室, 忽悟水因, 妙觸宣明, 成佛子住."

설화

● 경전의 말씀이다.[5] "발다파라는 그 도반인 16명의 개사와 함께 자리에

---

1 발다파라跋陀婆羅 : ⓢ Bhadrapāla. 팔대보살八大菩薩 또는 십육대보살十六大菩薩 중 하나. 발다파라跋多婆羅·발다화라跋陀和羅·발다발라跋陀跋羅 등이라고도 음사하고, 현호賢護·현수賢守·선수善守·묘호妙護·인현仁賢 등이라 한역한다.
2 개사開士 : 보살菩薩(ⓢ bodhisattva)의 한역어. 깨달음의 정도를 열어(開) 중생을 인도하는 사부士夫라는 뜻이며, 대사大士라고도 한다. 대승의 수행자나 고승의 칭호로도 쓰인다. 『度世品經』 권4(大10, 640a3), "보살은 부처님의 지혜를 온전히 이해하여 하나의 법신이 되기 때문에 개사라 하고, 대승에 견고하게 머문다는 뜻에서 대사라 부른다.(菩薩, 解了佛慧, 爲一法身, 故曰開士 ; 堅住大乘, 號曰大士.)" ; 『一切經音義』 권16(大54, 407a13), "개사[범어로는 보살이다. 법으로써 도를 열어 주는 사부이므로 개사라 한다.](開士【梵語, 菩薩者也. 謂以法開道之士, 故名開士也.】)"
3 불자주佛子住 : 법왕자주法王子住(ⓢ dharma-yauva-rājya)라고도 한다. 대승 보살의 십주위十住位 중 아홉 번째 지위이다. 이 지위는 상형相形을 모두 갖춘 상태로 여기서 비로소 출태出胎한다. 마치 법왕인 부처님의 교설을 깨달아서 부처님의 지위를 계승하는 것과 같으므로 이렇게 부른다. 『楞嚴經』 권8(大19, 142b5), "형체가 이루어져 모태로부터 나와 친히 부처님의 자식이 되는 것을 법왕자주라 한다. 성인成人으로서 한 나라의 대왕과 버금가는 위의를 갖추면 여러 국사를 태자에게 나누어 맡기는 것과 같다는 뜻을 나타낸다.(形成出胎, 親爲佛子, 名法王子住. 表以成人, 如國大王, 以諸國事, 分委太子.)"
4 미묘한 감촉이~불자주佛子住를 이루었다 : 『碧巖錄』 78則 「本則 評唱」(大48, 205a19), "실현되었다(宣)는 것은 뚜렷이 드러났다(顯)는 뜻이며, 미묘한 감촉은 분명하다는 의미이다. 미묘한 감촉을 깨달아 불자주를 이루었으니 부처의 경지에 머물게 된 것이다.(宣則是顯也, 妙觸是明也. 旣悟妙觸, 成佛子住, 卽住佛地也.)"

서 일어나 부처님께 아뢰었다. '우리는 과거세에 위음왕불의 처소에서 법을 듣고 출가하였는데, 스님들이 목욕할 때 이전에 하던 작법대로 욕실에 들어갔다가 홀연히 물의 인연을 깨달았습니다. 물은 때를 씻어 내지도 않고 몸을 씻어 내지도 않으니 그 사이에서 편안하여 아무것도 실체로 있지 않다는 이치를 터득했던 것입니다. 과거세에 얻었던 깨달음의 습기를 잊지 않고 있다가 금생에 이르러서야 부처님의 가르침을 따라 출가하여 이제 무학無學의 경지를 얻었습니다. 위음왕불께서 저에게 발다파라라는 이름을 지어 주신 뒤로 미묘한 감촉이 분명히 실현되어 불자주를 이루었습니다. 부처님께서 원만하게 통하는(圓通) 경계에 대하여 물으신다면 제가 깨달은 결과와 같이 감촉의 원인을 최상이라 하겠습니다.'"

[水因] 經云, "跋陁婆羅, 幷其同伴十六開士, 卽從坐起, 而白佛言, '我等先於威音王佛所, 聞法出家, 於浴僧時, 隨例入室, 忽悟水因. 旣不洗塵, 亦不洗體, 中間安然, 得無所有. 宿習未忘, 乃至今生, 從佛出家, 今得無學. 彼佛名我跋陁婆羅, 妙觸宣明, 成佛子住. 佛問圓通, 如我所證, 觸因爲上.'"

- 계환은 이 경문을 다음과 같이 해석한다.[6] "발다파라는 현호賢護라 한역한다. 때를 씻어 내거나 몸을 씻어 내거나 때와 몸 가운데 조금이라도 얻을 실마리가 남아 있다면 그것은 모두 헛된 감촉이요 거짓 느낌이다. 그러므로 아무것도 실체로 있지 않다는 이치를 터득하자마자 곧 미묘한 감촉이 분명히 실현되어 부처님의 참된 자식을 성취하였으니

---

5 『楞嚴經』 권5(大19, 126a10).
6 『楞嚴經要解』 권9(卍17, 781b6).

이를 불자주라 한다. 이 깨달음을 잘 지켜서 헛된 생각이 일어나지 않도록 하고 느낌이 함부로 움직이지 않도록 하므로 (뛰어나게 지킨다는 뜻에서) '현호'라 한다."
- 때는 본래 오염이 없고 몸도 항상 청정하다. 인식 주관과 인식 대상이 허깨비와 같아 양변이 모두 공이고, 그 사이에 느끼고 이해하는 마음은 편안하게 본성과 하나가 된다.[7]
- 불자주 : 아홉 번째 법왕자주이다.[8]
- 선의 도리에 따르면, 설두 중현은 미묘한 감촉이 분명히 실현된 경지조차도 세우지 않는다는 뜻이며, 천동 정각의 법문은 미묘한 감촉이 분명히 실현된 경지 이외의 다른 것은 없다는 뜻이다.

環解云, "跋陁婆羅, 此云賢護. 洗塵洗體, 及塵體之中, 小有所得, 皆妄觸妄覺, 故得無所有. 則妙觸宣明, 成佛眞子, 名佛子住. 以善能守護, 令妄不起, 令覺不動, 故名賢護." 塵本無染, 體亦常淨. 能所如幻, 二邊俱空, 中間覺解之心, 安然契性矣. 佛子住者, 第九法王子住. 禪義, 雪竇顯, 妙觸宣明處, 亦不立. 天童義, 妙觸宣明處, 更無第二.

설두 중현雪竇重顯의 송 雪竇顯頌

할 일 마친 납승 한 사람으로 충분하니[9]	了事衲僧消一箇
긴 침상에 다리 쭉 뻗고 누워 자네	長連牀上展脚臥
꿈에서일지라도 원통 깨달았다 한 적 있다면	夢中曾說悟圓通
향수에 씻었어도 정면에 침 뱉어 주리라[10]	香水洗來驀面唾

---

7 초계苕溪의 설이다. 『楞嚴經集註』 권5(大17, 267a9).
8 주 3 참조.
9 일대사를 깨달아 마친 한 사람이면 충분할 뿐 16명이나 되는 개사는 필요치 않다는 의미.
10 『碧巖錄』 78則 「評唱」(大48, 205b20), "설두가 말한 뜻은 이러하다. 그대가 만약 욕실

설두 중현의 염

"여러 선덕들이여, 어떻게 이해하는가? 그 보살은 '미묘한 감촉이 분명히 실현되어 불자주를 이루었다.'라고 했는데, 사방팔방으로 꿰뚫어 그가 깨달은 경지를 쳐서 깨뜨려야 할 것이다."[11]

又拈, "諸禪德, 作麼生會? 他道, '妙觸宣明, 成佛子住.' 也須七穿八穴始得."

천동 정각天童正覺의 상당

이 공안을 제기하고 말하였다. "마음은 마음을 보지 못하지만 기미가 나타나기 이전에 그것을 보는 눈이 갖추어져 있고, 물로는 물을 씻지 못하지만 지금 당장에 온몸이 물에 젖어 있다. 그런 까닭에 '본성 자체가 물인 진실한 공과 본성 자체가 공인 진실한 물이 청정한 본래 그대로의 모습으로 법계 어디에나 두루 퍼져 있다.'[12]라고 한다. 그렇다면 미묘한 감촉이 분명하게 실현된 경계를 어떻게 알 수 있을까? 다른 사람이 더러운 물을 뿌릴 때까지 기다리지 말고, 물이 차가운지 뜨거운지는 반드시 스스로가 알아야 한다."

에 들어가 미묘한 감촉이 분명히 실현되었음을 깨달았다고 한다면 할 일을 마친 본분납승의 입장에서는 그저 꿈속에서 꿈 이야기를 하는 것과 같을 뿐이라는 뜻이다. 그런 까닭에 '꿈속에서라도 원통을 깨달았다고 말한 적이 있다면 향수로 씻었다 해도 바로 얼굴에 침 뱉어 주겠다'고 한 것이다.(雪竇意道, 爾若說入浴悟得妙觸宣明, 在這般無事衲僧分上, 只似夢中說夢. 所以道, '夢中曾說悟圓通, 香水洗來驀面唾.')"

11 초의草衣도 이 염과 마찬가지로 본칙을 비판하고 결국은 한마디마다 어떤 수단으로도 처리할 수 없는 은산철벽으로 수용한다.『草衣禪課』(p.406), "물은 참된 공과 합치하여 품성이 본래 신령한데, 무슨 미묘한 감촉이 있다고 또다시 분명히 실현한다 하는가? 물의 인연에서 원통의 이치를 집어내었다고 하니, 은산철벽과 같아서 두 눈동자를 가리는구나.(水【性也】合眞空性自靈, 有何妙觸更宣明? 水因拈出圓通義, 銀山鐵壁障雙睛.)"

12 『楞嚴經』권3(大19, 118a15).

天童覺上堂, 擧此話云, "心不見心, 機前具眼；水不洗水, 直下通身. 所以道, '性水眞空, 性空眞水, 淸淨本然, 周徧法界.' 只如妙觸宣明處, 作麽生體悉? 莫聽別人澆惡水, 要須冷暖自家知."

육왕 개심育王介諶**의 염**

"강하다고 하여 약자를 업신여기고, 위기에 닥친 상대를 두려움에 떨게 한다.[13] 설두도 잘못이 없을 수는 없지만 문제는 화살이 활시위에 장전되어 있었다는 점이다. 아직도 눈을 깜박이며 헤아리는 자가 있는가? 이렇게 본다면 발다파라 한 사람뿐만 아니라 온 세상 사람이 모두 설두가 뱉는 침에 맞을 것이다. 아직 자세히 알지 못하겠다면 각자 방으로 돌아가 자리에 앉아서 얼굴을 더듬어 보라."

育王諶拈, "以强凌弱, 臨危悚人. 雪竇, 不能無過, 要且矢在絃上. 而今莫有貶上眉毛者麽? 伊麽見得, 非唯跋陁婆羅一人, 盡大地惣被雪竇唾了. 若未委悉, 各請歸堂, 向巾單下摸揍面看."

설화

○ 화살이 활시위에 장전되어 있다 : 옛사람은 "화살이 활시위에 장전되어 있는 이상 쏘지 않을 수 없다."라고 하였다. 설두가 강하다고 하여 약자를 업신여기고, 위기에 닥친 상대를 두려움에 떨게 했던 일이 바로 쏘지 않을 수 없었던 것에 상응한다. 그 아래 구절에서는 설두의 의중을 밝혔다.

育王 : 矢在絃上者, 古云, "矢在絃[1)]上, 不得不發." 雪竇, 以强凌弱, 臨危

---

13 설두가 '면전에 침을 뱉어 주리라'고 한 말.

悚人, 是不得不發也. 下明雪竇意.
─────────
1) ㉮ '絞'은 '弦'과 통한다.

53칙 능엄가환楞嚴可還[1]

본칙 『능엄경』의 말씀이다. "돌려보낼 근원이 있는 것은 무엇이나 당연히 그대 자신이 아니지만, 그대에게서 다른 곳으로 돌려보내지 못하는 그것은 바로 그대가 아니라면 누구이겠는가?"

楞嚴經云, "諸可還者, 自然非汝, 不汝還者, 非汝而誰?"

설화

- 경전의 말씀이다.[2] "아난아, 이 큰 강당은 동쪽으로 넓고 시원하게 문이 열려 해가 떠오르면 밝은 빛이 들었다가, 한밤 기우는 달[3]에 구름과 안개까지 짙게 깔리면 다시 어두워진다. 창문 틈으로는 시야가 트였다가, 담장이 끼어들면 다시 시계視界가 막힌다. 분별하는 자리에서는 대상이 보이지만, 생각 없는 빈 공간에서는 어느 곳이나 허공과 같은 속성(空性)일 뿐이다. 꽉 들어차 흐린 형상 속에서는 티끌에 휩싸여 있다가, 맑게 개어 온갖 기운이 걷히면 다시 청정한 광경을 보게 된다. 아

---

1 돌려보낼 근원이 있는 여덟 가지 현상을 주제로 한 공안이다. 즉 명환일륜明還日輪, 암환흑월暗還黑月, 통환호유通還戶牖, 옹환장우擁還墻宇, 연환분별緣還分別, 완허환공頑虛還空, 울불환진鬱垺還塵, 청명환제淸明還霽 등이다.
2 『楞嚴經』 권2(大19, 111a26).
3 기우는 달(黑月) : 흑월黑月은 흑분黑分이라고도 한다. 한 달을 두 시기로 나누어서 달이 기우는 기간을 흑월분黑月分, 달이 차는 기간을 백월분白月分이라고 한다. 중국 역법에서는 달이 차기 시작하는 날부터 완전히 기우는 날까지를 한 달로 계산하지만, 인도 역법에서는 달이 기울기 시작하는 날부터 완전히 차는 날까지를 한 달로 본다. 따라서 인도력에서는 매달 음력 16일부터 다음 달 15일까지가 한 달이다. 곧 중국력 16일이 인도력에서는 1일에 해당한다. 『大唐西域記』 권2(大51, 875c20), "달이 점점 차올라 둥글게 되기까지의 기간을 백분이라 하고, 달이 점점 기울어 깜깜해지기까지의 기간을 흑분이라고 한다. 흑분은 14일 또는 15일인데 작은달과 큰달의 차이가 있기 때문이다. 흑분 이전의 기간과 백분 이후의 기간을 합하면 한 달이 된다.(月盈至滿, 謂之白分 ; 月虧至晦, 謂之黑分. 黑分或十四十五日, 月有小大故也. 黑前白後, 合爲一月.)"

난아, 그대는 다시 갖가지로 변화하는 이들 형상을 모두 관찰하라. 나는 이제 각각의 형상을 본래의 근원이 되는 곳으로 돌려보내리라. 본래의 근원이란 무엇인가? 아난아, 이 갖가지 변화 중에 밝음은 해로 돌려보낸다. 왜 그런가? 해가 없으면 밝지 않기 때문이니, 밝음의 근원은 해에 속하므로 해로 돌려보낸다. 어둠은 기우는 달로 돌려보내고, 트임은 창문으로 돌려보내며, 막힘은 담장으로 돌려보낸다. 대상은 분별로 돌려보내고, 생각 없는 빈 공간은 허공으로 돌려보내며, 꽉 들어차 답답함은 티끌로 돌려보내고, 맑고 밝은 풍경은 비 개어 맑음으로 돌려보낸다. 곧 온갖 세간의 모든 존재는 이렇게 열거한 부류에서 벗어나지 못한다. 그대는 여덟 가지 현상을 보았는데, 그렇게 보는 미세하고 밝은 본성은 무엇으로 돌려보내려 하는가?"

● 계환은 이 경문을 다음과 같이 해석한다.[4] "밝음과 어둠, 트임과 막힘, 대상과 허공, 흐림과 맑음 등은 제각기 여덟 가지 근원으로 돌아간다. 그렇다면 그 여덟 가지 현상을 관찰하며 보는 미세하고 밝은 본성은 어느 곳으로 돌려보낼 것인가? 곧 또한 대상을 보는 주체가 분별하는 마음을 일으키면 객관(色)과 주관(心)의 갖가지 대상이 나타나게 된다."

[可還] 經云, "阿難, 此大講堂, 洞開東方, 日輪升天, 則有明耀；中夜黑月, 雪[1)]霧晦冥, 則復昏暗. 戶牖之隙, 則復見通；墻宇之間, 則復觀擁. 分別之處, 則復見緣；頑虛之中, 遍是空性. 鬱坲之相, 則紆昏塵；澄霽斂氣, 又觀淸淨. 阿難, 汝復咸觀此諸變化相. 吾今各還本所因處. 云何本因? 阿難, 此諸變化, 明還日輪. 何以故? 無日不明, 明因屬日, 是故還日. 暗還黑月, 通還戶牖, 擁還墻宇, 緣還分別, 頑虛還空, 鬱坲還塵, 淸明還霽. 則諸世間一切所有, 不出斯類. 汝見八種, 見精明性, 當欲誰還?" 環解云, "明暗

---

4 『楞嚴經要解』권3(卍17, 707b16).

通塞緣空鬱𩿨, 各還八因. 能觀八種見精明性, 當還何所? 則復見緣者, 分
別心生, 則見色心諸緣也."

_{1) ㉧ '雪'이 을본·병본에는 '雲'으로 되어 있다. ㉤ '雲'으로 번역하였다.}

- 이어지는 경문이다.[5] "왜 그런가? 만약 (그 본성을) 밝음으로 돌려보낸다면 밝지 않을 때 더 이상 어둠을 보지는 못할 것이기 때문이다. 비록 밝음과 어둠 등 여러 종류로 차별이 나타나더라도 보는 본성 그 자체에는 차별이 없다."
- 계환의 해석이다. "돌려보낼 곳이 없다는 이치를 따져서 풀이한 말씀이다. 만일 돌려보낼 근거가 있다면 대상 경계를 쫓아서 따라가게 되어 더 이상 볼 수 없을 것이다. 대상 경계에는 본래 차별이 있지만 보는 본성에는 차별이 없으니 대상 경계를 쫓아서 따라가지 않는 것이 명백하다."

經云, "何以故? 若還於明, 卽不明時, 無復見暗. 雖明暗等種種差別, 見無差別." 疏云, "徵釋無還也. 若有所還, 卽隨境去, 無復能見也. 境自有差, 性無差別, 則不隨境去, 明矣."

- 다시 이어지는 경문이다.[6] "돌려보낼 근원이 있는 것은 무엇이냐~바로 그대가 아니라면 누구이겠는가?"
- 계환의 해석이다. "돌려보낼 근원이 없는 것이 진실로 그대의 참된 본성이라는 점을 결론적으로 보여 주셨다. 그것은 '만상에 속박되지 않고 홀로 드러난 몸'[7]이라는 말을 가리킨다."

---

5 위의 『楞嚴經』 경문에 연속되는 경문과 계환의 주석이다. 그다음도 동일하다.
6 본칙에 해당하는 부분이다.
7 장경 혜릉長慶慧稜(854~932)의 게송에 나오는 구절. 온갖 현상 속에 있어도 어떤 것에

● 이 경문을 인용하여 공안으로 삼은 까닭은 돌려보낼 수 없는 그것 자체
도 남겨 두지 않으려는 뜻이다.

經云, "諸可還者云云." 解云, "結示無還實汝眞性, 所謂萬象之中獨露身者
也." 引以爲話者, 不可還處, 亦不存.

단사자의 송 端師子頌

팔환[8]의 교설 오래전에 전하신 이래로	八還之敎垂來久
예부터 종사들 저마다 분석하여 말했네	自古宗師各分剖
돌려보내려 하나 돌려보낼 수 없는 그때	直饒還得不還時
새우 뛰어도 국자 못 벗어나는 꼴이라네	也是蝦跳不出斗

[설화]

○ 팔환의 교설~분석하여 말했네 : 분명하게 쪼개어 속을 드러냈다는 말
이다. 곧 여덟 종류의 현상을 본래의 근원으로 돌려보내다 보면, 더욱

도 속박되지 않고 독립하여 자유로운 존재를 말한다. 『景德傳燈錄』 권18 「長慶慧稜傳」
(大51, 347b27), "만상에 속박되지 않고 홀로 드러난 몸이여! 오로지 당사자가 스스로 수
긍하는 경지가 되어야 한 치의 간격도 없이 알게 되리라. 옛날에는 잘못 생각하여 길바
닥에서 찾았는데, 지금 살펴보니 불 속의 얼음과 같구나.(萬象之中獨露身! 唯人自肯乃方
親. 昔時謬向途中覓, 今日看如火裏氷.)"; 『法眼語錄』 권1(大47, 588b23), "법안이 장경 혜
릉 화상의 게송을 제기하고 물었다. '만상 속에서 그 어디에도 속박되지 않고 홀로 드러
난 몸이란 어떤 뜻인가?' 자방 상좌가 불자를 들어 보였다. '그렇게 이해하여 어찌하겠는
가?' '화상의 높은 뜻은 어떻습니까?' '무엇을 가리켜 만상이라 부르는가?' '옛사람은 만상
을 없애 버리지 않았습니다.' '만상에 속박되지 않고 홀로 드러난 몸이거늘 어째서 없애
버린다느니 없애 버리지 않는다느니 구분하여 말하느냐?' 자방이 이 소리에 활연히 깨
닫고 게송을 지어 자신의 진심을 바쳤다.(師擧長慶稜和尙偈, 問云, '作麼生是萬象之中獨
露身?' 子方擧拂子. 師云, '恁麼會又爭得?' 云, '和尙尊意如何?' 師云, '喚什麼作萬象?' 云,
'古人不撥萬象.' 師云, '萬象之中獨露身, 說甚麼撥不撥?' 子方豁然悟解, 述偈投誠.)"
8 팔환八還 : 돌려보낼 근원이 있는 밝음과 어둠 등 여덟 종류의 현상. 위의 설화에 제시
된 『楞嚴經』 경문 및 주 1 참조.

대상 경계를 쫓아 따라가지 않는 이치를 관찰하게 된다는 뜻이다. 이렇다면 견해가 한편으로 치우쳐 있는 것이니, '새우가 뛰어도 국자를 벗어나지 못하는 꼴'과 상응한다.[9]

端師云云, 至各分剖者, 分明剖析也. 謂八種若還本因, 轉觀不隨境去. 然則見解偏枯, 是蝦蟆跳不出斗也.

심문 담분心聞曇賁의 송 心聞賁頌

따스한 기운과 온화한 바람에 풍경 더욱 아름답고　　日暖風和景更奇
꽃마다 풀잎마다 온전한 기틀 고스란히　　　　　　　花花草草露全機
드러낸다네[10]
도미[11]꽃으로부터 한 줄기 향기로운 바람 일어나니　酴醾一陣香風起
노닐던 벌들 불러들여 곳곳에서 떠돌며 날게 하네[12]　引得遊蜂到處飛

---

[9] 더 이상 환원시킬 근원이 없는 '미묘하고 밝은 본성'의 도리 자체를 치우친 견해의 소산이라고 보는 해설. 이 비유는 조사선에서 폭넓게 활용된다. 여기서는 하나의 협소한 견해를 비판하는 말로 쓰였지만, 보통은 화두에 담긴 진퇴양난의 요소를 나타낸다. 『雲門廣錄』 권중(大47, 562c28), "하루는 '비싸지도 않고 싸지도 않으면 무엇에 의지할 것인가?'라고 한 뒤 대신 말하였다. '새우가 뛰어도 국자를 벗어나지 못한다.'(一日云, '非貴賤, 據什麼?' 代云, '蝦跳不出斗.')"; 『五祖法演語錄』 권중(大47, 656c27), "이렇고 또 이렇다고 아무리 긍정해도 새우가 국자 밖으로 뛰쳐나가지 못하는 꼴이고, 이렇지 않고 또 이렇지 않다고 아무리 부정해도 교묘한 재주를 마음껏 부리다가 졸렬하게 끝나고 마는 격이다. 부드럽기는 쇳덩이와 같고 단단하기는 진흙과 같다.(恁麼恁麼, 蝦跳不出斗 ; 不恁麼不恁麼, 弄巧成拙. 軟似鐵, 硬如泥.)"
[10] 따스한 기운과~고스란히 드러낸다네 : 『草衣禪課』(p.407), "마치 풀잎 하나하나마다 조사의 뜻이 들어 있다는 말(龐居士)과 같고, '이 법이 법의 자리에 머무니 세간의 차별상도 변함없이 머문다.'(『法華經』)라는 뜻이기도 하다.(如百草頭上祖師意, 卽是法住法位, 世間相常住也.)"
[11] 도미酴醾 : 도미酴釄라고도 한다. 본래는 술의 일종이지만, 도미꽃의 빛깔이 이 술과 흡사하기 때문에 붙여진 이름이다. 도미주酴醾酒라 하면 도미꽃 향기 또는 그것으로 담근 술을 말한다. 위의 책(p.406), "도미는 꽃 이름이다. 꽃은 희며 향기는 무성하다.(酴醾花名. 花白而香盛.)"
[12] 도미꽃으로부터 한~날게 하네 : 위의 책(p.407), "이 안에서 문득 돌려보낼 수 없는 경

> [설화]

○ 따스한 기운과~고스란히 드러낸다네 : 온갖 현상에 속박되지 않고 홀로 드러난 몸을 가리킨다. 이렇게 돌려보낼 수 없는 경계를 벗어나서 별도로 도리를 궁리해 내는 분별을 가리켜 '노닐던 벌들 불러들여 곳곳에서 떠돌며 날게 하네.'라고 읊었다.

心聞：日暖至全機者, 萬象[1]之中獨露身也. 離此不可還處, 別作道理, 是遊蜂到處飛.

1) ㉠ '象'이 병본에는 '像'으로 되어 있다.

계를 문제로 제기하여 아난으로 하여금 마구 분별을 내도록 만들었다. 그것은 마치 끝없이 펼쳐진 봄빛 안에서 한 그루 도미꽃으로부터 특별히 한 줄기 향기로운 바람이 일어나 노닐던 벌들 불러들여 어지럽게 날도록 한 모양과 똑같다.(是中忽然拈起, 不可還處, 令阿難走煞. 正如浩浩春色裡, 有一樹酴醿花, 別有一段香風, 引遊蜂而亂飛也.)"

54칙 금강부좌金剛敷座

본칙 『금강경』의 말씀이다.[1] "세존께서 음식을 드시고 나서 가사와 발우를 거두고 발을 씻은 다음 자리를 펴고 앉으셨다."

金剛經云, "世尊飯食訖, 收衣鉢, 洗足已, 敷座而坐."

설화

● 육조 혜능慧能의 풀이이다.[2] "경에 '차례대로(次第)'라고 한 말[3]은 빈부를 가리지 않고 평등한 마음으로 교화한다는 뜻이다.[4] '걸식을 하고 나서'라고 한 말은 최대한 일곱 집을 넘지 말고 일곱 집을 다 채우면 더이상 다른 집으로 걸식하러 가지 말라는 규정을 가리킨다.[5] '다시 본래 있던 곳으로 돌아오셨다'라고 한 말은 부처님께서 '비구들은 초청받은 경우를 제외하고는 재가자의 집에 가서는 안 된다.'라는 규정을 세우셨기 때문에 그렇게 말한다. '발을 씻었다'라고 한 말은 여래께서 범부의 격식을 따라 더불어 한다는 뜻을 보여 주신 것이다.[6] '자리를 펴고

---

1 『金剛經』(大8, 748c21).
2 『金剛經解義』권상(卍38, 662a13).
3 본칙 바로 앞에 "차례대로 걸식을 하고 나서 다시 본래 있던 곳으로 돌아오셨다.(次第乞已, 還至本處.)"라고 한 경문이다.
4 본서 「중간염송설화서」 주 48 참조.
5 걸식하여 먹을 것을 얻었거나 그렇지 못했거나 일곱 집 이상 돌아다니면 안 된다는 규정을 말한다. 『梵志阿颰經』(大1, 261b8), "사문은 식량을 미리 쌓아 두어서는 안 되고, 아침마다 걸식할 때 일곱 집을 넘지 않아야 한다. 첫 번째 집에서 얻지 못하면 두 번째 집에 갈 것이며, 일곱 집을 모두 돌았어도 얻지 못하면 물만 마셔야 한다.(沙門, 不得儲貯米穀, 朝朝乞食, 不過七家. 一家不得, 乃到二家, 匝七家不得, 應但飲水.)"; 『是法非法經』(大1, 838b14), 『四分律行事鈔資持記』권하(大40, 392a3) 참조.
6 이 뒤에 다음 구절이 생략되어 있다. "또한 대승의 법에는 손과 발을 씻는 것만 청정하다고 여기지 않는다. 그래서 '손과 발을 씻는 것이 마음을 청정하게 하는 것만 못하다'라고 말하니, 한 찰나에 마음이 청정하게 되면 죄의 때가 모두 제거된다.(又大乘法, 不獨

앉으셨다'라고 한 말은 여래께서 법을 설하고자 하실 때 정해진 의식에 따라 자리를 펼치고 앉은 것을 가리킨다."
● 규봉 종밀圭峯宗密의 소이다.[7] "세 단락으로 나누어 해석하겠다. 첫째, 생활 수단[8]을 멀리 물리친다. 선정禪定에 들고자 하면 반드시 대상과 얽힌 모든 관계를 그쳐야 하니, 가사와 발우를 거두지 않으면 마음에 근심이 남기 때문에 부처님께서 대의大衣[9]를 거두고 칠조의七條衣[10]를 입으신 것이다. 둘째, 신업身業을 청정히 한다.『아함경』에 '부처님의 발걸음은 땅에서 네 손가락 마디 정도 뜨고 연꽃이 발을 받쳐 올린다.'[11] 라고 하였다. 여기서 '발 씻는 모습을 보여 주셨다'라고 한 말은 세상의

以洗手足爲淨. 蓋言, '洗手足, 不若淨心.' 一念心淨, 則罪垢悉除矣.)"
[7]『金剛般若經疏論纂要』(大33, 156c2).
[8] 생활 수단(資緣) : 수행을 돕는 최소한의 생활 수단. 음식과 의복과 침구 등을 가리킨다.『集異門足論』권9(大26, 403a9), "음식과 의복과 침구 그리고 나머지 생활 수단에도 모자람이 없도록 하라.(於飮食衣服臥具, 及餘資緣, 勿有乏少.)"
[9] 대의大衣 : 승가리僧伽梨(S) saṃghāti)의 한역어. 세 가지 가사(三衣) 중 하나로 잡쇄의雜碎衣라고도 한다. 설법・걸식이나 공식적인 만남 등에서 입는 가사이다. 9조에서 25조에 이르는 천을 기워서 만들기 때문에 구조의九條衣라고도 한다.
[10] 칠조의七條衣 : 울다라승鬱多羅僧(S) uttrāsaṅga)의 한역어. 세 가지 가사 중 하나. 상착의上着衣・입중의入衆衣 등이라고도 한다. 예불・법요식・참회・독경・좌선・포살・자자自恣 등의 의식에서 입는 가사이다. 7조의 천을 기워서 만든다.
[11]『佛本行集經』권8『樹下誕生品』(大3, 687b7), "보살이 태어났을 때 아무도 부축해 주는 사람이 없었는데, 곧장 사방으로 각각 일곱 걸음을 걷고 걸음걸음 발걸음을 뗄 때마다 연꽃이 피어났다.(菩薩生已, 無人扶持, 卽行四方面各七步, 步步擧足出大蓮華.)";『金剛仙論』권1(大25, 802b26), "'발을 씻은 다음'이라는 말은 다음과 같은 뜻이다. 여래의 발은 마치 연꽃이 흙탕물에 묻지 않는 것과 같다. 모든 부처님의 변함없는 법도 걸어가는 법을 받아들이지만 여래께서는 땅을 걸을 때 바닥에서 네 손가락 마디 거리로 떨어져 발바닥이 땅을 밟지 않는다. 탄생하는 순간 이래로 연꽃이 여래의 발을 떠받쳤거늘 무슨 먼지가 묻어 발을 씻는다고 말하겠는가! 따르는 제자들에게 엄정한 위의에 경외할 만한 모습이 있음을 보일 의도였다.(洗足已者, 然如來脚足, 猶如蓮華塵水不著. 諸佛常法, 受步行法, 然如來行地, 離地四指, 足不躡地. 下生蓮華承如來足, 豈有塵垢, 而言洗足! 示出家人, 威儀嚴淨, 有可敬之相也.)";『金剛般若經疏論纂要』(大33, 156c5), "『아함경』의 설에 따르면, 부처님께서는 바닥에서 네 손가락 마디 거리로 떨어져 다니셨고, 걸음마다 연꽃이 발을 떠받쳤다.(阿含經說, 佛行離地四指, 蓮華承足.)"

형식에 따르면서 법을 드러내어 후세의 본보기로 삼은 것이다. 셋째, 바른 선정에 들어간다. 자리를 펼치고 앉아 선정에 들면 몸이 반듯하게 됨에 따라 마음도 혼침昏沈과 도거掉擧에서 벗어난다."

● 법등法燈은 "맑디맑은 본성의 바다와, 고요하디고요한 지혜의 근원이여! 모든 문자와 언사는 이로부터 흘러나왔다네."[12]라고 하였는데, 이는 선의 이치인가?

● 자리를 펴고 앉으셨다 : 석가노자는 바다의 출렁이는 파도에 철선을 띄우고 타고 가는 격이었다. 당시에 만일 납승으로서 기개가 넘치는 자가 엿보고 있다가 쪼개어 버렸다면 석가노자일지라도 어떻게 어김없이 들이맞출 수 있었겠는가? 이 곤경을 반전시키는 결정적인 한마디를 해 보기 바란다.

[敷座] 六祖云, "次第者, 不擇貧富, 平等以化也. 乞已者, 多不過七家, 七家數滿, 更不往餘家. 還至本處者, 佛意制, '諸比丘, 除請召外, 不得輒[1])向白衣之家.' 故云爾. 洗足者, 如來示現, 順同凡夫故. 敷座而坐者, 如來欲說法時, 常儀敷施座而坐." 圭峯疏云, "分三節.[2]) 一, 屛資緣. 將欲入定, 須息攀緣, 衣鉢不收, 心有勞慮故, 佛卽收大衣著七條. 二, 淨身業. 阿含經說, '佛行離地四指, 蓮花承足,' 今示現洗足者, 順世表法 爲後範也. 三, 入正定. 敷座坐禪者, 由身端故, 心離沈掉." 法燈云, "澄澄性海, 湛湛智源! 文字言辭, 從玆流出," 此爲禪義耶? 敷坐而坐者, 釋迦老子, 向四溟波瀾上, 駕起鐵船也. 當時若有衲僧氣息地漢, 覷得破斫得去, 釋迦老子, 又若爲折合? 請下一轉語.

1) ㉠ '輒'이 을본·병본에는 '趣'로 되어 있다. ㉡ '趣'로 번역하였다. 2) ㉡ '節' 뒤에 '釋'이 탈락되었다.

---

12 야보 도천冶父道川의 송에 대한 기화己和의 「說誼」에는 '옛사람의 말'로 인용되어 있다. 『金剛經五家解說誼』 권상(韓7, 28a9) 참조.

정엄 수수淨嚴守遂의 송 淨嚴遂頌

바다에 바람 자고 하늘에는 달 떴는데[13]	四溟風息月當天
파도 일지 않은 그곳에 철선 띄웠네[14]	不動波瀾駕鐵船
다행스레 공생[15]은 거듭 누설했으니[16]	賴得空生重漏泄
뛰어난 말처럼 채찍 훔쳐볼 일 없네[17]	免同良馬暗窺鞭

【설화】

○ 바다에 바람 자고~철선 띄웠네 : 이는 자리를 펴고 앉은 경계이니, 마치 하나의 해처럼 법좌에 올라앉았다는 뜻이다.

○ 다행스레 공생은~훔쳐볼 일 없네 : 뛰어난 말이 채찍을 훔쳐보는 것은 바로 오늘 깨달았다는 말이다. 공생이 '희유하십니다.'라고 한 말은 (부처님의 행위를) 간파했다는 뜻이다. 그러므로 뛰어난 말처럼 훔쳐보지 않아도 되는 것이다.

淨嚴:四溟至鐵船者, 是敷座而坐處, 如一日升座也. 賴得至窺鞭者, 良馬暗窺鞭, 則今日悟去也. 空生則道簡希有, 是覰破也. 故不同良馬也.

---

13 바다에 바람~달 떴는데 : 『草衣禪課』(p.408), "고요하고 쓸쓸하니 본래 그러하다.(寂寂寥寥本自然)" 각 구절에 착어 형식으로 풀이를 붙였다.
14 파도 일지~철선 띄웠네 : 위의 책, "어둠에서 옥인玉人을 놀라게 하여 잠에서 깨운다.(暗中驚破玉人眠)"
15 공생空生 : 수보리須菩提. 『金剛經』의 대고중對告衆으로 십대제자 중 공의 이치를 가장 잘 안다고 하여 해공제일解空第一이라 불린다.
16 다행스레 공생은 거듭 누설했으니 : 『草衣禪課』(p.408), "한꺼번에 죽어 버리니 생멸生滅이 없는 공空의 비결이로다.(一時死了無生訣)"
17 뛰어난 말처럼~일 없네 : 뛰어난 말이 채찍의 그림자만 보고도 달리듯이 방편의 언어에 숨은 지시를 잘 알아차리는 사람을 비유한다. 하지만 수보리는 본질을 고스란히 보여 줄 뿐이기 때문에 그처럼 이것저것 헤아릴 필요가 없다는 뜻이다. 뛰어난 말의 비유는 본서 16칙 주 1 참조. 위의 책, "발밑에 풀이 깊으니 칡넝쿨에 묶였구나.(脚下草深藤葛牢)"

야보 도천冶父道川의 착어와 송

천로川老가 "또렷또렷이 깨어 있어라!"[18]라고 착어를 달고 다음의 게송을 읊었다.

川老着語云, "惺惺着!" 頌曰,

음식 먹고 나서 발도 씻은 다음에	飯食訖兮洗足已
자리 펴고 앉으니 누가 알아줄까	敷座坐來誰共委
다음의 지루한 말 아는가 모르는가	向下文長知不知
평지에서 이제 막 파도가 일어나리라[19]	看看平地波濤起

설화

○ '또렷또렷이 깨어 있어라!'라고 한 뒤 또 '음식 먹고 나서'라 운운한 말은 자리를 펴고 앉은 그 경계를 또렷이 알아차리라는 뜻이다. 곧 그다음에 이어지는 정종분[20]과 유통분[21]은 아무 일 없는 경계[22]에서 일을 일

---

18 또렷또렷이 깨어 있어라(惺惺着) : '성성착惺惺着'에 대한 기화己和의 풀이는 다음과 같다. 『金剛經五家解說誼』 권상 「說誼」(韓7, 27c3), "성성이라는 한 글자는 또렷한 지혜(了慧)라고도 하고, 고요한 경계(寂靜)라고도 한다. 곧 성성이란 정定과 혜慧가 원만하게 밝아 고요한 바탕(定)과 비추는 작용(慧)이 둘이 아닌 이치를 가리킨다. 그렇다면 정과 혜가 원만하게 밝아 고요한 바탕과 비추는 작용이 둘이 아닌 이치는 무엇이라 말할까? 눈은 아득한 하늘에 걸려 있고, 손으로는 영봉을 쥐었다.(惺之一字, 或以爲了慧, 或以爲寂靜. 則惺惺者, 定慧圓明, 寂照不二之謂也. 只如定慧圓明, 寂照不二, 作麼生道? 眼掛長空, 手握靈鋒.)

19 음식 먹고~파도가 일어나리라 : 위의 책 「說誼」, "성에 들어가 걸식하거나 가사를 거두고 발을 씻거나 자리를 펴고 좌선하거나 그 하나하나가 모두 밑바닥까지 속속들이 밝혀 전했던 소식이다. 성에 들어가 걸식하거나 가사를 거두고 발을 씻는 위의는 그만두고 가령 자리를 펼치고 행했던 좌선의 실상은 어떻게 말하겠는가? 조사의 법령을 높이 제기하여 섬뜩한 빛이 번득이니 비야리성에서 입을 벽에 걸어 놓고 한마디도 하지 않았던 것이다.(入城乞食, 收衣洗足, 敷座宴坐, 一一皆是, 徹困爲人底時節. 入城乞食, 收衣洗足, 且置, 只如敷座宴坐, 作麼生道? 高提祖令發光寒, 直得毗耶口掛壁.)"

으키는 격이므로 '평지에서 파도가 일어나리라.'라고 한 것이다.

川老 : 惺惺着, 又飯食云云, 敷座而坐處, 惺惺着. 則向下正宗流通, 是無事中起事, 故云, '平地波濤起.'

설봉 진헐雪峰眞歇**의 거**

'세존께서 사위대성舍衛大城에 들어가 걸식을 하고 돌아와 음식을 다 드시고 나서 가사와 발우를 거둔 다음 자리를 펴고 앉으셨다. 수보리가 대중 속에서 나와 절을 올리고「희유하십니다, 세존이시여!」라고 말하였다.' 라는 대목을 제기하고 말하였다. "석가노자는 대단히 딱하기도 하구나! 수보리가 나와서 '희유하십니다.'라고 한 말을 듣고서는 그 자리에서 봄날 얼음이 녹아내리고 굽지 않은 기와가 부서지는 꼴[23]이 되었다."

雪峰眞歇擧, '世尊入舍衛大城乞食, 飯食訖, 收衣鉢, 敷座而坐. 須菩提, 出衆作禮曰,「希有, 世尊!」師云, "釋迦老子, 幸自可憐生! 被須菩提出來

---

20 정종분正宗分 : 한 부의 경전은 서분序分·정종분·유통분流通分 등 세 부분으로 나누어 이해하는 방식이 일반적이다. 이를 삼분과경三分科經이라 한다. 그중 정종분은 본문으로 한 경전의 종지에 해당하고, 이 공안의 본칙은 정종분에 앞서 시간과 장소를 비롯한 여러 가지 정황을 묘사하는 서분에 해당한다. 선도善導가 『觀無量壽經』에 대하여 서분·정종분·득익분得益分·유통분·기사분耆闍分 등 다섯 부분으로 나눈 예도 있다.
21 유통분流通分 : 경전을 마무리하는 부분. 경전의 말씀을 들은 대중들의 감화 및 장래의 이익과 공덕 등을 들려주며 세상에 널리 유통시키라는 당부 등을 나타낸다.
22 아무 일 없는 경계 : 음식을 먹고 자리에 앉아 있는 평상의 늘 그러한 경계.
23 봄날 얼음이~부서지는 꼴(氷消瓦解) : 세존은 누구나 날마다 하는 동작을 보였을 뿐이었는데, 수보리는 그 장면에서 '희유하십니다.'라고 말하였다. 왜 '빙소와해'라고 평가했을까? 그 뒤에 하실 말씀의 의도가 무가치하게 무너졌다는 뜻인가? 아니면 수보리의 말에 근심 걱정이 시원하게 녹아내렸다는 뜻인가? 그 어느 편의 논리도 타당하지 않으며, 이 평상의 '희유한' 상황에 접근할 모든 분별의 통로가 무너져 내렸다는 의미이다.

道箇希有, 當下氷消瓦解."

[설화]

○ 본칙 설화에서 벌써 풀었다.

雪峰 : 話中已釋.

운문 종고雲門宗杲**의 거**

이 공안과 더불어 진헐의 말도 제기하고서 말하였다. "훌륭한 대덕들이여! 석가노자가 한 글자도 설하신 적이 없는데 수보리는 무엇을 알았다고 '희유하십니다.'라고 말했을까? 여러분은 이해하고자 하는가? 다만 진헐이 '봄날 얼음이 녹아내리고 굽지 않은 기와가 부서지는 꼴이었다.'라고 한 말에서 살펴보라. 만일 그 의중을 간파한다면 평생 공부할 일을 마치게 될 것이다."

雲門杲擧此話, 連擧眞歇語, 師云, "好大衆! 釋迦老子, 未曾說一字, 須菩提, 見箇甚麽, 便道希有? 諸人要會麽? 但向眞歇氷消瓦解處看. 忽然看得破, 一生參學事畢."

[설화]

○ 설봉 진헐의 말을 떠받쳐서 드러냈다.

雲門 : 扶見眞歇語.

55칙 금강제상 金剛諸相

본칙 『금강경』의 말씀이다.[1] "만약 모든 상相을 상이 아니라고 본다면 여래를 보리라." 법안法眼은 이렇게 말하였다. "만약 모든 상을 상이 아니라고 본다면 여래를 보지 못하리라."

金剛經云, "若見諸相非相, 卽見如來." 法眼云, "若見諸相非相, 卽不見如來."

설화

- 육조는 이렇게 푼다.[2] "여래는 법신法身을 드러내려 하였기에 '갖가지 모든 상은 어느 것이나 허망하다'고 설한 것이다. 만약 갖가지 모든 상이 허망하여 진실하지 못하다는 뜻을 깨닫는다면 곧바로 여래께서 상이 없다(無相)고 하신 이치를 알게 될 것이다."
- 법등은 이렇게 말한다. "지혜의 눈으로 상을 관찰하면 어떤 상이나 이치가 아닌 상은 없다. 이치란 여래의 상이 없는 몸이다."
- 규봉 종밀은 이렇게 말한다.[3] "부처님의 몸만 상이 없는 것이 아니라 모든 범부와 성인 그리고 의보依報와 정보正報[4]로 발생하는 유위의 상도 모두 허망하다. 망념을 따라 변화하여 나타난 결과이기 때문이다."

---

1 『金剛經』(大8, 749a23).
2 『金剛經解義』권상(卍38, 667a16).
3 『金剛般若經疏論纂要』(大33, 159a18). 규봉 종밀은 『大乘起信論』을 두 번 인용하고 있다. 이하 중간에 '선의 도리에 따르면~조사선을 설한 것이다.'라고 한 부분은 설화 필자의 견해이다.
4 의보依報와 정보正報 : 의보란 중생이 함께 받는 업보(共業)로서 산하대지 등의 기세간器世間을 가리키고, 정보란 각 중생이 개별적으로 받는 업보(不共業)로서 다섯 가지 감각기관을 말한다.

망념이 본래 공인데 그로부터 변화하여 나타난 결과들이 어떻게 진실하겠는가? 『기신론』에 '모든 경계는 오로지 망념에 의지하여 차별이 생긴다. 만약 마음의 망념을 떠난다면 모든 경계의 차별상은 없을 것이다.'[5]라고 하였다. '만약 모든 상을 상이 아니라고 본다면 여래를 보리라.'라고 한 말은 색色을 벗어나서 공空을 관하지 못하도록 막은 것이다. 상이 허망하다는 말을 듣고 다시 별도로 상이 없는 부처님 몸(無相佛身)을 구하지 않을까 염려했기 때문에 '상 그대로 상이 아닌 것이 곧 여래이다.'라고 한 것이다. 부처님의 화신만 상이 없는 것이 아니라 여래가 보는 모든 상 하나하나가 무엇이건 상이 없으니, 이것이 바로 여래인 것이다. '선의 도리에 따르면,「모든 상을 상이 아니라고 본다면 여래를 보리라.」라고 한 말은 상 그대로 상이 아니라는 뜻이니 세존께서 여래선如來禪을 설하신 것이며, 법안이「모든 상을 상이 아니라고 본다면 여래를 보지 못하리라.」라고 한 말은 상이 아닌 것 그대로가 상이라는 뜻이니 법안은 조사선을 설한 것이다.'[6] 『기신론』에 '각覺의 뜻이라 한 말은 마음의 본체가 망념을 벗어났다는 도리를 가리킨다. 망념을 벗어난 상은 허공의 세계와 같으니 이것이 바로 여래의 평등한 법신이다.'[7]라고 하였다."

[諸相] 六祖解云, "如來, 欲現法身故, 說一切諸相, 皆是虛妄. 若悟一切諸相, 虛妄不實, 卽見如來無相之理." 法燈云, "慧眼觀相, 相無不理. 理卽如來無相之身也." 圭峯云, "非但佛身無相, 但是一切凡聖, 依正有爲之相, 盡是虛妄. 以從妄念, 所變見[1)]故. 妄念本空, 所變何實? 起信云, '一切境界, 唯依妄念, 而有差別. 若離心念, 卽無一切境界之相.' 若見諸相云云者,

---

5 『大乘起信論』(大32, 576a9).
6 주 3 참조.
7 위의 책(大32, 576b11).

遮離色觀空也. 恐聞相是虛妄, 又別求無相佛身, 故²⁾'相卽非相, 便是如來'
也. 不唯³⁾化身無相, 是如來所見一切諸法,⁴⁾ 皆是無相卽如來. '禪義. 若見
諸相云云者, 相卽非相, 世尊說如來禪. 法眼云, 若見諸相云云者, 非相卽
相, 法眼說祖師禪.' 故起信云, '所言覺義者, 謂心體離念. 離念相者, 等虛
空界, 卽是如來平等法身.'"

---

1) ㉮ '見'이 을본·병본에는 '現'으로 되어 있다. ㉯ 통용자이므로 이하에서는 교감주를 붙이지 않는다. 2) ㉮ '故' 다음에 '云'이 탈락되었다. 3) ㉯『金剛般若經疏論纂要』원문에는 '唯' 뒤에 '佛'이 있다. 4) ㉯『金剛般若經疏論纂要』원문에는 '諸法'이 '相相'으로 되어 있다.

장산 법천蔣山法泉**의 송** 蔣山泉頌

연목⁸ 한 번 깜박일 때마다	蓮目一瞬時
사방에 필적할 상대 없으니	四方無等匹
수미산에 작은 터럭도 없고	須彌絶纖毫
바다에 물 한 방울도 없다네	大海無涓滴
물 한 방울 없다지만	無涓滴兮
돌을 굴리며 졸졸 흐르고	落石潺潺
작은 터럭도 없다지만	絶纖毫兮
허공을 밀치고 높이 솟았네	排空岌岌
험한 산 아래 띠집 짓고	結茆於亂山之下
시린 계곡 옆에 씨 뿌린다네	種田於寒澗之側
피곤하면 침상 있으니	困有牀兮
발을 뻗고 누우면 되고	可伸足以臥
배고프면 밥이 있으니	飢有飯兮

---

8 연목蓮目 : 부처님의 삼십이상三十二相 중 눈의 형상. 청련화青蓮花(ⓢ nilotpala)처럼 푸른 눈 곧 청련목青蓮目을 가리킨다. 목감청상目紺青相·목감청색상目紺青色相·감안상紺眼相 등이라고도 한다.

입 벌리고 먹으면 되네	可開口而喫
석가모니 아는지 모르는지	釋迦文識不識
문밖에는 서풍 세차도다	門外西風急

설화

○ 연목 한 번 깜박일 때마다 사방에 필적할 상대 없으니 : 여래가 본 경지를 말한다.

○ 수미산에 작은 터럭도 없고 바다에 물 한 방울도 없다네 : 모든 상은 상이 아니다.

○ 물 한 방울 없다지만~입 벌리고 먹으면 되네 : 상이 아닌 그대로가 상이다.

○ 문밖에는 서풍 세차도다 : 당면한 그때 바라본 풍경에 대한 묘사이다. 시끌벅적한 점이 하나도 없다는 뜻이기도 하다.[9] 모든 상이 상이 아니라고 한 말이 도리어 적지 않게 시끌벅적하다.

蔣山 : 蓮目至等匹者, 如來所見也. 須彌至涓滴者, 諸相非相也. 無涓滴兮, 至開口而喫者, 非相卽相也. 門外西風急者, 當時所見也. 無一點鬧熱也. 諸相非相, 反是鬧熱不小.

법진 수일 法眞守一의 송[10] 法眞一頌

모든 상이 상 아닌 도리를 누가 알리오	諸相非相孰能諳
보거나 못 보거나 잘 궁구해야 하리라	見與不見要須參
양쪽 모두의 잘못된 점 꿰뚫는다면	兩處負門如透徹

---

9 서풍이 불고 잎을 떨어뜨려 쓸쓸한 풍경을 만드는 가을바람의 이미지이다.
10 '여래를 본다'라고 한 경전의 말씀과 그것을 뒤집어 '여래를 보지 못한다.'라고 한 법안의 평가에 대하여 읊었다.

바로 이때 비로소 부처님을 보리라　　　此時方得覲瞿曇

숭승공의 송 崇勝珙頌
본래 상 있다고 해도 상관이 없는데　　　從來有相不相干
허망타 하여 산같이 큰 죄 초래하였다[11]　虛妄還招罪若山
모든 상이 상 아닌 도리 보았다고 한들　　諸相非相饒君見
여래의 면목 어떤 얼굴인지 알겠는가　　　如來面目作何顔

심문 담분 心聞曇賁의 송 心聞賁頌
숲의 빛이나 햇빛이나 똑같이 붉고　　　映林映日一般紅
꽃 떨어지건 피건 모두 바람 탓이라　　　吹落吹開摠是風
안타깝게 방초 따는 이 보이지 않고　　　可惜擷芳人不見
몰아서 떠돌이 벌 떼에게 전해 주누나　　一時分付與游蜂

[설화]
○ 모든 상은 상일 뿐이라는 뜻이다.

心聞 : 諸相卽相也.

야보 도천 冶父道川의 착어와 송
천로川老가 '여래를 보리라.'라고 한 구절까지 제기하고, "산은 산이요 물은 물일 뿐, 도대체 부처가 어디에 있단 말인가?"라고 착어를 단 다음 그 뜻을 게송으로 읊었다.

---

11 본래 상~죄 초래하였다 : 본칙 바로 앞에 "상이 있는 모든 것은 무엇이나 허망하다.(凡所有相, 皆是虛妄.)"라고 한 『金剛經』의 문구를 끌어들여 선의 도리로 풀었다.

川老, 擧至'卽見如來.' 着語云, "山是山, 水是水, 佛在甚麼處?" 頌,

상이 있거나 구할 일 있거나 모두 헛되고	有相有求俱是妄
형상 없고 보는 일 없으면 반편에 떨어지리	無形無見墮偏枯
빽빽이 드러나 있거늘¹² 무슨 빈틈이 있으랴	堂堂密密何曾間
한 줄기 섬뜩한 빛 허공에서 번득이는구나¹³	一道寒光爍大虛

【설화】

○ 산은 산이요~어디에 있단 말인가(착어) : 상 아닌 그대로 상이라는 뜻이다.

○ 상이 있거나~허공에서 번득이는구나(송) : 상 있는 것과 상이 아닌 것 사이에 결코 앞뒤의 차별이 없다는 말이다.

川老 : 山是山云云者, 非相卽相也. 有相有求云云者, 有相非相, 更無前後也.

낭야 혜각琅琊慧覺의 상당

"석존께서 '만약 모든 상을 상이 아니라고 본다면 여래를 보리라.'라고 말씀하셨다." 마침내 주장자를 잡고 말하였다. "산승은 이것을 주장자라 부르는데, 어떤 것이 상인가?" 잠깐 침묵하다가 "이어지는 말은 길게 늘어질 것이니 내일 전해 주겠다."¹⁴라고 한 뒤 주장자를 한 번 내리쳤다.

---

12 빽빽이 드러나 있거늘(堂堂密密) : '당당堂堂'은 분명하고 뚜렷하게 드러나 있는 것, '밀밀密密'은 빽빽하게 들어차 빈틈이 없는 것. 세상 어디에나 뚜렷하게 드러나 있는 갖가지 현상 그대로 진실이며 다른 이치가 파고들 빈틈은 한 치도 없다는 뜻이다.
13 상이 있거나~허공에서 번득이는구나 : 『金剛經五家解說誼』권상 「說誼」(韓7, 38b4), "유에 집착하거나 무에 집착하거나 모두 삿된 견해가 되기에 유와 무 사이에는 차별이 없으며 한맛으로 항상 드러나 있다.(執有執無, 俱成邪見, 有無無二, 一味常現.)"
14 조사선에서 쓰는 관용구. 바로 앞서 던진 물음으로 할 말을 남김없이 다하였기 때문에

琅琊覺上堂云,"釋尊道,'若見諸相非相,卽見如來.'"遂拈拄杖云,"山僧, 喚者箇作拄杖子, 阿那箇是相?" 良久云, "向下文長, 付在來日." 以拄杖卓一下.

[설화]

○ 산승은 이것을 주장자라 부르는데, 어떤 것이 상인가 : 석존께서 전하신 말씀이 모든 상을 떠났다는 뜻처럼 보이지만 사실은 그렇지 않기 때문에 이렇게 말한 것이다. 이처럼 상 그대로가 상이 아닌 도리이다.
○ 이어지는 말은 길게 늘어질 것이니 내일 전해 주겠다 : 오늘은 더 이상 할 말이 없지만 내일은 할 말이 있다는 뜻인가? (아니다.) 내일 또한 그렇다는 말이다.

瑯琊:山僧至拄杖子云云者, 釋尊道得處, 似乎離却諸相故云云. 然則當相非相也. 向下云云者, 今日更無道得分, 明日有道得分耶? 來日亦然.

천의 의회天衣義懷의 상당

이 공안을 제기하고 말하였다. "여러분, 옳은 말씀이기는 하다. 문제는 앞만 쳐다볼 줄 알았지 뒤를 돌아볼 줄은 몰랐다는 점이다. 산승이라면 그렇게 말하지 않고, '만일 모든 상을 상이 아니라고 본다면 도대체 눈은 어디에 붙이고 있단 말인가?'라고 하리라. 내가 한 이 말에는 두 가지 잘못된 부분이 있다.[15] 누군가 점검해 낸다면 그에게 법을 가려내는 안목이

더 이상 전할 이야기가 없다. 그다음에 이어서 말을 하게 되면 지루하게 늘어질 뿐만 아니라 사족蛇足처럼 덧붙이는 불필요한 말에 불과하다는 뜻이다. 설화의 해설에 보인다. 『雲門廣錄』권상(大47, 548a11), "'대중이 운집하였으니 어떤 일에 대하여 이야기해야 할까요?' '이어지는 말은 길게 늘어질 것이니 내일 전해 주겠다.'(問, '大衆雲集, 合談何事?' 師云, '向下文長, 付在來日.')"
15 상이라고 해도 잘못이고 상이 아니라고 해도 잘못이기 때문에 두 가지 잘못이 된다.

있다고 인정해 주겠다."【참!】

天衣懷上堂, 擧此話云, "諸仁者, 得卽得. 要且, 只知瞻前, 不知顧後. 山僧卽不然, '若見諸相非相, 眼在什麼處?' 此語有兩負門. 若人點檢得出, 許你具擇法眼."【參!】

보녕 법수保寧法秀의 거

경전에서 '만약 모든 상을 상이 아니라고 본다면 여래를 보리라.'라고 한 말씀을 제기하고 말하였다. "설령 세상 사람 모두를 불러 모아 성불하게 하더라도 산승의 발꿈치는 꿈에서도 보지 못할 것이다." 법안이 '만약 모든 상을 상이 아니라고 본다면 여래를 보지 못하리라.'라고 한 말을 제기하고 말하였다. "비록 이렇다고는 하지만 뿌리를 내리는 잘못을 벗어나지는 못했다."[16] 선사先師[17]께서 '만일 모든 상을 상이 아니라고 본다면 도대체 눈은 어디에 붙이고 있단 말인가? 내가 한 이 말에는 두 가지 잘못된 부분이 있다. 누군가 점검해 낸다면 그에게 법을 가려내는 안목이 있다고 인정해 주겠다.'라고 한 말을 제기하고 말하였다. "알겠는가? 앞쪽은 천 길 깊이의 오래된 계곡이요, 뒤쪽은 만 길로 치솟은 높은 산이다. 만일 이것을 보지 못한다면 여러분에게 거듭 새롭게 풀어 주겠다." 잠깐 침묵하다가 말하였다. "파리한 대나무는 고결한 절개가 있고, 한가로운 구름은 정해진 마음이 없도다."【참!】

진퇴양난으로 설정한 관문의 일종이다.
16 법안의 말은 경전의 말씀을 말 그대로 받아들여 얽매이는 잘못을 벗어나도록 하려는 데 있지만, 그 자신의 말도 동일한 방식의 잘못에 떨어질 위험성을 가지고 있다는 뜻이다. 곧 그 말이 옳다는 생각에 뿌리를 내리고 분별하는 잘못을 가리킨다.
17 선사先師 : 이미 입적한 자신의 스승을 가리키는 말. 천의 의회가 보녕 법수의 스승이기 때문에 이렇게 불렀다.

保寧秀擧, 敎中道, '若見諸相非相, 卽見如來.' 師云, "直饒盡大地普請成佛去, 也未夢見山僧脚跟在." 法眼云, '若見諸相非相, 卽不見如來.' 師云, "雖然如此, 末¹⁾免墢根." 先師道, '若見諸相非相, 眼在什麽處? 此語有兩負門, 若點檢得出, 許你具擇法眼.' 師云, "會麽? 前面是千尋古澗, 後面是萬仞高山. 若也不見, 爲諸人重新注破." 良久云, "竹瘦有高節, 雲閑無定心."【參!】

1) ㉝ '苯'은 '末'인 듯하다. ㉭ '末'로 바로잡아 번역하였다.

설화

○ 설령 세상 사람~꿈에서도 보지 못할 것이다 : 한층 높이 착안해 보라는 뜻이다.
○ 법안이 '만약 모든 상을 상이 아니라고 본다면 여래를 보지 못하리라.' 라고 한 말 : 한 걸음 크게 내디딘 것이다. 그러므로 "뿌리를 내리는 잘못을 벗어나지는 못했다."라고 하였다.
○ 선사先師께서 '만일 모든 상을 상이 아니라고 본다면~두 가지 잘못된 부분이 있다.'라고 한 말 : 상이라고 하거나 상이 아니라고 하는 것이 두 가지 잘못된 부분이다.
○ 앞쪽은 천 길~치솟은 높은 산이다 : 두 가지 잘못된 부분을 뚫고 벗어났다는 말이다. 앞에서 "산승의 발꿈치는 꿈에서도 보지 못할 것이다." 라고 한 말과 같다.
○ 파리한 대나무는~구름은 정해진 마음이 없도다 : 상이 아닌 것에 상이 있다는 말이다. '화살촉 하나로 세 관문을 부수니 화살 날아간 자취가 분명하구나.'¹⁸라는 취지이다.

---

18 본서 1칙 주 63 참조.

保寧：直饒盡大地云云者, 更高一着也. 法眼云若見諸相云云者, 是濶一步. 故云, '未免垜根', 也. 先師道至兩負門者, 相非相, 是兩負門也. 前面至高山者, 透脫兩負門也. 卽前所云, '未夢見山僧脚跟在'之意. 竹瘦至定心者, 非相有相也. 則一鏃破三關, 分明箭後路.

천동 정각天童正覺의 상당

이 공안을 제기하고 말하였다. "어떻게 밟아 가야 완벽하게 이룰 수 있을까? 공업功業을 차지하고자 힘으로 영웅의 자리를 겨룬 자들은 유방과 항우 시절의 장수들이고, 태평 시절에 편히 앉아 소박한 기쁨을 누린 자들은 복희伏羲[19]와 헌원軒轅[20] 시절의 평민들이다."

天童覺上堂, 擧此話云, "作麽生行履, 得十成去? 功業力爭英雄, 劉項時將 ; 太平坐享朴懋, 羲軒世人."

설화

○ '공업功業을 차지하고자 힘으로 영웅의 자리를 겨루었다'는 것은 세존께서 말씀하신 경계이고, '태평시절에 편히 앉아 소박한 기쁨을 누렸다'는 것은 법안이 말한 경계이다.

天童：功業力爭[1]云云者, 世尊道得處[2]也.

1) ㉲ '力爭'이 을본·병본에는 없다. 2) ㉲ '處' 다음에 을본·병본에는 '太平云云者, 法眼道得處'라고 되어 있다.

---

19 복희伏羲 : 전설상의 삼황三皇 중 하나. 처음으로 팔괘八卦를 그렸고, 고기잡이와 수렵을 가르쳤다고 전한다.
20 헌원軒轅 : 전설상의 고대 제왕인 황제黃帝의 이름. 헌원의 언덕에 살았기 때문에 붙여진 이름이다. 판천阪泉에서 염제炎帝와 싸워서 이겼고, 탁록涿鹿에서 치우蚩尤를 꺾어 제후諸侯들이 천자로 섬겼다. 후대에 중국 민족의 시조로 간주되었다.

천동 정각의 염

"세존은 여래선을 설하셨고, 법안은 조사선을 설하였다. 이해한다면 대단히 기특한 일이지만, 이해하지 못해도 용서할 것이다."

又拈, "世尊說如來禪, 法眼說祖師禪. 會得甚奇特, 不會也相許."

[설화]

O 이해한다면 대단히~용서할 것이다 : 이해할 이치도 없고 이해하지 못할 이치도 없다. 낱낱의 것들이 하나의 화두가 아님이 없으니, 구멍 없는 쇠망치[21]를 대하고 있는 격이다.

又拈, 會得[1]甚奇特, 不會也相許者,[2] 無理會得, 無理會不得. 一一無非一, 對無孔鐵鎚.

1) ㉠ '得' 다음에 을본·병본에는 '下'가 있다. 2) ㉠ '甚奇特, 不會也相許者'가 을본·병본에는 없다.

곤산 찬원崑山贊元의 상당

'상이 있는 모든 것은 무엇이나 허망하다~여래를 보리라.'라는 구절을 제기하고 대중에게 말하였다. "생각해 보라. 여래를 보았는가, 여래를 보지 못했는가?[22] 만약 보지 못했다고 한다면 세존께서 '여래를 보리라.'라고 하신 말씀은 어떻게 되는가? 반대로 보았다고 한다면 또한 어디에서

---

21 구멍 없는 쇠망치(無孔鐵鎚) : 잡을 손잡이가 없는 쇠망치. 겉으로 드러난 말은 상반되지만 어떤 분별의 수단도 통하지 않는다는 점에서는 같다는 뜻이다. 세존의 말씀이나 그것을 뒤집어서 말한 법안의 말이나 더듬고 포착할 여지가 전혀 없는 화두이기 때문이다. 본서 32칙 주 58, 417칙 본칙 설화 참조.
22 이하에서는 보았거나 보지 못했거나 모두 막힌 길이 되는 이치를 나타내고 있다. 앞의 '천동 정각의 염' 설화에서 비유한 '구멍 없는 쇠망치'의 맥락이 화두의 관문으로서 구체화된다.

보았다는 말인가? 어떤 사람은 '보았다는 것이 곧 보지 못했다는 말이고, 보지 못했다는 것이 곧 보았다는 말이다.'라고 하지만, 이 또한 그 말 자체가 모순된다. 바로 이럴 때 어떻게 해야 할까?" 이윽고 주장자를 집어 들고 말하였다. "석가노자는 광명을 발산하고 대지를 흔들며 어지럽도록 많이 설법을 하셨다. 여러분, 그 말씀 들었는가? 만일 들었다면 비로소 여래의 뜻을 짊어지고 일대사를 넓히고 유지할 수 있으리라. 아직 듣지 못했더라도 다음에 할 말이 조금 길게 늘어질 것 같으니 내일 전해 주겠다."

崑山元上堂, 擧, '凡所有相,〈至〉卽見如來.' 師召大衆云, "且道. 見如來, 不見如來? 若言不見, 爭奈世尊道, 卽見如來? ; 若言見, 又向什麼處見? 或云, '見卽不見, 不見卽見.' 又是自語相違. 當伊麼時, 如何卽是?" 師乃 拈起拄杖云, "釋迦老子, 放光動地, 說法紜紜. 諸仁者, 還聞麼? 若也聞得, 方能荷擔如來, 弘持大事 ; 其未聞者, 下文稍長, 付在來日."

[설화]

○ 대중들이 보았다거나 보지 못했다거나 어느 편에도 떨어지지 말고 서 있는 그 자리에서 알아차리도록 한 것이다.

崑山 : 令大衆, 不落見不見, 立地構[1]取也.

1) ㉮ '構'가 병본에는 '搆'로 되어 있다. ㉯ 통용자이므로 이하에서는 교감주를 붙이지 않는다.

장로 종색長蘆宗賾의 거

'상이 있는 모든 것은 무엇이나 허망하다~여래를 보리라.'라는 구절을 제기하고 말하였다. "지금 초록빛 홰나무와 비취색 잣나무가 뒤섞여 있고, 꼿꼿이 솟은 대나무는 뜰 안의 꽃과 어울려 늘어섰다. 또한 밤마다 샛별이 나타나고, 아침마다 붉은 해 떴다가 서쪽으로 지는 바로 이러한 상을 보고 요즘 사람들이 다들 '나는 보았다.'라고 말한다. 생각해 보라. 석가노자는 어디에 계신가? 설령 문득 분명해졌더라도 '틀림없이 노형은 아직 멀었다.'라고 하리라. 왜 그런가? 장군이 태평 시절을 누리는 것은 허용되지 않기 때문이다.[23]"

長蘆賾擧, '凡所有相, 〈至〉卽見如來.' 師云, "如今, 綠槐與翠栢交陰, 脩竹共庭花並列. 夜夜明星出現, 朝朝紅日西沉, 時人盡道, '我見來'也. 且道. 釋迦老子, 在什麼處? 直饒偶儻分明, 敢保老兄未[1]在. 何也? 不許將軍見大平."

1) ㉠ 대부분 '未' 다음에 '徹'이 붙어 상용구로 쓰인다.

설화

○ 글에 나타난 그대로 알 수 있으니, 보녕의 뜻과 마찬가지이다.

長蘆擧, 文見可知, 保寧義一般.

---

23 장군이 전쟁을 평정하여 태평 시절을 불러오지만 전쟁이 끝나면 장군의 할 일이 사라지듯이 공이 이루어지고 나면 그것에도 더 이상 집착하지 않는 무공용無功用·무조작無造作의 경지를 비유한다. 이미 '나는 보았다.'라고 생각하는 것 자체가 철저하게 깨달은 경지가 아니라는 뜻이다. 『曹山本寂禪師語』續古尊宿語要 2(卍118, 897b9), "'그렇다면 애는 썼지만 돌아오는 공은 없다는 뜻이로군요.' '공이 없는 것은 아니지만 공이 이루어져도 그것에 머물지 않는다.' '이미 이루어졌는데 어째서 머물지 않습니까?' '태평 시절은 본래 장군의 힘으로 이루어지는 것이지만 장군이 태평 시절을 누리는 것은 허용되지 않는다는 말을 모르는가?'(僧云, '恁麽則勞而無功.' 師云, '功則不無, 成而不處.' 進云, '旣成, 爲什麽不處?' 師云, '不見道, 太平本是將軍致, 不許將軍見太平.')"

상방 일익 上方日益의 거

'상이 있는 모든 것은 무엇이나 허망하다~여래를 보리라.'라는 구절을 제기하고 말하였다. "불전과 승당이 바로 상이고, 노주와 등롱도 상이며, 빽빽이 펼쳐진 갖가지 형상의 존재가 모두 상이고, 주장자도 상이거늘 어떻게 상이 아니라는 도리를 말할 수 있을까? '설사 세상 사람 모두를 한꺼번에 불러 모아 성불하게 하더라도 납승의 발꿈치는 꿈에서도 보지 못할 것이다.'[24] 생각해 보라. 납승의 발꿈치에는 어떤 뛰어난 점이 있는가?" 잠깐 침묵하다가 말하였다. "바닷물을 밟아 뒤집어엎고 수미산을 차서 거꾸러뜨린다. 달마대사의 수염이 붉은 줄만 알았지, 붉은 수염의 달마대사를 알아볼 자는 누구인가?"[25]

> 上方益擧, '凡所有相,〈至〉卽見如來.' 云, "佛殿僧堂是相, 露柱燈籠是相, 萬像森羅是相, 拄杖子是相, 如何說得箇非相底道理? '設[1)]使盡大地人, 一時普請成佛, 也未夢見衲僧脚跟.' 且道. 衲僧脚跟, 有何長處?" 良久云, "踏翻大海水, 趯倒須彌盧. 只知胡鬚赤, 誰識赤鬚胡?"

1) 𨛜 '設'이 갑본에는 '說'로 되어 있다.

설화

○ 앞의 뜻과 마찬가지이다. 수미산과 바다라고 한 말은 '산에 오르고자 하면 반드시 꼭대기까지 이르러야 하고, 바다에 들어가고자 하면 반드시 바닥까지 도달해야 한다.'[26]라고 운운한 말에 따른다.

---

24 앞서 나온 '보녕 법수의 거'에서 언급된 구절이다.
25 경전의 말씀과 배치되는 형식으로 제시한 법안의 방식처럼 주어진 말과 관념을 끊임없이 반대로 뒤집어 틀에 박힌 사고의 격식을 무너뜨리는 납승의 격외선格外禪을 말한다. 어느 편에도 안주하지 않는 조사선의 자유로운 측면을 나타낸다. '달마대사'라고 운운한 말도 앞의 언어를 뒤에서 바꾸는 형식으로 그 뜻을 다시 보여 준 것이다.
26 황룡 혜남黃龍慧南의 다음 말을 생략한 형태이며, 상방 일익이 참고한 내용이기도 하

上方: 前意一般. 須彌大海者, 登山須到頂云云也.

다. 상이라거나 상이 아니라거나 하는 두 가지 모두 철저하게 화두라는 점에서 다르지
않다는 뜻을 지닌다. 하나가 옳고 다른 하나가 그른 갈등 관계가 아니라 옳다면 두 가
지 모두 옳고 틀리다면 모두 틀리게 수용된다. 산을 오르거나 바다로 들어가거나 철저
하게 평등한 화두이기 때문이다. 따라서 하나(非相)를 뒤집어 다른 하나(相)를 드러냈
다고 해도 그것도 다시 뒤집어야 화두로서의 기능이 살아 있는 것이다.『黃龍慧南語
錄』(卍120, 204a4), "산에 오르고자 하면 반드시 꼭대기까지 이르러야 하고, 바다에 들
어가고자 하면 반드시 바닥까지 도달해야 한다. 산에 오르면서 꼭대기에 이르지 않으
면 우주의 드넓음을 모르고, 바다에 들어가면서 바닥에 도달하지 않으면 검푸른 물의
깊이를 알지 못한다. 드넓음을 알고 깊이도 알고 나서 발로 한번 차서 온 바다를 모두
뒤집어엎고, 주먹으로 한번 후려쳐서 수미산을 거꾸러뜨린 다음, 손에 잡은 것 다 뿌
리쳐 버리고 본가에 도달하면, 사람들은 알지 못해도 참새와 까마귀가 잣나무 사이에
서 지저귀리라.(登山須到頂, 入海須到底. 登山不到頂, 不知宇宙之寬廣；入海不到底,
不知滄溟之淺深. 旣知寬廣, 又知淺深, 一踏踏翻四大海, 一擲擲倒須彌山, 撒手到家人
不識, 雀噪鴉鳴柏樹間.)"

56칙 금강차별 金剛差別

본칙 『금강경』의 말씀이다.[1] "모든 현성賢聖은 누구나 무위법無爲法[2]에 근거하지만 다양한 차별을 둔다."

金剛經云, "一切賢聖, 皆以無爲法, 而有差別."

설화

- 육조는 이렇게 푼다.[3] "삼승三乘의 근기와 이해의 폭은 동일하지 않고 그들의 견해에도 깊이의 차이가 있으므로 '차별'이라 한다. 부처님께서 설하신 무위법이란 머무름이 없는 무주無住이고, 무주는 어떤 상도 없는 무상無相이요, 무상은 일어남이 없는 무기無起이고, 무기는 소멸함이 없는 무멸無滅이다. 쓸어 없앤 듯이 텅 비고 고요하지만 관조와 작용(照用)을 일제히 시행하고 (대상에 대한) 느낌과 살핌에 걸림이 없어야 진실로 해탈이요 불성이다. 불佛은 각覺이고,[4] 각은 관조觀照이며, 관조는 지혜이고, 지혜는 반야바라밀이다."
- 원효元曉의 소[5]에 이렇게 전한다. "'모든 현성'이라 운운한 구절은 삼승의 현성들은 비록 차별을 지니지만 누구나 무분별의 지혜로써 무위법을 증득한다는 뜻이다."
- 선의 도리에 따르면, '무위법에 근거하면서 다양한 차별을 둔다면 무엇

---

1 『金剛經』(大8, 749b17). 수보리의 말이다.
2 무위법無爲法 : ⑤ asaṃskṛta-dharma, ⑫ asaṅkhata-dhamma. 일정한 원인에 의하여 만들어지거나 사라지지 않는 법. 곧 생성과 소멸을 겪으며 그때마다 차별상을 드러내는 유위법有爲法의 범주에서 벗어난 법이다. 열반의 법 등을 가리킨다.
3 『金剛經五家解說誼』 권상(韓7, 44c14).
4 불佛은 ⑤·⑫ Buddha의 음사어인 불타佛陀의 줄임말이고, 그 한역어 중 하나가 각覺이다.
5 현존하지 않는 『金剛般若經疏』로 추정한다.

을 가리켜 차별이라 할 것인가? 차별이 없다면 또한 무엇을 가리켜 무위법이라 할 것인가?'⁶라는 문제가 된다.

[差別] 六祖解云, "三乘根性, 所解不同, 見有深淺, 故云差別. 佛說無爲法者, 卽是無住, 無住卽是無相, 無相卽是無起, 無起卽是無滅. 蕩然空寂, 照用齊施, 覺鑑無礙, 乃眞是解脫佛性. 佛卽是覺, 覺卽是觀照, 觀照卽是智慧, 智慧卽是般若波羅蜜." 曉公疏云, "一切云云者, 三乘賢聖, 雖有差別, 皆以無分別智, 證無爲法也." 則禪義, 旣以無爲法, 而有差別, 喚什麽作差別? 旣無差別, 又喚什麽作無爲法?

보녕 인용保寧仁勇**의 송** 保寧勇頌
어진 이가 보면 어질다 하고	仁者見之謂之仁
지자가 보면 지혜라고 한다네	智者見之謂之智
추우면 불 쬐이고 더우면 시원한 바람 맞고	寒時向火熱承涼
몸 가뿐하면 거닐고 노곤하면 그저 잔다네	健則經行困打睡
노곤하여 잠자노라니	困打睡
하늘을 우러러보며	仰面看天
입 벌리고 숨 들이켠다	開口取氣

[설화]

○ "누구나 무위법에 근거하지만 다양한 차별을 둔다."라는 구절은 '무위법에 근거하지만 다양한 차별을 둔다면 무엇을 가리켜 차별이라 하겠느냐?'라는 뜻이다.⁷

---

6 무위법을 차별과 무차별 중 어떤 것으로도 규정하지 못하는 의문 자체가 선의 도리로 이 경문을 처리하는 방식이라는 뜻이다. 모든 경문과 언어를 화두로 조정하는 방식에 따른다.

保寧 : 皆以無爲法, 而有差別意, 旣以無爲法, 而有差別, 則喚什[1])麼作差別?

---

1) ⓐ '什'이 병본에는 '甚'으로 되어 있다. 이하 동일.

야보 도천冶父道川의 착어와 송

천로川老는 "터럭만큼의 작은 차이로 시작해도 결국은 하늘과 땅 사이처럼 크게 벌어진다."라고 착어를 단 다음 그 뜻을 게송으로 읊었다.

川老着語, "毫釐有差, 天地懸隔." 頌,

바른 사람이 삿된 법을 설하자	正人說邪法
삿된 법 모두 바르게 돌아오네	邪法悉歸正
삿된 사람이 바른 법을 설하자	邪人說正法
바른 법 모두 삿되게 되었다네	正法悉皆邪
강북에선 탱자였는데 강남에선 귤이더니	江北成枳江南橘
봄이 오자 모두 똑같은 꽃망울 터뜨리네[8]	春來都放一般花

설화

○ 집착된 생각이 일어나면 지혜가 막히고, 상이 변하면 본체가 달라진다는 뜻이다.

---

7 보는 사람마다 다르게 규정하고 계절의 변화에 따라 자연스럽게 움직이며 거닐거나 자는 등의 모든 차별 그대로 무차별이라는 뜻으로도 해석되지만, 본질적으로 어떤 이해의 틀도 적용되지 않는 화두 참구상의 의문 그 자체로 제시한 해설이다.

8 바른 사람이~꽃망울 터뜨리네 : 『金剛經五家解說誼』권상 「說誼」(韓7, 45a11), "한가지 맛의 무위법이 바를 수도 있고 삿될 수도 있다. 마찬가지로 한가지 종자가 남과 북으로 나누어져 자라니 남과 북에 똑같은 꽃이 핀다.(一味無爲法, 能正亦能邪. 一種分南北, 南北一般花.)"

○ 바른 사람이 삿된 법을 설하자~모두 똑같은 꽃망울 터뜨리네 : 결국
무엇을 가리켜 삿되다 하고 무엇을 가리켜 바르다 하겠는가?

川老義, 情生智隔, 相變體殊也. 又正人說邪, 至一般花者, 畢竟喚什麼作
邪, 喚什麼作正?

운문 문언雲門文偃의 거

"주장자는 무위법이 아니며, 모든 것이 무위법이 아니다."

雲門偃擧此話云, "拄杖子不是無爲法, 一切不是無爲法."

명초 덕겸明招德謙의 거

이 공안을 제기하고 쌍암雙嵒에게 물었다. "모든 현성은 누구나 무위법
을 궁극적 법도로 삼는데 무엇에 의지하여 차별을 두는가? 그렇다면 차
별이란 잘못된 말인가, 잘못된 말이 아닌가? 만약 잘못이라면 모든 현성
이 누구나 잘못이 있고, 잘못이 아니라면 어김없이 무엇을 가리켜 차별이
라 하는가?" 쌍암이 아무 대꾸도 없자 명초가 말하였다. "아! 설봉이 말한
그것이로구나."

明招擧此話, 問雙嵒, "一切賢聖, 皆以無爲法爲極則, 憑何而有差別? 秖如
差別, 是過底語, 不是過底語? 若是過, 一切賢聖悉皆是過 ; 若不是過, 決
定喚甚麼作差別?" 嵒無語, 師云, "噫! 雪峰道底."

[설화]

○ '무위법에 근거하지만 다양한 차별을 둔다면 무엇을 가리켜 차별이라
하겠느냐?'라는 뜻이다. 그렇다면 차별에 무슨 잘못이 있겠는가!

○ 설봉이 말한 그것이란 '칠통柒桶'[9]이라 한 말을 가리킨다.[10]

> 明招：旣以無爲法, 而有差別, 喚什麼差別? 然則差別有什麼過! 雪峯道底, 柒桶也.

자명 초원慈明楚圓의 거

"앞은 안산案山이고 뒤는 주산主山인데, 어느 편이 무위법인가?" 잠깐 침묵하다가 말하였다. "이어지는 말은 길게 늘어질 것이니 내일 전해 주겠다."[11]

> 慈明擧此話云, "前是桉[1)]山, 後是主山, 那箇是無爲法?" 良久云, "向下文長, 付在來日."

---

9 칠통柒桶 : 시커멓게 칠한 통. 그 속에서는 아무것도 보이지 않는 것처럼 어떤 수단과 분별도 통하지 않는 화두의 본질을 비유한다. 무위법만 아니라 차별 자체도 칠통과 같아서 아무 분별도 통하지 않는다는 뜻이다. 『宏智廣錄』 권4(大48, 56c29), "법좌에 올라앉아 말하였다. '한줄기 비가 만물을 적시니 모든 뿌리에서 싹을 틔운다. 푸른 싹과 누런 싹이 각각 자신의 자태를 이루었고, 길거나 짧은 것들도 각각 자신의 쓰임새에 따라 자랐다. 끊어지지 않고 이어지니 베틀의 실과 같은 모습을 미묘하게 가지고 있고, 뒤섞여 있어도 모나거나 꿰맨 흔적이 전혀 없다. 만약 누군가 나에게 어떤 소식이냐고 묻는다면, 온통 막힌 칠통이라고 말하리라.'(上堂, '一雨霑濡, 諸根萌動. 靑黃各成其姿, 長短各隨其用. 綿綿也妙有機絲, 混混也廓無稜縫. 若人問我如何, 敢道不快柒桶.')"
10 설봉이 칠통이라 한 말에는 다음과 같은 예가 있다. 『雪峰語錄』(卍119, 949b16), "학인이 물었다. '어떤 언어의 표현으로도 미칠 수 있는 경계를 남김없이 거두어 대천세계의 꼭대기로 삼는데, 정수리를 벗어난 일은 어떤 것입니까?' '물어라, 물어!' 그 학인이 똑같이 질문하자 설봉이 '이 칠통아, 나가라!'라고 말하였다.(問, '一切言句及得處, 盡收爲大千頂, 未審頂外事, 如何?' 師云, '問, 問!' 僧再問, 師云, '者漆桶, 出去!')"; 같은 책(卍119, 967a10), "설봉이 대중에게 말하였다. '온 대지를 집어 보니 좁쌀 크기에 불과하고, 눈앞에 던져도 시커먼 칠통 같아서 알 수가 없다. 북을 쳐서 모두 모여서 헤아려 보도록 하라.'(師示衆云, '盡大地撮來, 如粟米粒大, 抛向面前, 漆桶不會. 打鼓普請看.')"
11 무위법 자체를 화두로 삼아 은산철벽으로 전환하였다. 여기서 화두로서의 본질을 실현하였기 때문에 그 이상의 언급은 불필요하게 되었다.

1) ㉮ '桉'이 갑본에는 '按'으로 되어 있다. ㉯ '案'이 옳다.

설화

○ 앞은 안산案山이고 뒤는 주산主山인데, 어느 편이 무위법인가 : 차별된 다양한 법을 벗어나서 무위법은 없고, 무위법을 벗어나서 차별된 다양한 법도 없다는 뜻이다.

○ 이어지는 말은~내일 전해 주겠다 : 내일이라고 하여 말할 수 있는가?¹²

慈明：前是案山至無爲法者, 差別法外, 無無爲法 ; 無爲法外, 無差別法也. 向下文長云云者, 來日還道得麽?

---

12 본서 55칙 주 14 참조.

찾아보기

가假 / 569~572, 637
가관假觀 / 568
가락(三樂) / 453
가람伽藍 / 419, 607, 614~619
가비라위성迦毘羅衛城 / 100, 142, 395
가사 / 663, 664, 668
가섭迦葉 / 49, 145, 170, 174~178, 180, 182, 185, 186, 188, 191, 194, 386, 388, 390, 486, 488, 492, 511, 525, 526, 624
가섭두타迦葉頭陁 / 193, 198
가섭파迦葉波 / 192
가야사다伽耶舍多 / 174
가야사야伽耶舍耶 / 563
가장 높은 관문의 빗장(上頭關捩子) / 243, 246
가짜 성(化城) / 144
각범 혜홍覺範慧洪 / 461, 481
각운覺雲 / 55, 67, 68, 80~82, 88
간루타루看樓打樓 / 275
간장 / 477~479
간화선看話禪 / 132, 134, 252
감옥에 갇혀 지혜를 기르는 잘못(停囚長智) / 495, 496
강물 / 464, 636, 640
강사講師 / 215
개고기 / 516
개구현담開口見膽 / 246
개사開土 / 61, 615, 651

개암붕介庵朋 / 227, 474, 521
개자씨 / 96, 97, 340, 341
개천개지蓋天蓋地 / 342
갠지스강 / 146, 222
갱고일착更高一着 / 431
갱두羹頭 / 477
거擧 / 50
거문고 / 217, 425~427
거북 털 / 514
거울 / 300, 301, 319, 635
건달바왕乾闥婆王 / 386, 388~390
건봉乾峰 / 253
건추犍椎 / 214, 216~219, 222, 223, 225, 228, 230
건치楗稚 / 225
건화문建化門 / 154, 155
걸식 / 663, 668
검소 / 459, 475, 477, 478
격격 / 104, 250, 517
격외格外 / 131, 197
격외선格外禪 / 683
견성성불見性成佛 / 64, 96
결정적인 전기가 되는 한마디 말(一轉語) / 115, 147, 394, 395, 397, 494, 665
결정적인 통로(孔竅) / 109
결정적인 하나의 소식 / 159
결정적인 한 수(一著子) / 100, 101, 276
겸대兼帶 / 358, 360
경산徑山 / 249~251, 505
계구계雞狗戒 / 321

계금취戒禁取 / 321
계봉雞峯 / 195
계봉의 노인(雞峰老) / 191, 490
계수나무 / 291
계족산雞足山 / 170, 179, 191, 211, 490, 511
계환戒環 / 67, 393, 621, 622, 632, 644, 652, 658, 659
고감이顧鑑咦 / 133
고견수高堅樹 / 432
고림 청무古林淸茂 / 267
고목 법성枯木法成 / 208, 494
고변高騈 / 329
고불古佛 / 624, 628, 629
고산孤山 / 257, 632, 634, 645
고산 법혜孤山法慧 / 566
고산 신안鼓山神晏 / 529
고산 지원孤山智圓 / 634, 645
고양이 / 206
고원高遠 / 525
고청규古淸規 / 220
고타마 / 493
고황膏肓 / 520, 521
곡조(三臺) / 136
곤륜崑崙 / 271
곤륜노崑崙奴 / 127
곤륜아崑崙兒 / 127, 128
곤산 찬원崑山贊元 / 103, 104, 193, 245, 249, 316, 617, 680
공空 / 101, 107, 113, 115, 233, 241, 443, 569~572, 591, 609, 644, 653, 654, 671
공겁空劫 / 407
공관空觀 / 568
공문空門의 벗(空友) / 61

공민왕 / 68
공생空生 / 666
공수 종인空叟宗印 / 400
공안 / 199, 252, 397
공왕空王 / 407, 408
공왕불空王佛 / 407
공자孔子 / 282, 288
과거칠불過去七佛 / 64, 432, 483, 624
과량대인過量大人 / 598
과량인過量人 / 250, 501, 598
과량지인過量底人 / 598
곽시쌍부槨示雙趺 / 529
곽임종郭林宗 / 598
관문關門 / 104, 105, 131, 154, 158, 190, 201, 239, 244, 276, 278, 291, 292, 306, 319, 321~323, 346, 349, 365, 366, 401, 451, 463, 470, 472, 474, 486, 499, 500, 535, 595, 677, 680
관정灌頂 / 450
관조觀照 / 685
관휴貫休 / 450
광견불廣見佛 / 638
광무군廣武君 / 578
광장설상廣長舌相 / 628, 629
굉지 정각宏智正覺 / 105, 189, 379, 421, 488, 550
교教 / 69, 241
교가教家 / 96, 215
교란 / 222, 250
교망教網 / 109
교설教說 / 274
교설의 자취(教迹) / 50, 244, 458
교승教乘 / 184
교시가憍尸迦 / 356, 357, 362, 364

교외별전敎外別傳 / 55, 64, 66, 170, 181, 183, 184, 199, 200, 529, 532
교종 / 69
교진여憍陳如 / 513
교학 / 258, 261
교화敎化 / 99, 152, 155, 496, 508, 515, 611
구곡龜谷 / 80~82, 88
구곡 각운龜谷覺雲 / 65, 68, 76, 80
구곡주九曲珠 / 628
구담瞿曇 / 227, 286, 292, 305, 306, 317, 321, 391, 393, 395, 466, 468, 471, 481
구담노인 / 233
구름 / 677, 678
구멍 없는 쇠망치(無孔鐵鎚) / 680
구멍 없는 피리 / 522
구봉 도건九峯道虔 / 461, 547, 548
구산팔해九山八海 / 457
구시라拘尸羅 / 513
구십육종외도 / 307
구양수歐陽修 / 62, 63, 540
구운 벽돌 / 137, 223, 229
구원성불久遠成佛 / 97, 128
구유九有 / 330
구족계 / 232
구화漚和 / 144
국자 점의 헛소리(杓卜虛聲) / 196
국화절菊花節 / 493
굽지 않은 기와 / 220, 451, 503, 668, 669
궁극적인 구절(末後句) / 362
궁극적인 한 구절(末後一句子) / 100, 159
권궤圈䙡 / 244
궤지軌持 / 186
귀貴 / 595
귀모토각龜毛兎角 / 514

귀문鬼門 / 604~606
귀문상점괘鬼門上占卦 / 604
귀문중첩괘鬼門重貼卦 / 604
귀신과 같은 눈동자(鬼眼睛) / 221
귀종 지상歸宗智常 / 56, 114, 366, 368
규범 / 144
규봉 종밀圭峯宗密 / 55, 581, 587, 664
그림자(影) / 219
근기와 인연(機緣) / 144
근본무명 / 405
근본적인 기틀(第一機) / 132
근본적인 작용(大用) / 452
근진根塵 / 644
근진식根塵識 / 645
금가루 / 384, 385, 555, 556
금강왕金剛王의 보검 / 222, 445, 451
금계禁戒 / 173
금구金口 / 193
금란가사金襴袈裟 / 170, 174, 179, 511
금령金鈴 / 315
금루승가리의金縷僧迦梨衣 / 511
금륜왕金輪王 / 254
금릉 보지金陵寶誌 / 504
금비金篦 / 66
금산 요원金山了元 / 139, 151, 290
금색가섭金色迦葉 / 491
금색두타金色頭陀 / 195, 197, 491, 495~497, 500, 501, 537
금색세계金色世界 / 487, 490
금시今時 / 103, 558
금족禁足 / 486, 502
금침金針 / 155
긍정 / 107, 150, 151, 153, 460, 477, 480, 593

기관機關 / 200
기륜機輪 / 158, 310, 311
기바촉婆 / 377, 378, 380
기봉機鋒 / 334
기사굴산耆闍崛山 / 526
기역耆域 / 378
기와 / 503
기틀 / 124, 126, 185, 217, 218, 220, 296, 308, 310, 470
기화己和 / 665, 667
긴나라왕 / 387
길상吉祥 / 545
깨달음 / 165, 626
꿀 / 108, 489
꿈 이야기 / 348, 654
끽다거喫茶去 / 535

나귀 / 413, 469
나귀 다리(驢脚) / 522
나비 / 597
나산羅山 / 571
나은羅隱 / 150, 489
낙편의落便宜 / 192
낚싯바늘 / 279
난탑卵塔 / 360
날취捏聚 / 480
남가새(蒺藜) / 306, 307
남극성 / 598
남대 수안南臺守安 / 597
남돈북점南頓北漸 / 70
남명 법천南明法泉 / 187, 188, 609

남악 회양南嶽懷讓 / 70
남양 혜충南陽慧忠 / 361
남전 보원南泉普願 / 206, 340, 379, 613
남전 왕 노사 / 541, 542
납승衲僧 / 136, 139, 149, 155, 162, 222, 235, 349, 411, 477, 479, 489, 536, 571, 628, 629, 654, 665
납승본분사衲僧本分事 / 155
납승의 안목 / 397, 399, 400
납자衲子 / 136, 284, 308
낭야 혜각瑯琊慧覺 / 138, 289, 328, 675
낮도둑(白拈賊) / 132, 133, 468
네 가지 번뇌(四惑) / 608
네 가지 지견知見 / 119
네 가지 지혜(四智) / 119, 120, 607
네 가지 필수품(四事) / 356, 360
노구담老瞿曇 / 434, 463, 637
노능盧能 / 602
노란 잎(黃葉) / 144, 313, 511
노숙老宿 / 50
노장老莊 / 59, 60
노주露柱 / 627, 683
노파선老婆禪 / 405, 406
노파심 / 630
노호老胡 / 134, 287, 313, 320, 601
녹야원鹿野苑 / 109, 221, 512, 515
녹원鹿園 / 109
녹의선인鹿衣仙人 / 414
놋쇠 / 647
누대樓臺 / 275, 343
누진통漏盡通 / 282
눈동자 / 203
눈먼 거북 / 193
눈먼 나귀 / 474, 533

눈썹 / 285
눈 위에 서리를 더한 것 / 346, 397, 398, 400, 401
늑담 홍영泐潭洪英 / 149
능견能見 / 634
능인能仁 / 641
능인能忍 / 641
능인적묵能仁寂默 / 90, 641
니건자尼乾子 / 306
니구율尼拘律 / 432, 433
니련泥蓮 / 513
니련선하尼蓮禪河 / 513, 528
니련하泥蓮河 / 528
니총지尼總持 / 114

다리 부러진 솥단지(折脚鐺子) / 600
다섯 가지 신통(五通) / 281
다자탑多子塔 / 145, 170, 172, 177~179, 529, 530, 532
단견斷見 / 272, 307, 333, 382, 428, 430, 431
단덕斷德 / 460
단봉丹鳳 / 229, 230
단사자端師子 / 660
단전單傳 / 197
단하 자순丹霞子淳 / 220, 267
달마 / 69, 80, 83, 96, 97, 114, 141, 164, 210, 556, 557, 601, 617
달마대사 / 111, 134, 183, 517, 528, 683
담가과장擔枷過狀 / 151
담당 문준湛堂文準 / 630

담주 용산潭州龍山 / 108
담판한擔板漢 / 115, 551
대代 / 50, 64, 75
대가섭 / 183, 525, 526
대각大覺 / 89
대각세존 / 228, 307, 308, 371, 381, 383, 514
대각 회련大覺懷璉 / 253, 264, 271, 284, 312, 379, 380, 417
대기大機 / 66
대기대용大機大用 / 66
대나무 / 164
대범천왕大梵天王 / 182
대별代別 / 51
대비 한 장로大悲閑長老 / 450
대상大象 / 105
대숭戴嵩 / 630
대승大僧 / 231, 232
대승시교大乘始敎 / 240
대아大我 / 122
대어代語 / 50, 51
대용大用 / 66
대용현전大用現前 / 188
대우 수지大愚守芝 / 286, 481, 542
대위 모철大潙慕喆 / 275, 336
대유령大庾嶺 / 188, 601
대유령 매화(嶺梅) / 188
대의大衣 / 664
대인大人 / 363
대인경계大人境界(대인의 경계) / 363, 487~489, 492, 501, 502
대자재大自在 / 574
대자재천大自在天 / 242
대장부 / 144, 394, 395, 403~407

찾아보기 • 695

대정大定 / 460
대주 혜해大珠慧海 / 276
대천사계大千沙界 / 638
대천세계大千世界 / 96, 129, 295
대통지승大通智勝 / 547, 551
대통지승불大通智勝佛 / 547, 548, 550, 554~556
대혜 종고大慧宗杲 / 51, 62, 100, 102, 107, 108, 121, 133, 149, 159, 161, 164, 220, 247, 249, 272, 321, 397~399, 411, 426, 429, 450, 455, 470, 498, 550, 551, 592, 630, 637
대홍 보은大洪報恩 / 62, 126, 187, 188, 224, 287, 313, 314
덕산德山 / 103, 314, 451, 452, 602
덫 / 244
도거掉擧 / 665
도끼 / 614
도끼를 휘두르는 미묘한 솜씨 / 337
도독고塗毒鼓 / 565, 577~580
도둑 / 133, 201, 235, 385, 400, 481, 483
도라면처럼 부드러운 손(兜羅綿手) / 191
도리천忉利天 / 231, 232, 388, 421
도림道林 / 67
도부道副 / 114
도선道宣 / 70
도솔兜率 / 92
도솔 종열兜率從悅 / 62
도솔천 / 92~94, 142
도솔타兜率陀 / 92
도안道安 / 61, 69, 77
도연명陶淵明 / 198
도오 오진道吾悟眞 / 121, 332
도원道原 / 64

도육道育 / 114
도일道一 / 70
도장 / 247, 325, 534
도적 / 261, 269, 272, 274, 289, 401, 452, 498
독毒 / 108
독각獨覺 / 172
독 바른 북(塗毒鼓) / 577
돈頓 / 235
돈오 / 70
돌咄 / 151
돌려보낼 근원 / 373, 641, 657, 659, 660
동動 / 534
동군東君 / 226, 473
동림 상총東林常總 / 192
동산 양개洞山良价 / 165
동선제東禪齊 / 327
동일성 / 507
동해의 잉어 / 453, 454
돼지 / 260~263, 265
두견새 / 130
두 번째 거듭된 공안 / 179
두 번째 달(第二月) / 634
두보杜甫 / 155, 291
두순학杜荀鶴 / 110
두타제일頭陀第一 / 193, 491
두타행頭陀行 / 145
득실 / 217, 336
들오리 / 463, 503, 504, 592, 603, 605, 640
등광여래燈光如來 / 414, 417
등롱 / 683
땔나무 / 601
뜰 앞의 잣나무 / 274

람비니藍毘尼 / 125

마魔 / 391, 393
마가다국의 법령(摩竭令) / 126
마갈엄실摩竭掩室 / 126
마갈타국摩竭陀國 / 141, 175
마납선인摩納仙人 / 414
마니주 / 266, 267, 270
마라魔羅 / 393
마른 똥막대기(乾屎橛) / 367
마름 잎 / 597
마야부인 / 121, 142
마왕 / 391, 394~398, 402
마조 도일馬祖道一 / 66, 104, 468
마지막 구절(末後句) / 147
마하가섭摩訶迦葉 / 180, 181, 491
마하구치라摩訶拘絺羅 / 382
마혜수라摩醯首羅 / 242, 247, 565, 574, 578
마혜습벌라摩醯濕伐羅 / 574
막동착莫動着 / 593
만송 행수萬松行秀 / 215, 220, 222, 488, 489, 497, 540, 593, 594
만수실리曼殊室利 / 216, 546
만자滿慈 / 331, 332
말 / 516, 517
말나식末那識 / 608
말의 함정 / 602, 603
말후구末後句 / 98, 100~103, 125, 128, 529, 530, 536

말후이태과末後已太過 / 105
망妄 / 589, 591, 595~597
망념 / 599, 610
망명보살罔明菩薩 / 456, 458, 461, 471, 481, 483
망법妄法 / 543
망상 / 539, 540
망심 / 646
망아지 / 468
매미 / 140, 150, 401
맹귀부목盲龜浮木 / 193
맹민孟敏 / 598
메아리(響) / 219, 346, 347, 422
면남간북두面南看北斗 / 106
면피후다소面皮厚多少 / 245
멸도 / 518, 519, 523
멸빈滅擯 / 486
명안 경연明安警延 / 264
명초 덕겸明招德謙 / 688
모기 / 591
모용초慕容超 / 472
모직 박자판 / 522
목암 법충牧庵法忠 / 197, 470
목우옹牧牛翁 / 75
목우자牧牛子 / 64, 75
목은牧隱 이색李穡 / 67
몰량대인沒量大人 / 598
몰모색沒摸搽 / 324
몰자미沒滋味 / 56, 157, 162, 273, 283, 287, 450, 477, 507
몰파비沒巴鼻 / 56
묘관찰지妙觀察智 / 608
묘길상妙吉祥 / 216, 546
묘덕妙德 / 216, 465, 546

찾아보기 • 697

묘용 / 103, 104
묘족妙足 / 92, 93
묘지 종확妙智從廓 / 642
묘향세계妙香世界 / 60
묘희妙喜(대혜) / 149, 150, 397, 400
무無 / 106, 307, 576, 617, 675
무견無見 / 307
무공용無功用 / 682
무구無句 / 434
무구광無垢光 / 268
무기無起 / 685
무념無念 / 548
무단無端 / 520
무멸無滅 / 685
무명無明 / 426, 461, 644~648
무문無門 / 56
무번뇌無煩惱 / 362
무봉탑無縫塔 / 360
무분별 / 446, 448, 685
무분별지 / 429
무사無事 / 448, 544
무상無常 / 257, 258, 428, 429, 519, 525
무상無相 / 90, 685
무상보리無上菩提 / 577
무상정등보리無上正等菩提 / 548
무상정등정각無上正等正覺 / 548
무상정변지無上正遍智 / 548
무생無生 / 207, 373, 375
무생곡無生曲 / 427
무생법인無生法忍 / 370
무생인無生忍 / 370, 373, 374
무소 / 535
무쇠 소 / 591
무수겁無數劫 / 549

무언동자 / 637
무용 수연無用秀演 / 78
무용 정전無用淨全 / 384
무우수無憂樹 / 125, 134, 152
무위無爲 / 448
무위법無爲法 / 685, 686, 688, 690
무위법인 / 689
무위자無爲子 / 199
무위진인無位眞人 / 366~368
무의미한 말(戱論) / 428, 429
무의미화無義味話 / 283
무의자無衣子 / 53, 55, 65, 75, 88, 199, 262~264, 269, 305, 352, 416, 421, 429, 433, 490, 544, 545, 560, 624, 635
무자無字 화두 / 261
무절無節 / 432, 433
무주無住 / 685
무진거사無盡居士 / 62, 94, 136, 199, 216, 389, 423
무차별 / 103, 130, 206, 280, 361, 442, 464, 469, 534, 548, 550, 603, 687
무착 문희無著文喜 / 423
무학無學 / 652
무화無化 / 353
문다갈文多竭 / 176, 177
문답제일問答第一 / 381
문리출신門裏出身 / 201
문불가점文不加點 / 210, 375
문성오도聞聲悟道 / 164
문수文殊 / 183, 214, 216~220, 222~224, 227, 228, 230, 252~255, 363, 442, 445, 446, 449, 450, 453, 454, 456, 458, 461, 471, 481, 483, 486, 488, 492, 501, 503, 509, 545

문수노자 / 228
문수보살 / 255, 256, 423
문수사리文殊師利 / 216, 465, 487, 546
문자 / 512, 516, 572
물소 / 613
물초 대관物初大觀 / 397
미륵불彌勒佛 / 170, 179, 191, 211, 511
미소微笑 / 180, 187~190, 194~199, 208~211
미종개부迷蹤盖覆 / 261
미종결迷蹤訣 / 305
미천彌天 노인(도안) / 76
미천자彌天子 / 61
미혹 / 165, 626
민중閩中 / 450
민창도閩昌道 / 59, 61
밀계密契 / 197
밀교密敎 / 530
밀암 함걸密庵咸傑 / 250, 348, 418, 453, 474, 506, 603
밀인密印 / 64
밀전密傳 / 49, 530

바가바婆伽婆 / 90
바닥에 떨어진 시루 / 598
바라나국波羅奈國 / 512
바라문婆羅門 / 370
바람 / 563
바사닉왕波斯匿王 / 237, 238, 242, 245, 246, 315
박가범薄伽梵 / 90, 253

반두飯頭 / 477
반산 보적盤山寶積 / 259
반야 / 568, 570, 571
반야다라般若多羅 / 360
발다파라跋陀婆羅 / 651, 652, 655
발란반정撥亂返正 / 123
발생 / 543, 544
발우 / 663, 664, 668
발제 / 513, 515
발제하跋提河 / 221, 512
밝음과 어둠 / 102, 296, 363, 373, 395, 489, 633, 636, 647
방棒 / 111, 112, 136, 157, 158, 451, 452, 602
방개放開 / 480
방거사龐居士 / 104, 295, 600, 612
방과일착放過一着 / 503
방약무인傍若無人 / 147
방울 / 563
방편 / 103, 144, 146, 152, 155, 166, 200, 235, 288, 313, 478, 511, 514, 562, 584
방편문方便門 / 561
방편설 / 314, 516
방하착放下著 / 344
방행放行 / 107, 295, 296, 480
배꽃 / 597
배상국裵相國 / 62
배촉관背觸關 / 65, 190
배휴裵休 / 62
백거이白居易 / 62, 641
백마사白馬寺 / 63
백비百非 / 236
백아伯牙 / 426, 427
백암 성총栢庵性聰 / 78

백운 수단白雲守端 / 204, 627
백운 지병白雲知昺 / 134, 162, 198, 227, 298, 346, 460, 485
백월분白月分 / 657
백장 도상百丈道常 / 322
백장 회해百丈懷海 / 66, 219, 548, 552
백척간두 / 631
백추白槌 / 183, 214, 217, 220, 224, 486, 488, 489
백파 긍선白坡亘璇 / 261
백학림白鶴林 / 526
백향산白香山 / 62
백호상白毫相 / 223
뱀 / 228, 229, 294
버들개지 / 597
번뇌 / 386
번뇌장 / 89
번쾌樊噲 / 577
벌 / 235, 236
벌거벗은 알몸 / 100, 159
범梵 / 391, 393
범부 / 234, 426, 444, 469, 501, 517, 539, 549, 550, 562, 581, 596, 617, 619, 670
범부법凡夫法 / 544
범승梵僧 / 234
범지梵志 / 370~372
범천 / 454
법계연기설法界緣起說 / 159
법도(規矩) / 99, 107, 361, 424, 452, 571, 573, 613
법등法燈 / 665, 670
법령 / 452, 467, 491, 492, 496, 505, 573
법륜法輪 / 110, 510
법시法施 / 60

법신法身 / 231~234, 236, 519, 524, 568, 570, 571, 585, 670, 671
법아法我 / 122
법안法眼 / 56, 137~140, 142, 390, 670, 673, 677, 678, 680
법안 문익法眼文益 / 101, 139, 322
법왕자주法王子住 / 651, 653
법용法湧 / 137, 138, 150
법운악法雲岳 / 289, 326
법의 바퀴 / 509, 510, 513
법장法藏 / 70, 574
법좌(曲彔木床) / 221
법 중의 왕(法中王) / 152, 430
법진 수일法眞守一 / 150, 151, 192, 316, 364, 384, 445, 596, 673
법화法華 / 205~207
법화칠유法華七喩 / 144
벽립진풍壁立眞風 / 489
벽립천인壁立千仞 / 515
벽지불辟支佛 / 172
변벽卞璧 / 208
변화卞和 / 208
별別 / 50, 51, 64, 75
별어別語 / 51
별유생애別有生涯 / 342
별전別傳 / 183
보광불普光佛 / 414
보녕保寧 / 137, 152, 278, 279, 682
보녕 법수保寧法秀 / 677
보녕 인용保寧仁勇 / 129, 130, 153, 168, 192, 277, 286, 317, 549, 640, 686
보리 / 107, 446~448
보리달마 / 145
보리수菩提樹 / 432

보림본寶林本 / 146, 168, 234, 585, 586, 615
보방寶坊 / 392, 393, 457
보사保社 / 523, 524
보살菩薩 / 615, 651
보안보살普眼菩薩 / 409~412
보월이구광명삼매普月離垢光明三昧 / 460
보은報恩 / 521, 522
보현보살普賢菩薩 / 219, 224, 363, 409~412, 461, 501, 503
보화普化 / 75, 258, 259, 361
복전福田 / 552
복희伏羲 / 679
본래면목本來面目 / 135, 333, 407, 642
본분本分 / 103, 206, 235, 478, 489, 497, 501, 533, 542, 558
본분(鼻孔) / 110
본분사本分事 / 133, 144, 155, 157, 236, 249, 338, 340, 518, 597, 605
본분의 식량(本分草料) / 344
본사本師 / 75, 351
본연거사本然居士 / 321, 474
본원本源 / 587
본지풍광本地風光 / 135
본체(體) / 297, 333, 347, 360, 361, 419, 433, 510, 529, 572, 605, 614, 641, 642
봄바람 / 150, 313, 374, 469
봄소식 / 188, 226, 422
부대사傅大士 / 647
부동지不動智 / 487
부루나富樓那 / 331, 332
부모미생전父母未生前 / 130, 642
부열傅說 / 166, 167
부정 / 107, 150, 151, 153, 477, 480, 534, 593
부정법不定法 / 272, 273, 275~280
부채 / 453
부처 / 394~398, 402, 498, 553, 554
부촉付囑 / 49, 391
북 / 499
북극성 / 598
분반좌分半座 / 529
분별 / 224, 309, 318, 366, 390, 471, 473, 501, 550, 552, 631, 668
분별심 / 448
분석과 평가(批判) / 339
분소의糞掃衣 / 170, 173, 175
분양 선소汾陽善昭 / 149, 280, 493
불감 혜근佛鑑慧懃 / 195, 222, 227, 319, 344, 469
불견법견佛見法見 / 443
불과 극근佛果克勤 / 132, 158
불대승다佛大勝多 / 69
불락궁상不落宮商 / 195
불립문자不立文字 / 50, 64, 170, 181, 184, 199
불법佛法 / 544
불법무다자佛法無多子 / 286
불생불멸不生不滅 / 544
불석미모不惜眉毛 / 202
불성佛性 / 267, 269, 482, 514, 593
불 속의 연꽃(火裏蓮華) / 106, 107
불식不識 / 601
불안佛眼 / 258
불안 청원佛眼淸遠 / 166, 194, 210, 227, 319, 469, 503
불이법不二法 / 126, 305
불인 요원佛印了元 / 177

불인 지청佛印智淸 / 338, 445, 463, 464
불일사佛日師 / 64
불자 / 157, 229, 523, 524
불자주佛子住 / 651~654
불적기佛跡琪 / 196, 317, 465
불적지담拂迹之談 / 186
불지견佛知見 / 159, 160
불타 / 152
불타 덕손佛陀德遜 / 153
불타 법손佛陀法遜 / 463
불평등 / 608
불혜 법천佛慧法泉 / 181
불회不會 / 601
붉은 깃발(赤幡) / 384
붉은 수염 / 683
비바시불 / 638
비지라毗胝羅 / 403
비파 / 499
비판批判 / 147, 150, 396, 398, 399, 401, 550, 637
빈벌擯罰 / 486
빈주먹 / 314
빈출擯出 / 486
빗장 / 244, 462
빙소와해氷消瓦解 / 668
뿌리 없는 나무(無根樹) / 356, 359, 361, 366~369

사事 / 216, 590
사고師姑 / 460
사구四句 / 236, 434

사구死句 / 270, 280, 401, 450
사냥꾼 / 150, 401
사다함과斯陀含果 / 378
사대四大 / 548
사동일가事同一家 / 205
사라娑羅 / 525
사라림娑羅林 / 109
사라쌍수娑羅雙樹 / 170, 222, 525, 529
사릉착지四稜着地 / 434
사리舍利 / 171
사리불舍利佛 / 331, 332, 381, 382
사마귀 / 140, 150, 401
사마의死馬醫 / 520
사명 고산四明孤山 / 70
사번뇌四煩惱 / 608
사부대중四部大衆 / 231
사사무애事事無礙 / 96, 97
사상四相 / 120
사생육도四生六道 / 503
사선삼매四禪三昧 / 176
사선정四禪定 / 176
사슴 / 516, 517
사슴왕(善鹿王) / 512, 513
사요간四料揀 / 561
사유수思惟修 / 55
사자 / 119, 276, 277, 467, 468
사자후師子吼 / 118, 144
사조四祖 / 519
사조謝朓 / 475
사중四衆 / 231
사중금四重禁 / 577
사치 / 459, 474, 477, 478
사현휘謝玄暉 / 475
산성散聖 / 75

산승 / 153, 201, 205, 208, 209, 343, 375, 451, 452, 575, 648, 675, 676
살殺 / 343
살바야薩婆若 / 260, 263
살인검殺人劍 / 454
살인도殺人刀 / 343, 532
삼경 / 322
삼계三界 / 120
삼교요보三敎了父 / 59
삼구三句 / 113, 338, 431, 529, 574
삼구외일구三句外一句 / 574
삼대三臺 / 136, 137
삼덕三德 / 565, 568
삼도보계三道寶階 / 232
삼도보교三道寶橋 / 232
삼독三毒 / 487
삼매 / 456, 467, 468
삼배 / 302, 303
삼분과경三分科經 / 668
삼산 등래三山燈來 / 561
삼산 지견杉山智堅 / 541
삼선천三禪天 / 351
삼성 혜연三聖慧然 / 533
삼세三世 / 549
삼승三乘 / 144
삼승십이분교 / 517, 521
삼십이상三十二相 / 180, 199, 548, 628, 672
삼십이상호 / 223, 527
삼아승기겁 / 549
삼아승기백대겁三阿僧祇百大劫 / 549
삼악도三惡途 / 120
삼요三要 / 430, 431
삼자선三字禪 / 133

삼제三際 / 549, 550
삼제三諦 / 70, 240, 571, 576
삼조연하三條椽下 / 339
삼지三智 / 571
삼처전심三處傳心 / 145, 170, 528, 530, 536
삼천대천 / 253
삼천대천세계三千大千世界 / 129, 243, 254, 409, 457, 574, 638
삼천세계 / 156
삼평 의충三平義忠 / 433
삼현三玄 / 430, 431
삽계 일익霅溪日益 / 130, 193, 226
상相 / 90, 277, 442, 457, 559, 644, 670, 671, 673~678, 680, 681, 683
상賞 / 235, 236, 255, 256
상常 / 525
상견常見 / 272, 307, 333, 428, 430, 431
상기 의헌尙機義軒 / 77
상나화수商那和修 / 183
상당上堂 / 215
상방 일익上方日益 / 295, 516, 683
상부상符 / 604, 605
상부정종소相符正宗笑 / 363
상신常身 / 233, 519
상위방相違謗 / 429
상주 / 429
상주불변 / 519
색色 / 100, 159, 233, 267, 433~435, 457, 534, 635, 636, 671
색신色身 / 152, 231~234, 236, 519, 524, 585
생사 / 207
생사윤회 / 334, 370, 373, 584, 587, 646

서왕舒王 / 181
석가 / 415, 624
석가노인 / 234, 285
석가노자釋迦老子 / 111, 114, 121, 127,
　128, 149, 153, 157, 158, 160, 164, 186,
　203, 204, 220, 243, 247, 248, 255, 256,
　273, 283, 294, 297, 354, 375, 408, 503,
　523, 524, 529, 585, 602~606, 642, 643,
　648, 665, 668, 669, 682
석가모니釋迦牟尼 / 90, 641
석가팔상釋迦八相 / 93
석문 온총石門蘊聰 / 527
석문 원이石門元易 / 462
석상 경저石霜慶諸 / 106
석상 초원石霜楚圓 / 280, 527
석전 법훈石田法薰 / 535
석창 법공石窻法恭 / 135
선善 / 352
선禪 / 69, 258, 488, 543, 547, 581, 585,
　609, 635, 653, 671, 674
선가禪家 / 96, 215, 291
선견성善見城 / 177
선경善卿 / 183
선기禪機 / 132, 147, 162, 190, 288, 342,
　363, 368, 521, 522
선나禪那 / 55
선사先師 / 677
선상 / 137, 138, 154, 156, 162
선서善逝 / 194, 320
선수善守 / 651
선·악 / 552
선어禪語 / 108, 147, 195, 250, 254, 261,
　270, 532, 575, 605
선자 덕성船子德誠 / 222

선정禪定 / 456, 458, 459, 461, 470, 481,
　483, 664
선종 / 69
선타객仙陀客 / 223, 224, 226, 316
선타바仙陀婆(禪陀婆·先陀婆) / 223
선행부도先行不到 / 105
설당 도행雪堂道行 / 395, 603~605
설두雪竇 / 138, 150, 156, 293, 322, 655
설두 법녕雪竇法寧 / 317, 464, 492
설두 중현雪竇重顯 / 102, 104, 123, 137,
　203, 217, 223, 224, 247, 287, 294, 310,
　325, 326, 338, 405, 450, 536, 557, 625,
　653, 654
설법제일說法第一 / 331
설봉雪峰 / 252, 536, 688
설봉 진헐雪峰眞歇 / 220, 668, 669
설봉 청료雪峯淸了 / 537
설산노인雪山老人 / 71
설암자雪巖子 붕공鵬公 / 76
설암 추붕雪巖秋鵬 / 61, 63, 76
설화說話 / 566, 571
섭마등攝摩騰 / 63
성문聲聞 / 172, 234, 378
성성착惺惺着 / 667
성소작지成所作智 / 608
성수聖壽 / 617
성인 / 444, 469, 501, 549, 550, 562, 581,
　596, 617, 619, 670
성자 / 469
세속제世俗諦 / 237~239, 241, 243, 249,
　251
세제世諦 / 237
세존世尊 / 49, 90, 188, 227, 230, 304,
　309, 310, 336, 343, 411, 412

소견所見 / 634
소금 / 477~479, 592
소금을 몰래 매매하는 자(販私鹽漢) / 479
소동파蘇東坡 / 372
소리 / 100, 159, 227, 233, 267, 433~435,
　　534, 635, 636
소림사 / 97
소멸 / 543, 544
소식蘇軾 / 62
소실봉小室峯 / 141
소양韶陽 / 601
소엄 상좌 / 577, 578
소장공蘇長公 / 62
소지장所知障 / 89
소하蕭何 / 577, 579, 580
속俗 / 572
속박 / 305, 644
속임 / 233
속임수 / 134, 297, 315, 577
속제俗諦 / 237~239, 241, 243, 568, 569
손감방損減謗 / 429
손님 / 300, 337, 347, 353, 422
손해 / 489, 491, 500
솔도파窣堵波 / 171
송頌 / 50, 57, 64, 75, 458, 624
송운宋雲 / 528
송원 숭악松源崇嶽 / 101, 103, 115, 116,
　　135, 229, 279, 473
수달 장자須達長者 / 403
수미산須彌山 / 93, 96, 97, 136, 205, 207,
　　226, 340, 341, 344, 390, 395, 453, 454,
　　457, 637, 672, 673, 683
수보리須菩提 / 183, 220, 231, 233, 534,
　　666, 668, 669

수산 성념首山省念 / 413
수산주修山主 / 97, 390
수선사修禪社 / 53, 88
수염 없는 자물쇠(無鬚子) / 106
수주대토守株待兎 / 551
숙명통宿命通 / 442, 446
순금 / 157, 158, 245
순임금 / 52
숭승공崇勝珙 / 196, 317, 465, 637, 646,
　　647, 649, 674
숭혜崇慧 / 554
습기習氣 / 388~390
습득拾得 / 75, 363
습암 진훈習庵陳塤 / 57
승가난제僧伽難提 / 174, 563
승가람僧伽藍 / 607
승가람마僧伽藍摩 / 607
승가리僧伽梨 / 664
승관불勝觀佛 / 638
승광勝光 / 238
승군勝軍 / 238
승다勝多 / 69
승부 / 131, 497
승상繩牀(禪牀) / 143
승 수좌勝首座 / 179, 530
승의제勝義諦 / 237, 238, 241, 243, 249,
　　251
승조僧肇 / 215
승좌陞座 / 215
승천회承天懷 / 113, 156, 161, 194
승패 / 461, 467, 481
시각始覺 / 588
시각반류사위始覺返流四位 / 587
시각사위始覺四位 / 587

시교始敎 / 240
시다림屍多林 / 356, 358, 364, 366, 368, 380
시비 / 194, 217, 309, 321, 338, 471
시절인연時節因緣 / 164, 482
시절형색時節形色 / 482
시처무애時處無礙 / 94
시퍼런 칼날(鋒鋩) / 334
시황제始皇帝 / 311
신라新羅 / 228, 469, 498
신령한 근원(靈源) / 528
신리출문身裏出門 / 201
신수神秀 / 70
신정 홍인神鼎洪諲 / 413
신족제일神足第一 / 231
신통 / 103, 104
신회神會 / 70
실實 / 140, 141, 154, 200, 314, 470, 532, 533, 562, 589, 637
실법實法 / 246
심공급제心空及第 / 295
심문 담분心聞曇賁 / 374, 472, 493, 520, 661, 674
심인心印 / 64, 170, 179, 530, 532, 536
심향성尋香城 / 388
십무애十無礙 / 94
십사十使 / 405
십선十善 / 173
십세十世 / 95
십신十身 / 549
십신조어十身調御 / 445, 446
십이분교十二分敎 / 184
십이처十二處 / 581
십일지十一地 / 410

십종미세취十種微細趣 / 92
십지十地 / 410
십지보살 / 463
십팔계十八界 / 581, 645
싯다르타(悉達) / 121, 144
쌍수雙樹 / 109, 525

아교 / 592
아귀 / 377
아난阿難 / 145, 183, 300, 302~304, 310, 323, 336, 343, 351, 621
아뇩보리 / 548
아라한 / 362, 378, 386, 390
아뢰야식 / 608
아무 맛도 없는 대답(無味答話) / 273
아승기대겁 / 549
아야교진여阿若憍陳如 / 513
악惡 / 352
안연顔淵 / 77
안횡비직眼橫鼻直 / 128
암두 전활巖頭全豁 / 103, 149, 536, 565, 571, 574, 577, 578
앙산仰山 / 600, 648
앵무주 / 464
야간 통행 / 131
야보 도천冶父道川 / 665, 667, 674, 687
양구良久 / 305, 309, 311, 315~318, 322~324, 326~329, 338
양기 방회楊岐方會 / 222, 280, 304, 329, 642
양단 / 366

양 무제梁武帝 / 80, 83, 601
양민 / 521, 604, 606, 617
양변 / 310, 318, 358, 552, 568, 576, 591, 599, 653
양의 머리 / 516
양족존兩足尊 / 55
어리석은 개 / 276
억이億耳 / 425
엄비투향掩鼻偸香 / 398
엄이투령掩耳偸鈴 / 115, 398
여래如來 / 194, 320, 581
여래선如來禪 / 55, 56, 274, 648, 671, 680
여래장如來藏 / 373, 374
여룡驪龍 / 208
여산 혜원廬山慧遠 / 472
여섯 가지 신통(六通) / 281, 282
여시아문如是我聞 / 216
여우 / 467
여의如意 / 268
여의주如意珠 / 268, 336
여인 / 456, 458, 459, 461
여자출정女子出定 / 477, 483
여주驪珠 / 208
연각緣覺 / 172
연꽃 잎사귀 / 597
연등불燃燈佛 / 90, 414, 415, 417, 419
연목蓮目 / 672, 673
연화루蓮花漏 / 472
연화색 비구니蓮花色比丘尼 / 231, 233, 234
연화장세계蓮華藏世界 / 459
열등 / 502
열반 / 107, 207, 446~448, 509, 512, 518, 519, 525, 526, 644~648

열반묘심 / 145, 199
열반문 / 253
열반의 미묘한 마음 / 208, 209
열재거사悅齋居士 / 200, 322, 365, 430, 434, 474, 493, 513, 601, 639
염拈 / 50, 57, 64, 75, 458, 624
염라노자閻羅老子 / 111
염라천자閻羅天子 / 371
염마대왕閻魔大王 / 371
염부閻浮 / 93
염부제閻浮提 / 93, 136, 142, 232, 315, 395
염송拈頌 / 52, 57, 64
염송가拈頌家 / 125, 405
염화拈花 / 180, 187~190, 194~199, 208~211
염화미소拈花微笑 / 145, 181, 207, 529
염화시중拈花示衆 / 533
영가 현각永嘉玄覺 / 491, 597
영매嶺梅 / 191
영명 연수永明延壽 / 564
영산靈山 / 180, 192, 195, 196, 470, 533
영산회상靈山會上 / 170, 177, 178, 182, 186, 200, 224, 274, 442, 529
영소무英邵武 / 479
영암주永庵主 / 363
영운 지근靈雲志勤 / 556
영조靈照 / 612
영취산靈鷲山 / 145, 193, 465
영향보살影響菩薩 / 219
예禮를 알 수 있으리라(可知禮也) / 288
오거烏巨 / 348, 349
오계五戒 / 173
오대산五臺山 / 423

찾아보기 • 707

오동나무 / 370, 372
오등五燈 / 52
오랑캐 / 545
오래된 송곳 / 190, 195
오무간五無間 / 577
오무소오悟無所悟 / 328
오미선五味禪 / 56
오시五時 / 509
오시교五時敎 / 240
오식五識 / 607
오역죄五逆罪 / 351, 352, 443
오염 / 653
오온五蘊 / 515, 581
오욕五欲 / 388, 390
오운 지봉五雲志逢 / 475, 477
오위설五位說 / 358
오음五陰 / 446, 548
오조 법연五祖法演 / 301, 507
오조 사계五祖師戒 / 273, 274, 323
오진悟眞 / 121
오통 / 282, 290, 292
오통 선인五通仙人 / 281, 285, 287, 289, 291, 298
온몸을 진흙물로 더럽히는 짓(拖泥帶水) / 359
온 세상이 바로 해탈문(盡大地是解脫門) / 252
올가미 / 244
옹기와 종의 혼동 / 318
와룡臥龍 / 229, 230
왕건王建 / 51
왕발王勃 / 463, 504, 592, 603
왕사성王舍城 / 171, 175, 387, 403
왕안석王安石 / 63, 181, 352

왕유王維 / 62
외도 / 234, 272~275, 292, 296, 304, 307~313, 316, 323, 336, 343, 428
요임금 / 52, 418
요합姚合 / 297
용用 / 616
용광로 / 157, 158
용상중龍象衆 / 217, 218
용의 머리에 뱀 꼬리(龍頭蛇尾) / 147, 278, 339, 340
용화회상 / 211
우담발라優曇跋羅 / 182
우담화優曇花 / 187
우열 / 321, 327, 336, 463, 467, 468, 482, 491, 501, 502, 504, 630
우월 / 502
우주옹宇宙翁 / 68, 88
우파리優婆離 / 145, 219, 486, 488, 493
운개 지본雲蓋智本 / 292
운거雲居 / 411
운거 요원雲居了元 / 188
운거 원우雲居元祐 / 460, 462
운거 청석雲居淸錫 / 324
운거 효순雲居曉舜 / 412
운근성풍運斤成風 / 595
운문雲門 / 123~125, 129~131, 133~135, 137~143, 148~153, 162, 322
운문 대사 / 158, 160
운문 문언雲門文偃 / 51, 117, 160, 167, 205, 223, 562, 649, 688
운문 종고雲門宗杲 / 197, 298, 301~303, 326, 354, 396, 483, 504, 597, 669
운봉 문열雲峯文悅 / 148, 292, 296, 347, 520, 521

운암 화상 / 482
울다라승鬱多羅僧 / 664
웅이산 / 528
원명 연밀圓明緣密 / 302
원수 / 405, 407
원앙 문양 / 155, 583
원오 극근圜悟克勤 / 97, 99, 103, 105,
　　132, 133, 137, 161, 179, 242, 244,
　　246~248, 251, 252, 278, 318, 326, 338,
　　342, 343, 460, 466, 489, 491, 499, 500,
　　530, 574, 579, 612
원적圓寂 / 509
원조元照 / 70
원통圓通 / 107, 156
원통선圓通善 / 99, 307
원통 원기圓通圓璣 / 154
원호문元好問 / 155, 583
원효元曉 / 96, 238, 685
월광月光 / 238
월저 도안月渚道安 / 61, 76, 438
위산潙山 / 600, 613
위산 모철潙山慕喆 / 255, 275
위산 영우潙山靈祐 / 340, 612
위산의 물소 / 612
위음왕불威音王佛 / 407, 642, 652
위음왕이전威音王已前 / 642
유有 / 101, 106, 107, 113, 115, 241, 307,
　　576, 591, 609, 617, 675
유견有見 / 307
유관惟觀 / 426
유교 / 59
유구有句 / 434
유나維那 / 217~219
유두무미有頭無尾 / 490

유루법 / 581
유마거사維摩居士 / 305, 545
유마거사의 침묵(杜口毘耶) / 126
유마노자維摩老子 / 111
유방劉邦 / 679
유일한 통로 / 162
유충순劉忠順 / 465
유통분流通分 / 667, 668
육근六根 / 370, 373, 374, 548, 644
육궁 대부陸亘大夫 / 379
육사외도六師外道 / 306
육식六識 / 370, 373, 374
육신통六神通 / 183
육아백상도六牙白象圖 / 68
육왕育王 / 400, 401, 642
육왕 개심育王介諶 / 198, 211, 212, 297,
　　655
육욕천六欲天 / 93, 378, 392, 393
육우六羽 / 388
육조 혜능慧能 / 90, 113, 141, 663, 670,
　　685
육종진동六種震動 / 387
육진六塵 / 370, 373, 374, 644
육합六合 / 330, 561, 563
윤감允堪 / 70
윤수輪手 / 195
윤편輪扁 / 337
은산철벽銀山鐵壁 / 65, 97, 203, 311, 520,
　　654, 689
은혜 / 124, 138, 158, 190, 276
음광飮光 / 192, 389
음광존자飮光尊者 / 145
의문 / 254, 256, 262, 265, 273, 397, 476,
　　686

의보依報 / 670
의식意識 / 607
의심 / 137, 138
의천장검倚天長劍 / 307
이咦 / 133
이理 / 216, 590
이견二見 / 272, 307
이구離垢 / 268
이귀離鬼 / 393
이능화李能和 / 65, 88
이룡완주二龍玩珠 / 336
이룡쟁주二龍爭珠 / 336
이류중행異類中行 / 339, 341, 613
이백李白 / 353, 475
이 부마李駙馬 / 527
이색李穡 / 68, 80, 81
이승二乘 / 381, 383, 426, 539
이심인심以心印心 / 325
이심전심以心傳心 / 50, 170, 325
이십억이二十億耳 / 425
이의離意 / 460
이입사행설二入四行說 / 548
이伊(ꙮ) 자 / 565~567, 571, 578
이제二諦 / 240
이좌거李左車 / 578
이준욱李遵勖 / 527
이치(理) / 559
이통현李通玄 / 60, 95, 392, 409, 411, 415, 543
이 하나의 통로(這一竅) / 112
이학異學 / 428
이희묘락지離喜妙樂地 / 351
인도(五天) / 135
인아人我 / 122

인악 삽천仁岳霅川 / 70
인적위자認賊爲子 / 269
인증印證 / 325
인허진隣虛塵 / 541
일관一貫 / 282
일구一句 / 338
일기방편一期方便 / 514
일대사一大事 / 155, 259, 681
일대사인연一大事因緣 / 119, 159, 160
일돈방一頓棒 / 111
일래과一來果 / 378
일미선一味禪 / 56
일불승一佛乘 / 144
일색변사一色邊事 / 102
일생보처보살一生補處菩薩 / 142, 410
일심一心 / 301
일자법문一字法門 / 593
일장영과一狀領過 / 323
일전어一轉語 / 147
일정한 법도에 얽매이지 않는다(不存軌則) / 188
일착一着 / 155
일척안一隻眼 / 332, 506
일천제 / 577
일체종지一切種智 / 89, 260, 263
일체지一切智 / 89, 260~263, 296, 428
일촉파삼관一鏃破三關 / 114
일합상一合相 / 534
일화설무변춘一華說無邊春 / 422
임제사할臨濟四喝 / 222
임제 의현臨濟義玄 / 63, 64, 259, 286, 314, 367, 431, 451, 452, 468, 530, 533, 548, 553, 554
임제종 / 64

입자(隣虛) / 541
입정入定 / 462, 464~466

자각 종색慈覺宗賾 / 624
자고새 / 225
자득 혜휘自得慧暉 / 445
자라장紫羅帳 / 291, 459
자명 초원慈明楚圓 / 280, 527, 689
자선子璿 / 634
자손 / 154, 178, 190, 199
자수용삼매自受用三昧 / 378
자수첩資壽捷 / 316, 610
자수 회심慈受懷深 / 131, 229, 375, 466
자씨불慈氏佛 / 511
자유로운 기틀 / 158
자자自恣 / 487
자자일自恣日 / 486
자지무柘枝舞 / 540
자취(痕跡) / 398, 401, 609
자취를 잃게 만드는 비결 / 305
자항 요박慈航了朴 / 472, 523, 524
작용(用) / 297, 333, 347, 360, 361, 419, 420, 424, 433, 510, 529, 572, 605, 614, 627, 641, 642
잘못 / 138, 160, 202, 211, 235, 347, 369, 396~398, 400, 401, 454, 476, 499, 504, 532, 533, 535, 537, 602, 603, 655, 673, 676~678, 688
잘못(負墮) / 381
잘못된 부분(負門處) / 383
잡쇄의雜碎衣 / 664

잡을 여지가 없는 쇠망치(無孔鐵鎚) / 475, 500
장경 초각長慶超覺 / 124
장경 혜릉長慶慧稜 / 659
장량張良 / 579
장령 수탁長靈守卓 / 101, 107, 114, 116, 133, 195, 320, 407
장로 종색長蘆宗賾 / 228, 276, 293, 368, 498, 681
장륙금신丈六金身 / 422, 515
장만천망張幔天網 / 342
장무진張無盡 / 216
장부 / 537
장사 경잠長沙景岑 / 340
장산蔣山 / 288
장산 법천蔣山法泉 / 284, 362, 364, 379, 380, 406, 461, 462, 672
장산 찬원蔣山贊元 / 144, 572, 575, 576
장상영張商英 / 94, 216
장안 관정章安灌頂 / 559
장조長爪 / 381, 382, 384
장준張俊 / 418
장착취착將錯就錯 / 275, 346
장천각張天覺 / 62
장치 / 111, 154, 476, 501
재시財施 / 60
재앙 / 154, 178, 199, 255, 256, 535, 617
저울 / 135, 198, 283, 292, 298, 322, 323
적멸寂滅 / 519
적묵寂默 / 641
적신기로賊身旣露 / 385
적오赤烏 연간 / 63
전광석화 / 132, 311
전등傳燈 / 49, 52

전륜성왕轉輪聖王 / 231, 254
전륜왕轉輪王 / 231, 312, 313
전법傳法 / 49
전삼삼후삼삼前三三後三三 / 423
전심傳心 / 528
전좌典座 / 477
절로도강도折蘆渡江圖 / 68
절름발이 스님(跛脚阿師) / 160
절름발이 자라 / 463
점漸 / 235
점수 / 70
정定 / 55, 70, 667
정靜 / 534
정각산正覺山 / 164
정곡鄭谷 / 585
정관불淨觀佛 / 638
정광불錠光佛 / 414
정광 선사定光禪師 / 217
정려靜慮 / 55
정류장지停留長智 / 495
정문안頂門眼 / 506
정문정안頂門正眼 / 321, 332
정반성定盤星 / 135, 283
정반왕淨飯王 / 118, 142, 371
정법定法 / 272, 273, 275~280
정법안 / 157
정법안장正法眼藏 / 145, 156, 180, 181, 186, 196, 199, 204~207, 209, 533, 534
정보正報 / 670
정상무능견頂上無能見 / 568
정수장지停囚長智 / 495
정심鄭諶 / 267
정엄 수수淨嚴守邃 / 129, 226, 591, 594, 666

정오 / 322
정원淨源 / 239, 242
정위正位 / 358, 548, 550, 551, 648
정인 유악淨因惟岳 / 646, 648, 649
정자본淨慈本 / 152
정종분正宗分 / 667, 668
정행淨行 / 372
정혜 초신定慧超信 / 178, 191, 201
제諦 / 238, 241
제2의 다른 것 / 255
제3의 눈 / 242, 247, 248, 322, 332, 506, 573, 574, 576, 578
제나라 환공桓公 / 337
제바달다提婆達多 / 351~354, 384, 513
제법실상諸法實相 / 127
제석帝釋 / 356, 357, 359, 360, 362, 364, 366~368, 422
제석천帝釋天 / 176, 177, 386, 421
제석천의 콧구멍 / 453, 454
제육천第六天 / 391, 392
제이의第二義 / 229, 423
제이의문第二義門 / 228
제일의第一義 / 217
제일의제第一義諦 / 237
조계曹溪 / 141
조계명曹溪明 / 209, 466
조계의 길(曹溪路) / 113
조과 도림鳥窠道林 / 62
조달調達 / 351, 352, 354
조사祖師 / 65
조사선祖師禪 / 55, 56, 115, 157, 254, 274, 321, 329, 349, 566, 572, 617, 646, 648, 661, 671, 675, 680, 683
조산 본적曹山本寂 / 108, 548, 555

조어장부調御丈夫 / 446
조조曹操 / 123, 166
조주노자趙州老子 / 111
조주의 관문 / 258, 259
조주 종심趙州從諗 / 259, 403, 519
조직정調直定 / 467
존숙尊宿 / 50
졸암拙庵 / 523
종縱 / 534
종교終敎 / 240
종밀宗密 / 62, 67, 267
종승宗乘 / 184
종영宗永 / 266
종자기鐘子期 / 426
주인 / 300, 303, 337, 347, 353, 422
주장자 / 167, 168, 245, 395~398, 451,
　459, 498, 499, 556, 557, 575, 576, 582,
　586, 604, 617, 618, 638, 640, 642, 675,
　676, 681, 688
주후부肘後符 / 248
죽암 사규竹庵士珪 / 107, 108, 134, 197,
　321, 345, 470, 551, 563, 598, 638, 640
죽은 말 / 520, 521
죽은 뱀 / 254, 261, 262
줄 없는 거문고 / 427
중관中觀 / 568
중도제中道諦 / 568
중생衆生 / 391, 393, 394, 399
중양절重陽節 / 493
중우衆祐 / 90
중원衆園 / 607
즉卽과 리離 / 283, 292
즐률나무 / 451, 452
증득證得 / 99, 496, 508, 587, 611

증익방增益謗 / 429
증자曾子 / 282
지계제일持戒第一 / 219, 486
지공誌公 / 234, 504, 505
지눌知訥 / 64, 75, 96, 609
지도림支道林 / 67
지둔支遁 / 67
지록위마指鹿爲馬 / 516
지문 광조智門光祚 / 217, 223, 224, 555
지비자知非子 / 258, 259, 426, 510, 545
지옥 / 351~354, 359, 377
지원智圓 법사 / 566
지유知有 / 190
지은해보知恩解報 / 158
지음知音 / 217, 229, 533
지자 대사智者大師 / 217
지제支提 / 171
지진정등각至眞正等覺 / 548
지최승地最勝 / 393
지해智海 / 339, 340, 649
지해 본일智海本逸 / 141, 556, 646, 647
지해 지청智海智淸 / 514
지혜 / 685
지혜제일智慧第一 / 331
직득무한直得無限 / 148
직지인심直指人心 / 64, 96
진眞 / 572, 589, 591, 595~597
진각국사眞覺國師 / 88
진각대사 / 64
진각 혜심眞覺慧諶 / 65
진망眞妄 / 70
진법眞法 / 543
진상眞常 / 258
진실 / 562, 599

진심 / 646
진여 / 593, 610
진여연기설眞如緣起說 / 240
진점겁塵點劫 / 97
진정 극문眞淨克文 / 62, 359, 365, 366
진제眞諦 / 237~239, 241, 243, 568, 569
진퇴양난 / 203, 451, 661, 677
진헐 청료眞歇淸了 / 220, 669
진훈眞訓 / 52
진흙 소 / 463
집게와 망치 / 131
집착 / 426, 539, 540
징徵 / 50, 254
징관澄觀 / 62, 240, 301
짚신 한 짝 / 528

차별 / 103, 206, 280, 361, 395, 413, 445, 460, 461, 463, 464, 473, 477, 502, 533, 534, 540, 548, 550, 560, 579, 588, 597, 603, 609, 621, 622, 685~688, 690
차별상 / 128, 260, 534, 588, 671
차별성 / 580
차이성 / 507
차제걸식次第乞食 / 61, 62
착각 / 305, 346, 465, 532, 535, 550
착어著語(着語) / 149, 220, 287, 531, 540, 563, 593, 647, 667, 674, 687
찰제 / 139
찰간 찰간竿 / 183, 211, 212
찰제리왕刹帝利王 / 117
참參 / 151, 494

참새 / 140, 150, 401
채주蔡州 / 235, 451, 452
채찍 / 304, 310, 312, 318, 319, 326, 328, 334, 336, 666
척안隻眼 / 332
천賤 / 595
천 개의 바큇살 문양(千輻輪相) / 527
천기 / 194, 228
천녕天寧 / 279, 501, 502
천당 / 353, 359
천동 정각天童正覺 / 226, 255, 336, 422, 480, 489, 497, 541, 593, 594, 627, 653, 654, 679, 680
천로川老 / 667, 674, 687
천리마千里馬 / 311, 319
천민 / 521, 604, 606, 617
천복 본일薦福本逸 / 190, 191, 200, 225, 274, 285, 290, 333
천복회薦福懷 / 233
천봉天峰 / 572, 573
천산여泉山崊 / 471
천석泉石 / 282
천열天熱 / 352
천은자天隱子 / 59
천의 의회天衣義懷 / 109, 274, 305, 315, 383, 394, 396~400, 402, 451, 460, 461, 676, 677
천인사天人師 / 163
천착穿鑿 / 107, 108
천태天台 / 559
천태 덕소天台德韶 / 430, 560, 561
천태 지의天台智顗 / 70, 559, 570
철선 / 665, 666
철위산 / 457, 458

청규淸規 / 219
청량 징관淸凉澄觀 / 94, 171, 539, 543
청련목靑蓮目 / 180, 672
청련화靑蓮花 / 672
청사靑蛇 / 445
청산 / 464
청정 / 653
체體 / 616
초경招慶 / 571
초계苕溪 / 653
초명蟭螟 / 423
초석 범기楚石梵琦 / 396
초의草衣 / 624, 636, 646, 654
초전법륜初轉法輪 / 118, 163, 222
초종 혜방超宗慧方 / 529
초지보살 / 463, 483
최상의 황금색(紫磨金色) / 518, 523
최초구最初句 / 98, 102, 103, 529, 530
최호崔顥 / 464
추붕秋鵬 / 77, 78
추자鶖子 / 331
추풍追風 / 311
추한 꼴 / 133, 234
축법란竺法蘭 / 63
축생 / 377
축융봉祝融峯 / 196
출신지로出身之路 / 148, 262
출정出定 / 462, 464~466
취모검吹毛劍 / 129, 137, 305
취암 가진翠巖可眞 / 243~246, 280, 330, 354, 390, 459, 477~479
취암 문열翠嵒文悅 / 110
취암 사종翠巖嗣宗 / 131, 166, 342
취암 수지翠嵒守芝 / 290, 328

칠각지七覺支 / 118
칠보七寶 / 176, 177
칠불七佛 / 65, 419
칠불통계게七佛通戒偈 / 65
칠성검七星劍 / 445
칠조의七條衣 / 664
칠천팔혈七穿八穴 / 348
칠통柒桶 / 450, 689
침묵 / 124, 227, 305, 307, 313, 329, 510

칼날 위의 일(釼鋒上事) / 340, 341
칼자루(杓柄) / 484
코 / 308, 480
코끝 진흙 / 595, 596
코끼리 / 467, 468, 491, 492, 535
콧구멍 / 319, 395, 397, 398

타근垜根 / 135
타화자재천他化自在天 / 391, 392
탁력찬轢轢鑽 / 160
탈취 / 534
탐원耽源 / 360, 361
탑塔 / 171, 300
탑묘塔廟 / 300
탑파塔婆 / 171
태사太師 순왕循王 충렬忠烈 / 418
태원 부 상좌太原孚上座 / 529
태평성대 / 123, 124, 251
태평 시절 / 682

털 제기 / 597
토끼 / 491, 492, 551
토끼 뿔 / 514
토사구팽兔死狗烹 / 577
통금 / 130, 131, 134
투자 의청投子義靑 / 581, 582

파격破格 / 131
파단요진把斷要津 / 158
파비巴鼻 / 56
파순波旬 / 317, 391
파안미소 / 182, 186, 193
파정把定 / 107, 295, 296, 480
파주把住 / 107, 112
파주법把住法 / 495
파초 계철芭蕉繼徹 / 228
팔냥반근八兩半斤 / 202
팔방대십삼八棒對十三 / 202
팔부八部 / 231
팔부신중八部神衆 / 231
팔부용신八部龍神 / 371
팔부중八部衆 / 231, 386
팔상八相 / 93, 94, 99
팔상불八相佛 / 548
팔상성도八相成道 / 93, 94
팔식八識 / 607
팔십종호八十種好 / 191, 568
팔환八還 / 660
페르시아 사람(波斯) / 127
편위偏位 / 358, 548, 550, 551, 648
평등 / 353, 361, 443, 461, 467, 471, 482,

485, 491, 497, 498, 523, 524, 572, 588,
608, 610, 611, 629, 671
평등성지平等性智 / 607, 608, 610, 615
포대 화상布袋和尚 / 75
포만천대망布縵天大網 / 342
포만천망布縵天網 / 342
표병杓柄 / 484
표복杓卜 / 318
풀 한 줄기 / 421
풍간豊干 / 75
풍담 의심楓潭義諶 / 61
풍류風流 / 197, 473

하나로 화합된 상(一合相) / 534
하나의 할喝 / 207, 348
하늘 높이 치솟은 장검(倚天長劒) / 429
하안거 / 486, 487, 489, 503, 504, 615
학림鶴林 / 526
학수鶴樹 / 109
한간韓幹 / 630
한림寒林 / 358, 364
한마디의 진언(一道眞言) / 349
한산寒山 / 75, 363
한 수(一著) / 102, 155, 303
한신韓信 / 577~580
한신임조저韓信臨朝底 / 577
한암 혜승寒嵓慧升 / 399, 402, 473, 598
한인 / 545
한 장의 판결문 / 323, 498, 499
할喝 / 112, 151, 157, 205, 348, 349, 451,
452, 494, 557, 642

함정 / 108, 109, 134, 199, 244, 273, 289, 298, 322, 328, 532
함호지기陷虎之機 / 199
합환나무 / 370, 372
합환화合歡花 / 372
항우項羽 / 679
항하사세계恒河沙世界 / 254, 638
해골 / 203, 377, 378, 380
해공제일解空第一 / 666
해인 초신海印超信 / 103, 111, 125, 128, 137, 151~153, 225, 444, 493, 494, 536, 636
해탈 / 568, 570, 571, 644, 645
해회단海會端 / 204, 207
행정行靜 / 57
향림 징원香林澄遠 / 223, 449
향산香山 / 495, 496
향산거사 / 62
향상香象 / 121
향상기向上機 / 365
향상의 기관 / 135
향상하는 길 / 578
향상하는 하나의 통로 / 179, 190, 207, 250, 349
향수해香水海 / 501
향엄 지한香嚴智閑 / 164, 600, 648
허虛 / 141, 154, 532, 562, 589
허공 / 468
허공에 핀 꽃 / 644
허당 지우虛堂智愚 / 478
허당현경虛堂懸鏡 / 635
허령 / 84
허언虛言 / 157
헌원軒轅 / 679

현각玄覺 / 254~256, 324
현교現敎 / 530
현녕顯寧 / 211, 212
현릉玄陵 / 68
현묘한 기틀(玄機) / 51
현사 사비玄沙師備 / 476, 477
현상(事) / 560
현성공안現成公案 / 210
현수賢守 / 651
현양두매구육懸羊頭賣狗肉 / 516
현우賢于 / 414, 416, 419
현자 화상蜆子和尙 / 75
현장玄奘 / 70
현전現前 / 469
현전現傳 / 530
현추玄樞 / 339
현호賢護 / 651~653
협산 선회夾山善會 / 417, 597
협산 자령夾山自齡 / 475
형산衡山 / 196
형직영단形直影端 / 347
혜慧 / 55, 70, 667
혜가慧可 / 114, 141, 210
혜강嵇康 / 372
혜능慧能 / 70, 601, 602
혜심慧諶 / 64, 68, 75, 88, 199, 263
혜요慧要 / 472
혜원慧苑 / 574
혜천 선사慧泉禪師 / 181, 182
혜충국사慧忠國師 / 189
호구虎丘 / 279, 280
호랑이 / 494~496, 604
호랑이를 함정에 빠뜨리는 기관(陷虎機關) / 199

찾아보기 • 717

호명護明 / 142, 144
호신부護身符 / 248
호응린胡應麟 / 60
호의적인 마음 / 138, 255
혼돈混沌 / 130
혼성자混成子 / 614
혼침昏沈 / 665
홍수洪壽 / 430
홍인弘忍 / 70
화두 / 56, 100, 105, 108, 111, 115, 131, 132, 141, 148, 150, 154, 157, 162, 234, 259, 261, 263~265, 273, 276, 280, 283, 294, 297, 306, 313, 327, 329, 346, 349, 361, 365, 401, 405, 463, 471, 475, 476, 497, 498, 507, 516, 520, 532, 550, 585, 612, 631, 661, 680, 684, 686, 689
화두 참구 / 161, 507, 687
화로 / 245, 514
화모化母 / 226
화산 무은禾山無殷 / 390
화살 / 114, 228, 326, 327, 338, 418, 655, 678
화성유화城喩 / 144
화엄華嚴 / 94~97
화열和悅 / 238
화장세계 / 459
화주化主 / 290
화타話墮 / 381
확탕지옥 / 134
환암국사幻菴國師 / 88
환화幻化 / 584
환희지歡喜地 / 456
활활 / 343
활구活句 / 265, 450, 464

활로活路 / 148
활인검活人劒 / 343, 454, 532, 533
황금 자물쇠와 옥 빗장(金鎖玉關) / 131
황금 자수바늘 / 583
황룡 사심黃龍死心 / 585
황룡 오신黃龍悟新 / 296, 618
황룡 조심黃龍祖心 / 203, 639, 649
황룡청黃龍淸 / 602
황룡 혜남黃龍慧南 / 155, 280, 459, 477, 683
황매黃梅 / 70
황면黃面 / 395
황면구담黃面瞿曇 / 100, 132, 461, 473, 497
황면노자黃面老子 / 100, 111, 115, 132, 159, 208, 245, 274, 275, 348, 397, 495, 497, 537
황벽 희운黃檗希運 / 62, 66, 286, 446
황정견黃庭堅 / 353
황학루 / 464
회당 조심晦堂祖心 / 581, 582
효공曉公 / 238
효와誵訛 / 190, 250, 464
후손 / 115, 142, 147, 200, 535, 617
훔吽 / 348, 349
휴지 조각 / 595, 596
흑씨黑氏 / 370, 371
흑월黑月 / 657
흑월분黑月分 / 657
흙덩이 / 276, 277
흥화 존장興化存獎 / 459
희론 / 430
희론방戲論謗 / 429
희족喜足 / 92

흰 모직(白氎) / 432, 433

4구 / 234
20년 후 / 139
20방 / 111, 112

30년 뒤(三十年後) / 154, 641, 642
30대 / 140
30방 / 234~236, 534
49년 / 97, 109, 111, 112, 127, 128, 186, 313, 509~511, 514, 517

한글본 한국불교전서

고·려·출·간·본

고려1 일승법계도원통기
균여 | 최연식 옮김 | 신국판 | 216쪽 | 12,000원

고려2 원감국사집
충지 | 이상현 옮김 | 신국판 | 480쪽 | 25,000원

고려3 자비도량참법집해
조구 | 성재헌 옮김 | 신국판 | 696쪽 | 30,000원

고려4 천태사교의
제관 | 최기표 옮김 | 4X6판 | 168쪽 | 10,000원

고려5 대각국사집
의천 | 이상현 옮김 | 신국판 | 752쪽 | 32,000원

고려6 법계도기총수록
저자 미상 | 해주 옮김 | 신국판 | 628쪽 | 30,000원

고려7 보제존자삼종가
고봉 법장 | 하혜정 옮김 | 4X6판 | 216쪽 | 12,000원

고려8 석가여래행적송·천태말학운묵화상경책
운묵 무기 | 김성옥·박인석 옮김 | 신국판 | 424쪽 | 24,000원

고려9 법화영험전
요원 | 오지연 옮김 | 신국판 | 264쪽 | 17,000원

고려10 남명천화상송증도가사실
□련 | 성재헌 옮김 | 신국판 | 418쪽 | 23,000원

고려11 백운화상어록
백운 경한 | 조영미 옮김 | 신국판 | 348쪽 | 21,000원

신·라·출·간·본

신라1 인왕경소
원측 | 백진순 옮김 | 신국판 | 800쪽 | 35,000원

신라2 범망경술기
승장 | 한명숙 옮김 | 신국판 | 620쪽 | 28,000원

신라3 대승기신론내의약탐기
태현 | 박인석 옮김 | 신국판 | 248쪽 | 15,000원

신라4 해심밀경소 제1 서품
원측 | 백진순 옮김 | 신국판 | 448쪽 | 24,000원

신라5 해심밀경소 제2 승의제상품
원측 | 백진순 옮김 | 신국판 | 508쪽 | 26,000원

신라6 해심밀경소 제3 심의식상품 제4 일체법상품
원측 | 백진순 옮김 | 신국판 | 332쪽 | 20,000원

신라12 무량수경연의술문찬
경흥 | 한명숙 옮김 | 신국판 | 800쪽 | 35,000원

신라13 범망경보살계본사기 상권
원효 | 한명숙 옮김 | 신국판 | 272쪽 | 17,000원

신라14 화엄일승성불묘의
견등 | 김천학 옮김 | 신국판 | 264쪽 | 15,000원

신라15 범망경고적기
태현 | 한명숙 옮김 | 신국판 | 612쪽 | 28,000원

신라16 금강삼매경론
원효 | 김호귀 옮김 | 신국판 | 666쪽 | 32,000원

신라17 대승기신론소기회본
원효 | 은정희 옮김 | 신국판 | 536쪽 | 27,000원

신라18 미륵상생경종요 외
원효 | 성재헌 외 옮김 | 신국판 | 420쪽 | 22,000원

신라19 대혜도경종요 외
원효 | 성재헌 외 옮김 | 신국판 | 256쪽 | 15,000원

신라20 열반종요
원효 | 이평래 옮김 | 신국판 | 272쪽 | 16,000원

신라21 이장의
원효 | 안성두 옮김 | 신국판 | 256쪽 | 15,000원

| 신라22 | 본업경소 하권 외
원효 | 최원섭·이정희 옮김 | 신국판 | 368쪽 | 22,000원

| 신라23 | 중변분별론소 제3권 외
원효 | 박인성 외 옮김 | 신국판 | 288쪽 | 17,000원

| 신라24 | 지범요기조람집
원효·진원 | 한명숙 옮김 | 신국판 | 310쪽 | 19,000원

| 신라25 | 집일 금광명경소
원효 | 한명숙 옮김 | 신국판 | 636쪽 | 31,000원

| 신라26 | 복원본 무량수경술의기
의적 | 한명숙 옮김 | 신국판 | 500쪽 | 25,000원

조·선·출·간·본

| 조선1 | 작법귀감
백파 긍선 | 김두재 옮김 | 신국판 | 336쪽 | 18,000원

| 조선2 | 정토보서
백암 성총 | 김종진 옮김 | 4X6판 | 224쪽 | 12,000원

| 조선3 | 백암정토찬
백암 성총 | 김종진 옮김 | 4X6판 | 156쪽 | 9,000원

| 조선4 | 일본표해록
풍계 현정 | 김상현 옮김 | 4X6판 | 180쪽 | 10,000원

| 조선5 | 기암집
기암 법견 | 이상현 옮김 | 신국판 | 320쪽 | 18,000원

| 조선6 | 운봉선사심성론
운봉 대지 | 이종수 옮김 | 4X6판 | 200쪽 | 12,000원

| 조선7 | 추파집·추파수간
추파 홍유 | 하혜정 옮김 | 신국판 | 340쪽 | 20,000원

| 조선8 | 침굉집
침굉 현변 | 이상현 옮김 | 신국판 | 300쪽 | 17,000원

| 조선9 | 염불보권문
명연 | 정우영·김종진 옮김 | 신국판 | 224쪽 | 13,000원

| 조선10 | 천지명양수륙재의범음산보집
해동사문 지환 | 김두재 옮김 | 신국판 | 636쪽 | 28,000원

| 조선11 | 삼봉집
화악 지탁 | 김재희 옮김 | 신국판 | 260쪽 | 15,000원

| 조선12 | 선문수경
백파 긍선 | 신규탁 옮김 | 신국판 | 180쪽 | 12,000원

| 조선13 | 선문사변만어
초의 의순 | 김영욱 옮김 | 4X6판 | 192쪽 | 11,000원

| 조선14 | 부휴당대사집
부휴 선수 | 이상현 옮김 | 신국판 | 376쪽 | 22,000원

| 조선15 | 무경집
무경 자수 | 김재희 옮김 | 신국판 | 516쪽 | 26,000원

| 조선16 | 무경실중어록
무경 자수 | 성재헌 옮김 | 신국판 | 340쪽 | 20,000원

| 조선17 | 불조진심선격초
무경 자수 | 성재헌 옮김 | 신국판 | 168쪽 | 11,000원

| 조선18 | 선학입문
김대현 | 성재헌 옮김 | 신국판 | 240쪽 | 14,000원

| 조선19 | 사명당대사집
사명 유정 | 이상현 옮김 | 신국판 | 508쪽 | 26,000원

| 조선20 | 송운대사분충서난록
신유한 엮음 | 이상현 옮김 | 신국판 | 324쪽 | 20,000원

| 조선21 | 의룡집
의룡 체훈 | 김석군 옮김 | 신국판 | 296쪽 | 17,000원

| 조선22 | 응운공여대사유망록
응운 공여 | 이대형 옮김 | 신국판 | 350쪽 | 20,000원

| 조선23 | 사경지험기
백암 성총 | 성재헌 옮김 | 신국판 | 248쪽 | 15,000원

| 조선24 | 무용당유고
무용 수연 | 이상현 옮김 | 신국판 | 292쪽 | 17,000원

| 조선25 | 설담집
설담 자우 | 윤찬호 옮김 | 신국판 | 200쪽 | 13,000원

| 조선 26 | 동사열전
범해 각안 | 김두재 옮김 | 신국판 | 652쪽 | 30,000원

| 조선 27 | 청허당집
청허 휴정 | 이상현 옮김 | 신국판 | 964쪽 | 47,000원

| 조선 28 | 대각등계집
백곡 처능 | 임재완 옮김 | 신국판 | 408쪽 | 23,000원

| 조선 29 | 반야바라밀다심경략소연주기회편
석실 명안 엮음 | 강찬국 옮김 | 신국판 | 296쪽 | 17,000원

| 조선 30 | 허정집
허정 법종 | 성재헌 옮김 | 신국판 | 488쪽 | 25,000원

| 조선 31 | 호은집
호은 유기 | 김종진 옮김 | 신국판 | 264쪽 | 16,000원

| 조선 32 | 월성집
월성 비은 | 이대형 옮김 | 4X6판 | 172쪽 | 11,000원

| 조선 33 | 아암유집
아암 혜장 | 김두재 옮김 | 신국판 | 208쪽 | 13,000원

| 조선 34 | 경허집
경허 성우 | 이상하 옮김 | 신국판 | 572쪽 | 28,000원

| 조선 35 | 송계대선사문집·상월대사시집
송계 나식·상월 새봉 | 김종진·박재금 옮김 | 신국판 | 440쪽 | 24,000원

| 조선 36 | 선문오종강요·환성시집
환성 지안 | 성재헌 옮김 | 신국판 | 296쪽 | 17,000원

| 조선 37 | 역산집
영허 선영 | 공근식 옮김 | 신국판 | 368쪽 | 22,000원

| 조선 38 | 함허당득통화상어록
득통 기화 | 박해당 옮김 | 신국판 | 300쪽 | 18,000원

| 조선 39 | 가산고
월하 계오 | 성재헌 옮김 | 신국판 | 446쪽 | 24,000원

| 조선 40 | 선원제전집도서과평
설암 추붕 | 이정희 옮김 | 신국판 | 338쪽 | 20,000원

| 조선 41 | 함홍당집
함홍 치능 | 성재헌 옮김 | 신국판 | 348쪽 | 21,000원

| 조선 42 | 백암집
백암 성총 | 유호선 옮김 | 신국판 | 544쪽 | 27,000원

| 조선 43 | 동계집
동계 경일 | 김승호 옮김 | 신국판 | 380쪽 | 22,000원

| 조선 44 | 용암당유고·괄허집
용암 체조·괄허 취여 | 김종진 옮김 | 신국판 | 404쪽 | 23,000원

| 조선 45 | 운곡집·허백집
운곡 충휘·허백 명조 | 김재희·김두재 옮김 | 신국판 | 514쪽 | 26,000원

| 조선 46 | 용담집·극암집
용담 조관·극암 사성 | 성재헌·이대형 옮김 | 신국판 | 520쪽 | 26,000원

| 조선 47 | 경암집
경암 응윤 | 김재희 옮김 | 신국판 | 300쪽 | 18,000원

| 조선 48 | 석문상의초 외
벽암 각성 외 | 김두재 옮김 | 신국판 | 338쪽 | 20,000원

| 조선 49 | 월파집·해붕집
월파 태율·해붕 전령 | 이상현·김두재 옮김 | 신국판 | 562쪽 | 28,000원

| 조선 50 | 몽암대사문집
몽암 기영 | 이상현 옮김 | 신국판 | 348쪽 | 21,000원

| 조선 51 | 징월대사시집
징월 정훈 | 김재희 옮김 | 신국판 | 272쪽 | 16,000원

| 조선 52 | 통록촬요
엮은이 미상 | 성재헌 옮김 | 신국판 | 508쪽 | 26,000원

| 조선 53 | 충허대사유집
충허 지책 | 성재헌 옮김 | 신국판 | 296쪽 | 18,000원

| 조선 54 | 백열록
금명 보정 | 김종진 옮김 | 신국판 | 364쪽 | 22,000원

| 조선 55 | 조계고승전
금명 보정 | 김용태·김호귀 옮김 | 신국판 | 384쪽 | 22,000원

| 조선 56 | 범해선사시집
범해 각안 | 김재희 옮김 | 신국판 | 402쪽 | 23,000원

| 조선 57 | 범해선사문집
범해 각안 | 김재희 옮김 | 신국판 | 208쪽 | 13,000원

조선 58 연담대사임하록
연담 유일 | 하혜정 옮김 | 신국판 | 772쪽 | 34,000원

조선 59 풍계집
풍계 명찰 | 김두재 옮김 | 신국판 | 438쪽 | 24,000원

조선 60 혼원집·초엄유고
혼원 세환·초엄 복초 | 윤찬호 옮김 | 신국판 | 332쪽 | 20,000원

조선 61 청주집
환공 치조 | 성재헌 옮김 | 신국판 | 416쪽 | 23,000원

조선 62 대동영선
금명 보정 | 이상하 옮김 | 신국판 | 556쪽 | 28,000원

※ 한글본 한국불교전서는 계속 출간됩니다.

진각 혜심眞覺慧諶
(1178~1234)

속성은 최崔, 이름은 식寔, 자는 영을永乙, 자호는 무의자無衣子. 25세 무렵 보조 지눌普照知訥을 찾아가 출가한 것으로 알려져 있다. 지눌 입적 후에 수선사修禪社 2세 자리에 올랐다. 고종高宗의 명으로 단속사斷俗寺 주지를 지냈으나, 수선사를 본사本社로 하며 단속사를 비롯한 여러 사찰에서 법문을 행하였다. 본사에 있던 1233년에 병이 났고 이듬해 봄에 월등사月燈寺로 옮겨 가 있다가 세수 57세, 법랍 32세로 입적하였다. 고종이 진각국사眞覺國師라는 시호를 내렸다. 1235년 여름에 광원시廣原寺 북쪽에서 장사 지내고 부도浮圖를 세웠는데 원소지탑圓炤之塔이라 사액賜額하였다. 최우崔瑀의 청을 받고 왕명에 의해 이규보李奎報가 비명碑銘을 지었다. 본서 이외에『종경촬요宗鏡撮要』중간重刊에 붙인 발문跋文,『원돈성불론圓頓成佛論』과『간화결의론看話決疑論』을 합간한 책에 쓴 발문,『조계진각국사어록曹溪眞覺國師語錄』,『무의자시집無衣子詩集』,『금강반야바라밀경찬 병서 주金剛般若波羅蜜經贊幷序注』,『구자무불성화간병론狗子無佛性話揀病論』등의 저술이 현존한다.

각운覺雲

생몰연대 미상. 진각 혜심의 제자로서『염송설화』의 주저자라는 이외에 알려진 행적이 없다.

옮긴이 김영욱金榮郁

고려대학교 철학과를 졸업하고 동 대학원 석·박사과정을 졸업하였다. 현재 (사)가산불교문화연구원 책임연구원으로 있다. 논저論著로는「壇經 선사상의 연구」(박사학위 논문),「壇經의 북종비판」,「直指人心의 禪法」,「조사선의 언어형식」,「간화선의 화두 공부와 그 특징」,「간화선 참구의 실제」,「太古와 懶翁—한국 간화선의 개화」,「태고선의 특성과 현대적 의의」,『비판불교의 파라독스』(공저),『화두를 만나다』,『왕초보 육조단경 박사되다』, 역주서譯註書로는『진각국사어록 역해』1,『정선 선어록』,『정선 휴정』,『정선 공안집』1, 2,『선문사변만어』등이 있다.

증의
조영미(동국대학교 불교학술원 전임연구원)